SCHWABE PHILOSOPHICA

VIII

HERAUSGEGEBEN VON
HELMUT HOLZHEY UND WOLFGANG ROTHER

SCHWABE VERLAG BASEL

ANDREAS URS SOMMER

SINNSTIFTUNG DURCH GESCHICHTE?

ZUR ENTSTEHUNG SPEKULATIV-UNIVERSALISTISCHER GESCHICHTSPHILOSOPHIE ZWISCHEN BAYLE UND KANT

SCHWABE VERLAG BASEL

Publiziert mit Unterstützung der Berta Hess-Cohn Stiftung, Basel

© 2006 by Schwabe AG, Verlag, Basel
Satz: post scriptum, Emmendingen/Hinterzarten
Druck: Schwabe AG, Druckerei, Muttenz/Basel
Printed in Switzerland
ISBN-13: 978-3-7965-2214-7
ISBN-10: 3-7965-2214-9

www.schwabe.ch

A. zugeeignet

Sich inmitten der Geschichte an ihr orientieren wollen, das wäre so, wie wenn man sich bei einem Schiffbruch an den Wogen festhalten wollte.

Karl Löwith

Wenn du es recht betrachtest, ist überall Schiffbruch.

Petron

Inhaltsverzeichnis

Siglen 9
Thema, Methoden, Stoffauswahl und Begriffe 13
   1. Thema 13
   2. Methoden und Stoffauswahl 22
   3. Begriffe 46

ERSTER TEIL
Formen, Inhalte und Adressaten 65

   1. Formen geschichtstheologischen Denkens 77
      1.1 Probleme der theologischen und narrativen Integrierbarkeit von «histoire sainte» und «histoire profane»: Sébastien Le Nain de Tillemont 77
      1.2 Geschichtliches Wissen um des Heiles willen: Claude Fleury .. 86
      1.3 Dogmatisch-politische Vereinheitlichung von «histoire sainte» und «histoire profane»: Jacques-Bénigne Bossuet 97
      1.4 Individuelle Bekehrungsgeschichten: Gottfried Arnold 108
      1.5 Apokalyptik und providentieller Geschichtsplan: Jonathan Edwards 121
      1.6 Biblisch-geschichtstheologische Aufklärungsarbeit: Johann Friedrich Wilhelm Jerusalem 133

   2. Formen geschichtsphilosophischen Denkens 151
      2.1 Lexikographische Episodik: Pierre Bayle 151
      2.2 Historische Lebensweisheit in moralischen *exempla*: Henry St. John, Viscount of Bolingbroke 165
          Exkurs: Der Nutzen von Geschichte in zeitgenössischen Lexika 182
      2.3 Historische Universaltheorie der Kultur: Giambattista Vico ... 188
      2.4 Das unermessliche Alter der Welt: Georges-Louis Leclerc, Comte de Buffon und Georg Christoph Lichtenberg 207
      2.5 Wie man unter Theologen philosophisch über Fortschritt redet: Anne Robert Jacques Turgot 228

2.6 Fortschrittsgeschichtsschreibung als Trost: Isaak Iselin 247
2.7 Utopisch vorweggenommene Zukunft: Louis-Sébastien Mercier 268
2.8 Religionsentwicklung und Vernunftsentwicklung:
    Gotthold Ephraim Lessing 291
2.9 Geschichtsphilosophische Sinnstiftungen als ob
    2.9.1 Immanuel Kant als Geschichts-Teleologe 310
    Exkurs: Zur theologischen Vorgeschichte der
    geschichtsphilosophischen Genesis-Exegese 326
    2.9.2 Immanuel Kant als Genesis-Exeget 334

ZWEITER TEIL
Zur Topik der Geschichtsphilosophie 345
  1. Ordnungsprinzip I: Stoffradius, Reichweite und Grenzen 351
  2. Ordnungsprinzip II: Exempla 370
  3. Ordnungsprinzip III: Vorsehung 382
  4. Dynamisierungsprinzip I: Moralisierung und Vervollkommnung ... 399
  5. Dynamisierungsprinzip II: Freiheit, Individualisierung,
     Beschleunigung und Metaphysikkritik 407
  6. Dynamisierungsprinzip III: Fortschritt 421
  7. Kontingenzen I: Aufklärungskritik 436
  8. Kontingenzen II: Übel 441
  9. Kontingenzen III: Entwissenschaftlichung 457
  10. Kontingenzen IV: Kontingenz an sich 463
  11. Abschluss: Trost 472

Epilog: Der Ort geschichtsphilosophischen Denkens 481

Danksagung 487

Quellen- und Literaturverzeichnis 489
  Quellen und zeitgenössische Literatur 489
  Sekundärliteratur 508

Namenregister 553
  Register der Bibelstellen und biblischen Bücher 569

Sachregister 570

Siglen

AA	Immanuel Kant's Gesammelte Schriften, hg. von der Königlich Preussischen Akademie der Wissenschaften. 1. Abtheilung: Werke, 9 Bde., Berlin, Leipzig 1902-1923.
ADB	Allgemeine Deutsche Bibliothek, [hg. von Friedrich Nicolai], 268 Bde., Berlin, Stettin [1793-1800 Kiel] 1765-1806.
BBKL	Biographisch-Bibliographisches Kirchenlexikon, Herzberg 1990ff.
BHW	Henry St. John, Viscount Bolingbroke, Historical Writings. Edited and with an Introduction by Isaac Kramnick, Chicago, London 1972.
BVWR	[Johann Friedrich Wilhelm Jerusalem], Betrachtungen über die vornehmsten Wahrheiten der Religion. An Se. Durchlaucht den Erbprinzen von Braunschweig und Lüneburg. [Theil 1], Frankfurt und Leipzig ^{5}1773; Theil 2, Frankfurt und Leipzig 1775; Theil 3, Frankfurt und Leipzig 1780.
DHC	Pierre Bayle, Dictionaire historique et critique, 3 Bde. Troisieme edition. A laquelle on a ajoûté la Vie de l'Auteur, & mis ses Additions & Corrections à leur place, Rotterdam [Genf?] MDCCXV [= 1715] (die Artikel werden auch nach Name und ggf. Anmerkungsbuchstabe zitiert).
DHCS	Pierre Bayle, Supplement au Dictionaire historique. Pour les Editions de MDCCII. & de MDCCXV. Geneve (Fabri & Barrillot) MDCCXXII [= 1722].
EPhW	Enzyklopädie Philosophie und Wissenschaftstheorie, hg. von Jürgen Mittelstrass, 4 Bde., Mannheim, Stuttgart 1980-1996.
EM	Gotthold Ephraim Lessing, Die Erziehung des Menschengeschlechts, in: G.E.L., Werke, hg. von Herbert G. Göpfert u.a., Bd. 8, Darmstadt 1996, 489-510.
GG	Geschichtliche Grundbegriffe. Historisches Lexikon zur politisch-sozialen Sprache in Deutschland, hg. von Otto Brunner, Werner Conze und Reinhart Koselleck, 8 Bde., Stuttgart 1972-1997.
GM 1768	Isaak Iselin, Über die Geschichte der Menschheit [1764]. Neue und verbesserte Auflage, 2 Bde., Zürich (Orell, Gessner und Comp.) 1768.
GM 1770	Isaak Iselin, Über die Geschichte der Menschheit [1764]. Neue

	verbesserte Auflage, 2 Bde., Zürich (Orell, Gessner, Füesslin und Comp.) 1770.
GM 1791	Isaak Iselin, Über die Geschichte der Menschheit [1764]. Neue mit dem Leben des Verfassers vermehrte Auflage, 2 Bde., Carlsruhe (Christian Gottlieb Schmieder) 1791 (= Sammlung der besten deutschen prosaischen Schriftsteller und Dichter, Theile 138 und 139).
GMS	Immanuel Kant, Grundlegung zur Metaphysik der Sitten (zitiert nach AA).
HWPh	Historisches Wörterbuch der Philosophie, hg. von Joachim Ritter und Karlfried Gründer, Basel, Darmstadt 1971ff.
HWR	Jonathan Edwards, A History of the Work of Redemption, Containing the Outlines of a Body of Divinity, Including a View of Church History, in a Method Entirely New, in: WH 1, 532-619.
IaG	Immanuel Kant, Idee zu einer allgemeinen Geschichte in weltbürgerlicher Absicht (zitiert mit Satzangabe nach AA).
KKH 1700 1-2	Gottfrid [sic] Arnold, Unparteyische Kirchen- und Ketzer-Historie / Vom Anfang des Neuen Testaments Biss auff das Jahr Christi 1688, Theile 1 und 2, Franckfurt am Mayn [und Leipzig] (Thomas Fritsch) 1700.
KKH 1715 3-4	Gottfrid [sic] Arnold, Fortsetzung und Erläuterung Oder Dritter und Vierdter Theil der Kirchen- und Ketzer-Historie. Bestehend In Beschreibung der noch übrigen Streitigkeiten im XVIIden Jahrhundert. Nebst den Supplementis und Emendationibus über alle vier Theile, Franckfurt am Mayn (Thomas Fritsch) 1715.
KpV	Immanuel Kant, Kritik der praktischen Vernunft (zitiert nach der A-Ausgabe gemäss AA).
KrV	Immanuel Kant, Kritik der reinen Vernunft (zitiert nach der A- und B-Ausgabe gemäss AA).
KU	Immanuel Kant, Kritik der Urteilskraft (zitiert mit Paragraphen nach der A- und B-Ausgabe gemäss AA).
KSA	Friedrich Nietzsche, Sämtliche Werke. Kritische Studienausgabe in 15 Einzelbänden, hg. von Giorgio Colli und Mazzino Montinari, München, Berlin, New York ²1988.
L'an 2440 [1776]	[Louis-Sébastien Mercier,] L'An deux mille quatre cent quarante. Rêve s'il en fut jamais, Londres [recte: Neuchâtel?] M.DCC.LXXVI. [= 1776].
Logik	Immanuel Kant, Logik (zitiert mit Paragraphen gemäss AA).
LSUH	Henry St. John, Viscount Bolingbroke, Letters on the Study and Use of History [1736/1752], in: BHW, 1-149 (nach dem Sigle wird jeweils die Briefnummer zitiert, die Seitenangabe nach BHW).
MAM	Immanuel Kant, Mutmasslicher Anfang der Menschengeschichte (zitiert mit Satzangabe nach AA).
NS 1	Johann Friedrich Wilhelm Jerusalem, Fortgesetzte Betrachtungen über die vornehmsten Wahrheiten der Religion. Hinterlassne Frag-

	mente = J.F.W. J., Nachgelassene Schriften, [hg. von Philippine Charlotte Jerusalem]. Erster Theil, Braunschweig (Verlag der Schulbuchhandlung) 1792.
NS 2	Johann Friedrich Wilhelm Jerusalem, Nachgelassene Schriften, [hg. von Philippine Charlotte Jerusalem]. Zweiter und letzter Theil, Braunschweig (Verlag der Schulbuchhandlung) 1793.
OC Kehl	Voltaire, Œuvres complètes, 70 Bde., [Kehl] (Imprimerie de la Société Littéraire-Typographique) 1784-1789 und 2 Bde. Table analytique et raisonnée des matières, Paris (Deterville) 1801.
OD	Pierre Bayle, Œuvres diverses. Contenant tout ce que cet Auteur a publié sur des matieres de Theologie, de Philosophie, de Critique, d'Histoire, & de Litterature; excepté son Dictionnaire historique et critique, 4 Bde., La Haye (P. Husson, T. Johnson, P. Gosse u.a.). MDCCXXVII-MDCCXXXI [= 1727-1731].
OT	Œuvres de Turgot et documents le concernant. Avec Biographie et Notes par Gustave Schelle, 5 Bde., Paris 1913-1923 (= Reprint Glashütten 1972).
PD	[Pierre Bayle], Pensées diverses, Ecrites à un Docteur de Sorbonne, A l'occasion de la Comete qui parut au mois de Decembre 1680. Quatrieme Edition, 2 Bde., Rotterdam (Reinier Leers) MDCCIV [= 1704].
PDC	[Pierre Bayle], Continuation des Pensées diverses, Ecrites à un Docteur de Sorbonne, à l'occasion de la Comete qui parut au mois de Decembre 1680. Ou Reponse à plusieurs dificultez que Monsieur *** a proposées à l'Auteur, 2 Bde., Rotterdam (Reinier Leers) MDCCV [= 1705].
PRE³	Realencyklopädie für protestantische Theologie und Kirche, begr. von Johann Jakob Herzog, hg. von Albert Hauck, 24 Bde., Leipzig ³1896-1913.
RiGbV	Immanuel Kant, Religion innerhalb der Grenzen der blossen Vernunft (zitiert nach der B-Ausgabe gemäss AA).
RGG²	Die Religion in Geschichte und Gegenwart. Handwörterbuch für Theologie und Religionswissenschaft, hg. von Hermann Gunkel und Leopold Zscharnack, 6 Bde., Tübingen ²1927-1931.
RGG³	Die Religion in Geschichte und Gegenwart. Handwörterbuch für Theologie und Religionswissenschaft, hg. von Kurt Galling, 7 Bde., Tübingen ³1957-1962.
RGG⁴	Die Religion in Geschichte und Gegenwart. Handwörterbuch für Theologie und Religionswissenschaft, hg. von Hans Dieter Betz u.a., Tübingen ⁴1998ff.
SF	Immanuel Kant, Der Streit der Fakultäten (zitiert nach der A-Ausgabe gemäss AA).
SN²	Giambattista Vico, La scienza nuova seconda. Giusta l'edizione del 1744 con le varianti dell'edizione del 1730 e di due redazioni inter-

medie inedite. A cura di Fausto Nicolini. Terza edizione riveduta = Giambattista Vico, Opere IV/1 und IV/2, 2 Bde., Bari 1942 (zitiert nach Abschnittnummern). Die deutschen Zitate sind mit gelegentlichen stillschweigenden Korrekturen wiedergegeben nach: Giovanni Battista Vico, Prinzipien einer neuen Wissenschaft über die gemeinsame Natur der Völker [1744]. Übersetzt von Vittorio Hösle und Christoph Jermann und mit Textverweisen von Christoph Jermann, 2 Teilbde., Hamburg 1990.

Sophien-Ausgabe Johann Wolfgang von Goethes Werke, hg. im Auftrage der Grossherzogin Sophie von Sachsen, 4 Abtheilungen, 133 Bde. (in 143), Weimar 1887-1919.

TRE Theologische Realenzyklopädie, hg. von Gerhard Krause und Gerhard Müller, Berlin, New York 1976ff.

Ueberweg[12] Friedrich Ueberwegs Grundriss der Geschichte der Philosophie, 5 Teile, Berlin [12]1923-1928.

Ueberweg[13] Grundriss der Geschichte der Philosophie, begründet von Friedrich Ueberweg. Völlig neubearbeitete [13.] Ausgabe, hg. von Helmut Holzhey u. a., Basel 1983ff.

WAL Martin Luther, Kritische Gesamtausgabe. 1. Abteilung: Schriften, Weimar 1883ff.

WH The Works of Jonathan Edwards with a Memoir by Sereno E. Dwight, Revised and Corrected by Edward Hickman, 2 Bde. [1834], Edinburgh, Carlisle (Pennsylvania) 1990.

WM The Works of the late Right Honorable Henry St. John, Lord Viscount Bolingbroke, [edited by David Mallet], 5 Bde., London 1754 (= Reprint Hildesheim 1968).

WW Immanuel Kant, Werke in zehn Bänden, hg. von Wilhelm Weischedel, Sonderausgabe, Darmstadt 1983.

WY The Works of Jonathan Edwards, Edited by Perry Miller, John E. Smith et alii, Bd. 1ff., New Haven, London 1957ff. (Yale-Edition).

WY 9 Jonathan Edwards, A History of the Work of Redemption. Transcribed and Edited by John F. Wilson = The Works of Jonathan Edwards, Edited by John E. Smith, Bd. 9, New Haven, London 1989.

Zedler [Johann Heinrich Zedler], Grosses vollständiges Universal Lexicon aller Wissenschaften und Künste, welche bisshero durch menschlichen Verstand und Witz erfunden und verbessert worden ..., 64 Bde. (in 63). [Bde. 19 bis 64 hg. von Carl Günther Ludovici], Halle, Leipzig (Johann Heinrich Zedler) 1732-1750.

Zedler Suppl. [Johann Heinrich Zedler], Grosses vollständiges Universal Lexicon aller Wissenschaften und Künste, welche bisshero durch menschlichen Verstand und Witz erfunden und verbessert worden ... Nöthige Supplemente, [hg. von Carl Günther Ludovici], 4 Bde., Leipzig (Johann Heinrich Zedler) 1751-1754.

Thema, Methoden, Stoffauswahl und Begriffe

1. Thema

Spekulativ-universalistische Geschichtsphilosophie als Versuch, die Gesamtordnung, den umfassenden «Sinn» von Geschichte zu erfassen, ist selber vor Historisierung nicht gefeit. Wer heute «Sinn» aus der Geschichte schöpfen möchte,[1] verzichtet gewöhnlich darauf, die Gesamtheit aller geschichtlichen Vorgänge, *die* Geschichte, mit seinen Sinnansprüchen zu traktieren.[2] Die spekulativ-universalistische Geschichtsphilosophie exemplifiziert in unseren Tagen ihre Lehre, wonach es nichts Neues unter der Sonne mehr

---

[1] Der Begriff der «spekulativ-universalistischen Geschichtsphilosophie» und derjenige des «Sinns» werden unten S. 47-50 näher erläutert. Da die Zielsetzung der vorliegenden Arbeit nicht begriffsexplikatorisch, sondern historisch-rekonstruktiv ist, scheint eine auf die thematische und methodische Hinführung erst folgende Erläuterung von Leitbegriffen gerechtfertigt: Es geht im Kern der Arbeit nicht darum, zu erklären, was «spekulativ-universalistische Geschichtsphilosophie» ist, sondern darum, ein von genauer historischer Analyse vernachlässigtes Feld der Philosophiegeschichte in seiner Breite und Vielfalt zugänglich zu machen. Der von mir vorgeschlagene Begriff der «spekulativ-universalistischen Geschichtsphilosophie» dient dabei der abkürzenden Rubrizierung komplexer geschichtsphilosophischer Theoriebildungen.

[2] Zur gar nicht mehr ganz neuen Unübersichtlichkeit der geschichtsphilosophischen Debatten siehe Hans Michael Baumgartner, Philosophie der Geschichte nach dem Ende der Geschichtsphilosophie. Bemerkungen zum gegenwärtigen Stand des geschichtsphilosophischen Denkens, in: Herta Nagl-Docekal (Hg.), Der Sinn des Historischen. Geschichtsphilosophische Debatten, Frankfurt a.M. 1996, 151-172. Dass Geschichtsphilosophie noch zu Zeiten des Kalten Krieges bei manchen Denkern den Charakter einer Leitwissenschaft innehatte, demonstriert Carl Schmitt, Drei Stufen historischer Sinngebung, in: Universitas. Zeitschrift für Wissenschaft, Kunst und Literatur, Jg. 5 (1950), Heft 8, 927-931, in Auseinandersetzung mit Karl Löwiths *Meaning in History (Weltgeschichte und Heilsgeschehen)*.

geben werde – siehe Francis Fukuyamas *End of History*[3] –, buchstäblich an sich selbst.[4] Spekulativ-universalistische Geschichtsphilosophie gibt es offenbar nur noch *second hand,* als Versatzstückwissenschaft. Unter dem Vorzeichen der *posthistoire* werden keine *grands récits* mehr aufgeboten,[5] um die unermessliche Fülle des Historisch-Faktischen auf einen gemeinsamen Nenner oder ein allgemeines Gesetz zu bringen. Statt einer Universalgeschichtserzählung reichen vielfach die Fragmente individueller Lebensgeschichten aus, um das, was geschieht, für sinnvoll zu erklären – zumindest für subjektiv sinnvoll.

Während die Geschichtstheologien der monotheistischen Religionen schon früh die Gesamtheit des Geschichtlichen als Teil des göttlichen Schöpfungswerks unter prinzipiellen Sinnverdacht gestellt hatten, fehlt der Philosophie bis ins 18. Jahrhundert eine eigenständige Geschichtssinnhypothese, ein Begriff von Geschichte als Einheit und Gesamtheit. Bevor sich das formierte, was hier spekulativ-universalistische Geschichtsphilosophie genannt wird, war durchaus auch schon die individualgeschichtliche Sinnerfahrung, die sich im Akt des Erzählens eigener Lebensgeschichten artikulierte, eine ausreichende Orientierungsgrösse der Lebensgestaltung gewesen.[6]

Wenn die spekulativ-universalistische Geschichtsphilosophie der Historisierung anheimfällt, bieten sich neue Chancen, sich ihren Konkretionen

---

3 Francis Fukuyama, Das Ende der Geschichte. Wo stehen wir? Aus dem Amerikanischen von Helmut Dierlamm, Ute Mihr und Karlheinz Dürr, München 1992; dazu Georg Kohler, Fukuyama oder «The End of History». Eine geschichtsphilosophische Perspektive auf die Jahrhundertschwelle, in: Helmut Holzhey/G. K. (Hg.), In Erwartung eines Endes. Apokalyptik und Geschichte, Zürich 2001, 129-153, sowie Emil Angehrn, Geschichtsphilosophie, Stuttgart, Berlin, Köln 1991, 182f.

4 Fukuyamas Thesen beruhen auf Kojèves Revitalisierung von Hegel (vgl. Alexandre Kojève, Hegel. Eine Vergegenwärtigung seines Denkens. Kommentar zur *Phänomenologie des Geistes* [1947]. Hg. von Iring Fetscher. Mit einem Anhang: Hegel, Marx und das Christentum, Frankfurt a.M. 1975, siehe auch Martin Meyer, Ende der Geschichte?, München, Wien 1993, 92ff.)

5 Programmatisch zum Ende der legitimierenden, gerade auch geschichtsphilosophischen Meta-Erzählungen Jean-François Lyotard, Das postmoderne Wissen. Ein Bericht [1979]. Aus dem Französischen von Otto Pfersmann, hg. von Peter Engelmann, Graz, Wien 1986, 13f. und 96ff.

6 Siehe dazu die Fallstudie: Andreas Urs Sommer, Sinnstiftung durch Individualgeschichte. Johann Joachim Spaldings *Bestimmung des Menschen,* in: Zeitschrift für neuere Theologiegeschichte, Bd. 8 (2001), 163-200.

sine ira et studio, ohne Leiden am Ungenügen ihrer Antworten, auf historischem Weg zu nähern. Eine solche Annäherung jenseits identifikatorischer Bedürfnisse unternimmt die vorliegende Untersuchung, die ein Thema behandelt, das noch vor einigen Jahren zu grossen ideenpolitischen Debatten Anlass gab,[7] ohne jedoch einer genaueren historischen Analyse unterzogen zu werden, nämlich *Vorgeschichte* und *Entstehung* der spekulativ-universalistischen Geschichtsphilosophie. Einer solchen Analyse ist die vorliegende Untersuchung gewidmet. Die ideenpolitischen Debatten entzündeten sich an dem etwa von Karl Löwith gemachten Versuch, die Geschichtsphilosophie von Turgot bis Marx in einen genetischen Zusammenhang mit christlicher Heilsgeschichte zu bringen.[8] Hypothesen dieser Art wurden – wenngleich nicht von Löwith selbst – wahlweise dazu benutzt, die Illegitimität der Geschichtsphilosophie als Säkularisat theologischer Besitzstände zu behaupten (Prämisse: die ursprüngliche religiöse Substanz ist die allein wahre),[9] oder die Geschichtsphilosophie als Theologie mit anderen Mitteln als ein schon zu ihrer Zeit obsoletes, mittelalterliches Relikt zu verdächtigen (Prämisse: Theologie ist mit wahrer Aufklärung inkompatibel),[10] oder schliesslich in der Geschichtsphilosophie den adäquaten Ausdruck christlicher Lehren zu sehen (Prämisse: die christlichen Wahrheiten sind selber ent-

---

[7] Diese Debatte rekapituliert Jean-Claude Monod, La querelle de la sécularisation. Théologie politique et philosophies de l'historie de Hegel à Blumenberg, Paris 2002, 203-280.

[8] Karl Löwith, Weltgeschichte und Heilsgeschehen. Die theologischen Voraussetzungen der Geschichtsphilosophie [1949], in: K.L., Sämtliche Schriften, Bd. 2: Weltgeschichte und Heilsgeschehen. Zur Kritik der Geschichtsphilosophie, Stuttgart 1983, 7-239.

[9] Vgl. Friedrich Gogarten, Verhängnis und Hoffnung der Neuzeit. Die Säkularisierung als theologisches Problem [1953], München, Hamburg 1966, 110 und 120-148. Kritisch dazu Walter Jaeschke, Die Suche nach den eschatologischen Wurzeln der Geschichtsphilosophie. Eine historische Kritik der Säkularisierungsthese, München 1976, 25-30, sowie Wilhelm Schmidt-Biggemann, Geschichte als absoluter Begriff. Der Lauf der neueren deutschen Philosophie, Frankfurt a.M. 1991, 111-115.

[10] Vgl. Franz Overbeck, Kirchenlexikon. Ausgewählte Artikel A-I. In Zusammenarbeit mit Marianne Stauffacher-Schaub hg. von Barbara von Reibnitz = Werke und Nachlass, Bd. 4, Stuttgart, Weimar 1995, 383, der die Frage nach Sinn der Geschichte für eine schlechte christliche Angewohnheit und ihr Auftreten für einen Mangel an Aufklärung hält: «Die Aufklärung ist noch viel zu jung, als dass man die Angewohnheit vollständig abgelegt hätte.»

wicklungsfähig).[11] Vehement gegen diese Koppelung von Theologie und Geschichtsphilosophie wandte sich Hans Blumenberg, der in der These von der Säkularisierung eine «Kategorie des geschichtlichen Unrechts» zurückwies,[12] welche die Neuzeit insgesamt und mit ihr die Geschichtsphilosophie für illegitim erkläre, weil Neuzeit und Geschichtsphilosophie eben blosse Säkularisate, Schwund- und Degenerationsformen hehrer christlicher Vergangenheiten seien. Löwith habe «das Selbstverständnis des deutschen Idealismus hinsichtlich seiner geschichtlichen Stellung und Leistung als objektive These über die Herkunft des neuzeitlichen Geschichtsbegriffs»[13] genommen und vermöge so das radikal Neue und Eigenständige der Geschichtsphilosophie (und der Neuzeit) nicht zu erkennen. Die Stichhaltigkeit von Blumenbergs Kritik wird im einzelnen noch zu erörtern sein (vgl. z. B. S. 432-435); insgesamt ist freilich festzuhalten, dass Blumenberg ebenso ideenpolitisch interessiert bleibt wie seine säkularisierungstheoretischen Antipoden. Seine Rekonstruktion der Genese spekulativ-universalistischer Geschichtsphilosophie begnügt sich ebenso mit grossflächigen Entwürfen wie Odo Marquard, der wiederum Neuzeit und Geschichtsphilosophie voneinander trennt, ja in der Geschichtsphilosophie die Neuzeit misslingen sieht: «Wenn die Neuzeit – nach einer möglichen Definition – die Neutralisierung der biblischen Eschatologie ist, so ist die Geschichtsphilosophie die Rache der neutralisierten Eschatologie an dieser Neutralisierung».[14]

Mit der allmählichen Historisierung der spekulativ-universalistischen Geschichtsphilosophie scheint die Zeit ihrer ideenpolitischen Instrumentalisierung ebenso vorüber zu sein wie das Bedürfnis, sich am Misslingen der sich vorgeblich realisierenden marxistischen Geschichtsphilosophie abzuarbeiten. Dies macht den Blick frei für eine historisch differenziertere Betrachtung der Geschichtsphilosophie, zu der es bereits Ansätze gibt: Walter

---

11 Diese Position geht auf die Neologie z. B. eines Jerusalem zurück (vgl. unten S. 133-149), wurde von Lessing entfaltet (vgl. unten S. 291-310) und erfreute sich im Deutschen Idealismus so gut wie in der liberalen Theologie des 19. Jahrhunderts einiger Beliebtheit.
12 Hans Blumenberg, Die Legitimität der Neuzeit [1966]. Erneuerte Ausgabe, Frankfurt a. M. ²1988, 11-134.
13 A. a. O., 36.
14 Odo Marquard, Schwierigkeiten mit der Geschichtsphilosophie, Frankfurt a. M. 1982, 16.

Jaeschke hat eindringlich die Inkommensurabilität frühchristlich-eschatologischer und geschichtsphilosophischer Theoreme herausgearbeitet und auf die systematischen Schwierigkeiten sowohl eines substantialistischen wie eines funktionalen Säkularisierungsbegriffs aufmerksam gemacht.[15] Er verzichtet jedoch darauf, die unmittelbare Vorgeschichte der spekulativuniversalistischen Geschichtsphilosophie detailliert zu rekonstruieren, weil sie für seine Fragestellung nach den vorgeblich eschatologischen Wurzeln der Geschichtsphilosophie ein zu enger Rahmen wäre.[16] Einen sehr aufschlussreichen Versuch, die Entstehung der Geschichtsphilosophie nicht aus der (im 18. Jahrhundert noch kaum möglichen) Falsifikation der *historia sacra,* sondern aus deren «Entkräftigung» zu verstehen, unternimmt Arno Seifert in einem konzisen Aufsatz, der den im 18. Jahrhundert aufgetretenen Bedarf einer philosophischen Gesamtsicht der Geschichte (im Unterschied zur wissenschaftlich historischen Sicherung der *fides historica*) mit der mangelnden Integrationskraft der bisherigen prophetischen und typologischen Geschichtsdeutung begründet. Überdies habe der «schlichte Vorgang des Zeitverstreichens mehr als alles andere dazu beigetragen, die Sakralhistorie zu entkräften»[17] – nämlich das Faktum, dass sich die sechste augustinische *aetas mundi,* die nachbiblische Zeit unabsehbar lange hinzog.

---

[15] «Die Evidenz des substantialistischen Säkularisierungsbegriffs ist an den Nachweis der Genealogie gebunden; dieser Nachweis ist bislang ausgeblieben; statt dessen hat man sich mit dem sattsam bekannten angeblichen Strukturanalogien begnügt. Der Um[be]setzungsbegriff aber verlangt diesen genealogischen Nachweis nicht mehr; die Strukturanalogie ist ausreichend, sofern sie als Funktionsanalogie innerhalb des relativ konstanten Schemas interpretiert werden kann. Dazu muss allerdings die Konstanz des Schemas bekannt sein; die historische Dimension der 'funktionalen Säkularisationstheorie' liegt im Nachweis nicht des genealogischen Zusammenhangs der Inhalte, sondern der Kontinuität bzw. Diskontinuität des Schemas.» Jaeschke, Die Suche nach den eschatologischen Wurzeln der Geschichtsphilosophie, 45.

[16] Explizit a.a.O., 44, Fn. 3: «Ebenso wäre es zu kurz, wenn man sich auf die der Ausbildung neuzeitlicher Geschichtsentwürfe unmittelbar vorangehende Phase, dh. die Behandlung des locus de novissimis in der altlutherischen Dogmatik oder gar die neologische Eschatologie beschränkte.»

[17] Arno Seifert, Von der heiligen zur philosophischen Geschichte. Die Rationalisierung der universalhistorischen Erkenntnis im Zeitalter der Aufklärung, in: Archiv für Kulturgeschichte, Bd. 68 (1986), 98.

«Die der 'heiligen' ebenso wie der profanen Historie entglittene Totalität der Geschichte war, als die Philosophie sich ihrer annahm, ein herrenloses Gut geworden, dessen Aneignung daher auch nicht als Usurpation verstanden werden kann.»[18] Universalgeschichte habe sich sowohl der *historia sacra* wie der Geschichtswissenschaft entzogen und sei so an die hypothetisch verfahrende Philosophie gefallen, die «Verfahren entwickelte, die Geschichte unter Umgehung oder in Ersetzung historischer Überlieferung allein aus präsenter Erfahrung und Vernunft zu rekonstruieren».[19] Die «*revelatorische* Verfahrensweise geschichtlicher Erkenntnis» sei da zwar durch ein «rationales Erkenntnisverfahren» ersetzt worden,[20] aber die geschichtsphilosophischen Ansätze im 18. Jahrhundert hätten sich dennoch «in keinem unlösbaren Konflikt» mit dem biblischen Geschichtsbild befunden.[21] Nur eben habe dieses Geschichtsbild nicht mehr ausgereicht.

Johannes Rohbeck befragt die britischen und französischen Aufklärungsphilosophen nach ihren Fortschrittskonzepten, blendet jedoch die theologischen Problemhorizonte aus, als sei es ausgemacht, dass aufklärerische Theorien mit Theologie nichts zu tun haben könnten.[22] Das bemerkenswerte Buch von Bertrand Binoche setzt mit seiner Beschränkung auf das letzte Drittel des 18. Jahrhunderts wiederum erst da ein, wo die spekulativ-universalistische Geschichtsphilosophie bereits formiert ist und fragt retrospektiv nach ihren Konstitutionsbedingungen.[23] Einen starken Akzent legt es dabei auf die rationaltheologisch motivierte Theodizee. Weitere Untersuchungen gehen von Kant (oder von Fichte, Schelling und Hegel) aus und füllen dabei die Zeit nach Leibniz und vor Kant weniger mit Quellenstudium als mit Mutmassungen.

Über die Feinstruktur der Vorgeschichte und Entstehung spekulativ-universalistischer Geschichtsphilosophie sind wir bislang also erstaunlich

---

[18] A.a.O., 114.
[19] A.a.O., 116.
[20] A.a.O., 82.
[21] A.a.O., 89.
[22] Johannes Rohbeck, Die Fortschrittstheorie der Aufklärung. Französische und englische Geschichtsphilosophie in der zweiten Hälfte des 18. Jahrhunderts, Frankfurt a.M., New York 1987.
[23] Bertrand Binoche, Les trois sources des philosophies de l'histoire (1764-1798), Paris 1994.

schlecht unterrichtet – im Unterschied zur Vorgeschichte und Entstehung moderner Geschichtswissenschaft, die seit längerem im Mittelpunkt intensiver Forschungen steht.[24] Entweder wird der Zeitrahmen zu weit oder aber zu eng gefasst, um ein scharfes Bild von den Transformationen des philosophischen Geschichtsdenkens zu gewinnen.[25]

Thema sind hier deshalb die frühen philosophischen und in deren Umfeld die theologischen Versuche, den *einen* Gesamtsinn der *einen* Gesamtgeschichte zu eruieren. Das vorliegende Buch skizziert exemplarisch die

---

[24] Siehe z.B. Joseph M. Levine, The Autonomy of History. Truth and Method from Erasmus to Gibbon, Chicago, London 1999; Karen O'Brien, Narratives of Enlightenment. Cosmopolitan History from Voltaire to Gibbon, Cambridge 1997; Wolfgang Küttler/Jörn Rüsen/Ernst Schulin (Hg.), Geschichtsdiskurs. Bd. 2: Anfänge modernen historischen Denkens, Frankfurt a.M. 1994; Horst Walter Blanke, Historiographiegeschichte als Historik, Stuttgart-Bad Cannstatt 1991; Horst Walter Blanke/Dirk Fleischer, Aufklärung und Historik. Aufsätze zur Entwicklung der Geschichtswissenschaft, Kirchengeschichte und Geschichtstheorie in der deutschen Aufklärung. Mit Beilagen, Waltrop 1991; Ulrich Muhlack, Geschichtswissenschaft im Humanismus und in der Aufklärung. Die Vorgeschichte des Historismus, München 1991; Horst Walter Blanke/Jörn Rüsen (Hg.), Von der Aufklärung zum Historismus. Zum Strukturwandel des historischen Denkens, Paderborn, München, Wien, Zürich 1984; Arno Seifert, Cognitio historica. Die Geschichte als Namensgeberin der frühneuzeitlichen Empirie, Berlin 1976; Peter Hanns Reill, The German Enlightenment and the Rise of Historicism, Berkeley, Los Angeles, London 1975; Notker Hammerstein, Jus und Historie. Ein Beitrag zur Geschichte des historischen Denkens an den deutschen Universitäten im späten 17. und 18. Jahrhundert, Göttingen 1972; Georg G. Iggers, Deutsche Geschichtswissenschaft. Eine Kritik der traditionellen Geschichtsauffassung von Herder bis zur Gegenwart, München 1971 (3. Aufl. 1976), und schon Eduard Fueter, Geschichte der neueren Historiographie. Dritte, um einen Nachtrag vermehrte Auflage, besorgt von Dietrich Gerhard und Paul Sattler, München, Berlin 1936. Stark an der philosophischen 'Höhenkammliteratur' orientiert ist Robin George Collingwood, Idea of History, Oxford 1946, vgl. auch Robin George Collingwood, The Principles of History and Other Writings in Philosophy of History, ed. by W.H. Dray and W.J. van der Dussen, Oxford 1999.

[25] Zur zeitgenössischen Methodenreflexion der Geschichtsschreibung und Geschichtswissenschaft vgl. Astrid Witschi-Bernz, Bibliography of Works in the Philosophy of History 1500-1800 = History and Theory, Beiheft 12, Middletown (Conn.) 1972. Für deutsche Leser ist der Titel irreführend, insofern «Philosophy of History» hier historische Methodenlehre meint, so dass die initialen Werke der spekulativ-universalistischen Geschichtsphilosophie allesamt nicht verzeichnet sind (Vico so wenig wie Turgot, Iselin oder Kant).

Vor- und Frühgeschichte dessen, was in der zweiten Hälfte des 18. Jahrhunderts den Namen «Geschichtsphilosophie» erhält und *zur Deutung der Gesamtgeschichte spekulative Aussagen mit universalem Geltungsanspruch* wagt: Wie konnte Geschichte ein der Philosophie würdiger Gegenstand werden? Um der Pluralität der Entwürfe gerecht zu werden und nicht selbst in eine teleologische und damit geschichtsphilosophisch infizierte Ideengeschichtsschreibung zu verfallen, erörtert der erste Hauptteil (S. 65-344) markante geschichtstheologische und sodann geschichtsphilosophische Positionen vom Ende des 17. bis ins letzte Drittel des 18. Jahrhunderts, die als Knotenpunkte der Theorieentwicklung erscheinen. Der Untersuchung liegt die Intuition zugrunde, dass die spekulativ-universalistischen Geschichtsphilosophien in ihrer Formierungsphase weit grössere Beachtung verdienen, als ihnen bei der bisherigen Konzentration der Forschung auf die konsolidierten Formen idealistischer und postidealistischer Geschichtsphilosophie zuteil geworden ist. Die Einzelinterpretationen wollen als Beschreibung von Parallelaktionen dem Besonderen sein Recht lassen und verschiedene Funktionen des Geschichtsbezugs veranschaulichen: Philosophische Geistesgeschichtsschreibung soll Aufmerksamkeit für Dinge wecken, die sich entziehen – ohne sie in einer geschichtsphilosophischen Metaerzählung zu überformen.

Demgegenüber macht der zweite Hauptteil (S. 345-480) mit einer Topik Vorschläge zur motivgeschichtlichen Erschliessung der Vor- und Frühgeschichte von spekulativ-universalistischer Geschichtsphilosophie – Vorschläge, die als Prolegomena einer künftigen Problemgeschichte der aufklärungszeitlichen Geschichtsphilosophie verstanden werden dürfen, die bislang nicht zufriedenstellend geleistet worden ist.[26] Die autorenbezogenen Studien des ersten Teiles sollen die synoptischen Erörterungen im zweiten Teil überprüf- und nachvollziehbar machen; beide Teile können gleichwohl unabhängig voneinander gelesen werden.

---

26 Das immer noch lesenswerte Kompendium von Johannes Thyssen, Geschichte der Geschichtsphilosophie. 4. unveränderte Auflage, vermehrt um einen bibliographischen Hinweis von Klaus Hartmann, Bonn 1970, erhebt keinen Anspruch, auf den wenigen der Aufklärungszeit gewidmeten Seiten (31-59) eine solche Geschichte zu schreiben. Ähnliches gilt für neuere Darstellungen, wie etwa Angehrn, Geschichtsphilosophie, 57-86; vgl. auch schon Max Horkheimer, Anfänge der bürgerlichen Geschichtsphilosophie, Stuttgart 1930.

Bei der bisherigen Behandlung der Interferenzen von Geschichtsphilosophie und Geschichtstheologie wurde oft von allen Kontingenzen abgesehen, um einen möglichst eindeutigen Weg der Geschichte zu extrapolieren. Diesen Kontingenzen schenkt demgegenüber die vorliegende Arbeit ihre Aufmerksamkeit. Der Säkularisierungsbegriff kann in unserem Zusammenhang wenig heuristische Relevanz haben, da er rechtliche Ansprüche, Legitimitäten und Illegitimitäten suggeriert.[27] Darum kann es nicht gehen, wenn man Wechselwirkungen verstehen will.

Die Aufgabe, der ich mich hier stelle, ist primär «analytisch», insofern sie nach historischen Verwandtschaften, Wechselbeziehungen und Kausalzusammenhängen fragt – solche Kausalzusammenhänge einmal hypothetisch vorausgesetzt –, und nicht selbst nach dem «Sinn» der hier umrissenen Vor- und Frühgeschichte von spekulativ-universalistischer Geschichtsphilosophie.[28] Methode und Erkenntnisinteresse sind nicht die von der spekulativ-universalistischen Geschichtsphilosophie selbst etablierten, die auf Sinn- und Geschichtstotalität zielen. Von solchen Totalitätsannahmen sehe ich mich unter posthistoristischen Verhältnissen dispensiert; gegenwärtig stehen wir mit Sinn- und Ganzheitsansprüchen an *die* Geschichte womöglich wieder ungefähr dort, wo das Abendland vor der Erfindung der spekulativ-universalistischen Geschichtsphilosophie stand, nämlich bei der Delegierung dieser Ansprüche an ausserphilosophische, womöglich (para)religiöse Instanzen. Die (post)moderne Weigerung, Gesamtgeschichte als Sinneinheit zu deuten, ist freilich eine bewusste und rührt nicht daher, dass uns wie der Philosophie vor 1750 die Idee einer solchen Gesamtgeschichte als Sinneinheit fehlte,[29] sondern daher, dass diese

---

[27] Inwiefern die Säkularisierungshypothese in den historischen Wissenschaften gleichwohl noch heuristische Relevanz haben kann, zeigt eindringlich Sandra Pott, Säkularisierung in den Wissenschaften seit der Frühen Neuzeit. Bd. 1: Medizin, Medizinethik und schöne Literatur. Studien zu Säkularisierungsvorgängen vom frühen 17. bis zum frühen 19. Jahrhundert, Berlin, New York 2002.

[28] Zur Unterscheidung dieser beiden Typen philosophisch reflektierter Geschichtsbetrachtung siehe Lionel Gossman, Death in Trieste, in: European Studies, Jg. 22 (1992), 207-240, der sie am Fallbeispiel Johann Joachim Winckelmanns expliziert.

[29] In modernen Darstellungen geschichtsphilosophischer Theoreme überwiegt die Skepsis gegenüber hypertrophen Sinnstiftungsansprüchen der Philosophie, vgl. Andreas Cesana, Geschichte als Entwicklung? Zur Kritik des geschichtsphilosophischen Entwicklungsdenkens, Berlin, New York 1988, VIII.

Idee zu viele ungedeckte Wechsel auf unbewiesene Zukunftsräume ausstellt. Ich neige zur Vermutung, für eine starke Sinnhypothese gebreche es an hinreichend Anhaltspunkten, um sie auch nur *pro forma* aufrechtzuerhalten. Die Nichtvoraussehbarkeit der Zukunft scheint mir nicht von der Hand zu weisen.[30] Ein praktisch-systematischer Ertrag wäre aus der vorliegenden Untersuchung so allenfalls *ex negativo* zu gewinnen: Ihr metahistorisches Anliegen bestünde dann in der Desillusionierung überzogener Sinnerwartungen. So präsentierte sich die *historia* unverhofft wieder als *magistra vitae,* nämlich als Lehrmeisterin der Gelassenheit und des Verzichts. Die historische Frage nach der Sinnstiftungsfunktion von Geschichte provoziert oder setzt diejenige danach voraus, wie man heute die Sinnbedürfnisse bewältigt – d. h. kanalisiert, befriedigt oder abblockt. Womöglich empfiehlt es sich ja vor allem, Sinnerwartungen zu dämpfen.[31]

2. *Methoden und Stoffauswahl*

Bei der Erforschung der Genese spekulativ-universalistischer Geschichtsphilosophie wird im folgenden ein bestimmtes Beziehungsgeflecht in den

---

[30] Vgl. auch Karl R. Popper, The Poverty of Historicism [1944/45], London, Henley 1976, V-VII, der einen logischen Beweis für die rationale Unvorhersehbarkeit der Zukunft skizziert: Sein erster Satz stipuliert, dass die menschliche Geschichte durch das Anwachsen des Wissens stark beeinflusst werde, während wir gemäss dem zweiten Satz mit wissenschaftlichen Methoden das künftige Anwachsens des Wissens nicht vorhersagen können. Daraus folgert Popper dann, dass wir auch den künftigen Verlauf der Geschichte nicht vorhersagen können. Die Stichhaltigkeit dieser Argumentation steht und fällt freilich mit der Prämisse des starken Einflusses von Wissenszuwachs auf den Geschichtsverlauf: Wer sie leugnet oder relativiert und andere Faktoren für geschichtsverlaufsbestimmend hält (wie es ein Marxist tun könnte, gegen dessen Lehren Popper sich hauptsächlich wendet), wird sich auch mit der Konklusion nicht anfreunden.

[31] Vgl. Andreas Urs Sommer, Die Kunst des Zweifelns. Anleitung zum skeptischen Philosophieren, München 2005. Es dürfte dennoch deutlich sein, dass das vorliegende Buch trotz mancher konstruktivistischer Sympathien nicht im Stil von Theodor Lessings *Geschichte als Sinngebung des Sinnlosen* historische Realität überhaupt für rein subjektive Konstruktion und das Geschichtliche für ein irrationales Chaos hält, in das dann mittels «logificatio post festum» Sinnstrukturen eingeschrieben werden müssten: «Geschichte als Werteverwirklichung am Wertefreien»

Vordergrund gestellt, eben die Beziehungen zwischen der geschichtsphilosophischen und der geschichtstheologischen Theoriebildung. Damit soll nicht suggeriert werden, die Theologie sei der privilegierte oder gar einzige 'Diskurszusammenhang', in den sich die Geschichtsphilosophie einschreibt und von dem sie sich emanzipiert. Vielmehr hat dieses Beziehungsgeflecht – das sich keineswegs auf ein simples Abhängigkeitsschema reduzieren lässt – nur exemplarischen Charakter und will den andernorts noch zu leistenden Untersuchungen der Beziehung zwischen Geschichtsphilosophie und wissenschaftlicher Geschichtsschreibung oder derjenigen zwischen Geschichtsphilosophie und Naturwissenschaft keineswegs vorgreifen (vgl. aber S. 207-227). Für die Frage nach der Sinnstiftung durch Geschichte kommt den theologischen Entwürfen freilich eine besondere Relevanz zu. In der abendländischen Tradition waren diese Entwürfe bis zur Aufklärung vorherrschend – auch wenn zu klären sein wird, inwiefern sie Antworten auf die Fragen gaben, wie sie die Geschichtsphilosophie zu stellen begann. Die Fokussierung des 'Diskurszusammenhangs' von Geschichtsphilosophie und Theologie ermöglicht es – jenseits der Säkularisierungsdebatten –, ein *kontextualistisches Verständnis* der Geschichtsphilosophie zu entwickeln, das die landläufigen Isolationismen sowohl der Philosophie- wie auch der Theologiegeschichtsschreibung hin zu einer umfassenderen, philosophisch angeleiteten Geistesgeschichtsschreibung durchbricht.[32] Es wird zu zeigen sein, dass die wegen ihres vorgeblich fehlenden «Bezugs zum konkreten Menschen und seiner Geschichte» so gern gescholtene aufklärerische «Vernunftreligion»[33] vielleicht in Gestalt der spekulativ-universalistischen Geschichtsphilosophie ein Medium gefunden hat, diesen Bezug herzustellen.

(Theodor Lessing, Geschichte als Sinngebung des Sinnlosen oder Die Geburt der Geschichte aus dem Mythos [1919]. Nachwort von Christian Gneuss, Hamburg 1962, 95).

[32] Wobei der Terminus «Geistesgeschichte» hier keineswegs Harnacks späthegelianische Voraussetzung mitträgt, der Begriff impliziere: *«der Geist aber ist Einer»* (Adolf von Harnack, Ausgewählte Reden und Aufsätze. Anlässlich des 100. Geburtstages des Verfassers neu herausgegeben von Agnes von Zahn-Harnack und Axel von Harnack, Berlin 1951, 196).

[33] Richard Schaeffler, Religiöse Kreativität und Säkularisierung in Europa seit der Aufklärung, in: Mircea Eliade, Geschichte der religiösen Ideen, Bd. 4: Vom Zeitalter der Entdeckungen bis zur Gegenwart, Freiburg i. Br., Basel, Wien 2002, 419.

Das Bild des 18. Jahrhunderts ist in der Philosophiegeschichtsschreibung trotz immens angewachsener und hochspezialisierter Einzelforschungsaktivitäten mancherorts noch von Wunschdenken bestimmt. Traditionell beschreibt man es als eine Epoche, in der sich säkulare Vernunft endgültig gegen religiöse und andere Obskurantismen durchgesetzt habe. Auch die allgemeine dixhuitièmistische Forschung schenkte das Augenmerk lange recht einseitig dem politisch umstürzlerischen Potential der Aufklärung, kulminierend in der Kardinalfrage, ob und wie die Aufklärung zur Französischen Revolution geführt habe. In den letzten Dezennien hat sich zwar das Interesse an den sogenannten dunklen Seiten der Aufklärung und ihrer Zeit zu regen begonnen: Geradezu Mode ist es geworden, Aufklärung von ihren Peripherien her zu untersuchen; man liest viel über Magnetismus und Libertinismus oder über Geisterseher, Illuminaten und ähnlich subkutane Erscheinungen.[34] Hierbei vergisst man aber ebenso leicht wie bei der Identifikation der aufklärerischen Interessen mit den eigenen, dass die Menschen des 18. Jahrhunderts von religiösen, theologischen und metaphysischen Interessen weithin bestimmt waren – Interessen, die keineswegs nur den klandestinen Untergrund einer sonst von säkularer Vernunft erleuchteten Epoche ausmachten, sondern vielmehr den Horizont selbst der entschiedensten Aufklärer bestimmten (so wichtig es auch ist, den radikalen Untergrund der geistigen Topographie zu ergründen[35]). In der Aufklärungsepoche findet keineswegs nur Traditionsabbruch statt, sondern auch Traditionserhalt und Traditionstransformation. Dabei erweist sich gerade die Theologie des 18. Jahrhunderts als ein gerne ausgeblendetes Feld.[36] Die vorliegende

---

[34] Dabei hat jener Partikularismus überhandgenommen, den Friedrich Wilhelm Graf für den Zustand der Ideengeschichte insgesamt diagnostiziert: «Suchten einst Bildungsbürger ihren Wertekanon durch Ideengeschichte als allgemeingültig durchzusetzen, geht es nun um den Kult des Partikularen.» Friedrich Wilhelm Graf, Ideengeschichte, in: RGG⁴, Bd. 4, Sp. 20.

[35] Exemplarisch neuerdings Martin Mulsow, Moderne aus dem Untergrund. Radikale Frühaufklärung in Deutschland 1680-1720, Hamburg 2002.

[36] In der internationalen Aufklärungsforschung ist die Theologie(geschichte) kaum präsent, wie Sandra Pott in ihrem Bericht zum Zehnten Internationalen Aufklärungskongress in Dublin vom 25. bis 31. Juli 1999, in: Das Achtzehnte Jahrhundert, Jg. 23 (1999), Heft 2, 140, dokumentiert. Zu den theologieimmanenten Forschungshemmnissen siehe Kurt Nowak, Vernünftiges Christentum? Über die

Untersuchung versagt es sich, schematisierendem Wunschdenken stattzugeben, indem sie die Theorienbildung im 18. Jahrhundert umstandslos in die säkularen Raster des 20. oder 21. eintrüge und religiös-theologische Elemente als reaktionäre Restbestände marginalisierte. Diese Weigerung, das zu übersehen, was beim Studium der Quellen offen zutage liegt, verdankt sich freilich nicht einer ebenso zweifelhaften Absicht, das 18. Jahrhundert im Dienste moderner theologischer Ideen zu retheologisieren. Meine Arbeit verfolgt keine theologischen Absichten. Sie widersetzt sich nur dem Glauben an die ihrerseits stark geschichtsphilosophisch gefärbte Entwicklungsidee einer restlosen Emanzipation von religiösen Herkunftswelten.

«Die romantische Legende von der geschichtsfremden oder gar -feindlichen Aufklärung ist längst widerlegt».[37] Im Horizont der Fragestellung, wie Geschichte zum Gegenstand philosophischer Reflexion und zur Projektionsfläche praktisch-philosophischer Sinnansprüche werden konnte, soll hier eine vorsichtige Kontextualisierung philosophiehistorischer Doxographik angestrebt werden, ohne damit in mentalitäts- oder sozialgeschichtlichen Dilettantismus zu verfallen.[38] Auf Spekulationen sozial- oder mentalitätsgeschichtlicher Art will sich das vorliegende Buch möglichst nicht einlassen – ebensowenig wie auf eine ideenpolitische Instrumentalisierung des aufzuweisenden Beziehungsgeflechts von Geschichtstheologie und Geschichtsphilosophie. Wenn ich dieses Beziehungsgeflecht thematisiere, behaupte ich damit nicht, dass dies ein für die Gesamtgeschichte der Neu-

---

Erforschung der Aufklärung in der evangelischen Theologie Deutschlands seit 1945 = Forum Theologische Literaturzeitung, Bd. 2, Leipzig 1999. Studien zu den *Wechselbeziehungen* zwischen theologischen und profanen 'Diskursen' sind rar.

[37] Panajotis Kondylis, Die Aufklärung im Rahmen des neuzeitlichen Rationalismus, München 1986, 421. Vgl. auch Wilhelm Dilthey, Das achtzehnte Jahrhundert und die geschichtliche Welt, in: W. D., Gesammelte Schriften, Bd. 3, Leipzig, Berlin 1927, 209. In seinem lesenswerten Aufsatz verteidigt demgegenüber Wilhelm Weischedel, Voltaire und das Problem der Geschichte, in: Zeitschrift für philosophische Forschung, Jg. 2 (1947), 481-498, eine modifizierte Variante der These, wonach 'die' Aufklärung ungeschichtlich gewesen sei.

[38] Sehr berechtigt verwahrt sich gegen solchen Dilettantismus (freilich im Dienste einer 'reinen' Philosophiegeschichtsschreibung) Winfried Schröder, Ursprünge des Atheismus. Untersuchungen zur Metaphysik- und Religionskritik des 17. und 18. Jahrhunderts, Stuttgart-Bad Cannstatt 1998, 390 und passim.

zeit paradigmatischer oder gar schicksalhafter Zusammenhang gewesen sei, sondern will zeigen, dass seine von den Säkularisierungsdebatten abgelöste, sorgfältige historische Analyse Erkenntnisgewinn verspricht. Ein Ziel der Arbeit besteht darin, die Reflexionsdynamik im theologischen Umgang mit der Geschichte zu demonstrieren. Dies wurde bislang meist versäumt, insofern die Geschichtstheologie in der strategischen Anordnung des geistesgeschichtlichen Materials als statisches Gegenstück zur dynamischen Geschichtsphilosophie betrachtet und benötigt wurde.

Wenn ich kontextualistische Zugänge zu einem Abschnitt der Philosophiegeschichte suche, indem ich die Doxographik aufklärungszeitlicher Geschichtsphilosophie auf den Hintergrund paralleler geschichtstheologischer Entwürfe abblende, strebe ich zwar nach der partiellen Überwindung philosophie- wie der theologiehistorischer Isolationismen, möchte mich zugleich aber den gerade landläufigen Trends einer als *cultural studies* (miss-)verstandenen Historiographie nicht gänzlich ergeben. Es ist nicht möglich, die Genese der spekulativ-universalistischen Geschichtsphilosophie im Rahmen makrogeschichtlicher, mentalitärer und sozialer Veränderungen zu begreifen, wenn man über die Binnenstruktur der Transformationsprozesse innerhalb der geschichtsphilosophischen Theoriebildung so schlecht informiert ist, wie wir es noch sind. Es hat wenig Sinn, mit dem Anspruch auf methodisch kontrollierbare, historische Erkenntnis dieser Geschichtsphilosophie einen ganz bestimmten Platz im Gefüge einer Grosstheorie des neuzeitlichen Geschichtsverlaufs zuzuweisen, solange man sich nicht sehr genau darüber Rechenschaft gegeben hat, was man unter «Geschichtsphilosophie» subsumiert. Sobald man diese Rechenschaft ablegt, müsste auffallen, wie multifunktional sich der philosophische Geschichtsbezug im 18. Jahrhundert gestaltet hat. Sogar die spekulativ-universalistische Geschichtsphilosophie im engeren Sinn, die von der Jahrhundertmitte an mit dem Fortschrittstheorem operierte, lässt sich nur gewaltsam auf das Interesse an politischer Emanzipation und Freiheit festlegen (vgl. S. 407-416). Selbst wenn man mit der «Cambridge School» von John G.A. Pocock und Quentin Skinner philosophische «Ideen» nicht mehr pauschal als Epiphänomene des Klassenkampfes deutet, sondern als jeweils situativ plausible Reaktionsmuster auf konkrete Konflikte, ist man nicht davon entbunden, diese «Ideen» selbst einer vorgängigen Untersuchung zu unterziehen, um überhaupt zu verstehen, wie die Reaktionsmuster beschaffen sind, die man dann bestimmten Konflikten und sozialen Konstellationen zuordnet.[39] Was ich unternehme, ist eine solche vorgängige Untersuchung.

Was also als ein Stück konventioneller Geistesgeschichtsschreibung daherzukommen und alle Ansätze der Diskursanalyse im Gefolge von Michel Foucault zu ignorieren scheint, ist in Wirklichkeit ein Versuch, Transformationsprozesse im philosophischen «Ideengefüge» nachvollziehbar zu machen, ohne sich auf die kanonisierten, «grossen» Philosophen des 18. Jahrhunderts zu verlassen. Die Beschränkung auf diese Transformationsprozesse als solche, ohne breite Berücksichtigung der sozial- und mentalitätsgeschichtlicher Zusammenhänge, ist zum einen der praktischen Erfordernis der Komplexitätsreduktion geschuldet – das Beziehungsgeflecht von Geschichtsphilosophie und Theologie ist komplex genug. Zum andern gründet diese Beschränkung jedoch auf dem Misstrauen gegenüber Methoden, deren Verknüpfungen oft genug nur durch den Zwang des jeweils gewählten historiographischen Systemansatzes (bzw. der ihm zugrundeliegenden, implizit geschichtsphilosophischen Grosstheorie über den allgemeinen Zusammenhang menschlicher Dinge) oder durch freie, freilich dogmatisierende Assoziation bewirkt sind. Es ist also ein durchaus skeptischer Vorbehalt (im Sinne eines moderaten *Pyrrhonismus historicus*), der mir die exzessive Anwendung solcher Methoden für die Zwecke dieses Buches nicht geraten sein lässt: Bedenken gegenüber einer Historiographie, die die spekulativ-universalistische Geschichtsphilosophie in ihrem hypertrophen Willen zu einer Gesamtschau der Geschichte beerbt haben könnte, mahnen zu Vorsicht beim Gebrauch gerade modischer Methoden. Auch bei einen in seinen historischen Erkenntnisansprüchen bescheideneren Verfahren, wie ich es hier vorschlage, stösst man noch oft genug an die Grenzen des Wissbaren.

Indessen statuiert das vorliegende Buch auch kein Exempel in Antiquarismus oder in Mikrohistorie, wie sie neuerdings beispielsweise Alain Corbin am Leben eines gänzlich unbekannten Handwerkers auf souveräne Weise

---

39 Gewiss kann man nach der Soziogenese spekulativ-universalistischer Geschichtsphilosophie ebenso fragen wie man nach der «Soziogenese einer Utopie» gefragt hat (Norbert Elias, Thomas Morus' Staatskritik. Mit Überlegungen zur Bestimmung des Begriffs Utopie, in: Wilhelm Voßkamp [Hg.], Utopieforschung. Interdisziplinäre Studien zur neuzeitlichen Utopie, Bd. 2, Frankfurt a.M. ²1985, 104). Dies aber ist nicht die Aufgabe dieses Buches.

vorgeführt hat.[40] Zwar enthalten die autorenbezogenen Kapitel durchaus Elemente einer Mikrohistorie der Philosophie,[41] insofern die Darstellung der jeweiligen Positionen *zunächst* diese Positionen für sich, ungeachtet übergeordneter Entwicklungszusammenhänge, sprechen lassen will: Die Fallstudien verbinden Analyse mit Narration, ohne die eine Kontexterhellung schwerlich möglich wäre. Jedoch sind die ausgewählten Positionen keineswegs willkürlich oder ohne Rücksicht auf das historiographische Postulat übergeordneter Zusammenhänge ausgewählt. Sie werden als Zeichen eines (vielleicht nur imaginierten) Ganzen, eben der Geschichtstheologie oder der Geschichtsphilosophie interpretiert, so wenig wir zunächst über die Gestalt dieses Ganzen unterrichtet sind. Dieses Ganze kann uns auch am Ende nur in hypothetischer, nicht in seiner 'tatsächlichen' Form gegeben sein – weil es nicht möglich ist, den dann konstruierten Idealtypus von Geschichtsphilosophie oder Geschichtstheologie an irgendeiner Realität zu verifizieren. Das Verhältnis des einzelnen Zeichens zum Gesamttext lässt sich nur hypothetisch eruieren, weil der Gesamttext «Geschichtsphilosophie» hypothetisch bleibt.

Obwohl hier auf die Erarbeitung einer Sozialgeschichte der Ideen verzichtet werden muss, wird sich doch bei jedem einzelnen Autor die Frage stellen, welchen Bedürfnissen die jeweilige geschichtsphilosophische Theoriebildung entgegenkommt, welche Funktion sie im geistigen Gefüge der Zeit einnimmt. Diese Bedürfnisse und Funktionen gestalten sich polymorph und brauchen nicht miteinander identisch oder auf ein identisches Muster rückführbar zu sein. Dennoch kann man mit Niklas Luhmann den Blick auf das hypothetische Ganze der spekulativ-universalistischen Geschichtsphilosophie werfen und sich beispielsweise erkundigen, welche Rolle diese Geschichtsphilosophie bei der Umstellung von der stratifikatorischen zur funktionalen Differenzierung der Gesellschaft gehabt hat. Wenn der Sinn dieser Umstellung, die mit einer katastrophischen Destabilisierung bishe-

---

[40] Alain Corbin, Le Monde retrouvé de Louis-François Pinagot. Sur les traces d'un inconnu 1798-1876, Paris 1998. Zu den historiographischen Zielen der neuen Mikrohistorie, die sich von allen präfabrizierten Deutungsmustern der Makrohistorie befreien will, siehe Hans Medick, Mikro-Historie, in: Winfried Schulze (Hg.), Sozialgeschichte, Alltagsgeschichte, Mikro-Historie, Göttingen 1994, 40-53.

[41] Einen solchen Ansatz skizziert Mulsow, Moderne aus dem Untergrund, 30-32.

riger Gleichgewichte einhergegangen sein soll, in der Gewinnung weiterer Möglichkeiten der Differenzierung lag, ist damit nicht gesagt, dass die spekulativ-universalistische Geschichtsphilosophie einem einzigen neuen Muster gehorcht, nämlich (in der Vorhut oder im Gefolge Adam Smiths) demjenigen des Marktes.[42] Ähnlich wie Odo Marquard scheint Luhmann die neue Eminenz des Geschichtlichen als Kompensation neuer Unsicherheiten zu deuten.[43] Gegen eine bloss sekundäre Bedeutung des Geschichtlichen und darin eingeschlossen der Geschichtsphilosophie könnte man unter Berufung auf die Hypothese von der funktionalen Ausdifferenzierung statt dessen die Vermutung profilieren, das Aufkommen einer spekulativ-universalistischen Geschichtsphilosophie sei vielmehr ein (*à la longue* zum Scheitern verurteilter) Versuch, die sich funktional ausdifferenzierende Gesellschaft zu reintegrieren und zerfliessende, vielleicht bloss imaginierte Ganzheiten (wieder) herzustellen. Die schon im 18. Jahrhundert oft diagnostizierte Desintegration der Gegenwart würde geschichtsphilosophisch dann

---

[42] Vgl. Niklas Luhmann, Aufsätze und Reden, hg. von Oliver Jahraus, Stuttgart 2001, 286-289. Zu den stratifizierten Gesellschaften siehe Niklas Luhmann, Die Gesellschaft der Gesellschaft, Bd. 2, Frankfurt a. M. 1998, 678-706, zur Ausdifferenzierung von Funktionssystemen in der Neuzeit 707-743.

[43] «Seitdem Geschichte erzählte Geschichte ist und verstärkt noch seit dem Aufkommen des Romans und einer sich selbst reflektierenden Geschichtlichkeit, das heisst also seit dem 18. Jahrhundert, ist Beschreibung von Geschichte ein semantisches Instrument, mittels dessen man die Einheit der Vergangenheit als Garanten der Einheit der Gegenwart präsentierte. Beinahe könnte man sagen, die Einheit der Vergangenheit hatte die verlorengegangene Einheit der Gegenwart zu kompensieren. Die Einheit der Vergangenheit wurde als kohärente Ereigniskette, als Einheit der Vielheit dargestellt, als Einheit irgendeiner handelnden Instanz wie zum Beispiel des Romanhelden oder des Weltgeistes, dem die Geschichte als eine Bewegung in Richtung auf das vorgegebene Ziel der Selbstverwirklichung dient.» Luhmann, Aufsätze und Reden, 286f., vgl. auch Luhmann, Die Gesellschaft der Gesellschaft, Bd. 1, Frankfurt a. M. 1998, 574f.: «Im Übergang zur neuzeitlichen Gesellschaft zerbricht diese Absicherung des Sinns der Ereignisse in einer zeitlosen Ewigkeit. … Das 18. Jahrhundert reagiert darauf mit einem neuen Denken über historische Zeit und Geschichte, wobei die Geschichte in die Geschichte selbst eintritt und in jeder Zeit neu geschrieben werden muss. Der Raum der Geschichte ist jetzt zu klein für das, was man gegenwärtig tun möchte, ja tun muss, um in der Zukunft bestehen zu können.» Ebenfalls kompensatorisch versteht Luhmann, Die Gesellschaft der Gesellschaft, Bd. 2, 1008, die Entdeckung der Zukunft.

als Möglichkeitsbedingung künftiger Reintegration und Ganzheit verstanden (etwa in einer weltbürgerlichen Gesellschaft, die nicht nur ein Rechtszustand ist) – eine Auffassung, die sich in der Jenaer Romantik besonders akzentuiert. Die Funktionsanalogie zu theologischen Unternehmungen wäre dabei offenkundig.

Die Studien zu den einzelnen Autoren veranschaulichen, dass jeder geschichtsphilosophische und jeder geschichtstheologische Entwurf sich nicht nur in ganz spezifische Problemkontexte einordnet, sondern besondere Bedürfnisse befriedigt und Funktionen erfüllt. Die Auswahl der zu Rate gezogenen und eingehend behandelten Autoren als Repräsentanten bestimmter Theorietypen mit bestimmten Funktionen ist indes rechtfertigungsbedürftig und nicht bloss mit dem Hinweis auf ihre nicht weiter spezifizierte «Exemplarität» zu begründen. Zunächst handelt es sich mit Ausnahme Immanuel Kants ausnahmslos nicht um akademische Philosophen – ganz einfach, weil diese, wie zu diskutieren sein wird, am frühen geschichtsphilosophischen Diskurs kaum partizipierten. Sodann kommen akademische Fachhistoriker (etwa der Göttinger Schule von Johann Christoph Gatterer und August Ludwig Schlözer) hier nur selten zu Wort.[44] Die Abgrenzung zwischen reflektierter Geschichtsschreibung und Geschichtsphilosophie bleibt gerade in der zweiten Hälfte des 18. Jahrhunderts schwierig;[45] man könnte sogar behaupten, erst im 19. Jahrhundert habe sich die Trennung von Geschichts-

---

44 Siehe die systematisch orientierte Rekonstruktion der «Vorgeschichte des Historismus» bei Muhlack, Geschichtswissenschaft im Humanismus und in der Aufklärung, ferner Herbert Butterfield, Man on His Past. The Study of the History of Historical Scholarship [1955]. With a New Preface by the Author, Boston 1960, 32-61. Schlözer und Christoph Meiners adoptieren Iselins Schlagwort von der «Geschichte der Menschheit» für ihre der Geschichtsphilosophie abholde Historiographie (vgl. auch Martin Peters, Möglichkeiten und Grenzen der Rezeption Rousseaus in den deutschen Historiographien. Das Beispiel der Göttinger Professoren August Ludwig von Schlözer und Christoph Meiners, in: Herbert Jaumann [Hg.], Rousseau in Deutschland. Neue Beiträge zur Erforschung seiner Rezeption, Berlin, New York 1995, 267-289; Helmut Zedelmaier, Der Anfang der Geschichte. Studien zur Ursprungsdebatte im 18. Jahrhundert, Hamburg 2003, 270).
45 Um so grösser sind noch immer die Berührungsängste zwischen der philosophiehistorischen und der historiographiehistorischen Erforschung des 18. Jahrhunderts. So kommt, wenn man einem einschlägigen Bericht trauen darf, auch bei einem

wissenschaft und Geschichtsphilosophie endgültig etabliert.[46] In den Kapiteln 1, 2 und 9 des zweiten Teils werden deshalb die unterschiedlichen Ausdifferenzierungsprozesse von Geschichtsphilosophie und wissenschaftlicher Historiographie angesprochen, während hier als Argument für den weitgehenden Ausschluss der akademischen Fachhistoriker der Hinweis ausreicht, dass deren genuin geschichtsphilosophische Ansichten sich wenig von denen ihrer zeitgenössischen, hier vorgestellten 'popularphilosophischen' Kollegen unterschieden (vgl. z. B. S. 247-268).

Um die genetischen Prozesse, die zur Bildung der Geschichtsphilosophie geführt haben, repräsentativ und möglichst umfassend in den Blick zu bekommen, werden die Autoren aus verschiedenen Milieus und Ländern, nämlich aus Grossbritannien, Neuengland, Frankreich (und dem *Refuge*), Italien, Deutschland und der Schweiz rekrutiert. Ungarische, osmanische oder chinesische Geschichtsdenker haben im hypothetischen Konstitutionsgefüge spekulativ-universalistischer Geschichtsphilosophie keine Rolle gespielt, so dass sie hier keine Stimme haben, mag die um der Kontrastwirkung willen noch so hörenswert sein. Aber die Disparität der westeuropäischen geschichtsphilosophischen Positionen ist in sich schon zu gross, als dass im Rahmen eines lesbaren Buches an weiteren Kontrastwirkungen ernstlich gelegen sein kann. Ein wesentliches Kriterium der Auswahl ist denn auch die hinreichende Unterschiedenheit der einzelnen Positionen untereinander. Deswegen werden als Repräsentanten der Geschichtstheologie Autoren von divergenter konfessioneller und religionspolitischer Herkunft untersucht, während die frühe Geschichtsphilosophie von Autoren mit jeweils individuell stark profilierten Positionen vertreten wird.

Manche Autoren und Autorengruppen, denen man mit Recht wichtige geschichtsphilosophische Werke zuschreibt, treten nur am Rande auf: So sind die schottischen Aufklärer nicht in einem eigenen Kapitel behandelt, da ihre geschichtsphilosophischen Konzepte etwa demjenigen Isaak Iselins

---

Kongress, der die Geschichtsphilosophie ebenso zum Gegenstand hätte haben müssen wie die Geschichtsschreibung, erstere kaum vor, siehe Heinz Thoma, Bericht zu: Geschichte und Geschichtsschreibung in Deutschland und Italien im 18. Jahrhundert, Tagung in Halle/Saale und Leipzig, 26. bis 28. Mai 2002, in: Das Achtzehnte Jahrhundert, Jg. 26 (2002), Heft 2, 138f.

[46] Heinz Dieter Kittsteiner, Listen der Vernunft. Motive geschichtsphilosophischen Denkens, Frankfurt a. M. 1998, 7.

ähneln, während Voltaire sowohl Pierre Bayle als auch Henry St. John, Viscount Bolingbroke je nach Hinsicht nahekommt. Johann Gottfried Herders Geschichtsphilosophie gehört ins Umfeld derjenigen Immanuel Kants, während Moses Mendelssohn vor allem als Gegner der neuen spekulativ-universalistischen Geschichtsphilosophie, namentlich als Opponent Lessings profiliert ist.[47]

Bewusst wird Autoren der 'mittleren Lage' eine besondere Aufmerksamkeit zuteil, um so weder die hergebrachte philosophische Gipfelgeschichtsbetrachtung zu reproduzieren,[48] noch aus den Grüften der Clandestina-Forschung irgendwelche Mutmassungen über den untergründig 'wahren' Charakter der Aufklärungsepoche hervorzuzaubern. Diese zu ihrer Zeit vielgelesenen Autoren spiegeln die Aufstellungsordnung zeitgenössischer Bibliotheken und stellen so Normaltypen der geschichtsphilosophischen (bzw. geschichtstheologischen) Reflexion ihrer Zeit dar, wodurch sie versprechen, ein adäquates Bild der Theorietransformationen zu geben. Damit soll zugleich eine Kontextualisierung des scheinbar Extraordinären bewerkstelligt werden.[49] Ein gewisser Mut zur Willkür ist dabei unumgänglich, zumal die Topik des zweiten Hauptteils eine synoptische Perspektivierung vorschlägt, die das Divergente wiederum bündelt.

Die diachrone Anlage scheint die uneingestandene Wirksamkeit einer zwar gebrochenen, aber doch metaphysikverdächtigen Teleologie der Ge-

---

[47] Matt Erlin, Reluctant Modernism. Moses Mendelssohn's Philosophy of History, in: Journal of the History of Ideas, Bd. 63 (2002), Heft 1, 83-104, versucht neuerdings, Mendelssohns Opposition gegen die spekulativ-universalistische Geschichtsphilosophie als spezifische Reaktion auf Modernität insgesamt zu fassen. Vgl. auch Hans Liebeschütz, Mendelssohn und Lessing in ihrer Stellung zur Geschichte, in: Siegfried Stein/Raphael Loewe (Hg.), Studies in Jewish Religious and Intellectual History, Alabama 1979, 167-182.

[48] Vgl. dazu auch die Einleitung zu Andreas Urs Sommer (Hg.), Im Spannungsfeld von Gott und Welt. Beiträge zu Geschichte und Gegenwart des Frey-Grynaeischen Instituts in Basel 1747-1997, Basel 1997, 10.

[49] Dabei ist es unerlässlich, die Argumentation heute unbekannterer Autoren eingehender zu rekapitulieren als diejenige kanonischer: So erhält Henry St. John, Viscount Bolingbroke mehr Raum als Pierre Bayle, und Isaak Iselin mehr als Anne Robert Jacques Turgot. In einigen Fällen konnte eine tiefergreifende Auseinandersetzung mit der Sekundärliteratur unterbleiben, da ich diese bereits ausführlich an anderem Orte erbracht habe.

schichte zu belegen.⁵⁰ Eine solche gebrochene Teleologie ist insofern tatsächlich gegeben, als ich nach den Bedingungen der Genese spekulativ-universalistischer Geschichtsphilosophie frage, die Ende des 18. Jahrhunderts das philosophische Nachdenken über Geschichte schliesslich dominiert. Nun impliziert freilich diese Fokussierung keineswegs, dass die früheren geschichtsphilosophischen (und geschichtstheologischen) Projekte ihre Erfüllung oder ihr wahres Telos erst in den spekulativ-universalistischen Varianten geschichtsphilosophischen Nachdenkens fänden. Im Gegenteil könnte es sogar sein, dass manche der früheren Entwürfe modernen, posthistoristischen Intuitionen viel näher kommen, als dies die spekulativ-universalistischen Konstruktionen einer progressiven Einheit von Geschichte tun. Soweit Teleologie zielgerichtete Höherentwicklung bedeutet, widerstreitet sie der Absicht, aber auch den Methoden dieser Untersuchung. Was darin beschrieben wird, ist ein Wandel der Plausibilitäts- und Akzeptanzstandards verschiedener Weisen des philosophischen und des theologischen Nachdenkens über Geschichte. Es werden Wege abgeschritten, auf denen ein bestimmter Theorietypus herrschend wurde. Dass sich dieser Theorietypus, die spekulativ-universalistische Geschichtsphilosophie, selber historisiert und damit entplausibilisiert hat, ermöglicht uns erst einen nichtteleologischen Zugriff auf die zeitlich früheren geschichtsphilosophischen Theorietypen.

Die Auswahl der theologischen Autoren soll aufzeigen, welchem Wandel die theologische Reflexion über Geschichte im Rahmen der Aufklärung unterworfen war. Die Untersuchung setzt ein mit drei katholischen Autoren des späten 17. Jahrhunderts, die scheinbar noch eine ungebrochen traditionelle Lesart von Geschichte als Heilsgeschichte vertreten. Bei näherem

---

50 Heinz Dieter Kittsteiner, Dichtet Clio wirklich?, in: Gegenworte. Zeitschrift für den Disput über Wissen, hg. von der Berlin-Brandenburgischen Akademie der Wissenschaften, Heft 9, Frühjahr 2002, 41-45, will deutlich machen, dass teleologische Zurüstung auch in unserem heutigen Geschichtsschreiben noch wirksam sei, und spricht bei der in seinem Buch *Die Entstehung des modernen Gewissens* gezogenen Linie von Luther bis Kant von einer unvermeidlichen «eingeschränkten Teleologie»: «Für die agierenden Personen in und hinter den Texten darf ich sie nicht unterstellen, für sie ist das, was ich schon weiss, ein offener Entwurf in *ihre* Zukunft. Denn der Gegenstand des Historikers ist nicht schlechthin die Vergangenheit, sondern die vergangene Zukunft der Vergangenheit.» (A. a. O., 44)

Hinsehen zeigt sich jedoch, wie stark sie in ihrer jeweils an Augustinus orientierten Ausdifferenzierung heilsgeschichtlicher Schemata voneinander abweichen. Der Kirchenhistoriker *Sébastien Le Nain de Tillemont* nimmt eine derart scharfe Trennung zwischen *histoire sainte* und *histoire profane* vor, dass ihm eine heilsgeschichtliche Integration des gesamten geschichtlichen Stoffes verwehrt bleibt, so sehr er auch Beziehungen zwischen beiden Sphären konzediert. Er setzt damit die vom Jansenismus Port-Royals inspirierte, stark weltabgewandte Richtung katholischer Frömmigkeit – wie sie dem französischen Denken nicht nur in Gestalt von Antoine Arnauld und Blaise Pascal ein unverwechselbares Gepräge gegeben hat – in theologisches Geschichtsdenken um. Der königliche Beichtvater *Claude Fleury*, dem Jansenismus ebenso abhold wie den Jesuiten, besinnt sich demgegenüber auf die Narrativität von Geschichte, die sie als ideales Instrument der Vermittlung dogmatischer Lehren erscheinen lässt. Im Falle des Christentums ist Geschichte nach Fleury freilich weit mehr als blosses Transportmittel historischer Sachverhalte, sind doch viele christliche Glaubenswahrheiten eminent geschichtliche Wahrheiten, insofern Gott sich geschichtlich offenbart. Diese geschichtlichen Wahrheiten sind um ihrer selbst und um des Heiles willen als geschichtliche Wahrheiten wissensnotwendig. Daraus resultiert ein über die blosse Rekapitulation der heilsgeschichtlichen *facta* hinausgehendes, neues theologisches Interesse an Geschichte. Der machtvollste Repräsentant des Gallikanismus, *Jacques-Bénigne Bossuet*, zeigt sich den reträtistischen Bedürfnissen, die Tillemont in Geschichtstheologie umsetzt, nicht nur in kirchenpolitischen, sondern auch in geschichtstheologischen Belangen abgeneigt: Statt auf der Scheidung von *histoire sainte* und *histoire profane* zu beharren, verschmilzt er beide Bereiche zu einem grossen universalgeschichtlichen Panorama, das Gott gerade auch als Herr der weltlichen Geschichte ins rechte Licht rücken will. Dem Schema einer umfassenden Heilsgeschichte wird die weltliche Geschichte untergeordnet und so in ihrer theologischen Relevanz herausgestellt, statt sie wie Tillemont als blossen Annex zu behandeln. Dass dies alles der Legitimation des königlichen Gottesgnadentums dient, versteht sich fast von selbst.

Die geschichtstheologischen Interessen des radikalen deutschen Pietismus waren, wie die Kirchen- und Ketzergeschichtsschreibung *Gottfried Arnolds* vor Augen führt, solchen Absichten der Legitimation bestehender kirchlicher und weltlicher Verhältnisse genau entgegengesetzt. Arnolds Historiographie ist auf die Delegitimierung gegebener, traditionaler Ordnungen zugunsten eines entschiedenen Rückbezugs auf normative Ursprünge bedacht. Die Geschichte der Christenheit stellt sich so nicht als providentiell gelenkte Heilsgeschichte dar (geschweige denn als fortschrittlicher Prozess), sondern dokumentiert den Abfall von der ursprünglichen Reinheit. Freilich wird hier keine lineare Verfallsgeschichte konzipiert, vielmehr findet eine Fraktionierung theologisch begründeter Geschichtseinheit in eine Pluralität einzelner, mehr oder minder erbaulicher Geschichten statt, die zu individueller Orientierung und Bekehrung anleiten können. Zugleich bringt Arnolds Kirchengeschichtsschreibung mit ihrem Anspruch auf Unparteilichkeit einen Schub der Verwissenschaftlichung theologischen Geschichtsbezugs im Sinne profaner Historiographie mit sich. Demgegenüber strebt der letzte grosse, vom europäischen Aufklärungsdenken nicht unberührt gebliebene amerikanische Puritanertheologe *Jonathan Edwards* nach einer Wiederherstellung der heilsgeschichtlichen Integration der Gesamtgeschichte – eben einschliesslich der weltlichen Geschichte. Er bedient sich dabei einer typologischen Methode, die es ihm erlaubt, kausal miteinander nicht verknüpfte, historische Begebenheiten zueinander in Beziehung zu setzen und jedes einzelne historische Ereignis im Fahrplan des göttlichen Heilswerks zu situieren. Trotz des Bossuets *histoire universelle* verwandten Einheitsanspruchs organisiert Edwards den geschichtlichen Stoff insofern ganz anders, als er nicht auf die institutionellen Sicherheiten einer das Heil verwaltenden, sichtbaren Kirche vertraut und so überall nach unsichtbaren Zeichen der Erlösung Ausschau halten muss. Diese Erlösung ist in Gestalt von Erweckungen auch in der Gegenwart noch erfahrbar.

Weder die Desintegration der theologischen Einheit von Geschichte bei Arnold noch das vehemente Plädoyer für eine erlösungszentrierte Heilsgeschichte bei Edwards konnte eine Theologie, die sich selbst der Aufklärung verschrieb und als deren Vorreiterin verstand, befriedigen. Es ist aufschlussreich zu beobachten, dass die protestantische deutsche Aufklärungstheologie, die Neologie, in ihrer ersten Phase zwar individualeschatologische Ausblicke wagte, hingegen auf Mutmassungen zum Verlauf der Gesamtgeschichte verzichtete.[51] Bald jedoch eröffnet sich die Möglichkeit,

---

51 Dazu ausführlich Sommer, Sinnstiftung durch Individualgeschichte. Johann Joachim Spaldings *Bestimmung des Menschen*.

geschichtstheologische Elemente ins Raster eines vom philosophischen Geschichtsdenken übernommenen Fortschrittsschemas einzutragen. Von dieser Möglichkeit entschieden Gebrauch macht *Johann Friedrich Wilhelm Jerusalem,* der die Geschichte Gottes mit den Menschen als Erziehungsprozess eines sich immer weiter aufklärenden religiösen Bewusstseins schildert. Die Trennung von *historia sacra* und *historia profana* fällt dahin zugunsten einer progressiven Kooperation von Gott und Mensch, bei der den weltlichen Dingen keine allegorisch-typologische, sondern praktisch-moralische Relevanz zukommt. In dieser praktisch-moralischen Relevanz liegt für den Neologen auch die religiöse; offenbarungstheologische Dogmatik ist suspendiert. Die alte protestantische Forderung innerweltlicher Heiligung wird als moralisches Aufklärungspostulat neu interpretiert; Geschichte erscheint als eine von der göttlichen Vorsehung zwar angeleitete, aber nicht durch widernatürliche Eingriffe forcierte, einzige grosse Bewegung der Menschheit hin zu einem aufgeklärten Zustand. Das philosophische Fortschrittsmodell erleichtert die geschichtstheologische Arbeit insofern, als sie nun nicht länger das Unliebsame und Peinliche in der Geschichte als ketzerisch oder als unchristlich auszuklammern braucht, sondern als Vorstufe zur noch ausstehenden Perfektion interpretieren kann. Das von der Neologie eifrig gebrauchte und von Lessing übernommene Akkomodationsargument besteht darin, der göttlichen Offenbarung eine Anpassung an die jeweils historisch kontingente Auffassungsgabe der Menschen zuzuschreiben und damit das Ärgernis zu beseitigen, dass z. B. die Gesetzgebung Mose als göttliches Gesetz noch keinen aufgeklärten Begriffen genügt. So kann die Betrachtung des geschichtlichen Stoffes ganz vorurteilsfrei nach den neuesten Verfahren der sich zur Wissenschaft wandelnden Historiographie und der historisch-kritischen Exegese erfolgen, ohne dabei einen Verlust an geschichtstheologischer Aussagekraft befürchten zu müssen. In der theologischen Aufbereitung geschichtsphilosophischer Theoreme bei Jerusalem wird die spätaufklärerische Nähe und partielle Übereinstimmung von Geschichtstheologie und Geschichtsphilosophie besonders offensichtlich. Der Übergang zu den spekulativ-universalistischen Geschichtsphilosophie-Konzepten eines Lessing (mit Jerusalem persönlich bekannt) und eines Kant (mit Jerusalems Schriften gut vertraut) erfordert dann keine grössere Denkanstrengung mehr. Insofern haben wir in Jerusalems neologischem Geschichtsdenken die Abschlussgestalt der aufklärerischen Geschichtstheologie vor uns, nach deren Rekapitulation in der Ordnung der versammelten Einzelstudien die nicht primär theologisch interessierten, geschichtsphilosophischen Autoren folgen. Diese Autorengruppe wird mit Kant abgeschlossen, der eben nicht nur Jerusalem unmittelbar aufnimmt und die Geschichtsphilosophie des deutschen Idealismus einleitet, sondern eine Jerusalem durchaus vergleichbare, praktisch-moralisch orientierte Übereinstimmung von Geschichtsphilosophie und rationaler Geschichtstheologie skizziert. Am Ende des geschichtstheologisch-geschichtsphilosophischen Wechselspiels scheint der Streit der Fakultäten beigelegt und eine weitgehende Konvergenz hergestellt.

Von einer derartigen Konvergenz ist am Ende des 17. Jahrhunderts noch nichts zu merken. *Pierre Bayle,* der erste in der Reihe der behandelten philosophischen Autoren, problematisiert die *allgemeinen* Konvergenzgewissheiten von Philosophie und Theologie, von der sich die klassisch-rationalistische Metaphysik überzeugt gab. Die Zurückweisung der klassischen Theodizee-Argumente (eine Zurückweisung, die Leibniz schliesslich zu den *Essais de théodicée* motivieren sollte) zwingt Bayle eine skeptische Haltung gegenüber allen Versöhnungsangeboten der Vernunft auf – und lässt überdies auch die religiösen Lehren vom Zweifel nicht unberührt. Die geschichtstheologischen Angebote, menschliche Geschichte als Einheit zu fassen, verfehlen ebenfalls ihre Wirkung auf den *philosophe de Rotterdam:* Zu vieles von dem, was wir *histoire* nennen, passt nicht in die Schemata der Heilsgeschichte. Für den hugenottischen Glaubensflüchtling Bayle gerät die von Tillemont, Fleury und Bossuet prononcierte Idee einer die Heilsgüter im Verlauf der geschichtlichen Wechselfälle verwaltenden katholischen Kirche als Dienerin der heilsgeschichtlichen Vorsehung in die Nähe der Blasphemie. Einen die Gesamtgeschichte umfassenden göttlichen Heilswillen sieht Bayle zumindest in weltlichen Dingen nicht am Werk; er beschränkt sich auf die historisch-kritische Sicherung dessen, was wir geschichtlich für einigermassen gewiss halten dürfen. Bayles Fraktionierung des geschichtlichen Stoffes in einzelne Episoden, mit denen die Artikel seines *Dictionnaire historique et critique* bestückt werden, untergräbt die ontologische Subordinationsstruktur, die sowohl für die klassisch-rationalistischen Systeme der Metaphysik wie für die Systeme der barocken Theologie kennzeichnend war. Die blosse Koordination der Dinge erlaubt die philosophische Konzeptualisierung der Totalität von Geschichte noch nicht, sucht aber auch nicht wie Arnold bei einer transzendenzverweisenden Sinnaufladung der einzelnen Geschicht*en* Hilfe. Was bei Bayle geschichtsphilosophisch bleibt, ist Bescheidung mit den einzelnen, kritisch gereinigten Fragmenten geschichtlicher Überlieferung. Ob Geschichte tatsächlich ein wesentlicher *Gegenstand* philosophischen Denkens werden kann, ist mit Bayles historischem Kritizismus noch nicht ausgemacht.[52]

War Bayle vom Cartesianismus geprägt, von dem er sich mit seiner philosophischen Wendung zum Historischen zugleich absetzte, lagen *Henry St. John, Viscount of Bolingbrokes* denkerische Wurzeln in der empiristischen Tradition Grossbritanniens. Dies darf freilich nicht die Erwartung wecken, Bolingbroke werde die Frage nach den Möglichkeiten philosophischen Bezugs auf Geschichte einer empiristischen Fundamentalreflexion unterwerfen. Zu sehr ist Bolingbrokes Herangehensweise von der pragmatischen Absicht bestimmt, durch Geschichte künftigen Amtsträgern politische Belehrung angedeihen zu lassen. Ganz im Stil der alten *exempla*-Historie wird der geschichtliche Stoff zu diesem Zweck instrumentalisiert und in Einzelgeschichten mit Vorbildcharakter parzelliert. Von der *exempla*-Historie des Humanismus unterscheidet sich Bolingbrokes Ansatz allerdings dadurch, dass er im Gefolge Bayles strenge Massstäbe kritischer Überprüfung des Überlieferten einfordert und anwendet. So wird die Historie zum Kampfmittel gegen religiöse Hypertrophien und heilsgeschichtliche Projektionen (worin sich namentlich Voltaire Bolingbroke anschliessen sollte). Den Anwälten des Christentums schreibt der Viscount die Aufgabe ins Stammbuch, sie hätten die Offenbarung ihres Gottes rein historisch nachzuweisen – eine Aufgabe, an der sie vermutlich notwendig scheitern. Zugleich löst sich Bolingbroke von der Normativität der Antike, die für

---

52 Dass sie es z.B. in Deutschland noch länger nicht geworden ist, zeigt das Fehlen einschlägiger Stichworte bei Johann Georg Walch, Philosophisches Lexicon, darinnen die in allen Theilen der Philosophie, als Logic, Metaphysic, Physic, Pneumatic, Ethic, natürlichen Theologie und Rechtsgelehrsamkeit, wie auch Politic fürkommenden Materien und Kunst-Wörter erkläret, und aus der Historie erläutert; die Streitigkeiten der ältern und neuern Philosophen erzehlet, die dahin gehörigen Bücher und Schrifften angeführet, und alles nach Alphabetischer Ordnung vorgestellet worden, mit nöthigen Registern versehen und herausgegeben. Zweyte verbesserte und mit denen Leben alter und neuer Philosophen vermehrte Auflage, Leipzig (Joh. Friedrich Gleditschers seel. Sohn) 1733 (zum dortigen, recht konventionellen Artikel «Historie», Sp. 1458-1465, siehe unten S. 183, Fn. 216).

die humanistischen Vorgänger noch konstitutiv war. Der Grund für diese Loslösung besteht in der Ungesichertheit der Nachrichten, die wir aus der Antike hätten, sowie darin, dass sich die neuen Zeiten (seit etwa 1500) von den vorangegangenen Epochen grundsätzlich unterschieden. Damit artikuliert sich das Bewusstsein, dass die Geschichte nicht – wovon bisherige *exempla*-Historie stillschweigend ausgegangen war – die Wiederkehr strukturgleicher Ereignisse bedeutet, sondern es vielmehr die Möglichkeit echter Neuheit gibt. Auch bei Bolingbroke fehlt noch ein philosophischer Begriff geschichtlicher Einheit und Totalität; noch immer gibt es keine ganze und *eine* Geschichte.

Einen wesentlichen Schritt in Richtung solcher Vereinheitlichung geht *Giambattista Vico,* dessen neue Wissenschaft als systematischer Gegenentwurf zum Cartesianismus gedacht ist. Diesem Gegenentwurf zufolge kann nur dasjenige wahrhaft Gegenstand unserer Erkenntnis sein, was wir selber gemacht haben. Also ist die menschliche Kultur und damit die menschliche Geschichte der den Menschen allein zugängliche Bereich echter wissenschaftlicher Erkenntnis. Daraus folgt eine Umgestaltung der Struktur und Hierarchie von Wissenschaft nach 'kulturalistischen' Gesichtspunkten. Die bei Bolingbroke noch vorherrschende Beschränkung des Interesses auf politische Geschichte wird hin zu einer allgemeinen Kulturgeschichte durchbrochen. Gleichzeitig besteht Vico auf geschichtstheologischen Forderungen, die Bayle und Bolingbroke zumindest für die weltliche Sphäre nicht mehr aufrechterhalten konnten: Die neue Wissenschaft versteht sich als rationale Theologie der göttlichen Vorsehung. Diese Vorsehung hat freilich (wie bei Jerusalem) nur eine stabilisierende Funktion, insofern sie das geschichtliche Ganze in seinem regelmässigen Ablauf von *corso* und *ricorso,* in seiner wiederkehrenden Verlässlichkeit, garantiert. Nur das Auserwählte Volk erfreut sich einer partikularen und *de potentia absoluta* agierenden göttlichen Fürsorge. Begann die neuzeitliche Naturwissenschaft die äussere Natur mit neuer Methodik zu erschliessen, so wird bei Vico der Versuch unternommen, menschliches Tun gleichfalls auf wissenschaftliche Begriffe zu bringen und unter universelle Gesetzmässigkeiten zu subsumieren, für deren Gültigkeit eine rationaltheologisch gefasste, eben niemals willkürliche Vorsehung bürgen soll. Zwar nivelliert Vicos Universaltheorie menschlicher Kultur keineswegs die Mannigfaltigkeit der Erscheinungsweisen kultureller Äusserungen im weitesten Sinn, sondern zeigt im Gegenteil Aufmerksamkeit für deren Differenzen (beispielsweise für den Unterschied zwischen archaischer und moderner Denkweise). Dennoch folgt bei Vico aus dem Willen zur Wissenschaft die Reduzierbarkeit der Mannigfaltigkeit auf ein paar wenige universelle anthropologische Institutionen und universelle Geschichtsverlaufsschemata: Nur insofern es ein Prinzipienwissenwissen von solchen Konstanten gibt, kann die neue Wissenschaft überhaupt Wissenschaft sein. Dies wiederum führt dazu, dass trotz aller Mannigfaltigkeit bei Vico am Ende keine dynamische Geschichte des menschlichen Fortschritts resultiert, sondern eine philosophische Einheit der Geschichte durch ein zyklisches, Beständigkeit festschreibendes Modell. Damit freilich sind die Bedürfnisse nicht zu decken, die die spekulativ-universalistische Geschichtsphilosophie seit 1750 von der philosophischen Geschichtsreflexion befriedigt wissen will. Das blosse Wissen um das universelle Geregeltsein und den gesetzmässigen Verlauf menschlicher Dinge reicht nicht aus, um Geschichte als sinnvoll, ja sinnstiftend zu begreifen.

Während der Fokus auf politischer Geschichte im Laufe der geschichtsphilosophischen Reflexion zu einer allgemeinen kulturgeschichtlichen Betrachtung erweitert wird, dankt gleichzeitig die alte *historia naturalis* als Beschreibung aller natürlichen Dinge zugunsten disziplinär differenzierter, empirischer Naturwissenschaften ab. Eine der neuentstehenden Disziplinen, die Geologie, gewinnt eine spezifisch historische Dimension, insofern sie sich von der Historizität des biblischen Schöpfungsberichts distanziert und die auf ihn gründende Weltchronologie allegorisch deutet. Die Entdeckung der erdgeschichtlichen Dimension löst nun, wie am Beispiel von *Georges-Louis Leclerc, Comte de Buffon* rekapituliert wird, keineswegs einen Dezentrierungsschock des Menschen aus, der seine Gattung unversehens zu einer marginalen Existenz in der Abfolge ungeheurer erdgeschichtlicher Zeiträume verurteilt sähe. Vielmehr gelingt es Buffon, die Erdgeschichte vor dem Auftreten des Menschen als teleologisch gerichtet zu interpretieren und so den im Gefolge des Kopernikanismus verloren geglaubten Anthropozentrismus auch natur*geschichtlich* zu restituieren – einen Anthropozentrismus, der für die spekulativ-universalistische Geschichtsphilosophie konstitutiv wird. Zweifel an der Berechtigung dieses Anthropozentrismus artikuliert in geologischem Kontext gegen Ende des 18. Jahrhunderts *Georg Christoph Lichtenberg*. Seine kritischen, wissenschaftstheoretisch motivierten Anmerkungen zu den geogonischen Spekulationen seiner Zeitgenossen stossen sich indessen nicht daran, dass dem Menschen in weltzeitgeschichtlichen Dimensionen nur noch eine periphere Stellung zukommt. Eine erste Formulierung der Hauptsätze spekulativ-universalistischer Geschichtsphilosophie gibt 1750 *Anne Robert Jacques Turgot* in zwei Reden, die er vor den Theologen der Sorbonne zu halten hat. Darin ist das später unablässig variierte Motiv des geschichtlichen Fortschritts erstmals nicht wie in der *Querelle des anciens et des modernes* auf die Fortschritte in den Künsten[53] oder wie in der selbstbewussten modernen Naturwissenschaft auf die technisch-naturwissenschaftlichen Fortschritte eingeschränkt. Fortschritt meint bei Turgot vielmehr eine sich stetig potenzierende, positive Verlaufsrichtung der menschlichen Geschichte insgesamt. Der moralische Fortschritt spielt hierbei eine besonders wichtige Rolle. Subjekt dieses Fortschrittes ist das *genre humain*, die menschliche Gattung, die schon bei Augustinus und später bei Fleury die damals freilich noch theologische Einheit der Geschichte gewährleistet hat. In Turgots Skizze der menschlichen Geschichte als Fortschrittsgeschichte behalten rationaltheologische Elemente ihren festen Platz – keineswegs nur als opportunistische Akkomodationen ans theologische Publikum. Die positive Religion, das Christentum, erweist sich selbst als Triebfeder des Fortschritts – wohingegen die christentumskritischeren philosophischen Zeitgenossen Turgots in Frankreich (namentlich Voltaire[54]) keine lineare Fortschrittsgeschichte schreiben.

---

53 Vgl. dazu z. B. Hans Robert Jauss, Ursprung und Bedeutung der Fortschrittsidee in der «Querelle des Anciens et des Modernes», in: Helmut Kuhn/Franz Wiedmann (Hg.), Die Philosophie und die Frage nach dem Fortschritt, München 1964, 51-72. Neuerdings sind auch entlegene Quellentexte der *Querelle* zwischen 1634 und 1731 in einer ausserordentlich nützlichen Dokumentation greifbar, die Marc Fumaroli mit einem kundigen Essay versehen hat: Anne-Marie Lecoq (Ed.), La Querelle des Anciens et des Modernes XVIIe-XVIIIe siècles. Précédé de *Les abeilles et les araignées,* essai de Marc Fumaroli, Paris 2001.

54 Insofern scheint mir Eric Voegelins Verdacht, Voltaire schreibe «innerweltliche Heilsgeschichte» und leite die profane Fortschrittsgeschichtsschreibung ein, nicht gerechtfertigt (Eric Voegelin, Apostasie oder: Die Entstehung der säkularisierten Geschichte – Bossuet und Voltaire, hg. und mit einem Nachwort von Peter J. Opitz, München ²2004, 20f.). Für die von Voegelin und auch Karl Löwith versuchte Herleitung des triadischen Schema neuzeitlichen Geschichtsdenkens aus dem Denken Joachim von Fiores finde ich in den Texten des 18. Jahrhunderts – von Lessing einmal abgesehen (vgl. unten S. 292, Fn. 477) – kaum Anhaltspunkte.

Verhalten bei der Beurteilung der Rolle, die dem Christentum im Fortschrittsprozess zukommt, gibt sich *Isaak Iselin*, der die ganze Weltgeschichte nach den Gesichtspunkten dieses Prozesses erzählt und damit etwa die von Jean-Jacques Rousseau artikulierten Einwände gegen das Projekt Aufklärung als ganzes zu neutralisieren hofft. Der sogenannten deutschen Popularphilosophie zugehörig, fällt Iselin die Aufgabe zu, das Antwortvakuum zu füllen, das die Schulphilosophie mit ihren grossen Fragen hinterlassen hatte. Die Antworten liegen nicht mehr in den alten Sicherheiten der Leibniz-Wolffschen Metaphysik, sondern müssen eine neue Reflexionsform finden. Diese Reflexionsform ist die spekulativ-universalistische Geschichtsphilosophie, die das überkommene Ordnungs- und Sinnbedürfnis in einem Feld zu befriedigen sich anschickt, das ausserhalb der Theologie nie im Ruf gestanden hatte, Ordnung oder Sinn zu beherbergen – eben das Feld der Geschichte. Wenn der Nachweis gelingt, dass jener Bereich, in dem Ordnung und Sinn gemessen an den strengen Massstäben der neuzeitlichen Wissenschaft am wenigsten offenkundig ist, nämlich der Bereich der von Menschen gemachten Welt, kurz: die Geschichte, bei näherer Betrachtung sehr wohl von Ordnung und Sinn durchwaltet ist, dann fällt es leicht, auch die anderen Bereiche des Weltganzen unter Sinnverdacht zu stellen. Genau diesen Nachweis will Iselin führen, indem er das scheinbar Ungeordnete und Chaotische der Geschichte mit der Abfolge von drei Phasen der Gattungsentwicklung erklärt, die der menschlichen Individualentwicklung korrespondieren: Sinnlichkeit, Einbildungskraft, Vernunft. Mit der Anwendung dieses Schemas, das das moralische Vervollkommnungspostulat der Aufklärung aufnimmt, verliert die Idee des Gattungsfortschritts ihre Willkürlichkeit: Einerseits ist es nach Iselin die Natur des Menschen als Individuum wie als Gattungswesen, die den Gedanken des Fortschritts und damit auch einer philosophischen Einheit von Geschichte unausweichlich macht. Andererseits beansprucht Iselin, das Fortschrittsmodell nicht aus abstrakter Reflexion auf die Natur des Menschen gewonnen zu haben, sondern vielmehr aus der konkreten Anschauung, die ihm die Beschäftigung mit der Geschichte gewährt hat. Wissenschaftstheoretisch oszilliert die frühe spekulativ-universalistische Geschichtsphilosophie zwischen empiristischen und rationalistischen Ansätzen; Geschichtsphilosophie erscheint eher als ein belletristisches Unternehmen denn als ein streng wissenschaftliches.

Wie stark die Überzeugung eines geschichtlich wirksamen Gattungsfortschritts in den nächsten Jahren Schule machen sollte, wird augenfällig in *Louis-Sébastien Merciers* Adaption des alten Genres der Utopie in geschichtsphilosophischer Absicht: In seinem Roman *L'An deux mille quatre cent quarante* situiert Mercier die ideale Gesellschaft nicht mehr auf einem abgelegenen Eiland oder auf dem Mond, sondern verlegt sie ins Paris der Zukunft. Damit ist das utopische Gemeinwesen nicht bloss der radikale Gegenentwurf zur bestehenden Gesellschaft des *Ancien Régime,* sondern zugleich das kausale Produkt dieser bestehenden Gesellschaft, falls die Dinge während 670 Jahren ihre moralisch bestmögliche Wendung nehmen. Merciers Zukunftsutopie benötigt das geschichtsphilosophische Fortschrittsmodell, um an den Verhältnissen seiner Gegenwart schärfste Kritik zu üben; seine Verzeitlichung der Utopie verdeutlicht, dass die utopischen Ziele sehr wohl in gemeinsamer Anstrengung der Menschen geschichtlich realisiert werden können. Die These von der Machbarkeit der Geschichte erhält mit Merciers ungemein erfolgreichem Buch starken Nachdruck. Die Zukunft wird nicht länger gefürchtet, sondern herbeigesehnt. Rationaltheologische (insbesondere physikoteleologische) Prämissen grundieren Merciers Zukunftsgesellschaft ebenso wie die Haltung des Ich-Erzählers. In dieser populären Ausprägung zehrt die spekulativ-universalistische Geschichtsphilosophie nach wie vor von metaphysisch-rationaltheologischen Grundoptionen und will diese Grundoptionen anhand des geschichtlichen Stoffes plausibilisieren.

In *Gotthold Ephraim Lessings* vieldiskutierter *Erziehung des Menschengeschlechts* werden mit dem Begriff der Spekulation die Bemühungen bezeichnet, die Sätze der Offenbarung nach und nach mit Vernunftsanstrengung einzuholen. Die Verquickung der religions- und der geschichtsphilosophischen Perspektive wird wiederum erkauft mit der auch in der Neologie eines Jerusalem vorgezeichneten inhaltlichen Entleerung der Offenbarung. Offenbarung wird mit einem Leitbegriff der Geschichtsphilosophie, wie er sich etwa bei Iselin findet,[55] analogisiert und sogar identifiziert, nämlich mit dem Begriff der Erziehung. Trotz prinzipiell offener Zukunftsräume soll das Vertrauen in eine rationaltheologisch gefasste Vorsehung fundamentiert werden. Liest man Lessings Entwurf als Versuch einer geschichts-

---

[55] Siehe Andreas Urs Sommer: Geschichte als Trost? Isaak Iselins Geschichtsphilosophie, Basel 2002, 40-42.

philosophischen Theodizee, ist der hier verteidigte Gott weniger der Gott der jüdisch-christlichen Tradition: Es ist der Gott der metaphysischen Rationaltheologie – spinozistisch gelegentlich einfach «Natur» genannt –, der aber, nicht nur im Nebengeschäft, zugleich geschichtlich agiert. Charakteristisch für Lessings Erziehungsschrift ist, dass sie sich nicht begnügt mit dem Trostversprechen, das die Geschichtsphilosophie seit Turgot und Iselin im Ausblick auf künftig bessere Menschheitszustände bereithält. Bei Lessing wird die Vorstellung leitend, dass die gattungsmässige Vervollkommnung die Vervollkommungsaussichten des Individuums nicht beeinträchtigen dürfe: Die Gerechtigkeit des metaphysischen Gottes kann nur dann gerechtfertigt werden, wenn das Individuum nicht bloss als Mittel zum geschichtlichen Gattungszweck gebraucht wird. Daher sekundiert die geschichtsphilosophische Aussicht auf Gattungsfortschritt die Aussicht auf unbeschränkten individuellen Fortschritt, der nicht ins Jenseits vertagt wird: Komplementär zum Gattungsfortschritt wird die Wiedergeburt des Individuums postuliert – beides freilich nur in hypothetischer Form.

Immanuel Kant, mit dem die Reihe der geschichtsphilosophischen Autoren beschlossen wird, kommt im Entstehungsprozess der spekulativ-universalistischen Geschichtsphilosophie eine synthetisierende Stellung zu. Kant legt die Grundlagen für eine spekulativ-universalistische Geschichtsphilosophie, die dann im Deutschen Idealismus mit dem Anspruch einer Wissenschaft auftreten kann.[56] In materialer Hinsicht unterscheiden sich Kants geschichtsphilosophische Entwürfe nicht wesentlich von dem, was etwa Iselin zwei Jahrzehnte früher vorgetragen hat. Wichtiger sind Kants Reflexionen auf den wissenschaftstheoretischen Status, den man der Geschichtserkenntnis im allgemeinen und dem Modell des Fortschritts im besonderen zubilligen kann. Unter den Voraussetzungen der Kantischen Erkenntniskritik ist es unmöglich, theoretisches Wissen vom (künftigen) Verlauf der Geschichte zu erwerben. Kant akzentuiert die schon bei Iselin bemerkbaren und bei Lessing artikulierten Zweifel an der Wissenschafts-

---

56 Noch im umfangreichen *Philosophischen Real-Lexicon* von Lossius sucht man Einträge zu «Geschichte», «Historie» oder gar «Geschichtsphilosophie» und «Philosophie der Geschichte» vergebens (Johann Christian Lossius, Neues philosophisches allgemeines Real-Lexicon oder Wörterbuch der gesammten philosophischen Wissenschaften in einzelnen, nach alphabetischer Ordnung der Kunstwörter auf einander folgenden Artikeln, 4 Bde., Erfurt [J. E. G. Rudolphi] 1803-1805).

fähigkeit der Geschichtsphilosophie. Hingegen kann es eine theoretische Hypothese, ja ein praktisches Postulat der menschlichen Vernunft sein, an Fortschritt in der Geschichte zu glauben. Geschichtsphilosophie avanciert so zur Abschlussfigur der Moralphilosophie und beglaubigt die Sätze der moralischen Rationaltheologie. Wie sehr sich die spekulativ-universalistische Geschichtsphilosophie bei Kant auf klassisch theologische Felder begibt, demonstriert abschliessend eine Analyse von Kants Interpretation der menschlichen Ursprungsgeschichte in der Genesis – eine Interpretation, die dezidiert geschichtsphilosophisch ausfällt.[57] Es ist kein Zufall, dass Kant hier in seinem Grundanliegen über weite Strecken mit Jerusalem übereinstimmt, mit dessen geschichtsphilosophischer Revitalisierung der Theologie die geschichtstheologischen Studien ihren Abschluss finden.

Der Topik-Entwurf, dem der zweite Hauptteil dieser Untersuchung gewidmet ist, gruppiert das in den Einzelstudien erarbeitete Material motivgeschichtlich. Die autorenbezogenen Kapitel, unverbunden nebeneinander gestellt, dokumentieren zwar verschiedene Wegmarken des geschichtsphilosphischen und geschichtstheologischen Denkens, nicht aber den Weg selbst. Es ist denn auch nicht *ein* Weg, den dieses Denken nimmt, sondern eine ganze Anzahl verschiedener Wege, die mitunter in dem kulminieren, was hier spekulativ-universalistische Geschichtsphilosophie heisst, mitunter gerade nicht. Der Topik-Entwurf soll eruieren, an welchen thematischen Orten sich philosophisches und theologisches Geschichtsdenken sedimentiert, welche Ortsveränderungen stattfinden und wie thematische Orte im Laufe der zwischen 1700 und 1780 stattfindenden Veränderungen im geistigen Gefüge Europas neu lokalisiert werden. Man wird sich auch danach zu erkundigen haben, was auf den Wegen zur spekulativ-universalistischen Geschichtsphilosophie auf der Strecke bleibt. Die Eindimensionalität der autorenbezogenen Studien soll so eine perspektivische Vertiefung erfahren. Welche Topoi im einzelnen zu erörtern sind und wie es um ihren internen Zusammenhang bestellt ist, wird zu Beginn des zweiten Hauptteils in einer kurzen Einleitung erläutert (vgl. S. 347-350).

---

[57] Woraus ich aber im Unterschied zu Zedelmaier, Der Anfang der Geschichte, 9, nicht ableite, die Frage nach dem Ursprung der Geschichte sei *die* «'geheime' Triebfeder» der Entstehung von (spekulativ-universalistischer) Geschichtsphilosophie.

Wenn ich von Topik statt von Genealogie (Friedrich Nietzsche) oder Archäologie (Michel Foucault) spreche, dann melde ich damit eine skeptische Reserve gegenüber dem allfälligen parametaphysischen Anspruch an, es gelänge uns je, in die Ursprungsschichten historischer Phänomene vorzudringen, wie das die Metaphorik von Archäologie oder Genealogie suggerieren könnte. Hier muss es genügen, die Phänomene selbst auf der Karte der Geistesgeschichte einigermassen adäquat und in angemessenen Distanzen einzutragen, auf die Gefahr hin, manche Berge doppelt und manche Untiefen dreifach zu verzeichnen. Meine Kausalitätsannahmen sind auf *habit* und *custom* gründende Mutmassungen. Immerhin steht bei der ganzen Unternehmung, die hier in historischer Absicht unternommen wird, auch systematisch einiges auf dem Spiel, könnte sich spekulativ-universalistische Geschichtsphilosophie doch als Ideologisierung, mithin als Selbstaufhebung von Aufklärung entpuppen, insofern nicht auszuschliessen ist, dass Aufklärung sich mittels Geschichtsphilosophie gegen Selbstkritik und Selbstaufklärung immunisierte. So müsste – was im folgenden nur am Rande geschehen kann – weiter darüber nachgedacht werden, ob die Geschichtsphilosophie den Selbstverlust kritischer Aufklärung nach sich zieht und sich endlich selbst erledigt. Hier habe ich die erste Hälfte der Problemgeschichte von spekulativ-universalistischer Geschichtsphilosophie zu umreissen: Die Bedingungen der Möglichkeit ihrer Entstehung und ihres Erfolges, aber nicht die zweite Hälfte: die Bedingungen der Möglichkeit ihres Endes.

3. Begriffe

Manche Begriffe, mit denen dieses Buch operiert, fügen sich keiner Definition im strengen Wortsinn. Sie sind als Abbreviaturen oder Extrapolationen bestimmter historischer Phänomene gedacht und dienen dazu, spezifische Erscheinungen auf dem hier untersuchten historischen Feld abkürzend, aber doch prägnant zu fassen. Der folgende Abschnittt liefert orientierende Vorbegriffe dessen, was danach historisch konkretisiert und differenziert werden soll.[58]

---

[58] «Ein ... historischer Begriff ... kann ... nicht nach dem Schema: 'genus proximum, differentia specifica' definiert (zu deutsch: 'abgegrenzt'), sondern er muss aus sei-

Begriffe 47

So liegt dem, was *Sinnstiftungsfunktion* der Geschichte genannt wird, nicht die metaphysische Annahme zugrunde, es *gebe* so etwas wie einen feststehenden oder eruierbaren *Sinn der Geschichte* (= *Sinn*$_1$).[59] Sinn$_1$ meint eine überindividuell intelligible, positive Bedeutung: So weiss ich z. B., wenn ich an den Sinn$_1$ von Geschichte glaube, dass die Geschichte eine auch andern Menschen ansinnbare, positive Wertigkeit hat.[60] Ordnung, Vorsehungsbestimmtheit oder «Richtung auf Vollendung»[61] kann ein solcher Sinn$_1$ der Geschichte sein.[62] Wenn hier von Sinnstiftungsfunktion der Geschichte gesprochen wird, ist nicht gemeint, die Geschichte (was immer das sein mag) *habe* eine überindividuell intelligible, positive Bedeutung,

---

nen einzelnen der geschichtlichen Wirklichkeit zu entnehmenden Bestandteilen allmählich *komponiert* werden. Die endgültige begriffliche Erfassung kann daher nicht am Anfang, sondern muss *am Schluss* der Untersuchung stehen» (Max Weber, Gesammelte Aufsätze zur Religionssoziologie, Bd. 1 [1920], Tübingen ^{9}1988, 30).

[59] Zur Durchsetzung des Ausdrucks «Sinn der Geschichte» erst gegen Ende des 19. Jahrhunderts siehe Jörn Stückrath, «Der Sinn der Geschichte». Eine moderne Wortverbindung und Vorstellung?, in: Klaus E. Müller/Jörn Rüsen (Hg.), Historische Sinnbildung. Problemstellungen, Zeitkonzepte, Wahrnehmungshorizonte, Darstellungsstrategien, Reinbek bei Hamburg 1997, 48-78, sowie Jörn Rüsen, Was heisst: Sinn der Geschichte?, a. a. O., 17-47. Systematisch untersucht den Begriff Emil Angehrn, Vom Sinn der Geschichte, in: Volker Depkat/Matthias Müller/Andreas Urs Sommer (Hg.), Wozu Geschichte(n)? Selbstvergewisserung und Wandel in geschichtstheoretischen und geschichtsphilosophischen Gegenwartsdebatten, Stuttgart 2004, 15-30.

[60] Der Sinnbegriff, der der Rede von der «Sinnstiftungsfunktion» der Geschichte zugrundeliegt, ist also stärker inhaltlich bestimmt als derjenige der soziologischen Systemtheorie, derzufolge «keine gesellschaftliche Operation» ohne Gebrauch von Sinn auskommen kann (Luhmann, Die Gesellschaft der Gesellschaft, Bd. 1, 44). In Luhmannscher Terminologie würde es z. B. keinen Sinn machen, der philosophischen Geschichtsdeutung Pierre Bayles Sinnstiftungsaspirationen abzusprechen – in unserer Terminologie hingegen sehr wohl.

[61] Wilhelm Schmidt-Biggemann, Erwarten. Über die gegenwärtigen Formen der Zukunft, in: Helmut Holzhey/Georg Kohler (Hg.), In Erwartung eines Endes. Apokalyptik und Geschichte, Zürich 2001, 10.

[62] «[E]in vernünftiger Sinn ..., ein λογος, der auch die geschichtliche Welt zum Kosmos macht» (Wilhelm Windelband, Geschichtsphilosophie. Eine Kriegsvorlesung. Fragment aus dem Nachlass, hg. von Wolfgang Windelband und Bruno Bauch, Berlin 1916, 10).

sondern, dass man unter gewissen Voraussetzungen der Geschichte prädiziert, sie sei in der Lage, selber Sinn zu stiften. Es geht bei der Sinnstiftungsfunktion der Geschichte also nicht nur um den intrinsischen $Sinn_1$ der Geschichte – die positive Bedeutung, die Geordnetheit oder Gerichtetheit von Geschichte –, sondern um einen $Sinn_2$, der über die Geschichte selbst *hinausweist:* Spreche ich von der Sinnstiftungsfunktion der Geschichte, dann soll das heissen, dass man der Geschichte die Funktion zuweist, überindividuell intelligible, positive Bedeutung auch für Bereiche *ausserhalb* der Geschichtserzählung und -rekapitulation zu stiften, im Leben überhaupt zu orientieren. Derjenige, der die Geschichte für sinnstiftend hält, behauptet, sie bringe ein ihr übergeordnetes Worumwillen, einen $Sinn_2$ hervor, der auf weitere Bereiche ausgreift und mir (und allenfalls der gesellschaftlichen Gruppe, der ich angehöre) hilft, mich in der Welt insgesamt zurechtzufinden. Eben diese Sinnstiftungsfunktion beginnt nun die spekulativ-universalistische Geschichtsphilosophie der Geschichte als ganzer (nicht mehr nur, wie traditionelle Geschichtstheologie, der Heilsgeschichte) zuzuschreiben.[63] Der Begriff der *Geschichte* selbst stellt sich bei den behandelten Autoren als polymorph dar und ist zunächst als Einheit im nichttheologischen Kontext gar nicht gefasst. Daher erweist es sich für das Vorgehen im Rahmen dieses Buches als sinnvoll, die Begriffsentwicklung von «Geschichte» erst nach den Fallstudien im ersten Kapitel der Topik (S. 351-369) eigens zu erörtern. Der Bezug auf Geschichte meint bei den geschichtsphilosophischen Autoren des 18. Jahrhunderts den Bezug auf die *res gestae,* nicht auf die *historia rerum gestarum.* Sinn wird der Abfolge der geschichtlichen Ereignisse zugesprochen, woraus dann erst folgt, dass auch die Geschichtserzählung sinnvoll zu sein hat.

Das neue Medium dieser Sinn-Zuschreibung ist das, was hier *spekulativ-universalistische Geschichtsphilosophie* genannt wird. Sie ist nicht das einzige, aber doch das eigentümlich neue Medium solcher Zuschreibung. *Universalistisch* ist sie, insofern der gesamte Verlauf der menschlichen

---

63 «Wenn nur das Ganze den Sinn umschliessen und gewähren kann, welches ist dann noch ein Ganzes der Weltzeit? Von dieser so oder anders formulierten Frage rührt die Mächtigkeit der Geschichtsphilosophie her. Sie enthält die Überzeugung oder gibt vor, noch von einem Ganzen der Geschichte sprechen zu können» (Hans Blumenberg, Lebenszeit und Weltzeit [1986], Frankfurt a. M. 2001, 86).

Geschichte auf dem ganzen Erdball ihr Thema darstellt. Darin ist sie der sich zeitgleich etablierenden fachwissenschaftlichen Universalhistorie verwandt, deren «Gegenstand» nach August Ludwig Schlözers klassischer Formulierung «die *Welt* und das menschliche Geschlecht» ist, die zeitlichen Veränderungen («Revolutionen») unterliegen.[64] Der Universalismus der Geschichtsphilosophie und der fachwissenschaftlichen Universalhistorie impliziert nicht nur bei Schlözer die Einsicht in das geschichtliche Gewordensein und die Veränderbarkeit menschlichen Seins: «Der Mensch ist von Natur nichts, und kann durch Conjuncturen alles werden; die *Unbestimmtheit* macht den zweiten Theil seines Wesens aus.»[65] *Spekulativ* ist diese universalistische Geschichtsphilosophie, insofern sie aus einer sehr beschränkten Anzahl kontingenter historischer Tatsachen einen kontinuierlichen und zielgerichteten Verlauf der Geschichte ableitet oder doch eine solche Ableitung als (moralisches oder ontologisches) Postulat nahelegt, und diese Ableitung zugleich als spezifische Tätigkeit der Vernunft versteht, die sich über Geschichtserkenntnis zur Erkenntnis höchster Gegenstände wie etwa eines Welturhebers erhebt.[66] Philosophische Geschichtserkenntnis im Unterschied zu historisch-wissenschaftlicher ist spekulativ, insofern sie transempirisch ist.[67] In einer solchen Bestimmung des spekulativen Elements wird die in der Neuzeit bis hin zum Deutschen Idealismus gängige – aber etwa von Lessing nicht geteilte (vgl. S. 291-310) – Entgegensetzung von Praxis und (unnützter) Spekulation aufgehoben im Sinne von Leibnizens Brief an Gröning vom 24. Dezember 1696: «Sentio enim omnem scientiam, quanto magis est speculativa, tanto magis esse practicam, id est tanto quemque ad praxin esse aptiorem, quanto rem quae ipsi tractanda est melius consideravit.»[68] Praxis und Spekulation gehen in der spekulativ-uni-

---

[64] August Ludwig Schlözer, Vorstellung seiner Universal-Historie [1772/73]. Mit Beilagen neu hg. von Horst Walter Blanke, Waltrop 1997, [Bd. 1, 1772], § 1, 3.
[65] A.a.O., § 3, 6.
[66] In ähnlichem Sinn spricht Friedrich Rapp, Fortschritt. Entwicklung und Sinngehalt einer philosophischen Idee, Darmstadt 1992, 185, von «Voltaires empiristischer Kritik der spekulativen Geschichtsphilosophie».
[67] Vgl. auch Seifert, Von der heiligen zur philosophischen Geschichte, 84.
[68] Zitiert nach Sabrina Ebbersmeyer, Spekulation, in: HWPh, Bd. 9, Sp. 1355-1372, Sp. 1363.

versalistischen Geschichtsphilosophie eine Symbiose sowohl in weltbürgerlicher Besserungsabsicht wie in metaphysischer Erkenntnisabsicht ein. So ist dieser Typus Geschichtsphilosophie vor der etwa von Edmund Burke geäusserten Kritik am «Spekulationismus» nicht gefeit,[69] insofern auch die geschichtsphilosophische Spekulation das Partikulare zugunsten abstrakter Allgemeinheit und Universalität zu vernachlässigen droht. Die Anwendung des Spekulations-Begriffs auf einen spezifischen Typus von Geschichtsphilosophie weist überdies darauf hin, dass sich im Deutschen Idealismus die Geschichte dieser Geschichtsphilosophie fortsetzt, ohne dass ihre Erscheinungsformen im 18. Jahrhundert doch zu blossen Präludien vorgeblich gereifterer Erscheinungsformen bei Fichte, Schelling und Hegel degradiert werden dürften: Die spekulativ-universalistische Geschichtsphilosophie des 18. Jahrhunderts hat ihr eigenes 'Recht' und ihre eigenen, hier zu untersuchenden Weisen, Universalgeschichte mit Spekulation zu verbinden.

Typischerweise vertritt die spekulativ-universalistische Geschichtsphilosophie eine Theorie umfassenden *Fortschritts* (vgl. S. 421-435) in der Geschichte ebenso wie die Forderung, man solle mit dem Wirken der sich in der Geschichte manifestierenden *Vorsehung* zufrieden sein (vgl. S. 382-399), und verspricht dafür *Trost* (vgl. S. 472-480). Sie wird mit dem dafür häufig verwendeten Begriff des *Optimismus* unzureichend charakterisiert. Optimismus ist zunächst eine bestimmte metaphysische Konzeption, nämlich diejenige von Gottfried Wilhelm Leibniz und seiner Adepten, die davon ausgehen, dass die von uns bewohnte Welt die beste aller möglichen Welten *(mundus optimus)* sei.[70] Sodann spricht man im 20. Jahrhundert zur Cha-

---

69 Siehe Leo Strauss, Naturrecht und Geschichte [1956], Frankfurt a. M. 1977, 316-318. «Der 'Spekulationismus' in seiner gründlichsten Form wäre die Ansicht, dass alles von der Praxis benötigte Licht von der Theorie, Philosophie oder Wissenschaft gespendet wird. Gegenüber dieser Anschauung behauptet Burke, dass die Theorie als Richtschnur für die Praxis ungenügend sei, und überdies eine wesentliche Tendenz habe, die Praxis irrezuleiten.» (317) Strauss interpretiert Burkes vielgerühmte «Wendung zur Geschichte» als «Rückkehr zur traditionellen Auffassung von den wesentlichen Beschränkungen der Theorie im Unterschied zur Praxis oder Klugheit» (ebd.). Diese Rückkehr ist schon durch Bolingbroke vorbereitet, vgl. unten S. 165-182.
70 Vgl. Gottfried Wilhelm Leibniz, Die Theodizee. Von der Güte Gottes, der Freiheit des Menschen und dem Ursprung des Übels [1710], hg. und übersetzt von Herbert

rakterisierung bestimmter anthropologischer Ansätze von einem *optimistischen Menschenbild*, das davon ausgeht, dass der Mensch grundsätzlich zum allgemeinen Guten hin geneigt und fähig sei, das allgemeine Gute auch zu tun – im Unterschied zum pessimistischen Menschenbild, das z. B. unter der Prämisse der Erbsündentheologie dem Menschen sowohl die Fähigkeit als auch die Geneigtheit zum Guten abspricht.[71] Solcher anthropologischer Optimismus steht in keiner direkten Beziehung zum metaphysischen Optimismus; die anthropologische Annahme, der Mensch sei gut, hiesse wohl angemessener «bonistisch» (versus «malistisch»). Wichtiger aber ist es, festzuhalten, dass die spekulativ-universalistische Geschichtsphilosophie *keine* natürliche und systematische Verbindung mit dieser optimistischen Anthropologie oder mit dem metaphysischen Optimismus einzugehen braucht. Weder ist für diese Form des geschichtsphilosophischen Denkens die Annahme konstitutiv, dass wir in der besten aller möglichen Welten leben, noch, dass der Mensch, um dessen Geschichte es geht, an sich gut sei. Allenfalls wird dieses Denken von der Annahme begleitet, dass diese Welt insofern gut oder gar die beste sei, als sie das Potential in sich trage, zur besten zu werden, oder von der Annahme, der Mensch entwickle sich im Verlaufe der Geschichte hin zum Guten. Angemessener als vom Optimismus der spekulativ-universalistischen Geschichtsphilosophie würde man demnach von ihrem *Ameliorismus*, allenfalls von ihrem *Perfektibilismus* sprechen.[72]

Die spekulativ-universalistische Geschichtsphilosophie, die der Überzeugung Ausdruck gibt, die Geschichte sei als umfassender Verbesserungsprozess zu verstehen (so wenig sie dabei Rückschritte und Antithesen aus-

---

Herring = G. W. L., Philosophische Schriften, hg. und übersetzt von Hans Heinz Holz, Bd. 2/1, Frankfurt a. M. 1996, 219 (Teil 1, § 7).
[71] Dazu Henri Gouhier, L'Anti-humanisme au XVIIe siècle, Paris 1987.
[72] «Perfektibilität» gehört zu den Programmideen der deutschen Aufklärung, vgl. Norbert Hinske, Die tragenden Grundideen der deutschen Aufklärung. Versuch einer Typologie, in: Raffaele Ciafardone, Die Philosophie der deutschen Aufklärung. Texte und Darstellungen. Deutsche Bearbeitung von Norbert Hinske und Rainer Specht, Stuttgart 1990, 424-426, und Gottfried Hornig, Perfektibilität. Eine Untersuchung zur Geschichte und Bedeutung dieses Begriffs in der deutschsprachigen Literatur, in: Archiv für Begriffsgeschichte, Bd. 24 (1980) [recte: 1982], Heft 2, 221-257.

zuschliessen braucht), avanciert im Laufe des 18. Jahrhunderts zum gängigsten Medium, der Geschichte die Fähigkeit zur Stiftung von $Sinn_2$ zu attestieren, da Geschichte $Sinn_1$ ohnehin aufweise. Beide Behauptungen sind freilich gewagt und voraussetzungsreich; in ihnen manifestiert sich der spekulative Charakter der neuen Form der geschichtsphilosophischen Reflexion. Auch sind beide Behauptungen nicht notwendig miteinander verknüpft: Sehr wohl liesse sich mutmassen, Geschichte weise einen $Sinn_1$ auf – sei ein geordnetes Geschehen –, ohne zugleich annehmen zu müssen, aus diesem $Sinn_1$ folge ein $Sinn_2$, also ein Sinn, der über die Geschichte selber hinausweist und uns etwa darüber belehrt, wie wir uns in der Welt sonst zu verhalten oder was wir von der Ordnung des Universums insgesamt zu glauben haben. Die traditionelle *exempla-Historie* (vgl. S. 370-381), die die Geschichte als Konglomerat beispielhafter Einzelepisoden versteht, verbindet ebenfalls beide Sinndimensionen, mit einer bezeichnenden Differenz allerdings: Auch sie geht davon aus, dass Geschich*ten* Sinn haben, jedoch ist nicht *die* Geschichte als Gesamtheit, als ein einziger, alles umfassender Prozess hier Sinnträger: Die *exempla*-Historie schreibt einzelnen historischen Tatbeständen, schreibt Einzelgeschichten Sinn zu, wobei jede dieser Einzelgeschichten als *exemplum* einen anderen, partikularen Sinn (= $Sinn_3$) haben kann, während die Summe der Einzelgeschichten ohne $Sinn_1$ als Gesamtsinn *der* Geschichte auszukommen. Hingegen ist es für die Anwendungsorientiertheit der *exempla*-Historie konstitutiv, dass die partikularen $Sinne_3$ immer bezogen sind auf einen über die Geschichte selbst hinausweisenden, aber gleichfalls partikularen $Sinn_4$, insofern die Imitation der den *exempla* entnommenen Handlungsmaximen in der Gegenwart und Handlungswelt des Rezipienten geschehen soll. Auch der *exempla*-Historie ist es demnach, wenn auch stark abgeschwächt, um die Sinnstiftungsfunktion der Geschichte, genauer freilich um die Sinnstiftungsfunktion von Geschich*ten* zu tun.

Nun hält die spekulativ-universalistische Geschichtsphilosophie verschiedene Vorschläge bereit, wie $Sinn_1$ und $Sinn_2$ von Geschichte jeweils gefüllt werden könnte. Ihr typischer Vorschlag für $Sinn_1$ ist die Deutung der Geschichte als in sich kohärentes und konsistentes Fortschrittsgeschehen, woraus sich dann als $Sinn_2$ ein allgemeines Vertrauen in das Vorhandensein und in die Wohlbeschaffenheit der Weltordnung ableiten lässt. Der Geschichte und ihrer Sachwalterin, der Geschichtsphilosophie, scheinen die Sinnstiftungs- und Sinnansprüche vornehmlich unter Umständen zuzuwachsen, die man sehr allgemein als partiellen Verlust selbstverständlicher religiöser und metaphysischer Grundannahmen beschreiben kann. Nach einer umfassenden Sinnstiftungsdimension von Geschichte – also nicht bloss nach der Stiftung von partikularen Sinnen$_3$ und Sinnen$_4$ in der *exempla*-Historie – wird erst da mit philosophischem Anspruch geforscht, wo sich aus dem Kosmos, der Schöpfungsordnung oder der besten aller möglichen Welten ein umfassender, alles integrierender Sinn$_2$ nicht mehr fraglos und selbstverständlich ergibt. Die Geschichte steigt in diesem Augenblick zur Platzhalterin der alten theologisch-metaphysischen Weltordnung auf, ist ihr doch der entscheidende Vorteil eigen, den Beweis für ihre Wohlgeordnetheit nicht *actualiter* erbringen zu müssen, sondern ihn auf der Zeitachse beliebig in die Vergangenheit oder in die Zukunft transponieren zu können: Zwar – so kann der Historiker oder der Geschichtsphilosoph als rückwärts oder vorwärts gewandter Prophet verkünden – zwar macht das gegenwärtige Antlitz der Welt mitnichten den Anschein von Ordnung, aber diese Ordnung ist im Blick auf Vergangenheit und/oder Zukunft sehr wohl zu finden. Und diese Ordnung, als die der Sinn$_1$ von Geschichte erscheint, wird dann Garant für Sinn$_2$, nämlich eine umfassende Welt(orientierungs)ordnung. Die Positivierung der irdischen *Zukunft* durch die spekulativ-universalistische Geschichtsphilosphie ist eine entscheidende Weichenstellung für das Selbstverständnis der Moderne. Hundert Jahre früher hatte Thomas Hobbes den Menschen mit dem gefesselten Prometheus verglichen, weil er wie dieser vorausschauend beständig von nagender Zukunftsangst geplagt werde – eine Angst, zu deren Abhilfe nach Hobbes die Religion erfunden worden sei.[73] Die geschichtsphilosophische Erwartung künftiger angstfreier irdischer Verhältnisse war noch nicht absehbar.

Die *Geschichtstheologie* ging selbstverständlich davon aus, dass zumindest Teile dessen, was wir jetzt die Geschichte nennen, einen Sinn$_1$ ausweisen. Dieser Sinn$_1$ von Geschichte ist jedoch nur Widerschein von geoffenbartem Sinn$_2$, der über das Geschichtliche selbst weit hinausgreift, und nicht dessen eigentlicher Beweis oder gar dessen konstitutive Bedingung. Die Struktur der Geschichtstheologie, zumindest in ihrer offenbarungs-

---

73 Thomas Hobbes, Leviathan [1651], ed. by C. B. Macpherson, Harmondsworth 1985, I 12, 169f.

theologisch sedimentierten Normalgestalt,[74] ist vom Begründungsgang her derjenigen der Geschichtsphilosophie insofern entgegengesetzt, als sich die Geschichtstheologie erst in dem Augenblick etabliert, wo man schon an Sinn$_2$, nämlich an die Existenz eines einzigen Gottes als Weltschöpfer und Weltlenker glaubt, der als solcher dann auch noch Herr der Geschichte sein muss. Daraus erst ist Sinn$_1$ abzuleiten, nämlich z. B. die Geschichte Israels als göttliches Erziehungsunternehmen oder die Kirchengeschichte als Heilsgeschichte. Die spekulativ-universalistische Geschichtsphilosophie verfährt umgekehrt, insofern sie ihren Rezipienten zunächst Sinn$_1$ von Geschichte ansinnt, und dann auf einen das Geschichtliche und die Geschichte transzendierenden Sinn$_2$ extrapoliert (die Hypothese eines solchen Sinns$_2$ ist freilich von Anfang an mitgesetzt). Sie entstand daher zu einer Zeit, als Sinn$_2$ nicht mehr fraglos gegeben war, sondern man sich seiner auf vielfältige Weise neu zu vergewissern versuchte, wobei es für diese Sinn$_2$begründungsweisen symptomatisch ist, dass sie von der Erschliessung eines partikularen Bereiches (z. B. Geschichte, Kunst, Naturwissenschaft) und seines Sinns spekulativ den argumentativ schwer einholbaren Sprung zum Postulat eines Gesamtsinns der Welt wagten oder doch empfahlen.

Spekulativ-universalistische Geschichtsphilosophie ist das prominenteste Mittel, mit dem sich eine um ihre metaphysischen, d. h. vor allem rationaltheologischen Sicherheiten gebrachte Aufklärung erneut letzter Grundlagen versichern wollte. Sie ist Mittel der *Selbststabilisierung* der Aufklärung – eine Selbststabilisierung, deren die Aufklärung unter dem Druck der nicht mehr metaphysisch zu bewältigenden Übel (vgl. S. 441-457) und genereller Aufklärungskritik (vgl. S. 436-441) mehr und mehr bedurfte. Bei diesem Unternehmen kam ihr der eigene kritische, ideologiefeindliche Anspruch regelmässig ins Gehege. Immerhin erwuchs die Geschichtsphilosophie zunächst (bei Bayle, Bolingbroke und Voltaire) durchaus der

---

74 Allerdings dürfte sowohl die Ursprungsgestalt der Geschichtstheologie bei den Propheten (Jesaja, Jeremia, stark akzentuiert bei Deutero-Jesaja) und im Pentateuch als auch die neutestamentliche Eschatologie gleich wie die spekulativ-universalistische Geschichtsphilosophie unter mentalitären und 'weltanschaulichen' Krisenbedingungen entstanden sein. Die Predigt der Propheten mag mit ihrer steten Erinnerung daran, was Gott dem Volk Israel Gutes getan hat, ebenfalls als Versuch gewertet werden, Sinn$_2$ unter Rückgriff auf Sinn$_1$ evident zu machen.

Kritik an überlieferten Geschichtsbildern;[75] der kritische Impetus richtete sich gegen die Zurechtmachungen historischer Tatbestände gerade auf Seiten der Theologen und der politischen Machthaber. Mit dem rein kritischen Geschäft konnte sich ein aufklärerisches Denken von dem Augenblick an nicht mehr begnügen, als die eigenen 'weltanschaulichen' Gewissheiten, die den Massstab der Kritik an theologisch und machtpolitischen interessierten Geschichtsbildern abgegeben hatten, selber von dieser Kritik affiziert wurden. So fiel der philosophischen Geschichtsbetrachtung eine weit schwierigere Aufgabe zu als bloss die kritische: Sie sollte nun selbst jenen $Sinn_2$ stiften, der für die bisherige kritische Geschichtsbetrachtung oft noch selbstverständlich in moralischen, metaphysischen und (rational)theologischen Überzeugungen Bestand gehabt hatte, nun jedoch selber zur Disposition gestellt war. Die spekulativ-universalistische Geschichtsphilosophie sollte genau diese Überzeugungen revidieren und in neuer Weise plausibilisieren, nachdem deren Plausibilität empfindliche Einbussen erlitten hatte. Zunächst entwickelte sich die spekulativ-universalistische Geschichtsphilosophie komplementär zum kritischen Selbstverständnis der Philosophie – komplementär zum Abbau hergebrachter metaphysischer Komplexität in der Aufklärung. Zugleich erbte die Geschichtsphilosophie eine ganze

---

[75] Vgl. z. B. Wilhelm Kamlah, Utopie, Eschatologie, Geschichtsteleologie. Kritische Untersuchungen zum Ursprung und zum futurischen Denken der Neuzeit, Mannheim, Wien, Zürich 1969, 44: Voltaires «Verwendung des *Ausdrucks* 'philosophie de l'histoire' darf nicht darüber hinwegtäuschen, dass er die Geschichtstheologie durch seine radikale Kritik *beseitigt,* dass er sie keineswegs in eine philosophische futurische Geschichtsdeutung umwandelt.» Für die Rezeptionslage des späten 19. Jahrhunderts ist Overbecks Bemerkung nach der Feststellung, Voltaire habe die Geschichtsphilosophie dem Begriffe nach geschaffen, aufschlussreich: «So wäre denn eine Disciplin, welche gegenwärtig ein besonders verhätscheltes Schooskind der verschimmeltsten Theologie geworden ist, ein Erzeugniss der Aufklärung, ja ihres verrufensten Propheten. ... Geschichtsphilosophie ist überhaupt eine recht bedenkliche Wissenschaft und von der modernen Theologie aber ist für sie Heil am allerwenigsten zu erhoffen, so eifrig das Ding in diesen Kreisen gegenwärtig getrieben werden mag. Denn was für seltsam duftende Blüthen sind es, die gerade hier unter der Zucht der bestrenommirten Gärtner heutzutage gedeihen?» (Franz Overbeck, Kirchenlexicon, ediert in: Andreas Urs Sommer, Der Geist der Historie und das Ende des Christentums. Zur «Waffengenossenschaft» von Friedrich Nietzsche und Franz Overbeck. Mit einem Anhang unpublizierter Texte aus Overbecks «Kirchenlexicon», Berlin 1997, 128).

Reihe von Funktionen der alten Metaphysik; sie bleibt metaphysikgebunden[76] und eben spekulativ.[77]

Die Entstehungsbedingungen spekulativ-universalistischer Geschichtsphilosophie fügen sich keinen simplen säkularisationstheoretischen Schemata. Die neue Art, philosophisch über Geschichte nachzudenken und ihr Sinn$_2$stiftungsfunktion zuzuschreiben, hat in der christlichen Geschichtstheologie katholischer und protestantischer Konfession eher eine ältere Schwester oder Cousine als eine direkte Ahnherrin. Auffällig ist überdies, dass in aufklärungswilligen protestantischen Kontexten die Geschichtstheologie erstaunlich schnell bereit ist, sich der Geschichtsphilosophie anzuverwandeln (Jerusalem, vgl. S. 133-150). Die für die spekulativ-universalistische Geschichtsphilosophie konstitutive Fortschrittsidee, so wenig es sich dabei um die Mutation einer eschatologischen Gerichtserwartung zu handeln braucht,[78] wurde bald theologisch verwertet (katholischerseits in Turgots erstem *Discours,* vgl. S. 231-241). Auf der andern Seite geht es nicht an, den Kern der spekulativ-universalistischen Geschichtsphilosophie auf die Fortschrittsidee zu reduzieren, wie es gemeinhin geschieht. Vielmehr ist diese Idee nur ein Instrument, die hochgesteckten Erwartungen an die philosophische Geschichtsdeutung nach dem allmählichen Niedergang metaphysischer Letztgewissheiten zu befriedigen. So liesse sich das Aufkommen

---

[76] Die klassische Metaphysik selbst ist etwa nach der Diagnose Friedrich Heinrich Jacobis (1743-1819) ja gerade am «Problem der Zeit» gescheitert, vgl. Birgit Sandkaulen, Grund und Ursache. Die Vernunftkritik Jacobis, München 2000, 142.

[77] Vgl. auch die Skizze, die Strauss, Naturrecht und Geschichte, 333, von der Genese der Geschichtsphilosophie zeichnet: «Als die Metaphysik nunmehr dazu kam, menschliches Handeln und sein Ergebnis als das Ziel zu betrachten, auf das alle anderen Wesen oder Prozesse gerichtet sind, wurde sie zur Geschichtsphilosophie. Geschichtsphilosophie war ursprünglich Theorie, d.h. Kontemplation über menschliches und damit notwendigerweise über vollendetes menschliches Tun; das setzte voraus, dass menschliches Handeln von Bedeutung, also Geschichte war. Indem die Praxis zum höchsten Anliegen der Philosophie wurde, hörte sie auf, eigentliche Praxis, d.h. Beschäftigung mit den *agenda* zu sein.» Derart linear wird man sich, wie im folgenden zu zeigen sein wird, die Genese der Geschichtsphilosophie freilich nur bedingt vorstellen dürfen, wiewohl die metaphysische Verschränkung von Theorie und Praxis in der spekulativ-universalistischen Geschichtsphilosophie unleugbar ist.

[78] Siehe Blumenberg, Die Legitimität der Neuzeit, 39-45.

der Geschichtsphilosophie durchaus als *Kompensation* von metaphysischen Gewissheitsverlusten beschreiben,[79] jedoch wäre dann die Genese der rationalistischen Metaphysik des 17. Jahrhunderts ebenfalls eine Kompensation positiv-religiöser Gewissheitsverluste im Zuge konfessioneller Dissense – und die Genese der monotheistischen Offenbarungsreligionen womöglich die Kompensation des Verlustes von antik-polytheistischem Kosmosvertrauen. Man könnte fortfahren bis zu Adam und Eva, deren Urbarmachung der Welt im Schweisse ihres Angesichts nichts anderes als eine Kompensation der Vertreibung aus dem Paradies gewesen sein müsste. Kompensationstheoretisch lässt sich schlechterdings jede Innovation in der Geschichte der Menschen erklären – was wiederum die Erklärungskraft der Theorie erheblich mindert: Man könnte von ihr genaue Auskunft darüber verlangen wollen, weshalb ein (Gewissheits-)Verlust ausgerechnet diese und nicht irgendeine andere Kompensationserscheinung hervorgerufen hat.

Die Rede von der Kompensation könnte die zweifelhafte Legitimität der als Kompensationsprodukt verstandenen Phänomene implizieren. Da jedoch jedes historische Phänomen als Kompensationsphänomen verstanden werden kann, würde die Illegitimerklärung letztlich das Gewesene insgesamt betreffen, so dass sich eine mit Illegitimitätsverdacht operierende Kompensationstheorie als Variante von Nietzsches «kritischer Historie» entpuppte, die letztlich «jede Vergangenheit» der «Verurtheilung» für wert erachtete.[80] Derlei universalgeschichtlicher 'Nihilismus' kann bei allem kritischen Interesse nicht die Endabsicht des vorliegenden Buches sein, so wenig es ihm um eine Revitalisierung der spekulativ-universalistischen Geschichtsphilosophie zu tun ist. Ein rein kompensatorisches Verständnis dieser spezifischen Form von Geschichtsphilosophie vermag ihre Genese nicht hinreichend differenziert zu beschreiben. Insbesondere neigt dieses Verständnis dazu, die innovativen Aspekte der spekulativ-universalistischen Geschichtsphilosophie zu nivellieren, womit es die Überbewertung der In-

---

[79] Vgl. dazu die verschiedenen Beiträge von Odo Marquard im Anschluss an die Kompensationstheorie von Joachim Ritter. Zum Stellenwert des Kompensationsarguments im 18. Jahrhundert Jean Svagelski, L'idée de compensation en France (1750-1850), Lyon 1981.
[80] Friedrich Nietzsche, Vom Nutzen und Nachtheil der Historie für das Leben 3; KSA 1,269.

novativität dieser Geschichtsphilosophie gegenüber der herkömmlichen Metaphysik, wie sie ältere, selber noch fortschrittsenthusiastische Darstellungen charakterisiert, selbst kompensiert. Jenseits der Kompensationstheorie und ihrer eigenen Kompensationsbedürfnisse, aber auch jenseits der selber allzu fortschrittsenthusiastischen Würdigungen der spekulativ-universalistischen Geschichtsphilosophie soll der hier gewählte Ansatz sowohl dem Innovationsschub als auch der Traditionsbeziehung dieser neuen Form, Geschichte philosophisch zu begreifen, deskriptiv Rechnung tragen.

So skeptisch manche Geschichtsphilosophen auch das menschliche Potential zur Selbstverbesserung ohne Fremdeinwirkung einschätzen, ist doch unbestreitbar, dass der *Mensch als Subjekt und Herr der Geschichte* in der spekulativ-universalistischen Geschichtsphilosophie eine neue Rolle erhält. Der Mensch ergriff – so das pathetische Bild, das von der spekulativ-universalistischen Geschichtsphilosophie zumindest bis in die erste Hälfte des 20. Jahrhunderts vorherrscht – im Verlaufe der Neuzeit nicht nur von der Welt in ihrer ganzen räumlichen Breite Besitz, sondern erhob zudem seit dem 18. Jahrhundert Besitzanspruch auf die Welt in ihrer zeitlichen Ausdehnung: die Geschichte der Welt als die Sphäre der menschlichen Selbstentfaltung, die Sphäre menschlicher *Freiheit*.[81] Bei dieser Veranschaulichung des menschlichen Selbstermächtigungsprozesses im Modus der Geschichtsphilosophie bleiben allerdings manche Fragen offen. Zunächst diejenige nach dem Subjekt der Weltgeschichte, *dem* Menschen. Ist damit, wie Leibniz, Fleury und Turgot sich ausdrücken, das *genre humain,* die *menschliche Gattung* gemeint (vgl. S. 354-369)? Inwieweit kann diese Geschichtssubjekt sein, wenn es doch immer einzelne (gar nicht nur 'grosse') Individuen sind, die handeln und so geschichtswirksam werden? Wenn man das Handeln der Gattung als Summe des Handelns der Individuen interpretiert, tritt das Problem auf, dass die individuellen Handlungen nur in den seltensten Fällen das Gattungsinteresse zur Handlungsabsicht haben, sondern ihre individuellen, egoistischen Ziele. Bemüht man nun zur Überbrückung der Divergenz zwischen individuellen Handlungsabsichten

---

[81] Noch bei einem geschichtsphilosophiekritischen Autor wie Marquard wird die Geschichtsphilosophie als Disziplin verstanden, «die den Menschen zum absoluten Chef der totalen Geschichte ernennt» (Odo Marquard, Skepsis als Philosophie der Endlichkeit, Bonn 2002, 7) – wer immer dann «der» Mensch sein mag.

und Gattungsinteresse eine «invisible hand», eine geheime Lenkung der geschichtlichen Geschicke durch «Naturabsicht» (vgl. S. 312-315) oder Vorsehung, dann gibt man zumindest partiell das wieder preis, was man doch eigentlich hatte beweisen wollen, nämlich dass der Mensch Herr auch der geschichtlichen Welt sei.

Im Zuge teleologischer Lesarten neuzeitlicher Theorieentwicklung könnte man dazu neigen, die spekulativ-universalistische Geschichtsphilosophie als gradlinige und notwendige Folge der Etablierung «säkularer» Philosophie und Naturwissenschaft zu interpretieren.[82] Schon Voltaire denkt in diese Richtung: «Peut-être arrivera-t-il bientôt dans la manière d'écrire l'histoire ce qui est arrivé dans la physique.»[83] Solche Lesarten übersehen jedoch leicht, dass diese Geschichtsphilosophie eine wesentliche Tendenz der neuzeitlichen Naturwissenschaften nicht mitträgt, nämlich die Verbannung des Menschen aus der Mitte des Universums (bei seiner gleichzeitigen Inthronisation als Herr ihm zuhandener Natur): Eine Konsequenz der Kopernikanischen Wende besteht darin, die Erde und mit ihr den Menschen zu marginalisieren. Die Natur funktioniert im Verständnis vieler Autoren des 17. und 18. Jahrhunderts nach ihren ehernen Gesetzen, ungeachtet des Menschen, der diesen Gesetzen selbst unterworfen ist. Gerade diese Marginalisierung des Menschen wird von der spekulativ-universalistischen Geschichtsphilosophie widerrufen. Sie betreibt eine entschiedene *Re-Anthropozentrierung* der Weltbetrachtung.[84] Diese Re-Anthropozentrierung schlägt sich sogar in der aufklärerischen Erdgeschichtsschreibung nieder (vgl. S. 207-216).

---

82 Selbst im marxistisch-leninistischen Kontext sind solche Deutungen – wobei die Gradlinigkeit der Teleologie durch die historisch-materialistische Dialektik des Klassenkampfes ersetzt wird – anzutreffen, vgl. z. B. Joachim Streisand, Geschichtliches Denken von der deutschen Frühaufklärung bis zur Klassik, Berlin (Ost) 1964. Auch Jürgen Habermas, Theorie des kommunikativen Handelns. Bd. 1: Handlungsrationalität und gesellschaftliche Rationalisierung [1981], Frankfurt a. M. 1995, 210, geht in diese Richtung, wenn er im Blick auf Condorcets *Esquisse* behauptet, das geschichtsphilosophische «Rationalitätsmodell» sei das der «mathematischen Naturwissenschaften».

83 Voltaire, Nouvelles considérations sur l'histoire [1744], in: Œuvres historiques. Texte établi, annoté et présenté par René Pomeau, Paris 1962, 46 (OC Kehl 28,68).

84 Zeittypisch ist etwa Carl Friedrich Flögel, Geschichte des menschlichen Verstandes. Dritte vermehrte und verbesserte Auflage, Breslau (Johann Ernst Meyer) 1776, 2, wenn er sich darüber aufhält, dass man bisher «mit unglaublicher Aufmerksam-

Bei der Lektüre spekulativ-universalistischer Geschichtsphilosophien springt deren Tendenz zur *Moralisierung* und *Pädagogisierung* ins Auge (vgl. S. 399-407),[85] die auf der einen Seite die Aufklärung überhaupt kennzeichnet, andererseits jene Re-Anthropozentrierung tatkräftig unterstützt, mit der sich die Geschichtsphilosophie von den Naturwissenschaften abzugrenzen beginnt. Die Literatur, in der sich die geschichtsphilosophische Reflexion von Turgot bis und mit Kant abspielt, ist demgemäss auch weder dem historischen, noch dem philosophischen 'Wissenschaftsdiskurs' zugehörig, sondern häufig eher eine Form von bildungsreligiös erbaulicher Essayistik. In dieser Literatur tritt (im Unterschied zu Bayle, Bolingbroke und Voltaire) das Moment der Kritik stark zurück. Moralisierung bedeutet hier, dass die Geschichte als ein Prozess betrachtet wird, dessen Zweck die Erhöhung und Vervollkommnung des sittlichen Potentials der Menschen sei oder sein sollte, wobei man über die zugrundeliegenden Moralkonzepte ebenso divergenter Ansicht sein kann wie in der Frage, ob sich die geschichtsmächtige Vorsehung zur Erreichung ihrer moralischen Ziele auch unmoralischer Mittel bedienen dürfe. Die Normalantwort ist hier dennoch die konsequentialistische: Das Ergebnis entscheidet über die Güte der dafür aufgewendeten Mittel. Keine exemplarische Verlautbarung der spekulativ-universalistischen Geschichtsphilosophie begnügt sich mit einer Konzeption, bei der sich der *Fortschritt* ausschliesslich oder auch nur vornehmlich auf dem Gebiet der Wissenschaften und der Technik abspielt. Im Unterschied zu Descartes und Bacon, bei denen die technische und wissenschaftliche Innovation überhaupt die einzige Weise war, Fortschritt zu konzipieren, tritt dieser Aspekt nun überraschend stark in den Hintergrund. Selbst eine geschichtsphilosophische Zukunftsutopie wie Merciers *L'an deux mille quatre cent quarante* (vgl. S. 268-291) hält sich bei der Ausmalung der künftigen Welt keinen Augenblick mit der Beschreibung technischer Neuerungen auf, während

---

keit der Geburt eines Insects auflauerte, oder einen Erdklumpen auf das sorgfältigste analysirte». «Doch solte [sic] dem Menschen nichts interessanter seyn, als sein eignes *Ich* sorgfältig zu studiren, und mit spähendem Blick das weite Feld zu durchschauen, auf dem ihm so mancherlei Standpunkte vorgezeichnet sind, wo er seine Thätigkeit versuchen kan [sic].»

[85] Dazu ausgiebig Reinhart Koselleck, Kritik und Krise. Eine Studie zur Pathogenese der bürgerlichen Welt [1959], Frankfurt a.M. 1973.

im Paris von 2440 immerhin die Erkenntnis doch etwas weiter gediehen ist, aber in erster Linie nicht Erkenntnis- sondern Tugendinteressen das Regiment führen. Dieser Befund mahnt zu Misstrauen gegenüber den landläufigen Vorstellungen von der spekulativ-universalistischen Geschichtsphilosophie, in die man positivistische Fortschrittsideologeme des 19. Jahrhunderts zurückprojiziert: Die Universalgeschichte, um die es der spekulativ-universalistischen Geschichtsphilosophie geht, ist ein moralischer Vervollkommnungsprozess des Menschen – was immer bei diesen Kollektivsingularen «Mensch», «Vervollkommnungsprozess» und «Universalgeschichte» von den einzelnen Autoren assoziiert wird. Als moralischer Vervollkommnungsprozess wird der $Sinn_1$ von Geschichte als pädagogischer aufgefasst: Geschichte ist eine Erziehungsanstalt. Entweder eine göttlich-providentielle oder eine menschliche Selbsterziehungsanstalt.[86]

Wenn die spekulativ-universalistische Geschichtsphilosophie eine Tendenz zur Moralisierung aufweist, bedeutet dies dennoch nicht, dass sie nun alle menschlichen Handlungen in Vergangenheit, Gegenwart und Zukunft der moralischen Zensur unterwürfe. Vielmehr gelingt es ihr – im Unterschied beispielsweise zur *exempla*-Historie – zur Moralität oder Immoralität einzelner Handlungen Abstand zu halten, da sie der Moralität dieser einzelnen Handlungen nicht mehr bedarf (wie die *exempla*-Historie ihrer bedurft hat), um der Geschichte als Ganzes $Sinn_1$ und $Sinn_2$ abzutrotzen. Denn es reicht ihr, die allmähliche Erreichung höherer sittlicher Zustände im geschichtlichen Gesamtverlauf zu bemerken, ohne aus jedem Einzelereignis eine moralische Botschaft gewinnen zu müssen. Im Vergleich zur *exempla*-Historie zeichnet sich also eine eigentümliche *Entmoralisierung* in der geschichtsphilosophischen Betrachtung der Einzelereignisse ab;

---

[86] Zeitgleich setzt sich in der Theologie ein pädagogisches Offenbarungsverständnis durch, das sich – wie die Beispiele von Turgot, Jerusalem und Lessing zeigen – leicht mit spekulativ-universalistischer Geschichtsphilosophie paaren kann. Selbst der wenig theologiefreundliche Franz Overbeck gesteht dem «modernen Rationalismus» mit der Interpretation von «Offenbarung als Erziehung des Menschengeschlechts» zu, den «Grundstein der systematischen *Humanisirung* der Religion» gelegt zu haben, indem die Offenbarung «auf das Maass *des Menschen* reducirt» werde (Franz Overbeck, Kirchenlexikon. Ausgewählte Artikel J-Z. In Zusammenarbeit mit Marianne Stauffacher-Schaub hg. von Barbara von Reibnitz = Werke und Nachlass, Bd. 5, Stuttgart, Weimar 1995, 197f.).

man ist mit Hilfe eines spekulativ-universalistischen Geschichtsbegriffes nicht mehr darauf angewiesen, den $Sinn_3$ eines historischen Tatbestandes in diesem selbst, nämlich in seinem moralischen Belehrungswert zu finden, sondern kann sich damit begnügen, einen $Sinn_1$ der Gesamtgeschichte zu postulieren oder zu extrapolieren, in dessen Dienst wiederum jeder einzelne historische Tatbestand steht, ohne dass dies im Einzelfall offenkundig zu sein braucht. Augenscheinlich unmoralische Handlungen können sehr wohl einer höheren moralischen Absicht dienen, ja müssen, um das $Sinn_1$-postulat aufrecht zu erhalten, einen sittlich übergeordneten Zweck erfüllen, mag dieser Zweck noch so sehr den individuellen Handlungsabsichten widersprechen. In die moralische Ökonomie der Geschichtsphilosophie findet damit ein Grundtopos der Theodizee Eingang, nämlich das *Bonum-durch-Malum-Schema*, die Argumentationsfigur, zur Erreichung eines grösseren Guts ein kleineres Übel in Kauf zu nehmen (vgl. S. 441-457).[87] So kann *Kontingenz* als Hauptirritationsquelle der spekulativ-universalistischen Geschichtsphilosophie entschärft werden (vgl. S. 463-472).

Die Entmoralisierung der historischen Einzeltatbestände zugunsten einer Moralisierung und Pädagogisierung des Gesamtverlaufs und $Sinns_1$ von Geschichte bringt wesentliche *Entlastungen* mit sich, die die spekulativ-universalistische Geschichtsphilosophie zugleich anschlussfähig für die sich etablierenden historischen Wissenschaften machte. Hat man ein Entwicklungsmodell der Gesamtgeschichte vor Augen, ist es nicht länger nötig, einzelne Ereignisse philosophisch zu selektionieren, die gerade mit den eigenen pädagogisch-moralischen Absichten übereinstimmen. Die *exempla*-Historie als pädagogisch-philosophische Disziplin musste den grössten Teil des historischen Faktenmaterials vernachlässigen, da es hauptsächlich aus Einzelereignissen besteht, die *als* Einzelereignisse pädagogisch-moralisch nicht applikabel sind (vgl. S. 370-381). Dies bedeutet, dass den philosophierenden *exempla*-Historiker die Fakten nur insofern interessieren konnten, als sie $Sinn_3$ bergen, womit er sich selber Scheuklappen auferlegte, die mit

---

[87] Die Terminologie stammt von Odo Marquard, der in der Anwendung dieses Schemas sowohl in der Theodizee als auch in der Geschichtsphilosophie einen typischen Kompensationsvorgang erkennt; vgl. Odo Marquard, Entlastungen. Theodizeemotive in der neuzeitlichen Philosophie, in: O.M., Apologie des Zufälligen. Philosophische Studien, Stuttgart 1986, 27.

einem wissenschaftlichen Geschichtsverständnis inkompatibel waren. Die spekulativ-universalistische Geschichtsphilosophie kann jedes einzelne Faktum in seinem Moralitätsdefizit und in seiner Sinn$_1$ferne ohne weiteres anerkennen und die Gesamtgeschichte als Summe aller einzelnen Ereignisse in den Blick nehmen. Bis dahin deckt sich die Position des spekulativ-universalistischen Geschichtsphilosophen mit der des kritisch-pragmatischen Historikers, der sich um nichts weiter bemüht als um eine adäquate Wiedergabe der Fakten. Darüber hinaus erhebt der Geschichtsphilosoph aber das Postulat, dass Geschichte mehr sei als die Summe aller einzelnen Ereignisse, insofern sie als Ganzes einen Sinn$_1$ aufweise, der wiederum einen übers Geschichtliche noch hinausgehenden Sinn$_2$ nahelegt. Der Sinn$_1$ wird (auch) moralisch verstanden, ohne dass man deswegen die Einzelereignisse zu moralisieren bräuchte. Es reicht, wenn man die moralische Verbesserung der menschlichen Gesellschaft plausibilisieren kann, denn zu beweisen ist sie weder deduktiv noch induktiv (vgl. S. 457-463).

Falls die spekulativ-universalistische Geschichtsphilosophie ihre Sinn$_2$-stiftungsfunktion erfüllt, sagt sie uns, wie wir uns als zeitliche Wesen, in der zeitlichen Welt, und das heisst: in der *Zeit* zurechtzufinden haben. Diese Funktion scheint sie, darf man der Popularität ihrer Entwürfe Glauben schenken, in der zweiten Hälfte des 18. Jahrhunderts weitgehend erfüllt zu haben.

ERSTER TEIL

Formen, Inhalte und Adressaten

«Es ist unbillig, dass Sie philosophische Systeme in eine Klasse mit Predigten setzen, worin tausendmal eben dasselbe vergeblich gesagt wird. Denn das Neue, das Konsequente, das Bündige der Philosophie, wodurch Deutschland sich seit zwanzig Jahren auszeichnet, giebt –»

«Ja! Es giebt viel gesattelte Pferde, die nicht geritten werden! Sind denn je die Menschen besser geworden durch wiederholte neue philosophische Systeme, deren immer Eins das andere verdrängt? Wahrlich eher noch durch Predigten.»[1]

Form und Inhalt philosophischer Reflexion stehen zueinander in einem Abhängigkeits-, ja Bedingungsverhältnis. Ein Autor sucht sich nicht einfach die zu seinen Gedanken jeweils passende Form aus einem gegebenen Formen-Fundus aus. Eher scheinen bestimmte Darstellungsformen bestimmte Gedankenarrangements erst nahezulegen, sie mitunter herauszufordern. Wer die Genealogie dessen rekonstruieren will, was seit der zweiten Hälfte des 18. Jahrhunderts den Namen «philosophie de l'histoire» oder «Geschichtsphilosophie» trägt, und damit neuen Paradigmenbildungen nachspürt,[2] ist

---

[1] Friedrich Nicolai, Gespräch über das jetzige verderbte Zeitalter [1805], in: F. N., Philosophische Abhandlungen. Grösstentheils vorgelesen in der Königl. Akademie der Wissenschaft zu Berlin, Bd. 1, Berlin, Stettin 1808, 270.

[2] Die «Introduction» zu Voltaires *Essai sur les mœurs* hiess ursprünglich «Philosophie de l'histoire» (siehe Voltaire, Essai sur les mœurs et l'esprit des nations [1756]. Introduction, bibliographie, relevé de variantes, notes et index par René Pomeau, Bd. 1, Paris 1990, 202). Werner Kaegi, Voltaire und der Zerfall des christlichen Geschichtsbildes, in: W. K., Historische Meditationen, Zürich 1942, 237, merkt an, dass «philosophie de l'histoire» bei Voltaire «zunächst ziemlich das Gegenteil

schlecht beraten, bloss nach Büchern Ausschau zu halten, die sich schon im Titel und *expressis verbis* als «geschichtsphilosophisch» ausweisen. Der frühe geschichtsphilosophische Diskurs ist disparater als das der Rückblick auf die in diesem Feld gemeinhin als epochemachend angeführten Werke von Vico über Lessing bis Kant vermuten lässt. Das Nachdenken über Geschichte ist lange Zeit kein Bestandteil universitären Philosophierens, so dass sich die geschichtsphilosophischen Kompendien und Lehrbücher später einbürgern als dies in der sich zeitgleich als autonome Disziplin etablierenden Ästhetik geschieht.[3] Deren grundlegende Schrift, Alexander Gottlieb Baumgartens *Aesthetica* von 1750 (Bd. 2: 1758), ist bekanntlich direkt der Leibniz-Wolffschen Schule entwachsen und hat den Charakter eines Lehrbuchs. Ein vergleichbares Gründungsdokument der Geschichtsphilosophie als einer akademisch abgesicherten, philosophischen Teildisziplin gibt es nicht. Zwar handelt es sich bei den beiden von Anne Robert Jacques Turgot im selben Jahr, 1750, an der Sorbonne vorgetragenen *Discours* sehr wohl um akademische Produkte, die jedoch – zu Lebzeiten ihres Verfassers unveröffentlicht – keine Schultradition begründeten, auch wenn es die ersten Dokumente eines geschichtsphilosophisch universalisierten Fortschrittskonzeptes sein sollten. Giambattista Vicos *Principj di una scienza nuova intorno alla natura delle nazioni* (1725) stellen zwar ein wissenschafts- und philosophiegeschichtliches Ereignis dar, das als solches aber erst retrospektiv wahrgenommen wurde und in seiner Zeit ebensowenig eine akademische Fortsetzung erfuhr. Voltaires *Essai sur les mœurs et l'esprit des nations* (1756), um ein weiteres, geschichtsphilosophisch richtungweisendes Werk zu nennen, ist in seiner Anlage ein grossangelegter Abriss der Universalgeschichte, der sich zunächst als entmythologisierende Fortsetzung und dezidierter Gegenentwurf zur Engführung von

dessen bezeichnen wollte, was seit Herders Übernahme des voltaireschen Ausdrucks im Deutschen Geschichtsphilosophie heisst. 'Philosophie de l'histoire' bedeutete für Voltaire kritische Betrachtung der Geschichte, Auflösung jener tausend Fabeln über Staatsgründungen, wunderbare Errettungen von Helden und Prophezeiungen ex eventu, die nicht weniger aus antiken als aus biblischen Quellen stammten, kurzum: Scheidung des mythologischen vom historischen Element.»

[3] Mit der akademischen Etablierung der Ästhetik wird zugleich die Rhetorik verdrängt, siehe Heinrich Niehues-Pröbsting, Rhetorik und Ästhetik, in: Rhetorik, hg. von Joachim Dyck, Walter Jens und Gert Ueding, Bd. 18 (1999), 44-61.

Geschichtstheologie und (abendländischer) Profangeschichte in Jacques-Bénigne Bossuets *Discours sur l'histoire universelle* (1681) verstand und eher auf dem Feld der historiographischen Belletristik als auf akademischem Feld angesiedelt ist.

Der Geschichtsphilosophie fehlte zunächst eine ihr eigene, spezifische Form. Sie verschaffte sich anfangs an den Rändern, in methodischen Einleitungen so gut wie in kritischen Fussnoten historischer Werke Gehör,[4] während man ihre Spuren in den Schriften vermisst, die der Schulphilosophie zuzurechnen sind.[5] Auch in der zweiten Hälfte des 18. Jahrhunderts, als sich die Frage nach dem Woher und Wohin des Geschichtsverlaufs steigender Beliebtheit zu erfreuen begann, fand eine Integration in die universitär oder sonstwie akademisch institutionalisierte Philosophie zunächst nur zögerlich statt. Ihre Repräsentanten waren etwa in Deutschland zunächst weniger Philosophen von Profession, sondern eher Verwaltungsbeamte (Isaak Iselin), Theologen (Johann Gottfried Herder) oder allenfalls Dichter (Gotthold Ephraim Lessing) und Geschichtsprofessoren (Friedrich Schiller). Selbst Immanuel Kants Beiträge zur gewaltig anschwellenden geschichtsphilosophischen Debatte kommen nicht als systematische Gesamtdarstellungen daher, sondern – so wichtig sie im Gesamtgefüge von Kants praktischer Philosophie auch sind – als Essays, als Zeitschriftenaufsätze, ja als «blosse Lustreise» (AA 8,109) der Vernunft. Nicht nur bei dem methodisch hochreflektierten Kant ist die vorsichtige Zurückhaltung greifbar, das Feld der Geschichte einem philosophisch systematisierenden Zugriff zu unterwerfen.

Die Philosophie Leibniz-Wolffschen Zuschnitts hatte trotz ihres ursprünglichen monadologischen Perspektivismus zunächst keine Ambitionen gehegt, die *verités des faits* philosophisch einzugemeinden, sondern nur de-

---

4   Die frühen geschichtsphilosophischen Reflexionen wären ein Schulbeispiel für die Bedeutung von Paratexten (zum Thema siehe allgemein: Gérard Genette, Paratexte. Das Buch vom Beiwerk des Buches [1987]. Mit einem Vorwort von Harald Weinrich. Aus dem Französischen von Dieter Hornig, Frankfurt a. M., New York 1992). Man könnte, mag man's pathetisch, von einer Geburt der Geschichtsphilosophie aus dem Geist des Paratextes sprechen.
5   Vgl. auch Max Wundt, Die deutsche Schulphilosophie im Zeitalter der Aufklärung, Tübingen 1945, 284-286. Im Sachregister von Siegfried Wollgasts monumentaler *Philosophie in Deutschland 1550-1650* (Berlin ²1993) fehlt bezeichnenderweise «Geschichte» oder «Historie» als Stichwort.

ren prinzipielle Übereinstimmung mit den *verités de raison* behauptet, für die sich die Philosophie schon immer zuständig fühlte.[6] Eminente *verités des faits* waren zunächst die positiven Offenbarungswahrheiten, deren Auslegung die Theologie nach wie vor für sich reklamierte. Dank einer sich herausbildenden kritischen Historiographie, die sich von philosophischen und mathematisch-naturwissenschaftlichen Methodenvorgaben zwar nicht nötigen, aber doch inspirieren liess, konnten allmählich historische Sachverhalte jenseits der biblisch-kirchlichen Offenbarungsautorität auf den Status der *verités des faits* aspirieren. Zugleich vermochte nach 1750 die bis dahin in Deutschland herrschende schulphilosophische Tradition in ihrer Statik den Bedürfnissen nach einer die Zeit in Gedanken fassenden Philosophie nicht mehr gerecht zu werden. So entstand ausserhalb der deutschen Universitäten eine philosophische Publizistik, die unter dem später abschätzig klingenden Etikett der 'Popularphilosophie' gerade auch geschichtliche Kontingenz zum Gegenstand philosophischer Reflexion erhob. Daran fand freilich die Schulphilosophie wenig Gefallen, wie beispielsweise ein Blick in das weitverbreitete philosophische Gymnasiallehrbuch des Wittenberger Philosophieprofessors Johann Jacob Ebert (1737-1805) verdeutlicht. Dort wird, unter Rekurs auf das *common sense*-Verständnis, noch mit grösster Selbstverständlichkeit das Geschichtliche als das menschlich Kontingente aus dem Bereich der Philosophie ausgeschlossen.[7]

In Frankreich, wo die intellektuell tonangebende Philosophie sich ohnehin kaum an Universitäten abspielte, aber auch in England und Schottland war eine solche Ablösung von institutionalisierten, schulphilosophischen Vorgaben keine mit dem deutschen Fall vergleichbare Erfordernis, um geschichtsphilosophische Räume zu erschliessen. Im einen Fall sind es vornehmlich die als *philosophes* firmierenden *hommes de lettres,* im anderen (vor allem schottischen) Fall hingegen die (mitunter sehr wohl universitär bestallten) Historiker, die geschichtsphilosophische Impulse geben. Aber auch hier sind diese Impulse häufig noch in Geschichtsbüchern oder in

---

6   Siehe etwa Wilhelm Schmidt-Biggemann, Theodizee und Tatsachen. Das philosophische Profil der deutschen Aufklärung, Frankfurt a. M. 1988, 74.
7   Johann Jacob Ebert, Kurze Unterweisung in den Anfangsgründen der Vernunftlehre. Zweyte verbesserte und vermehrte Auflage, Frankfurt, Leipzig (Christian Gottlieb Hertel) 1774, 7f.

Abhandlungen anthropologischen Inhalts versteckt. Selbst der *Essay on the History of Civil Society* (1767) des Philosophieprofessors Adam Ferguson (1723-1816) ist als eine an Buffon orientierte Naturgeschichte der bürgerlichen Gesellschaft[8] in erster Linie ein historiographisches Werk. An ihrem Anfang verfügte die geschichtsphilosophische Reflexion also noch über keine eigenständige Form, sondern schrieb sich in vorgegebene, zunächst gar nicht primär philosophische Formen ein. Erst mit der Romantik und dem Deutschen Idealismus wird Geschichtsphilosophie der Hauptgegenstand umfangreicher, eigenständiger akademisch-philosophischer Werke. Bis dahin fristet sie, so wichtig etwa das Fortschrittspostulat in spätaufklärerischen Weltanschauungen wird, ein gewissermassen parasitäres Dasein in anderen 'Diskursen'. Will man nun der Frühgeschichte der Geschichtsphilosophie auf die Spur kommen, reicht es nicht, verschiedene, aus den jeweils einschlägigen Schriften extrahierte Positionen aneinanderzureihen, ohne die Form mitzuerwägen, in denen die jeweilige Position erst zu sich selbst findet. Bei der folgenden exemplarischen Präsentation verschiedener geschichtsphilosophischer Ansätze wird die jeweilige Form ein Sortierungsmerkmal sein. Zugleich soll eine diachrone Anordnung der verschiedenen Typen auch Entwicklungen, historisch variierende Präferenzen der Formwahl augenfällig machen. «Nun ist jedes Literaturwerk ein Symptom seines Publikums.»[9] Entsprechend schliesst die Frage nach der Form geschichtsphilosophischen Denkens im 18. Jahrhundert auch diejenige nach den *jeweiligen Adressaten* ein.

Geschichtsphilosophie war in ihrer Frühzeit – trotz ihres vielgescholtenen moralischen 'Dogmatismus'[10] – noch kein in sich gefestigtes System, das sich durch eine selbst gesetzte Grenze von einer es umgebenden Umwelt abgesetzt hätte, zumal erst im Verlauf vieler Jahrzehnte geschichtsphilo-

---

[8] Zu dem für das politische Selbstverständnis der Geschichtsphilosophie wichtigen Begriff der bürgerlichen Gesellschaft siehe Manfred Riedel, Der Begriff der «Bürgerlichen Gesellschaft» und das Problem seines geschichtlichen Ursprungs [1962], in: M.R., Studien zu Hegels Rechtsphilosophie, Frankfurt a.M. 1969, 135-166.

[9] Franz Overbeck, Über die Anfänge der patristischen Literatur [1882], Basel (1954), 66.

[10] Vgl. z.B. Carl L. Becker, The Heavenly City of the 18th Century Philosophers [1932], New Haven [6]1947, 102.

sophische Grundüberzeugungen in breitere Bevölkerungsschichten sickerten.[11] Die system(at)ische Konstitution von Geschichtsphilosophie ist zunächst instabil, da sie erst zu einem Selbstverständnis als von der Historie abgelöste Disziplin gelangen musste – während die Historie zeitgleich im Begriffe war, sich als Wissenschaft endgültig zu konstituieren.[12] Insofern ist der Kollektivsingular «Geschichtsphilosophie» selbst problematisch, da wir es vorderhand mit Reflexionen von unterschiedlichem Ausarbeitungsgrad und Aggregatszuständen zu tun haben, die sich noch nicht in einem mehr oder minder einheitlichen System zusammenfügen. Was, um systemtheoretisch zu reden, als Umwelt ausgegrenzt und zugleich integriert, verarbeitet werden muss, ist noch kaum mit einiger Sicherheit oder Bestimmtheit festgelegt. Genausowenig wie die frühe geschichtsphilosophische Reflexion schon ihre eigenständige Form gefunden hatte, hatte sie sich schon zu einem das individuelle Gefüge übergreifenden System entwickelt. Kurz: Sowohl im Blick auf ihre Form, wie auch auf den Inhalt befand sich 'die' Geschichtsphilosophie des frühen und mittleren 18. Jahrhunderts in ihrer experimentellen Phase. *Geschichtsphilosophie als Experimentalphilosophie* wäre hierfür eine Formel. Der Prozess der Geschichte erschien dieser Geschichtsphilosophie schon früh selbst als ein «Experiment» zivilisatorischer Veredelung: «Das grosse Experiment wird auf diesem ganzen Erdenrunde schon viele tausend Jahre lang gemacht, und die Natur selbst hat sich die Mühe genommen, es zu dirigiren».[13]

Der Begriff «Geschichtstheologie» ist ursprünglich eine Kampfparole des beginnenden 20. Jahrhunderts, geschaffen zum Zwecke theologischer Selbstabgrenzung im Spannungsfeld von spätidealistischer Geschichtsphi-

---

[11] Vgl. Lucian Hölscher, Die Entdeckung der Zukunft, Frankfurt a. M. 1999, 49.
[12] Zum Verwissenschaftlichungsprozess innerhalb der Historie im Verlaufe des 18. Jahrhunderts vgl. z. B. die Beiträge von Peter Hanns Reill, Horst Walter Blanke, Hans Schleier, Georg G. Iggers und Friedrich Hauer in: Wolfgang Küttler/Jörn Rüsen/Ernst Schulin (Hg.), Geschichtsdiskurs. Bd. 2: Anfänge modernen historischen Denkens, Frankfurt a. M. 1994.
[13] Christoph Martin Wieland, Ueber die von J. J. Rousseau vorgeschlagenen Versuche den wahren Stand der Natur des Menschen zu entdecken. Nebst einem Traumgespräch mit Prometheus, in: C. M. W., Sämmtliche Werke, Bd. 29, Leipzig 1857, 218 (ursprünglich 1770 erschienen im Rahmen der *Beyträge zur geheimen Geschichte der Menschheit*).

losophie und Historismus.¹⁴ Demgegenüber ist das, was hier und im folgenden «Geschichtstheologie» heisst, sehr viel weiter zu fassen: Geschichtstheologie meint jede Organisation geschichtlichen Materials nach spezifisch theologischen Gesichtspunkten. Dabei ist es nicht erforderlich, dass Geschichtstheologie auf die Gesamtheit der Geschichte ausgreift, also auch sogenannt profane Bereiche einschliesst, um als Geschichtstheologie gelten zu können. Vielmehr klammern prominente Beispiele geschichtstheologischer Theoriebildung die Profangeschichte explizit aus und nehmen nur eine sich im Verborgenen ereignende Heilsgeschichte¹⁵ der wahrhaft Gläubigen in den Blick. Interessanter sind für die Analyse der Beziehungen zwischen Geschichtstheologie und Geschichtsphilosophie trotzdem jene Fälle, in denen ein geschichtliches 'Ganzes' theologisch interpretiert wird. Zu den Selbstlegitimierungsstrategien der monotheistischen Offenbarungsreligionen gehört es, sich auf geschichtliche Verbürgung zu berufen – eine Verbürgung, die im konkreten Handeln Gottes an und mit den Menschen ihren Ausdruck fand. Die historischen und auch die prophetischen Bücher des Alten Testaments demonstrieren anschaulich, was mit Geschichtstheologie gemeint ist, nämlich die Deutung konkreten, irdisch-geschichtlichen Geschehens in Beziehung auf ein göttliches Handeln: Solches Geschehen wird als göttlich determiniert verstanden.¹⁶ Die Perspektivierung des Geschicht-

---

14 Siehe zur Begriffsgeschichte Trutz Rendtorff, Geschichtstheologie, in: RGG⁴, Bd. 3, Sp. 813f., sowie ders., Geschichtstheologie, in: HWPh, Bd. 3, Sp. 439-441. Eine eigentümliche philosophische Verteidigung der Geschichtstheologie unternimmt Paul Ricœur, Histoire et vérité. Troisième édition augmentée de quelques textes, Paris 1964, 81-98.

15 Wenn hier und im folgenden von «Heilsgeschichte» die Rede ist, dann wird damit ein allgemeines, religiöses Verständnis von Geschichte umschrieben, das diese als ein (wie auch immer bestimmtes) Heilsgeschehen deutet oder ein solches Heilsgeschehen in der Geschichte verborgen wähnt. Der Begriff «Heilsgeschichte» selbst wurde erst von der Positiven Theologie des 19. Jahrhunderts geschaffen (Johann Tobias Beck, Erlanger Schule u. a.); vgl. zur Begriffsgeschichte Wenzel Lohff, Heil, Heilsgeschichte, Heilstatsache, in: HWPh, Bd. 3, Sp. 1031-1033, und Friedrich Mildenberger, Heilsgeschichte, in: RGG⁴, Bd. 3, Sp. 1584-1586. Eine allgemeinere Begriffsverwendung legt aber schon Oscar Cullmann, Christus und die Zeit. Die urchristliche Zeit- und Geschichtsauffassung, Zollikon-Zürich 1946, 22 und passim, nahe.

16 Zum strengen Geschichtsdeterminismus im Alten Testament siehe Gerhard von Rad, Theologie des Alten Testaments, Bd. 2, München ⁹1987, 322, im Anschluss

lichen im Hinblick auf göttliches Tun im Judentum prägt Christentum und Islam. Schematisch gesagt, wird im Christentum der exklusive Fokus auf die Geschichte Israels als göttlich privilegierter Geschichte auf den ganzen christianisierten und zu christianisierenden Erdkreis ausgeweitet. Entsprechend wird man behaupten dürfen, dass die Geschichtstheologie ihre ersten Formen schon im Alten und Neuen Testament gefunden hat und sich in den von den Kirchenvätern aus der profanen Literatur adoptierten oder selbst entwickelten literarischen Formen fortschreibt. So allgemein gefasst, ist das Buch *Exodus* ebenso ein geschichtstheologischer Text wie die *Johannesapokalypse* oder Augustins *De civitate Dei*.[17] Geschichtstheologie

daran Hans Weder, Die Verflüchtigung der Gegenwart. Neutestamentliche Anmerkungen zur apokalyptischen Zeit-Stimmung, in: Helmut Holzhey/Georg Kohler (Hg.), In Erwartung eines Endes. Apokalyptik und Geschichte, Zürich 2001, 56. Demgegenüber insistiert Christof Hardmeier, «Geschichten» und «Geschichte» in der hebräischen Bibel. Zur Thora-Form von Geschichtstheologie im kulturwissenschaftlichen Kontext, in: E. Blum/W. Johnston/C. Markschies (Hg.), Das Alte Testament – ein Geschichtsbuch? Altes Testament und Moderne, Münster 2004, darauf, dass zumindest das deuteronomistische Geschichtsdenken weder in die Kategorie nationaler «Identitätsstiftung» (Jan Assmann) noch in diejenige der Kontingenzbewältigung (Jörn Rüsen u. a.) gehöre. Vielmehr liege dessen Spezifikum «als genuin theologisches darin, dass Kontingenz gerade nirgends in narrativen Deutungsprozessen aufgelöst oder überwunden wird, im Gegenteil: das biblische Geschichtsdenken hält die Kontingenz als Widerfahrnis-Dimension des Unverfügbaren im alltagspraktischen Bewusstsein permanent lebendig». Vgl. auch Christof Hardmeier, Zeitverständnis und Geschichtssinn in der Hebräischen Bibel. Geschichtstheologie und Gegenwartserhellung bei Jeremia, in: Jörn Rüsen u. a. (Hg.), Die Vielfalt der Kulturen. Erinnerung, Geschichte, Identität 4, Frankfurt a. M. 1998 (= stw 1405), 308-342.

[17] Indessen darf man nicht verkennen, dass die uns hier hauptsächlich beschäftigende christliche Geschichtstheologie des späten 17. und 18. Jahrhunderts weder mit der israelitisch-jüdischen oder mit der frühchristlich-eschatologischen noch mit der altkirchlich-patristischen identisch ist. Das Verhältnis neuzeitlicher Typen von Geschichtstheologie zu antiken Typen müsste sorgfältig untersucht werden, bevor man hier eine einfache Kontinuitätslinie von der Antike zur Neuzeit ziehen dürfte. Jedenfalls bestreitet das vorliegende Buch keineswegs die von Walter Jaeschke, Die Suche nach den eschatologischen Wurzeln der Geschichtsphilosophie. Eine historische Kritik der Säkularisierungsthese, München 1976, scharfsinnig herausgearbeiteten Diskontinuitäten zwischen frühchristlicher Eschatologie und neuzeitlicher Geschichtsphilosophie. Im Gegenteil will es darauf aufmerksam machen, wie weit sich auch die christliche Geschichtstheologie der Neuzeit von eschatologischen Ur-

ist also beinahe so alt wie es die ältesten Zeugnisse der jüdischen Offenbarungsreligion selbst sind; sie musste nicht erst wie ihre viel jüngere Schwester oder Cousine Geschichtsphilosophie in der Neuzeit mühsam ihre Form finden, aber war doch bis weit in die Neuzeit hinein Formtransformationen ausgesetzt.[18] Die Vielfalt geschichtstheologischer Formen hat in der hier zu untersuchenden Periode gleichwohl nur noch stellenweise experimentellen Charakter. Geschichtstheologie macht Substanz und Strukturprinzip der monotheistischen Offenbarungsreligionen mit aus. Diese Feststellung verdeutlicht ihrerseits, dass Geschichtstheologie und Geschichtsphilosophie trotz ihrer scheinbaren Verwandtschaft, die spätestens seit dem späten 19. Jahrhundert harsche Kritik heraufbeschwor,[19] zunächst einmal inkomparable Grössen sind: Geschichtstheologie als Substanz und Strukturprinzip der Offenbarungsreligionen ist im sogenannten christlichen Abendland eine fundamentale Denkvoraussetzung nicht allein für Geschichte, sondern für die Selbstpositionierung der Menschen überhaupt, insofern diese Menschen sich als Teil in einem von Gott gelenkten Geschehnisablauf verstehen. Geschichtsphilosophie als ein konfessionell entpflichtetes Nachdenken über das Woher und Wohin der Geschichte wird demgegenüber erst in dem Augenblick möglich, wo die selbstverständliche Denkvoraussetzung der Geschichtstheologie ihre Integrationskraft einzubüssen begann – ein Prozess, der mit der gegenseitigen Neutralisierung konkurrierender Ausgestaltungen von konfessionell orientierten Geschichtstheologien und der Entdeckung von geschichtstheologisch nicht integrierbaren geschichtlichen Welten (Erdaltertum, vorklassische Antike, aussereuropäische Kulturen)

---

    ahnen entfernt hat. Siehe auch Wilhelm Kamlah, Utopie, Eschatologie, Geschichtsteleologie. Kritische Untersuchungen zum Ursprung und zum futurischen Denken der Neuzeit, Mannheim, Wien, Zürich 1969, 37, der zwar sowohl Geschichtstheologie und Geschichtsphilosophie als «futurische Geschichtsdeutungen» versteht, zugleich aber betont: «die eschatologischen Verkündigungen Jesu und des Paulus sind keine Beispiele, sondern Gegenbeispiele für 'futurische Geschichtsdeutung'». Aus dieser Eschatologie sei dann aber durch die Parusieverzögerung die futurische Geschichtstheologie hervorgegangen.

18 Zu den Formen der Geschichtstheologie siehe z. B. C. A. Patrides, The Grand Design of God. The Literary Form of the Christian View of History, London 1972.

19 Siehe etwa Wilhelm Dilthey, Einleitung in die Geisteswissenschaften. Versuch einer Grundlegung für das Studium der Gesellschaft und der Geschichte, Bd. 1 = W. D., Gesammelte Schriften, Bd. 1, Leizpig, Berlin 1922, 98-100.

einsetzte.[20] Erst da, wo Geschichtstheologie als Denkvoraussetzung problematisch wird, kann sich eine von Offenbarungsvorgaben abgelöste Frage nach dem Sinn der Geschichte artikulieren; erst da wird Geschichtsphilosophie möglich. Freilich wäre es ein Irrtum zu glauben, die Geschichtstheologie habe, als die Geschichtsphilosophie nach ihren Formen suchte, kampflos das Feld geräumt. Im Gegenteil erweist sie sich gleichfalls als in hohem Masse kreativ sowohl in formaler als auch in materialer Hinsicht. Bevor ich Initialgestalten der Geschichtsphilosophie behandle, führe ich daher einige Erscheinungsweisen geschichtstheologischen Denkens an, die sich im Vorfeld oder zur Zeit oder schliesslich in direkter Auseinandersetzung mit der Geschichtsphilosophie herausbildeten. Immerhin war es noch für die wissenschaftstheoretische Konzeption des Polyhistorismus eine Selbstverständlichkeit, in allen akademischen Disziplinen, damit eben auch in der Geschichte direkt göttlich gewirkte Ursprungselemente und daraus folgend heilsgeschichtliche Zurichtungen der gesamten Wissenschaftsentwicklung vorauszusetzen.[21]

[20] So wird in den Werken der Aufklärungsphilosophie gern auf den durch die Entdeckung Amerikas bewirkten Epochenbruch aufmerksam gemacht, beispielhaft etwa zu Beginn von Raynals (und Diderots) vielfach aufgelegter *Histoire philosophique et politique des établissements, & du Commerce des Européens dans les deux Indes* (1770): «Il n'y a point eu d'événement aussi intéressant pour l'espece humaine en général, & pour les peuples de l'Europe en particulier, que la découverte du nouveau monde, & le passage aux Indes par le cap de Bonne-Espérance. Alors a commencé une révolution dans le commerce, dans la puissance des nations, dans les mœurs, l'industrie & le gouvernement de tous les peuples.» ([Guillaume Thomas Raynal/Denis Diderot], Histoire philosophique et politique des Etablissements & du Commerce des Européens dans les Indes, Bd. 1, La Haye [Gosse fils], M.DCC.LXXVI. [= 1776], 1f.).

[21] Repräsentativ ist dafür etwa Daniel Georg Morhof, Polyhistor, in tres tomos, literarium, ..., philosophicum et practicum ... divisus [1688/1707]. Opus posthumum, ut multorum votis satisfieret, Accurate revisum, emendatum, ex Autoris Annotationibus ... atque II. praefixis (quarum prior Morhofii vitam et scripta ...) illustratum à Johanne Möllero ..., Lubecae (Petri Böckmanni), Anno MDCCVIII (= 1708), lib. I, Cap. 12: «De eo, quod in disciplinis divinum est, excursus» (Bd. 1, 121-132), wo (mit einem Zitat aus Augustins *De vera religione* 35) auch die Historia kurz abgehandelt wird (Abschnitt 37, Bd. 1, 131f.). Vgl. dazu Helmut Zedelmaier, 'Historia literaria'. Über den epistemologischen Ort des gelehrten Wissens in der ersten Hälfte des 18. Jahrhunderts, in: Das Achtzehnte Jahrhundert, Jg. 22 (1998), Heft 1, 18, sowie ausführlich Martin Mulsow, Moderne aus dem Untergrund. Radikale Frühaufklärung in Deutschland 1680-1720, Hamburg 2002, 165ff.

1. Formen geschichtstheologischen Denkens

1.1 Probleme der theologischen und narrativen Integrierbarkeit von «histoire sainte» und «histoire profane»: Sébastien Le Nain de Tillemont

Bei dem, was wir rückblickend als Geschichtstheologie begreifen, ging es am Ende des 17. und zu Beginn des 18. Jahrhunderts um Besitzstandswahrung, nämlich um die Verteidigung einer vormals selbstverständlichen Deutungshoheit der Theologie über den Gesamtablauf der Geschichte. Aus dieser Deutungshoheit heraus konnte man die sich auf antike Basis stellende Profangeschichtsschreibung, d. h. Partikularhistorie ohne heilsgeschichtliche Organisation des Stoffes dulden. Mit dieser Duldung musste es freilich ein Ende haben, als profangeschichtliche Forschungen die herkömmlichen geschichtstheologischen Schemata (beispielsweise die Weltschöpfungschronologie) in Zweifel zu ziehen begannen, oder aber als die sich herausbildenden Methoden der Profangeschichtsschreibung auf die ureigensten Gefilde der Theologie, namentlich auf die Bibelexegese übergriffen. Die konfessionellen Konflikte des 16. und 17. Jahrhunderts hatten ihrerseits zu einer Erosion der heilsgeschichtlichen Gewissheiten insofern geführt, als plötzlich kontradiktorische Deutungsmodelle der Kirchengeschichte als der Geschichte der göttlichen Heilsinstitution zueinander in Konkurrenz traten. Die erste bedeutende lutheranische Kirchengeschichte, die *Magdeburger Zenturien* (1559-1574) des Matthias Flacius Illyricus und seiner Mitarbeiter, drohte das Selbstverständnis der katholischen Kirche zu untergraben, Hüterin der göttlichen Gnadenschätze zu sein. Kardinal Cesare Baronius versuchte zwar in seinen *Annales ecclesiastici* (1588-1607) den *Zenturien* nicht nur quantitativ Paroli zu bieten, sondern gegen deren Verfallsgeschichte vom ursprünglich reinen Christentum hin zur antichristlichen Papstkirche die Kontinuität der katholischen Institutionen seit Urzeiten, möglichst seit Jesus selbst zu beweisen. Dieses respektable Unternehmen, mit dem sich die katholische Seite beruhigen zu können schien, wurde freilich in den Augen der gelehrten Welt schon bald zunichte gemacht durch die *Exercitationes in Baronium* (1614) aus der Feder des reformierten Philologen Isaac Casaubon. Dieses Werk verwandte seinen Scharfsinn auf eine kritische Analyse der Quellen, um so die Kontinuitätsthese des Baronius zu destruieren. Es macht schlagartig bewusst, dass die Kirchengeschichte nicht länger eine von profaner Wissenschaft verschonte, gewissermassen sakrale Sphäre, aber auch nicht bloss ein kontroverstheologisch-kirchenpolitischer Zankapfel sein dürfe.

Indessen bedeutete dieser Vormarsch der historischen Kritik keine voreilige Selbstpreisgabe theologisch orientierter Geschichtsinterpretation. Vielmehr fand auf theologischer Seite eine moderate Adaption der neuen philologisch-historischen Methoden statt, die wir zunächst anhand von drei Beispielen aus dem katholischen Frankreich des späten 17. Jahrhunderts exemplifizieren wollen.[22] Es zeigt sich da, bei aller Bereitschaft, die zeitgenössischen profanen Forschungen zu integrieren oder sogar weiterzutreiben, eine erstaunliche Persistenz der alten heilsgeschichtlichen Schemata. Zunächst soll uns mit *Sébastien Le Nain de Tillemont* (1637-1698) ein Kirchenhistoriker beschäftigen, der dem Jansenismus nahestand, was nach Meinung einiger moderner Leser die Vorsicht erkläre, mit der sich Tillemont von Werturteilen fernzuhalten suche. «Seine Werke sind um ihrer Quellen willen noch heute wertvoll, entbehren aber der Verarbeitung und des Urteils.»[23] Gleichwohl vermitteln sie sehr wohl eine theologische Bot-

---

[22] Zu den allgemeinen Zusammenhängen von katholischer Frömmigkeit und der Herausbildung der «bürgerlichen Weltanschauung» im Frankreich des 17. und 18. Jahrhunderts siehe nach wie vor Bernhard Groethuysen, Die Entstehung der bürgerlichen Welt- und Lebensanschauung in Frankreich [1927], 2 Bde., Frankfurt a. M. 1978.

[23] Walther Koehler, Sebastian de Tillemont, in: RGG^2, Bd. 5, Sp. 1181. Sainte-Beuve gibt eine anschauliche Charakteristik Tillemonts als «type du parfait élève» von Port-Royal (Charles-Augustin Sainte-Beuve, Port-Royal [1840/59]. Texte présenté et annoté par Maxime Leroy, Bd. 2, Paris 1954 [= Bibliothèque de la Pléiade, Bd. 99], IV 5, 519-548). Die Monographie von Bruno Neveu, Un historien à l'école de Port-Royal: Sébastien Le Nain de Tillemont 1637-1698. Publication du Centre de recherches d'histoire et de philologie de la IVe Section de l'Ecole pratique des Hautes Etudes à la Sorbonne, La Haye 1966, orientiert sich stark an unpubliziertem, handschriftlichem Material und liefert nach einer ausführlichen biographischen Darstellung (1-140) eine kontextualisierende Analyse der historischen Werke, v. a. der *Mémoires* (141-285). R. T. Ridley, On Knowing Sebastien le Nain de Tillemont, in: Ancient Society, Bd. 23 (1993), 233-295, beschäftigt sich mit Tillemont als Altertumshistoriker. Auch Ulrich von Wilamowitz-Moellendorff, Geschichte der Philologie [1921], Leipzig 1959, 27, lobt Tillemonts «saubersten Fleiss und unübertroffene Gelehrsamkeit»; seine «gigantische Leistung» sei «lange massgebend» gewesen – und «grundlegend für immer» (ähnlich auch noch Christel Butterweck, Tillemont, Sébastien Le Nain de, in: RGG^4, Bd. 8, Sp. 409-410).

schaft. Tillemonts spezifisches Interesse an kirchenhistorischen Problemen, denen er sein ganzes Gelehrtenleben widmen sollte, entzündete sich schon im Knabenalter als Schüler von Port-Royal an der Lektüre der *Annales ecclesiastici* des Baronius, die ihm zu tausend Fragen Anlass gab, mit denen er seinen Lehrer – keinen Geringeren als Pierre Nicole – heimzusuchen pflegte.[24] Von dieser Lektüre ging er bald zu den antiken Originalautoren über, ohne an eine Publikation seiner Forschungsergebnisse zu denken und so Gefahr zu laufen, aus seiner frommen Zurückgezogenheit herausgerissen zu werden. Schliesslich wurde er aber von Freunden doch zur Publikation gedrängt, so dass er, weil sich bei seinem grossen kirchengeschichtlichen Werk Schwierigkeiten mit einem gestrengen theologischen Zensor ergaben, erst mit der Veröffentlichung einer Geschichte der römischen Kaiser begann, die anfänglich als Teil des Hauptwerkes konzipiert war. 1690 erschien der erste Band der *Histoire des Empereurs et des autres Princes Qui ont regné durant les six premiers siecles,* die nach der postumen Edition des letzten, sechsten Bandes 1738 etliche tausend Seiten umfasste. Diese Kaisergeschichte erfreute sich allgemeinen Zuspruchs; Tillemonts kirchenhistorisches Hauptwerk gelangte in die Hände eines andern Zensors und konnte von 1693 an in monumentalem Umfang als *Mémoires pour servir à l'histoire ecclésiastique des six premiers siècles* (16 Bde., 1693-1712) gedruckt werden, wobei allerdings nur die drei ersten Bände von Tillemont selbst herausgegeben wurden.

Die *Mémoires* und die *Histoire des Empereurs* streben, so des Autors Selbstverständnis, nach der unverfälschten Wiedergabe des Ursprünglichen aus den authentischen Quellen. Tillemonts Achtung gegenüber diesen Quellen ist so gross, dass er Auszüge und Paraphrasen aneinanderstückelt, das von verschiedenen Seiten einhellig Berichtete synthetisiert und die Sonderüberlieferungen beifügt, um so die partikularen Informationen zu einem Erzählganzen zusammenzufügen.[25] Nach eigenem Bekunden verstand Tillemont sein Tun als Vorarbeit für diejenigen

---

[24] Sainte-Beuve, Port-Royal, Bd. 2, 523.
[25] Vgl. Eduard Fueter, Geschichte der neueren Historiographie. Dritte, um einen Nachtrag vermehrte Auflage, besorgt von Dietrich Gerhard und Paul Sattler, München, Berlin 1936, 314: «Sein Ideal war, aus den Berichten der antiken Autoren ein unpersönliches Mosaik herzustellen.»

à qui Dieu auroit donné la grace et la volonté de travailler à une véritable histoire de l'Eglise ou aux Vies des Saints, en les déchargeant de la peine de rechercher la vérité des faits, et d'examiner les difficultez de la chronologie. Ces deux choses estant le fondement de l'histoire, il arrive souvent neanmoins que les genies les plus beaux & les plus élevez sont les moins capables de se rabaisser jusque-là, & d'arrester le feu qui les anime, pour s'amuser à ces discussions ennuyeuses, plus propres à des esprits médiocres.[26]

Einerseits wirken die *Mémoires* und die *Histoire des Empereurs* wie ungeheure Stoffsammlungen, hinter denen der Wille und die Gestalt des ordnenden Historikers fast ganz zurücktreten. Dass Tillemont seine eigenen interpretierenden Zusätze und damit buchstäblich sich selbst in Klammern setzt, ist beredter Ausdruck dieses Bemühens, die Quellen sprechen zu lassen. Andererseits verleiht die parataktische Aneinanderreihung der Sachverhalte diesen Werken mitunter einen eigentümlich modernen, quasi post-annalistischen Anstrich, insofern hier ein Historiker bewusst darauf verzichtet, *ex post* Zusammenhänge zu konstruieren, die sich nicht direkt den Quellen entnehmen lassen. Die Ironie der Tillemont-Rezeptionsgeschichte liegt darin, dass weniger die von Gottes Gnade angerührten Geister aus seinem Fundus eine «véritable Histoire de l'Eglise» zu machen sich anschickten, sondern dass sich seiner ausgerechnet jenes «beau génie» zu bedienen wusste, das unermüdlich den zersetzenden und verderblichen Einfluss des Christentums auf das Römische Reich brandmarkte: Tillemonts Arbeit hat vor allem in Edward Gibbons *Decline and Fall of the Roman Empire* überlebt.[27]

Selbst wenn Tillemonts kritischer Sperberblick schärfer sieht als die polemisch getrübten Augen aller katholischen Kirchenhistorikerkollegen vor

---

[26] [Sébastien Le Nain de Tillemont], Histoire des Empereurs et des autres Princes Qui ont regné durant les six premiers siecles de l'Eglise, des persecutions qu'ils ont faites aux Chrétiens, de leurs guerres contre les Juifs, des Ecrivains profanes, & des personnes les plus illustres de leurs temps. Justifiée par les Citations des Auteurs originaux. Avec des Notes pour éclaircir les principales difficultez de l'histoire, Bd. 1, Paris (Charles Robustel) MDCXCII [= 1692], v-vj.

[27] Zu Gibbon siehe Lionel Gossman, The Empire Unpossessed. An Essay on Gibbon's «Decline and Fall», Cambridge 1981; John G.A. Pocock, Barbarism and Religion. The Enlightenment of Edward Gibbon, 1737-1764, Cambridge 1999, und Joseph M. Levine, The Autonomy of History. Truth and Method from Erasmus to Gibbon, Chicago, London 1999, 157-205 (zu Tillemont und Gibbon 161f.).

ihm, und er in seiner unaufgeregten Art eine möglichst faktengetreue Wiedergabe anstrebt, ist doch auch bei ihm noch ein Leitgedanke des Stammvaters der Kirchenhistoriographie, Eusebius von Caesarea, wirksam, nämlich die «schlimmsten Irrtümer» jener aufzudecken, die «aus Neuerungssucht» «wütenden Wölfen gleich sich schonungslos auf die Herde Christi stürzten».[28] Die Geschichte der wahren Kirche Jesu Christi gilt Tillemont nicht als die Geschichte einer historisch kontingenten Institution, sondern als Geschichte jenes exklusiven Werkzeugs, mit dem Gott sein Heilswerk an den Menschen verrichtet, eben als «histoire sainte». Im *Avertissement* zur *Histoire des Empereurs* erklärt ihr Verfasser, er habe seine Zeit mit der «histoire des Saints & de l'Eglise» zugebracht und diese Arbeit am liebsten nie unterbrechen wollen. «Neanmoins l'experience luy a enfin appris qu'il y a une telle liaison entre l'histoire sainte, & la profane, qu'il faut necessairement s'instruire avec soin de la derniere pour pouvoir posseder l'autre».[29] Die Geschichte der Kirche wird ohne langes Zaudern mit der «histoire sainte» identifiziert, zu der die Profangeschichte nur in einem dienenden Verhältnis stehe.[30]

Zwar haben wir es von Anfang an mit zwei distinkten Bereichen zu tun, wie Tillemont im Einklang mit der theologischen Tradition befindet. Es handelt sich aber nicht um zwei voneinander gänzlich unabhängige Welten des Heiligen und des Profanen, zwischen denen es keine Verbindungen gäbe, und die gleichwertig nebeneinander stünden. Vielmehr sind zumindest Einwirkungen von Seiten des profanen Geschehens auf das heilige beobachtbar – insofern es nämlich der Kirche erst dazu verhilft, sie selbst zu werden. An der profanen Geschichte besteht Tillemonts Programm zufolge hauptsächlich Interesse, sofern von ihr solche Einwirkungen auf die Kirche ausgehen. Ungedacht bleibt die Idee, die Kirche und die profane Welt bewegten sich vielleicht auf verschiedenen Wegen auf ein gemeinsames, höheres Ziel zu – eine Idee, die der späteren geschichtsphilosophisch inspirierten Geschichtstheologie durchaus nicht mehr so fremd sein wird. *Extra*

---

[28] Eusebius von Caesarea, Kirchengeschichte I 1, 1 (hg. und eingeleitet von Heinrich Kraft. Übersetzt von Philipp Haeuser. Studienausgabe, Darmstadt 1997, 83, bzw. hg. von Eduard Schwartz. Kleine Ausgabe, Leipzig ³1922, 2).
[29] [Tillemont], Histoire des Empereurs, Bd. 1, iij.
[30] Vgl. a. a. O., Bd. 1, iv.

ecclesiam nulla salus, heisst die cyprianische Losung, die Tillemonts Geschichtsbild noch ganz selbstverständlich grundiert – was nicht ausschliesst, dass die Kirche in konstantinischer und nachkonstantinischer Zeit ihre Arme weit öffnet und sowohl Schwache und Starke als auch Unvollkommene und Vollkommene unter ihrem Dach vereinigt. Tillemonts Konzeption liegt ein Exklusionsmodell zugrunde: Entweder «histoire sainte» oder «histoire profane», wobei das Profane dank göttlicher Allwirksamkeit sehr wohl in Beziehung zum Heiligen kommt, aber eben nur insofern es darauf (häufig unfreiwillig, ja ganz gegen eigene Absichten) einen disziplinierenden, «heiligenden» Effekt ausübt.

Die Profangeschichte hat in Tillemonts Geschichtsschreibungsprogramm also einen Vasallenstatus unter theologischem Deutungsprimat. Sie ist die Propädeutik der «histoire sainte». Das gilt selbst dann, wenn man ihre «utilité» unabhängig vom unmittelbaren Schicksal der Kirche erwägt. Die Profangeschichte lasse erkennen, dass alle ihre Ereignisse «dans leur déreglement» geregelt seien «par la sagesse de la providence».[31] Auch wenn wir die Profangeschichte für sich betrachten, können wir daraus vielfältige Erbauung schöpfen, da sie auf der einen Seite in ihren trübseligsten Figuren veranschaulicht, was die Christen für Schwerverbrecher wären, wenn Gott ihrer Begehrlichkeit nicht Einhalt geböte. Auf der andern Seite stürzt sie viele Christen in Scham angesichts des Umstandes, dass sie trotz des göttlichen Gnadenbeistandes die sittliche Höhe tugendhafter Heiden nicht erreichen, wo doch diesen Heiden gerade der Gnadenbeistand versagt geblieben ist. Tillemonts Argument läuft freilich Gefahr, die göttliche Gnade letztenendes überflüssig zu machen, kann man doch offenbar auch ohne sie zumindest tugendhaft (wenn auch nicht selig) sein. Die Ausklammerung des augustinisch-jansenistischen *non posse non peccare,* welches alles nicht durch göttliche Gnade sanktionierte Handeln unter den Generalverdacht der Bosheit stellt, erlaubt es Tillemont hier, eine Vergleichbarkeit der Sphären herzustellen, obschon er selbstredend am Axiom der Notwendigkeit einer durch die Kirche vermittelten, göttlichen Gnade festhält. Aber Sünder und Gerechte gibt es offenbar sowohl innerhalb wie ausserhalb der Kirche. Der darüber hinausgehende Schritt, das Gnadenaxiom vollständig fallenzulassen und damit die Kirche so zu behandeln wie irgendeine andere irdische

---

[31] A.a.O., Bd. 1, v.

Institution, wird von Tillemont zwar noch nicht vollzogen, aber doch von ihm selbst den theologisch desinteressierten Historikern der Aufklärung in die Hand gelegt. Zwar kann er den moralischen und den religiösen Nutzen des Profangeschichtsstudiums aufweisen, riskiert jedoch die Aufhebung der strikten Trennung und Hierarchisierung von «histoire sainte» und «histoire profane». Damit ist der Burgfrieden, in den sich das katholische Heilsgeschichtsdenken in Frankreich zurückzieht, von innen heraus gefährdet.

Obwohl die Unterscheidung von Heils- und Profangeschichte ebenso aufrechterhalten wird wie die Identifikation von Kirchengeschichte und Heilsgeschichte, formuliert Tillemont ungeachtet seiner plakativen Instrumentalisierung des (Profan-)Geschichtsstudiums für moralische und praktisch-theologische Zwecke eine ganz und gar untheologische methodische Zielsetzung seiner eigentlichen Geschichtsschreibung, nämlich «qu'à chercher la verité des faits & des temps, avec toute la fidelité, l'exactitude, & application dont il a esté capable».[32] Diesem Postulat wird Tillemont in seiner Arbeit weithin gerecht, so sehr er es in seiner Einleitung bedauert, dass die «necessité de faire un discours suivi»[33] es ihm nicht erlaubt habe, sich immer wortwörtlich an die Quellen zu halten. Tillemont macht sich auch Gedanken darüber, welcher Titel seinem Werk angemessen sei – *«Memoires»*, *«Annales»* oder *«Histoire»* – und entscheidet sich für letzteren, «comme celuy dont on est le moins obligé de rendre raison, parce qu'il est le plus ordinaire, & que toute narration est en quelque sorte une histoire.»[34]

---

[32] A.a.O., Bd. 1, vj.
[33] Ebd.
[34] A.a.O., Bd. 1, xvij. Die Gleichung Geschichte (historia) = Erzählung (rerum gestarum narratio) ist spätestens seit Aulus Gellius (Noctes Atticae V 18, 1) topisch; vgl. z.B. die Bestimmung im *Rationarium temporum* des Jesuiten Denys Petau (1583-1652): «Historia, rerum præteritarum est narratio.» (Dionysius Petavius, Rationarum temporum pars tertia, quæ est technikè, hoc est, Chronologia methodum & Historicorum temporum argumenta probationesque continet, Paris [Florentinus & Delaulne] MDCCII. [= 1702], 3). Den Humanisten galt die *historia* als «Dichtung in Prosa» (Giovanni Pontano, Actius [1499/1507], in: G.P., Dialoge. Übersetzt von Hermann Kiefer, mit einer Einleitung von Ernesto Grassi. Lateinisch-deutsche Ausgabe, München 1984, 420f.), während Jean Bodin, Methodus ad facilem historiam cognitionem [1566], Amsterdam (J. Ravenstein) 1650, 8 (Cap. 1) die *historia* als «vera narratio» in drei «genera» aufteilt: «humanum, naturale, divinum». Zur historia qua «narratio rei gestae» und als «vera narratio» in der rhetorischen Tradi-

Entsprechend habe er sich darauf beschränkt, nach der «verité des faits» zu suchen:

> Cette verité n'est pas assurément la plus importante, sur tout quand on ne regarde que les payens, tels que sont presque tous ceux dont on parlera dans les trois premiers volumes. Elle a neanmoins son utilité pour ceux qui savent profiter de tout: & si tout ce qu'on peut dire des payens est peu important, il n'est pas peu important d'aimer la verité jusque dans les plus petites choses.[35]

Gemessen an den Glaubenswahrheiten sind die historischen Faktenwahrheiten also von geringerer Dignität, zumal dann, wenn sie nicht das historische Erlösungsgeschehen, sondern die Heiden betreffen. Neben der moralisch-religiösen Nützlichkeit scheint – und damit partizipiert Tillemont am barocken 'Diskurs' über die (theologische) Relevanz des Details[36] – die Berücksichtigung des (vermeintlich) Geringfügigen eine disziplinierende Wirkung zu haben: Erst hier erweist sich die echte Wahrheitsliebe.

Nimmt man Tillemonts *Histoire des Empereurs* und auch seine *Mémoires* als Ganzes in den Blick, so stellt man fest, dass zunächst zwar eine geschichtstheologische Linie skizziert wird, und dass das pastorale Interesse die historische Wissenschaft erklärtermassen in den Dienst nimmt. Bei der eigentlichen Ausführung des historiographischen Unternehmens verzichtet Tillemont indessen weitgehend auf eine geschichtstheologische Strukturierung des Stoffes, um sich statt dessen an die von den Quellen vorgegebenen Ordnungsstrukturen anzupassen, die gerade im Fall der vorkonstantinischen Kaisergeschichte keine theologischen sind. Damit wird der wissenschaftliche Anspruch, möglichst unverfälscht das Material zu präsentieren, zwar eingelöst; jedoch tut sich eine Kluft zwischen dem übergeordneten, theo-

---

tion und im 16. Jahrhundert siehe Arno Seifert, Cognitio historica. Die Geschichte als Namensgeberin der frühneuzeitlichen Empirie, Berlin 1976, 12-62. Bekanntlich betont die gegenwärtige Geschichtsphilosophie wieder stark den narrativen (Konstruktions-)Charakter von Geschichte (z.B. Arthur C. Danto, Analytische Philosophie der Geschichte. Übersetzt von Jürgen Behrens, Frankfurt a.M. 1980, 27, und Hans Michael Baumgartner, Thesen zur Grundlegung einer transzendentalen Historik, in: H.M.B./Jörn Rüsen [Hg.], Seminar: Geschichte und Theorie, Frankfurt a.M. 1976, 274).

35 [Tillemont], Histoire des Empereurs, Bd. 1, xviij.
36 Dazu allgemein Michel Foucault, Überwachen und Strafen. Die Geburt des Gefängnisses. Übersetzt von Walter Seitter, Frankfurt a.M. 1977, 178-181.

logischen Interesse, die providentielle Allwirksamkeit Gottes aufzuweisen, und dem nach intrinsischen Gesichtspunkten organisierten «corps de narration»[37] auf. Eine dank göttlicher Hilfe adäquate Wiedergabe der «histoire sainte» sollte nach Tillemonts Vorstellung das Auseinanderklaffen von theologischer Botschaft – dem übergeordneten Ordnungsmuster des göttlichen Heilswirkens – und den «plus petites choses» – den nur scheinbar kontingenten Einzelereignissen – kitten können. Dabei ist die theologische Prämisse von Gott als unumschränktem Herr der Geschichte unvermindert wirksam; bloss sieht sich Tillemont selbst nicht im Stande, die erforderliche Synthetisierungsleistung zu erbringen – etwa so, wie Baronius es in apologetischer Absicht ein Jahrhundert früher noch vermocht hatte. Wie ist unter der überwältigenden Fülle des Materials der Weg der Vorsehung noch sichtbar zu machen?

Dieser Materialfülle verdankt sich die Wertschätzung der beiden grossen Werke Tillemonts noch weit ins 18. Jahrhundert hinein, wovon die offenbare mühelose postume Publikation der vom Verfasser nicht mehr selbst zum Druck beförderten Teile zeugt. Die Adressaten waren ohnehin von Anfang an nur die Gelehrten,[38] nie ein breiteres Publikum, dem etwa Gottes geschichtliches Handeln hätte andemonstriert werden müssen. Diese Gelehrten – siehe Gibbon – benutzten die Werke als Steinbruch und kümmerten sich oft kaum um das von Tillemont insinuierte Programm einer nach Providenzgesichtspunkten geordneten Geschichtsschreibung. Ohnehin genügte Tillemonts Arbeit trotz ihrer allseitigen sammlerischen Beschlagenheit bald nicht mehr den Massstäben der 'höheren Kritik'. Auf theologischer Seite wurde demgegenüber, wie auch ein Nichttheologe (im Theologengewand), nämlich Pierre Bayle in der *Continuation des Pensées diverses,* monieren konnte, eher der Mangel an erzählerischer Kraft beklagt:

> Mr. de Tillemont a publié une histoire des Empereurs, qui est excellente eu égard à l'étenduë & à l'exactitude des recherches. On n'avoit point vû encore un assemblage de faits aussi complet que celui-là, ni aussi muni de citations, cependant c'est un ouvrage qui manque d'une perfection essentielle, parce que le style en est trop simple, & qu'il y a trop de secheresse dans les narrations. Aussi a-t-on dit [sc. Vigneul Marville], qu'il *a fait tout le corps d'une histoire parfaite, & qu'il ne reste aux esprits*

---

[37] [Tillemont], Histoire des Empereurs, Bd. 1, ix.
[38] Vgl. auch Sainte-Beuve, Port-Royal, Bd. 2, 542.

polis qu'à revêtir ce corps des ornemens qui lui sont convenables. Si ces esprits-là se savoient servir judicieusement de l'art poëtique, & de l'art oratoire ils suleroient admirablement ce qui manque à un si bon livre. Au reste ils seroient bien d'en ôter tant de reflexions devotes que l'on y a repanduës, & qui auroient du être reservées pour des sermons, ou pour des livres de pieté. (PDC 1, § 2, 5f.)

1.2 Geschichtliches Wissen um des Heiles willen: Claude Fleury

Andere Repräsentanten des französischen Katholizismus sollten dieses narrative Bedürfnis befriedigen, auch wenn gerade sie die von Bayle eingeforderte Unterscheidung der Bereiche «Geschichtsschreibung» und «Erbauungsliteratur» noch stärker missachteten. Unter ihnen ragt *Claude Fleury* (1640-1723) heraus, dessen *Histoire ecclésiastique* (1691-1720) in der von Fleury selbst autorisierten Gestalt die stolze Zahl von 20 Quartbänden umfasst und dennoch nur bis ins Jahr 1414 reicht. Die *Histoire* fand nicht allein eifrige Fortsetzer, sondern wurde noch in der zweiten Hälfte des 18. Jahrhunderts ins Deutsche (Leipzig 1752-1776) und ins Lateinische (Augsburg 1758-1794) übersetzt. Wieviel Beachtung das gefällig und volkstümlich geschriebene Werk fand, zeigt sich daran, dass Friedrich der Grosse einen *Abrégé de l'histoire ecclésiastique de Fleury* mit politischer Stossrichtung vorlegte.[39] Man hat den Wunsch geäussert, Tillemonts kritische Präzision hätte sich mit Fleurys schriftstellerischem Talent gepaart (immerhin war dieser seit 1696 Mitglied der Académie Française);[40] und während Rous-

---

[39] Bern [recte: Berlin] 1766. Wer einen Eindruck von der neuen Funktionalisierung des Fleuryschen Werkes gewinnen will, lese Friedrichs schroff antiklerikalistische Vorrede nach: [Friedrich II. von Preussen], Vorrede zum Auszug aus Fleurys Kirchengeschichte [1766], in: Die Werke Friedrichs des Grossen in deutscher Übersetzung, Bd. 8: Philosophische Schriften, hg. von Gustav Berthold Volz, Berlin 1913, 112: «Mit einem Worte, die Kirchengeschichte offenbart sich uns als ein Werk der Staatskunst, des Ehrgeizes und des Eigennutzes der Priester.» Wolfgang Gericke, Theologie und Kirche im Zeitalter der Aufklärung = Kirchengeschichte in Einzeldarstellungen, Bd. III/2, hg. von Gert Haendler u. a., Berlin 1989, 91, sieht Friedrichs Fleury-Adaption unter dem Einfluss von Bolingbrokes *Letters on the Study and Use of History* stehen (vgl. S. 165-182).

[40] Siehe Sainte-Beuve, Port-Royal, Bd. 2, 543.

seau im *Emile* vom «savant Fleuri» spricht,[41] kann sich mitunter selbst ein Voltaire für dessen *Histoire* erwärmen.[42] Andernorts springt er damit allerdings weniger zimperlich um:

> J'ai vu une statue de boue dans laquelle l'artiste avait mêlé quelques feuilles d'or; j'ai séparé l'or, & j'ai jeté la boue. Cette statue est l'*Histoire ecclésiastique* compilée par *Fleuri,* ornée de quelques discours détachés, dans lesquels on voit briller des traits de liberté & de vérité, tandis que le corps de l'histoire est souillé de contes qu'une vieille femme rougirait de répéter aujourd'hui.» (OC Kehl 27,15)[43]

Die pikanten Müsterchen, die Voltaire daraufhin für seine Behauptung beibringt (OC Kehl 27,15-18), Fleurys *Histoire* bestehe grösstenteils aus Schlamm, machen augenfällig, dass die naive Wundergläubigkeit vieler Episoden dem ästhetischen Geschmack und dem antiklerikalen Geist der *Lumières* zuwider war. Der Popularität von Fleurys Werk tat dies zunächst keinen Abbruch.

Ursprünglich Advokat und Verfasser juristischer Studien, hatte sich Fleury erst recht spät der Theologie zugewandt. Seit 1672 Priester, wurde er als Erzieher junger Adliger und als Mitarbeiter sowohl von Bossuet als auch von Fénelon bald zu einer herausragenden Figur des französischen Geisteslebens. Von 1716 bis 1722 wirkte Fleury als Beichtvater von Louis XV, wobei ihm seine Distanz sowohl zu den Jansenisten, als auch zu den Jesuiten sehr zustatten kam. Seine kirchenhistorischen Arbeiten zeigen ihn als Verfechter des Gallikanismus und Kritiker des päpstlichen Primatanspruchs. Dies wiederum dürfte der Grund dafür gewesen sein, dass das Werk, dem

---

41 Jean-Jacques Rousseau, Œuvres complètes. Edition publiée sous la direction de Bernard Gagnebin et Marcel Raymond, Bd. 4: Emile, Paris 1969 (= Bibliothèque de la Pléiade, Bd. 208), 371. In der Einleitung wird darauf verwiesen, dass Rousseau wohl auf Fleurys pädagogischen *Traité du choix et de la méthode des études* von 1686 Bezug nehme (XXVIII). Zu Fleurys grossem Einfluss auf spätere Pädagogen vgl. auch Astrid Witschi-Bernz, Bibliography of Works in the Philosophy of History 1500-1800 = History and Theory, Beiheft 12, Middletown (Conn.) 1972, 55, Fn. 12, sowie besonders zum *Catéchisme historique,* ebd., 82.
42 «Son *histoire de l'Eglise* est la meilleure qu'on ait jamais faite, & les discours préliminaires sont fort au-dessus de l'histoire. Ils sont presque d'un philosophe, mais l'histoire n'en est pas» (OC Kehl 20,97).
43 Vgl. auch OC Kehl 42,45: «*Fleuri* abbé du Loc-Dieu a déshonoré son histoire ecclésiastique par des contes qu'une vieille femme de bon sens ne ferait pas à des petits enfans.»

wir uns hier zuwenden, nämlich sein *Catéchisme historique,* seit 1728 auf dem römischen Index stand – «donec corrigatur»![44] Freilich fand der *Catéchisme historique,* der aus einem *Petit* und einem *Grand Catéchisme* besteht, 1676 für die Fürsten von Conti verfasst und 1683 erstmals gedruckt wurde, mächtige Fürsprecher. Das Werk wurde noch in der zweiten Hälfte des 18. Jahrhunderts ungeachtet der römischen Restriktionen mit königlichem Privileg in grosser Anzahl unters Volk gebracht.[45] Als Bürge trat die leibhaftige Verkörperung des Gallikanismus, der Bischof von Meaux, Jacques-Bénigne Bossuet höchstselbst auf den Plan, um den Katechismus mit seiner Approbation zu versehen:

> l'Auteur a expliqué les mysteres & les fondemens de la Religion chrétienne dans le même ordre, & pour ainsi dire, avec la même méthode dont Dieu s'est servi pour les proposer à son Eglise, c'est à-dire, par la suite des faits merveilleux de l'ancien & du nouveau Testament, & par celle des instructions qu'il lui a plu nous donner, premiérement par les Patriarches & par les Prophetes, & ensuite par J.[esus] C.[hrist] & par ses Apôtres, dont l'Eglise catholique a recueilli & conservé les enseignemens comme un dépôt précieux.[46]

Fleurys Methode ist nach Bossuets Lesart also nichts weniger als die Imitation der göttlichen Methode, die Fundamente der wahren Religion den Menschen zu offenbaren, nämlich durch die im Alten und Neuen Testament dokumentierte Abfolge heilsträchtiger Ereignisse und durch die dort gegebenen Instruktionen. Bossuets Parallelisierung von Gottes Handeln und Fleurys Schreiben verdeckt freilich die Differenz des Verfahrens, insofern Gott ja in erster Linie durch die von ihm in der Welt gewirkten Ereignisse («faits») sein Heilswerk verrichtet, Fleury hingegen diese Ereignisse nur

---

[44] Index librorum prohibitorum Leonis XIII. Sum. Pont. auctoritate recognitus SS. D.N. Benedicti P. XV. iussu editus. Praemittuntur Constitutiones Apostolicae de examine et prohibitione librorum, Romae 1917, 135.

[45] Zur Publikations- und Rezeptionsgeschichte im einzelnen siehe François Gaquère, La vie et les œuvres de Claude Fleury (1640-1723). Préface de S.G. Monseigneur Julien, evêque d'Arras, Paris 1925, 343-349. Als Materialsammlung – wenn auch nicht als Interpretation – ist Gaquères apologetisches Buch nach wie vor von Nutzen.

[46] Approbation de Monseigneur l'Evêque de Meaux vom 12. Mai 1683, in: Claude Fleury, Catéchisme historique, Contenant en abrégé l'Histoire Sainte & la Doctrine Chrétienne. Nouvelle Edition, Paris (Herissant Fils) M.DCC.LXVIII. (= 1768), 319.

nacherzählt und ihre religiöse Relevanz herausstellt. Fleurys *Discours sur le dessein et l'usage de ce Catéchisme* artikuliert die Absicht, nach der durch das kontinuierliche göttliche Offenbarungshandeln etablierten Ordnung ebenfalls in der katechetischen Rekapitulation zu verfahren. Dieser einleitende *Discours* skizziert eine Aufgabe, die man heute als 'innere Mission' bezeichnen würde: Ausgehend vom Befund, dass selbst ansonsten gebildete Leute über die Wahrheiten des Christentums nur unzureichend unterrichtet seien, verwertet Fleury ein quasi sokratisches Argument, um den Nutzen seines Werkes geltend zu machen: «Le libertinage même & le mépris de la religion, ne vient que d'ignorance; car il est impossible de connoître la doctrine chrétienne telle qu'elle est, sans l'admirer & l'aimer.»[47] Freigeisterei ist also ein auf Unwissenheit gründender Irrtum und kann kuriert werden, indem man die richtigen Begriffe vom Christentum vermittelt bekommt, obgleich die Ignoranz als Erbsündenfolge ein nur schwer auszurottendes Übel sei. So versteht Fleury seinen Katechismus als Kampfschrift gegen die Unwissenheit in Belangen der «vraie religion»: «c'est une doctrine, une étude, une science.»[48] Christsein und Unwissenheit seien unvereinbar. Gleichwohl sei solche Unwissenheit häufig nicht die alleinige Schuld der Laien, sondern durchaus auch der kirchlichen Seelenführer, insofern diese sich in Schulfuchsereien verloren hätten.

> La meilleure méthode d'enseigner n'est donc pas celle qui nous paroît la plus naturelle quand nous considérons les vérités abstraites & en elles-mêmes, mais celle que l'expérience fait connoître pour la plus propre à faire entrer ces vérités dans les esprits de ceux à qui nous parlons. Or, il me semble que nous devons faire grand cas de l'expérience de tous les siecles. En remontant jusqu'à sept ou huit cens ans, qui est à peu-près le temps où la plus grande ignorance s'est répandue dans le Christianisme; au-dessus de ces temps misérables jusqu'au commencement du monde, je trouve que l'on a toujours suivi à peu près la même méthode pour enseigner la religion; & que l'on s'est servi principalement de la narration & de la simple déduction des faits, sur laquelle on fondoit les dogmes & les préceptes de morale.[49]

Die neue didaktische Methode will – echt katholisch gedacht – eine in Wahrheit uralte, durch die Überlieferung von Jahrtausenden bestens ver-

---

[47] Fleury, Catéchisme historique, 2.
[48] A.a.O., 5.
[49] A.a.O., 10.

bürgte sein. *Erfahrung* soll die Lehrmeisterin werden, die uns zu richtigem Unterricht anleite – und diese Erfahrung demonstriere, dass man sich mit Vorteil der *Erzählung* und einfacher Faktenberichte bediene, um Dogmen und moralische Vorschriften zu transportieren. Fleury stellt ausführliche Überlegungen an, wie er seine Botschaft an die Adressaten bringen kann und wählt zunächst mit einem pragmatischen Rekurs auf hergebrachtes pädagogisches Wissen einen narrativen Weg der Vermittlung.[50] Der zitierte Passus könnte mit wenigen Modifikationen auch einen Vorschlag zur Popularisierung der Aufklärung (etwa eines Fontenelle) zieren. Doch steht im Hintergrund ein traditioneller, spezifisch modifizierter Topos: *historia magistra vitae*.[51]

Wenn Fleury die in die Weltanfänge zurückreichende Geschichte seiner Lehrmethode rekapituliert, bemüht er sich um den Nachweis, dass die Erzählungen von dem, was geschehen ist, stets das beste Medium religiösen Unterrichts gewesen seien. Das Neue Testament habe daran nichts geändert und die Schriften der Kirchenväter seien ebenfalls «fondées sur les faits, & le corps du discours est d'ordinaire une narration de tout ce que Dieu a fait pour le genre humain».[52] Die mannigfache Wiederholung dieser Erzählung habe die Ignoranz bezwungen, bis schliesslich mit der Durchsetzung der Kindertaufe die «instructions publiques» zu blosser Formalität degeneriert seien, und eine kirchliche Bildungsmisere eingesetzt habe.[53] Darüber hätten die tiefsinnigsten trinitäts- oder gnadentheologischen Spekulationen nicht hinweggeholfen, obschon doch – und hier kommt das entscheidende, von Bossuets Approbation herausgestellte theologische Argument zugunsten der altneuen Lehrmethode – Gott selber ein ganz anderes Beispiel gegeben habe:

---

50 Zu Fleurys Pädagogik siehe Raymond E. Wanner, Claude Fleury (1640-1723) as an Educational Historiographer and Thinker, The Hague 1975, dessen Hauptaugenmerk Fleury *Traité du choix et de la méthode des études* (1686) gilt, während der *Catéchisme* eher vernachlässigt bleibt.

51 Marcus Tullius Cicero, De oratore II 36: «Historia vero testis temporum, lux veritatis, vita memoriae, magistra vitae, nuntia vetustatis, qua voce alia nisi oratoris immortalitati commendatur?» Vgl. z. B. Ulrich Muhlack, Geschichtswissenschaft im Humanismus und in der Aufklärung. Die Vorgeschichte des Historismus, München 1991, 44-66.

52 Fleury, Catéchisme historique, 13.

53 A. a. O., 14 bzw. 15. Vgl. zur Methode der Wiederholung in Fleurys eigenem Katechismus, 24.

> Dieu qui nous connoît parfaitement, a fondé la doctrine de sa religion sur des preuves dont tous les hommes fussent capables, c'est-à-dire sur des faits, & sur des faits évidens, illustres, sensibles; tels que sont la création du monde, le péché du premier homme, le déluge, la vocation d'Abraham, la sortie d'Egypte.[54]

Die jüdisch-christliche Religion gründet selber wesentlich auf historischen Fakten, und dass sie das tut, ist einer klugen Massnahme der göttlichen Heilsökonomie zu verdanken, da Gott ja weiss, dass die Menschen nicht durch abstrakte Wahrheiten, sondern durch sinnliche Evidenz überzeugt würden. Hier tritt ein Beglaubigungsproblem auf:

> Afin que la verité de ces faits ne pût être revoquée en doute, par ceux qui ne les auroient pas vus, Dieu a de temps en temps rendu témoignage à ceux qui les racontaient par d'autres faits extraordinaires; c'est-à-dire, par des miracles.[55]

Weil es Leute gibt, denen die sinnliche Evidenz der historischen Fakten verschlossen bleibt, ganz einfach, weil sie bei der Weltschöpfung, der Sintflut oder der Berufung Abrahams nicht dabei waren, muss das Zeugnis von diesen Fakten, das Mose oder die Propheten, Jesus oder die Jünger ablegen, selber wiederum durch sinnliche Evidenzen, nämlich durch Wunder untermauert werden. Die Schwierigkeit, die sich daraus ergibt, ist offenkundig: Als nachbiblische Katechumenen verfügen wir nur über Berichte von den angeblich so evidenten historischen Fakten (= Fakten erster Ordnung) und zudem über Berichte von den angeblich ebenso evidenten Wunderbeweisen (= Fakten zweiter Ordnung) zur Untermauerungen der primären Fakten, jedoch weder über die Fakten erster noch über diejenigen zweiter Ordnung, sondern eben nur über Berichte, die selber einer faktischen Beglaubigung entbehren. Fleury verschweigt diesen unangenehmen Umstand, weil er sich offenbar darauf verlässt, dass die Autorität der Kirche die Wahrheit der Berichte sowohl über die Fakten erster wie zweiter Ordnung verbürge. Gerade auf diese Autorität wird man bei einem erst zu katechisierenden oder zu missionierenden Publikum indes schwerlich ohne *petitio principii* zurückgreifen können. Fleury verwischt ohnehin wie Bossuet in seiner Approbation die Differenz zwischen dem Faktum als solchem und dem Bericht, den wir davon haben. Er gibt kein Kriterium an die Hand, nach dem wir die

---

[54] A.a.O., 16.
[55] Ebd.

Faktenadäquanz einer «narration» beurteilen können, sondern setzt für die ihm wesentlichen Narrative immer schon eine göttliche Verbürgung voraus. Statt diesen heiklen Punkt zu erhellen, rekurriert Fleury auf ein offenbar natürliches Bedürfnis nach Erzählung, nach Geschichte(n), wobei die semantische Extension der «histoire» sowohl Geschichte(n) von *res factae*, als auch von *res fictae* zu fassen erlaubt:

> Cette manière d'instruire n'est pas seulement la plus sûre & la plus proportionnée à toutes sortes d'esprits; c'est encore la plus facile & la plus agréable. Tout le monde peut entendre & retenir une histoire, où la suite des faits engage insensiblement, & où l'imagination trouve prise; & quoique plusieurs se plaignent de leur mémoire, elle est toutefois moins rare que le jugement. De-là vient la curiosité pour les nouvelles, l'amour des romans & des fables.[56]

Fleury optiert für eine Verbindung von dogmatischer Lehre und Geschichtserzählung, denn man könne gar nicht vermeiden «de mêler beaucoup de faits à la doctrine. On ne peut expliquer le premier article de ce symbole sans parler de la création: ni le baptême, sans parler du péché de notre premier pere; ni le commencement du Décalogue, sans parler de Moïse».[57] Diese Verquickung von Historisch-Faktischem und Dogmatischem, die nach Fleury das Christentum ausmacht, lässt so einen Katechismus entstehen, «dont le but est de soutenir par la connoissance des faits, l'explication du symbole & des autres parties de la doctrine chrétienne».[58] Gottes Didaktik sei in den biblischen Schriften die nämliche gewesen.[59] Seinen Katechismus versteht Fleury nicht so sehr als unmittelbares Lektürepensum, sondern eher als individuell varierbares «modele d'instruction».[60] Man solle sich in seinen Ausführungen am jeweiligen Publikum orientieren; man habe zu Kindern anders zu sprechen als zu «personnes raisonnables», anders zu Bauern als zu «gens polis». Deswegen habe er auch einen kleinen und einen

---

[56] A.a.O., 17.
[57] A.a.O., 19.
[58] A.a.O., 20.
[59] «Dieu même nous a enseignée [sic], dans la suite de ses saintes Ecritures. Les premiers livres & les plus anciens ne sont la plupart que des histoires: les préceptes de morale viennent après; puis les livres des Prophetes, mêlés d'exhortations & de prédictions, par-tout l'ordre des temps est suivi. Il en est de même dans le nouveau Testament.» A.a.O., 21.
[60] A.a.O., 23.

grossen Katechismus verfasst. Konkret sieht das im ersten Teil von Fleurys *Petit Catéchisme historique*, «contenant en abrégé l'Histoire-Sainte», so aus, dass die Geschichte von Gottes Offenbarungswerk angefangen mit der Weltschöpfung bis zur «liberté de l'Eglise & des Moines» unter Kaiser Konstantin in 29 kurzen Abschnitten erzählt, und mit Fragen das Erzählte vergewissert wird.[61] Der zweite Teil des kleinen Katechismus entfaltet in ebenfalls 29 Lektionen «la doctrine Chrétienne» von den drei christlichen Kardinaltugenden bis zum Sakrament der Ehe.[62] Der *Grand Catéchisme historique* führt in derselben Ordnung dieselben Themen breiter aus, wobei der historische Teil 52,[63] der dogmatische Teil aber 60 Lektionen umfasst.[64] In dieser Version wird auf die katechetischen Kontrollfragen verzichtet. Die historischen Teile beider Katechismen benutzen für die biblische Zeit die Heilige Schrift als Quelle, für die nachapostolische Periode hingegen Kirchenväter, während für die dogmatischen Teile die theologische und liturgische Literatur in ganzer Breite ausgewertet wird. Nur der grosse Katechismus gibt in Marginalien die jeweiligen biblischen oder ausserbiblischen Referenzen an. Nach Fleurys Eingangserörterungen erstaunt die strikte Trennung des Historischen und des Dogmatischen, so dass sich der dogmatische Teil schon im kleinen Katechismus ziemlich trocken liest und jene narrative Aufbereitung vermissen lässt, die der *Discours sur le dessein* in Aussicht gestellt hat. Eine Synthese von Historie und Dogmatik wird nicht wirklich hergestellt; beide Bereiche stehen als die zwei Säulen des Christentums unverbunden nebeneinander, so, als ob der Verfasser Angst vor seinem narrativistischen Programm bekommen hätte.

Dennoch ist die Rolle, die der *Discours sur le dessein* dem Geschichtlichen und dem Narrativen zuweist, keine bloss sekundäre. Aus der dort formulierten Einsicht, dass das Geschichtliche dem Dogmatischen in der christlichen Religion einander bedingen, wächst ein neues theologisches Vertrauen in die Historie, nachdem sich dieses in der generellen Abwertung des Historischen bei René Descartes und in seinem Gefolge (vgl. unten S. 190-192), aber vor allem in der konfessionspolitisch motivierten Ge-

---

[61] A.a.O., 43-86.
[62] A.a.O., 87-126.
[63] A.a.O., 127-210.
[64] A.a.O., 211-319.

schichtsschreibung der vorangegangenen 150 Jahre gründlich diskreditiert zu haben schien: Jede historische Tatsachenbehauptung war von der jeweiligen Gegenseite mit der entsprechenden Gegenbehauptung erwidert worden. In seinem Doppel-Katechismus lässt sich Fleury fast gar nicht auf die umstrittenen Sachverhalte der nachapostolischen Geschichte ein, sondern konzentriert sich auf das durch göttliche Autorität sanktionierte Geschichtsgeschehen, von dem die Bibel zeugt. Auch in dogmatischer Hinsicht, so sehr der katholische Standpunkt beibehalten und verteidigt wird, lässt sich eine strikte Reduktion auf die unbedingt notwendige Substanz beobachten. «Histoire» ist bei alledem die Ordnungs- und Orientierungsinstanz, wobei sich der Katechismus-Schreiber von allen methodologischen Fragen nach der Gewissheit und Ausweisbarkeit des Gewesenen, die die kontroverstheologischen Auseinandersetzungen und der *Pyrrhonismus historicus*[65] aufgeworfen hatten, unbeeindruckt zeigt. «Histoire» wird explizit zum Leitmedium des religiösen Unterrichts und somit scheinbar in ihrer alten Stellung als *magistra vitae* bestätigt. Aber diese Bestätigung gilt allenfalls für die «histoire sainte», deren Inhalte zum heilsnotwendigen Wissen gehören, ohne dass man deswegen daraus irgendeine über das Heilsinteresse hinausgehende, praktische Lehre fürs Leben ziehen könnte: Das historische Wissen, das die historischen Katechismus-Passagen vermitteln, ist keineswegs direkt anwendbar auf konkrete Situationen im je eigenen Leben, sondern muss um seiner selbst und um des Heiles willen gewusst werden. Ein zyklisches Geschichtsmodell, das den Topos von der *historia magistra vitae* im landläufigen Verständnis erst wirklich sinnvoll macht (vgl. unten S. 370-381), wird von der Linearität der Heilsgeschichte gerade ausgeschlossen. Nur dann, wenn die Geschichte eine Reihe von variierten Musterfällen bereithält, an denen ich mich in der eigenen Gegenwart orientieren kann, weil auch alle meine Fälle in der Vergangenheit schon exemplarisch gelöst sind, ist diese Geschichte tatsächlich praktische Lehrmeisterin meines Lebens. In

---

[65] Zum *Pyrrhonismus historicus* zwischen 1670 und 1790 siehe die ausführlichen Analysen von Markus Völkel, «Pyrrhonismus historicus» und «fides historica». Die Entwicklung der deutschen historischen Methodologie unter dem Gesichtspunkt der historischen Skepsis, Frankfurt a. M., Bern, New York, Paris 1987; vgl. mit viel Quellenmaterial Witschi-Bernz, Bibliography of Works in the Philosophy of History 1500-1800, 63-69.

Fleurys Doppel-Katechismus ist sie es nur, insofern sie meinem Leben den Ausblick auf das und den Zugang zum Heil eröffnet. Einen eminent praktischen Nutzen hat Geschichte gleichwohl noch immer, insofern eben das Wissen um bestimmte geschichtliche Fakten als solches heilsträchtig ist.

Eine doppelte Perspektive auf «histoire» lässt sich in Fleurys Katechismus demzufolge unterscheiden: Zum einen kann sie funktionalisiert werden, nämlich als Medium, dogmatische Wahrheiten zu übermitteln. Diese Funktion wird in einer quasi anthropologischen Fundamentalprämisse gegründet, wonach der Mensch ein narrationsbedürftiges Wesen sei. Zum andern ist das Medium selbst die Botschaft: Eine bestimmte «histoire», bestimmte historische Sachverhalte müssen gewusst werden, weil sie zum eisernen Bestand der christlichen Religion gehören, ihr Wesen ausmachen. So gelingt es Fleury, die Unabdingbarkeit der «histoire» in zwiefacher Hinsicht zu veranschaulichen, sowohl als die einzig angemessene Form religiösen Unterrichts, als auch – soweit es um göttlich autorisierte «histoire» geht – als unbedingt zu wissender Inhalt. Und das um des Heiles willen unerlässliche, historische Wissen ist keines, das einer Bildungselite vorbehalten bleiben dürfte. Im Gegenteil: Adressat zumindest des kleinen Katechismus ist das breite Volk. Dessen spirituelles Gedeihen oder Verderben hängt von diesem genau eingegrenzten, historischen Wissen ab, so dass es keineswegs bloss didaktische Opportunität ist, die es angeraten sein lässt, dogmatisches Wissen historisch zu verpacken. Das historische Wissen wird selbst – wenngleich noch als klar umrissenes Wissen um ganz bestimmte Sachverhalte des göttlichen Handelns an und mit den Menschen – zu etwas, was für den Menschen unabdingbar ist.

Wenn nun im *Discours sur le dessein* keine kategoriale Unterscheidung von *ficta* und *facta* getroffen wird, da sich die menschliche Narrationsbedürftigkeit von der Fabel genauso wie vom Tatsachenbericht befriedigen lässt, dann liegt das eben daran, dass Fleury für seine katechetischen Zwecke vorwiegend die «histoire» von Geschehnissen beizieht, die in der Heiligen Schrift von Gott höchstselbst verbrieft sind und damit als *a priori* glaubwürdig gelten. Historische Kritik hat diese Glaubwürdigkeit noch nicht derart ausgehöhlt, dass ein Wahrhaftigkeitskriterium für historische *facta* im Unterschied zu den *ficta* formuliert zu werden bräuchte. So stehen denn auch viel eher Fragen der didaktisch-rhetorischen Organisation des als gewiss vorausgesetzten Geschehens im Vordergrund: Wie soll «histoire» erzählt werden, damit sie bei ihren jeweiligen Adressaten ankommt?[66] Hierin wird eine Grenzverschiebung zwischen Historie und Poetik bzw. Rhetorik sichtbar, die sich gegen Ende des 17. Jahrhunderts mancherorts beobachten lässt.[67] So fordert Fleurys jüngerer Mentor, der Erzbischof von Cambrai, *François de Salignac de la Mothe Fénelon* (1651-1715) in seiner *Lettre à M. Dacier, secrétaire perpétuel de l'Academie françoise, sur les occupations de l'Academie* von 1714, die «histoire» solle sich nicht in Details verlieren, sondern sich ein wenig dem «poëme épique»[68] anverwandeln, insofern dieses uns (nach Horaz) mitten in die grossen Ereignisse hineinversetze:

> La principale perfection d'une histoire consiste dans l'ordre et dans l'arrangement. Pour parvenir à ce bel ordre, l'historien doit embrasser et posséder toute son histoire; il doit la voir toute entière comme d'une seule vue; il faut qu'il la tourne et qu'il la retourne de tous les côtés, jusqu'à ce qu'il ait trouvé son vrai point de vue. Il faut en montrer l'unité, et tirer, pour ainsi dire, d'une seule source, tous les principaux événements qui en dépendent: par-là il instruit utilement son lecteur, il lui donne le plaisir de prévoir, il l'interesse, ... il lui fait même une narration facile à retenir par la liaison des faits.[69]

Was sich wie das Manifest einer nach poetisch-rhetorischen Erfordernissen umzugestaltenden Historie liest, stellt gerade im Fall Fénelons die

---

66 In der neueren metahistorischen Betrachtung spielt die Frage nach der rhetorischen Konstruktion von Geschichte eine entscheidende Rolle, vgl. Hayden White, Metahistory. Die historische Einbildungskraft im 19. Jahrhundert in Europa [1973]. Aus dem Amerikanischen von Peter Kohlhaas, Frankfurt a. M. 1994, und die sich daran anschliessende Diskussion. Kritisch gegen das Konzept einer «dichtenden Klio» wendet sich neuerdings Heinz Dieter Kittsteiner, Dichtet Clio wirklich?, in: Gegenworte. Zeitschrift für den Disput über Wissen, hg. von der Berlin-Brandenburgischen Akademie der Wissenschaften, Heft 9, Frühjahr 2002, 41-45.

67 Vgl. dazu Reinhart Koselleck, Vergangene Zukunft. Zur Semantik geschichtlicher Zeiten, Frankfurt a. M. 1984, 51: «Die epische Einheit, die von Anfang und Ende her bestimmt ist, wurde zunehmend auch der Geschichtserzählung zugemutet.» Gerade die *historia sacra* war indessen immer schon auf diese Weise «episch» organisiert. In der Rhetorik ist *historia* ohnehin schon seit langem eine enge Bindung mit *narratio* eingegangen, während sie in den *artes liberales* der Grammatik angegliedert ist. Da meint *historia* freilich im alten Sinn nicht mehr als «Bericht».

68 François de Salignac de la Mothe Fénelon, Œuvres, Bd. 4, Paris (Lefèvre/Pourrat) 1838, 528 (Lettre à M. Dacier, Abschnitt VIII: Projet d'un Traité sur l'histoire).

69 A.a.O., 529.

Verallgemeinerung dessen dar, was in der «histoire sainte» *ad usum populi*, in Fleurys *Catéchisme historique* schon gang und gäbe war, nämlich die Geschichte nach einer ihr zugrundeliegenden «unité» rhetorisch anzuordnen. Fénelons Verallgemeinerung im Blick auf die Profangeschichte kann freilich die «unité» nicht mehr wie Fleury dogmatisch vorgeben, sondern diese muss sich im Kopf oder auf dem Papier des Historikers zuallererst formieren. Dennoch bleibt der Modellcharakter der «histoire sainte» in ihrem «arrangement» und ihrem «ordre» für eine allgemeine Geschichtsschreibung durchaus sichtbar. Auch hier ist es wesentlich um eine «narration facile à retenir» zu tun, obschon diese leichtfassliche Erzählung keinerlei Heilsbedeutung mehr zu haben braucht.

1.3 Dogmatisch-politische Vereinheitlichung
von «histoire sainte» und «histoire profane»:
Jacques-Bénigne Bossuet

Während Fleurys *Catéchisme historique* das grosse Publikum im Auge hat, richtet sich jenes Werk, das als Inbegriff der Geschichtstheologie gilt, zunächst nur an einen einzigen Menschen, nämlich, wie es im Untertitel heisst, «à Mgr le Dauphin», den Sohn von Louis XIV. Es setzt im *Avant-propos* ein mit dem ausdrücklichen Zweifel, ob Geschichte denn einen allgemeinen Nutzen habe: «Quand l'histoire serait inutile aux autres hommes, il faudrait la faire lire aux princes.»[70] *Jacques-Bénigne Bossuet* (1627-1704) – ursprünglich Jesuitenzögling, 1669 bis 1671 Bischof von Condom und seit 1682 Bischof von Meaux – arbeitete an seinem *Discours sur l'histoire universelle* seit 1670 und feilte daran bis zum Vorabend seines Todes, nachdem 1681 die erste und 1700 die dritte, verbesserte Auflage seines Werkes erschienen war. Zunächst für den unmittelbaren Gebrauch des in seine erzieherische Obhut gegebenen Kronprinzen bestimmt, machte schon die Drucklegung deutlich, dass eine keineswegs nur auf «Fürsten» und ähnlich hochmögende Herrschaften beschränkte, breitere Öffentlichkeit sich trotz des Ein-

---

[70] Jacques-Bénigne Bossuet, Discours sur l'histoire universelle à Mgr le Dauphin [1681/1704], in: J.-B. B., Œuvres. Textes établis et annotés par l'Abbé Velat et Yvonne Champailler, Paris 1970 (= Bibliothèque de la Pléiade, Bd. 33), 665.

gangszweifels von dieser «Predigt mit historischem Text»[71] angesprochen fühlen konnte. Der breite Zuspruch, den das Werk finden sollte, das neben der unvollendet gebliebenen und ebenfalls für den Thronfolger bestimmten *Politique tirée des propres paroles de l'Ecriture* nach dem Selbstverständnis des Verfassers die theologisch-politische Summe seines Lebens zog, ist ein Indiz dafür, dass Wissen um den Verlauf der «histoire universelle» keineswegs mehr als ein fürstliches Privileg empfunden wurde. Seit der Antike gehörte es zur Logik des *historia magistra vitae*-Topos, jenen Leuten Geschichtskenntnisse beizubringen, die selber früher oder später geschichtswirksames Handeln entfalten würden: «Les histoires ne sont composées que des actions qui les occupent, et tout semble y être fait pour leur usage.»[72]

Trotz solch programmatischer Beschwörung des Nutzens der Geschichte bei der Erziehung künftiger Machthaber und der entsprechenden Fokussierung von Haupt- und Staatsaktionen unterläuft Bossuet im Laufe seiner Darlegung zur Weltgeschichte diese seine pädagogische Vorgabe, nicht zuletzt, indem er aufzeigt, wie sehr die menschliche Geschichtsplanung, d. h. die Zwecke des individuellen geschichtlichen Handelns, und die tatsächlichen Resultate dieses Handelns divergieren. «En un mot, il n'y a point de puissance humaine qui ne serve malgré elle à d'autres desseins que les siens. Dieu seul sait tout réduire à sa volonté.»[73] Damit verblasst der *historia magistra vitae*-Topos, da sich der Sinn der Geschichte nicht mehr in der korrekten Applikation von Modellfällen auf die Gegenwart erschöpft (derlei Applikation ist angesichts der Divergenz von menschlicher Handlungsabsicht und Handlungsresultat bei Lichte besehen gegenstandslos geworden), sondern vielmehr in einer der «histoire universelle» als Gesamtgefüge zu extrahierenden, religiösen Bedeutsamkeit.[74] Diese religiöse Bedeutsamkeit ist hinwiederum keineswegs nur von Nutzen für «Fürsten» und andere hoch-

---

71 Fueter, Geschichte der neueren Historiographie, 266.
72 Bossuet, Discours sur l'histoire universelle, 665.
73 A. a. O., 1026 (3ème partie, chapitre 8). Vgl. auch Koselleck, Vergangene Zukunft, 141.
74 Die hochgradige Komplexität der jüngeren Geschichte hatte schon in der Chronistik des 17. Jahrhunderts dazu geführt, dass man die Applikationsanbindung der Geschichte zumindest partiell aufgeben musste; vgl. meine Fallstudie in: Andreas Urs Sommer, Triumph der Episode über die Universalhistorie? Pierre Bayles Geschichtsverflüssigungen, in: Saeculum. Jahrbuch für Universalgeschichte, Jg. 52 (2001), Halbbd. 1, 15-23, und unten S. 370-376.

gestellte Personen, sondern gleichfalls für ein breites Publikum. Es erstaunt nicht, dass Bossuet in den Folgeauflagen seines Werkes die direkten Anreden seines Dauphin – dessen Erziehung ihm, dem grossen Kanzelredner, 1670 übertragen worden war – mehr und mehr verschwinden lässt (nach zeitgenössischem Zeugnis war der Dauphin als Rezipient wohlmeinender pädagogischer Anstrengungen ohnehin ein hoffnungsloser Kandidat). Jenes Publikum, das Fleury in seinem *Catéchisme historique* von der Notwendigkeit überzeugt hatte, sich die Kenntnis der «histoire sainte» anzueignen, wurde nun von Bossuet darüber unterrichtet, dass die «histoire sainte» und die «histoire profane» aufs Ganze gesehen nur scheinbar distinkte Bereiche seien, in Wahrheit aber beide durch die Vorsehung zu *einer* Geschichte, zur «histoire universelle» vereinigt würden. Und diese Botschaft richtet sich an jedermann.

Im Unterschied zu Tillemont und Fleury bietet Bossuets *Discours* also ein Inklusionsmodell an, das die in den Fussstapfen Augustins etablierte Fundamentalunterscheidung zwischen *historia sacra* und *historia profana* zwar nicht negiert, aber doch im grossen Ganzen der göttlichen Herrschaft aufhebt und so – durchaus im Stil von Augustins *De civitate Dei* – Gott als unumschränkten Herrn der Geschichte in Erinnerung rufen will. Die Einheit der Geschichte unter den Fittichen der «histoire universelle» (und des «Aigle de Meaux») korrespondiert mit der theologisch-ideologisch verordneten «unité de doctrine» der absolutistischen Monarchie von Louis XIV, zumal nach dem Schema des *Discours* der französische König legitimer Nachfolger des römischen und karolingischen Kaisertums ist. Trotzdem nivelliert Bossuet keineswegs die Grenzen zwischen Kirche und Welt zugunsten irgendeiner frühaufklärerischen Weltfrömmigkeit. Die *Lettre à Innocent XI*, in der der Prinzenerzieher 1679 dem Papst sein pädagogisches Konzept erläutert, zieht zwei Hauptlehren aus der Arbeit an der «histoire universelle»:

> Le premier [sc. fruit] est de faire voir tout ensemble l'autorité et la sainteté de la religion, par sa propre stabilité et par sa durée perpétuelle. Le second, est que connaissant ce qui a causé la ruine de chaque empire, nous pouvons sur leur exemple, trouver les moyens de soutenir les Etats, si fragiles de leur nature; sans toutefois oublier que ces soutiens mêmes sont sujets à la loi commune de la mortalité, qui est attachée aux choses humaines, et qu'il faut porter plus haut ses espérances.[75]

---

[75] Bossuet, Œuvres, 661.

Die wahre Kirche Gottes, die augustinische *civitas Dei* stellt bei aller äusserlichen Bedrohung also den Fels in der Brandung der Geschichte dar; sie ist, als kontinuierliche Entfaltung einer einzigen, wunderbaren Wahrheit,[76] jener unerbittlichen Kontingenz enthoben, die trotz göttlicher Lenkung das Geschick normaler geschichtlicher Erscheinungen ist. Gegen allen Anschein verteidigt Bossuet die von Gott gestiftete Offenbarungsreligion als Sphäre ungebrochener und unverbrüchlicher Kontinuität. Dagegen gibt die profane Welt, wie Bossuet überdeutlich herausarbeitet, das Bild schreiender Diskontinuität ab. Gleichwohl fehlt dem *Discours* keineswegs der Blick für «die pragmatische Verkettung von Ursache und Wirkung» im Feld des Profanhistorisch-Politischen.[77] Wissen um solche Verkettungen ist es denn auch, was einen direkten politischen Nutzen für geschichtskundige Potentaten zeitigen könnte; aber schon im zitierten Abschnitt aus dem Brief an Innozenz XI. kommt diesem alten Topos nur noch eine untergeordnete Legitimationsfunktion zu.

Bossuets Werk gliedert sich in drei Hauptteile. Deren erster resümiert die Abfolge der sieben Weltalter und zwölf Epochen von der Weltschöpfung bis zu Karl dem Grossen (die angekündigte Fortsetzung bis zu Louis XIV blieb ein dünnes, erst postum veröffentlichtes Datengerüst). Nach dem alten eschatologischen Schema beginnt mit Jesus Christus das letzte, siebente «âge du monde» und zugleich die zehnte Epoche, der sich mit Kaiser Konstantin und Kaiser Karl noch zwei weitere Epochen anschliessen. «Epoque» ist dabei nicht eschatologisch, sondern historisch-pragmatisch bestimmt, und zwar als Innehalten, «pour considérer comme d'un lieu de repos tout ce qui est arrivé devant ou après, et éviter par ce moyen les anachronismes».[78] Die beiden unterschiedlichen Unterteilungsschemata «Weltalter» und «Epoche» verdeutlichen, dass in diesem ersten Hauptteil die «histoire profane» und die «histoire sainte» synchron betrachtet werden – für die Geschichte der Weltschöpfung, der ersten Menschen, der Sintflut, Israels und der Alten

---

76 Vgl. Bossuet, Discours, 853f. (2ème partie, chapitre 19).
77 Karl Löwith, Weltgeschichte und Heilsgeschehen. Die theologischen Voraussetzungen der Geschichtsphilosophie [1949], in: K.L., Sämtliche Schriften, Bd. 2: Weltgeschichte und Heilsgeschehen. Zur Kritik der Geschichtsphilosophie, Stuttgart 1983, 152, im Blick auf Bossuet, Discours, 3ème partie, chapitres 5 und 6.
78 Bossuet, Discours, 667 (avant-propos).

Reiche ist das Alte Testament die Quelle, für die spätere Zeit werden dann auch in reichem Masse griechische und römische Autoren beigezogen.[79] Der zweite Hauptteil beleuchtet in 31 Kapiteln die «suite de la religion», die Geschichte der wahren Religion von Adam über die Geschichte des Auserwählten Volkes bis zur zeitgenössischen katholischen Kirche. In diesem umfangreichsten Teil sind denn auch vielfältige theologisch-polemische Reflexionen eingeschaltet. Schliesslich behandelt der dritte Hauptteil in acht Kapiteln die Geschichte der weltlichen Reiche von den Skythen bis zu den Römern, ihren Aufstieg und ihren Niedergang.

Bei alledem wird Bossuet nicht müde, die Einheit der Geschichte zu beschwören: «la suite du peuple de Dieu et celle des grands empires ... roulent ensemble dans ce grand mouvement des siècles, où elles ont pour ainsi dire un même cours».[80] So verschränkt der erste Hauptteil die heilige und die profane Sphäre in der Absicht, ihre gegenseitige Durchdringung in der irdischen Welt zu veranschaulichen. Für die Frühgeschichte hält sich der Bischof strikt an die Zeugnisse der historischen Bücher des Alten Testaments und tut ausserbiblische Quellen für die Geschichte der Alten Welt als mythologischen Unsinn ab. Hingegen beweise sich die Heilige Schrift auf wunderbare Weise durch ihre sich erfüllenden Prophetien. Namentlich dem Buch Daniel entnimmt Bossuet den Fahrplan für die Abfolge der grossen Reiche, die alle in Berührung mit dem Volk Israel gekommen seien. Ganz selbstverständlich klammert Bossuet in seiner Universalgeschichte jene Reiche aus, die jenseits des europäisch-nahöstlichen Kulturkreises liegen – eine Ausklammerung, die später Voltaire zu einigen süffisanten Bemerkungen Anlass geben sollte.[81] Erkenntnisse der aufkommenden historischen Bibelkritik irritieren den Universalgeschichtler keinen Augenblick lang (immerhin hatte schon Porphyrios im 3. nachchristlichen Jahrhundert

---

79 Die historischen Bücher der Bibel werden für die Zeiten überflüssig, in denen es zuverlässige profane Quellen gibt. «Ainsi les derniers auteurs de l'Histoire sainte se rencontrent avec le premier auteur de l'histoire grecque [sc. Herodot]; et quand elle commence, celle du peuple de Dieu, à la prendre seulement depuis Abraham, enfermait déjà quinze siècles.» A. a. O., 701f. (1ème partie, 8ième époque).
80 A. a. O., 763 (1ème partie, 12ième époque).
81 Siehe auch Eric Voegelin, Apostasie oder: Die Entstehung der säkularisierten Geschichte – Bossuet und Voltaire, hg. und mit einem Nachwort von Peter J. Opitz, München ²2004, 10-17.

darauf aufmerksam gemacht, dass das Buch Daniel unmöglich vor Antiochus Epiphanes entstanden sein konnte, und seine vermeintlichen Prophetien also *vaticinia ex eventu* sein müssten[82]. Allerdings sieht sich Bossuet im zweiten Hauptteil des *Discours* dann doch genötigt,[83] gegen jene vorzugehen, die das Alter und die Unversehrtheit namentlich des Pentateuch in Zweifel ziehen – im Visier hat er dabei, ohne ihn zu nennen, einen der Begründer der historischen Bibelkritik, *Richard Simon* (1638-1712), dessen *Histoire critique du Vieux Testament* der rührige Hüter gallikanischer Orthodoxie 1678 höchstselbst zu unterdrücken wusste, ohne aber Raubdrucke und schliesslich eine verbesserte Ausgabe in Rotterdam verhindern zu können.[84] Simon hatte die Verfasserschaft Mose an den unter seinem Namen laufenden Bücher angezweifelt und zugleich die Grundlagen für ein textgenetisches, literarhistorisches Verständnis der biblischen Schriften gelegt. Für derlei Unternehmungen fehlte Bossuet jedes Verständnis; seinen grimmigen *Instructions* gegen Simons sogenanntes *Nouveau Testament de Trévoux* aus dem Jahr 1702 stellte er eine bischöfliche *Ordonnance* voran, die Simons kritischem Unternehmen pauschal unterstellen, «qu'il y attaque l'authencité des saints livres, leur inspiration, & la providence particuliere qui les conserve aux fideles, la tradition, l'autorité des Peres qu'il combat les uns par les autres dans des matieres capitales, & la sainte uniformité de la doctrine de l'église, qui fait la gloire & le fondement du christianisme».[85] Der dank Bossuets Intervention aus dem Oratorianer-Orden ausgestossene Simon schien all das über Bord zu werfen, worum der Bischof ein Leben lang gekämpft hatte. Wer heute Simons vermeintlich

---

[82] Diese Einsicht des Porphyrios setzte sich freilich erst bei Semler und in der historischen Bibelkritik des 19. Jahrhunderts durch; selbst Spinoza hielt zumindest die Daniel-Kapitel 8ff. für authentisch exilisch.
[83] Vgl. v. a. Bossuet, Discours, 926-931 (2ème partie, chapitre 28).
[84] Richard Simon, Histoire Critique du Vieux Testament. Nouvelle Edition, & qui est la premiere imprimée sur la Copie de Paris, augmentée d'une Apologie generale & de plusieurs Remarques Critiques. On a de-plus ajouté à cette Edition une Table des matieres, & tout ce qui a été imprimé jusqu'à present à l'occasion de cette Histoire Critique, Rotterdam (Reinier Leers), M.DC.LXXXV. (= 1685).
[85] Jacques-Bénigne Bossuet, Instructions sur la Version du Nouveau Testament Imprimée a Trevoux en l'année M.DCC.II. Avec une Ordonnance publiée à Meaux, Paris (Anisson), M.DCCII (= 1702), unpag. Bl. [** v] recto.

aufrührerische Äusserungen heranzieht, kann Bossuets Zorn auf Anhieb nur schwer nachvollziehen, verraten diese akribischen und gelehrten Untersuchungen zumindest modernen Lesern wenig Neigungen zum Protestantismus, zum Sozinianismus oder gar zum Atheismus, sondern sind vielmehr motiviert vom Interesse, das Ungenügen des protestantischen *sola scriptura*-Prinzips aufzuweisen und die Notwendigkeit einer die Schriftzeugnisse stützenden Tradition herauszustellen.[86] Dass Simon mit seinem Vorgehen das, was diese Tradition sichern sollte, selbst aufs Spiel setzte, ist freilich Bossuet nicht verborgen geblieben, lässt sich aus der *Histoire critique du Vieux Testament* doch der Anspruch herauslesen, das kritische Geschäft müsse sich unabhängig von religiösen und dogmatischen Präferenzen vollziehen.[87] Das konnte dem Monseigneur de Meaux nur als gotteslästerlicher Rationalismus erscheinen.[88]

Seine Empfindlichkeit gegenüber Simons Kühnheiten rührt zum einen daher, dass er dessen Methode prinzipiell für inadäquat und gefährlich halten musste, zum andern aber auch daher, dass ihm gerade für seine universalgeschichtlichen Bestrebungen deren konkrete Konsequenzen vor Augen standen. Denn Simon bestritt neben der Autorschaft Mose auch das, worauf Bossuets *Histoire universelle* fusste: die *biblische Chronologie*. «On doit cependant supposer, qu'il est impossible de trouver dans l'Ecriture une

---

[86] Vgl. Simon, Histoire Critique du Vieux Testament, unpag. Fol. [***4] recto/verso; dazu auch Reinhart Koselleck, Kritik und Krise. Eine Studie zur Pathogenese der bürgerlichen Welt [1959], Frankfurt a.M. 1973, 87f. Nach Simon ist die gegenwärtige Form des Pentateuchs das Ergebnis der kompilatorischen Aktenverwertung öffentlicher Schreiber, wobei «die von ihnen verarbeiteten Stoffe, vor allem das Gesetz, durchaus von Mose herstammten, während z. B. die Schöpfungsgeschichte noch ältere Überlieferungen enthalte. Wiederholungen innerhalb der Mosebücher seien durch parallel verarbeitete derartige Akten hervorgerufen. ... Es ist bemerkt worden, Simon habe damit das Traditionsprinzip der katholischen Kirche ... gewissermassen in die Bibel selbst hinein verlagert und die Tradition der Schrift quellenmässig und zeitlich vorgeordnet.» (Henning Graf Reventlow, Epochen der Bibelauslegung. Bd. 4: Von der Aufklärung bis zum 20. Jahrhundert, München 2001, 91).

[87] «Ceux qui font profession de Critique ne doivent s'arrêter qu'à expliquer le sens literal de leurs Auteurs, & éviter tout ce qui est inutile à leur dessein.» Simon, Histoire Critique du Vieux Testament, 441 (livre III, chapitre XV).

[88] Vgl. Bossuet, Discours, 926 (2ème partie, chapitre 27).

Chronologie certaine & parfaite», heisst es lapidar, nicht ohne dafür aber reichhaltige Argumente beizubringen.[89] Hatten 1659 Georg Hornius und Isaac Vossius noch darüber gestritten, ob der Weltchronologie die Septuaginta oder die Hebraica zugrundegelegt werden solle,[90] war mit Simon das Vertrauen in solches Tun endgültig ins Wanken geraten.[91] Für Bossuets Versuch, die Weltgeschichte lückenlos von ihrem Anfang bis in die Gegenwart nachzuerzählen, ist die Zuverlässigkeit der Chronologie jedoch fundamental, weil ohne sie der «ordre des temps»[92] zusammenbricht und die alles sichernde «succession et ... continuité»[93] des göttlichen Providenzhandelns nicht mehr aufgewiesen werden kann. Indes lassen die im *Discours* selbst gegebenen Jahreszahlen nach der Weltschöpfung schon die leisen Zweifel erkennen, die sich auch bei einem so forschen Verteidiger der biblischen Weltchronologie eingeschlichen haben: Neben jedes von der Weltschöp-

---

[89] Simon, Histoire Critique du Vieux Testament, 207 (livre II, chapitre IV), vgl. auch unpag. Fol. ***3 recto (Preface de l'auteur). Vgl. auch Antony Grafton, Joseph Scaliger and Historical Chronology: The Rise and Fall of a Discipline, in: History and Theory, Bd. 14 (1975), 156-185, besonders 181.

[90] Vgl. z. B. Helmut Zedelmaier, Der Anfang der Geschichte. Studien zur Ursprungsdebatte im 18. Jahrhundert, Hamburg 2003, 20, vgl. Paolo Rossi, The Dark Abyss of Time. The History of the Earth and the History of Nations from Hooke to Vico, Chicago, London 1984, 145ff.

[91] Siehe zum Thema Adalbert Klempt, Die Säkularisierung der universalhistorischen Auffassung. Zum Wandel des Geschichtsdenkens im 16. und 17. Jahrhundert, Göttingen 1960, 97-105, Karen O'Brien, Narratives of Enlightenment. Cosmopolitan History from Voltaire to Gibbon, Cambridge 1997, 10, und neuerdings Catherine Colliot-Thélène, Chronologie und Universalgeschichte, in: Johannes Rohbeck/Herta Nagl-Docekal (Hg.), Geschichtsphilosophie und Kulturkritik. Historische und systematische Studien, Darmstadt 2003, 21-49, die die Chronologie-Frage bei der Herausbildung modernen Geschichtsdenkens für entscheidend hält (vgl. auch Hannah Arendt, The Concept of History, in: H.A., Between Past and Future, New York 1961, 41-90). Die verschiedenen widerstreitenden Weltanfangsdaten diskutiert schon Johannes Sleidanus, De qvatvor summis imperiis libri tres [1556]. Postrema editione hac accurate recogniti, Lugdunum Batavorum (Officina Elzeviriana) MDCXXXI (= 1631), 5.

[92] Bossuet, Discours, 668 (avant-propos).

[93] A.a.O., 856 ($2^{\text{ème}}$ partie, chapitre 20). Die Auserwählung Israels ging nach Bossuet nahtlos auf das Christentum über, weswegen das jüdisch-irdische Jerusalem zerstört werden musste. Insofern kann er auch von «progrès» in der allmählichen Entfaltung der Heilsbotschaft sprechen (a.a.O., 863).

fung an berechnete Datum setzt Bossuet in Klammern ein zweites, das vom ersten um nicht weniger als 959 Jahre abweicht.[94] Denn Bossuet muss zugestehen, dass aus dem Alten Testament je nach Version der Weltanfang ebenso auf das Jahr 4004 wie auf das Jahr 4963 vor Christus datiert werden könne.[95] Aber eine weiterreichende Irritation lässt er nicht aufkommen, sondern beschwört weiterhin die «uniformité» und Bruchlosigkeit der nur scheinbar disparaten Geschichte inmitten des Vorsehungsplanes.[96] «Quelle suite, quelle tradition, quel enchaînement merveilleux!»[97]

Wer vor dem kolossalen Historiengemälde des *Discours* steht, nimmt einen unbeirrbaren Willen zur Einheit und Einhelligkeit wahr, der unter theologischer Vormundschaft zu stehen hat. Wenn Bossuet gelegentlich auf die pragmatische Verkettung irdischer Ursachen, auf deren entfernte Wirkungen, auf die Wichtigkeit der Sitten eines Volkes und schliesslich auf das Aufspüren verborgener Gründe als «vraie science de l'histoire» aufmerksam macht,[98] dann nur, um festzustellen, dass die «causes particulières» von den Geheimbefehlen der göttlichen Vorsehung abhingen.[99] Wer versucht, die Eigentümliche von Bossuets Werk in einer besonderen Aufmerksamkeit für die faktischen historischen Zusammenhänge zu finden, wird keinen besonders vielversprechenden Griff tun: Bei den profanhistorischen Tatenberichten wird der *Discours* mühelos von den altertümlichsten Chroniken des 17. Jahrhunderts egalisiert; und was sich bei Bossuet passagenweise als Interesse an den «mœurs», an Sozial- und Mentalitätsgeschichte ankündigt,

---

94 Die Pléiade-Ausgabe, nach der der *Discours* hier zitiert wird, verbannt freilich Bossuets Datenmarginalien in den Apparat und eliminiert die Zählung nach dem Jahr 4963 stillschweigend.
95 «Es ist ein kleiner Riss in dem königlichen Bau, der sich binnen weniger Jahrzehnte vertiefen und den Zusammenbruch herbeiführen sollte.» Kaegi, Voltaire und der Zerfall, 229. Zur Geschichtsanfangsproblematik siehe allgemein Zedelmaier, Der Anfang der Geschichte.
96 Bossuet, Discours, 931 (2ème partie, chapitre 28).
97 A.a.O., 942 (2ème partie, chapitre 31). Schon in der *Exposition de la doctrine de l'Eglise catholique* von 1671 wird die Kirche als «gardienne des Ecritures & de la Tradition» bestimmt (Jacques-Bénigne Bossuet, Exposition de la Doctrine de l'Eglise catholique sur les matières de Controverse. Nouvelle édition, Paris [Guillaume Desprez/Jean Desessartz] M.DCC.L. [= 1750], 137).
98 Bossuet, Discours, 953f. (3ème partie, chapitre 2).
99 A.a.O., 1024f. (3ème partie, chapitre 8).

ist bei der immensen Übermacht der Haupt- und Staatsaktionen noch viel zu zaghaft, um wirklich als neu zu erscheinen. Vielmehr dürfte Eigentümlichkeit eher in jenem Einheitswillen zu finden sein, der uns heute so fremd vorkommen mag, aber doch die strikten Grenzen zwischen profaner und heiliger Geschichte aufgibt, um beide unter einem Gesichtspunkt, einem einzigen Gesamtsinn der Geschichte zu fassen. Damit geht Bossuet einen entscheidenden Schritt über die theologische Geschichtsschreibung seiner Zeitgenossen Tillemont und Fleury hinaus, die das Weltliche und Geistliche trotz mancherlei Interferenzen getrennt behalten wollen. Selbstverständlich bleibt bei Bossuet die «Eglise toujours attaquée, et jamais vaincue» ein immerwährendes Wunder und ein eklatantes Zeugnis für die Unveränderlichkeit der göttlichen Ratschlüsse.[100] Jedoch wirkt die Vorsehung gerade in vermeintlich gänzlich irdischen Belangen, bei denen sie weniger supranaturale Eingriffe parat hat, sondern die geschichtlich handelnden Menschen als unfreiwillige Agenten in ihren Dienst nimmt und nach ihren höheren Zwecken handeln lässt. «C'est pourquoi tous ceux qui gouvernent se sentent assujettis à une force majeure.»[101]

Welchen Preis Bossuet für seine geschichtstheologische Vereinheitlichung der «histoire universelle» bezahlt, deutete sich in seinem Umgang mit Simon schon an: Nur unter Ausblendung aller kritischen Einreden lässt sich ein derart uniformes Geschichtsmodell mit einigem Erfolg stabilisieren. Denn der Bischof bescheidet sich ja nicht damit, allgemein ein Wirken der Vorsehung zu postulieren und seine Explikation der künftigen Selbstoffenbarung Gottes anheimzustellen. Vielmehr positioniert er seine gallikanisch-katholische Kirche und seinen König auf der Zielgeraden des providentiellen Geschichtsverlaufes, was es wiederum erforderlich macht, jede dogmatische (und politische?) Einzelheit als heils- und providenznotwendig auszuweisen. Diesen Nachweis kann er nur erbringen, wenn freieres Räsonieren unterbunden wird. Dabei hilft die Beteuerung, der basale Monotheismus sei den «lumières de la raison» konform,[102] nur wenig. Die Nicht-Kontingenz der dogmatischen Setzungen wird von Bossuet nur insofern 'bewiesen', als er diese Nicht-Kontingenz schon voraussetzt. Die wahre

---

[100] A.a.O., 916 (2ème partie, chapitre 27).
[101] A.a.O., 1026 (3ème partie, chapitre 8).
[102] A.a.O., 779 (2ème partie, chapitre 2).

Religion wird konsequent jeder Historisierung entzogen – ein Verfahren, dessen Plausiblität – siehe Simon – bald korrodieren sollte. Bossuets Einheit der Geschichte ist denn auch kein historisches, sondern ein theologisches Postulat, dem schon die zeitgenössische Geschichtsreflexion hart zusetzt. Es ist bezeichnend, dass der Prototyp der französisch-katholischen Geschichtstheologie des späten 17. Jahrhunderts des starken Arms der Obrigkeit bedurfte, deren Apotheose diese Geschichtstheologie gleichzeitig betrieb. Bossuet wähnte sich augenscheinlich ausserstande, ohne Zensur und offene Repression in der geistigen Auseinandersetzung mit einem einfachen Oratorianer-Pater die Oberhand zu behalten. Trotz des majestätischen Äusseren seines Werks, namentlich auch des *Discours sur l'histoire universelle,* muss der Bischof von Meaux es doch von allen Seiten bedroht gesehen haben – jeder neue Einfall, jede neue Einsicht muss ihm schon ob seiner Neuheit subversiv vorgekommen sein, weshalb er darüber gleich vorsorglich das Gottlosigkeitsverdikt verhängte. Die französische Geschichtstheologie Bossuetscher Ausprägung kultiviert – sozusagen im Geist des Sebastien le Prêtre de Vauban – eine ausgesprochene Festungsmentalität, insofern sie, je weiter sie sich in spekulative Gefilde wagt, je mehr die Fähigkeit verliert, das ihr Entgegenstehende zu synthetisieren. Sie bleibt auf äussere, amtskirchliche und polizeiliche Stützen angewiesen, um sich ihr Recht zu verschaffen. Dafür ist sie eschatologisch gänzlich unaufgeregt, realisiert sich in ihr die Providenz doch schon vortrefflich in der gegenwärtigen Kirche und im gegenwärtigen Staat, so dass sie des Ausgriffs in eine unabsehbare Zukunft kaum mehr bedarf. Man wird aus wissenschaftlicher Redlichkeit darauf hinzuweisen haben, dass von solchem geschichtstheologischen Einheitsdenken schwerlich jene revolutionären Erschütterungen der modernen Gesellschaften ausgegangen sind, die man heute theologischerseits so gerne auf die christliche Eschatologie zurückbuchstabiert.[103] Bossuets geschichtstheologischer Burgfriede gehorcht – trotz Inklusionsmodell – einem restaurativen und nicht-integrativen Programm.

Gänzlich anders situiert sich der radikale Pietismus in Deutschland zu Beginn des 18. Jahrhunderts: Der weltlichen und der kirchlichen Obrigkeit steht er argwöhnisch gegenüber, agiere sie doch gerne im Widerstreit mit

---

103 Zum Thema siehe jetzt die Beiträge in: Richard Faber/Eveline Goodman-Thau/Thomas Macho (Hg.), Abendländische Eschatologie. Ad Jacob Taubes, Würzburg 2001.

den wirklichen Interessen der Gläubigen. Eine Geschichtstheologie, die profane und religiöse Interessen konvergieren lässt, kann auf dem Boden des protestantischen Einzelgängertums und Konventikelwesens kaum gedeihen. Was die Leser von Gottfried Arnolds kirchenhistorischen Werken zu erwarten haben, ist weniger Aufschluss über Gottes geschichtlichen Gesamtplan als über das wundersame Wirken heiligmässiger Individuen. Dieser geschichtstheologische Individualisierungsschub korrespondiert zumindest von ferne mit dem Verzicht auf universalhistorische Einheitsschemata im historischen Kritizismus Pierre Bayles (vgl. S. 151-165).

1.4 Individuelle Bekehrungsgeschichten: Gottfried Arnold[104]

Gottfried Arnolds (1666-1714) *Unparteyische Kirchen- und Ketzer-Historie* hat das deutschsprachige Geschichtsbewusstsein nachhaltiger geprägt als jedes andere kirchenhistorische Werk nach ihm – und gewiss auch nachhaltiger als so mancher berühmte Text der deutschen Aufklärungshistoriographie.[105] Die *Kirchen- und Ketzer-Historie* mischt die traditionellen Fronten zwischen Rechtgläubigkeit und Ketzerei auf, um so die wahre Christlichkeit von den konkurrierenden kirchlichen Institutionen abzulösen, nicht aber um diese Christlichkeit nun neuerlich irgendeiner bestimmten separatistischen Gruppe zuzuschreiben. Zwar unterscheidet Arnold gemäss dem alten augustinischen Muster nach wie vor die wahre Kirche der Heiligen von der falschen Kirche der Weltmenschen, verzichtet indes darauf, diese Unsichtbare Kirche mit einer bekenntnisgebundenen kirchlichen Gemeinschaft – etwa

---

[104] Ich folge hier meinen Ausführungen in: Andreas Urs Sommer, Geschichte und Praxis bei Gottfried Arnold, in: Zeitschrift für Religions- und Geistesgeschichte, Jg. 54 (2002), Heft 3, 210-243.

[105] Zur Geburt der wissenschaftlichen Historiographie in Deutschland siehe die ausgezeichnete Studie von Peter Hanns Reill, The German Enlightenment and the Rise of Historicism, Berkeley, Los Angeles, London 1975 (über Arnold 22-29), sodann Horst Walter Blanke/Jörn Rüsen (Hg.), Von der Aufklärung zum Historismus. Zum Strukturwandel des historischen Denkens, Paderborn, München, Wien, Zürich 1984. Die Entwicklung von der späteren Aufklärung an resümiert umfassend die monumentale Arbeit von Horst Walter Blanke, Historiographiegeschichte als Historik, Stuttgart-Bad Cannstatt 1991. Seltsam peripher ist in allen drei Büchern freilich die Geschichtsphilosophie behandelt.

dem Luthertum oder auch der pietistischen *ecclesiola* – zu identifizieren. Vielmehr sind es isoliert dastehende Einzelgestalten, die die Unsichtbare Kirche verkörpern. Die Zugehörigkeit dazu bemisst sich nicht mehr wie in den *Magdeburger Zenturien* und den darauf folgenden kirchenhistorischen Werken der protestantischen Orthodoxie an der Übereinstimmung mit den für biblisch und immerwährend ausgegebenen Lehrbegriffen. Die Figur des Abfalls von den idealen Ursprüngen kennt die orthodoxe Historiographie seit Flacius Illyricus sehr wohl; sie aber sieht die Ursache des Niedergangs in der Abweichung von der reinen (urchristlichen qua lutherischen bzw. reformierten) Dogmatik, während Arnolds *Kirchen- und Ketzer-Historie* diesen Dogmatismus selbst für die Ursache des Verfalls hält. Entsprechend erbittert reagierten die Siegelbewahrer der Orthodoxie auf Arnolds Provokation – eine Provokation, die in den ersten Dezennien des 18. Jahrhunderts eine Flut polemischer Erwiderungen heraufbeschwor. Sachlich freilich blieben diese Repliken defensiv, mussten sie doch voraussetzen, dass die wahre und reine Lehre im Verlauf der Geschichte nicht nur dieselbe bleibe, sondern überdies mit den jeweils eigenen Überzeugungen vollends übereinstimme. Die un- oder überhistorische Prämisse von der Unwandelbarkeit des Dogmas unterbindet ein historisches Verständnis der Christentumsgeschichte von vornherein. Eben diese dogmatische Parteilichkeitslogik wollte Arnold mit seinem Anspruch auf Unparteilichkeit durchbrechen, so wenig Unparteilichkeit bei ihm skeptische Urteilsenthaltung bedeutet. Mit der dogmatischen Bindung hat er das Haupthindernis einer unvoreingenommenen Betrachtung der Christentumsgeschichte beseitigt. Ja, im Gefolge von Arnolds Abbruchunternehmen wurde es in der protestantischen Theologie sogar denkbar, die wahre Bestimmung des Christentums in seiner steten Vervollkommnung und nicht etwa in der Restitution der verratenen Ursprünge zu finden.[106]

---

[106] Vgl. Johann Salomo Semler, Neue Versuche, die Kirchenhistorie der ersten Jahrhunderte mehr aufzuklären [1788], in: Bernd Moeller (Hg.), Kirchengeschichte. Deutsche Texte 1699-1927, Frankfurt a.M. 1994, 169f., und schliesslich Kant, RiGbV, B 197, AA 6,131. Diese Entwicklung hat mit der Vergeschichtlichung der Theodizee zu tun; «die Auffassung der Religion als eines göttlichen Erziehungsplans ist nichts anderes als die Theodizee der Geschichte, als die Rechtfertigung, die die Religion nicht durch ein vorgegebenes, am Anfang der Zeiten stehendes Sein, sondern durch ihr Werden und das Ziel dieses Werdens erfährt» (Ernst

Von einer solchen radikalen Positivierung des Gegenwärtigen und Künftigen, die den Beweis für die Wahrheit des Christentums im strengen Sinn nur von der Zukunft erwartet, ist *materialiter* in der *Kirchen- und Ketzer-Historie* noch keine Spur zu finden. Genau wie seine orthodoxen Gegenspieler hält Arnold die Ursprünge für das Normative, dem man nacheifern, das man bestenfalls bewahren, jedoch nie übertreffen kann. Aber das Normative wird nicht mehr mit irgendwelchen Lehren, mit etwas statisch Uniformem und Festgeschriebenem gleichgesetzt, sondern liegt in der Praxis des christlichen Lebens. Und obwohl Arnold behauptet, dass sich dieses in apostolischer Zeit am reinsten manifestiert habe und in der Welt seither ein Schattendasein friste, so ist diese düstere Sicht der Dinge zwar ein Reflex von Arnolds Analyse der eigenen Zeit, jedoch gar nicht unbedingt eine notwendige Implikation seiner historiographischen Voraussetzungen. Denn im Unterschied zur Orthodoxie, die die gesamte christliche Wahrheit in der Bibel beschlossen sieht (und sie allenfalls für theologisch explikationsbedürftig, aber unmöglich für erweiterbar hält), weht der Geist bei Arnold, wo er will.[107] So ist bei den *«stillen im lande»*[108] eine neue Offenbarung wenigstens theo-

---

Cassirer, Die Philosophie der Aufklärung [1932]. Mit einer Einleitung von Gerald Hartung und einer Bibliographie der Rezensionen von Arno Schubbach, Hamburg 1998, 257).

[107] Bei Johann Valentin Andreae (1586-1654), dem Vorreiter des Pietismus, führt eine eigentümliche Pneumatologie zu einer positiven Sicht auf die chiliastisch gedeuteten, weltlichen Verrichtungen – die nicht mehr *bloss* weltlich im Sinne der lutherischen Zwei-Reiche-Lehre sind – und verklärt so auch die weltliche Geschichte des Menschen: Der Heilige Geist tritt in der *Christianopolis* als eigentlicher Kulturschöpfer auf (siehe Andreas Urs Sommer, Religion, Wissenschaft und Politik im protestantischen Idealstaat: Johann Valentin Andreaes «Christianopolis», in: Zeitschrift für Religions- und Geistesgeschichte, Bd. 48 [1996], Heft 2, 114-137). Arnold, der die *Christianopolis* in KKH wenigstens zweimal zitiert und überdies zahlreiche Werke Andreaes selber besessen hat (Catalogus Bibliothecae B. Godofredi Arnoldi, inspectoris et pastoris Perlebergensis, o. O. 1714, 45, 49, 61, 65 und 71), ist vom utopischen Gedankengut Andreaes durchaus nicht unberührt geblieben (siehe Hanspeter Marti, Die Verkündigung des irdischen Paradieses. Spiritualismus und Utopie bei Gottfried Arnold, in: Dietrich Blaufuß/Friedrich Niewöhner [Hg.], Gottfried Arnold [1666-1714]. Mit einer Bibliographie der Arnold-Literatur ab 1714, Wiesbaden 1995, 180).

[108] Gottfried Arnold, Erklärung / Vom gemeinen Secten-wesen / Kirchen- und Abendmahl-gehen; Wie auch Vom recht-Evangel. Lehr-Amt / und recht-Christl. Freyheit:

retisch immer möglich und also die Geschichte als Raum göttlicher Selbstrealisierung offen, obschon in der konkreten Geschichtserzählung dank Arnolds Einschwärzungen eine solche Möglichkeit nur selten aufscheint. Schon in Arnolds ersten grösseren kirchenhistorischen Werken, die während seiner Quedlinburger Hauslehrerzeit entstanden, trat ein entschieden praktisches Motiv in den Vordergrund, nämlich das der Restauration ursprünglicher christlicher Glaubenseinfalt. Selbstverständlich hielt es Arnold für die Aufgabe des Kirchenhistorikers, zur «Nachfolge» und Nachahmung der ersten Christen aufzurufen,[109] ohne sich jedoch zu jenen Forderungen nach Gewissenszwang zu versteigen, mit denen seine orthodoxen Kontrahenten nach der Publikation der *Kirchen- und Ketzer-Historie* aufwarteten. Bei diesen gehörte es zum eisernen Bestand der Überzeugung und Argumentation, dass die paternalistische Obrigkeit die Untertanen zu ihrem Glück, d.h. zum rechten Bekenntnis notfalls mit Gewalt zwingen müsse, nicht zuletzt, weil ohne gemeinsames Bekenntnis das gesellschaftliche Gefüge auseinanderbräche. Gleichwohl kulminiert auch Arnolds «dogmatischer Indifferentismus»[110] in einer umgekehrten Hermeneutik des Verdachts, insofern die Ketzermacher jedweder Konfession, die herkömmlichen Verdächtiger, nun selber des Abfalls verdächtig werden, während die herkömmlich Verdächtigten zu Heroen der Unschuld mutieren.

Auff veranlassung derer von Ernest. Salom. Cypriani, Vorgebrachten beschuldigungen wider seine Person / unpartheyisch vorgetragen. Nebenst Eines Freundes Erinnerungen gegen Cypriani Anmerckungen über Arnoldi Kirchen- und Ketzer-Historie ..., Leipzig (Thomas Fritsch) 1700, 12. Zum Begriff «Stille im Lande», der auf Psalm 35,20 zurückgeht, vgl. Erich Beyreuther, Stille im Lande, in: RGG³, Bd. 6, Sp. 380-381.

[109] Gottfried Arnold, Die Erste Liebe. Das ist: Wahre Abbildung Der Ersten Christen nach ihrem Lebendigen Glauben und Heiligen Leben, Aus der ältesten und bewährtesten Kirchen-Scribenten eigenen Zeugnissen, Exempeln und Reden, nach der Wahrheit der Ersten einigen Christlichen Religion, allen Liebhabern der Historischen Wahrheit, und sonderlich der Antiquität, als einer nützlichen Kirchen-Historie, treulich und unparteyisch entworfen: Worinnen zugleich Des Hn. William Cave Erstes Christenthum nach Nothdurft erläutert wird [1696], Leipzig (Samuel Benjamin Walther) ⁵1732, Vorrede an den Unparteyischen Leser, Abschnitt III, 3.

[110] Ferdinand Christian Baur, Die Epochen der kirchlichen Geschichtsschreibung [1852] = F.C.B., Ausgewählte Werke in Einzelausgaben, hg. von Klaus Scholder, Bd. 2, Stuttgart-Bad Cannstatt 1963, 111 (Originalpaginierung: 99).

Diese umgekehrte Hermeneutik des Verdachts begleitet bei der Lektüre von Arnolds folgenden christentumsgeschichtlichen Arbeiten. Diese stehen zunächst im Zusammenhang mit einem neuen Amt, nämlich einer Professur für Geschichte an der von den Pietisten 'eroberten' Universität Giessen. Diese übernahm Arnold im Spätsommer 1697, um freilich schon im Mai 1698 um seine Entlassung nachzusuchen. In dieser Zeit erschien unter anderem die eigentliche Vorgängerin seiner voluminösen *Kirchen- und Ketzer-Historie,* nämlich – noch ohne «Ketzer» im Titel – die *Kurtz gefaste Kirchen-Historie des Alten und Neuen Testaments,* die im Unterschied zum Nachfolgewerk mit ihrem Bericht schon bei der menschlichen Urgeschichte nach dem Buch Genesis einsetzt. Von vornherein werden – und das ist gerade im Vergleich zur inklusionistischen Geschichtstheologie im Stile Bossuets von Bedeutung – weltliche und geistliche Geschichte strikt getrennt.[111] Kirchengeschichte meint nun nicht bloss Geschichte einer Institution oder konkurrierender Institutionen, sondern Geschichte der der vorgeblichen und der echten Gläubigen. Die *Kurtz gefaste Kirchen-Historie* legt den schematischen Grund einer Geschichte der Frömmigkeit.[112]

«Wie gründlich aber könnte in vielen die Unschuld gerettet und die Bossheit [sic] beschämet werden / wenn hierinn unpartheyisch verfahren würde?»[113] Entsprechend verfolgt Arnold mit seinem ersten kirchengeschichtlichen Kompendium ein wesentliches Ziel: Die Rettung verfolgter Unschuld. Gleichwohl fehlt dem Werk trotz seiner über 500 Seiten Umfang jede epische Breite; das Gerüst, an dem die Fakten aufgereiht werden, ist denkbar dürr. Die Einteilung des alttestamentlichen Stoffes folgt den Periodisierungsvorgaben von Matthäus 1,17[114] und vermerkt am Rande die Jahre nach der Weltschöpfung. Die Verknappung des Stoffes auf Kompendien-Format scheint seine Antagonisierung nahezulegen: Schon in der Geschichte des Alten Bundes ist der Gegensatz von wahrer und falscher Kir-

---

[111] [Gottfried Arnold], Kurtz gefaste Kirchen-Historie des Alten und Neuen Testaments, Leipzig (Thomas Fritsch) 1697, unpag. Bl. [ )(7 verso].
[112] Als eine solche Geschichte der Frömmigkeit wird die KKH etwa bei Erich Seeberg, Gottfried Arnold. Die Wissenschaft und die Mystik seiner Zeit. Studien zur Historiographie und zur Mystik, Meerane 1923, 149, bezeichnet.
[113] [Arnold], Kurtz gefaste Kirchen-Historie, unpag. Bl.)(5 recto.
[114] A.a.O., 1.

che qua Gemeinschaft der Gläubigen das regierende Prinzip. Eigentümlich desinteressiert zeigt sich die *Kurtz gefaste Kirchen-Historie* an Theologiegeschichte im heutigen Sinne; von den Schriften der «vornehmsten Lehrer und Scribenten» erfährt man bestenfalls die Titel; eigentliche Inhaltsangaben fehlen vollkommen. Denn Arnolds Interesse gilt nicht irgendeiner Entwicklung des Lehrbegriffes, der sich womöglich in irgendeiner bestimmten Konfession einzig wahr und gültig auspräge. Sondern der gottgefälligen Praxis und einer mystischen Theologie, die sich von allen theologischen und vernünftelnden Spitzfindigkeiten losgesagt hat.

Die strukturell auffälligste Differenz der *Kurtz gefasten Kirchen-Historie* zur *Kirchen- und Ketzerhistorie* besteht darin, dass erstere die Kirchengeschichte traditionsgemäss als etwas begreift, was seit Adams Fall wesentlicher Bestandteil der Menschengeschichte ist, und also die Geschichte von diesem Anfang an rekapituliert. Darin eingeschlossen ist die Lebensgeschichte Jesu Christi. Demgegenüber fehlen Alter Bund und Geschichte Jesu in der *Kirchen- und Ketzer-Historie,* die im Apostolischen Zeitalter mit ihrem Bericht einsetzt. Diese Eingrenzung der Begriffe «Kirche» und «Kirchengeschichte» auf die nachjesuanische Periode entspricht unserem heutigen Sprachgebrauch. Die scheinbar geringfügige terminologische Verschiebung zeigt zugleich etwas Entscheidendes an, nämlich, dass der Entwurf von 1697 noch den Versuch macht, die *ganze Geschichte Gottes mit den Menschen* zu erzählen. Es finden sich da die Reste des uns von Bossuet her vertrauten, geschichtstheologischen Unternehmens, das Geschichtsganze unter heilsgeschichtlichen Rastern zu fassen und so die Geschichte der Vorsehung vom Paradies an zu schreiben. Die *Kirchen- und Ketzer-Historie* lässt demgegenüber kaum mehr die Mutmassung eines solchen übergreifenden heilsgeschichtlichen Rahmens aufkommen. Damit hat die Kirchengeschichte aufgehört, Heilsgeschichte im eminenten Sinn des Wortes zu sein.

Wenn man das, was in Gottes Welt und vor allem mit Gottes Kirche vorgeht, beispielsweise nach dem Fahrplan der Apokalypse oder der prophetischen Bücher des Alten Testament in einen providentiellen Gesamtrahmen einbetten kann, dann wäre genau das Kriterium erfüllt, auf das Arnold solchen Wert legt: der unmittelbare religiöse Nutzen (gerade) der (historischen) Erkenntnis. Einen solchen heilsgeschichtlichen Gesamtrahmen des Weltgeschehens jedoch bietet Arnolds *Kirchen- und Ketzerhistorie* nirgendwo an. Mit anderen Worten: Das Mittel, das in den herkömmlichen universal- und kirchengeschichtlichen Werken Erbaulichkeit garantiert hat, fehlt in Arnolds Hauptwerk vollkommen, so dass er nach antiker und humanistischer *exempla*-Manier den praktischen, erbaulichen Nutzen aus den einzelnen Ereignissen, d. h. vor allem aus dem untadeligen Wandel wahrer Christen ziehen muss. Nicht so sehr die Gesamtabfolge des historischen Geschehens, vielmehr einzelne Mosaiksteine zeugen in Arnolds Geschichtsrekapitulation von Gottes Vorsehungswirken. Wer angesichts dieses Abschieds vom Prinzipiellen Arnolds (Post-)Modernität rühmt, übersieht dabei leicht, dass dessen aggressiver Spiritualismus wenigstens in der Theorie der Vernunft und damit historischer Wissenschaftlichkeit viel unbedingter entgegengesetzt war als die Orthodoxie: Denn dass das Räsonieren überhaupt ins Christentum Einzug gehalten hat, ist das Erzübel, das Arnold auch in der *Kirchen- und Ketzer-Historie* zu geisseln nicht müde wird. Wenn dieses Werk der modernen Religionsgeschichtsschreibung den Weg geebnet hat, dann nicht seiner religiösen Prämissen wegen, die dezidiert antirational und antiwissenschaftlich sind, sondern vielmehr dank der praktischen Durchführung des Unternehmens. Denn diese Durchführung macht, um den amtskirchlichen Einheits- und Ausschliesslichkeitsanspruch zu vernichten, jenes ständige *audiatur altera pars* vonnöten, das erst ein Abwägen und ein Eruieren des Gottgefälligen in der Geschichte ermöglichen soll. Mit dieser Polyphonie hält ein vergleichendes Verfahren jenseits konfessionell vordefinierter Standpunkte in die kirchenhistorische Betrachtung Einzug – ein Verfahren, das bei Arnold aber eben noch keineswegs dem Vertrauen in die unbestechliche Richterschaft der Vernunft entspringt, sondern vielmehr seiner gegen die Grosskirchen gerichteten, religiösen Grundentscheidung, verfolgten Einzelnen und Kleingruppen Gehör und Glauben zu schenken. So war die Einheit, auf die die konfessionelle Kirchengeschichtsschreibung bedacht war, ohne sie – da selber von kontroverstheologischen Interessen dominiert – doch einlösen zu können, mit Arnold endgültig vorbei, worauf sich bald die aufklärende und aufgeklärte Vernunft als Richterin auf dem Feld einer in Episoden zerfallenen Kirchengeschichte etablieren konnte.

Nicht lange nach seiner Giessener Professur schickte der fromme Weltverächter mit den zweitausend Folio-Seiten seiner *Unparteyischen Kirchen- und Ketzer-Historie* ein Buch in die Welt, das diese für Jahrzehnte in

Aufregung versetzen sollte.[115] Dessen Ursprünge reichen bis in die Mitte der neunziger Jahre zurück; das Werk stellt die Summe von Arnolds institutionenkritischer Geschichtsschreibung dar und ist wie das vorangehende Kompendium, im Unterschied zu anderen Büchern Arnolds, auf deutsch verfasst; gedacht ist es also durchaus auch für ein Laienpublikum. Schon in seiner Vorrede zeigt sich der Verfasser entschlossen, «die untersuchung der historischen warheit [sic] ohne partheylichkeit / und andere sonst gewöhnliche arten und absichten geschehen» zu lassen.[116] «Ohne absichten» kann freilich nur heissen, dass das Geschichtswerk nicht in der Absicht geschrieben ist, irgendeiner Partei ein legitimatorisches Mäntelchen zu weben. Die Absicht, die Leser zum wahren Glauben zu führen, verfolgt Arnolds Darstellung sehr wohl. Als ihren «hauptzweck» bestimmt sie jedoch, dass der Verfasser selbst «überall glauben und gut gewissen behalten möchte», denn wir müssten ja Gott «so wol hier noch im gewissen als nach dem tode / rechenschaft geben».[117] Der Zwang zur Wahrhaftigkeit und Redlichkeit, den sich der Autor selbst auferlegt, hat demnach eine religiöse Fundierung; er folgt aus dem Rechtfertigungsnotstand, in den sich der Christ gestossen sieht: Man steht, gerade als Geschichtsschreiber, vor dem Tribunal seines Gewissens und vor demjenigen Gottes. Dies verbietet einem, die Unwahrheit zu sagen, auch wenn sie den eigenen Interessen zu dienen scheint.[118] Es gibt bei einem solchen radikalprotestantischen Redlichkeitsprinzip keine Ausflüchte in eine historiographische Moral mehr, in der der Zweck die Mittel heiligt. Arnolds eigenen Erläuterungen zufolge sind es viel weniger wissenschaftlich-methodologische Überlegungen, sondern religiöse Gewissensgründe, die dem Unparteilichkeitspostulat zugrunde liegen. Der Leser soll genausowenig wie der Autor bloss durch Erzählungen ergötzt werden, sondern vielmehr «zur praxi aus den historien klug werden».[119]

115 Noch ein halbes Jahrhundert später gilt Arnolds Werk der moderaten «Vernünftigen Orthodoxie» als Inspirationsquelle des pietistischen «Separatismus» (vgl. z. B. Andreas Urs Sommer, Theologie und Geschichte in praktischer Absicht: Jakob Christoph Beck [1711-1785], in: A. U. S. [Hg.], Im Spannungsfeld von Gott und Welt. Beiträge zu Geschichte und Gegenwart des Frey-Grynaeischen Instituts in Basel 1747-1997, Basel 1997, 68).
116 KKH 1700 1, Vorrede, unpag. Bl. † recto, Abschnitt 1.
117 A. a. O., Abschnitt 5.
118 Vgl. a. a. O., unpag. Bl. †3 recto, Abschnitt 29.
119 A. a. O., unpag. Bl. † verso, Abschnitt 9.

Arnold, so sehr er auch im Gefolge der Magdeburger Zenturien Verfallsgeschichte schreibt,[120] verfügt nicht einmal mehr über ein negativ-regressives heilsgeschichtliches Dispositiv, mit dessen Hilfe die Fakten organisiert werden können. So bleibt der Rekurs auf göttliches Wirken im Verlauf der Geschichtserzählung denn auch häufig plakativ – derart, dass man später mit fortschreitendem Desinteresse an der direkten göttlichen Intervention Arnolds gelegentliche Beteuerung, hier habe Gott seine Finger im Spiel gehabt, als rhetorische Garnitur abtun konnte. Zwar nicht in der Theorie, sehr wohl aber in der ereignisgeschichtlichen Darstellung, die Arnold bietet, lässt sich der supranaturale Eingriff wegdenken. Keineswegs ist es so, dass Arnold ständig die göttliche Lenkung bemühen müsste, um mit den historischen Daten ins Reine zu kommen. Der gelegentliche Rekurs darauf hat keine erzählungskonstitutive Bedeutung mehr.

Arnolds «methode», d. h. Arrangement des Stoffes besteht wie in der Kurzfassung von 1697 darin, jedes Jahrhundert mit Ausnahme der letzten beiden nach einem einheitlichen Schematismus abzuhandeln, nämlich zunächst «scribenten / lehrer und personen» anzuführen, «aus welchen die nachrichtungen meist genommen / und von denen die erfolgten comoedien oder tragoedien gleichsam gespielet worden», sodann die «handlungen

---

[120] Verfallsgeschichte ist kein Spezifikum der pietistischen Geschichtsbetrachtungen. Weniger radikale Vertreter des Pietismus wie Philipp Jacob Spener und August Hermann Francke machten aus ihrer beinahe schon aufklärerischen Hoffnung auf bessere Zeiten (zumindest der Kirche) keinen Hehl (vgl. z. B. Philipp Jacob Spener, Pia desideria [1675/76], hg. von Kurt Aland, Berlin ³1964, 44f.) und blieben nicht bei einer quietistischen Erwartung des Gottesreiches, sondern versuchten – wie mit den Franckeschen Anstalten in Halle – tatkräftig an seiner Verwirklichung zu partizipieren. Johann Albrecht Bengels meinte, «den göttlichen Heilsplan, die göttliche Haushaltung oder Ökonomie, wie er sie nannte, in der Bibel, dem grossen 'Lagerbuch' Gottes entdeckt zu haben. Dieser Plan vollzog sich in einem über Jahrtausende währenden Entwicklungsprozess, ging jedoch in der menschlichen Geschichte in Erfüllung. ... Im Gegensatz zu Gottfried Arnold, dessen Werk ihn angeregt hatte, sah Bengel die abendländische Geschichte seit dem Tode Christi nicht als eine Geschichte des Abfalls und des Kampfes der wahren Gläubigen, sondern als den sich mit mathematischer Präzision vollziehenden, Stufe für Stufe fortschreitenden und Gottes Willen erfüllenden Weg zum Heil.» (Hartmut Lehmann, Pietismus und weltliche Ordnung in Württemberg vom 17. bis zum 20. Jahrhundert, Berlin, Köln, Mainz 1969, 71).

selbst»¹²¹, darauf «die hauptversammlungen / concilia, und andere religionshändel», «die beschaffenheit und das verhalten der regenten / die mit der kirche zu [t]hun gehabt», und schliesslich die «ausser der äusserlichen gemeinschaft stehenden nationen / als der Juden / Heyden / Türcken / u. s. f.»¹²² Die Säkularmethode, die konsequent nach chronologischen, nicht nach sachlichen Gesichtspunkten verfährt, verstellt den Blick auf weiterreichende Entwicklungen mitunter eher als dass sie ihn ermöglicht. Die chronologische Schematisierung des geschichtlichen Stoffes bringt dessen Monotonisierung mit sich.

Die durch das strenge Korsett bewirkte Distanzierung des geschichtlichen Stoffes wird noch akzentuiert durch den entschiedenen Willen, dogmatische Fragen ohne innere Teilnahme zu betrachten. Das mit klinischem Blick betriebene Referieren der dogmatischen Überzeugungen, denen die vermeintlichen Orthodoxien aller Zeiten angehangen haben, unterbindet jede Identifikation mit den referierten Überzeugungen. Arnold ist weit davon entfernt, bei seinem Publikum um Verständnis dafür zu werben, wie die Leute von alledem haben überzeugt sein können, wovon sie in vergangenen Zeiten überzeugt waren. Diesen Gestus der Distanzierung mittels Verweigerung einer Verstehensanstrengung teilt Arnolds Pietismus mit mancher aufklärerischer Theologiekritik. Dennoch ist profane historische Vernunft als Richterin gar nicht zugelassen – ohne Erleuchtung und tiefere Einsichten in die göttlichen Geheimnisse hat man in kirchengeschichtlichen Dingen nicht mitzureden. Diese Ansicht teilt auch die orthodoxe Kirchengeschichtsschreibung; sie aber sieht sich in der Lage, anzugeben, welche konkreten Glaubensvoraussetzungen man zum richtigen und gottgemässen Verstehen des historischen Stoffes benötigt. «Dannenhero der Autor mit keinem vernünfftling jemals gemeinschafft haben kan / sondern solche blinde und arme gemüther dem ewigen licht zu ihrer erleuchtung mitleidig empfiehlet: damit sie / wenn sie sehen und schmecken / was Christus / durch diese einige weissheit selig werden!»¹²³ Arnold ist mit dieser Selbstimmunisierungsstrategie denkbar weit von den wissenschaftlich-historiographischen Grundsätzen schon seiner Zeit entfernt, die intersubjektive Überprüf- oder

[121] KKH 1700 1, Vorrede, unpag. Bl. † verso, Abschnitt 11.
[122] A. a. O., Abschnitt 12.
[123] KKH 1700 1, Vorrede, unpag. Bl. †† recto, Abschnitt 54.

wenigstens Nachvollziehbarkeit des Behaupteten verlangen. Aber auf die Kirchengeschichte scheinen diese Prinzipien nach wie vor keine Anwendung zu finden; wir haben nach wie vor einen ausgegrenzten Bereich der *historia sacra* vor uns.

Die Distanzierungsleistung, die Arnold dort erbringt, wo es um die Lehren und Lehrdebatten der nachurchristlichen Kirche geht, erstreckt sich nicht auf die Personen der Geschichte, denen je nach Gesinnung und Wandel Achtung oder Abscheu gezollt wird. Dies verhindert moralischen Indifferentismus oder moralische Vergleichgültigung des Vergangenen im Interesse der eigenen Seelenruhe. Im Gegenteil ist ständiges Urteilen im Namen einer als absolut gedachten, christlichen Moral gefordert. Es liegt Arnold denkbar fern, von der historischen Bedingtheit auch dieser moralischen Massstäbe auszugehen. Diese auf die historischen Fakten applizierten, moralischen Massstäbe ersetzen über weite Strecken die dogmatischen, die Arnold ja explizit *ad acta* legt.

In den auf die Vorrede folgenden *Allgemeinen Anmerckungen von denen Kätzer-Geschichten* wird ein ganzer Katalog von Fragen an die Adresse möglicher Ketzermacher aufgestellt, der die Arnoldsche Tribunalisierungstendenz augenfällig macht. Wähnt er sich allenthalben von den verketzernden Anklagen der Orthodoxen umgeben, funktioniert er nun selbst sein historiographisches Unternehmen zu einer gigantischen Generalanklage gegen das Gewesene bei nur sehr geringfügigen Lichtblicken um. Unter dem Vorzeichen einer 'Theorie' von der klerikalen Weltverschwörung – die derjenigen der deistischen Aufklärung zum Verwechseln ähnlich sähe, würde Arnold nicht gerade die «Clerisey» mit Vernunft und Weltweisheit identifizieren, während dieselbe «Clerisey» einem Voltaire mit Unvernunft und Aberglaube identisch ist – steht die folgende, sich über vier dicke Foliobände hinziehende Geschichtserzählung.

Arnold nimmt sich des historischen Geschäfts durchaus auf die in der Vorrede versprochene Weise an: So ergeht er sich beispielsweise ausführlich in einer ausgewogenen Betrachtung der arianischen Streitigkeiten im Zusammenhang mit der «äusserlichen ruhe»[124] und dem innerlichen Zerfall der Christenheit unter Konstantin dem Grossen. Ein sehr unvorteilhaftes Bild wird von dessen bischöflichem Schmeichler Eusebius von Caesarea

---

[124] A.a.O., Theil I, Buch II, Capitel II, 132.

entworfen,[125] und die Bosheit der «Clerisey» lautstark angeprangert. Dem Nicänischen Konzil steht Arnold skeptisch gegenüber; was wir von dessen Lehrentscheidungen zu halten hätten, enthält der Ketzerhistoriker uns vor, um statt dessen daran zu erinnern, dass auch die Arianer die Logik überschätzt hätten. Eigentlich handelt es sich nach Einschätzung Arnolds bei der ganzen Debatte um blosse Sophisterei. «Unterdessen trieb der Satan recht fein sein spiel mit dergleichen wortgezäncke / nachdem man einmal von der ersten einfalt und krafft des glaubens abgewichen war.»[126]

Dieses Beispiel für Arnolds Umgang mit kirchenhistorischem Stoff demonstriert nicht nur sein Desinteresse an genuin dogmatischen oder dogmengeschichtlichen Fragen und die Rückkoppelung des Urteils an die praktischen Intentionen und persönliche Lauterkeit der jeweiligen Protagonisten, sondern auch sein Bemühen, beide Seiten zu Wort kommen zu lassen, ohne gleich derjenigen den Schwarzen Peter zuzuschieben, die ihn traditionell zugeschoben bekommen hatte. Wobei das nicht heisst, dass die Schwarz-weiss-Malerei bei Arnold weniger ausgeprägt wäre als bei seinen orthodoxen Vorgängern. Nur erneuert er nicht die herkömmlichen Grenzen zwischen Gut und Böse, Rechtgläubigkeit und Ketzerei, sondern revitalisiert den alten Gegensatz von Sichtbarer und Unsichtbarer Kirche. Auch wenn Arnold das Wort «Verfall» sehr häufig in seine Beschreibungen einflicht, verfasst er keine lineare Verfallsgeschichte, ist der absolute Nullpunkt der möglichen Entwicklung doch eigentlich schon in der Konstantinischen Epoche erreicht. Das einzige Element in der *Kirchen- und Ketzer-Historie,* das über vages Hoffen hinausweist, ist der hypothetische Ausblick auf die Endzeit. Diese Endzeit determiniert den Geschichtsverlauf aber kaum sichtbar.

Bei Arnold, der alles Vertrauen in irdische Institutionen und in irdische Vernunft verloren hat, fehlt der Versuch, den Gesamtsinn von Geschichte (oder nur Kirchengeschichte) zu erfassen. Die Vernunft wäre für ihn ohnehin das falsche Medium, dem Sinn von Geschichte auf die Spur zu kommen; und Arnold Spiritualismus findet in den inneren und den geschriebenen Offenbarungsquellen anscheinend zu wenig Hinweise für einen in der Ge-

---

[125] Zu Eusebius ausführlich a.a.O., Theil I, Buch II, Capitel IV, Abschnitte 45-48, 159f.
[126] A.a.O., Abschnitt 20, 175.

schichte ausgewiesenen, umfassenden Bogen beispielsweise einer göttlichen Heilsgeschichte. Vielmehr verteidigt Arnold gerade das Individuelle und Partikulare gegen die institutionelle Vereinnahmung – somit auch gegen eine das Individuelle bloss instrumentalisierende, institutionenlegitimierende Heilsgeschichte. Aber wie ist es um den pastoralen Zweck von Arnolds Fragmentarisierung der Geschichte bestellt, das er ja ausdrücklich nicht um der Gelehrsamkeit willen betreibt, sondern im Interesse der Gläubigen? Man könnte nun vermuten, der praktische Schluss, den die Leser aus den Berichten von den verfolgten und verketzerten Heiligen zu ziehen hätten, sei im Sinne der lutherischen Elenktik die Selbsterniedrigung: Weil wir den verlassenen, wahren Christen nie das Wasser reichen könnten, sollten wir uns in Zerknirschung üben. Dieses Motiv betont Arnold andernorts durchaus, etwa in einer Predigt über Lukas 14,11.[127] Nur resultiert die Selbsterniedrigung dort nicht aus dem Vergleich mit Modellchristen, sondern mit Gott selbst. Denn zu Modellchristen können wir mit allerhöchster Hilfe nach Arnolds Dafürhalten selbst werden, so dass die Episoden, in denen Arnold von grossen Ketzern und grossen Heiligen berichtet, uns als echte Exempel vorgehalten werden, denen wir nachzueifern hätten. Die Erbauung an den Schicksalen der ersten Christen besteht darin, dass sie den Leser direkt zur Nachahmung anspornen. Das Funktionieren dieses Vorbild-Nachahmungs-Schemas setzt Arnold als derart selbstverständlich gegeben voraus, dass er jedenfalls in den einleitenden Texten zur *Kirchen- und Ketzer-Historie* keine Theorie der Applikation entfaltet. Was Arnold ausdrücklich beabsichtigt, ist Bekehrung durch Geschichte, die nicht durch die Einsicht in Gottes Heilsplan gewonnen wird. Vielmehr hat das radikal Individuelle unbedingten Vorrang – es geht pastoraltheologisch einzig und allein um die individuelle Bekehrung – und die wird nicht durch Universalgeschichte, sondern durch Geschicht*en*, Geschichten anderer individueller Bekehrungen in die Wege geleitet. Nur die einzelnen Fälle von Wiedergeborenen, nicht der Gesamtverlauf der Geschichte lassen in Arnolds Sicht das göttliche Heilswirken erkennen: Bekehrung durch Geschichten.

---

127 Vgl. Gottfried Arnold, Der richtige Weg Durch Christum zu Gott: Bey öffentlichen Versammlungen in dreyen Sermonen oder Predigten angewiesen / und auff Begehren ausgefertiget. Nebenst Einer näheren Erklärung von seinem Sinn und Verhalten in Kirchen-Sachen, Franckfurt (Thomas Fritsch) 1700, 85f.

Der Abschied von heilsgeschichtlichen Einheitskonzepten war mit Arnold freilich nicht einmal innerhalb des Protestantismus definitiv vollzogen. Eher scheinen sich als Antwort auf die profan- und kirchengeschichtliche Fragmentarisierung, die sich um 1700 bei Bayle und Arnold als Symptom eines heilsgeschichtlichen Integrationsverlustes zeigt, Gegenbewegungen zu formieren, die entweder die Theologie ihrer Geschichtsdeutungsmacht entkleiden und eine profane, philosophische Gesamtdeutung von Geschichte unternehmen (sofern sie nicht – wie Bolingbroke – die antikhumanistische *exempla*-Historie erneuern und damit die Geschichtsfragmentarisierung positivieren), oder aber zu einer Restauration der strengen Heilsgeschichtsschreibung ausholen. Den eindrücklichsten und für den Protestantismus wenigstens im englischsprachigen Raum wirkmächtigsten Restaurationsversuch hat Jonathan Edwards unternommen, der mit dem kontinentaleuropäischen Pietismus vertraut war und seine eigene puritanische Erweckungstheologie mit ihm parallelisierte.

1.5 Apokalyptik und providentieller Geschichtsplan: Jonathan Edwards[128]

In Jonathan Edwards' (1703-1758) Welt – sie liegt in Neuengland – sucht man zunächst vergeblich nach Spuren der *Lumières*. Schon der Verdacht, «Arminianer» zu sein, konnte in dieser Welt den Vorwurf herausfordern, mit dem Satan höchstpersönlich im Bund zu stehen (so HWR III 5–WH 1,599–WY 9,431).[129] Edwards hatte freilich nicht nur seine Studienzeit am Yale

---

[128] Ich folge hier den Ausführungen in: Andreas Urs Sommer, Weltgeschichte und Heilslogik: Jonathan Edwards' *History of the Work of Redemption*, in: Zeitschrift für Religions- und Geistesgeschichte, Jg. 53 (2001), Heft 2, 115-144. Seither hat insbesondere Avihu Zakai in einer breit angelegten, Edwards im Aufklärungsdenken kontextualisierenden Studie auf die Relevanz von Edwards' Geschichtsdenken aufmerksam gemacht (Avihu Zakai, Jonathan Edwards's Philosophy of History. The Reenchantment of the World in the Age of Enlightenment, Princeton 2003).

[129] Die seit 1957 erscheinende, sogenannte *Yale Edition* der Werke Edwards' (WY) ist noch nicht abgeschlossen und keine kritische Gesamtausgabe. Die Predigtreihe *A History of the Work of Redemption* wurde von Edwards' Sohn und dem schottischen Verleger John Erskine 1774, 16 Jahre nach dem Tod ihres Verfassers in etwas

College darauf verwendet, ramistische Logik, die Cambridger Platonisten, John Locke und Isaac Newton zu verinnerlichen, sondern diese Anregungen und fortgesetzte Lektüren in seinen philosophischen Werken zweifelsohne originell verarbeitet. An moderner historischer Literatur besass und las Edwards unter anderem Bayles *Dictionnaire,* Bolingbrokes *Remarks on the History of England* und die *Letters on the Study and Use of History,* Paul Rapin (de) Thoyras' *Histoire d'Angleterre* sowie Humes *Essays Moral, Political, and Literary* (darin bekanntlich die Abhandlung «Of the Study of History»).[130] Im Jahre 1739 trug der puritanische Geistliche seiner Gemeinde Northampton im oberen Connecticut River Valley einen Zyklus von dreissig Predigten vor, die auf einem einzigen Bibeltext gründen und eine einzige, zusammenhängende Geschichte breit entfalten: Die Geschichte des Erlösungswerkes. Edwards stand damals im Mittelpunkt einer seit 1734 um sich greifenden, religiösen Erweckungsbewegung, die in den Jahren 1740 bis 1742 im Great Awakening gipfelte. Beflügelt von den wundersamen Ereignissen und in froher Erwartung des Millenniums unternahm es Edwards, den Bekehrten und noch zu Bekehrenden das grosse Werk der Vorsehung im welthistorischen Aufriss vorzuführen.[131] Diese Predigten sind es, die der nach Edwards' Tod veröffentlichten *History of the Work of Redemption*

---

modifizierter, traktatähnlicher Form publiziert. In dieser Version hat *A History of the Work of Redemption* eine erstaunliche Wirkungsgeschichte entfaltet, weswegen wir uns an die da gegebene, nicht originale Texteinteilung halten (Period–Part–evt. Sect.) und gewöhnlich den Text der Hickman Edition (WH) zitieren (die nicht von Edwards herrührenden Kursivierungen werden stillschweigend getilgt). Zugleich wird eine Stelle jeweils aber auch nach der Yale Edition des ursprünglichen (freilich auch dort orthographisch modernisierten) Predigttextes ausgewiesen. In der Übersicht, die Andrew J. Reck in: Ueberweg[13], Die Philosophie des 18. Jahrhunderts, Bd. 1, 987-993, von Edwards' Leben und Werk gibt, kommt *A History of the Work of Redemption* nicht vor; der Predigtzyklus wird offenbar nicht als philosophierelevant erachtet.

[130] Zakai, Jonathan Edwards's Philosophy of History, 8 (zur Bayle-Rezeption 8f., zur Bolingbroke-Rezeption 11f.).

[131] Zur Geschichte des puritanischen Providentialismus in Neuengland siehe Michael P. Winship, Seers of God. Puritan Providentialism in the Restoration and Early Enlightenment, Baltimore 1996, und die hervorragende Studie zum prärevolutionären Millenarismus von Ruth Bloch, Visionary Republic. Millennial Themes in American Thought 1756-1800 [1985], Cambridge, New York, New Rochelle 1988.

zugrundeliegen. Edwards hatte sich zwar mit der Absicht getragen, einen grossangelegten Traktat unter diesem Titel zu verfassen, kam aber selber nicht mehr dazu, seine Predigten für eine Druckfassung zu überarbeiten oder ein solches Werk neu zu konzipieren.

Das homiletische Genre verlangt naturgemäss eine andere Handhabung des Stoffes als ein wissenschaftlicher Traktat. Die Predigt will zugleich belehren, ermahnen und erbauen, ohne dass sie dieselben intellektuellen Voraussetzungen machen kann wie eine Abhandlung, die sich an ein gelehrtes Publikum wendet. Die Predigt zielt auf unmittelbare Wirkung bei den Zuhörern – und die dürfte sie im fraglichen Fall, wie die Grosse Erweckung belegt,[132] auch gezeitigt haben: Edwards drängt zur Bekehrung. Wen Gott bekehrt, der ist der Erlösung sicher. Wie John F. Wilson in der Einleitung zur Yale Edition der *History of the Work of Redemption* ausführt, behält Edwards zwar traditionelle Elemente der puritanischen Predigtform seiner Vorväter bei – nämlich die Exposition des Textes, die unmittelbare Lehre («doctrine») sowie die Anwendung auf den Erfahrungsbereich der Kirchgänger («application» oder «improvement»). Jedoch ist die materiale Substanz der Predigten (etwa 75 Prozent des Textbestandes) einer fortlaufenden Erzählung vorbehalten, der narrativen Rekapitulation des Erlösungswerkes vom Paradies bis zum Jüngsten Gericht. Diese «history» übernimmt in Edwards' Predigtreihe die Rolle der «observations» oder «reasons», der Ausarbeitung und Ausbreitung von Argumenten für die Wahrheit der «doctrine» in der konventionellen puritanischen Homiletik. Die Geschichte, die vom Beginn der Welt bis zu ihrem Ende aufgerollt wird, expliziert, beglaubigt und beweist die Lehre, das Erlösungsversprechen Gottes.

Der ganze Prediktzyklus ist die fortgesetzte Auslegung eines einzigen biblischen Verses, (Deutero-)Jesaja 51,8, der nach Edwards' Lesart den immerwährenden Bestand der von Gott selbst gestifteten Kirche trotz aller Anfechtung verheisst. Denn Gott werde auch die Feinde seiner Kirche, die seine Feinde seien, zuschanden machen. Das Erlösungswerk ist nur für einige Wenige bestimmt, die im unergründlichen Heilsratschluss Gottes bereits vor der Erschaffung der Welt auserwählt worden sind. Edwards vertritt den

---

[132] Freilich sind kaum authentische Berichte über die unmittelbare Wirkung der *History of Redemption*-Predigtreihe überliefert (vgl. WY 9,8f.). Die eigentliche Rezeption des Werkes setzte erst mit seiner Drucklegung ein.

Calvinismus in seiner rigorosesten prädestinationstheologischen Form: Der Gnadenpartikularismus, d. h. die Überzeugung, dass Gott das Heil immer schon für einige wenige vorbehalten wissen wollte, ist unangefochtenes Dogma. Edwards' Heilgeschichte ist eine Fortschrittsgeschichte einzig und ausschliesslich im Hinblick auf die Kirche der Auserwählten, der die fortlaufende Offenbarung Gottes geschenkt wird. Die *History of the Work of Redemption* folgt dem Weg des Lichtes in einer verworfenen und am Ende dem Feuer des göttlichen Zorns preisgegebenen Welt (HWR III 9–WH 1,614–WY 9,505). Adams Fall hat die als göttliche Schöpfung an sich gute Welt durch und durch verdorben, so dass sich seither alles Irdische gegen die paar wenigen Heiligen, die Gottes wahre Kirche ausmachen, verschworen hat. Diese dualistische Heilsgeschichtskonstruktion führt ähnlich wie unter anderen Voraussetzungen bei Gottfried Arnold zu einer eigentlichen Weltverschwörungstheorie: Alle Mächte dieser Welt haben, unter Satans Ägide, nur ein freventliches Ziel vor Augen, nämlich die wahre Christenheit in Versuchung und in den Abgrund zu lotsen.[133]

Edwards' anthropologische Voraussetzungen sind radikal verschieden von denen, die der europäische Aufklärungsperfektibilismus eines Iselin oder Condorcet der Geschichtsbetrachtung zugrundelegen sollte. Der Puritanertheologe ist weit entfernt von der Neologie eines Spalding oder eines Jerusalem, deren Innovation ja nicht zuletzt in der mehr oder weniger expliziten Verabschiedung des anthropologischen Pessimismus paulinisch-augustinischer Tradition besteht.[134] Edwards verteidigt gegen alle irgendwie «arminianisch» anmutenden Ideen die *Great Christian Doctrine of Original Sin* (1757–WH 1,143-233–WY 3) und wendet konsequent das naturwissenschaftliche Kausalitätsprinzip auf den menschlichen Willen an: Der Wille wird bei jeder Entscheidung vom stärksten Beweggrund determiniert und kann also unmöglich frei in einem landläufigen Sinne sein.

---

[133] Zur Verweltlichung der verschwörungstheoretischen Muster gerade im 18. Jahrhunderte siehe Dieter Groh, Die verschwörungstheoretische Versuchung oder: Why do bad things happen to good people, in: D.G., Anthropologische Dimensionen der Geschichte, Frankfurt a. M. 1992 (= stw 992), 267-304, insbesondere 282-284 und 291-295. Bei Edwards dominieren noch die herkömmlichen supranaturalen Elemente.

[134] Zakai, Jonathan Edwards's Philosophy of History, 14, sieht auch in Edwards' Heilshistoriographie schlagende Parallelen zu Augustin.

Jonathan Edwards

Edwards verbindet eine universalisierte, auch auf das menschliche Innenleben angewandte (Newtonsche) Physik mit calvinistischen Lehrsätzen. Nicht die Ergebnisse der modernen Physik, sondern der historischen Kritik sind das, was dem Theologisieren in Edwards'scher Manier gefährlich wird.[135] Denn Edwards unternimmt mit seiner *History of the Work of Redemption* mitnichten den Versuch, zunächst nüchtern alle zugänglichen und relevant erscheinenden historischen Fakten zu sammeln, deren man habhaft werden kann, um dann deren möglichen Sinn zu erschliessen. Vielmehr benutzt er das Alte und das Neue Testament nicht allein als Quelle der für seine Geschichte erheblichen Begebenheiten, sondern findet in ihnen auch schon die einzig gültige und einzig mögliche Deutung dieser Begebenheiten vor. Unbedingte Prämisse seiner Darlegung ist die absolute historische, prophetische und dogmatische Zuverlässigkeit aller kanonischen Schriften Alten und Neuen Testamentes, wobei im Alten Testament die heilsnotwendigen Offenbarungswahrheiten noch ein verborgenes Dasein fristen und erst im Licht des Neuen Testamentes wirklich zutage treten. Die in biblischer Zeit noch nicht in Erfüllung gegangenen Weissagungen werden nach Edwards in nachbiblischer Zeit realisiert, wodurch die nicht mehr durch das Offenbarungswort direkt beglaubigte Geschichte theologisch interpretierbar wird, und sich eine providentielle Einheit der Gesamtgeschichte einstellt.

Obwohl heute in der immensen (amerikanischen) Sekundärliteratur viel von Edwards' Faible für die Dinge der natürlichen Welt, von seiner Anteilnahme an der Schönheit der Schöpfung die Rede ist, führt ihn dieses Faible mitnichten zu einer harmonistischen Stillegung der Heilsgeschichte, wie man sie etwa im Gefolge von Leibniz und Wolff in Deutschland finden kann.[136] Dies ist mit der prinzipiellen Nachordnung des «work of creation»

---

[135] Man kann mit Henning Graf Reventlow, Wurzeln der modernen Bibelkritik, in: Henning Graf Reventlow/Walter Sparn/John Woodbridge (Hg.), Historische Kritik und biblischer Kanon in der deutschen Aufklärung, Wiesbaden 1988, 58, überdies daran erinnern, dass «die moderne Naturwissenschaft für die Anfänge der Bibelkritik überhaupt keine Rolle» spielte.

[136] Vgl. Schmidt-Biggemann, Theodizee und Tatsachen, 77, demzufolge es der Wolffianismus ist, der, beispielsweise in Gestalt der Wertheimer Bibel von Johann Lorenz Schmidt, die Heilsgeschichte, d.h. die unabdingbaren typologischen Bezüge zwischen Altem und Neuem Testament zerstört, die in der Neologie, etwa bei Spalding

im Verhältnis zum «work of redemption» zu erklären. Diese Nachrangigkeit wiederum folgt auf der einen Seite aus der dogmatischen Prämisse einer durch Erbsünde korrumpierten Welt. Auf der andern Seite korrespondiert diese dogmatische Prämisse genau der Erfahrung, die Edwards in der Welt und vor allem in der Geschichte gemacht hat, nämlich die Erfahrung der Abwesenheit von unmittelbar sichtbarer Ordnung und schon manifester Harmonie. Das Problem der Edwards'schen Geschichtsbetrachtung besteht nicht im Verkennen der faktischen Leidensbelastungen irdischen Daseins, sondern in der Rückführung dieser Belastungen auf ein verhältnismässig kompliziertes dogmatisches System von Heilsgeschichte – ein System, das niemandem anzudemonstrieren ist, der nicht weitreichende konfessorische Zugeständnisse macht. Das heilsgeschichtliche System hat indes wie das teleologisch-geschichtsphilosophische den ungeheuren Vorteil, dass der Beweis seiner Wahrheit erst von der Zukunft zu erwarten und damit letztlich – trotz aller exegetischen Einwände – nicht zu falsifizieren ist.

Die Geschichte des Werkes der Erlösung ist nicht nur in ihrer Mitte, nämlich bei Christi Inkarnation, auf Christus ausgerichtet, sondern als ganze christozentrisch. Damit wird das Alte Testament von vornherein christianisiert und jener Konnex sämtlicher Dinge der Vergangenheit, Gegenwart und Zukunft geschaffen, der die Einheit von Gottes Heilswirken plausibilisieren soll. Dieses Heilswirken ist in eminentem Sinne «work», verrichtet von Christus zum Besten seiner Auserwählten. Alles in dieser Geschichte Gottes mit den Menschen ist Werk, ist Arbeit.[137] Edwards' biblizistische Prämissen ersticken jeden Gedanken an historische Kritik im Keime – ebenso jeden Sinn für die Ambiguität und die schillernde Interpretationsbedürftigkeit der

---

und Jerusalem, tatsächlich ausgeblendet bleiben. Nach Schmidt-Biggemann hat mit der Leibniz-Wolffschen Harmonie-Idee die Welt aufgehört, erlösungsbedürftig zu erscheinen. Demgegenüber beweist freilich das Aufkommen der spekulativ-universalistischen Geschichtsphilosophie sehr bald, dass diese Harmonie-Idee auf Dauer mit dem lebensweltlichen Erfahrungshorizont nicht zur Deckung zu bringen war, so dass man wiederum auf künftige, wenn auch irdische Sinnerfüllung ausweichen musste. In dem Augenblick, wo Johann Lorenz Schmidt die Typologie und damit die Heilsgeschichte zerstört, ist der Harmonismus von Wolff und Leibniz selber schon dabei, seine Glaubwürdigkeit zu verlieren.

[137] «Work» ist das in HWR wohl am häufigsten gebrauchte Verb und überdies ein sehr gängiges Substantiv.

biblischen Texte und des Vergangenen überhaupt. Er wendet vielmehr seine übergreifende Doktrin vom «work of redemption» auf biblische Quellen ebenso wie auf ausserbiblische Geschichtsdaten an, um, nach dieser Übermalung des Einzelnen und Besonderen durch das grosse «design», aus den 'Quellen' genau das zu extrahieren, was er in sie hineinlegt. Geschichte ist, so Edwards' Botschaft entgegen allem Anschein nicht Kontingenz, sondern Kontinuität und schreitet nach strengem Plan voran. Jedes historische Detail hat Sinn und Zweck, aber nicht für sich, sondern nur im Hinblick auf das Ganze der Geschichte, die eben ein Erlösungswerk ist.

Das Mittel, Kohärenz sowohl zwischen dem Alten und dem Neuen Testament, als auch zwischen der Bibel und dem ausserbiblischen Geschehen herzustellen, heisst nicht Subsumption des Besonderen unter das Allgemeine,[138] sondern Typologie. Edwards ist auf diese schon seinerzeit altmodisch anmutende typologische Methode angewiesen, wenn er nicht nur sein heilsgeschichtliches Schema, sondern auch die diesem zugrundeliegende, absolute Autorität der Bibel aufrechterhalten will, ohne sich durch jeden Hinweis auf den Literalsinn beliebiger Schriftstellen in Argumentationsnot manövrieren zu lassen. Die typologische oder figurale Interpretation erlaubt es, zwischen Dingen eine Beziehung herzustellen, die historisch oder kausal gar nicht miteinander verknüpft zu sein scheinen. In der christologischen Typologie stellen Personen und Ereignisse des Alten Testamentes die «Typen», d.h. die Vor-Bilder, den Vor-Schein des «Anti-Typos», nämlich Christi dar. Edwards geht nun einen Schritt weiter als die protestantische Normal-Exegese es zu tun pflegte, insofern er neutestamentliches Material sowie Begebenheiten in der christlichen Kirchengeschichte typologisch nutzt, um den zukünftigen Triumph Christi und seiner Kirche auszumalen. Wo kein kausaler Konnex zwischen den Dingen des göttlichen Heilshandelns erkennbar ist, da lässt sich ein typologischer konstruieren – und

---

[138] Hans-Wolfgang Schaller, Die geistigen Grundlagen der amerikanischen Aufklärung, in: Heinz-Joachim Müllenbrock (Hg.), Europäische Aufklärung, 2. Teil = Neues Handbuch der Literaturwissenschaft, hg. von Klaus von See, Bd. 12, Wiesbaden 1984, 456, macht im Anschluss an Perry Miller, The New England Mind: The Seventeenth Century, New York 1939, 134, darauf aufmerksam, dass das puritanische Denken der Logik des Petrus Ramus folge: «Die eigentliche Leistung der Logik besteht danach lediglich in dem Erkennen und Einanderzuordnen einzelner Dinge, nicht aber in deduktiver Schlussfolgerung.»

Edwards legt bei solcher Konstruktion zweifelsohne grosse Virtuosität an den Tag. Wo das Geschichtsganze nicht durch die kausale Heilsgeschichtsabfolge von selbst evident wird, springt die Typologie ein. Die Nacherzählung der alt- und der neutestamentlichen Geschichte, die die ersten beiden «periods» des Predigtzyklus ausmachen, hinterlässt einen der Typologie entsprechend konventionellen Eindruck. Edwards' Beharren auf der geschichtlichen Entwicklung und Entfaltung des göttlichen Erlösungsplans liest sich hier durchaus als eine Antwort auf den auch sonst in der *History* bekämpften englischen Deismus.[139] In *Christianity as Old as the Creation* (1730) vertrat Matthew Tindal (1653-1733) die Ansicht, dass das wahre Christentum, von ihm mit der natürlichen Religion gelebter Moralität identifiziert, so alt wie die Schöpfung sei, und dass das authentische historische Christentum nichts anderes als eine erneute Proklamation dieser natürlichen Religion dargestellt habe. Edwards' Entwicklungsgeschichte der Offenbarung erscheint demgegenüber als resoluter Gegenentwurf zum statischen 'Naturalismus' der Deisten. Indem der Puritanertheologe Gottes Wirken an den Menschen in einen Prozess verwandelt, ist er davon entbunden, das Alte Testament, soweit es nicht ohnehin typologisch integriert wird, für dem Evangelium gleichwertig zu halten, und kann so vor allem die Ausnahmestellung der Offenbarung Gottes in Christus als sowohl einmalig wie auch unbedingt heilsnotwendig postulieren. Gottes Wirken an den Menschen beruht nicht auf der zu allen Zeiten gleichen Übermittlung einiger vernünftiger Grundsätze natürlicher Religion, sondern ist eine Entwicklung, ist eine Geschichte. Edwards' Nacherzählung beschreibt das «advancement» der Kirche Gottes in einer Welt, die von sich aus keinen Fortschritt erkennen lässt. In der Welt herrschen die Verworfenen, in der einzigen Absicht, den Gerechten Gottes das Leben schwer zu machen. So etwas wie technischer Fortschritt, dessen Extrapolation gemeinhin als wesentliche Wurzel eines universalisierten, auf die ganze Gattung Mensch bezogenen Fortschrittsglaubens gilt, ist für Edwards zunächst ohne Interesse.[140] Das

---

139 Zu Edwards' Kampf gegen den Deismus vgl. z. B. Gerald R. McDermott, Jonathan Edwards Confronts the Gods. Christian Theology, Enlightenment Religion, and Non-Christian Faiths, New York 2000.

140 Im Unterschied etwa zu späteren, säkularen Adaptionen puritanischer Erwählungshoffnung, wie sie in den epischen Gedichten von Philip Freneau auftreten (*The Pictures of Columbus*, 1774/88; *The Rising Glory of America*, 1771/86, von Freneau

wahre «advancement» ist dasjenige der Selbstoffenbarung Gottes und damit des Erlösungswerkes – diese Welt, mitsamt all denen, die Gott nicht retten will, wird am Ende der Geschichte dem Feuer preisgegeben.

Der entscheidende Unterschied zu den säkularen Fortschrittskonzepten besteht bei Edwards nicht nur darin, dass das Geschichtsziel kein irdisches ist, sondern vor allem in der vollständigen Entmündigung der Menschen als Geschichtssubjekte. Bei Edwards steht das Tun der meisten Menschen dem göttlich verordneten Geschichtsziel nicht einfach indifferent, sondern feindlich gegenüber. Das einzige, was die Menschen in der Geschichte selber tun können, ist sündigen. Für den dennoch guten Ausgang des Ganzen muss Gott alleine sorgen: «God was author of the drama, its director, chief actor, and, just to make sure, authoritative critic.»[141] So bleibt einem nur übrig, diesem Geschichtsregiment zu applaudieren. Bei Edwards ist des Menschen Glück ist nicht zusammen mit seiner Freiheit zu haben.

Besonderes Interesse verdient Edwards' Nacherzählung der nachbiblischen Zeit, aus der direkte göttliche Offenbarungsschriften fehlten. Wie sollen da aus der unendlichen Fülle des profanhistorisch überlieferten Materials jene Fakten ausgewählt werden, die für die Heilsgeschichte relevant sind? Immerhin sei mit dem Inkarnationsereignis die altgewordene Welt gänzlich erneuert worden. Dieser neue Zustand der Welt manifestiert sich in der auserwählten Kirche, deren Geschichte in den ersten paar nachchristlichen Jahrhunderten hauptsächlich darin bestanden habe, sich grausam verfolgen zu lassen. Dann folgt unter Konstantin dem Grossen eine erstaunliche Wende: «The christian church was brought into a state of great peace and prosperity. ... This revolution was the greatest change in the face of things that ever came to pass in the world since the flood.» (HWR III 2–WH 1,592–WY 9,396). Die 'Konstantinische Wende' wird als Typos des Jüngsten Gerichtes gedeutet und macht offenkundig, dass die Interpretation der nachapostolischen Geschichte auf der Folie der Johannesoffenbarung geschieht: Das Sechste Siegel steht in Beziehung zum Fall des heidnischen Römerreiches (ebd.–WH 1,593–WY 9,397). Was Konstantin selber angeht,

---

gemeinsam verfasst mit Hugh Henry Brackenridge), vgl. Schaller, Die geistigen Grundlagen der amerikanischen Aufklärung, 456-460.

[141] Peter Gay, A Loss of Mastery. Puritan Historians in Colonial America, Berkeley, Los Angeles 1966, 96.

so steht Edwards (sehr im Unterschied zu Gottfried Arnold) der Reichstheologie des Eusebius in nichts nach.[142] Die Herrlichkeit der Kirche geht freilich bald nach Konstantins Tod wieder zuschanden – schliesslich bricht mit dem Mittelalter das Reich des Antichrist, nämlich der Papstkirche an. Aus Apokalypse 12,14 deduziert Edwards, dass das Reich des Antichrist 1260 Jahre dauern müsse, und meint weiter, es habe nach dem Jahr 479 begonnen (HWR III 4–WH 1,595–WY 9,412), da es zum Zeitpunkt der Predigten, also 1739, offensichtlich noch nicht vorüber ist, wo doch noch ein Papst in Rom sitzt und einen Teil der Menschheit in seinem Banne hält. Trotzdem kommt mit der Reformation das Werk der Erlösung wieder ein grosses Stück voran. Es ist die Fünfte Schale des Zorns, die laut Edwards damals ausgegossen wurde (Apokalypse 16,10; HWR III 5–WH 1,597–WY 9,422f.). Aber natürlich wehren sich die teuflisch-antichristlichen Mächte nach Kräften von aussen und von innen: So werde die wahre Kirche von Quäkern, Socinianern, Arminianern, neuen Arianern und Deisten unterwandert. Entsprechend verstärkt sich der weltverschwörungstheoretische Aspekt von Edwards' Geschichtsbild, je näher man der Gegenwart kommt. Jedoch gebe es auch und gerade gegenwärtig Hoffnung schürende «revivals of the power and practice of religion». Damit ist die Geschichte des göttlichen Erlösungswerkes bis in Edwards' Gegenwart und sein unmittelbares Umfeld fortgeführt, also da angelangt, wo er und seine Zuhörer stehen.

Mit der Ankunft in der Gegenwart ist die Geschichte noch nicht zuende. Was vor dem Ende der Welt und dem Jüngsten Gericht noch aussteht, ist das Anbrechen des «kingdom of heaven upon earth» (HWR III 8–WH 1,609–WY 9,479). Es handelt sich hierbei um das Tausendjährige Reich nach Apokalypse 20,1-6, das nach Edwards'scher Theologie vor dem Erscheinen Christi zum Gericht, gewissermassen aus den irdischen Verhältnissen herauswachsend, der Kirche Gottes eine bisher nicht gekannte Blüte bescheren wird. Diese später *postmillennaristisch* genannte Eschatologie (weil Christus eben erst während oder *nach* dem Millennium wiederkehrt) wurde ursprünglich als Edwards' Neuerung angesehen;[143] mittlerweile hat

---

142 In systematischer Hinsicht lehnt Zakai, Jonathan Edwards's Philosophy of History, 14, den Vergleich mit Euseb ab.
143 Clarence C. Goen, Jonathan Edwards: A New Departure in Eschatology [1959], in: William J. Scheick (Ed.), Critical Essays on Jonathan Edwards, Boston 1980, 151-165.

sich indes gezeigt, dass schon vor Edwards postmillennaristische Konzepte verbreitet waren, und überhaupt die Unterscheidung prä- und postmillennaristisch von den älteren Autoren nicht wie dann im 19. Jahrhundert streng gehandhabt worden war.[144] Bei dieser Frage geht es nicht um irgendein exegetisches Detailproblem, sondern vielmehr um Grundentscheidungen, wie man sich der Lebenswelt gegenüber verhält: Der Prämillennarismus, der mit der wörtlich verstandenen Wiederkunft und Herrschaft Christi vor dem Jüngsten Gericht und dem erst darauffolgenden Tausendjährigen Reich rechnet, betont das Übergewicht des Bösen in der Welt, die Verworfenheit des Menschen und die Unmöglichkeit einer Erlösung ohne direkte göttliche Intervention durch Christi Wiederkunft, ist also tendenziell quietistisch.[145] Der Postmillennarismus sieht hingegen im Tausendjährigen Reich als dem Gipfelpunkt der Weltgeschichte eine Bündelung und Vervielfachung aller in den früheren Epochen angelegten, positiven Elemente und spornt deshalb zu innerweltlichem Aktivismus an.

Zwar ist es gewiss so, dass nach Edwards das Werk Gottes graduell, stufenweise und nicht mit einem Schlag verwirklicht wird. Jedoch gehört zu den Möglichkeitsbedingungen, die *A History of the Work of Redemption* für das Eintreten des Millenniums angibt, dass «just before this work of God begins, it will be a very dark time with respect to the interests of religion in the world» (HWR III 7–WH 1,605–WY 9,457). Plötzlich wendet sich dann das Blatt, das Christentum erringt einen unverhofften und für tausend Jahre vollständigen Sieg. Zweifellos begreift Edwards die Bekehrungen in seiner Gemeinde als ein Vorschein dieses grossen Geschehens – genausowenig wie bei den Typen des Alten Testament braucht es indessen keine *kausalen* Verbindungen zwischen diesen gegenwärtig stattfindenden Ereignissen und

---

[144] Vgl. John F. Wilson, History, Redemption, and the Millennium, in: Nathan O. Hatch/Harry Stout (Ed.), Jonathan Edwards and the American Experience, New York, Oxford 1988, 131-141.

[145] Entsprechend wird man die z. B. von Jürgen Moltmann vorgeschlagene Kausalbeziehung zwischen dem Chiliasmus (als Ausdeutung von Apokalypse 20,1-6) und den säkularen «Hoffnungen der modernen Zivilisation» (Jürgen Moltmann, Fortschritt und Abgrund. Erinnerungen an die Zukunft der modernen Welt, in: Orientierung, Bd. 65 [2001], 6-9 bzw. 17-20) vor diesem Hintergrund skeptisch beurteilen: Geschichtstheologie, selbst und gerade chiliastische, will oft genug nur den *status quo* sanktionieren.

dem Millennium zu geben. Natürlich hegt Edwards starke Hoffnungen, dass dieses Königreich Gottes auf Erden demnächst eintreten werde – aber dieses Eintreten hängt in seiner Eschatologie nicht von menschlichen Bemühungen, gar menschlichem Fortschritt ab, so sehr das Millennium selber noch ein irdisches Reich sein wird. Bei Edwards finden wir keine utopische Millenniums-Gesellschaft, in der sich irgendwelche weltlichen Zielsetzungen verwirklicht hätten. Wer schliesslich gerettet ist, wird das Jüngste Gericht erweisen, dem der Schluss der *History of the Work of Redemption* gewidmet ist. Am Ende war man vielleicht auch nur ein Werkzeug: «God will indeed make use of you in this affair. ... You are some of those who shall be consumed with this accursed world after the day of judgment» (HWR III 10–WH 1,619).

Mittlerweile hat man sich weithin daran gewöhnt, religiöse Prophetien für ein untaugliches Instrument zu halten, Geschichte zu deuten. Und doch dürfte Edwards mit seiner prophetischen Heilsgeschichte erreichen, was Geschichtsphilosophien häufig vergeblich zu erreichen versucht haben, nämlich durch Geschichte Sinn zu stiften, insofern der Erwählte an der heilsgeschichtlichen Entwicklung persönlich teilhat und daraus Gewinn schlägt: seine Seligkeit (vgl. dazu unten S. 291-310). Eine säkulare Fortschrittsideologie muss demgegenüber den Einzelnen zu oft den Gattungsinteressen opfern. Das Verführerische von Edwards' geschichtstheologischem System liegt darin, dass aller Zufall definitiv ausgeschaltet wird und totale Sicherheit Einzug hält – im Hinblick auf den Gesamtverlauf der Geschichte, wenn auch nicht im Hinblick auf das individuelle Schicksal. Die prinzipielle Erwählungsunsicherheit des calvinistischen Individuums wird aufgewogen durch das Versprechen, *vielleicht* zu denjenigen zu gehören, derentwegen das «work of redemption» veranstaltet wird. Nicht die Verwirklichung eines abstrakten Gattungsinteresses steht am Ende der Geschichte, sondern die Verwirklichung individueller Glückseligkeitsbedürfnisse. Und jeder darf immerhin hoffen, dass genau sein Glückseligkeitsbedürfnis befriedigt werde.

In der Theorielandschaft des 18. Jahrhunderts steht Edwards' Erlösungsgeschichte monolithisch da. Sie weigert sich, Anschluss an die sich etablierende Geschichtswissenschaft zu suchen, und ist so schon zum Zeitpunkt ihres Erscheinens für die geschichtsphilosophische und wissenschaftlich-historische Diskussion kaum anschlussfähig. Statt dessen entwickelt sie sich zum Paradigma eines innerprotestantischen Heilsgeschichtsdiskurses, der die Frömmigkeitsgeschichte des 19. Jahrhunderts mitbestimmt, aber doch im Gesamtgfüge der Geistesgeschichte ein isoliertes Dasein fristet – insofern Christentum und Theologie selbst mehr und mehr der Isolation anheimfielen. Gegen diese (Selbst-)Isolierungstendenz tritt bereits in der zweiten Hälfte des 18. Jahrhunderts die Neologie auf den Plan, die den Anschluss der Theologie an Philosophie und profane Wissenschaften mit Entschiedenheit wiederherzustellen trachtet.

1.6 Biblisch-geschichtstheologische Aufklärungsarbeit: Johann Friedrich Wilhelm Jerusalem[146]

In den Handbüchern hat sich der Brauch eingebürgert, Johann Friedrich Wilhelm Jerusalem (1709-1789) als hervorragenden Vertreter der Neologie anzuführen – jener gemässigten, sich kirchlich festigenden Form der deutschen Aufklärung, die nicht nur die Philosophie Christian Wolffs und seiner Nachfolger selektiv aufgenommen hatte, sondern sich in Abwehrstellung gegenüber dem radikalen Deismus begriff und in der Betonung des Individuums und der praktisch realisierten Frömmigkeit dem Pietismus verwandt war. Zweifellos trug die Neologie zur breiten Etablierung der Aufklärung in Deutschland wesentlich bei. Jerusalems Hauptwerk, die *Betrachtungen über die vornehmsten Wahrheiten der Religion* erschienen nicht nur in zahlreichen Auflagen, sondern auch in französischer, dänischer, holländischer und schwedischer Übersetzung.[147] Sie sind Torso geblieben, obwohl sie ursprünglich binnen zweier Jahre hätten fertiggestellt werden sollen (NS 2,31). Ohne ausdrücklichen Rekurs auf die Bibel sollte das auf drei Teile projektierte Werk zuerst die alten Fragen nach Gott, nach seiner «moralischen Natur», nach der «Vorsehung», nach dem «Bösen», nach dem «zu-

---

[146] Ausführungen nach Andreas Urs Sommer, Neologische Geschichtsphilosophie. Johann Friedrich Wilhelm Jerusalems *Betrachtungen über die vornehmsten Wahrheiten der Religion*, in: Zeitschrift für neuere Theologiegeschichte, Bd. 9 (2002), 169-217.

[147] Detailliert aufgelistet bei Wolfgang Erich Müller, Johann Friedrich Wilhelm Jerusalem. Eine Untersuchung zur Theologie der «Betrachtungen über die vornehmsten Wahrheiten der Religion», Berlin und New York 1984, 240f.

künftigen Leben» und nach der «moralischen Natur des Menschen» klären (BVWR 1, unpag. Bl. VII-VIII). Dieser Teil liegt ausgeführt im ersten, 1768 publizierten Band vor. Der zweite Teil hätte die biblische Geschichte von der Schöpfung bis zum späten Judentum zum Gegenstand gehabt, der dritte das Auftreten Jesu Christi und seiner Folgen bis zur Gegenwart, also die traditionellen Hauptthemen der Geschichtstheologie. Tatsächlich umfassen die 1774 (BVWR 2) und 1779 (BVWR 3) publizierten beiden Teilbände des zweiten Teils[148] nur die Zeit von der Welterschaffung bis Moses. 1792 legte Philippine Charlotte Jerusalem im ersten Band der nachgelassenen Schriften ihres Vaters die Jesus betreffenden Texte als «Hinterlassne Fragmente» vor. Die fehlenden Passagen – von Moses bis Jesus und von diesem bis zur Gegenwart – wurden wahrscheinlich nie ausgearbeitet.

Die prominent als Titelbestandteil der *Betrachtungen* firmierende Widmung «An Se. Durchlaucht den Erbprinzen von Braunschweig und Lüneburg» lässt erwarten, dass Jerusalems Ausführungen den Rahmen politischer Opportunität in einer ständischen Gesellschaft nicht sprengen. Der Widmungsträger, Prinz Karl Wilhelm Ferdinand (1735-1806), hatte von seinem Erzieher ausdrücklich eine solche Darstellung der Glaubenswahrheiten verlangt (NS 2,31). Indessen fehlte im ersten Band gerade die angekündigte, für den erlauchten Auftraggeber besonders einschlägige Betrachtung über «die Pflichten und Rechte des Fürsten gegen die Religion, imgleichen das Recht der Gewissensfreyheit und dessen vernünftige Schranken» (BVWR 1, unpag. Bl. VI verso). Als Adressaten der Buchfassung wünschte sich Jerusalem hingegen nicht bloss gekrönte oder zu krönende Häupter, sondern ein, wie man später sagen sollte, bildungsbürgerliches Publikum (vgl. BVWR 1, unpag. Bl. V recto/verso). *Beruhigung* ist erklärtermassen das, was Jerusalems Reflexionen zeitigen wollen. Derlei Beruhigung ist 1768 mit einer von den Zeitläuften unbeeindruckten Wiederholung des hergebrachten dogmatischen Formelcorpus nicht mehr zu gewinnen. Vielmehr schafft in Jerusalems Augen erst die radikale Entrümpelung der alten, mit allerlei Monstrositäten vollgepferchten Speicher der Theologie die Voraussetzung für eine umfassende Beruhigung der Gemüter.

---

[148] In der von mir benutzen Ausgabe trägt Teil 2/2 den Titel «Dritter und letzter Theil» (Frankfurt und Leipzig 1780).

Die Sätze einer Religion, die für alle Menschen seyn soll, müssen kurz und fasslich für den schlichtesten Menschenverstand seyn, und unmittelbaren Einfluss auf die Besserung, die Beruhigung und die Wohlfahrt der Menschen haben; sie müssen an sich selbst anziehend für den Menschen seyn, die Natur muss sie ihm schon fühlbar machen, er muss ihre Wahrheit und Wohlthätigkeit gleich empfinden; dagegen muss der Denker auch die Freiheit haben, sie mit allem Scharfsinn zu untersuchen, sie mehr auszubilden, nur nicht sie Andern aufzudringen. (NS 1,73)

Jerusalem fasst diese Eigenschaften der Religion unter dem häufig wiederkehrenden Stichwort der «Simplicität» (ebd.) zusammen.[149] Obwohl die *Betrachtungen* die lutherische Orthodoxie nie direkt angreifen, sondern sich die namentlich genannten Feinde unter den «Deisten» suchen, unterliegt es keinem Zweifel, dass sich das Werk ebenso wie gegen die Freigeister gegen die hergebrachte dogmatische Interpretation des Christentums richtet. Die *Betrachtungen* stehen in einer doppelten Frontstellung gegen «Aberglaube» und «Unglaube». Sie wollen aufzeigen, wie Religion in aller «Simplicität» jenseits von Fanatismus und Gottlosigkeit gelebt werden kann.

Bereits im rationaltheologischen Teil des Werkes findet die Einbindung des Weltgeschehens in einen *Entwicklungsprozess* statt, der einem göttlichen «Plan» (BVWR 1,34) gehorche. Es verhält sich nach Jerusalem mitnichten so, dass wir in der besten aller möglichen Welten lebten, weil diese Welt ihre höchste Bestimmung schon erreicht hätte, sondern vielmehr deswegen, weil sie diese Bestimmung noch erreichen kann und nach göttlichem Beschluss auch ganz bestimmt erreichen wird. Unsere Welt ist die beste aller möglichen, weil sie das Potential unendlicher Vervollkommnung in sich trägt –, weil sie die beste werden kann. Die erdrückende Evidenz einer alles durchwaltenden Ordnungsgewalt mache es höchst unwahrscheinlich, dass der mit dieser Ordnungsgewalt identifizierte Gott ausgerechnet die «einzelne[n] Individua» von seiner besonderen Fürsorge ausgenommen hätte, müsste man dann doch folgern, «dass dem Schöpfer die Vollkommenheit und Unvollkommenheit dieses Theils seiner Schöpfung völlig gleichgültig

---

[149] Schon Claude Fleury, Mœurs des Israélites et des Chrétiens [1681/82]. Nouvelle édition, Tours 1842, 2, hebt die «noble simplicité» der alten Hebräer hervor, deren Betrachtung und Studium sich um der bessernden Kontrastwirkung willen auch für Christen heute noch lohne. Fleury macht in seinen *Mœurs des Israélites* einen bemerkenswerten Ansatz zu einer Kulturgeschichte des alten Israel.

gewesen; dass er die Menschen allein seiner Vorsehung nicht gewürdigt, und ihre Glückseligkeit dem Zufalle überlassen habe» (BVWR 1,107). In der lückenlosen Kausalökonomie der Vorsehung hat alles menschliche Tun einbegriffen zu sein: «Eine jede einzelne Handlung von mir setzet tausend andre in Bewegung; ich verliere sie vielleicht in der nächsten Verbindung schon aus dem Gesichte, aber ihr Einfluss kann nicht vernichtet werden; der Verstand des ewigen Regenten übersieht sie bis in die Ewigkeit.» (BVWR 1,110) Entwicklung ist die Leitidee, mit der sowohl die gegenwärtige Unvollkommenheit des Menschen als auch das Vorhandensein des Bösen legitimiert wird. Die Übel sind in der Schöpfung nur vorhanden als Möglichkeitsbedingungen des Guten. Wir haben es hier mit dem spätestens seit Leibnizens *Théodicée* alle Reflexion über die Übel majorisierenden Bonum-durch-Malum-Schema zu tun: Die Übel – darin inbegriffen das gewollt Böse – sind einzig dazu da, das Gute zu ermöglichen. Plausibilisiert wird diese Prämisse letztlich erst, wenn man, was Leibniz nicht tut, das irdische Geschehen in eine zielgerichtete, historische Erzählung einbaut; – kurz, wenn man den Beweis für den bloss instrumentellen Charakter all der Übel in der Welt von der Zukunft erwartet.[150] Seelenfrieden und Heilsgewissheit können erst einkehren, wenn der letzte Verdacht, dass der blinde

---

[150] Philipp Stoellger, Die Vernunft der Kontingenz und die Kontingenz der Vernunft. Leibniz' theologische Kontingenzwahrung und Kontingenzsteigerung, in: Ingolf U. Dalferth/P. S. (Hg.), Vernunft, Kontingenz und Gott. Konstellationen eines offenen Problems, Tübingen 2000, 78, weist darauf hin, dass – gegen die schulphilosophische Lesart der Leibnizschen Metaphysik – auch bei Leibniz «die beste aller möglichen Welten allmählich immer noch besser wird, also nicht perfekt, sondern perfektibel» sei. Freilich liegt eine solche geschichtsphilosophische Perfektibilisierungsthese wohl eher im schwach beleuchteten Untergrund der Leibnizschen Theoriebildung und kommt erst nach Wolff zum Tragen. Eine konzise Zusammenfassung von Leibnizens Geschichtsdenken und seiner divergierenden Interpretationen bei Ueberweg[13], Die Philosophie des 17. Jahrhunderts, Bd. 4, 1137-1139 (Albert Heinekamp und Herbert Breger), vgl. auch Gilbert Boss, L'histoire chez Spinoza et Leibniz, in: Studia Spinozana, Bd. 6 (1990), 179-200; Cornelia Buschmann, «Eine moralische Welt in der natürlichen» – Zum Problem einer Geschichtsphilosophie bei Leibniz, in: Philosophie und Geschichte. Beiträge zur Geschichtsphilosophie der deutschen Klassik, Weimar 1983, 67-77; die Beiträge in: Albert Heinekamp (Hg.), Leibniz als Geschichtsforscher. Symposium des Istituto di Studi Filosofici Enrico Castelli und der Leibniz-Gesellschaft Ferrara, 12. bis 15. Juni 1980 = Studia Leibnitiana, Sonderheft 10, Wiesbaden 1982, sowie Gottfried Wilhelm Leibniz,

Zufall seine Hände im Spiel hat, eliminiert ist. Beruhigung bedeutet für Jerusalem also Ausschaltung der Kontingenz – und dies kann er angesichts der vermeintlich kontingenzbedingten Unordnung in der alltäglichen Welt nur erreichen, indem er in dieser Unordnung Vollkommenheit *entstehen* sieht. Diesen Vervollkommnungsprozess veranschaulicht im Anschluss an den rationaltheologischen Teil die Geschichtserzählung.

Einerseits brandmarkt Jerusalem die Übel und Laster, die die Zeit – unter dem Eindruck des Siebenjährigen Krieges – mehr denn je bedrückten, in einer Weise, wie sie Theologen immer schon gebrandmarkt haben. Im Unterschied zur theologischen Tradition rekurriert er zur Erklärung dieser Zustände jedoch nicht mehr auf eine pessimistische Anthropologie, auf die Erbsünde und den *status corruptus* des Menschen. Vom *mundus optimus* kann Jerusalem andererseits nur ausgehen, wenn er die Übel als Mittel der Vorsehung zur Erreichung des für alle Besten betrachtet. In diesem Fall jedoch wären alle moralischen Übel, d. h. die bewusst gewollten und gewählten bösen Gesinnungen und Taten der Menschen als Mittel zur Erreichung der Vorsehungszwecke gerechtfertigt. Eine solche Vorstellung ist dem Moralisten Jerusalem inakzeptabel. Es kann nicht sein, dass der allervollkommenste Gott die Leidenschaften will oder gar als «Mittel zum Guten unmittelbar» (BVW 1,199) wählte – auch wenn er sie aus «höhern Absichten» zuliess. Denn diesem Gott ist im Unterschied zu einer hegelianisierenden Vernunft das Individuum unbedingt wertvoll – nur so kann Jerusalem jene «Beruhigung» gewinnen und vermitteln, um die es ihm zu tun ist. Und wenn Gott jeden einzelnen Menschen liebt, dann kann er unmöglich sein persönlich Schlechtestes, nämlich sein Beherrschtwerden durch die Leidenschaften wollen, um irgendeinen Gattungs- oder Geschichtszweck zu erreichen. Die Vorsehung soll hier nicht auf Kosten der individuellen moralischen Vervollkommnung die allgemeine Vervollkommnung betreiben. Bei Jerusalem bleibt die Sorge um die moralische Besserung der Individuen in der Jetztzeit vorrangig.

Dennoch werde überall die Vorsehung manifest; «man kann der Geschichte der Religion und der Wahrheit überhaupt nicht nachgehen, ohne

---

Schriften und Briefe zur Geschichte, hg. von Malte-Ludolf Babin und Gerd van den Heuvel, Hannover 2004, wo insbesondere bisher unbekannte Texte aus dem Nachlass ediert sind.

eben die Spuren dieser Weisheit auf ihrem ganzen Wege mit Bewunderung wahrzunehmen» (BVWR 1,231).[151] Dies freilich ändert nichts daran, dass sich das «menschliche Geschlecht» nach wie vor in einem «schwachen Zustande» (ebd.) befinde und also noch vielfältiger Erziehungsanstrengungen seitens der Vorsehung bedürfe. Wer wie Gotthold Ephraim Lessing in der *Erziehung des Menschengeschlechts* (§ 91) von Zweifeln an der Schrittfestigkeit der Vorsehung bedroht ist, wird auch bei Lessings Inspirator Jerusalem auf die Unmerklichkeit ihres Ganges verwiesen.[152] Aber immerhin ist die Vorsehung die handelnde Person; allmählich lichtet sie die Nebel des Aberglaubens, wozu sie sich gerade des Unglaubens als Mittel bedient –

---

[151] Selbst «die Wirkungen einer halben Religion» (BVWR 1,493) auf die Sitten seien noch ganz gewaltig, wendet Jerusalem gegen Pierre Bayle ein: «Wie viele Stufen hat nicht diese Besserung?» (ebd.) Mit Bayles Werk ist Jerusalem spätestens während seiner Studienreisen nach England in Berührung gekommen, vgl. Karl Aner, Die Theologie der Lessingzeit, Halle/Saale 1929, 68, Fn. 1. Bolingbroke charakterisiert er in seinen *Briefen über die Mosaischen Schriften* als einen der federführenden, «deistischen» Gegner ([Johann Friedrich Wilhelm Jerusalem], Briefe über die Mosaischen Schriften und Philosophie. Erste Sammlung. Zweyte Auflage, Braunschweig [Waisenhaus-Buchhandlung] 1772, 5f.).

[152] Die Parallelen zwischen Jerusalems *Betrachtungen* und Lessings *Erziehung des Menschengeschlechts* sind zweifelsohne frappant (vgl. unten S. 291-310), so dass es einigermassen überrascht, in der mir bekannten Lessing-Sekundärliteratur bestenfalls pauschale Hinweise auf Jerusalem zu finden (z. B. Martha Waller, Lessings Erziehung des Menschengeschlechts. Interpretation und Darstellung ihres rationalen und irrationalen Gehaltes. Eine Auseinandersetzung mit der Lessingforschung, Berlin 1935, 160; Gotthold Ephraim Lessing, Werke 1778-1781, hg. von Arno Schilson und Axel Schmitt = Werke und Briefe, hg. von Wilfried Barner u. a., Bd. 10, Frankfurt a. M. 2001, 807). Jerusalem dürfte mit Lessing in Wolfenbüttel und Braunschweig öfters in Berührung gekommen sein; dieser selbst wiederum war mit Jerusalems Sohn befreundet und gab postum dessen Aufsätze heraus. Liest man die 1777/1780 publizierte *Erziehung des Menschengeschlechtes* auf dem Hintergrund von Jerusalems damals schon erschienenen *Betrachtungen,* mutet Lessings kurzer Text zumindest auf den ersten Blick wie eine genialische Pointierung von Jerusalems Schema, aber ebenso von Jerusalems Argumenten und Inhalten an. Ob dieser erste Blick trügt, müsste ein genauerer, m. W. noch nirgends geleisteter, quellenkritischer Vergleich beider Werke eruieren. Auf jeden Fall ist die Nähe Lessings zu den von ihm lautstark verachteten Neologen gewiss nicht belanglos. Vgl. auch Wolfgang Erich Müller, Von der Eigenständigkeit der Neologie Jerusalems, in: Neue Zeitschrift für Systematische Theologie und Religionsphilosophie, Bd. 26 (1984), 300-303.

«alles, was sich jetzt gegen seine Angriffe erhält, [ist] sichere, unüberwindliche, göttliche Wahrheit» (BVWR 1,237). Dank der aggressiven Agitation der Ungläubigen erhält die von Aberglauben überwucherte Religion «ihre eigenthümliche göttliche Simplicität wieder» (ebd.).

Die Frage, die wir im Auge behalten müssen, ist, inwiefern Jerusalem Fortschrittsgeschichte *statt* Heilsgeschichte schreibt. Jerusalem scheint keine klassische Heilsgeschichte parallel oder kontrastierend zur Fortschrittsgeschichte ablaufen zu sehen. Viel eher dürfte die Heilsgeschichte in der Fortschrittsgeschichte impliziert sein, was auf der Grundlage der Leibniz-Wolffschen Prämissen auch folgerichtig wäre; hat es Gott doch nicht nötig, die Naturordnung durch einen Einbruch der Transzendenz zu durchkreuzen, denn sein Welt- und Vorsehungsplan macht derlei Eingriffe vollständig überflüssig, und Gott tut nichts, was überflüssig ist. Jerusalem rekapituliert die Fortschritte in vielfältigen Bereichen menschlicher Tätigkeit, lässt dabei die Ökonomie so wenig aus wie die Politik oder die Wissenschaft, und folgert aus deren allgemeinem Fortschreiten eine «nothwendige» analoge Entwicklung im Bereich der Moralität. Gerade diese Folgerung verbietet er am Anfang des zweiten Bandes der *Betrachtungen* im Hinblick auf die Religion, obwohl er Religion und Moral fast vollständig identifiziert. Dort will er die Notwendigkeit einer besonderen Offenbarung jenseits von natürlicher Theologie aufweisen, so sehr er darauf besteht, dass die Inhalte der Offenbarung von der Vernunft einzuholen und zu erkennen sind, nachdem diese erst einmal belehrt worden ist. Hier im ersten Band will er hingegen zeigen, dass das Handeln der Vorsehung, die all die wesentlichen Fortschritte in Wissenschaft, Ökonomie und Politik hervorgebracht hat, nicht etwa am Wesentlichsten, an der Hebung des sittlichen Niveaus achtlos vorbeigegangen ist.[153]

---

[153] Erhellend könnte in diesem Zusammenhang die Untersuchung sein, inwiefern die neue, von Theologen wie Siegmund Jacob Baumgarten und Johann Lorenz von Mosheim initiierte Geschichtsschreibung ähnliche Muster einer verlaufsgeschichtlichen Deutung des göttlichen Erziehungshandelns erkennen lassen. Erst unter Baumgartens Einfluss hatte beispielsweise Semler «die *theologische Metaphysik* von der wirklichen Historie» zu «unterscheiden» gelernt (Johann Salomo Semlers Lebensbeschreibung von ihm selbst abgefasst, Theil 1, Halle 1781, 120). Bei Mosheim ist es (noch immer) die Betrachtung der Kirchengeschichte, die uns über das

Aber nicht allein die 'profane' Welt ist einem Prozess des Werdens, möglichst des Besser-Werdens unterworfen, sondern ebenso die einzig wahre Religion: «Es ist eine irrige Einbildung, dass das Christenthum bey seinem Anfange das erleuchtetste und lauterste habe sein müssen.» (BVWR 1,252) Da schreckliche Züge realen Christentums weder zu leugnen noch gutzuheissen sind, verlegt sich der neologische Apologet darauf, sie als ephemer abzutun und den Idealtypus des Christentums von seinem Phänotypus zu unterscheiden. Das Originelle dieses Konzeptes im Vergleich beispielsweise zum Pietismus, der sich ja auch auf das wahre, von allen Unreinheiten gesäuberte Christentum besinnen wollte, besteht in der Vorstellung, dieser Idealtypus werde sich im Verlaufe einer historischen Entwicklung herausbilden. Ja, genau besehen leitet die Überzeugung, nicht am Anfang, sondern am Ende der Geschichte sei das wahre Christentum zu finden, eine Umwälzung des christlichen Bewusstseins ein: Alle christlichen Orthodoxien gleich welcher Konfession hatten sich bis dahin ebenso wie alle Dissidenten auf die absolute Normativität der Ursprünge berufen. Das wesentliche Konfliktpotential lag darin, in welchem Verhältnis man das auf die Ursprünge Folgende zu den Ursprüngen stehen sah: Während etwa der radikale Pietismus Arnolds alles Nach-ursprünglich-Kirchliche für Abfall hielt, galt ein nicht unerheblicher Teil dieses Nach-Ursprünglichen der lutherischen Orthodoxie (oder dem Gallikanismus eines Fleury und eines Bossuet) als genuine Auslegung der Ursprünge. Und nun stellt Jerusalems Neologie diesen strukturellen Traditionalismus oder Archaismus des Christentums auf den Kopf: Weder geht es weiter darum, die durch ununterbrochene Sukzession sichergestellte Verbindung mit dem Uranfänglichen zu demonstrieren, noch darum, die Wiederherstellung des verleugneten Urchristentums einzuklagen. Jerusalem kann davon absehen, das Vergangene durch in es hineingelegte, absolute Normativität zu belasten: Unter dem Vorzeichen historischer Kritik hält keine Vergangenheit dem Anspruch, absolut

---

Wirken der Vorsehung Auskunft gibt: «Historia Ecclesiastica» wird getrieben «ut et Dei providentiam in ea constituenda et conservanda cognoscant homines, et pietate non minus, quam sapientia, crescant» (Johann Lorenz von Mosheim, Institutionum historiae ecclesiasticae antiquae et recentioris libri quatuor ex ipsis fontibus insigniter emendati, plurimis accessionibus locupletati, variis observationibus illustrati, Helmstadii [Christian Friedrich Weygand/Officina Breitkopfia], 1755, 3, § 1).

normativ zu sein, lange stand. Überhaupt braucht der Neologe zu keinen extremen Deutungen der Vergangenheit seine Zuflucht zu nehmen: Weder muss er das Negative in der Geschichte des Christentums leugnen, noch auf manichäisierende Dualismen verfallen, die nur die Wahl zwischen dem Teufel und dem lieben Gott lassen.[154] Das Gute wird nicht als idealisierte Vergangenheit entrückt, sondern verwirklicht sich erst, aber über Umwege. Jerusalems Strategie entbindet davon, in jeder dem Namen nach christlichen Erscheinung, die sich nicht mit dem eigenen Wunschbild deckt, gleich die Inkarnation des Antichrist sehen zu müssen; und sie befreit ebenfalls von quietistischen und rerätistischen Neigungen.

Die Jerusalems Fortschrittsgedanken zugrundeliegende Figur ist die *Idee der Vervollkommnung*. Diese Idee impliziert gegen Ende des 18. Jahrhunderts, über die Leibniz-Wolffschen Schulvorgaben hinausweisend (vgl. aber oben Fn. 150), dass die Welt nicht schon in ihrem *status quo* vollkommen ist, sondern vielmehr als Werk des allervollkommensten Gottes insofern vollkommen ist, als sie die Anlage zu ewiger Vervollkommnung in sich schliesst. So sind alle Übel erst in einem geschichtsphilosophischen Horizont des Anders- und Besserwerdens wirklich gerechtfertigt. Gottes «Wohlthätigkeit» (BVWR 1,382) selber ist in der Geschichte wirksam und auf die jeweiligen Umstände gerichtet. Standen wir Jerusalems früheren Äusserungen zufolge erst im Morgenlicht der allgemeinen Aufklärung (vgl. z. B. BVWR 1,251), so wird nun das Kindsein der Menschheit zurückprojiziert in das mosaische Altertum. Es hängt vom Standpunkt ab, ob wir uns selber am Anfang oder aber in der hohen Mittagssonne einer historischen Entwicklung situieren. Bei Jerusalem stehen wir, trotz unabsehbar langer Vergangenheiten, noch immer mitten im Geschehen, auch wenn es «Mittag» geworden sein sollte. Gottes Geschichte mit den Menschen ist beileibe noch nicht zuende.

«Diess dürfen wir also jetzt wohl als ausgemacht annehmen, dass, wenn der Mensch zu seiner moralischen Bestimmung kommen soll, es nicht an-

---

154 Die zeitgenössische Manichäismus-Diskussion namentlich bei Isaac de Beausobre (1659-1738) erörtert Sandra Pott, Critica perennis. Zur Gattungsspezifik gelehrter Kommunikation im Umfeld der *Bibliothèque Germanique* (1720-1741), in: Helmut Zedelmaier/Martin Mulsow (Hg.), Die Praktiken der Gelehrsamkeit in der Frühen Neuzeit = Frühe Neuzeit, Bd. 64, Tübingen 2001, 249-273.

ders als durch die Religion geschehen könne» (BVWR 2,1). In der Frage nach der Priorität von Vernunft oder Offenbarung qua «ausserordentliche[m] göttliche[m] Unterricht von der Religion» (BVWR 2,1), die Jerusalem in der ersten Betrachtung des zweiten Teiles zugunsten einer inhaltlich mit natürlicher Gotteserkenntnis kongruierenden Offenbarung entscheidet, wird der Vernunft gerade attestiert, sie «kennet sich selbst viel zu wenig, als dass sie das Maass ihrer Kräfte mit Sicherheit bestimmen könnte. Die Geschichte der Menschheit, die auch ihre Geschichte ist, kann uns allein die Anleitung geben, und hierin müssen wir bis auf ihre erste Kindheit zurück gehen, und dann Acht geben, wie ihre Kräfte sich nach und nach entwickeln können.» (BVWR 2,4) Für diese historische Sichtung gilt eine wichtige Voraussetzung: «Die Natur, die der Mensch jetzt hat, hat er nothwendig von Anfang an haben müssen.» (ebd.) Offensichtlich ist die historische Betrachtung für Jerusalem weit mehr als bloss eine mögliche Exemplifizierung von Gottes Wirken in dieser Welt. Die Geschichte ist das einzige Medium, mit dem sich die Vernunft über sich selbst aufklären kann. Betrachten der Geschichte heisst verstehen, worum es beim Menschsein zu tun ist. Damit der Mensch Vollkommenheit erreicht, ist er auf erzieherische Massnahmen angewiesen, «seine höhere Cultur kommt auf Veranlassung und Unterricht an; hat er diese, so hat die Fähigkeit seiner Vernunft keine Gränzen» (BVWR 2,56).

Also beginnt Jerusalem mit einer chronologischen Nacherzählung der biblischen Geschichte. Dadurch, dass die ersten Kapitel der Genesis die Ursprünge beleuchten, wird die gesamte Geschichte erst verständlich. Diese Geschichte ist bei Jerusalem offenbar auf authentisches Wissen von den Ursprüngen angewiesen, weil sich erst so erschliesst, was Gott mit seiner Welt und mit seinen Geschöpfen wirklich vorgehabt hat, ja, dass überhaupt ein Gott als Weltschöpfer da war. Die Bibel ist das Dokument einer göttlichen Offenbarung, die wiederum als göttliche Erziehung menschlicher Vernunft gedacht wird. Diese Erziehung ist wesentlich ein Prozess, der in der Geschichte vor sich geht und nur als historischer angemessen gewürdigt werden kann. Da die Bibel einen exklusiven Bericht über die Geschichte Gottes mit den Menschen liefert, kommt ein neologischer Biblizismus heraus, der die Schrift «als die einzige Quelle aller wahren Philosophie von Gott und von der Bestimmung des Menschen» (BVWR 2,101) anzusehen sich genötigt fühlt. Damit so verfahren werden kann, muss die Akkomodation in

Rechnung gestellt werden, die den göttlichen Erzieher jeweils das tun liess, was dem beschränkten Aufnahmevermögen der Menschen je nach ihrem Entwicklungs-, d. h. Aufklärungsstadium angemessen war. Die Historizität der biblischen Geschichte(n) und der Bibel selbst nivelliert nach Jerusalem mitnichten ihren Wert, sondern steigert ihn erheblich, eben weil die Geschichte, die das Geschichtliche der Bibel ausmacht, eine höchst vornehme Geschichte ist, die Geschichte Gottes mit den Menschen. Man könnte von der neologischen Entdeckung narrativer Historizität sprechen, die gegen die dogmatische Lähmung der Orthodoxie anerkennt, dass alles, was ist, geworden ist, dies aber im Unterschied zu den deistischen Aufklärern nicht als Argument gegen göttliche Geschichtswirksamkeit interpretiert, sondern vielmehr als Argument dafür: Nur was geschichtlich ist, ist wirklich. Nur was geschichtlich ist, kann göttlich sein.

Die Entwicklung des Menschen besteht in der Ausgestaltung der in seiner Natur angelegten Fähigkeiten. Dabei kommt – wie bei Herder – der Sprache eine hervorragende Bedeutung zu; «ohne Sprache hätten die grössten Anstaltungen der Vorsehung mit dem Menschen keinen Endzweck» (BVWR 2,149). Freilich gibt es nach dem Bericht der Genesis keinen «unmittelbaren göttlichen Unterricht» oder eine «eingegebene Sprachkunst» (BVWR 2,172): «Der Schöpfer giebt dem Menschen nur die Veranlassung dazu.» (ebd.) Die Bestimmung des Menschen besteht darin, zu arbeiten und somit kulturschöpferisch tätig zu sein, womit gerade die Sprache als vorzügliches Produkt menschlicher Kunstfertigkeit im Zuge menschlicher Selbstkonstitution ausgewiesen wird. In diesem Zusammenhang fällt Isaak Iselins Begriff vom menschlichen «Trieb zur Vollkommenheit», der wiederum Jerusalems Anschluss an die zeitgenössische spekulativ-universalistische Geschichtsphilosophie deutlich macht.[155] Zugleich wird der Mensch von Anfang an als soziales Wesen verstanden: «Die Gesellschaft ist der einzige Weg, wodurch die Menschheit zu ihrer vernünftigen Vollkommenheit sich erheben kann.» (BVWR 2,196, vgl. 2,219) Und diese Vollkommenheit besteht vornehmlich darin, die sinnlichen Triebe in die Schranken zu weisen. Beim sogenannten Sündenfall Adams sind es gerade das Überhandnehmen und die Konzentration der sinnlichen Triebe auf ein einziges Objekt (vgl. BVWR 2,199),

---

[155] Siehe unten S. 404–405.

die zur Übertretung des Gebotes führen.[156] Die Übertretung, der sich der Mensch durch das Essen der verbotenen Frucht schuldig macht, weckt in ihm «die ersten Regungen seiner moralischen Natur; sein Gewissen hält es ihm vor, dass er gesündiget habe, ... o was hilft das Paradies einem beunruhigten Gewissen!» (BVWR 2,200) Die Folgen der ersten Sünde sind also bei Lichte besehen positiv; sie machen den Menschen erst zu einem moralischen, d. h. gewissenhaften Wesen. Jerusalem ist weit davon entfernt, aus der Gesetzesübertretung Adams so etwas wie eine Erbschuld oder eine Erbsünde zu konstruieren, die sich bis ins jüngste Glied des menschlichen Geschlechts fortpflanzt. Übertretung und Verlust des Paradieses hätten in keiner Weise den «Schöpfungsplan zerrüttet» (BVWR 2,206); ebensowenig ist die Natur des Menschen durch den sogenannten Sündenfall korrumpiert worden. Es traten in diesem Augenblick des Vergehens nur die Schwachheit dieser Natur und ihre Anfälligkeit für sinnliche Versuchungen zum ersten Mal offen zutage – zugleich jedoch auch ihre Berufung zu höherer Moralität, die – und das ist die Pointe – eben erst durch harte Arbeit, sozusagen durch Triebsublimation wirklich ausreifen kann. Daher muss der Mensch Mangel leiden und wird aus dem Paradiese verstossen. Das aber ist auch seine grosse Chance, denn nun kann er sich wirklich bewähren. Seine Bewährungsarbeit vermag er allerdings nicht ohne die Vorsehung als Bewährungshelferin erfolgreich zu erledigen.

Jerusalem kann, wie die folgenden Erörterungen zu den weiteren Begebenheiten im Buch Genesis belegen, noch ganz ohne Bedenken biblische Geschichte mit irdischer Realgeschichte identifizieren. Seine Zugeständnisse an die historische Kritik, die ihn etwa im Falle der Sintflut zur Äusserung veranlassen, es seien wohl doch nicht alle hohen Gipfel der Erde mit Wasser bedeckt gewesen, wie der biblische Text es nahelegt (BVWR 2,270), problematisieren die Genesis als historischen Tatsachenbericht nicht ernstlich. Religiöse und profane Geschichte werden mit der grössten Selbstverständlichkeit enggeführt, gerade weil die Zeugnisse des Alten Testaments ja die einzig zuverlässigen Quellen der menschlichen Frühgeschichte darstellten.

156 Zu Jerusalems Bonifizierung des Sündenfalls, die namentlich auf Kants Deutung eingewirkt haben dürfte, vgl. Andreas Urs Sommer, Felix peccator? Kants geschichtsphilosophische Genesis-Exegese im *Mutmasslichen Anfang der Menschengeschichte* und die Theologie der Aufklärungszeit, in: Kant-Studien, Jg. 88 (1997), 197-199, sowie unten S. 331-332.

Der Verfasser der unter Mose Namen bekannten Schriften sei – Richard Simon hin oder her (vgl. oben S. 102-104) – tatsächlich Moses gewesen (vgl. BVWR 3,67ff.), der freilich ältere Quellen in seinen Text integriert habe. Geschrieben habe er

> dies ganze Buch in der doppelten Absicht, um das israelitische Volk in der Überzeugung zu bestätigen, dass seine Religion, nämlich die Erkenntniss und Verehrung des einigen Gottes und Schöpfers der Welt, die einzige wahre Religion sey, so wie sie Gott, von der ersten Schöpfung an, den Menschen selbst offenbaret, und nachher ihren ersten Stammvätern durch so viele wiederholte Erscheinungen bestätigt habe. Dann aber: dass die Eroberung des Landes, wozu er sie jetzt anführe, kein willkürliches Unternehmen von ihm sey, sondern dass dies Land ihren Vätern schon als ein Eigenthum für ihre Nachkommenschaft und in der Absicht von Gott verheissen sey, dass es der Sitz dieser Religion seyn sollte. (BVWR 2,390)

Jerusalem versucht also im Sinne der wolffianischen Hermeneutik die *intentio auctoris,* die Absichten zu eruieren, die der Autor mit seinem Werk verfolgte.[157] Dass er die Absicht des Schriftstellers Moses positiv deutet, versteht sich eigentlich ganz von selbst; allerdings hätten die von ihm gelieferten Argumente, sobald man ihnen eine etwas andere Färbung gibt, auch gegen die Lauterkeit Mose verwendet werden können: Jeder Bestreiter der Offenbarung kann konzedieren, dass Moses sowohl beanspruchte, die einzig wahre Religion zu verkünden, als auch, die Eroberung Kanaans und die Besitzansprüche Israels theologisch zu legitimieren (vgl. BVWR 2,408). Dies aber ist mitnichten ein Beweis für die Wahrheit dieser Religion oder gar für die Wahrheit der theologischen Feldzugs-Legitimation, sondern allein dafür, dass man Historie und Theologie politisch instrumentalisieren kann. Jerusalem versucht, die Interessen Mose bei der Abfassung der biblischen Bücher in seiner theologischen Lehre aufgehen zu lassen. Bekanntlich spielt der Begriff der Vorsehung im Alten Testament keine Rolle. Dennoch soll Moses gerade die Geschichte dieser dem Begriff nach unbekannten Vorsehung geschrieben haben wollen.

Jerusalem vertagt die Glücksansprüche des Individuums auf die jenseitige Vervollkommnung. Die Emanzipationsgeschichte, die Jerusalem er-

---

[157] Zu diesem hemeneutischen Konzept siehe die Beiträge in: Axel Bühler (Hg.), Unzeitgemässe Hermeneutik. Verstehen und Interpretation im Denken der Aufklärung, Frankfurt a. M. 1994 (dazu die Rezension in: Studia philosophica. Jahrbuch der Schweizerischen Philosophischen Gesellschaft, Bd. 56 [1997], 229-231).

zählt, ist keine Geschichte politischer Emanzipation. Immerhin ist es für die Theoriegeschichte der Geschichtsphilosophie von einigem Belang, dass ein durchaus auch auf irdischen Fortschritt bedachtes, geschichtsphilosophisch-geschichtstheologisches Konzept der deutschen Aufklärung sehr wohl ohne wesentliche politisch emanzipatorische Konnotationen auskommen konnte. Die Beobachtung zeigt, dass ein bestimmtes geschichtsphilosophisches Modell keineswegs zwangsläufig gesellschaftlich grundstürzende Folgerungen nach sich zog. Nur eine teleologische Perspektivierung der Theoriegeschichte kann so tun, als impliziere jede Fortschrittsgeschichtsschreibung unbewusst die politische Emanzipation des Individuums oder mache sich *nolens volens* zum Agenten der Revolution. Jerusalems Geschichtsdeutung beweist das Gegenteil: Das Versprechen des Fortschrittes sowohl im Diesseits als auch der Vervollkommnung (des Individuums) im Jenseits erfüllt, politisch betrachtet, allenfalls sozialdisziplinatorische Interessen: Es gibt in dieser von der Vorsehung weise regierten Welt keinen Grund zu Aufruhr oder überhaupt nur zu politischer Vergemeinschaftung: Das Individuum hat sich an seiner ganz persönlichen Tugend und nicht an der *volonté générale* abzuarbeiten. Vermutlich ist Anpassungsfähigkeit wesentlicher Bestandteil dieser Tugend.

Die göttliche Erziehungsanstalt, als die die Geschichte zu begreifen sei, entlässt den Menschen auch nicht in die völlige Selbstgesetzgebung. Soweit Jerusalems monumentales Torso das zu eruieren gestattet, wird – um mit Lessing zu sprechen – das «Elementarbuch» dieses Unterrichts, nämlich die Bibel, als Katalog direkter Handlungsanweisungen zwar überflüssig. Jedoch bleibt der göttliche Gehorsamsanspruch erhalten, der es erlaubt, jede beliebige Institution auf den Willen des Allmächtigen zurückzuführen. Daneben gilt die Bibel, wenn schon nicht mehr als Katalog direkter Handlungsanweisungen, noch immer als Schlüsseldokument für die wahre Geschichte Gottes mit den Menschen. Aus ihm deduziert Jerusalem seine Fortschrittsgeschichte, die eine Geschichte der Vereinfachung ist: Was am Ende, im aufgeklärten 18. Jahrhundert, von der positiven Religion noch übrig bleibt, sind die sorgfältig von allem Widervernünftigen gereinigten Begriffe von Gott, Vorsehung, Tugend und Unsterblichkeit.

Den *Betrachtungen* ist keine scharfe Trennung von irdischer Zukunft – Zukunft der Welt, Zukunft der Gattung – und eschatologischer Zukunft zu entnehmen. Die dogmatischen Loci vom Ende der Welt und vom Jüngsten

Gericht sind mit der Verabschiedung orthodoxer Grundbegriffe aus dem Blick geraten. Diese Letzten Dinge stellt Jerusalem genauso dem Verfügen Gottes anheim wie den Endzustand des geschichtlichen, innerweltlichen Entwicklungsgeschehens. Der Neologe macht keine materialen Vorgabe, wie dieses Ende auszusehen hat. Man kann dieses Unbestimmtsein in der teleologischen Orientierung von Jerusalems Entwicklungskonzept, das sich in der Unbestimmtheit spiegelt, welche Mittel die Vorsehung auf welche Weise anwendet, um ihre Zwecke zu verwirklichen, wohlwollend für ein Kennzeichen des aufklärerischen Humanismus halten. Dieser verzichtet darauf, das Individualglück dem Gattungsinteresse bedenkenlos aufzuopfern. Die *Betrachtungen* zielen darauf ab, eine absolut gedachte Weltordnung vor Ungleichgewichten sicherzustellen, indem sie prinzipiell alles, was die Ordnung aus dem Lot bringen könnte, als Ermöglichungsgrund künftigen Gutes und künftigen Gleichgewichtes ausgeben. Und wo dieses Verfahren an seine Grenzen stösst, haben die *Betrachtungen* immer noch das Versprechen der Unsterblichkeit in der Hinterhand.

Wozu jedoch die ganze geschichtsphilosophische Bemühung, wenn doch die traditionelle christliche Lehre für alle Übel in der Welt die richtige Erklärung – nämlich die Erbsünde – und die richtige Lösung – nämlich die Heilstat Jesu Christi – bereithält? Genau hier liegt das Problem, das Jerusalems Unternehmung erst provoziert. Die ordnungsmetaphysischen Grundannahmen des Leibnizianismus machten die Erlösung der Menschen durch Christus in letzter Konsequenz überflüssig; in der besten aller möglichen Welten ist eine dauerhafte Korruption der menschlichen Natur durch die einmalige Sünde eines Urvaters nicht mehr ernsthaft denkbar (so sehr Leibniz selber noch entsprechende Denkanstrengungen unternimmt).[158] Die Paradoxie der Erbsündenlehre, für eine Sünde verantwortlich zu sein, die man nicht begangen hat, war nicht länger zu invisibilisieren und verlor so an Überzeugungskraft. Im 18. Jahrhundert setzte sich mit der lange vorbereiteten, sukzessiven Erschliessung ungeheuer vielfältiger menschlicher Handlungsoptionen eine grundsätzlich amelioristische Anthropologie durch, die auf der Prämisse beruhte, dass der Mensch tugendhaft sein könne, wenn er es nur sein wolle: Der neuerstandene Pelagianismus pochte auf

---

[158] Vgl. die konzise Skizze der Leibnizschen Theologie von Walter Sparn in: Ueberweg[13], Die Philosophie des 17. Jahrhunderts, Bd. 4, 1079-1090.

seine alten Rechte. Demgegenüber hatte die pessimistische Anthropologie von Paulus über Augustin und Luther bis Pascal der Sache nach stets auf dem *non posse non peccare,* auf der Unfähigkeit des Menschen zur Tugend beharrt und mithin jedem Entwicklungsdenken skeptisch gegenüber gestanden.[159] War nun aber die prinzipielle Korruption der menschlichen Natur als Fundamentaldoktrin beseitigt – gerade, weil die Formbarkeit menschlichen Handelns und Existierens vielfach ins Bewusstsein trat –, so erübrigte sich auch ein streng dogmatisch verstandenes Versöhnungswerk Jesu Christi. *De facto* waren damit freilich die Übel nicht aus der Welt geschafft, sondern mussten um so bedrohlicher erscheinen, je weniger die alten erbsündentheologischen Argumente noch Erklärungspotential besassen: Die Übel werden unerklärlich, was sie nicht waren, solange sie auf die in der Adamsschuld begründete Sündenverfallenheit des Menschen zurückgeführt werden konnten. Folgerichtig wird im 18. Jahrhundert die Theodizeefrage akut wie kaum jemals zuvor. Der Zerfall der konsolidierten Systeme der Dogmatik forderte neue Antworten gerade auch von der Theologie, die in Gestalt von Jerusalem nun die schon in der alten Kirche bekannte Idee vom göttlichen Erziehungswerk (Irenäus von Lyon, Clemens Alexandrinus) geschichtsphilosophisch generalisiert. Mit dem Hinweis auf die künftig daraus hervorgehenden Güter kann jedes Übel gerechtfertigt werden – auch ohne, dass man das geschichtsphilosophische Konzept bis ins Einzelne ausdifferenziert.

Die Entdeckung der Geschichte durch die Theologie rührt – wie Jerusalems Betrachtungen veranschaulichen – daher, dass das Christentum nur noch unter Rückgriff auf Historie verteidigt werden kann, verfügt es doch nach dem Aufgeben der traditionellen Lehrstücke der Dogmatik über keine von der metaphysischen Vernunft unterschiedenen Sonderwahrheiten mehr, und würde also ganz in Rationaltheologie aufgehen, könnte es nicht nachweisen, dass die Vernunft ohne die historische Vorgängigkeit der Of-

---

[159] Zum Niedergang der alten Erbsündenanthropologie vgl. auch Anselm Schubert, Das Ende der Sünde. Anthropologie und Erbsünde zwischen Reformation und Aufklärung, Göttingen 2002, zu ihrer Entstehung Andreas Urs Sommer, Das Ende der antiken Anthropologie als Bewährungsfall kontextualistischer Philosophiegeschichtsschreibung: Julian von Eclanum und Augustin von Hippo, in: Zeitschrift für Religion- und Geistesgeschichte, Bd. 57 (2005), 1-28.

fenbarung, d. h. des göttlichen Erziehungseingriffes gänzlich hilflos (gewesen) wäre. Also wird Historie – geschichtsphilosophisch aufgerüstet – zur Selbstdefinition von Christentum unabdingbar. Historie und Philologie sind es gleichzeitig freilich auch, die das alte dogmatische Selbstverständnis des Christentums erschüttern, indem sie nämlich die Bibel historisch und kritisch zu lesen lehren und damit die Illegitimität der meisten dogmatischen Loci nachweisen, soweit sich diese Loci, wie im Protestantismus, auf die alleinige Autorität der Bibel berufen. Wie ist der nun aufgerissene, garstige Graben zwischen Bibel und Gegenwart wieder zu kitten? Indem man, schlägt Jerusalem vor, die Bibel als historisches Dokument unbedingt ernst nimmt – aber nicht als irgendein historisches Dokument, sondern als das einzige, das von Gottes Erziehung der Menschen verlässlich Zeugnis ablegt. Direkte Glaubenslehren sind der Heiligen Schrift dann ebensowenig zu entnehmen wie unmittelbare Handlungsanweisungen. Aber doch Aufschluss über die Wege der Vorsehung. Nur Geschichte kann, was Jerusalem genau sieht, das Christentum qua Offenbarungsreligion noch legitimieren – nämlich als Steigbügelhalterin der Vernunft, deren Einsichten sich mit der wahren Religion deckten. Das ist auch das Argumentationsmuster, das der vielleicht pointiertesten geschichtsphilosophische Legitimierung und Überwindung des Christentums zugrundeliegt, Lessings *Erziehung des Menschengeschlechts*. Das Fortschreiten der historischen Bibelkritik sollte freilich sowohl Jerusalems wie Lessings Standpunkt bald prekär erscheinen lassen.

Jerusalems *Betrachtungen* machen klar, dass sich das 'Theoriedesign' einer aufklärerisch agierenden Geschichtstheologie nurmehr in Nuancen von dem unterscheidet, was die zeitgenössischen Geschichtsphilosophien entworfen hatte. Das Anliegen der deutschen Aufklärung ist wesentlich eines, das man mit herkömmlichen Begriffen als «theologisch» bezeichnen würde. Aufklärung, wie sie sich uns hier präsentiert, will letzten Sinn stiften, will die letzte Sicherheit verschaffen und will pastoral wirken: «Beruhigung» heisst die Losung, die Jerusalem als Sprachrohr einer ganzen Generation dafür ausgibt.

Wer die Entwicklung der Geschichtstheologie von Bossuet bis Jerusalem ohne Berücksichtigung externer Faktoren überblickt, könnte auf den Gedanken verfallen, die theologischen Inhaber der ideologischen Macht unterminierten nach und nach ihre eigene Position, indem sie sich selber ohne Not einer aufklärerischen Selbsttherapie unterzogen, die ihnen den Boden unter den Füssen wegbrach. Es würde sich um eine Geschichte von der Selbsterledigung ideologischer Macht handeln. Dies könnte wiederum bedeuten, dass Unruhe aus dem geschichtstheologischen System, aus der Theologie selbst herausgekommen wäre –, dass die Perturbanz, die schliesslich zur geschichtsphilosophischen Ersetzung der Geschichtstheologie geführt hat, 'theologen' ist. Namentlich Jerusalems Verschmelzung von Geschichtstheologie und Geschichtsphilosophie scheint einer solchen Sicht Anschauungsmaterial zu bieten. Diese Lesart droht allerdings zu verkennen, dass wesentliche Faktoren, die die Transformation der Geschichtstheologie bewirkt haben, externe waren, die die geschichtstheologischen Antworten zu den beschriebenen Transformationen zwangen. Die Theologen waren schon am Ende des 17. Jahrhunderts – so sehr sich Bossuet noch einschlägigen Phantasien hingegeben haben mochte – mitnichten länger die unbestrittenen Inhaber weltanschaulicher Deutungshoheit. Entsprechend mussten sie zur Sicherung und Mehrung ihrer Position auf die zeitgemässe Darstellung und Adaption ihrer Verkündigung sinnen. Es ist eine historisch ungesicherte Voreingenommenheit, wenn man behauptet, eine solche Adaption habe nur um den Preis des Substanzverlustes bewerkstelligt werden können, wie das Beispiel Jerusalem belege. Allerdings ist das entgegengesetzte Postulat, das dem neologischen Selbstverständnis entspricht, wonach nämlich das Christentum erst in der Neologie zu sich selbst komme, historisch ebenso ungesichert.

Unsere Frage lautet daher im Augenblick nur: Wie sieht es in den geschichtsphilosophischen Parallelwelten aus?

2. Formen geschichtsphilosophischen Denkens

2.1 Lexikographische Episodik: Pierre Bayle[160]

1715/16, nach dem Tod von Louis XIV, haben sich nach dem Zeugnis des dänischen Gelehrten Ludwig von Holberg vor der Pariser Bibliothèque Mazarine regelrechte Schlangen von Wissbegierigen gebildet, um Pierre Bayles (1647-1706) in Frankreich bis dahin verbotenen *Dictionnaire historique et critique* (1696/97) endlich konsultieren zu dürfen.[161] Wenige Jahre später machte die sogenannte dritte (*de facto* vierte) Auflage mit ihrer Widmung an den Regenten, den Duc d'Orléans, den Siegeszug des drei oder vier Folianten starken Lexikons in Frankreich vollends unaufhaltsam. In 500 untersuchten französischen Privatbibliotheken des späteren 18. Jahrhunderts war der *Dictionnaire* 288 Mal vorhanden, weitaus häufiger als jedes andere zeitgenössische Buch.[162]

---

[160] Ausführlich zum Thema: Andreas Urs Sommer, Triumph der Episode über die Universalhistorie? Pierre Bayles Geschichtsverflüssigungen, in: Saeculum. Jahrbuch für Universalgeschichte, Jg. 52 (2001), Halbbd. 1, 1-39, sowie Andreas Urs Sommer, Zur 'Geschichtsphilosophie' in Bayles *Dictionnaire historique et critique*, in: Aufklärung. Interdisziplinäres Jahrbuch zur Erforschung des 18. Jahrhunderts und seiner Wirkungsgeschichte, Bd. 16 (2004): Die Philosophie in Pierre Bayles *Dictionnaire historique et critique*, hg. von Lothar Kreimendahl, Hamburg 2004, 79-94. Dieser Sammelband gibt eine ausgezeichnete Übersicht zur aktuellen Bayle-Forschung. Vgl. auch die deutsche Auswahl-Ausgabe des *Dictionnaire*: Pierre Bayle, Historisches und kritisches Wörterbuch. Eine Auswahl. Übersetzt und hg. von Günter Gawlick und Lothar Kreimendahl, Darmstadt 2003, ferner Theo Jäger, Pierre Bayles Philosophie in der «Réponse aux questions d'un Provincal», Marburg 2004.

[161] Ludvig Holberg, Nachricht von meinem Leben in drei Briefen an einen vornehmen Herrn [Epistolae ad virum perillustrem – 1727/43], Leipzig 1982, 47 (vgl. Charles-Augustin Sainte-Beuve, Nouveaux lundis, Paris 1863-1870, Bd. 9, 26, Anm., und Haydn T. Mason, Pierre Bayle and Voltaire, Oxford, London 1963, 3). Auch in Rom wird Holberg – unter monastischer Bibliotheksaufsicht – die Bayle-Lektüre nicht leicht gemacht (Holberg, Nachricht, 80f.).

[162] Daniel Mornet, Les enseignements des bibliothèques privées (1750-1780), in: Revue d'histoire littéraire de la France, Bd. 17 (1910), 463f. Gleichwohl sind gegen Ende des *Ancien Régime* mit Bayles *Dictionnaire* keine grossen Geschäfte mehr zu machen. So schreibt Jean-Marie Barret, ein Lyoner Buchhändler, das Werk mittlerweile zu Discountpreisen im Angebot hatte, es sei «tot» und könne nur

Der *Dictionnaire* ist ein Lexikon aus einer Vielzahl von Personen- und ein paar wenigen Orts-Artikeln. Hatte Bayle im *Projet d'un Dictionaire critique* von 1692 das Werk noch als grossangelegtes Berichtigungsunternehmen konzipiert, als ein Verzeichnis sämtlicher Fehler in den herkömmlichen Lexika und Wörterbüchern,[163] sollte sich dieses Fehlerverzeichnis bald in ein Lexikon ganz eigener Art verwandeln. Als «Metawörterbuch», das ein «sicherer Prüfstein für alle anderen Bücher» sein wollte,[164] setzte es nicht bloss neue Massstäbe einer methodisch reflektierten Lexikographie – die nicht länger in der Ansammlung mehr schlecht als recht belegter Anekdoten bestehen sollte –, sondern machte das bisher in Sachen geistiger Innovativität unverdächtige Genre «Lexikon» zugleich zum Schauplatz tiefschürfender philosophischer und theologischer Debatten. Heutige Leser irritiert, dass Bayles *Dictionnaire* nur auf der Oberfläche, im kurzen Haupttext seiner Artikel abgesicherte Wissensbestände präsentiert, in den meist viel umfangreicheren Anmerkungen aber die Gegensätze der Quellen so gut wie der prinzipiellen Ansichten unvermittelt aufeinander prallen lässt. Wer bloss über eine historische Person unterrichtet werden möchte, sieht sich unversehens hineingezogen in Grundsatzdiskussionen. Die Entscheidung, die jedes andere Lexikon dem Leser abgenommen hätte, nämlich ihn

---

noch ausserhalb Frankreichs verkauft werden (Robert Darnton, The Forbidden Best-Sellers of Pre-Revolutionary France, New York, London 1995, 67). Zu Mornets Ausgangsfrage, was nämlich die Franzosen vor der Revolution lasen, siehe Robert Darnton, Edition et sédition. L'univers de la littérature clandestine au XVIIIe siècle, Paris 1991.

[163] DHC 3,976 (das *Projet* ist im Anhang zum *Dictionnaire* abgedruckt). Jean Delvolve, Religion, critique et philosophie positive chez Pierre Bayle [1906], Reprint New York 1971, 225f., Fn. 3, stellt Bayles *Projet* die Absichtserklärung zu Beginn von Richard Simons bahnbrechender *Histoire critique du Vieux Testament* zur Seite, die sich in ihrem kritischen Anspruch tatsächlich sehr verwandt ausnimmt (Simon, Histoire Critique du Vieux Testament, 2). Vgl. auch Jan de Vet, A Much Esteemed Guest: Richard Simon (1638-1712) in Pierre Bayle's «Dictionnaire historique et critique», in: Hans Bots (Hg.), Critique, savoir et érudition à la veille des lumières. Le «Dictionnaire historique et critique» de Pierre Bayle (1647-1706), Amsterdam, Maarssen 1998, 269-282.

[164] Alain Deligne, Pierre Bayle als Républicain des Lettres. Über das Projekt seines kritischen Wörterbuches (1692), in: Martin Fontius/Werner Schneiders (Hg.), Die Philosophie und die Belles-Lettres, Berlin 1997, 91.

zu belehren, was richtig und was falsch sei, stellt Bayle oft genug diesem Leser selbst anheim. Die metaphysischen Divergenzen bleiben unvermittelt, und keine Metatheorie kittet die von Bayle allerorten aufgespürten Unzulänglichkeiten der Theoriebildung. Bayle bietet keine systematische Hierarchisierung des Wissens an, die es dem Leser erlaubte, sich im Gefüge der Dinge ohne eigene Anstrengung zurechtzufinden.[165] Weder das Genre «Lexikon» noch die alphabetische Lemmatisierung des Wissens ist Bayles Erfindung, wohl aber der die barocken Wissenshierarchisierungen untergrabende Gebrauch der alphabetischen Lemmatisierung und des Genres «Lexikon». Der *Dictionnaire historique et critique* lebt von der Spannung zwischen einer äusserlich suggerierten Ordnung und einer ordnungszersetzenden Lektüreerfahrung, die jeder aufmerksame Leser fast unvermeidlich macht. Das Verstörende dieses Werkes liegt in der Unterwanderung der gängigen Ordnungskategorien bei gleichzeitiger Anwendung sehr strenger historiographischer Massstäbe, die die Zuverlässigkeit historischen Wissens neu zu begründen sich anschicken.

Bayles Unternehmen erschüttert die barocke Organisation des Wissens.[166] Diese Disgregation des bisher Gewussten und Wissbaren hinterlässt im geistigen Gefüge des 18. Jahrhunderts tiefe Spuren. Letztlich ist erst Diderots und d'Alemberts *Encyclopédie* die therapeutische Antwort auf diese Disgregation, nämlich als enzyklopädische Neuorganisation des Wissens nicht nach prosopographischen, sondern thematischen Gesichtspunkten. Die *Encyclopédie* verstand sich als neues Angebot systematisierten Wissens unter den Bedingungen der *Lumières* – als ein Angebot, dem radikalen Zweifel gegenüber Wissenshierarchisierungen zu begegnen, die gerade der Skeptiker Bayle artikulierte. Im *Encyclopédie*-Artikel «Pyrrhonienne ou Sceptique (Philosophie)» stellt Diderot fest, man sehe in Bayles Schriftstellerei «jamais l'auteur, mais la chose».[167] Dies widerspricht scheinbar dem jüngeren Forschungsbefund, «que le *je* de Bayle est d'une très grande importance

---

[165] Vgl. auch Cassirer, Die Philosophie der Aufklärung, 270.
[166] Siehe Lionel Gossman, Between History and Literature, Cambridge (Mass.), London 1990, 291.
[167] Denis Diderot, Œuvres complètes, revues sur les éditions originales comprenant ce qui a été publié à diverses époques et les manuscrits inédits conservés à la Bibliothèque de l'Ermitage, ed. par J. Assézat, tome 16, Paris 1876, 490.

dans le *Dictionnaire,* qui ressemble tout de même davantage aux *Essais* de Montaigne qu'au *Grand Larousse*».[168] Fraglos sagt der *Dictionnaire* viel häufiger «Ich» als moderne Nachschlagewerke. Auch die assoziative Willkür, mit der Theorien und Fakten in einem Artikel komprimiert werden, scheint auf ein starkes Autorensubjekt zu verweisen. Sobald man freilich jenes anscheinend so präsente Subjekt mit Händen greifen will, zerrinnt einem alle Kontur zwischen den Fingern. Diderot hat deutlich gesehen, dass das prominente Auftreten eines Ichs innerhalb eines wissenschaftlichen 'Diskurses', wie Bayles *Dictionnaire* ihn führt, uns noch keineswegs in Stand setzt, über dieses Ich, seine Meinungen und Glaubensansichten irgendwelche verlässlichen Aussagen zu machen. Gerade das häufige Ich-Sagen entzieht dem Leser ein klar umrissenes Autoren-Ich, denn dieses Ich sagt «Ich» in tausend Situationen, die unmöglich zu synthetisieren sind. Der *Dictionnaire historique et critique* will keine Selbstbekenntnisse ablegen; sein «*je*» ist eine auf dem Spielbrett der Neutralisierung vorgeblicher Wahrheiten strategisch verwendete Figur. Hier zeigt sich *in nuce* das Verfahren des *Dictionnaire:* Es besteht in der Neutralisierung vorgeblicher metaphysischer Gewissheiten durch Erzeugung pyrrhoneischer Isosthenie.[169]

---

[168] Jean-Pierre Jossua, Pierre Bayle ou l'obsession du mal, Paris 1977, 16f.
[169] Allgemein zu den frühneuzeitlichen «Neutralisierungen» vgl. nach wie vor Carl Schmitt, Das Zeitalter der Neutralisierungen und Entpolitisierungen, in: C. S., Der Begriff des Politischen. Text von 1932 mit einem Vorwort und drei Corollarien, Berlin [6]1996, 79-95, der freilich etwas zu viel geschichtsphilosophisches Kapital in eine generalisierte Neutralisierungsthese investiert. Im Anschluss an Theodore K. Rabbs *The Struggle for Stability in Early Modern Europe* (New York 1975) sieht Heinz Dieter Kittsteiner, Die heroische Moderne. Skizze einer Epochengliederung, in: Neue Zürcher Zeitung, Jg. 222, Nr. 262, 10. November 2001, 83, das 17. Jahrhundert insgesamt bestimmt von neutralisierenden Stabilisierungsbewegungen; die Grundlagen der Aufklärung würden dadurch gelegt, «dass die neuen Philosophen den dogmatisch-streitsüchtigen Theologen das Wort abschneiden. Diese Zurückdrängung der friedensunfähigen Religionen aus der Staats- in die Privatsphäre ist die grosse zivilisatorische Leistung Europas.» Gesetzt dieser Befund treffe zu (einmal ungeachtet der ebenfalls sehr beträchtlichen geschichtsphilosophischen Aufladung der «grossen zivilisatorischen Leistung»), ist damit die Frage nicht beantwortet, wie hoch die Folgekosten einer solchen Neutralisierung der Religion gewesen sind (ausführlicher Heinz Dieter Kittsteiner, Die Stufen der Moderne, in: Johannes Rohbeck/Herta Nagl-Docekal [Hg.], Geschichtsphilosophie und Kulturkritik. Historische und systematische Studien, Darmstadt 2003, 91-117).

Was geschieht mit Geschichte und Geschichten unter Bayles Händen? Was ist das Spezifische seines Umgangs mit historischen Daten und historischen Erzählungen? Zunächst, dass das koordinierte, aber nicht mehr unter Allgemeinbegriffe subordinierte Wissen keine Sicherheiten religiöser oder metaphysischer Art mehr bietet. Ferner haben sich die lebensorientierenden Identifikations-Angebote der traditionellen *exempla*-Historie verflüchtigt. Bayles unbarmherzige Beschneidung dessen, was für historisch wissbar und wissenswürdig gehalten werden darf, lässt den Applikationsbedürfnissen der *exempla*-Historiker nicht genügend Raum, soweit sie sich nicht wie Bolingbroke den historischen Kritizismus selbst zum Anliegen machen (vgl. unten S. 165-182). Schon Bayles *Pensées diverses* durchzieht das Bestreben, die Gefilde menschlicher Geschichte von dem zu säubern, was nicht zu ihnen gehört. Naturerscheinungen werden ebenso ausgeklammert wie Wunder. Diese Vermenschlichung der Geschichte mag für heutige Ohren trivial klingen, war es aber damals unter dem Vorzeichen konfessioneller Geschichtsschreibung keineswegs. Zwar wird Geschichte bei Bayle ganz zur Angelegenheit des Menschen – was freilich den illusionslos pessimistischen Blick auf die menschliche Moralität nicht trübt. Vielmehr erscheint der Mensch als Spielball seiner Leidenschaften, der sein Handeln vernünftigen Prinzipien nicht unterzuordnen vermag (PD 1, § 136, 266). Tröstliche Aussichten auf einen künftigen, gesamtgeschichtlichen Zustand des Anders- und Besserseins tun sich da nicht auf, was wiederum Bayles mitunter durchschlagendem *Pyrrhonismus historicus* Nahrung gibt:[170] Die Verdorbenheit hindert den Menschen nicht nur daran, Geschichte nach moralischen Prinzipien zu gestalten, sondern auch daran, Geschichte unvoreingenommen zu rekonstruieren (vgl. z. B. OD 2,52).

Das gewaltige Erregungspotential, das dem *Dictionnaire historique et critique* innewohnte, entfaltete erstaunlich lange seine Wirksamkeit. Erregend sind Lexika erfahrungsgemäss selten – bestenfalls sind sie anregend –, und auch in Bayles Fall rührt das Erregungspotential nicht von gattungsspezifischen, sondern von gattungsfremden Elementen her. Es ist nicht einmal eine moderne Projektion, wenn wir diese Elemente für gattungsfremd halten, denn ein Blick in andere Lexika des 17. Jahrhunderts, beispielsweise

---

[170] Zu Bayles historischem Pyrrhonismus siehe auch Völkel, «Pyrrhonismus historicus» und «fides historica», 212-217.

von Louis Moréri oder Johann Jacob Hofmann, klärt hinlänglich darüber auf, dass diese in ihrer Anlage, wenn auch nicht in ihrem wissenschaftlichen Standard dem modernen *Larousse* oder *Brockhaus* ähnlicher sind als Bayles *Dictionnaire*. Das Gattungsfremde liegt darin, dass Bayle das historisch ausgerichtete Lexikon zu einem Reflexionsmedium eigener Art umgestaltet. Was den Leser erregt hat und mitunter noch erregt, sind nicht die historisch-kritischen Nachrichten, sondern Bayles Reflexionen, Urteile und Urteilsverweigerungen aus Anlass dieser Nachrichten. Und auch da, wo Bayle sich und seine Leser mit langwierigen Detailproblemen der Quellenkritik aufhält, meint er daraus Schlüsse für die Wissenschaftspraxis insgesamt ziehen zu dürfen:

> On me reprochera de m'attacher trop à des minuties: je souhaite que l'on sache que je le fais non pour croire que ces choses sont importantes en elles-mêmes, mais afin d'insinuer par des exemples sensibles qu'il faut s'armer de defiance contre ce qu'on lit, & emploier son genie au discernement des faits. Cette aplication [sic] étend & multiplie les forces de l'ame. Je ne crois donc pas que ma peine soit inutile au lecteur. («Cappadoce», remarque K–DHC 1,821)

Die *minutiae* sind das, woran sich die wahre Tugend des Historikers beweist – da muss er Wahrhaftigkeit üben und unerbittlich sein (vgl. oben S. 84). Denn die Untersuchung des Geringfügigen, über das die bisherigen Berichterstatter mit Gleichgültigkeit hinweggegangen sind, lehrt Misstrauen gegenüber dem, was man *in historicis* zu lesen bekommt. Erst in der Fähigkeit, Fakten zu unterscheiden und zu erkennen, zeigt sich die wahre Berufung des Historikers. Und das soll, heisst es im Nachklang zur alten Theorie vom moralischen Nutzen der Historie, auch noch die Kräfte der Seele vervielfältigen. Wie viel praktischer Nutzen aber tatsächlich abfällt, bleibt offen.[171] Jedenfalls kündigt die Detailversessenheit ein neues Verhältnis zum Wissbaren an, nämlich von der Peripherie her, von der aus Bayle schreibt und denkt. «Marginality reappears here as central notion.»[172]

---

[171] Wie weit der «critique» Bayle im Verständnis seiner Zeit überhaupt als «historien» galt, erörtert Elisabeth Labrousse, Pierre Bayle, Bd. 2: Hétérodoxie et rigorisme, La Haye 1964, 29-33.

[172] Lionel Gossman, Marginal Writing. 1697: The Philosopher Pierre Bayle Publishes His *Dictionnaire historique et critique* in Holland, in: Denis Hollier (Ed.), A New History of French Literature, Cambridge (Mass.), London 1989, 381. PD 1, § 83, 153, hat den Menschen schon an die Peripherie des Universums verbannt.

Wesentlich für die Disgregation des Wissens ist Bayles Verfahren, kommentarlos Autoritätszitate aufzuführen,[173] die sich widersprechen. Dies führt zur Diaphonie, zur Unentscheidbarkeit zwischen alternativen Beschreibungen historischer Sachverhalte, aber auch zwischen gegensätzlichen metaphysischen Positionen. Als «*Pyrrhonisme historique*» wird bei Bayle der erstere Fall abgehandelt: Ohne dass der Dictionnairist sich zu solchem historischen Pyrrhonismus als einer prinzipiellen Schlussfolgerung bekennen wollte, heisst es gelegentlich doch, aus ihm spreche «le parti de la sagesse» («Esope», remarque B–DHC 2,78). Häufiger aber melden sich Vorbehalte zu Wort;[174] in vielen Fällen, wo Bayle einer solchen pyrrhoneischen Auffassung begegnet, sei sie bloss aus mangelnder Urteilskraft geboren («Horace [Publius]», remarque A–DHC 2,497): Die Folgerung, mit der der historische Pyrrhonismus aufwartet, aufgrund prekärer Einzelbefunde die Möglichkeit historischen Wissens im Stil des jesuitischen Historikers und Philologen Jean Hardouin (1646-1729)[175] überhaupt in Zweifel zu ziehen,[176] schiesse über das Ziel hinaus. Vielmehr solle uns eine derartige «incertitude historique» Ansporn zu einem wachsamen Umgang mit dem historischen

---

[173] Lutz Dannenberg, Säkularisierung, epistemische Situation und Autorität, in: L. D./ Sandra Pott/Jörg Schönert/Friedrich Vollhardt (Hg.), Säkularisierung in den Wissenschaften seit der Frühen Neuzeit, Bd. 2: Zwischen christlicher Apologetik und methodologischem Atheismus. Wissenschaftsprozesse im Zeitraum von 1500 bis 1800, Berlin, New York 2002, 26-45, macht darauf aufmerksam, dass schon längst vor der 'modernen' Naturwissenschaft das Autoritätsbeweisverfahren (mit Ausnahme des biblischen Bezugs) zumindest wissenschaftstheoretisch geringgeschätzt wurde.

[174] Siehe z. B. «Camden (Guillaume)», remarque G–DHC 1,799f., und «Guevara (Antoine de)», remarque D–DHC 2,328.

[175] Hardouin hatte sämtliche antiken Texte mit wenigen Ausnahmen ebenso wie die Ökumenischen Konzile vor dem Tridentinum für spätmittelalterliche Fälschungen gehalten; vgl. den reichhaltigen Hardouin-Artikel bei Jacques George de Chaufepié, Nouveau dictionnaire historique et critique pour servir de supplement ou de continuation au Dictionnaire historique et critique de M^r. Pierre Bayle, Bd. 2, Lettre H, Amsterdam (Z. Chatelain u. a.), La Haye (Pierre de Hondt) MDCCL (= 1750), 35-40; neuere Literatur bei Martin Mulsow, Hardouin, Jean, in: RGG^4, Bd. 3, Sp. 1440.

[176] «Auf der Höhe der französischen Aufklärung war die Neigung, die Geschichte für eine fable convenue zu halten, weit verbreitet.» (Karl Heussi, Die Krisis des Historismus, Tübingen 1932, 23).

Material sein. Es zeichnet sich hier ein neuer Umgang mit den schriftlichen Quellen und den Traditionen ab, die für die Wahrheit des Berichteten zu bürgen scheinen.[177] Schon die *Pensées diverses* hatten das Misstrauen gegenüber den für autoritativ gehaltenen Quellen geschürt: Selbst dann, wenn Historiker Fakten der Wirklichkeit entsprechend rapportieren, verfielen sie doch nur zu leicht darauf, zwischen Dingen – zwischen einem Kometen und einer Hungersnot z. B. – Verbindungen herzustellen, die nur in ihren Köpfen existierten. Nun avanciert das Abwägen, welchem Bericht der Vorzug zu geben sei, zu einer universalen Methode der Quellenkritik, die den Wert einer Quelle nicht mehr an der Autorität des Bürgen, sondern an der Übereinstimmung mit anderen Quellen und mit dem rational Einsehbaren bemisst. Bayle verschliesst sich der Versuchung, einer Quelle Glauben zu schenken, bloss weil sie eine erbauliche Geschichte erzählt oder weil ihre Figuren exemplarischen Charakter haben.

Hatte in der Universalgeschichtsschreibung des 17. Jahrhunderts die moralische oder auch religiöse Applikabilität für die Präferenz einer Quelle noch den Ausschlag gegeben, verwahrt sich die neue, selbstbewusste Kritik scharf gegen eine solche Prostitution der Geschichte:

> L'on a dit autrefois des Muses qu'elles se prostituoient même à des esclaves; c'est ce qu'on peut dire principalement de celle qui preside à l'histoire [sc. Klio]: c'est un veritable *scortum triobolare,* qui se tient sur les grands chemins, & qui se livre au premier venu pour un morceau de pain. (Dissertation sur les libelles diffamatoires–DHC 3,951)

Klio als Dreigroschen-Hure: Ein drastischeres Bild für den Schindluder, der mit Geschichte getrieben wird, lässt sich schwerlich finden. Prüde Zurückhaltung ist ohnehin Bayles Sache nicht, sei sie doch der historischen Aufklärung nur hinderlich, «car il est impossible d'écrire l'histoire sans raporter des actions infames, & abominables» («Blondel [François]», remarque FF–DHC 1,627). Angesichts dessen, was sich die Geschichtsschreiber

---

[177] Ergänzend in diesem Kontext zum «Bayle allemand» Christian Thomasius Sandra Pott, «Le *Bayle* de l'*Allemagne*». Christian Thomasius und der europäische Refuge. Konfessionstoleranz in der wechselseitigen Rezeption für ein kritisches Bewahren der Tradition(en), in: Herbert Jaumann/Manfred Beetz (Hg.), Christian Thomasius im literarischen Feld, Tübingen 2002; sowie Herbert Jaumann, Frühe Aufklärung als historische Kritik. Pierre Bayle und Christian Thomasius, in: Sebastian Neumeister (Hg.), Frühaufklärung, München 1994, 149-170.

an Halb- und Unwahrheiten erlaubten, bloss um ihren Interessen Genüge zu tun, befällt den Dictionnairisten manchmal beinahe die Lust «de ... renoncer à l'étude de l'histoire» («Calvin [Jean]», remarque B–DHC 1,783). Bei ihnen steht die Moral der Geschichte schon fest, bevor sie überhaupt eine Geschichte haben. Ein Historiker solle aber kein Dichter sein;[178] er habe von aller rhetorischen Übertreibung ebenso Abstand zu nehmen wie von Leidenschaft und Räsonnement. So heisst es über Suetons *De vita Caesarum* – und das ist offensichtlich lobend gemeint –, es herrsche darin «un charactere de sincerité qui fait sentir sans aucune peine que l'auteur ne craignoit rien, & n'esperoit rien, & que la haine, ni la flaterie ne conduisoient point sa plume» («Suetone» [Caius Suetonius Tranquillus], remarque D–DHC 3,656).

«[D]esinteressement ... est essentiel à un bon historien» («Morgues [Matthieu de]», remarque L–DHC 2,1060). Persönliches Desinteresse an den Fakten, von denen man berichtet, verleiht dem Historiker erst einen unparteiischen Blick. Als guter Historiker darf man in die Dinge nicht involviert sein, von denen man handelt – und diese Dinge sollen für ihn auch nicht Gegenstand philosophischer oder moralischer Reflexion werden. In dieser für ein modernes, szientistisches Geschichtsverständnis unscheinbaren und selbstverständlichen Forderung kündigt sich die Absage an eine mindestens zweitausendjährige Lesart von Geschichte an, für die die Erzählung vom Vergangenen unauflöslich verschlungen war mit den Interessen der Gegenwart und der Zukunft – ganz gleich, ob man im Stil der Humanisten und der Bolingbrokeschen *Letters on the Study and Use of History* dem Gewesenen Exempel entnahm, die uns zu gegenwärtigem Handeln anleiten sollten, oder ob man im Stil Bossuets Heils- mit Weltgeschichte vereinigte, um so zu religiösen und weltanschaulichen Gewissheiten zu gelangen. Bayles Plädoyer für ein sich läuterndes historisches Bewusstsein ist ein Appell, auf Applikation gleich welcher Art zu verzichten und jedes Interesse am untersuchten Gegenstand jenseits der sozusagen interessenlosen Neugierde zu verabschieden. Wir scheinen hier das Manifest des reinen historischen Antiquarismus vor uns zu haben, der sich militant jegliche Einmischung von politischer und religiöser, aber auch von philosophischmoralischer Seite verbittet. In all diesen Fällen müsste sich Klio bei fremden Herren prostituieren. Ins Unrecht gesetzt werden von dieser rigorosen

---

178 Vgl. z. B. «Theopompe», remarque C–DHC 3,703.

Selbstzweckhaftigkeit der Historie nicht allein die um Klio buhlenden religiösen Fanatiker und gewissenlosen Hofschranzen, sondern auch jene *philosophes* der *Lumières,* die Bayles Patronat sicher zu sein glauben, wenn sie das historische Material in den Dienst ihres Kampfes gegen Kirche und *Ancien Régime* zwingen. Dem Postulat des «desinteressement» gehorchen die historischen Ausführungen weder in der *Encyclopédie* noch in Voltaires *Dictionnaire philosophique.*

Indessen wird man beim Durchstöbern des *Dictionnaire historique et critique* häufiger feststellen, dass der Verfasser vom Räsonieren und Reflektieren, deren Abwesenheit er bei Sueton zu loben weiss, selber nicht ablässt. Der *Dictionnaire* ist in erster Linie ein Reflexionskunstwerk und so, trotz seines Titels und seines ungeheuren historischen Materialreichtums, kein Werk der Geschichtsschreibung, wie der *Dictionnaire* sie programmatisch verstanden wissen will. Bayles einzige im strengen Sinn historiographische Schrift, der *Discours historique sur la vie de Gustave Adolphe, roi de Suede* (OD 4,885-912, entstanden 1683/84) ist wohl nicht zufällig ein Torso geblieben. Man hat darauf hingewiesen, dass Bayle als Historiker erzählerische Ökonomie vollkommen abging: Er bot «ein wunderbares Vorbild für historische Reflexion, aber ein armseliges fürs historische Erzählen».[179] Bayles *Dictionnaire,* scheinbares Manifest des Antiquarismus, wahrt in der Ausführung gerade Distanz zum rein Antiquarischen – trotz anderslautender Vorwürfe.[180] Zwar breitet Bayle unter jedem Lemma sämtliche, häufig

---

[179] Anthony Grafton, Die tragischen Ursprünge der deutschen Fussnote. Aus dem Amerikanischen übersetzt von H. Jochen Bussmann, Berlin 1995, 213.

[180] Ludwig Feuerbach wollte in Bayle einen «Galanterie-, oft auch Trödelwarenhändler» erkennen (Ludwig Feuerbach, Pierre Bayle. Ein Beitrag zur Geschichte der Philosophie und Menschheit [1838], hg. von Heinrich Schmidt, Stuttgart [1924], 194). Der gegen den Polyhistorismus gerichtete Vorwurf des gelehrten Trödelwarenhandels ist bereits zu Bayles Zeit topisch, vgl. Nicolas Malebranche, De la recherche de la vérité [1674/1712], tome 1, Paris (Libraires Associés) MDCCLXXII (= 1772), XV-XVI: «Les Savans ... font de leur tête une espèce de garde-meuble, dans lequel ils entassent sans discernement & sans ordre tout ce qui porte un certain caractère d'érudition; je veux dire, tout ce qui peut paroître rare & extraordinaire, & exciter l'admiration des autres hommes. Ils font gloire de ressembler à ces cabinets de curiosités & d'antiques, qui n'ont rien de riche ni de solide, & dont le prix ne dépend que de la fantaisie, de la passion & du hasard; & ils ne travaillent presque jamais à se rendre l'esprit juste, & à régler les mouvemens de leur cœur.» Siehe

aberwitzigen Episoden aus, die zum entsprechenden Thema kolportiert werden, nicht ohne ihnen durch die jeweils entgegengesetzten Überlieferungen den Kredit zu entziehen. Die Episoden haben weder in moralischer noch in religiöser Hinsicht jenen *exempla*-Charakter, der ihre Tradierung beinah ganz jenseits der Frage nach ihrem Verbürgtsein die längste Zeit gerechtfertigt hatte. Bei der Analyse von Chroniken des 17. Jahrhunderts (vgl. unten S. 370-376) lässt sich feststellen, dass sich da schon die heilsgeschichtliche Kohärenz des Geschichtsganzen ins Anekdotische verflüchtigt hat, diese einzelnen Anekdoten aber sehr wohl einen überzeitlichen oder überhistorischen Sinn erhalten, weil sie von allgemein menschlichen Dingen sprechen, und ihre Handlungsstruktur jederzeit auf gegenwärtige und künftige Fälle übertragen werden kann. Bei Bayle verhält es sich insofern anders, als er Geschichte nicht in moralisch verwertbare Anekdoten fraktioniert, sondern in Episoden, die nicht verallgemeinerbar und nicht auf andere Konstellationen übertragbar sind. Bayle ist ein pointierter Kritiker der Anekdote als Lehrform.[181] Diese Kritik an der Anekdote rührt daher, dass Bayle die metaphysisch-moralisch-religiöse Überlastung geschichtlicher Faktenbestände zugunsten der Eigenwertigkeit des historisch Faktischen aushebeln will.[182] Was Bayle ausbreitet, sind keine für den alltagspraktischen Gebrauch taug-

---

zu Blüte und Niedergang der Polyhistorie im Gefolge des neuen, cartesianischen Wissenschaftsverständnisses Herbert Jaumann, Was ist ein Polyhistor? Gehversuche auf einem verlassenen Terrain, in: Studia Leibnitiana, Bd. 22/1 (1990), 76-89, zur Polyhistorie als «*cyklopische* Gelehrsamkeit, der ein Auge fehlt», Kant, Logik, Einleitung, VI, AA 9,45. Bayle – der von Jaumann im erwähnten Aufsatz nicht thematisiert wird – scheint sich äusserlich in den polyhistorischen Traditionszusammenhang einzufügen, während er in erkenntnis- und wahrheitskritischer Hinsicht schon längst moderneren wissenschaftlichen Prinzipien folgt. Indem er an beiden 'Diskursformen' von Wissenschaft partizipiert und sie gegeneinander ausspielt, bewirkt er auch hier gegenseitige Neutralisierungen.

[181] Siehe Heinrich Niehues-Pröbsting, Die Kynismus-Rezeption der Moderne. Diogenes in der Aufklärung, in: Marie-Odile Goulet-Cazé/Richard Goulet (Ed.), Le Cynisme ancien et ses prolongements. Actes du colloque international du CNRS (Paris, 22-25 juillet 1991), Paris 1993, 520.

[182] Zum Verhältnis von Geschichte und Anekdote in der neuzeitlichen Historiographie massgeblich ist die Studie von Lionel Gossman, Wittgensteins Feuerhaken. Über Anekdote und Geschichte, in: Volker Depkat/Matthias Müller/Andreas Urs Sommer (Hg.), Wozu Geschichte(n)?, Stuttgart 2004, 89-116.

lichen Anekdoten, sondern bloss noch Episoden, die historische Faktizitäten sichern wollen, aber nicht auf unmittelbare oder auch nur mittelbare Applikabilität schielen. Die historischen Wahrheiten, die wir bei Bayle finden, transportieren keine moralischen, religiösen und metaphysischen Gewissheiten – statt dessen seien sie «pas moins impenetrables que les veritez physiques» («Concini [Concino]», remarque G–DHC 1,985). Wenn das *«je»* des *Dictionnaire* die Rolle des Historikers immer wieder aufgibt und das Geschäft der Sicherung historischer Fakten in die Diskussion metaphysischer oder religiöser Probleme überführt, macht dies *ex negativo* deutlich, dass aus historischen Faktenwahrheiten selbst eben gerade kein metaphysischer und religiöser Mehrwert zu schlagen ist.

Das gesicherte, historische Faktenwissen ist als solches nicht sinnstiftend. Es findet bei Bayle keine Auswahl des historischen Materials im Hinblick auf praktische Verwertbarkeit statt – keine Auswahl, wie sie sich etwa Lord Bolingbroke in seinen *Letters* vorzunehmen gestattet, und wie sie für eine spekulative Universalgeschichtsschreibung vom Schlage Schillers unerlässlich werden sollte.[183] Man kann bei Bayle geradezu von einer Auflösung des Narrativen zugunsten des Episodalen sprechen. Die Philosophie kann und soll Geschichte nicht so arrangieren, dass dabei ein Sinnganzes entsteht. Philosophie tritt auf als «une veritable Penelope que pendant la nuit defait la toile qu'elle avoit faite le jour.» («Bunel [Pierre]», remarque E–DHC 1,757) Die Philosophie liefert keine organisierende Systematik, der der geschichtliche Stoff unterworfen werden könnte, sondern verfährt analytisch und rein kritisch. Entsprechend fällt das Urteil über die Gesamtheit der Geschichte aus – eine Gesamtheit, die nicht begrifflich, sondern nur metaphorisch gefasst werden kann. Wenn Bayle die Kirchenvaterweisheit des Orosius rekapituliert, dann mag man hier eine nicht nur halbe Zustimmung heraushören: «L'histoire est le miroir de la vie humaine, or la

---

[183] «Aus der ganzen Summe dieser Begebenheiten hebt der Universalhistoriker diejenigen heraus, welche auf die *heutige* Gestalt der Welt und den Zustand der jetzt lebenden Generation einen wesentlichen, unwidersprechlichen und leicht zu verfolgenden Einfluss gehabt haben.» (Friedrich von Schiller, Was heisst und zu welchem Ende studirt man Universalgeschichte? Eine akademische Antrittsrede [1789], in: Schillers sämmtliche Werke in zwölf Bänden [hg. von C. G. Körner], Bd. 10, Stuttgart, Tübingen 1838, 379f.).

condition de la vie humaine est que le nombre des mechans & des impies, tout de même que celui des fols soit infini; l'histoire n'est autre chose que le portrait de la misere de l'homme.» («Orose [Paul]», remarque G–DHC 3,100) Angesichts der Zustände, wie sie in der Welt herrschen, verringert sich der Gegensatz zwischen Geschichte und Satire («Bruschius [Gaspar]», remarque D–DHC 1,729).

Ebenso schwer tut sich der Dictionnairist mit dem klassischen Angebot der Geschichtstheologie, das chaotische Weltgeschehen zu organisieren: mit der Vorsehung. Zwar finden sich durchaus Passagen, die gegen die menschliche Hybris, mit persönlicher Tugend das Glück zu begründen, eine den Menschen mit Blindheit über die eigene Ohnmacht schlagende Partikularprovidenz aufbieten und darauf Reflexionen über die Wirkungsweise der Fortuna und der Providenz folgen lassen, die augustinische Anklänge nicht verleugnen.[184] Dem «Lucrece»-Artikel (Titus Lucretius; DHC 2,834-844) kann man auf der andern Seite Zweifel am Wirken der Providenz entnehmen. Der «mélangue [sic] du bonheur & de la vertu avec la misere & avec le vice» («Manichéens», remarque D–DHC 2,941), der den Menschen charakterisiere, affiziert als «manichäisches» Argument gegen die Einheit Gottes auch die Plausibilität heilsgeschichtlicher Entwürfe.[185] Übrigens kehrt dieses Argument sowohl bei Haller wie bei Kant wieder,[186] der angesichts «der Mischung des Bösen ... mit dem Guten in der Anlage» des Menschen keine empirische Gewähr dafür findet, dass die menschliche Gattung im steten moralischen Fortschritt begriffen sei (SF A 140f., AA 7,84). Schliesslich hat man beobachtet, dass der bis dahin topische Providenz-Rekurs nach dem gewaltsamen Tod des Bruders Jacob in Bayles Briefen zunächst ganz

---

[184] «Timoleon», remarque K–DHC 3,731-735; vgl. Ruth Whelan, The Anatomy of Superstition. A Study of the Historical Theory and Practice of Pierre Bayle, Oxford 1989, 212-214.

[185] Friedrich der Grosse hält den Manichäer-Artikel für «vorzüglich», siehe Friedrich II. von Preussen, Über die deutsche Literatur. Die Mängel, die man ihr vorwerfen kann, ihre Ursachen und die Mittel zu ihrer Verbesserung [1780], in: Die Werke Friedrichs des Grossen in deutscher Übersetzung, Bd. 8: Philosophische Schriften, hg. von Gustav Berthold Volz, Berlin 1913, 87.

[186] Vgl. unten S. 444, und zu Kant Manfred Riedel, Einleitung, in: Immanuel Kant, Schriften zur Geschichtsphilosophie, hg. von Manfred Riedel [1974], Stuttgart 1999, 15.

ausfällt.[187] Wie immer man die disparaten Stellen im einzelnen beurteilen mag,[188] ist doch unbestreitbar, dass Bayle eine umfassende Organisation der Geschicht*en* mit Hilfe des Providenzargumentes gleich welchen Untertyps nicht (mehr) vornimmt. Alle heilsgeschichtlichen Figuren bleiben schliesslich ebenso aussen vor wie die moralischen Applikationsschemata. Bayle erkauft sich die Autonomie des Historischen von Instrumentalisierungen jedweder Art mit weitgehenden Desillusionierungen. *Skepsis als Passion* ist das, was Bayle dem *siècle de Lumières* als schwere Erbschaft hinterlassen hat. Bayles Strategie des konsequenten Sinnentzugs hat das Feld der Historie gesäubert und verheert, aber auch für neue Sinn-Implantate anfällig gemacht.[189]

Die kritisch-methodischen Standards, die Bayles *Dictionnaire* plausibel machte, sollten fortan in der profanwissenschaftlichen und philosophischen Reflexion über Geschichte unhintergehbar sein, während die Geschichtstheologie – etwa in Gestalt von Edwards' *History of the Work of Redemption* – diese Standards mitunter noch länger unberücksichtigt liess. Hier zeigt sich eine partielle Abkoppelung des profan-philosophischen 'Diskurses' über Geschichte vom theologischen.[190] Erst in der Neologie eines Jerusalem sollten die 'Diskurse' wieder zueinander finden. Die erneute 'Diskurskonvergenz' gründete im Kohärenzangebot, das die Geschichtsphilosophie mit ihrer Idee einer Einheit und fortschrittlichen Gesamtentwicklung der Geschichte nun machen konnte. Diese Idee liess sich sehr wohl auch theologisch deuten; der Sinn der Geschichte war damit sowohl theologisch wie philosophisch restituierbar. Die Anwendung von Bayles

---

[187] Jossua, Pierre Bayle ou l'obsession du mal, 47.

[188] Eine umsichtige Detailanalyse zum Providenzproblem findet sich bei Labrousse, Pierre Bayle, Bd. 2, 449-473.

[189] Siehe, mit markantem Gegenakzent, demgegenüber Miguel Skirl, Politik – Wesen, Wiederkehr, Entlastung, Berlin 2005, 36f. zu Bayles Skeptizismus: «Es geht nicht mehr um Inhalte des Wissens, sondern nur noch um deren Veröffentlichung. Das ist vielleicht der Unterschied zur pyrrhonischen Skepsis. Hatte Sextus Empiricus noch geschrieben, dass nichts gelehrt werden kann und die Ataraxie, die Seelenruhe an die Epoché, die universelle Zurückhaltung, geknüpft [ist], so ist es um die Zurückhaltung bei Bayle, den Neoskeptizisten und den Publizierenden geschehen.»

[190] Vgl. dagegen Nicola Stricker, Die maskierte Theologie von Pierre Bayle, Berlin, New York 2003.

kritisch-historischen Standards forderte nicht zwingend den Sinnverzicht. Dies macht schon Lord Bolingbrokes philosophische *exempla*-Historie deutlich, die noch ohne emphatischen Begriff von der Einheit und Gerichtetheit der Geschichte auskommt, statt dessen auf die Vorbildlichkeit einzelner Begebenheiten abhebt und gleichzeitig versucht, den neuen kritischen Ansprüchen zu genügen. Bolingbroke nimmt so eine Mittelstellung zwischen Bayle und den geschichtsphilosophischen Einheitstheoretikern Vico, Turgot und Iselin ein.

2.2 Historische Lebensweisheit in moralischen exempla: Henry St. John, Viscount of Bolingbroke[191]

Als Henry St. John (1678-1751), seit 1712 Viscount Bolingbroke, 1735 seine *Letters on the Study and Use of History* für Baron Hyde, Viscount Cornbury aufsetzte, war er beileibe kein unbeschriebenes Blatt mehr. Weit entfernt, sich zum weltabgewandten Gelehrten berufen zu fühlen, brachte es Bolingbroke unter Queen Anne als Tory zum Secretary of State, musste nach dem Tod der Königin 1715 wegen Kontakten zum Stuart-Prätendenten nach Frankreich fliehen. 1723 teilweise rehabilitiert, von 1725 an wieder in England, mischte er sich als erbitterter Gegner der Regierung Robert Walpoles erneut in die Politik ein.[192] Seine *Remarks on the History of England* (1730/31), nach Herbert Butterfield die erste eigentliche «'Whig' history» (!),[193] deuten die Geschichte Englands als «manichäischen Kampf

---

[191] Im folgenden akzentuiere ich meine Ausführungen in: Andreas Urs Sommer, Kritisch-moralische *exempla*-Historie im Zeitalter der Aufklärung. Viscount Bolingbroke als Geschichtsphilosoph, in: Saeculum. Jahrbuch für Universalgeschichte, Jg. 53 (2002), Halbbd. 2, 269-310. Vgl. neuerdings zur Übersicht auch Daniel Brühlmeier, Henry St. John, Viscount Bolingbroke, in: Ueberweg[13], Die Philosophie des 18. Jahrhunderts, Bd. 1, 294-303.

[192] Dazu Quentin Skinner, The Principles and Practice of Opposition: The Case of Bolingbroke versus Walpole, in: Historical Perspectives. Studies in English Thought in Honor of J.H. Plumb, London 1974, 93-128.

[193] Herbert Butterfield, The Englishman and His History, Cambridge 1944, 2. Vgl. Bernard Cottret, Bolingbroke. Exil et écriture au siècle des lumières, Angleterre-France (vers 1715 - vers 1750), Bd. 1, Paris 1992, 395.

zwischen guten und bösen Kräften»,[194] nämlich zwischen der unter Königin Elisabeth I. blühenden, rechtmässigen Freiheit und dem Überhandnehmen verderblicher und illegitimer Partikularinteressen. 1735 erneut ins Exil gezwungen, kehrte Bolingbroke drei Jahre später nach England zurück, um da für Frederick, den Prinzen von Wales, seinen berühmten Essay *The Idea of a Patriot King* zu schreiben. Dieser setzte in den Thronfolger die Hoffnung, er würde als «Patriot King» das vom Kapitalismus der Walpole-Anhänger und ihrer Bank of England verdorbene Land zu seiner ursprünglichen Rechtschaffenheit zurückführen.

Kurz nach Bolingbrokes Tod 1751 wurden die *Letters on the Study and Use of History* publiziert. Bolingbroke hatte das Manuskript seinem Freund Alexander Pope anvertraut, und der liess 1738 für Freunde einige wenige Exemplare drucken.[195] Der ursprüngliche Adressat der Briefe, Baron Hyde, beschwor in einem Brief vom 7. März 1752 den von Bolingbroke testamentarisch als Herausgeber seines Nachlasses designierten David Mallet, bei einer allfälligen Publikation der *Letters* die anstössigen, d. h. religionshistorischen Passagen zu unterdrücken.[196] Mallet seinerseits konnte Hyde freilich nur bescheiden, dass das Werk bereits im Druck sei, und er sich selber nicht für befugt halte, eigenmächtig Änderungen am Manuskript vorzunehmen.[197] Als die *Letters* 1752 und 1754 die *Philosophical Fragments* dank Mallets Ausgaben für alle greifbar waren, gab sich das gehobene englische Publikum geschockt. In den ersten drei Jahren nach der Publikation der *Letters* verschrieben sich mindestens dreizehn Pamphlete dem Kampf gegen die darin geäusserten moral- und religionszersetzenden Ansichten.[198]

---

[194] Isaac Kramnick, Bolingbroke and His Circle. The Politics of Nostalgia in the Age of Walpole, Cambridge (Mass.) 1968, 25. Zu Bolingbrokes Wendung siehe auch Skirl, Politik – Wesen, Wiederkehr, Entlastung, 147f.

[195] Siehe Brean S. Hammond, Pope and Bolingbroke. A Study of Friendship and Influence, Columbia (Mo.) 1984, 160 (ein Exemplar dieses Drucks von 1738 hat sich in der Harvard College Library erhalten).

[196] Der Brief ist abgedruckt bei Oliver Goldsmith, The Life of Lord Bolingbroke [1770], in: O. G., The Miscellaneous Works (The Globe Edition). With Biographical Introduction by Professor Masson, London 1869, 470-472.

[197] Mallets Anwort, a. a. O., 472.

[198] Vgl. George H. Nadel, New Light on Bolingbroke's *Letters on History,* in: Journal of the History of Ideas, Bd. 23 (1962), Nr. 4, 550-557. William Warburton meinte

Dabei war die deistische Springflut in Grossbritannien schon ein gutes halbes Jahrhundert früher angebrochen, nämlich mit John Tolands *Christianity Not Mysterious* (1696)[199] und trotz Samuel Clarkes und Joseph Butlers Apologien des (mehr oder weniger) orthodox verstandenen Christentums nie ganz abgeebbt. So mag die Empörung überraschen, die die religionskritischen Anschauungen von Bolingbrokes *Letters* auslösten. Um die Aufregung zu verstehen, muss man in Rechnung stellen, dass hier nicht irgendein auf Abwege geratener Gentleman (Anthony Collins) oder Dissenterprediger (Thomas Morgan) die Feder des *advocatus diaboli* geführt hatte, sondern ein (freilich ausgestossenes) Mitglied des höchsten Establishments, der überdies zu den entschiedensten Verteidigern des anglikanischen Staatskirchentums gehört hatte. Immerhin erschien schon 1758 in Leipzig die erste deutsche Übersetzung der *Letters*,[200] der 1774 eine folgte, für die Johann Georg Hamann verantwortlich zeichnete.[201]

---

    in seinen *Remarks on Mr. Humes Natural History of Religion* von 1757, Hume lehre Bolingbrokes Atheismus (!), «without Bolingbroke's abusive language» (zitiert nach Peter Gay, The Enlightenment. An Interpretation. Bd. 2: The Science of Freedom, New York 1969, 409; zu Warburtons Polemik gegen Bolingbroke siehe auch B. W. Young, Religion and Enlightenment in Eighteenth-Century England. Theological Debate from Locke to Burke, Oxford 1998, 171-175).

199 Toland hatte das wahre Christentum für deckungsgleich mit der Vernunftreligion gehalten und daher argumentiert, «[t]hat there is no MYSTERY in CHRISTIANITY, or the most perfect *Religion;* and that by Consequence nothing *contradictory* or *inconceivable,* however made an *Article of Faith,* can be contain'd in the *Gospel,* if it be really the Word of God» (John Toland, Christianity Not Mysterious [1696]. Text, Associated Works and Critical Essays, ed. by Philip McGuinness, Alan Harrison and Richard Kearney, Dublin 1997, 99).

200 Diese von Christian Gottlieb Bergmann verantwortete Übertragung ist freilich nicht über alle Zweifel erhaben: Lessing statuiert am Ende des dritten und im vierten Literaturbrief daran das Exempel einer literaturkritischen Exekution, die zugleich auch von seiner Hochachtung für den Übersetzten zeugt (Gotthold Ephraim Lessing, Briefe, die neueste Literatur betreffend [1759/65], Erster Teil [1759], 3. bzw. 4. Brief, in: G.E.L., Werke, hg. von Herbert G. Göpfert u.a., Bd. 5, Darmstadt 1996, 36 bzw. 39 [vgl. auch 89-92]).

201 Der seltene Band, 1774 in Mittau bei J.F. Hinz erschienen, unterschlägt den Werktitel; auf dem Titelblatt steht nur: «Heinrich St. Johann Witzgraf Bolingbroke. J.G. Hamann» (Herzog August Bibliothek, Wolfenbüttel). Eine weitere deutsche Übersetzung von C.F.R. Vetterlein kam 1794 heraus. Zu dieser eigentümlichen, späten

Aber die *Letters on the Study and Use of History*[202] sind gar kein Buch, in dem es vornehmlich um religiöse Fragen ginge. Das, was als Attacke auf die Religion interpretiert wurde, ist nichts anderes als die nüchterne Erörterung, wie die Sachwalter der Religion Geschichte für ihre Zwecke instrumentalisieren. Die Hauptintention der *Letters* besteht darin, den praktischen Nutzen einer Beschäftigung mit Geschichte aufzuweisen. Da die Briefe an einen jungen Aristokraten mit politischen Ambitionen gerichtet sind, wollen sie ihm einsichtig machen, welcher Art historischer Studien er zu seinem Berufe am besten obliege. Indessen steckt der Text einen weiteren Rahmen: Er evaluiert allgemein die Möglichkeiten, historische Erkenntnis zur individuellen Charakterbildung einzusetzen. Die moralisch-lebenspraktische Verwertbarkeit von Geschichte gehorcht zunächst dem traditionellen Schema der *exempla*-Historie, die sich aus dem Vorführen grosser Personen und Taten der Vergangenheit einen erzieherischen Effekt erhoffte, insofern ein solches Vorführen zur Nachahmung des tugendhaften Lebenswandels anspornen soll.[203] Gleichzeitig verfährt Bolingbroke jedoch ausgesprochen kritisch mit dem historischen Material, indem er es strengen Glaubwürdigkeitskriterien unterwirft. Im Unterschied zu den spekulativ-universali-

Rezeption Bolingbrokes durch Vetterlein vgl. Völkel, «Pyrrhonismus historicus» und «fides historica», 261-272, zu Hamanns geschichtsphilosophischem Fideismus siehe auch Karlfried Gründer, Figur und Geschichte. Johann Georg Hamanns «Biblische Betrachtungen» als Ansatz einer Geschichtsphilosophie, Freiburg i. Br., München 1958.

[202] Das ganze Werk umfasst acht Briefe, deren Umfang stark variiert. Briefe 7 und 8 waren vielleicht ursprünglich nicht Bestandteil der *Letters*, sondern Teil einer von Bolingbroke geplanten *General History of Europe* (Sydney W. Jackman, Man of Mercury. An Appreciation of the Mind of Henry St John, Viscount Bolingbroke. With an Introduction by Sir Charles Petrie, Bart., London 1965, 62). Ärgerlich ist, dass Kramnick in seiner Ausgabe (BHW) Bolingbrokes Text verstümmelt und den siebten sowie die Eingangspassage des achten Briefes weglässt. Brief 7 ist nachzulesen in WM 2, 382-416 und in: Henry St. John, Viscount Bolingbroke's Defence of the Treaty of Utrecht. Beeing Letters VI-VIII of *The Study & Use of History*. With an Introduction by G. M. Trevelyan, Cambridge 1932, 25-60.

[203] So legt Plutarch (Perikles II 3) dar, wie das Beispiel eines tugendhaften Lebens beim Leser von dessen Beschreibung das Bedürfnis weckt, selber tugendhaft zu sein; vgl. George H. Nadel, Philosophy of History before Historicism, in. G. H. N. (Ed.), Studies in the Philosophy of History. Selected Essays from *History and Theory*, New York 1965, 56.

stischen Geschichtsphilosophen der zweiten Hälfte des 18. Jahrhunderts ebenso wie zu den zeitgenössischen Heilsgeschichtlern verzichtet er auf universalgeschichtliche Grossentwürfe. Die *Letters* machen keinen Versuch, einen Gesamtsinn der Weltgeschichte zu eruieren, aus dem sich dann etwa ein pädagogischer Gebrauch von Historie ableiten liesse. Vielmehr ist Sinnstiftung durch Geschichte bei Bolingbroke immer Sinnstiftung durch *Geschichten* – vergleichbar mit Gottfried Arnold auf geschichtstheologischem Feld (vgl. oben S. 120). Es ist bei Bolingbroke das Partikulare selbst, es sind die einzelnen historischen Ereignisse und Konstellationen, die für (Selbst-)Erziehung fruchtbar werden sollen. Entsprechend huldigen die *Letters* keiner antiquarischen Vergötzung des Partikularen um seiner Partikularität willen. Die Abwehr des Antiquarismus liegt nicht allein im unbedingten Nützlichkeitspostulat begründet, sondern auch darin, dass die reine Faktenansammlung keine allgemeinen oder verallgemeinerbaren Erkenntnisse zeitigt.

Einerseits beruft sich Bolingbrokes geschichtstheoretisches Denken für den Nachweis praktischer Brauchbarkeit historischer *exempla* auf antike und humanistische Autoren;[204] andererseits möchte es aus den *exempla* allgemeine Grundsätze extrahieren oder vielmehr diese Grundsätze induktiv erschliessen und scheint sie so in den Rahmen einer empiristischen Philosophie im Stile John Lockes einzupassen. Freilich ist das scheinbar empiristische Induktionsverfahren in der Geschichtsschreibung schon über 2000 Jahre älter als eine Philosophie, die sich stolz das Wort Empirismus auf die Fahnen schreibt. Es reicht zurück bis Thukydides, Isokrates und Polybios und hat seine Überzeugungskraft durch die Allianz mit der Rhetorik

---

[204] Für die aufklärerische Geschichtsschreibung gilt gerade *nicht* – wie es Peter Gay, The Enlightenment. An Interpretation. Bd. 1: The Rise of Modern Paganism. New York 1966, generalisierend für die Aufklärungsepoche insgesamt in Anspruch nahm –, dass «sie ein ununterbrochener Appell an die Antike und deshalb eine Rückkehr zu heidnischen Prämissen» gewesen wäre (Arnaldo Momigliano, Ein Vorspiel zu Gibbon im 18. Jahrhundert [1977], in: A.M., Ausgewählte Schriften zur Geschichte und Geschichtsschreibung, Bd. 2: Spätantike bis Spätaufklärung, hg. von Anthony Grafton, übersetzt von Kai Brodersen und Andreas Wittenburg, Stuttgart, Weimar 1999, 221). Im Gesamtgefüge der Aufklärungshistoriographie nimmt sich Bolingbrokes Entwurf deshalb recht unzeitgemäss aus.

erworben.[205] Diese Allianz bleibt bei Bolingbroke erhalten. Von der alten Vision eines harmonischen Zusammenhalts heiliger und profaner Geschichte haben sich dagegen die letzten Spuren verflüchtigt, was sich namentlich in den wegwerfenden Bemerkungen zu den jüdisch-christlichen Chronologien zeigt. Den praktischen Effekt der mittels Chronologie erzeugten Ganzheitsvorstellung menschlicher Geschichte würdigt Bolingbroke mit keinem Wort, sondern subsumiert die Fragen der Chronologie unter fruchtlosem Antiquarismus.

«The love of history seems inseparable from human nature, because it seems inseparable from self-love.» (LSUH 2–BHW 7) Diese Selbstliebe münzt sich im Streben aus, das einem selbst und seinen Vorfahren Widerfahrene in Erinnerung zu behalten, wofür Bolingbroke kultur- und epochenübergreifende Belege beibringt. «Thus history, true or false, speaks to our passions always.» (BHW 8) Geschichten und Geschichte fliessen hier ineinander – ob und wenn ja, welche *res gestae* die *historia* unterfuttern, kümmert den Liebhaber von Geschichten in Romanform herzlich wenig. Zwar sei Geschichte dann (für das Individuum oder eine Gruppe) von Belang, wenn in ihr das Eigene oder die Vorgeschichte des Eigenen thematisiert werde. Die Neugierde als Triebfeder menschlicher Existenz erkläre aber, warum wir gierig all die Geschichten in uns hineinschlängen, deren wir nur habhaft werden könnten, gleichgültig, ob sie uns selbst betreffen oder nicht. Die individuelle Vervollkommung, die in der christlich ausgerichteten *exempla*-Historie in Arnolds Manier die entscheidende Rolle spielt – dort steht die durch *imitatio* erreichte Verwirklichung einer heiligmässigen Einzelexistenz im Vordergrund –, wird in den *Letters* dem öffentlichen Nutzen hintangestellt. Dieser Geschichtsphilosophie liegt nichts ferner, als einen Gebrauch von Geschichte und Geschichten für private Zwecke zu sanktionieren. Wenn für Bolingbroke der Mensch ein geschichtenerzählendes und geschichtenkonsumierendes Wesen ist, liegt für ihn doch die einzig philosophisch adäquate Weise, diese naturgegebenen Anlagen zu realisieren, in einer Praxis, die immer schon mit Politik kurzgeschlossen ist.

Nach der rudimentären Skizze dieser anthropologischen Grundlagen von Geschichtsinteresse gibt Bolingbroke auf die vorweggenommene Gegenfrage seines Briefpartners, was denn der wahre Nutzen von Geschichte sei,

---

[205] Vgl. Nadel, Philosophy of History, 52f. und 58.

unter Berufung auf Dionysios von Halikarnassos zur Antwort: «history is philosophy teaching by examples» (BHW 9).[206] Dass eine solche Lehre durch Beispiele notwendig sei, erklärt sich aus der Unvollkommenheit des menschlichen Verstandes, dem abstrakte oder allgemeine Sätze, obwohl wahr, sehr oft dunkel oder zweifelhaft erschienen, bis Beispiele sie erläutern (LSUH 2–BHW 9; vgl. oben Fleury, S. 89-96). Werden an dieser Stelle auch Tacitus, Seneca und der jüngere Plinius zur Beglaubigung aufgeboten, ist doch der polemische Zeitbezug dieses Ansatzes gegen die barocken Systeme der rationalistischen Metaphysik unverkennbar: Historie als praktische Philosophie ist nach Bolingbroke beileibe nicht nur ein Ersatz der wahren, abstrakten Philosophie für die geistig Armen. Im Gegenteil ist eine nur mit Abstraktionen hantierende Philosophie keine lebensfähige Philosophie. «The school of example, my lord, is the world: and the masters of this school are history and experience.» (BHW 10) Der Beweis für die Wahrheit der Theorie, dass Theorie nie ohne Exempel auskommt, wird seinerseits von Bolingbroke nicht theoretisch erbracht, sondern durch Exempel. Auf einen Beweis im strengen Wortsinn wird verzichtet, statt dessen findet eine Beglaubigung durch Plausibilisierung statt. Die *Letters* sind eine Applikation der ihr inhärenten Theorie. Und das ist in diesem Fall mehr als ein rhetorischer Kunstgriff. Die Tauglichkeit einer Theorie hat sich in ihren Exempeln zu erweisen, zumal dann, wenn sie den Anspruch erhebt, aus Exempeln, d. h. historischen Fakten erst induziert worden zu sein.

Manches bleibt freilich dunkel bei der gedanklichen Fundierung praktischer Nutzbarkeit von Historie. Was ist denn ein Beispiel («example»)? Falls ein Beispiel ein einzelnes historisches Ereignis sein sollte (gesetzt, man habe eine ungefähre Vorstellung, was das sein könnte), kommt dann

---

[206] Vielleicht darf man es mit Bolingbrokes Sinn für Ironie in Verbindung bringen, dass er die Losung seiner geschichtsphilosophischen Reflexion ausgerechnet Dionysios von Halikarnassos zuschreibt, dessen *Römische Altertümer* nach dem Urteil der Gelehrten eine riesenhaft aufgeblähte antiquarische Faktensammlung sind und all jene Tugenden vermissen lassen, die Bolingbroke dem rechten Historiker abverlangt. Die von Bolingbroke zitierte Losung, die Cottret, Bolingbroke, Bd. 1, 407, in den *Römischen Altertümern* vergeblich sucht, stammt tatsächlich aus einer Dionysios zu Unrecht zugeschriebenen *Ars rhetorica*, die sich an der fraglichen Stelle (XI 2,19-21) auf Thukydides (Peloponnesischer Krieg I 22,4) bezieht. Vgl. auch Nadel, Philosophy of History, 59f.

durch die Akkumulation der Ereignisse oder Exempel Geschichte oder eine Geschichtserzählung zustande? Nicht genug damit: Der Begriff von «history» selbst ist bei Bolingbroke schillernd. *Historia rerum gestarum* und die *res gestae* werden nicht voneinander geschieden, auch wenn der Konstruktionscharakter von *history* in praktischer Absicht darauf zu verweisen scheint, dass hier die Ereignisse als solche nicht interessieren, sondern eben nur der Gebrauch, der von den Erzählungen, die sie verbinden, gemacht werden kann. Entgegen den Erwartungen, die der Titel der *Letters* wecken könnte, ist Bolingbroke weit davon entfernt, eine historische Methodenlehre zu entwickeln oder gar auf die erkenntnistheoretischen und ontologischen Möglichkeitsbedingungen von Geschichte qua Historie zu reflektieren. Das Studium der Geschichte hat in den *Letters* propädeutischen Charakter für die Zeit, bevor wir selbst auf der Bühne der Geschichte stehen. Geschichte ist das Surrogat der Erfahrung, die wir *actualiter* (noch) nicht selber machen können. Überdies schafft Geschichtskenntnis Differenzbewusstsein: Wir gewöhnen uns dank ihr früh daran, über die Verschiedenheit der Nationen nachzudenken (BHW 14). Die Bekanntschaft mit der Geschichte anderer Völker und anderer Zeiten erodiert freilich nicht die moralische Urteilsfähigkeit, sondern allenfalls ein eurozentrisches Selbstbewusstsein, die Moral exklusiv gepachtet und das gute Gewissen stets auf der eigenen Seite zu haben. Eine universell ausgeweitete Geschichtsbetrachtung behebe die Defizite der persönlichen Erfahrung, die, weil sie immer im beschränkten Rahmen der jeweiligen Lebens- und Wirkumstände erworben wird, von vornherein mit einer Vielzahl von Vorurteilen und ungerechtfertigten Verallgemeinerungen behaftet ist. War die Beschäftigung mit Geschichte eben erst als Vorbereitung für die praktisch-politische Betätigung angesehen worden, wird nun ihre Unentbehrlichkeit deutlich: Allein dank Geschichte, d.h. dem Vergleichen unserer Verhältnisse mit zeitlich und räumlich entrückten Verhältnissen weicht der Nebel der Vorurteile, der auf unserer höchst beschränkten eigenen Erfahrung naturgemäss liegt. Geschichte weitet den Horizont zu philosophischer Einsicht.

Das Ausleben von historischem Interesse führt, richtig verstanden, mitnichten zu einer Entwurzelung des Individuums oder zur Desintegration einer sozialen Gruppe. Im Gegenteil: Geschichte lehrt, auf einer durch «common sense» (LSUH 3–BHW 30) und einer ihm entsprechenden Moral abgesicherten Grundlage, das Eigene zu lieben und das Fremde zu schätzen, ohne das eine auf das andere zu reduzieren. Der Historiker wird von Bolingbroke ins höchste moralische Richteramt berufen. Zum Profil des historischen Richteramtes gehört nicht allein persönliche Untadeligkeit, sondern ein starkes sittliches Interesse, denn der zum Weltenrichter avancierte Historiker legt bei seiner Beurteilung nicht die Massstäbe des positiven Rechts an, das in der von ihm untersuchten Zeit und Gesellschaft Geltung hatte, sondern vielmehr die Richtschnur einer allgemeinen und als universell ausgegebenen, aber nicht weiter begründeten Moral. Doch – wird man sich bei Bolingbroke erkundigen wollen – wer oder was verbürgt bei der Beurteilung ferner gelegener Ereignisse die Unbefangenheit des Richters, der von der Rechtmässigkeit und Unverbrüchlichkeit seines sittlichen Massstabes zwar überzeugt sein mag, indessen genauso parteiisch und von den Beschränktheiten seiner Zeit und seiner Umstände eingenommen sein dürfte? Wer erwirbt sich wodurch die höchstrichterlichen Kompetenzen, und wie hält er sich von Verblendungen frei?

So plausibel sich die Vorstellung von der Geschichte – d.h. der Geschichtserzählung – als Gericht zunächst auch ausnimmt, so wenig vermag sie doch die grundsätzlichen Probleme, die sie aufwirft, so rasch zu beseitigen. Bolingbroke verliert kein Wort darüber, dass der Prozess, den die Historiker führen, nie abgeschlossen ist, sondern sich in dauernder Revision befindet. Er suggeriert, das Urteil über Gut und Böse in der Geschichte sei ein für allemal zu fällen und komme ganz ohne Revisionen aus. *De facto* aber ist die Appellationsinstanz immer schon der nächste Historiker, der denselben Gegenstand behandelt. Es gibt keinen Abschluss des Verfahrens, so sehr die jeweilige Moral auch danach heischt. Dennoch ist die massive Aufwertung des Historikergeschäftes zur autoritativen Gerichtsinstanz in moralischen Dingen, wie die spätere Entwicklung zeigt,[207] nicht abzuwen-

---

[207] Schiller prägt in seinem Gedicht *Resignation* (1784) bekanntlich die Wendung von der Weltgeschichte als Weltgericht; vgl. Andreas Urs Sommer, Der Geist der Historie und das Ende des Christentums. Zur «Waffengenossenschaft» von Friedrich Nietzsche und Franz Overbeck, Berlin 1997, 51f. Die resignative Lesart des Gedankens scheint zunächst vorzuherrschen, siehe Jean Paul [eigtl. Johann Paul Friedrich Richter], Dämmerungen für Deutschland [1809], in: J.P., Sämtliche Werke, hg. von Norbert Miller, Abt. I, Bd. 5, Darmstadt 2000, 921: «Wer mit Goethe sagt: das Schicksal will gewöhnlich mit vielem nur wenig, dem ist 'die Weltgeschichte ein Weltgericht', aber eines, das unaufhörlich verdammt und sich mit.»

den: Die neuerworbene richterliche Dignität des Historikers belastet die von Bolingbroke angeprangerten Fehlformen der Historiographie und des historischen Interesses mit der Hypothek, nicht nur überflüssig und zweifelhaft, sondern geradezu sittlich verwerflich zu sein. Bolingbrokes Idee der Geschichte als Tribunal will deren Macht vor Augen führen und zu einem Handeln motivieren, das dieses Gericht immer schon antizipiert. Erst mit der Drohung im Nacken, die Geschichte werde mein Fehlverhalten unnachsichtig verurteilen, werde ich mich um ein sittlich einwandfreies Handeln bemühen. Als blosse Drohung wäre das Gerichtsdenken freilich nur halb verstanden: Geschichte als Gericht bedeutet für die Menschen der Tat einen entscheidenden Ansporn. Wenn die säkulare Gerichtsvision schon nicht (wie das Jüngste Gericht) ewiges Leben zusichern kann, so doch dauernde Erinnerung im kollektiven Gedächtnis der Menschheit, das von den Historikern gehütet und verwaltet wird.

Obwohl Bolingbroke individuellen Fortschritt der Erkenntnis als eminente Chance betrachtet, ist er doch weit davon entfernt, so etwas wie eine allgemeine Fortschrittstheorie zu entwerfen. Das mag mit seinen anthropologischen Prämissen, die eine nachhaltige Wandlung der Menschennatur hin zum Besseren als wenig wahrscheinlich darstellen, und mit seinen pessimistischen politischen Diagnosen zusammenhängen. So sehr er sich zum Verteidiger der verfassungsmässigen Freiheit prädestiniert sieht, so wenig schildert er doch eine kontinuierliche Geschichte der Freiheit. Sein Empirismus verbietet es ihm, die ihm vor Augen stehenden Ereignisse zu einer spekulativen Generalannahme über einen irgendwie zielgerichteten Gesamtverlauf der Geschichte zu extrapolieren. Bolingbrokes Geschichtsbild liegt trotz der Schwärmerei für das Elisabethanische Zeitalter weder ein Fortschrittsmodell noch ein Regressionsmodell zugrunde. Er lässt nicht den leisesten Zweifel aufkommen, dass die alte Freiheit jederzeit wiederherstellbar wäre, wenn die Menschen nur aus der Geschichte lernten und die so erworbenen Einsichten in ihrem Handeln auch umsetzten. Bolingbrokes

> Zu Jean Pauls geschichtsphilosophisch grundierter Romanästhetik siehe auch Ralf Berhorst, Anamorphosen der Zeit. Jean Pauls Romanästhetik und Geschichtsphilosophie, Tübingen 2002, zu dem hier zitierten Kapitel «Über den Gott in der Geschichte und im Leben» 231-239 (Berhorst ringt Jean Paul eine durchaus progressivistische Geschichtsdeutung ab).

exempla-Historie empfiehlt beileibe nicht die sklavische Nachäffung von Taten der Altvorderen, sondern im Gegenteil die Applikation der aus der Betrachtung der Exempel gewonnenen allgemeinen Grundsätze auf die jeweiligen Umstände, in denen wir leben. «These are certain general principles, and rules of life and conduct, which always must be true, because they are conformable to the invariable nature of things.» (BHW 28) Erst diese (sozusagen antihistoristische) Vorstellung von der Unwandelbarkeit der «Dinge» sichert die Tauglichkeit der exemplarischen Historie als praktische Philosophie. Obwohl sich die «Dinge» nie exakt so wiederholen, wie sie sich einmal zugetragen haben, bleiben die allgemeinen, aus der Empirie induktiv erschlossenen Grundsätze stets gültig, eben weil sich alle (menschlichen) «Dinge» strukturell ähnlich sind.

Gleichwohl wird diese Konstanzannahme wieder relativiert: Bolingbroke rät von einer intensiven Beschäftigung mit antiker Geschichte ab, weil die antiken Realitäten mit unseren nicht kompatibel, die antiken Beispiele auf neuzeitliche Verhältnisse nicht mehr applikabel seien. Die ostinate Hervorhebung der philosophischen Dignität von Historie, wenn sie denn nur vom Einzelnen zum Allgemeinen aufsteigt, verträgt sich schlecht mit dem Schema einer simplen *exempla*-Historie, die ein tiefes Misstrauen gegen allgemeine ethische oder politische Sätze hegt und einem deshalb einzelne Gestalten, nicht philosophische Theorien zur Nachahmung nahelegt. Durch Bolingbrokes geschichtsphilosophische Fundamente zieht sich ein Riss: Der philosophierende Staatsmann ausser Dienst teilt mit der traditionellen *exempla*-Historie die prinzipielle Theoriefeindlichkeit, die sich mit einer von Lockes Empirismus inspirierten Abwehr metaphysischer Systeme paart. Dennoch manifestiert sich sowohl in der anthropologisch-ontologischen Konstanzannahme als auch in der Zielsetzung eines «general system of ethics and politics» ein entschiedener Wille, das Partikulare zu synthetisieren und in übergeordneten Ordnungen zu integrieren. Die Exempel hätten dann nur noch die Funktion, Material zur Destillation in einem allgemeinen ethischen System abzugeben.

Der Riss in den geschichtsphilosophischen Fundamenten bildet das Einfallstor für eine radikale Historisierung, die in einen Historismus ausarten kann, der alle Dinge durch die Geschichte *substantiellem* Wandel unterworfen sieht. Wenn wir die Vorgaben unseres Handelns den Römern nicht mehr abgucken können, weil sie in einer gänzlich anderen Welt lebten und also ganz anders handelten, als es für uns opportun ist, ist die Konstanzannahme suspendiert. In späteren Briefen empfiehlt Bolingbroke explizit, sich in politischem Interesse nur mit neuerer Geschichte zu befassen, weil die Zeiten davor in ihrer Struktur von den gegenwärtigen völlig unterschieden seien.[208] Dann spielt die universelle Moral, die erhabenen Beispielen aller Epochen zu entnehmen ist, offenbar keine Rolle mehr. Das Eindringen eines 'historistischen' Relativismus untergräbt Bolingbrokes so eindeutige moralische Botschaft wenigstens partiell. Edmund Burke geht konsequent auf diesem Weg weiter, wenn er das Historisch-Partikulare gegen die Vereinnahmung durch den theoretischen «Spekulationismus» auch der spekulativ-universalistischen Geschichtsphilosophie in Schutz nimmt und auf dem Vorrang der praktischen Klugheit beharrt, aber die Einzigartigkeit des jeweiligen historischen Faktum herausstellt und nicht mehr wie Bolingbroke an Exemplarität und damit Wiederholbarkeit der Geschichte glaubt.[209]

Bolingbroke hält mit dem Rekurs auf die *exempla*-Historie an Aufklärung als Moralisierungsprojekt in der Theorie unbedingt fest, während sich in der Praxis, d. h. seiner konkreten Geschichtsauslegung, die Historisierung der Moral schon unverkennbar ankündigt. Auf der Fluchtlinie dieser Historisierung liegt eine subjektivierte Aneignung von Geschichte und eine subjektivierte Moral. Das Fehlen einer Grundlegung der universalistischen Moralpostulate in den *Letters* macht Bolingbrokes Position, insofern sie diejenige einer aufklärerischen Moralisierung ist, bestimmt nicht stärker. Bolingbroke gewichtet historische Transformationen zu stark, als dass

---

[208] Ähnlich auch Voltaire 1744 in den *Nouvelles considérations sur l'histoire*: «Kurz, diese alte Histoire scheint mir in Ansehung der neuern eben das zu sein, was die alten Medaillen in Ansehung der gangbaren Münzen sind. Die ersteren bleiben in den Sammlungen der Neugierigen, die andern laufen in der Welt herum und beleben die Handlung unter den Menschen.» (Voltaire, Neue Betrachtungen über die Geschichte, übersetzt von Gotthold Ephraim Lessing, in: V., Streitschriften, hg. von Martin Fontius, Berlin 1981, 226f.)

[209] Siehe Leo Strauss, Naturrecht und Geschichte [1956], Frankfurt a. M. 1977, 318f., sowie oben S. 50, Fn. 69. Strauss versteht Burkes Ansatz weniger als «Entdeckung der Geschichte» denn als «Wiederherstellung des Unterschieds zwischen Theorie und Praxis» (333).

die Unveränderlichkeit der menschlichen Natur noch so gewiss scheinen könnte. Wenn der Glaube hieran aber zu wanken beginnt, steht die *exempla*-Historie insgesamt zur Disposition. Die *Letters* sind ein letzter grosser Versuch, diesen Typus von Historie zu retten.

Als echte «Whig History» entpuppen sich die *Letters* da, wo sie alle Ursprungserzählungen umstandslos der Mythologie zuschlagen und sie damit für wertlos in praktischer Hinsicht erklären (BHW 31). Wer sich Bolingbrokes Eingangserörterungen über den Menschen als geschichtenbegieriges Tier in Erinnerung ruft, könnte argumentieren, der Gehalt an faktischer Wahrheit (was immer das sein mag), den eine Geschichte aufweise, sei gleichgültig, wenn sie nur ihren pädagogischen Zweck erfülle, die Menschen als soziale Wesen zu bessern. Traditionelle *exempla*-Historie nimmt diese Faktizität des jeweiligen Geschichtsinhalts häufig einfach an. Die *Letters on the Study and Use of History* begnügen sich indessen nicht mit derlei Faktizitätsannahmen, sondern wollen Kriterien für die tatsächliche Faktizität von historischen Personen und Ereignissen entwickeln. Für Bolingbroke ist die Faktizität der Vergangenheiten, von denen die Historie berichtet, unabdingbare Voraussetzung ihrer ethisch-politischen Verwendbarkeit. Seine Polemik gegen die Urzeitmythologeme des 'heidnischen' Altertums könnte so durchaus auch bei einem christlichen Apologeten stehen. Die Denunziation dieser Mythologeme als Aberglauben gründet auf der *common sense*-Maxime, dass das, was es gegenwärtig nicht gibt – der Naturordnung widersprechende Wunder –, auch in der fernen Vergangenheit nicht existiert habe.

Der scharfsinnige Viscount verbietet sich allerdings genau das, worauf der christliche Apologet nach seinem auf gemeinvernünftiger Grundlage gefällten Aberglaubensverdikt verfiele – nämlich darauf, die historischen Bücher des Alten Testaments als authentische Quelle der menschlichen Ur- und Frühgeschichte anzusehen, weil diese Texte ja als Offenbarungen Gottes verbürgt seien. Im Gegenteil: Bolingbroke tritt an diese Quellen mit derselben nüchternen Skepsis heran, die er gegenüber den «profanen» Ursprungsgeschichten unter Beweis gestellt hatte. Im Abschnitt über die «Sacred History» (BHW 35-48) stellt Bolingbroke zunächst einige textkritische Überlegungen an, die auf die Verlässlichkeit der Septuaginta lange Schatten werfen. Es müsse uns nachdenklich stimmen, dass die Geschichte der Juden, so wie sie von den Juden erzählt worden sei, nur von diesen selbst sowie von christlichen Autoren mit sehr durchsichtigen apologetischen Interessen für wahr gehalten werde. Im Anschluss an eine Bemerkung im Vorwort von Richard Simons *Histoire critique du Vieux Testament* will Bolingbroke allein den doktrinalen, nicht jedoch den historischen Verlautbarungen der Bibel Glauben schenken (BHW 39). Werden aber die historischen Berichte des Alten Testaments als suspekt preisgegeben, geraten alle heilsgeschichtlichen Konstruktionen und damit die geschichtstheologischen Deutungen der biblischen Eschatologie ins Wanken.[210] Bolingbroke lehnt Bestrebungen ab, eine Weltchronologie auf das Alte Testament abzustellen, und gibt zu bedenken, dass dessen Autoren niemals im Sinn gehabt hätten, eine «universal history» zu verfassen (BHW 45). Wenn das, was über die Eingriffe Gottes in die Geschichte von der Bibel berichtet wird, im besten Fall welthistorisch irrelevant und im schlechtesten Fall schiere Erfindung ist, hat die Weltgeschichte aufgehört, ein vom jüdisch-christlichen Gott gelenkter, sich exklusiv in den heiligen Schriften der Juden und Christen kundtuender, universeller Heilsprozess zu sein. Der vergleichende Blick, den Bolingbroke auf die antiken Quellen 'heidnischer' und jüdischer Provenienz wirft, relativiert alles Offenbarungsdenken radikal. Die jüdischen Texte sind aus genau demselben Holz geschnitzt wie die 'heidnischen'; kein Gott hat da die Hand geführt, jedenfalls da nicht, wo es 'nur' um historische, nicht um dogmatische Belange geht. Bei Bolingbroke fällt die Theologie als historische Sinnstiftungsinstanz aus.

Wie grundstürzend Bolingbrokes komparative Sicht ist, zeigt sich, wenn man etwa Tillemonts *Histoire des Empereurs* oder aber die populärste, wiewohl keineswegs kritische, zeitgenössische Geschichte des Altertums, Charles Rollins (1661-1741) *Histoire ancienne* dagegen hält. Dort handelt die Vorrede zum ersten Band «Von der Nutzbarkeit der weltlichen Historie, in Absicht auf die Religion»[211] und stellt nicht allein fest, dass auch bei den

---

[210] Entsprechend muss ein theologisch interessierter Gelehrter wie Siegmund Jacob Baumgarten Bolingbroke in methodischer Hinsicht diskreditieren, vgl. Helmut Zedelmaier, Der Anfang der Geschichte. Studien zur Ursprungsdebatte im 18. Jahrhundert, Hamburg 2003, 139f.

[211] Charles Rollin, Historie alter Zeiten und Völker, der Aegyptier, Carthaginenser, Assyrer, Babylonier, Meder, Perser, Macedonier und Griechen. Aus dem Französischen übersetzt von M. Gottfried Ephraim Müller. Erster Theil, Dresden, Leipzig (Friedrich Hekel) 1738, S. I. Vgl. zu Rollin die wegwerfenden Bemerkungen

'Heiden' die göttliche Vorsehung regiere, sondern richtet im Stile Bossuets überhaupt die Weltgeschichte auf die Geschichte Israels aus. So sind die Könige der Alten Reiche des Orients «nichts anderes, als Werkzeuge, in den Händen GOttes, deren er sich bediente, die Hartnäkigkeit seines Volkes zu strafen.»[212] Damit wird jeder Eigenwert der antiken Geschichte ohne Bezug auf Juden- und Christentum negiert.[213] Alles, was in der Welt vorgegangen ist, hatte einzig den Zweck, die Menschen auf die Offenbarung Gottes in Christus vorzubereiten. Dies degradiert jede Profangeschichte zum Appendix der Heilsgeschichte. Bedingung der Möglichkeit eines solchen heilsgeschichtlichen Universalismus ist aber die unbedingte Verlässlichkeit der im Alten Testament als geschichtlich ausgegebenen Überlieferungen. Ein grösserer Gegensatz zu Bolingbrokes Betrachtungsweise lässt sich kaum denken – und doch ist Rollin, obgleich jansenistisch inspiriert, kein religiöser Heissssporn, sondern verkörpert vielmehr den traditionellen Typus der Profangeschichtsschreibung in pädagogischer Absicht.

bei Fueter, Geschichte der neueren Historiographie, 290, der Rollin aber wohl zu stark in theologischem Kontext stehen sieht. Selbst Thomas Abbt empfiehlt – als aufgeklärter Protestant! – neben Bossuets *Discours sur l'histoire universelle* Rollins *Histoire* zur historischen Bildung angehender «Cavaliere» (Thomas Abbt, Gedanken von der Einrichtung der ersten Studien eines jungen Herrn vom Stande; nebst einer Nachricht von dem Tode und der Grabschrift dieses würdigen Mannes von einem Verehrer hrerausgegeben, Leipzig, Berlin 1767, 32). In seiner Erwiderung auf Friedrichs des Grossen *De la litérature allemande* bemerkt Jerusalem zur deutschen Rollin-Rezeption: «In den Familien ist Rollins Geschichte indessen schon immer ein einheimisches Lehrbuch gewesen.» (Johann Friedrich Wilhelm Jerusalem, Über die deutsche Sprache und Literatur. An Ihro Königliche Hoheit die verwittwete Frau Herzogin von Braunschweig und Lüneburg [1781], in: Über die deutsche Literatur. Aufsatz von J.F.W. Jerusalem als Entgegnung auf die Abhandlung Friedrichs des Grossen, Braunschweig 1963, 56).

212 Rollin, Historie alter Zeiten, VIII.
213 Zu den Schwierigkeiten, die sich der Herausbildung einer Wissenschaft von der «alten Geschichte» in den Weg stellten, siehe Eckhard Meyer-Zwiffelhoffer, Alte Geschichte in der Universalgeschichtsschreibung der Frühen Neuzeit, in: Saeculum. Jahrbuch für Universalgeschichte, Bd. 46 (1995), 249-273, der die These aufstellt, «[e]ine alte Geschichte konnte wegen der vorherrschenden christlich-theologischen Geschichtsauffassung nicht innerhalb der frühneuzeitlichen Universalhistorie konzipiert werden, sondern nur im Rahmen einer *Specialhistorie*» (253).

Die Polemik gegen das Vertrauen auf eine verlässliche Überlieferung von Ursprungs- und Frühgeschichte droht Bolingbrokes Leser in den Abgrund des *Pyrrhonismus historicus* zu stürzen, der entweder aus prinzipiellen ontologischen oder aus quellenkritischen Erwägung die Verlässlichkeit jeglicher Geschichtserzählung anzweifelt. Als seine Hauptvertreter nennt Bolingbroke den von ihm geschätzten Pierre Bayle (BHW 51) und François de La Mothe le Vayer (BHW 59). Selbst versucht er in seinem vierten Brief sicherzustellen, dass es sehr wohl glaubwürdige Nachrichten vom Vergangenen geben könne. Denn Fabeln scheinen faktischer Geschichte in Hinsicht auf praktische Verwertbarkeit immer unterlegen zu sein. Umstandslos ins Reich der Fabel verbannt wird die Geschichte des Altertums als ganze, haben wir von ihr doch nur unsichere Kunde. So sehr Bolingbroke zuzugeben bereit ist, dass die Nachrichten über das Gewesene stets unwissentlich und unwillentlich oder aber wissentlich und willentlich entstellt werden, so wenig will er daraus doch den prinzipiellen Schluss erlauben, unser sämtliches historisches Wissen sei ohne Anhalt in der Realität. Wenn man vorsichtig verfahre und sich statt auf ein einziges Zeugnis auf mehrere stütze, werde man Spuren dieser Wahrheit finden. Ein schroffer historischer Pyrrhonismus ist für Bolingbroke eine Überreaktion auf das unleugbare Faktum allgegenwärtiger betrügerischer Absichten. Was not tut, ist nicht die rigorose Urteilsenthaltung, sondern Kritik der Überlieferung auf der Basis des gesunden Menschenverstandes, also auf der Basis der Wahrscheinlichkeit von Ereignissen im Rahmen unserer eigenen, gegenwärtigen Welterkenntnis.

Um Geschichte als «magistra vitae» (LSUH 5–BHW 63) zu exemplifizieren, greift Bolingbroke das spezifische Geschichtsinteresse der Geistlichen und der Politiker heraus. Bei ersteren wischt er die die Jahrhundertdebatte zwischen christlicher Kirche und Deismus vom Tisch. All die Versuche, die Wahrheit des Christentums mit Vernunftgründen zu beweisen, werden unterlaufen von der nüchternen Einsicht, dass das Christentum auf gewissen historischen Fakten zu ruhen vorgebe, und es also stehe oder falle, je nachdem, ob sich diese Fakten beweisen liessen oder nicht. Und bei einem solchen Beweis habe keine Offenbarung mitzureden; die fraglichen Fakten müssten mit derselben Vorurteilslosigkeit und mit derselben profanhistorischen Methode erhoben und untersucht werden, die man auf jede andere Überlieferung anwendet. Hier ist der Bruch zwischen einer noch in der Metaphysik des 17. Jahrhunderts fussenden Religionskritik zur modernen oder doch zumindest aufklärerischen, historisch-kritischen Betrachtung des Christentums zu erkennen.[214] Bolingbroke denkt auch keineswegs daran, einen etwaigen Nutzen, d. h. die moralische Besserung der Menschen durch das Christentum zu dessen Gunsten in Rechnung zu stellen. Er sieht hier – im Unterschied zu seiner Diskussion des Alten Testaments – davon ab, die Glaubenswahrheit von der historischen Wahrheit zu unterscheiden und dem Christentum erstere mindestens *pro forma* zuzuschreiben. Vielmehr ist die Glaubenswahrheit zugunsten der historischen gänzlich suspendiert: Erst wenn sich eine solche historische Wahrheit des Christentums beweisen liesse, kann man von seiner metaphysischen oder von seiner dogmatischen Wahrheit reden. Wann aber dürfte die historische Wahrheit des Christentums als bewiesen gelten? Doch wohl noch nicht, wenn man bewiesen hat, dass Jesus von Nazareth tatsächlich gelebt hat und am Kreuz gestorben ist. Erst wer historisch beweist, dass Christus auferstanden ist und die Welt erlöst hat, hat bewiesen, dass die Christen ihren Glauben zu Recht verkündigen. Gerade dies aber wird vermutlich in Bolingbrokes Augen historisch nicht zu beweisen sein. Die Theologen sollen nicht in der Christentumsgeschichte nach *exempla* Ausschau halten, sondern mit rein wissenschaftlichen Mitteln demonstrieren, dass die so profan anmutende Geschichte des Christentums in Tat und Wahrheit doch die Heilsgeschichte sei. Sie müssten die profanen Historiker des Christentums in heilsgeschichtlicher Absicht werden.

Eingehend widmet sich Bolingbroke der für die Diener des Staates nützlichen Historie. Hier prägt sich das Misstrauen gegen die Ursprungs- und Frühgeschichte voll aus, kann der Verfasser den Politikern und Amtsträgern doch nur empfehlen, die Geschichte Europas seit Beginn des 16. Jahrhunderts intensiv zu studieren. Er sieht offensichtlich keine Strukturen im gegenwärtigen gesellschaftlichen Gefüge, zu deren Verständnis man in tiefere Vergangenheiten hinabsteigen müsste. Vielmehr macht er eine Epochenscheide um 1500 aus, die es rechtfertige, sich mit der Geschichte erst von da an zu beschäftigen. Nur die Geschichte, die uns angeht, lohnt es, von uns begriffen zu werden. Und wie selbstverständlich sind es die gegen-

---

214 Die alte metaphysische Religionskritik behandelt umfassend Winfried Schröder, Ursprünge des Atheismus. Untersuchungen zur Metaphysik- und Religionskritik des 17. und 18. Jahrhunderts, Stuttgart-Bad Cannstatt 1998 (dazu meine Rezension in: Philosophisches Jahrbuch, Bd. 107/2 [2000], 524-528).

wärtigen Umstände, die aktuellen Fragen, die bestimmen, was uns angeht. Trotz des antik-humanistischen *exempla*-Konzeptes verschwinden also die antiken Autoren ganz aus dem Blick. Die Beschränkung auf die neuere und neueste Geschichte unterbindet alle restaurativen Ursprungsrekurse. Wenn wir Bolingbrokes Geschichtsphilosophie als ganze betrachten, so vermissen wir wesentliche Elemente jener spekulativ-universalistischen Geschichtsphilosophie, die um 1750 entstehen sollte. Der Viscount liefert kein Gesamtbild einer etwaigen Entwicklung des Menschengeschlechts. Sein Insistieren auf der durch die Geschichtserzählung zu erzielenden moralischen Besserung in politischer Absicht ist kein Prinzip, mit dem sich die Geschichte qua *res gestae* selber organisieren liesse. Bolingbroke setzt den (angeblichen) Optimismus seines Freundes Alexander Pope nicht geschichtsphilosophisch um. So bleibt es bei den an das jeweilige Interesse des Erzählers gebundenen, einzelnen Geschichtserzählungen. Es kommt keine Universalgeschichte als 'Grosse Erzählung' zustande. Mit dem heilsgeschichtlichen Schema gibt Bolingbroke das bisher prominente Strukturierungsprinzip der Gesamtgeschichte aus der Hand, ohne eine Notwendigkeit zu verspüren, es durch eine neue Spekulation zu ersetzen. Aus der Perspektive der spekulativ-universalistischen Geschichtsphilosophieentwürfe der zweiten Jahrhunderthälfte wird man dies als Mangel zu empfinden beginnen. Freilich ist sehr deutlich, dass die praktische Instrumentalisierung der Geschichte für moralische und politische Zwecke bei Bolingbroke die spätere Instrumentalisierung der Geschichte für parametaphysische Sinnbedürfnisbefriedigungen vorspurt. Parallel zu dieser parametaphysischen Instrumentalisierung hat freilich auch die Etablierung der Historie als selbständige und zumindest dem Selbstverständnis nach metaphysikkritische Wissenschaftsdisziplin stattgefunden.

Exkurs: Der Nutzen von Geschichte
in zeitgenössischen Lexika

Heutigen Lesern mag die Frage nach dem Nutzen von Geschichte antiquiert vorkommen. Indessen ist Bolingbrokes *exempla*-Historie nicht nur ein Restposten des Humanismus und der Antike. Vielmehr scheint sie bis zum Aufkommen einer spekulativ-universalistischen Geschichtsphilosophie die Diskussion über den Nutzen der Geschichte in Gang gehalten zu haben. Diesen Eindruck verstärkt ein Blick auf die Geschichtsdefinitionen in zeitgenössischen Lexika. Der *Historia*-Artikel in der letzten Ausgabe von Johann Jacob Hofmanns *Lexicon universale* (1698) nimmt, mit Klassiker-Zitaten angereichert, einige Distinktionen vor, die Bereiche der Geschichte voneinander abzugrenzen. Vom Nutzen der Historie allgemein ist demgegenüber sehr wenig die Rede.[215] Ähnliches gilt von den Ausführungen über «Historie» bei Zedler, die sich vor allem in Einteilungsfragen ergehen und auf die Eruierung der «historischen Wahrscheinlichkeit» grosses Gewicht legen.[216] Der *Dictionnaire de Trévoux* in der Ausgabe von 1740 übertrifft Hofmann um ein Vielfaches in der Aufzählung der alten und neuen Auto-

---

215 Johann Jacob Hofmann, Lexicon universale, historiam sacram et profanam omnis aevi ... explanans. Editio absolutissima. Bd. 2, Lugduni Batavorum MDCXCVIII (= 1698), 526. Zu Hofmann siehe auch Ueberweg[13], Die Philosophie des 17. Jahrhunderts, Bd. 4, 451 und 453.

216 Zedler, Bd. 13 (1735), Sp. 281-286. Gleichwohl beginnt der Artikel programmatisch: «Alle unsere Wissenschaften gründen sich auf die Erfahrung. ... Die Historie ist also nichts anders als Erfahrungen, welche wir von andern bekommen, und wegen ihres Zeugnisses davor halten, dass sie würcklich geschehen sind. Alles was geschiehet gehöret in die Historie» (Sp. 281). Beim Rekurs auf die «historische Wahrscheinlichkeit» steht Zedler im Gefolge von Johann Georg Walch, Philosophisches Lexicon, darinnen die in allen Theilen der Philosophie, als Logic, Metaphysic, Physic, Pneumatic, Ethic, natürlichen Theologie und Rechtsgelehrsamkeit, wie auch Politic fürkommenden Materien und Kunst-Wörter erkläret, und aus der Historie erläutert; die Streitigkeiten der ältern und neuern Philosophen erzehlet, die dahin gehörigen Bücher und Schrifften angeführet, und alles nach Alphabetischer Ordnung vorgestellet worden, mit nöthigen Registern versehen und herausgegeben. Zweyte verbesserte und mit denen Leben alter und neuer Philosophen vermehrte Auflage, Leipzig (Joh. Friedrich Gleditschers seel. Sohn) 1733, Sp. 1463, wo noch Elemente des historischen Pyrrhonismus nachwirken: «In historischen Sachen, welche auf menschlicher Auctoritat beruhen, haben wir keine andere, als eine wahrscheinlich Erkenntniss, weil wir keine Gewissheit in den Grund-Sätzen, worauf sich unsere Erkenntniss stützet, haben». Sp. 1461 wird übrigens betont, dass die Historie nicht nur nützlich, sondern auch «angenehm» sei «wegen der vielfältigen Veränderungen, welches eine rechte Speise für die Begierden ist, wodurch sie in der Lust erholten [sic] werden». Zum Kompilationscharakter des Zedlerschen *Universal-Lexicons* siehe Ines Prodöhl, «Aus denen besten Scribenten». Zedlers *Universal-Lexicon* im Spannungsfeld zeitgenössischer Lexikonproduktion, in: Das Achtzehnte Jahrhundert, Jg. 29 (2005), Heft 1, 82-94.

ritäten, ist aber weit davon entfernt, einen kohärenten Geschichtsbegriff zu entwerfen, sondern hält sich der Bestimmung dieses Wörterbuches gemäss mehr beim Wortgebrauch von «histoire» und «historien» auf[217] – ähnlich wie, freilich viel knapper, der *Thesaurus eruditionis scholasticae* des Basilius Faber in der Ausgabe von Johannes Matthias Gesner.[218] Anders indessen William Owens *New and Complete Dictionary of Arts and Sciences* von 1754, der – einige Jahre vor Voltaires *Histoire*-Artikel in der *Encyclopédie* publiziert – einen unmittelbaren Reflex auf Bolingbrokes *Letters* zu geben scheint. Unter «Historiographer» wird der «historian» in jenes höchste Richteramt berufen, das Bolingbroke für ihn vorgesehen hatte:

> An historian of all authors spreads the most ample theatre; he erects the greatest tribunal on earth, for it is his office to sit supreme judge of all that passes in the world, to pronounce the destiny of the great ones of the earth, and fix their character with posterity; to do justice to virtue and worth, in bestowing eternity upon great and good actions, and fixing an everlasting mark of infamy on bad ones; to instruct all people and nations, and direct the conduct of ages; he therefore ought to be endowed with many great and uncommon qualifications.[219]

Bis in die Formulierungen hinein folgt der Lexikograph Bolingbrokes Vorgabe («the principal duty of history is to erect a tribunal»; LSUH 2–BWH 18). Weiter soll der Historiker ganz nach dem von Bolingbroke her bekannten Schema die Lektionen der Geschichte für die Nachwelt fruchtbar machen, «by regulating the heart and spirits of men, animating them to great and virtuos actions by illustrious examples, and cautioning them against vice, folly, cruelty, and unjustice, by laying open the fatal conse-

---

[217] Dictionnaire universel françois et latin, contenant la signification et la définition tant des mots de l'une & de l'autre Language, avec leurs différens usages, que des termes propres de chaque Etat & de chaque Profession. ... Nouvelle édition corrigée, Bd. 3, Nancy M.DCC.XL. (= 1740), Sp. 1727-1729.

[218] Basilius Faber Soranus, Thesaurus eruditionis scholasticae omnium usui et disciplinis omnibus accomodatus post celeberrimorum virorum Buchneri, Cellarii, Graevii, operas et adnotationes et multiplices Andreae Stübelii curas recensitus, emendatus, locupletatus a Io. Matthia Gesnero, Teil 1, Leipzig (Thomas Fritsch) 1726, Sp. 1158 (Art. Historia und Historicus).

[219] [William Owen et alii], A New and Complete Dictionary of Arts and Sciences ... Whole extracted from the Best Authors in all Languages. By a Society of Gentlemen, Bd. 2/2, London (W. Owen) MDCCLIV (= 1754), Art. Historiographer, 1617.

quences resulting from them.»[220] Im *History*-Artikel, der übrigens «Sacred» und «Ecclesiastical History» unterscheidet, aber faktisch erstere in letzterer aufgehen lässt,[221] wird die Frage des *Pyrrhonismus historicus* nach der «credibility» von Geschichte aufgenommen, indes prinzipiell – implizit mit Bolingbroke – positiv beantwortet: «That there is a real and demonstrable certainty of events, which ought not to be doubted or contested: and indeed, scepticism in historical matters most commonly, if not always, proceeds from ignorance of the real nature of that certainty and its criterion».[222] Unter der Rubrik «Usefulness of History» werden zunächst «agreeable amusement, and relaxation» angeführt,[223] jedoch sogleich ergänzt um

> a foundation not only for general prudence, but for that particular kind, which the circumstances and situation of each man require. To become acquainted with the characters of men, the marks, sources, and effects of their passions and prejudices, the power and changes of their customs, and the like, is an essential and necessary step to prudence: and all this knowledge is considerably improved by history, which teaches us to make other men's experience our own, to profit by it, and to learn wisdom from their misfortunes. ... History is of eminent use in promoting virtue, partly by a copious and pleasant instruction in a right and virtuous conduct in general, and partly by examples that insensibly lead us to practice of several virtues in particular.[224]

Dies alles fasst Bolingbrokes Position zusammen. Stellenweise weist auch der *Histoire*-Artikel in d'Alemberts und Diderots *Encyclopédie* (Bd. 8 [1765]) aus Voltaires Feder Parallelen zu Bolingbroke auf. Die knappen Bemerkungen über die «histoire sacrée» klingen allenfalls eine Spur ironischer;[225] auch Voltaire gesteht die Nützlichkeit der Geschichte durch

---

[220] A.a.O., 1618.
[221] A.a.O., Art. History, 1619.
[222] A.a.O., 1620.
[223] A.a.O., 1620f.
[224] A.a.O., 1621.
[225] [Denis Diderot/Jean le Rond d'Alembert (Ed.)], Encyclopédie ou Dictionnaire raisonné des sciences, des arts et des métiers (articles choisis). Chronologie, introduction et bibliographie par Alain Pons, Bd. 2, Paris 1986, 166 = OC Kehl 41,40f. In der sogenannten *Encyclopédie d'Yverdon*, einer Bearbeitung von Diderots und d'Alemberts Werk, ist der *Histoire*-Artikel demgegenüber radikal umgestaltet und führt den Passus zur *histoire sacrée* breit aus: «Si on veut connoître l'*histoire* dans toute sa grandeur & toute sa noblesse, c'est dans les livres saints qu'il faut l'envisager.» (Encyclopédie ou dictionnaire universel raisonné des connoissances

Exempel gerne zu.[226] Beim Problem der historischen Gewissheit gibt sich der Verfasser vorbehaltvoller: «Toute certitude qui n'est pas démonstration mathématique n'est qu'une extrême probabilité: il n'y a pas d'autre certitude historique.»[227] Wirklich eigenständig ist Voltaire da, wo er eine Erweiterung des in den Blickfeld der Geschichte Gehörigen verlangt, nämlich in Richtung einer allgemeinen Kultur- und Sittengeschichte.[228]

Wer noch einen Blick in spätere Enzyklopädien wirft, wird feststellen, dass die Frage nach dem Nutzen der Geschichte nach und nach aus dem Blickfeld verschwindet. Die erste Ausgabe von William Smellies *Encyclopedia Britannica* bringt zum Thema «Historiographer» nur einen zwei-,

---

humaines. Mis en ordre par M. [Fortunato Bartolomeo] de Felice, Bd. 23, Yverdon 1773, 310). Der Artikel wird dann sehr grundsätzlich: «Quoique l'*histoire* sacrée ne soit point faite pour servir de modele aux écrivains, mais pour apprendre à l'homme ce qu'il est, ce qu'il doit faire, & à quoi il doit tendre selon les vûes de Dieu, il est certain cependant qu'il n'y a rien de plus partfait dans le genre de l'*histoire*.» (A. a. O., 311). Die «histoire ecclésiastique» ist mit der «histoire sacrée» freilich keineswegs deckungsgleich; erstere unterscheide sich von der Profangeschichte nur durch ihren Gegenstand, wie S. 312 unter ausdrücklicher Berufung auf Johann Lorenz von Mosheim angemerkt wird. Zum reformistisch-protestantischen Charakter der *Encyclopédie d'Yverdon* siehe Kathleen Hardesty Doig, The Yverdon *Encyclopédie,* in: Frank A. Kafker (Ed.), Notable Encyclopedias of the Late Eighteenth Century: Eleven Successors of the *Encyclopédie*, Oxford 1994 (= Studies on Voltaire, Bd. 315), 85-116.

[226] Die *Encyclopédie d'Yverdon* meint, die Philosophen allein könnten aus der Geschichte wahren Nutzen ziehen. «Cependant il est une classe à qui elle est plus profitable encore. C'est la classe respectable & infortunée des princes.» (A. a. O., 306).

[227] [Denis Diderot/Jean le Rond d'Alembert (Ed.)], Encyclopédie ou Dictionnaire raisonné, Bd. 2, 167 = OC Kehl 41,54.

[228] Zu Voltaire vgl. auch Jürgen von Stackelberg, Voltaires Geschichtsphilosophie, in: J. v. S., Über Voltaire, München 1998, 45-57, und Wilhelm Weischedel, Voltaire und das Problem der Geschichte, in: Zeitschrift für philosophische Forschung, Jg. 2 (1947), 481-498, der einen spezifischen Charakterzug der Voltaireschen Historiographie etwas vorschnell zu einem allgemeinen Charakterzug der Aufklärung erhebt: «So zeigt sich hier, charakteristisch für die Aufklärung, eine eigentümliche Haltung der Geschichte gegenüber: die Freiheit der Unverbindlichkeit. Sie geht den, der sich mit ihr befasst, nicht unmittelbar an; er bleibt ihr gegenüber in der Distanz, sie lässt ihn unbeteiligt.» (485) Gerade dies gilt für die sich zeitgleich etablierende spekulativ-universalistische Geschichtsphilosophie nicht mehr.

zum Thema «History» einen immerhin siebenzeiligen Artikel, bei denen es sich offensichtlich um Kurzfassungen von denjenigen in Owens *Dictionary* handelt, wobei Reflexionen über Nutzen und Glaubwürdigkeit von Geschichte entfallen.[229] Daraus ist freilich nicht zu folgern, dass sich Bolingbrokes Probleme dauerhaft erledigt hätten. 1873 notiert ein deutscher Altphilologe, der ein Buch über *Nutzen und Nachtheil der Historie für das Leben* vorbereitet: «Historie, die zwar nicht unmittelbar oder mittelbar zu besseren Menschen und zu besseren Bürgern macht, ist nur, nach einem Ausdrucke, den Bolingbroke in seinen berühmten Briefen on the study and use of history anwendet 'a specious and ingenious sort of idleness'.»[230] Zwischen Nietzsche und Bolingbroke verschwand die Frage nach der Moralität und unmittelbar lebenspraktischen Applikabilität von Geschichte im Hintergrund philosophischer Geschichtsbetrachtung, aber nicht etwa, weil die Aufklärer, die Geschichtsphilosphie trieben, die eigenen moralischen Prinzipien oder Aufklärung als Moralisierungsunternehmen preisgegeben hätten. Vielmehr wuchs der philosophischen Geschichtsbetrachtung nach und nach eine neue Rolle zu, nämlich für die ideenpolitische Stabilisierung der Aufklärung und ihrer Moralisierungsabsichten zu sorgen. Dabei wurde der Horizont der Geschichtsbetrachtung von den moralisch applikablen Einzelgeschehnissen ausgeweitet auf die Gesamtheit der Geschichte, die man als eine Einheit zu begreifen versuchte: Der Horizont der Geschichtsphilosophie wurde universal und ihr Verfahren spekulativ, insofern sie vom jeweils begrenzt verfügbaren Datenmaterial auf den zielgerichteten Verlauf der Gesamtgeschichte schloss. Dabei konnte es nicht länger darum gehen, in Einzelgeschehnissen die ihnen innewohnende oder aus ihnen zu extrahierende Moral zu finden, sondern die Gerichtetheit der Geschichte als Legitimationsgrund moralischen Handelns zu erschliessen. Aus der Geschichte sind dann keine direkten Handlungsanweisungen zu gewinnen; vielmehr stellt Geschichte nun den Gesamtrahmen dar, der individuellem Handeln einen überindividuellen Sinn verleiht und spezifisch moralisches Handeln im Dienst einer universalgeschichtlichen Entwicklung stehen sieht.

---

229 [William Smellie et alii], Encyclopaedia Britannica; or, a Dictionary of Arts and Sciences … By a Society of Gentlemen in Scotland, Bd. 2, Edinburgh 1771, 788.
230 Friedrich Nietzsche, Nachlass 1873, 29[177]; KSA 7,705. Zum Thema siehe Sommer, Der Geist der Historie und das Ende des Christentums, 44-72.

Die Geschichte aus dem moralischen Applikationszwang zu befreien, versuchte zwar schon Bayle, aber erst Vico arbeitet die Selbstzweckhaftigkeit der historischen Erkenntnis heraus. Im Unterschied zu den aufklärerischen Geschichtsphilosophen um und nach 1750 extrapoliert Vico jedoch kein universelles Fortschrittsgeschehen, das als Legitimationsgrund moralischen Handelns in Frage käme: Handeln kann bei Vico seinen Sinn noch nicht aus dem zielgerichteten Verlauf der Gesamtgeschichte beziehen. Dafür avanciert Geschichtserkenntnis zu der dem Menschen allein möglichen Erkenntnisform – jenseits moralischen Nutzens.

2.3 Historische Universaltheorie der Kultur: Giambattista Vico

Gerne werden Giambattista Vicos (1668-1744) *Principj di scienza nuova d'intorno alla comune natura delle nazioni* (1725, ²1730, ³1744) als Gründungsdokument moderner Geschichtsphilosophie rubriziert.[231] Indessen verkennt man bei einer solchen Rubrizierung leicht, dass die Wissenschaft, die Vico neu begründen wollte, eher als umfassende Theorie menschlicher Kultur gedacht war denn als Begründung einer philosophischen Teildisziplin. War der neapolitanische Rhetorikprofessor[232] zu Lebzeiten verkannt,[233] hat sich mittlerweile eine regelrechte «Vico industry»[234] etabliert, die für ihn reklamiert, nicht nur der bedeutendste Philosoph Italiens, sondern überhaupt der bedeutendste Philosoph des 18. Jahrhunderts zu

---

[231] Vgl. z.B. Jürgen Habermas, Theorie und Praxis. Sozialphilosophische Studien [1963], Frankfurt a.M. 1978, 271-274, oder Johannes Thyssen, Geschichte der Geschichtsphilosophie. 4. unveränderte Auflage, vermehrt um einen bibliographischen Hinweis von Klaus Hartmann, Bonn 1970, 43.

[232] Zu Vicos Stellung im Rhetorik-'Diskurs' siehe die Studie von Andrea Battistini, Three Essays on Vico, in: New Vico Studies, Bd. 12 (1994), 1-15. Michael Mooney, Vico in the Tradition of Rhetoric, Princeton 1985, 255, meint grundsätzlich, «the priciples of his science were ... clearly drawn from the ancient tradition of rhetoric, renewed and deepened by seventeenth-century critics».

[233] Siehe z.B. Donald Phillip [sic] Verene, The Reception of Vico's First *New Science*, in: New Vico Studies, Bd. 16 (1998), 25-29.

[234] Isaiah Berlin, The Reputation of Vico, in: New Vico Studies, Bd. 17 (1999), 2.

sein.²³⁵ Schwerlich passte die *Scienza nuova* in den Erwartungshorizont ihres ersten Publikums: Weder handelt es sich um einen philosophischen oder gelehrt-philologischen Traktat im herkömmlichen Sinn,²³⁶ noch ist das Buch eine übergreifende Geschichtserzählung oder gar ein eigentlich belletristisches Werk – Vico postuliert die Unvereinbarkeit von Philosophie und Poesie! Die verspätete Wahrnehmung seiner denkerischen Leistung verhinderte ein nennenswertes Einwirken Vicos auf die Entwicklung der aufklärerischen Geschichtsphilosophie; er nimmt in ihr eine singuläre, aber auch isolierte Stellung ein. Selbst die gelegentliche Nennung Vicos am Ende des Jahrhunderts bei Hamann, Herder und Goethe dokumentiert keinen nennenswerten Niederschlag in der deutschen Geistesgeschichte. «Wer nach der deutschen Vico-Rezeption im 18. Jahrhundert fragt, stösst so stets auf die Geschichte einer verpassten Gelegenheit.»²³⁷ Ähnlich verhalten steht es um die Aufnahme Vicos in Frankreich vor Joseph de Maistre und Jules Michelet, in Grossbritannien vor Samuel Taylor Coleridge und Matthew Arnold. Die retrospektive 'Entdeckung' einer vergessenen Leitfigur bietet den entscheidenden Vorteil, dass man diese Figur als unbesetzte Projektionsfläche okkupieren kann; man entreisst das dem Vergessen, was den eigenen Interessen am besten dient. So erscheint uns Vico seit Beginn seiner breiteren Aufnahme in den europäischen Bildungskanon vielgestaltig; er er-

---

235 Auch wenn z. B. Peter Burke, Vico. Philosoph, Historiker, Denker einer neuen Wissenschaft. Aus dem Englischen von Wolfgang Heuss, Berlin 2001, sich bemüht, den «Vico-Mythos» zu relativieren und Vico in «das kulturelle und soziale Milieu seiner Entwicklung» (8) zurückzustellen. Über den geistigen Kontext von Vicos Kulturtheorie unterrichtet auch Harold Samuel Stone, Vico's Cultural History. The Production and Transmission of Ideas in Naples 1685-1750, Leiden, New York, Köln 1997.

236 Vgl. etwa Momiglianos Urteil zu Vicos argumentativer Instrumentalisierung der römischen Geschichte als «nachgerade phantastische Missachtung aller ernsthaften zeitgenössischen Wissenschaft» (Arnaldo Momigliano, Römische Hünen und Helden in Vicos *Scienza Nuova* [1966], in: A. M., Ausgewählte Schriften zur Geschichte und Geschichtsschreibung, Bd. 2, 207).

237 Stefan Matuschek, Lessing und Vico. Zum sprachphilosophischen Ursprung der *Erziehung des Menschengeschlechts*, in: Germanisch-romanische Monatsschrift, Bd. 47 (1997), Heft 3, 309. Dieser Beitrag versucht, immerhin einen indirekten Einfluss Vicos auf Lessing plausibel zu machen. Vgl. auch Giuseppe D'Alessandro, Vico e Heyne. Percorsi di una recezione, in: Giornale critico della filosofia italiana, Bd. 19 (1999), Heft 3, 372-398.

scheint, *cum grano salis,* als Exempel dessen, was er als *caratteri poetici,* als «poetische Charaktere» bezeichnet hat, «phantastische Gattungsbegriffe» (SN² 34), meist Personifikationen, die allgemeine Ideen in bildhafter Form ausdrücken. Wenn Vico mit seiner Theorie der «poetischen Charaktere» das Denken der Frühzeit des menschlichen Geschlechts zu verstehen versucht, dann erfüllt er selbst in manchen modernen Theorien von Marxismus bis Strukturalismus die Funktion eines solchen poetischen Charakters, insofern er zur bildlichen Abkürzung dessen wird, wofür man in den fraglichen Theorien keinen abstrakten Begriff findet und sich deshalb der Personifikation bedient, die allen Angehörigen des jeweiligen theoretischen Stammes unmittelbar verständlich scheint.

Für die Frage nach den Wechselbeziehungen von geschichtsphilosophischer und geschichtstheologischer Denkanstrengung kommen viele Aspekte, die einer aktualisierenden Vico-Rezeption am Herzen lagen und liegen, gar nicht in Betracht. Unsere Aufmerksamkeit richtet sich auf Vicos Versuch, gegen die cartesianischen Vorgaben eine neue Wissenschaft vom Menschen zu begründen, die eine eminent historische Wissenschaft sein will. Sodann wird zu erörtern sein, in welchem Verhältnis Vicos zyklische Volksgeschichten zu den heilsgeschichtlichen und zu den sich bald etablierenden spekulativ-universalgeschichtlichen Modellen stehen. Schliesslich werde ich einen Blick auf Vicos Verständnis der Vorsehung im historischen Prozess werfen, um so die spezifische Sinnstiftungsfunktion von Geschichte nach Vico zu erkunden.

Im *Discours de la méthode* gesteht René Descartes gerne zu, dass «die Lektüre guter Bücher gleichsam eine Unterhaltung mit den trefflichsten Männern der Vergangenheit» sei, die die Urteilskraft schule.[238] Leicht jedoch kann man diese Unterhaltung mit der Vergangenheit auch übertreiben: es sei «fast dasselbe», «mit den Geistern anderer Jahrhunderte zu verkehren ... wie auf Reisen zu gehen. ... Aber wenn man zu viel Zeit auf Reisen verwendet, so wird man zuletzt fremd im eigenen Land, und wenn man zu begierig ist, in der Vergangenheit zu leben, so bleibt man gewöhnlich

---

[238] René Descartes, Abhandlung über die Methode des richtigen Vernunftgebrauchs und der wissenschaftlichen Wahrheitsforschung [1637]. Ins Deutsche übertragen von Kuno Fischer. Erneuert und mit einem Nachwort versehen von Hermann Glockner, Stuttgart 1973, 7 (I 7).

sehr unwissend in der Gegenwart.»[239] Textstellen wie diese illustrieren die ungemein folgenreiche Geschichtsskepsis des Cartesianismus mit seiner antihumanistischen Spitze[240] – eine Geschichtsskepsis, die sich weniger auf die Erkennbarkeit des Historischen als auf seine Brauchbarkeit für Leben und Wissenschaft bezog. Nicolas Malebranche versieht diese Art der Geschichtsskepsis noch mit theologischer Weihe: Adam habe im Paradies vollkommenes Wissen besessen, ohne über Geschichtskenntnisse zu verfügen. Also sei Geschichte im vollkommenen Wissen nicht enthalten – «und was ihn, Malebranche anbetreffe, ihm genüge, das zu wissen, was Adam gewusst habe».[241] Geschichte kann im cartesianischen Programm einer Neubegründung der Wissenschaft auf mathematischer Grundlage kein würdiger Gegenstand der Analyse sein; von der Vergangenheit können wir kein gesichertes Wissen gewinnen, weswegen sie nicht wissenschaftsfähig sei.[242] Dieser Gegensatz von *historia* und *scientia* beherrschte die wissenschaftstheoretischen Überlegungen des 17. Jahrhunderts.[243] In der *Recher-*

---

[239] A.a.O., 7f. (I 8).

[240] Zu Descartes' «refus de l'histoire» und seinen Folgen siehe auch Lucien Braun, Histoire de l'histoire de la philosophie, Paris 1973, 59-64.

[241] Paul Hazard, Die Krise des europäischen Geistes. La Crise de la Conscience Européenne 1680-1715. Mit einer Einführung von Carlo Schmid. Aus dem Französischen übertragen von Harriet Wegener. 5. Auflage, Hamburg o.J., 62. Siehe auch Encyclopédie ou dictionnaire universel raisonné des connoissances humaines. Mis en ordre par M. [Fortunato Bartolomeo] de Felice, Bd. 23, Yverdon 1773, 305 (Art. «Histoire»).

[242] Auch nach den Vorgaben der platonischen und aristotelischen Metaphysik kann Historie keine *scientia* sein, da sie es nicht mit unveränderlichen Begriffen zu tun hat, ebensowenig als «Verfahren»: «sie war weder kontemplativ und axiomatisch noch argumentierte sie streng syllogistisch. Historie war rhetorisch ausgerichtet.» (Wilhelm Schmidt-Biggemann, Geschichte als absoluter Begriff. Der Lauf der neueren deutschen Philosophie, Frankfurt a.M. 1991, 16).

[243] Vgl. Seifert, Cognitio historica, passim. Brendan Dooley, The Social History of Skepticism. Experience and Doubt in Early Modern Europe, Baltimore, London 1999, bringt das Aufkommen skeptischen Philosophierens im Italien des 17. Jahrhunderts mit dem damals blühenden «yellow journalism» in Verbindung: Die ephemere Publizistik mit ihrer unbändigen Fabuliersucht habe den Gelehrten Misstrauen gegenüber allen Berichten historischen oder tagespolitischen Inhalts eingeimpft und sie für historischen Pyrrhonismus empfänglich gemacht. Andererseits hätte Paolo Mattia Doria nicht unberührt von Descartes und Malebranche der

che de la verité par la lumière naturelle rechnet Descartes die Geschichte zu den «simples connoissances», die nur von «experience seule» abhänge, aber nicht von einem «discours de raison» getragen werde:[244] «un honeste homme n'est pas plus obligé de sçavoir le grec ou le latin, que le suisse ou le bas breton, ni l'histoire de l'Empire, que celle du moindre Estat qui soit en l'Europe».[245] Die oben zitierte Passage aus dem *Discours de la méthode* gründet ihre Abwertung der Geschichte selbst nicht auf einem «discours de raison», sondern auf einen Analogieschluss. Denn dass Beschäftigung mit Geschichte als Verkehr mit Geistern der Vergangenheit dem Reisen entspräche, das die eigenen Voreingenommenheiten unbefangener zu beurteilen lehre und vom Eigenen entfremden könne, ist zwar eine schöne Allegorie, für deren Gültigkeit sich nach Descartes' eigenen methodologischen Massstäben jedoch kaum ein Beweis beibringen lässt. Was der Vergleich leistet und leisten soll, ist eine Distanzierung des Historischen als des Fremden. Geschichte ist gerade nicht die *eigene* Geschichte, ohne die man sich selber nicht verstehen könnte, sondern das Fremde, das in seiner Regellosigkeit aus den Sphären der Wissenschaft ausgegrenzt werden muss. Bolingbroke greift übrigens Descartes' Reiseallegorie auf, sieht aber in der Geschichte – in den von anderen gemachten und aufgezeichneten Erfahrungen – im Gegensatz zu Descartes die einzige Landkarte, mit deren Hilfe wir uns auf unserer eigenen Lebensreise zurechtzufinden vermögen (LSUH 5–BHW 71f.).[246]

Vicos Ansatz gegen die cartesianische Abkoppelung der Geschichte von der Wissenschaft besteht nun darin, das scheinbar Fremdeste – die Geschichte – zum Eigensten zu erklären und somit zum angemessensten Gegenstand menschlicher Wissenschaft zu erheben: Es unterliege keinem Zweifel, «*dass diese politische Welt [mondo civile] sicherlich von den*

Historie Wissenschaftscharakter abgesprochen (a. a. O., 137f.), während Ludovico Antonio Muratori implizit mit Vicos Annahme übereinstimme, «that the past was truly verifiable because it had been made by men» (143).

[244] René Descartes, Recherche de la verité par la lumière naturelle, in: Œuvres de Descartes, publiées par Charles Adam et Paul Tannery, Bd. 10, Paris 1908, 502.

[245] A. a. O., 503. Zum Konzept des *honnête homme* und dem Streit, wie weit dieser sich Geschichtskenntnis anzueignen habe, siehe Witschi-Bernz, Bibliography of Works in the Philosophy of History 1500-1800, 55-57.

[246] Vgl. Sommer, Kritisch-moralische *exempla*-Historie im Zeitalter der Aufklärung, 303.

Menschen gemacht worden ist; deswegen können ... ihre Prinzipien *innerhalb der Modifikationen unseres eigenen menschlichen Geistes* gefunden werden» (SN² 331).²⁴⁷ Erstaunlich sei es, heisst es weiter, dass die Philosophen sich um ein Wissen von der natürlichen Welt («scienza di questo mondo naturale») bemüht hätten, «von der doch, weil Gott sie schuf, er allein Wissen haben kann», während sie den «mondo civile» oder «mondo delle nazioni» vernachlässigt hätten, obwohl dies die Welt sei, «von der, weil die Menschen sie geschaffen hatten, die Menschen auch Wissen erlangen konnten»:

> Diese merkwürdige Erscheinung geht hervor aus dem in den *Grundsätzen* erwähnten Missgeschick des menschlichen Geistes, der, versenkt und begraben im Körper, natürlicherweise dazu neigt, die körperlichen Dinge wahrzunehmen und einer sehr grossen Anstrengung und Mühe bedarf, um sich selbst zu begreifen [cf. SN² 236] – so wie auch das körperliche Auge, das alle Gegenstände ausser sich sieht und doch den Spiegel braucht, um sich selbst zu erblicken. (SN² 331)

Das *verum-factum*-Prinzip, mit dem Vico seine neue Wissenschaft begründet, dient nicht der Selbsterhaltung einer polyhistorischen Gelehrsamkeit, die ihre angestaubten Vitrinenobjekte gegen die Brandschatzungen der modernen Naturwissenschaften in Schutz nehmen will. Vielmehr rehabilitiert es die Welt des Menschen als die den Menschen eigentlich angehende Welt jenseits des alten Topos von der *historia magistra vitae*. Keine lebenspraktische Nützlichkeit ist es, was wie bei den Humanisten und noch bei Bolingbroke die Beschäftigung mit Kultur und Geschichte rechtfertigt, sondern die Entdeckung, dass dies die Sphären sind, in denen der Mensch beheimatet ist. Dass die Aufmerksamkeit des menschlichen Erkenntnisdrangs zunächst die äussere Natur und nicht das von ihm selbst Getane ins Auge gefasst hat, erklärt Vico im zitierten Passus gerade damit, dass die Selbsterkenntnis der Aussenwelterkenntnis entwicklungsgeschichtlich nachgeordnet ist.²⁴⁸ Naturerkenntnis können wir demnach, da wir nicht Schöpfer

---

247 Siehe dazu z. B. auch Antony Woodwart, Giambattista Vico and the Poetics of History, in: English Studies in Africa, Bd. 41 (1998), Heft 1, 7.
248 Seit alters ist die Selbsterkenntnis das, was man sich von Geschichtswissenschaft verspricht; vgl. z. B. Abbé Nicolas Lenglet du Fresnoys (1674-1755) seit 1713 mehrfach aufgelegte *Méthode pour étudier l'histoire,* derzufolge es gar nichts nütze, das Gedächtnis mit Daten und Fakten vollzustopfen: «Cette sorte d'étude ne merite

der Natur sind, nicht im eigentlichen Sinne gewinnen, Erkenntnis des von uns Gemachten sehr wohl. Die Argumentation statuiert hier in der Selbstanwendung auf die Kulturwissenschaft ein Exempel ihrer Methode: Die Genese von Wissenschaft wird selber historisch verstanden, als Abfolge sich steigernder Erkenntnistypen.[249] Aber nach Vico wird auf den *corso* der *ricorso* folgen, konkret und gleichwohl unbestimmt «die Barbarei der Reflexion» (SN² 1106), die allen gemeinschaftlichen Werten und einer Wertebindung der Geistestätigkeit abgeschworen hat.

Eine lehrreiche Parallele zu Vicos Ansatz bietet die ihm scheinbar völlig entgegengesetzte Neubegründung der Philosophie bei Thomas Hobbes auf

> pas le nom de science de l'histoire; car sçavoir, c'est connoître les choses par leurs principes: ainsi sçavoir l'histoire, c'est connoître les hommes qui en fournissent la matiere [sic]; c'est juger sainement de ces hommes: étudier l'histoire, c'est étudier les motifs, les opinions & les passions des hommes, pour en penetrer tous les ressorts, les tours & les détours: enfin pour connoître toutes les illusions qu'elles sçavent faire à l'ésprit, & les surprises qu'elles font au cœur; en un mot c'est apprendre à se connoître soy-même dans les autres.» ([Nicolas Lenglet du Fresnoy], Méthode pour étudier l'histoire, où aprés avoir établi les principes & l'ordre qu'on doit tenir pour la lire utilement, on fait les remarques necessaires pour ne se pas laisser tromper dans sa lecture: avec un Catalogue des principaux Historiens, & des remarques critiques sur la bonté de leurs Ouvrages, & sur le choix des meilleurs Editions; considerablement augmenté par J[ohann] B[urckhard] Mencke. Dernière édition, revuë selon les copies de Paris & de Bruxelles & exactement corrigée, Leipzig 1714, 4).

249 Das *verum-factum*-Prinzip wird bei Vico im ersten Kapitel und ersten Abschnitt des ersten und einzigen publizierten Buches (Liber metaphysicus) von *De antiquissima Italorum sapientia* auch mit einem historischen Rückgriff auf die alten Lateiner eingeführt (Giambattista Vico, Liber metaphysicus [De antiquissima Italorum sapientia liber primus] 1710. Risposte 1711-1712. Aus dem Lateinischen und Italienischen ins Deutsche übertragen von Stephan Otto und Helmut Viechtbauer. Mit einer Einleitung von Stephan Otto, München 1979, 34). Eine solche Rückprojektion einer abstrakten Erkenntnis in die geschichtliche Frühzeit hätte sich der Vico der SN² schwerlich mehr erlaubt. Dafür hält sich dieses Werk selber für geschichtsexempt, insofern seine Erkenntnisse zeitlos gültig seien (vgl. SN² 1130). In *De antiquissima Italorum sapientia* hat «verum et factum convertuntur», wie Kurt Flasch, Geschichte und Metaphysik bei Vico, in: Studi italo-tedeschi/Deutsch-italienische Studien, Bd. XVII: Giambattista Vico (1668-1744), Meran 1995, 107, in seiner sorgfältigen Analyse darlegt, noch keineswegs die vom Menschen geschaffene, soziale Welt im Blick. Explizit ist da ohnehin nur von der «mens humana» die Rede.

Grundlage der *ratiocinatio,* des als Berechnung *(computatio)* verstandenen Schlussfolgerns in *De corpore.*[250] Als Gegenstand der Philosophie werden dort Körper *(corpora)* bestimmt, bei denen man entweder die Erzeugungsweise *(generatio)* oder die Eigenschaften *(proprietates)* begreifen und vom einen jeweils auf das andere schlussfolgern kann (weshalb nach Hobbes die Gegenstände der Theologie nicht in den Bereich der Philosophie fallen).[251] Unterschieden werden zwei voneinander prinzipiell getrennte Gattungen von Körpern, nämlich die natürlichen und die von Menschen gemachten, woraus sich zwei Teile der Philosophie, die *philosophia naturalis* und die *philosophia civilis* ergeben.[252] Gerade die Dinge, die wir selber machen, sind unserer wissenschaftlichen Erkenntnis besonders zugänglich, da wir als Menschen für ihre *generatio* selbst verantwortlich zeichnen – ein Umstand, den die *Six Lessons to the Professors of the Mathematicks* unterstreichen: «Die Geometrie ist deshalb beweisbar, weil die Linien und Figuren, aus denen wir unsere Schlüsse ziehen, von uns selbst gezeichnet und beschrieben sind; und die Staatsphilosophie [civil philosophy] ist beweisbar, weil wir selbst den Staat [commonwealth] aufbauen.»[253] Wie bei Vico ist nach Hobbes die Philosophie qua Wissenschaft bislang in der Erkenntnis der von uns gemachten Dinge ausserhalb der Geometrie gleichwohl am wenigsten fortgeschritten. Vico, ohnehin Hobbes' materialistische Prämissen abhold, vereinseitigt Hobbes' Rekurs auf die *generatio:* Nur der (potentielle) Erzeuger vermag Wissen vom Erzeugten zu besitzen – und besitzt kein Wissen von Dingen, die er nicht nicht zumindest potentiell erzeugt haben könnte. Dafür entfällt bei Vico die Identifikation dieser von Menschen gemachten Dinge mit dem Staat, der bei Hobbes der eminente Gegenstand und die konstruktive Aufgabe der *philosophia civilis* ist. Dieser unterlässt auch Vicos spätere Konsequenz, wonach die Geschichte als das von Menschen generierte Vergangene das eigentliche Forschungsfeld von Philosophie qua Wissenschaft sei. Vielmehr schliesst Hobbes' Philosophie die *historia naturalis*

---

250 Thomas Hobbes, Elemente der Philosophie. Erste Abteilung: Der Körper [1655]. Übersetzt und hg. von Karl Schuhmann, Hamburg 1997, I 1, 2, S. 16f.
251 A.a.O., I 1, 8, S. 23.
252 A.a.O., I 1, 9, S. 24.
253 Thomas Hobbes of Malmesbury, The English Works. Now First Collected and Edited by Sir Wm. Molesworth, London 1839-1845, Bd. 7, 184, Übersetzung nach Ueberweg[13], Die Philosophie des 17. Jahrhunderts, Bd. 3/1, 139.

und die *historia civilis* ungeachtet ihres unbestreitbaren Nutzens explizit aus, «weil diese Art von Erkenntnis entweder Erfahrung oder Autorität ist, nicht aber Schlussfolgerung».[254] Die im *Leviathan* gegebene Differenzierung von *«Knowledge of Fact»* und *«Knowledge of the Consequence of one Affirmation to another»* – wobei nur die zweite, konditionale Form des Wissens *«Science»* heissen könne, während das «Register of *Knowledge of Fact ... History»* genannt werde und nicht eigentlich wissenschaftsfähig sei[255] – unterstreicht die von Descartes und Malebranche her bekannte Ausschliessung der Historie aus dem Konzert der als Wissenschaft verstandenen Philosophie. Allein mit einem generativen Verständnis von Erkenntnisgegenständen ist also eine philosophische Aufmerksamkeit für Sphäre des Geschichtlichen noch nicht zu gewinnen.

Vicos theoretische Begründung der historischen Kulturwissenschaft mit Hilfe des *verum-factum*-Prinzips ist nicht ohne Tücken. Zunächst kann es nach Vicos Vorgabe «von der Natur keine wahre Wissenschaft» geben,[256] sofern sie nicht zurückgebunden bleibt an eine allgemeine historische Kulturtheorie. Zwar fällt die Mathematik als apriorisch-konstruktive Wissenschaft sehr wohl in den Bereich des *verum,* ja macht bei Vico diesen ursprünglich aus, bevor er das unermessliche Feld von Kultur und Geschichte ihm zuschlägt. Demgegenüber besitzen wir von der äusseren Natur kein wirkliches Wissen; für uns erleuchtet unsere scheinbar so wissenschaftliche Naturforschung kein *vero,* sondern bestenfalls ein *certo,* dem die Kenntnis kontingenter historischer Fakten zunächst auch zuzuordnen ist, bevor wir wahres Wissen von den Verlaufsstrukturen der Geschichte erwerben.[257] Es

---

[254] Hobbes, Elemente der Philosophie. Erste Abteilung: Der Körper, I 1, 8, S. 23, vgl. auch Thomas Hobbes, Vom Menschen [1658]. Vom Bürger [1642]. Elemente der Philosophie II/III. Eingeleitet und hg. von Günter Gawlick, 3. erneuerte Auflage, Hamburg 1994, 26 (De homine XI 10).

[255] Thomas Hobbes, Leviathan [1651], ed. by C.B. Macpherson, Harmondsworth 1985, I 9, S. 147f.

[256] Karl Löwith, Vicos Grundsatz: verum et factum convertuntur. Seine theologische Prämisse und deren säkulare Konsequenzen [1968], in: K.L., Sämtliche Schriften, Bd. 9, Stuttgart 1986, 197.

[257] Isaiah Berlin, Vicos Begriff des Wissens, in: I.B., Wider das Geläufige. Aufsätze zur Ideengeschichte. Aus dem Englischen von Johannes Fritsche, hg. von Henry Hardy. Mit einer Einführung von Roger Hausheer, Frankfurt a.M. 1982, 196-206, schildert Vico in diesem Zusammenhang als Entdecker einer völlig neuen Form von

wäre aber erst noch zu beweisen, dass wir zu dem von uns Gemachten tatsächlich einen privilegierten Erkenntniszugang haben, bloss weil Gott als Schöpfer zu seiner Schöpfung einen privilegierten Erkenntniszugang hat. Verstehen wir das Selbstgemachte tatsächlich besser als das nicht von uns Gemachte?[258] Ist denn wahres Wissen immer (potentielles) Herstellungswissen? Sodann stehen wir vor dem Problem, dass die Handelnden und die Deuter der Geschichte bei Vico nicht identisch sind, und vor allem, dass die Geschichte nichts ist, was einem vollständigen Verfügungs- und Herstellungswissen des Menschen unterliegt. Vielmehr wird die Ordnung der Geschichte auf die Vorsehung zurückgeführt; das ganze Projekt der Neuen Wissenschaft versteht sich als *«teologia civile ragionata della provvidenza divina»* (SN² 2, vgl. 342).[259] Inwiefern ist der Mensch unter dieser Vormundschaft noch 'Macher' seiner Geschichte, was ihm doch erst die Geschichte als das von ihm Gemachte erkenntnismässig erschlösse?[260] Wenn

Wissen jenseits der alten Schemata von Induktion und Deduktion, neigt allerdings wie so viele Interpreten dazu, Vicos Neu- und Einzigartigkeit zu überschätzen. Zur methodologischen Bedeutung der Unterscheidung von «vero» und «certo» vgl. auch Till Wahnbaeck, *Vero* and *Certo* in Vico's *New Science* Reconsidered, in: New Vico Studies, Bd. 16 (1998), 59-64.

[258] Vgl. auch den Einwand bei Hans-Georg Gadamer, Hermeneutik I. Wahrheit und Methode. Grundzüge einer philosophischen Hermeneutik [1960] = Gesammelte Werke, Bd. 1, Tübingen 1990, 234f. (EA, 217): «Dilthey selbst hat darauf hingewiesen, dass wir nur geschichtlich erkennen, weil wir selber geschichtlich sind. Das sollte eine erkenntnistheoretische Erleichterung sein. Aber kann sie das sein? Ist Vicos oft genannte Formel denn überhaupt richtig? Überträgt sie nicht eine Erfahrung des menschlichen Kunstgeistes auf die geschichtliche Welt, in der man von 'Machen', d.h. von Planen und Ausführen angesichts des Laufs der Dinge überhaupt nicht reden kann? Wo soll hier die erkenntnistheoretische Erleichterung herkommen? Ist es nicht in Wahrheit eine Erschwerung? Muss nicht die geschichtliche Bedingtheit des Bewusstseins eine unüberwindliche Schranke darfür [sic] darstellen, dass es sich in geschichtlichem Wissen vollendet?»

[259] Zum Methoden-Problem bei Vico siehe die konzisen Ausführungen bei Leon Pompa, Vico. A Study of the New Science, London 1975, 87-96.

[260] Immerhin könnte man Vicos Prinzip auch transzendentalphilosophisch ausbuchstabieren wollen, wie es Stephan Otto in verschiedenen Beiträgen tut. «Vico versucht nichts andres, als eine Erkenntnisidee zu profilieren, anhand derer er die Gegenstände in der Natur und in der Geschichte auf ein sie ordnendes Denken beziehen kann – die Dinge in der Natur gemäss der funktionalen Verknüpfung ihrer 'Aussenmomente', die Dinge in der Geschichte gemäss ihrem 'Hervorgebrachtsein' durch

die Philosophen, wie es gleich zu Beginn in der *Idea dell'opera* heisst, die Vorsehung bisher nur in Hinsicht auf die natürliche Ordnung betrachtet haben, während sie es versäumten, diese Vorsehung in Hinsicht auf die Eigentümlichkeit des Menschen zu untersuchen, nämlich gesellig zu sein (SN^2 2), dann wird damit jener alte christliche Anthropozentrismus restituiert, den die neuzeitliche Naturwissenschaft gerade zu eliminieren im Begriffe war. Eine solche Re-Anthropozentrierung ist eine entscheidende Konstitutionsbedingung der spekulativ-universalistischen Geschichtsphilosophie. Vicos Grundlegung einer neuen Wissenschaft holt unter ausdrücklichem Rückgriff auf das Handeln Gottes den Menschen wieder aus der kosmischen Peripherie ins Zentrum der Welt. Dieser neuerliche Anthropozentrismus kommt im Unterschied etwa zu Buffon und Iselin nicht ohne starke offenbarungstheologische Rückendeckung aus.[261]

Die *Scienza nuova* könnte als «System aus Fragmenten» erscheinen.[262] Es handelt sich nicht um eine universalhistorisch durchkomponierte Geschichtserzählung wie etwa Bossuets *Discours* oder Iselins *Geschichte der Menschheit,* sondern um eine Reihe von enzyklopädischen Einzelstudien,[263] die alle auf ihre Weise jedoch die geometrische Entfaltung des Gedankens der Neuen Wissenschaft sein wollen.[264] Die *Idea dell'opera* erschliesst über die Deutung der Frontispizkupfer-Allegorie die leitenden Vorstellungen «einer *ewigen idealen Geschichte*» (SN^2 7). Diese ewige ideale Geschichte bildet wiederum die Struktur, nach der sich alle historischen Einzelereignisse begreifen lassen. Dabei wird die Entwicklung der Menschen weniger (wie bei Fleury und später bei Turgot) auf die Gattung als Ganze denn auf

---

den Menschen.» (Stephan Otto, Giambattista Vico. Grundzüge seiner Philosophie, Stuttgart, Berlin, Köln 1989, 127) Damit wäre eine prinzipielle Gleichrangigkeit von Natur- und Geschichts-/Kulturerkenntnis wieder herstellbar.

261 Löwith, Vicos Grundsatz, 197-209, weist im Detail nach, wie tief das *verum-factum*-Prinzip in der scholastischen Tradition verwurzelt ist.
262 Löwith, Weltgeschichte und Heilsgeschehen, 125.
263 Die enzyklopädische Struktur der *Scienza nuova* arbeitet Battistini, Three Essays on Vico, 16-32, heraus.
264 «Vico's true aim was not, and could not be, the narration of the universal history of mankind; rather, it was the discovery of the universality of history» (Raffaelo Franchini, Vico, Historical Methodology, and the Future of Philosophy, in: Giorgio Tagliacozzo/Hayden V. White [Ed.], Giambattista Vico. An International Symposium, Baltimore 1969, 547).

die einzelnen Völker bezogen. Vico trachtet danach, die Entwicklung eines Volkes auf innere Faktoren zurückzuführen und äussere Einflüsse wo nicht zu leugnen, so doch zu minimieren.[265] Das Muster für die Entwicklung der einzelnen «nazioni» ist die Entwicklung des Kindes; es findet also wie schon in den ältesten griechischen Geschichtsentwürfen eine Übertragung ontogenetischer Beobachtungen auf die Phylogenese statt. Von reinem Empfinden über die Einbildungskraft hin zur Vernunft steigt sowohl das menschliche Individuum wie die Gesellschaft auf: ein Modell, das sich bald ausnehmend grosser Beliebtheit erfreuen sollte.[266] Jedes Volk durchläuft hierbei drei Zeitalter, wie Vico im Anschluss an eine bei Herodot überlieferte, ägyptische Tradition ausführt (SN² 52), nämlich, wie sie metaphorisch genannt werden, das (primitive) Zeitalter der Götter, das (pubertäre) der Heroen und das (zivilisierte) der Menschen. Insofern gewinnt Vico tatsächlich – wie ihm als grösste Entdeckung nachgerühmt wird[267] – Einsicht in die Geschichtlichkeit der menschlichen Natur, aber doch nur insofern er diese Natur sowohl im Hinblick auf das Individuum als auch auf die einzelnen Völker einem prinzipiell gleichbleibenden morphologischen Verlaufsraster unterworfen sieht.[268] Demzufolge ist ein Individuum aus dem Götterzeitalter völlig anders als eines aus dem Menschenzeitalter.

Von der Grundexposition des *verum-factum*-Prinzips aus ergibt sich eine neue Topographie des Wissens.[269] Das, was bisher als wahrheitsuntauglich, bestenfalls als wahrscheinlich galt, wird als der eigentliche Kernbezirk echter Wissenschaft ausgezeichnet, insofern das Wissen um die Verlaufsstrukturen der geschichtlichen Entwicklung menschlicher Kultur ein Prinzipienwissen in eminentem Sinne sei: Der menschlichem Tun bis dahin in profanwissenschaftlichem Kontext stets anhaftende Kontingenzverdacht

---

[265] Burke, Vico, 72, hält diesen «Internalismus» für einen der «originellsten Züge» von Vicos Geschichtsverständnis.
[266] Vgl. z. B. unten das Kapitel über Isaak Iselin (S. 247-268), der Vico nicht kannte.
[267] Etwa von Vittorio Hösle, Einleitung zu Vico, Prinzipien einer neuen Wissenschaft, CXXXV.
[268] Siehe dazu unten S. 242, Fn. 377.
[269] Die Genese von Vicos Geschichtsphilosophie aus erkenntnistheoretischen Problemstellungen heraus untersucht Horst Seidl, Erkenntnisproblem und Geschichtsphilosophie bei G. Vico, in: Studi italo-tedeschi/Deutsch-italienische Studien, Bd. XVII: Giambattista Vico (1668-1744), Meran 1995, 126-144.

wird beseitigt, was wiederum dieses Tun aufwertet – sowohl für denjenigen, der es tut, wie für denjenigen, der darum weiss. Wenn die Geschichte aus der theologischen Obhut der *historia sacra* entlassen worden ist und sie sich zunächst in *disjecta membra* parzellierte (Bayle), die wiederum als einzelne Glieder in eine *exempla*-Pädagogik integriert werden konnten, ohne dass sich ein Gesamtsinn von Geschichte abzeichnete (Bolingbroke), wird nun das Geschichtliche *als* Geschichtliches, als das von Menschen Gemachte der vornehmste Erkenntnisgegenstand. Das Geschichtliche ist das dem Menschen schlechthin Eigene. Man braucht – so stark bei Vico auch die alte Applikations- und Selbsterkenntnisrhetorik ist, mit der man traditionell das Studium der Geschichte rechtfertigte – jetzt keine externen Gründe mehr, um das Studium der Geschichte zu legitimieren: Es legitimiert sich von selbst, insofern das Geschichtliche das einzige ist, wovon wir überhaupt Wissen erwerben können.

Allerdings führt diese Aufwertung des Geschichtlichen zu keinem selbstgenügsamen Antiquarismus, der sich in historischer Detailarbeit verliert und jeden geschichtlichen Gegenstand, bloss weil er geschichtlich ist, mit gleicher, unbedingter Werthaftigkeit versieht. Vielmehr ist Vico dem antiquarischen Historismus insofern abhold, als er mit seiner «ewigen idealen Geschichte» die geschichtliche Mannigfaltigkeit *a priori* in ein Ordnungsschema einfügt, das ihm eine Beurteilung der einzelnen geschichtlichen Gegenstände von einem metahistorischen Standpunkt aus erlaubt. Der Verlauf der Geschichte wird idealtypisch extrapoliert und einer Entwicklungsidee unterworfen, die selber nicht kontingenzanfällig ist. Dies wiederum legt die Vermutung nahe, dass es für Sinnstiftung durch Geschichte nicht ausreicht, den Bereich des Geschichtlichen erkenntnismässig zu privilegieren. Mit einer solchen Privilegierung allein ist die geschichtliche Welt noch nicht organisiert, sondern bleibt ein ungeordnetes Chaos, dem kein Sinn abzutrotzen ist. Im Gegenteil: Falls die von Menschen gemachte, geschichtliche Welt die einzige Welt sein sollte, die wir wahrhaft erkennen können, sie sich uns jedoch vollständig ungeordnet präsentiert, erwächst daraus für den in Mitleidenschaft gezogenen Betrachter leicht die schiere Verzweiflung. Der 'historistische' Skeptizismus eines Bayle, der geschichtliche Kontingenz nicht in allgemeine Verlaufsstrukturen einpassen und sie somit nicht in Prinzipienwissen überführen konnte, fand bestenfalls jenseits der Geschichte, etwa in der Offenbarungsreligion, einen Sinngrund, der ihm die Geschichte als Welt, in der wir leben, erträglich machte. Demgegenüber waren diejenigen, die den naturwissenschaftlichen Erkenntnistyp vorzogen, in einer besseren Position: Selbst wenn der Mensch der Natur völlig gleichgültig wäre und alle Brücken zur alten Physikoteleologie und -theologie abgebrochen wurden, war dem (vorkantischen) Naturwissenschaftler eine geordnete Welt gegeben, in der man sich als Mensch, wiewohl von peripherem Standpunkt aus, immerhin orientieren konnte.

Wenn Vico mit seiner Zyklentheorie eine strenge Ordnung in jedem historischen Geschehen postuliert, das er nach «nazioni» gliedert,[270] deren Entwicklung er nach einem strukturidentischen Fahrplan ablaufen sieht, nimmt er von dieser Entwicklungslogik allerdings die Geschichte des Auserwählten Volkes aus. Es sei überhaupt «das erste Volk unserer Welt gewesen» und habe seine «Erinnerungen [*memorie*] in der heiligen Geschichte [*storia sagra*] vom Anfang der Welt an wahrheitsgemäss bewahrt» (SN² 54). Die kritische Revision der Alten Geschichte, für die Vicos mythologische Forschungen richtungweisend werden sollten, berührt die Geschichte Israels in keiner Weise. Von historischer Bibelkritik, die seit Richard Simon und Baruch de Spinoza – dessen *Tractatus theologico-politicus* Vico sehr wohl gelesen hatte – die historischen Schriften des Alten Testaments ins Visier genommen hat, ist in der *Scienza nuova* nichts zu vermelden; ebensowenig stellt Vico die biblische Chronologie – Weltschöpfung im Jahr 4004 v. Chr. – als authentische Schöpfungschronologie in Frage, obwohl deren Plausibilität in den zeitgenössischen Debatten bereits erheblich gelitten hatte (vgl.

---

[270] Indem Vico die einzelnen Volksgeschichten nicht in Episoden zerstückelt, sondern als distinkte kulturelle Identitäten fasst, zu denen wir aufgrund unserer menschlichen Natur als Artefakten anderer Menschen einen direkten kognitiven Zugang haben, wird er zu einem theoretischen Ahnherrn des kulturellen Pluralismus (siehe Isaiah Berlin, Giambattista Vico and Cultural History, in: I. B., The Crooked Timber of Humanity. Chapters in the History of Ideas. Edited by Henry Hardy, Princeton 1997, z. B. 59). Was (postmodernen) Pluralismus angeht, so wird man bei Vico (entgegen mancher seiner Apologeten) freilich skeptisch sein müssen: «Also, some kind of pluralism is to be found in the *Scienza nuova;* it is a very limited one, for it is based on the presupposition that Christianity is right and that other civilizations are to be measured against it.» (Esteve Morera, Vico and Antifoundationalism, in: New Vico Studies, Bd. 17 [1999], 49). Vgl. auch die kritischen Bemerkungen bei Mark Lilla, G. B. Vico. The Making of an Anti-Modern, Cambridge (Mass.), London 1993, 5-13 und passim.

oben S. 103-105). Immerhin deutet sich mancherorts ein Vergleich des poetischen Sprechens bei Homer und Moses an (SN² 585 und 794), der freilich unausgeführt bleibt und es verbietet, die Theorie der «poetischen Charaktere» auf die biblische Überlieferung anzuwenden oder diese Überlieferung gar mythologisch zu interpretieren. All das, was Vico an Gesetzmässigkeiten im Verlauf einzelner Volksgeschichten eruiert, gilt nicht für Israel, das – weil mit der ursprünglichen Offenbarung Gottes ausgestattet und daher nicht entwicklungsfähig – eigentümlich unhistorisch dasteht. Man mag darüber spekulieren, ob die Exemption Israels aus den geschichtlichen Prozessen eine Konzession an die Zensur gewesen ist, oder ob sie Vicos Überzeugungen entsprach. Ohne Zweifel aber benutzt Vico die Geschichte der «Hebräer» und ihrer Nachfolger, der Christen, als unverrückbare Messlatte, die im permanenten Wandel der geschichtlichen Welt Halt bietet.[271] Die Hebräer bewahren die «wahre Religion», die unter den gigantischen Nachfahren Noahs sonst allmählich in Vergessenheit geraten sei (SN² 369, vgl. 172); sie geben die moralische und religiöse Norm ab, an der die Geschichte der vorchristlichen Welt gemessen wird, und exemplifizieren in besonderer Weise das Wirken der Vorsehung. Ihre Chronologie ist für Vico ein unabdingbarer Rahmen, in dem jedes historische Ereignis zuverlässig verortet werden kann, was wiederum für die Absicherung der prinzipienwissenschaftlichen Erkenntnisansprüche unerlässlich ist.

Dennoch ist Vico weit davon entfernt, im Stile Bossuets die Gesamtgeschichte einer heilsgeschichtlichen Teleologisierung zu unterwerfen;[272] es fällt auf, dass er im Rahmen seiner *Scienza nuova* an der Inkarnation Gottes in Christus nicht das ihr geschichtstheologisch gebührende Interesse zeigt. Die Inkarnation ist offenbar kein Datum, das den zyklischen Verlauf der

---

[271] Vgl. Frederick R. Marcus, Vico and the Hebrews, in: New Vico Studies, Bd. 13 (1995), 15 und passim. Ebenfalls aufschlussreich zur Rolle der Genesis in der *Scienza nuova*-Ausgabe von 1725 zur Unterscheidung von Heils- und Profangeschichte sind die Ausführungen bei Paolo Cristofolini, Vico et l'histoire, Paris 1995, 27-36.

[272] Noch immer instruktiv ist der Vergleich von Vico und Bossuet bei Karl Werner, Giambattista Vico als Philosoph und gelehrter Forscher, Wien 1879, 284-290. Zu Vico und Augustin vgl. auch Eric Voegelin, Giambattista Vico – La scienza Nuova, hg. und mit einem Vorwort von Peter J. Opitz sowie einem Nachwort von Stephan Otto, München 2003, 72-82.

Völkergeschichten völlig durchbrechen und in Richtung einer christlichen Universalgeschichte lenken kann, mag das Christentum auch die beste aller Religionen sein (SN² 1094). Die drei Zeitalter kehren nach Christi Menschwerdung wieder – das Mittelalter gilt als zweites Zeitalter der heroischen Barbarei (SN² 1074), nicht als Wegbereitung eines christianisierten *orbis terrarum*. Vicos Zyklentheorie hat eine «stoische Komponente», ist «antikisierend gedacht» und «am bleibenden Kosmos orientiert».²⁷³ Damit wird eine durchgehende Fortschrittserzählung oder eine spekulativ-universalistische Gattungsgeschichte nicht als Denkmöglichkeit erschlossen.²⁷⁴

Gegen eine Baylesche Fragmentarisierung des einst theologisch gewährleisteten Geschichtsganzen ist Vico mit seinem historischen Prinzipienwissen dennoch gut gerüstet.²⁷⁵ Die *ultima ratio,* sich gegen derlei Zersetzung abzusichern, besteht bei Vico im Rekurs auf die göttliche Vorsehung, die nicht mehr (in neustoischem Stil) kosmologisch gedacht werden soll (SN²

---

²⁷³ Flasch, Geschichte und Metaphysik bei Vico, 116. Löwith, Weltgeschichte und Heilsgeschehen, 146, dem die stoische Komponente durchaus am Herzen liegt, macht darauf aufmerksam, dass der «ricorso» keine «rein naturhafte kosmische Wiederkehr» sei, sondern «eine natürliche Struktur der Geschichte mit der juridischen Nebenbedeutung von 'Berufung'».

²⁷⁴ Zu Vicos prekärer Stellung in der *Querelle des anciens et des modernes* siehe Alain Pons, Vico between the Ancients and the Moderns, in: New Vico Studies, Bd. 11 (1993), 13-23. Robert Nisbet, Vico and the Idea of Progress, in: Giorgio Tagliacozzo/Michael Mooney/Donald Phillip Verene (Ed.), Vico and Contemporary Thought, Bd. 1, London, Basingstoke 1980, 235-247, und die darauf folgende «Footnote» von Gustavo Costa, 247-249, erörtern mögliche Anknüpfungspunkte bei Vico für (französische) Fortschrittstheoretiker, namentlich Turgot.

²⁷⁵ Vico polemisiert gerne gegen Bayles Idee, es könne eine Gesellschaft von Atheisten geben, da diese Vicos Axiom von der anthropologischen Universalität der Religion widerspricht (SN² 334 und 1110). Andernorts gilt Bayle bei Vico als Inbegriff des unfruchtbaren, skeptischen Kompilators und damit als Indiz für den Niedergang der Kultur (vgl. Hösle, Einleitung zu Vico, Prinzipien einer neuen Wissenschaft, CCLXI). Burke, Vico, 94, weist freilich mit Recht darauf hin, dass Bayle «auch zu den Autoren zu rechnen ist, die er [sc. Vico] nur zitierte, um sie zu widerlegen, während er gleichzeitig mehr von ihnen übernahm, als er wahrhaben wollte». Vgl. auch Gian Franco Cantelli, Vico e Bayle. Premesse per un confronto, Napoli 1971. In *De antiquissima Italorum sapientia* (I 1,4) hat Vico gerade das Gemachthaben als Wahrheitskriterium gegen die Skeptiker ins Feld geführt: Das Gemachtsein der Dinge könnten auch die Skeptiker nicht leugnen (Vico, Liber metaphysicus, 54f.).

2), sondern historisch, «als geschichtliche Tatsache [*fatto*]» (SN² 342).[276] Die Einsicht, dass diese Providenzkonzeption für Vicos Geschichtsdenken konstitutiv und kein rhetorisches Ornament ist, hat sich in der Forschung gegen die einflussreiche hegelianisierende Deutung Benedetto Croces mittlerweile durchgesetzt.[277] Uneinigkeit herrscht freilich nach wie vor darüber, wie weit wir es hier mit einem geschichtstheologischen Restbestand zu tun haben oder aber vielmehr mit einem gänzlich neuen Faktor spezifisch profaner Geschichtsphilosophie. Immerhin wirkt die Vorsehung, soweit sie sich auf die Geschichte der Völker bezieht, auf gänzlich natürliche Weise (vgl. z. B. SN² 136 und 310). Nur den «Hebräern» (und den Christen) werden «ausserordentliche Unterstützungen durch die Vorsehung» (SN² 313) zuteil, sonst kommt sie ohne supranaturale Eingriffe aus.

> Zwar haben die Menschen selbst diese Welt der Völker gemacht (welches das erste, unanfechtbare Prinzip dieser Wissenschaft war, da wir daran verzweifelten, sie bei den Philosophen und bei den Philologen zu finden [vgl. SN² 330f.]); dennoch ist sie, diese Welt, ohne Zweifel einem Geist entsprungen, der oft verschieden und machmal ganz entgegengesetzt und immer überlegen ist den besonderen Zwecken, die die Menschen selber sich vorgesetzt hatten, welche beschränkten Zwecke, zu Mitteln im Dienste höherer Zwecke gemacht, er immer dazu verwendet hat, das Menschengeschlecht auf dieser Erde zu erhalten. (SN² 1108)

Das menschliche Individuum verfolgt also seine egoistischen Absichten und ist unbesorgt um das Wohl und Weh der einzelnen Völker oder gar der Gattung (vgl. SN² 341). Der Vorsehung, die in der Geschichte der Völker wirkt, gelingt es nun, die individuellen Zwecksetzungen in ein Gefüge höherer Zwecke einzubinden und damit das Negative *à la longue* zu positivieren. Dabei fällt freilich auf, dass diese Vorsehung im Unterschied sowohl zu Hegels «List der Vernunft»[278] als auch zu Bossuets oder Fleurys

---

[276] Vgl. Flasch, Geschichte und Metaphysik bei Vico, 117.

[277] Benedetto Croce, Die Philosophie Giambattista Vicos [1911], übersetzt von E. Auerbach und Th. Lücke, Tübingen 1927, 28 und 97ff.; dagegen von katholischem Standpunkt etwa A. Robert Caponigri, Time and Idea. The Theory of History in Giambattista Vico [1953], Notre Dame, London 1968, 91-108. Vgl. auch die Monographie von Maeve Edith Albano, Vico and Providence, New York, Bern, Frankfurt a. M. 1986.

[278] Vgl. etwa Leon Pompa, Human Nature and Historical Knowledge. Hume, Hegel and Vico, Cambridge, New York 1990, 59-69.

«Providence» offenbar insofern *nicht* universal-teleologisch agiert, als sie darauf verzichtet, etwa ein sich in kontinuierlichem Fortschritt realisierendes Geschichtsziel vorzugeben oder das Weltgeschehen hin zur allgemeinen Erlösung zu dirigieren. Vielmehr garantiert diese Vorsehung gerade den ewigen, zyklischen Verlauf des Geschichtsprozesses. Ihr expliziter Zweck, nämlich die Erhaltung des mutmasslich zu Selbstzerfleischung neigenden Menschengeschlechts, ist defensiv und statisch, denn dieser Zweck ist in jedem Augenblick menschlicher Geschichte schon erreicht, auch wenn er von der Vorsehung für die Zukunft verteidigt werden muss. Angesichts der egoistischen individuellen Absichten ist die permanente Verwirklichung dieses Zwecks schon recht unwahrscheinlich. Die «Verwirklichung der Vorsehung in der Geschichte» entspricht so «quasi dem natürlichen Ablauf der Geschichte selbst».[279]

> [Es] muss diese Wissenschaft sozusagen ein Beweis *der Vorsehung als geschichtlicher Tatsache* sein, denn sie muss eine Geschichte der Ordnungen sein, die jene, ohne menschliche Absicht und Vorkehrung, ja häufig gegen deren eigene Pläne, dieser grossen Gemeinde des Menschengeschlechts gegeben hat; und zwar so, dass, obzwar diese Welt in der Zeit und als etwas Besonderes geschaffen worden ist, die Ordnungen, die die Vorsehung darin eingesetzt hat, doch allgemein und ewig sind. (SN² 342)

Das Wirken der Vorsehung ist für den Menschen erkennbar, insofern sie sich in dem manifestiert, was die Menschen selber gemacht haben, in ihrer Geschichte: Die Menschen vollstrecken Geschichte. Die Geordnetheit des Geschichtsverlaufs trotz aller partikularen Handlungen und Handlungszwecke lässt die Vorsehung als solche evident werden. Sie ist im Handeln der Menschen als Ganzes genommen offenkundig, aber doch eine von diesem Handeln unterschiedene Grösse. Man könnte von *Synergismus* sprechen: Die Kooperation von Gott und Mensch konstituiert die Gesamtheit der Geschichte, wobei phänomenal nur ein Handelnder, nämlich der Mensch

---

[279] Nicola Erny, Theorie und System der *Neuen Wissenschaft* von Giambattista Vico. Eine Untersuchung zu Konzeption und Begründung, Würzburg 1994, 108. Vgl. auch 118: «Vorsehung wird von Vico nun als das vermittelnde Element funktionalisiert, durch das einerseits die Garantie für das immer noch zu Machende, also für die Zukunft des facere gewährleistet wird, und durch das andererseits die prinzipielle Erkennbarkeit des zukünftigen factum sozusagen antizipiert wird.»

sichtbar ist, dessen Handlungsabsichten jedoch von den mittelbaren, providenzgelenkten Handlungsresultaten durchkreuzt werden: Menschliches Handeln ist so verfasst, dass es Zwecke erfüllt, die vom Handelnden selbst nicht intendiert waren, so dass die Gesamtheit des Handelns die nach immer gleichen Strukturgesetzen verlaufende Geschichte konstituiert.

Vicos nicht-teleologische Vorsehung bietet den Betrachtern der Geschichte bezeichnenderweise jene Rückversicherung, die die zeitgenössischen Naturwissenschaften aus ihrem Erkenntnisfeld, der nichtmenschlichen Natur ebenfalls zogen: Ordnung. Die Geschichte, die Vico vorstellt, ist weder eine in ihrem Verlauf universale und einheitliche – allein ihre Wiederholungsstruktur ist universal und einheitlich –, noch eine durch ihren global glücklichen Ausgang tröstliche. Keine Aussicht auf eine insgesamt bessere Weltverfassung substituiert das alte geschichtstheologische Heilsversprechen. Dafür wird der 'historistischen' Skepsis eines Bayle das Postulat entgegengesetzt, die Geschichte sei kein Gewirr wissenschaftsunfähiger Episoden, vielmehr eine intelligible, geordnete, von Mensch und Vorsehung gemeinsam gestaltete Welt. Vico schlägt im Rückgriff auf ewige, nicht historisierbare Wesenheiten wie Providenz und Geschichtsverlaufsstrukturen eine wissenschaftlich-philosophische Ordnung der geschichtlichen Welt vor, die das in der ersten Hälfte des 18. Jahrhunderts aufgebrochene historische Bewusstsein philosophisch dauerhaft zu beruhigen verspricht. Auf feststehende Geschichtsverlaufstrukturen wird auch die auf Vico folgende spekulativ-universalistische Geschichtsphilosophie vertrauen – gerade da, wo sie eine Teleologie der Gesamtgeschichte entwickelt, die die Zyklik des antiken und des Vicoschen Modells mit der Hypothese eines Gattungsfortschritts zu überbieten trachtet. Eine solche Teleologisierung wird selbst von der aufklärerischen Erdgeschichtsschreibung erprobt, obgleich diese in der Tradition der nicht-anthropozentrischen, neuzeitlichen Naturwissenschaften steht. Da wird sichtbar, dass sich auch die Naturwissenschaften auf Dauer nicht damit begnügen wollten, bloss allgemein das Geordnetsein des Universums aufzuweisen.

2.4 Das unermessliche Alter der Welt: Georges-Louis Leclerc, Comte de Buffon und Georg Christoph Lichtenberg[280]

Wachsendes Wissen um aussereuropäische Chronologien und innere Unstimmigkeiten der jüdisch-christlichen Zeitrechnungen je nach Quelle stellten bereits im späten 17. Jahrhundert den Glauben an die Verlässlichkeit des Alten Testamentes als Fahrplan der Weltgeschichte auf die Probe.[281] Wenn chinesische oder indische Chronologien von Urzeiten sprachen, die weit vor dem aus den biblischen Büchern extrahierten Weltschöpfungsdatum im Jahr 4004 oder 4963 v. Chr. gelegen haben mussten, war die klassische theologische Universalgeschichtsschreibung (beispielsweise Bossuets) aber noch schnell bereit, diese Vorzeit als Phantasmagorie, wo nicht als Vorspiegelung der Hölle zu geisseln. Die entscheidende und endgültige Destabilisierung der biblischen Chronologie rührte weniger von der Kulturkomparatistik als von einer sich im Laufe des 18. Jahrhunderts als eigenständige Disziplin erst konstituierenden Wissenschaft her: der Geologie. Waren die Vorväter der Disziplin wie Thomas Burnet (*Telluris theoria sacra*, 1681) oder William Whiston (*A New Theory of the Earth*, 1696) um die Harmonisierung ihrer Weltentstehungstheorien mit dem mosaischen Schöpfungsbericht besorgt,[282] entwickelte sich auf der Grundlage rastloser Sammel- und Systematisierungsarbeit eine Erdgeschichtsschreibung, die die biblische Chronologie mehr und mehr verdrängte. Sie eröffnete Aussichten in zeitliche Tiefendimensionen der Welt, die mit dem literal verstandenen Schöpfungsbericht ebensowenig zu vereinbaren waren wie mit einer Beschränkung des Weltalters auf knapp 6000 oder 7000 Jahre.[283]

---

[280] Anregungen zu diesem Kapitel verdanke ich dem Vortrag von Georg Braungart: «'Wo war der Mensch während dieses Elementen-Kriegs?' Lichtenberg und die Entdeckung der Tiefenzeit der Geologie des späten 18. Jahrhunderts» an der Jahrestagung der Lichtenberg-Gesellschaft 2001 in Darmstadt.

[281] Vgl. detailfreudig Werner Krauss, Zur Anthropologie des 18. Jahrhunderts. Die Frühgeschichte der Menschheit im Blickpunkt der Aufklärung, hg. von Hans Kortum und Christa Gohrisch, Berlin (Ost) 1978, 27-31.

[282] Burnet etwa ging von einer enorm langen Dauer der einzelnen Schöpfungstage im Genesis-Bericht aus – ein Vorgehen, das, wie zu zeigen sein wird, noch Buffon exegetisch untermauert.

[283] Vgl. zum Thema allgemein Charles Coulston Gillispie, Genesis and Geology [1951], Cambridge (Mass.), London 1996; Paolo Rossi, The Dark Abyss of Time.

Wenn Kant 1755 in seiner *Allgemeinen Naturgeschichte und Theorie des Himmels* die Entstehung der kosmischen Ordnung aus dem Chaos kausalmechanisch mit Hilfe der Newtonschen Physik nachvollzieht, dann widerspricht das nach eigenem Dafürhalten zwar keineswegs «der Religion», dispensiert ihn aber dennoch nicht davon, sich in der Vorrede lange dafür zu rechtfertigen, dass er eine derart «gefährliche Reise» in unerforschte Wissenssphären «gewagt» habe (AA 1,221).[284] Der durch Ursachen- und Wirkungsketten streng bestimmte Verlauf der weltgenetischen Prozesse verlangt nach Kant geradezu den Rückschluss auf einen vernünftigen, weisen Gott: *«es ist ein Gott eben deswegen, weil die Natur auch selbst im Chaos nicht anders als regelmässig und ordentlich verfahren kann»* (AA 1,228). Die physikoteleologisch-kosmologische Beweisbarkeit eines vernünftigen Weltenbaumeisters ist in zahlreichen avancierten Entwürfen der Weltentstehungsgeschichtsschreibung um und nach 1750 nicht bloss rhetorische Garnitur, sondern metaphysisch-pastorales Hauptinteresse: Wenn man sich wissenschaftlich schon auf die Reise in unbekannte und ungesicherte Gefilde macht, dann will man auf Letztabsicherungen nicht verzichten. In Kants *Allgemeiner Naturgeschichte* gewährt die Idee einer gottgewirkten Ordnung eine solche Absicherung, die da um so nötiger erscheint, wo der Mensch in einer bald unabsehbar und unermesslich werdenden Erdgeschichte zu einem ganz punktuellen Dasein verurteilt zu sein scheint. Der Schrecken, den die Entdeckung der immensen erdgeschichtlichen Zeiträume allenfalls verursacht haben mag, ist schwer abzuschätzen.[285] Nach der Kopernikanischen

---

The History of the Earth and the History of Nations from Hooke to Vico, Chicago, London 1984; David Oldroyd, Thinking about the Earth. A History of Ideas in Geology, London 1996; Stephen Jay Gould, Time's Arrow, Time's Cycle. Myth and Metaphor in the Discovery of Geological Time, Cambridge (Mass.), London 1997, sowie Ruth Groh/Dieter Groh, Zum Wandel der Denkmuster im geologischen Diskurs des 18. Jahrhunderts, in: Zeitschrift für historische Forschung, Bd. 24 (1997), 575-604.

[284] Die Reisemetapher kehrt bei Kant übrigens im *Mutmasslichen Anfang der Menschengeschichte* wieder (AA 8,109) und indiziert, dass man sich sowohl (vorkritisch) in der metaphysischen Kosmologie als auch (nachkritisch) in der Geschichtsphilosophie auf theoretisch ungesichertem Gelände bewegt.

[285] Vgl. Friedrich Albert Lange, Geschichte des Materialismus und Kritik seiner Bedeutung in der Gegenwart [1865/1875], hg. von O.A. Ellissen, 2. Buch, Leipzig o.J. [1905], 286.

Wende, die die Erde aus dem Zentrum des Universums katapultierte, scheint sich aus heutiger Perspektive mit der Erschliessung der Erdgeschichte und der dadurch bewirkten Marginalisierung der menschlichen Geschichte auch jeder geschichtsphilosophische Anthropozentrismus verboten zu haben. Der Mensch hätte weder in lokal-kosmischer noch in temporal-kosmogonischer Hinsicht länger eine herausgehobene Stellung; sein Auftreten würde ephemer und höherer Dignität beraubt.

Doch ist diese umfassende Relativierung des Menschen und seiner Rolle im Kosmos tatsächlich auch die Konsequenz, die von den Entdeckern des Erdaltertums und ihren Zeitgenossen gezogen wird? Hat man tatsächlich gleich eine fundamentale Divergenz zwischen dem Buch der Natur und dem Buch der Offenbarung festgestellt, die es einem wissenschaftlich denkenden Menschen fürderhin verunmögliche, sich am Leitfaden des biblischen Schöpfungsberichtes zu orientieren? Immerhin wurde – darin lag die Innovation der Geologie – das Buch der Natur auf neuartige Weise, nämlich historisch lesbar gemacht: Die stummsten Bewohner der Erde, die Steine, traten als beredte Zeugen einer unvordenklichen Vergangenheit auf. Versteinerungen galten nun als Belege vergangenen irdischen Lebens und nicht mehr als bizarre Blindgänger der Schöpfung. Bislang hatte der Begriff der *historia naturalis* oder der *histoire naturelle* für eine Gesamtbeschreibung all der Dinge gedient, die von Natur sind.[286] Nun gewann diese *histoire naturelle* einen spezifischen Zeitindex: Die Erde stellt sich dem forschenden Auge als «un monde en ruine» dar, wie Georges-Louis Leclerc, Comte de

---

[286] Zu Beginn von Buffons *Histoire naturelle* heisst es denn auch noch immer: «L'histoire naturelle, prise dans toute son étendue, est une histoire immense; elle embrasse tous les objets que nous présente l'univers.» Georges-Louis Leclerc, Comte de Buffon, Œuvres complètes, avec les descriptions anatomiques de Daubenton, son collaborateur. Nouvelle édition, dirigée par M. Lamouroux, Paris (Verdière et Ladrange) 1824-1832, Bd. 1, 1. Buffon hält im folgenden die alte Unterscheidung von «histoire civile» und «histoire naturelle» aufrecht: «la première est l'étude des hommes d'état; la seconde est celle des philosophes; et, quoique l'utilité de celle-ci ne soit peut-être pas aussi prochaine que celle de l'autre, on peut cependant assurer que l'histoire naturelle est la source des autres sciences physiques et la mère de tous les arts.» (A. a. O., 29) Der Vorrang der Naturgeschichte wird seinerseits theologisch begründet: «Il y a plus, c'est que toutes les idées des arts ont leurs modèles dans les productions de la nature: Dieu a créé, et l'homme imite» (ebd.).

Buffon (1707-1788) im zweiten Discours seiner *Théorie de la terre*[287] ausführt, die der populären *Histoire naturelle* (1749-1804) beigegeben ist.[288] Die Metapher von den Ruinen des Erdaltertums, auf denen wir bei jedem unserer Schritte wandeln, begleitet die erdgeschichtlichen Diskussionen des 18. Jahrhunderts.[289] Sie muss aber keineswegs zwangsläufig zu einem resignativen Epigonenbewusstsein führen, das alles menschliche Tun für nichtig hält, weil es ohnehin früher oder später katastrophischen erdgeschichtlichen Umwälzungen unterliegt. Die Einsicht in den ruinösen Charakter der Welt kann ebenso in eine positiv konnotierte Erhabenheitsrhetorik umschlagen, die die Rolle des Menschen neu zu bestimmen versucht auf dem Hintergrund jener dem Menschen auf Erden vorausgegangenen Umwälzungen. So erscheint im ersten Teil von Johann Gottfried Herders *Ideen zur Geschichte der Menschheit* (1784) der Mensch als Produkt einer zielgerichteten erdgeschichtlichen Entwicklung:

> Vom Stein zum Krystall, vom Krystall zu den Metallen, von diesen zur Pflanzenschöpfung, von den Pflanzen zum Thier, von diesen zum Menschen sahen wir die *Form der Organisation steigen,* mit ihr auch die Kräfte und Triebe des Geschöpfs vielartiger werden, und sich endlich alle in der Gestalt des Menschen, sofern diese sie fassen konnte, vereinen. Bei dem Menschen stand die Reihe still.[290]

Buffons Alterswerk, die *Epoques de la nature* von 1778,[291] die ebenfalls in die Endfassung der *Histoire naturelle* Eingang fanden, bieten eine systematische Komprimierung der in der *Théorie de la terre* erarbeiteten Erkenntnisse. Während die *Théorie de la terre* zur Hauptsache die geo-

---

[287] Siehe dazu z. B. Gabriel Gohau, La «Théorie de la Terre», de 1749, in: Jean Gayon (Ed.), Buffon 88. Actes du Colloque international de la mort de Buffon (Paris, Montbard, Dijon, 14-22 juin 1988), Dijon 1992, 343-352.

[288] Buffon, Œuvres complètes, Bd. 1, 71. «Cependant nous habitons ces ruines avec une entière sécurité» (ebd.).

[289] Sie lehnt sich an das von Lukrez her geläufige Bild an, wonach die Dinge der Natur aus dem Ozean der Materie wie Trümmer grosser Schiffbrüche ausgespien würden (T. Lucretius Carus, De rerum natura II 541-568; siehe dazu Hans Blumenberg, Schiffbruch mit Zuschauer. Paradigma einer Daseinsmetapher, Frankfurt a. M. 1979, 29).

[290] Johann Gottfried von Herder's sämmtliche Werke, [hg. von Maria Carolina von Herder, W. G. von Herder, Johannes von Müller u. a.]. Zur Philosophie und Geschichte, 3. Theil, Tübingen (J. G. Cotta) 1806, 237.

[291] Vgl. Kenneth Taylor, The «Epoques de la Nature» and Geology during Buffon's later years, in: Gayon (Ed.), Buffon 88, 371-385.

logisch-geographischen Gegebenheiten deskriptiv synchron erörtert, verfahren die *Epoques de la nature* diachron und sind damit eine eigentliche erdgeschichtliche Erzählung,[292] die in ihrer Anlage und ihrem Duktus manchen Leser an Lukrez' *De rerum natura* gemahnt hat.[293] In ausdrücklicher Parallelität zur «histoire civile» versteht Buffon sein Werk als eine Entzifferungsarbeit zunächst ungedeuteter Quellen aus den «archives du monde». Aus den Indizien für erdgeschichtliche Veränderungen soll ein «corps de preuves» zusammengestellt werden.[294] Der Verfasser verwahrt sich hierbei gegen perspektivische Verzerrungen, die der anthropozentrischen Betrachtung der Geschichte anhaften: «Le passé est comme la distance; notre vue y décroît, et s'y perdrait de même, si l'histoire et la chronologie n'eussent placé des fanaux, des flambeaux aux points les plus obscurs».[295] Die Naturgeschichte erhellt die permanenten Veränderungen, denen die Natur seit dem Entstehen des Kosmos unterworfen war. Einerseits ist damit der endgültige Abschied von einem statischen oder zyklischen Weltverständnis markiert, das allenfalls in der Sphäre der Menschen *nova* für möglich hält. Wenn sich zeigen lässt, dass die Erde selbst tiefgreifenden Veränderungen unterworfen ist, welche verhindern, dass im Verlaufe der Zeit der ursprüngliche Ausgangspunkt der Geschichte wieder erreicht wird – wenn also gezeigt wird, dass die Erde auf Dauer keineswegs die ständige Wiederkehr des Gleichen durchmacht, wie das unser beschränkter Blick etwa auf die Abfolge der Jahreszeiten suggeriert,[296] dann entplausibilisiert dies auch eine rein zyklische

---

292 Zur Historisierung von Buffons Denken Jacques Roger, Buffon et l'introduction de l'histoire dans *L'histoire naturelle,* in: Gayon (Ed.), Buffon 88, 193-205, vgl. auch M. J. S. Hodge, Two Cosmogonies (Theory of the Earth and Theory of Generation) and the Unity of Buffon's Thought, in: Gayon (Ed.), Buffon 88, 241-254.
293 Z. B. Georges Meunier, Notice sur Les Epoques de la nature, in: Georges-Louis Leclerc, Comte de Buffon, Les Epoques de la nature, hrsg von Georges Meunier, Paris o. J., XXXI. Vgl. oben Fn. 289.
294 Buffon, Œuvres complètes, Bd. 3, 355.
295 A. a. O., 355f.
296 So zehrt die Eingangspassage von Turgots *Tableau philosophique des progrès successifs de l'esprit humain* (1750) von der Entgegensetzung natürlicher und geschichtlich-menschlicher Welt: «Les phénomènes de la nature, soumis à des lois constantes, sont renfermés dans un cercle de révolutions toujours les mêmes. ... La succession des hommes, au contraire, offre de siècle en siècle un spectacle toujours varié.» (OT 1,214f.) Turgot hat sich schon früh kritisch mit Buffon auseinandergesetzt (vgl. OT 1,109-113).

Betrachtung der Menschheitsgeschichte. Andererseits konstituiert sich die Naturgeschichte als Fundamentalwissenschaft mit schlechterdings allumfassendem Erkenntnisanspruch, zu der beispielsweise die «histoire civile» ein blosser Appendix sei.

> La nature étant contemporaine de la matière, de l'espace et du temps, son histoire est celle de toutes les substances, de tous les lieux, de tous les âges; et, quoiqu'il paraisse à la première vue que ses grands ouvrages ne s'altèrent ni ne changent, et que dans ses productions, même les plus fragiles et les plus passagères, elle se montre toujours et constamment la même, puisqu'à chaque instant ses premiers modèles reparaissent à nos yeux sous de nouvelles représentations; cependant, en l'observant de près, on s'apercevra que son cours n'est pas absolument uniforme; on reconnaîtra qu'elle admet des variations sensibles, qu'elle reçoit des altérations successives, qu'elle se prête même à des combinaisons nouvelles, à des mutations de matière et de forme; qu'enfin, autant elle paraît fixe dans son tout, autant elle est variable dans chacune de ses parties; et si nous l'embrassons dans toute son étendue, nous ne pourrons douter qu'elle ne soit aujourd'hui très-differente de celle qu'elle était au commencement et de ce qu'elle est devenue dans la succession du temps: ce sont ces changements divers que nous appelons ses époques.[297]

Nicht länger wird die Natur als eine konstante Grösse begriffen, während allein die menschlichen Dinge dem Wandel unterlägen; vielmehr gilt: «toutes les choses de l'univers physique sont, comme celles du monde moral, dans un mouvement continuel des variations successives».[298] Dabei handelt es sich nicht um eine Abfolge verschiedener Zustände gleichen Wertes, sondern um eine qualitative Steigerung, die insbesondere in der Sphäre des Menschen offenkundig wird, der in der siebten und letzten Epoche auf den Plan tritt.[299] Innerhalb der Epochen lassen sich Feinabstufungen machen, die Buffon einen antirousseauistischen Ton anschlagen lassen. Das vermeintliche goldene Zeitalter der Moral sei «l'âge de fer de la physique et de la vérité»[300] gewesen; der Mensch, halb wild, habe seine Kraft und seinen

---

[297] Buffon, Œuvres complètes, Bd. 3, 356f.
[298] A.a.O., 357.
[299] Zu Buffons «Ethnoanthropologie» siehe auch Jörn Garber, Die 'Bestimmung des Menschen' in der ethnologischen Kulturtheorie der deutschen und französischen Spätaufklärung, in: Aufklärung. Interdisziplinäres Jahrbuch zur Erforschung des 18. Jahrhunderts und seiner Wirkungsgeschichte, Bd. 14 (2002), 190-193.
[300] Buffon, Œuvres complètes, Bd. 3, 358.

wahren inneren Reichtum noch nicht gekannt; «le trésor de ses lumières était enfoui». Erst heute sei der Mensch in der Lage, den Schleier, der über seiner eigenen Vorgeschichte und über der Vorgeschichte der Erde liege, aufgrund von Beobachtungen und Schlussfolgerungen zu lüften.

Um einer Kollision der neuen Erdgeschichtsschreibung mit den hergebrachten religiösen Überzeugungen den Schrecken zu nehmen, schlägt Buffon eine aufklärerische Interpretation des Schöpfungsberichtes in der Genesis vor.[301] Anstatt abergläubisch am Wortlaut des biblischen Textes zu kleben, sei ein «respect éclairé»[302] bei seiner Deutung vonnöten, der die Leser bald zur Einsicht nötige, dass wir es hier mit der dichterischen Umschreibung der naturgeschichtlichen Wahrheiten in einer primitiven Sprache («langue pauvre»[303]) zu tun hätten, der die abstrakten Begriffe fehlten, um das präzise auszudrücken, was in modernen Sprachen mit gereifter Erkenntniskraft sehr wohl auszudrücken sei:

> Que pouvons-nous entendre par les six jours que l'écrivain sacré nous désigne si précisément en les comptant les uns après les autres, sinon six espaces de temps, six intervalles de durée? Et ces espaces de temps indiqués par le nom de *jours,* faute d'autres expressions, ne peuvent avoir aucun rapport avec nos jours actuels, puisqu'il s'est passé successivement trois de ces jours avant que le soleil ait été placé dans le ciel. Il n'est donc pas possible que ces jours fussent semblables aux nôtres.[304]

Wir haben im mosaischen Bericht eine Akkomodation der Naturgeschichte an das Verständnis des «homme vulgaire» vor uns, «auquel il ne s'agissait pas de démontrer le vrai système du monde, mais qu'il suffisait

---

[301] In welch starkem Masse Buffon das Missfallen theologischer Zensoren erregte, resümiert Heinrich Meier, Anhang zur Zensur, in: Jean-Jacques Rousseau, Diskurs über die Ungleichheit. Discours sur l'inégalité. Kritische Ausgabe des integralen Textes. Mit sämtlichen Fragmenten und ergänzenden Materialien nach den Originalausgaben und den Handschriften neu ediert, übersetzt und kommentiert von Heinrich Meier, Paderborn, München, Wien, Zürich ⁵2001, LXXVIII-LXXXV, LXXXIV-LXXXV. Meier macht im Anschluss an Leo Strauss, Persecution and the Art of Writing, Glencoe, Ill. 1952, eindringlich darauf aufmerksam, wie sehr die verschiedenen Instanzen der Zensur das Schreiben und Publizieren im 18. Jahrhundert präformiert haben, und wie sehr die so entstandenen Texte einer minutiösen Lektüre bedürfen, um auf diese Weise exoterisches und esoterisches Sprechen zu unterscheiden.
[302] Buffon, Œuvres complètes, Bd. 3, 385.
[303] A.a.O., 388.
[304] A.a.O., 390.

d'instruire de ce qu'il devait au Créateur».[305] Mit dieser aufklärerischen Genesis-Exegese soll es Buffon zufolge gelingen, die Ansprüche der Theologie und der Naturwissenschaft miteinander zu versöhnen; «elles ne peuvent, selon moi, être en contradiction qu'en apparence».[306] In Wahrheit gebe es keine Differenz zwischen den geoffenbarten und den durch Naturbeobachtung gewonnenen Wahrheiten.[307]

Buffons erdgeschichtliche Epochen weichen in ihrer Zeitperspektive erheblich von dem ab, was die theologisch begründete Chronologie vorgeschlagen hatte.[308] Insgesamt hat die Erde nach Buffon vor dem Auftreten von Landlebewesen bereits ein Alter von mehr als 60 000 Jahren, was die Geschichte des Menschen, die Buffon mit den biblischen Genealogien auf höchstens 6000 oder 8000 Jahre veranschlagt,[309] schwerwiegend zu relativieren scheint (obschon noch nicht in Jahrmilliarden gerechnet wird). Ist der Mensch damit zu einem episodalen Dasein verurteilt? Im Blick auf die Gesamtanlage der *Epoques de la nature* wird man diese Frage verneinen müssen, denn erhalten bleibt die anthropozentrische Ausrichtung des welt-

---

[305] A.a.O., 394.
[306] A.a.O., 395.
[307] Vgl. a.a.O., 391f.
[308] «[N]ous avons passé du chaos à la lumière, de l'incandescence du globe à son premier refroidissement, et cette période de temps a été de vingt-cinq mille ans. Le second degré de refroidissement a permis la chute des eaux et a produit la dépuration de l'atmosphère depuis vingt-cinq à trente-cinq mille ans. Dans la troisième époque s'est fait l'établissement de la mer universelle, la production des premiers coquillages et de premiers végétaux, la construction de la surface de la Terre par lits horizontaux, ouvrages de quinze ou vingt autres milliers d'années. Sur la fin de la troisième époque, et au commencement de la quatrième, s'est faite la retraite des eaux, les courants de la mer ont creusé nos vallons, et les feux souterrains on commencé de ravager la Terre par leurs explosions. Tous ces derniers mouvements ont duré dix mille ans de plus, et en somme totale, ces grands événements, ces opérations et ces constructions supposent au moins une succession de soixante mille années. Après quoi, la nature, dans sont premier moment de repos, a donné ses productions les plus nobles: la cinquième époque nous présente la naissance des animaux terrestres. Il est vrai que ce repos n'était pas absolu; la Terre n'était pas encore tout-à-fait tranquille, puisque ce n'est qu'après la naissance des premiers animaux terrestres que s'est faite la séparation des continents et que sont arrivés les grand changements que je viens d'exposer dans cette sixième époque.» Buffon, Œuvres complètes, Bd. 4, 98f.
[309] Vgl. Buffon, Œuvres complètes, Bd. 3, 391.

genetischen Prozesses, dem überdies eine teleologische Struktur innezuwohnen scheint: Der Mensch markiert kein Durchgangsstadium innerhalb eines arbiträren Prozesses, sondern ist vielmehr das Ziel einer Entwicklung sich steigernder Komplexitäten.[310] Die rationale Theologie, die den Epochenablauf grundiert, inthronisiert Gott als zweckorientierten Weltenbaumeister, dessen Schöpfungsplan auf die Entstehung des Menschen hinausläuft.[311] Nicht bloss sechs Schöpfungstage, sondern zeitlich ungeheuer erstreckte Umwälzungsgeschehnisse schaffen die Rahmenbedingungen für die Entstehung des Menschen, was wiederum die Dignität des Menschen enorm steigert. Den Tieren ist der Mensch nur äusserlich ähnlich; im Unterschied zu ihnen besitzt er eine immaterielle Seele und ist abstammungsgeschichtlich nicht direkt aus dem Tierreich herzuleiten.[312] In Analogie zur teleologisch-anthropozentrischen Struktur der Erdgeschichte lässt sich leicht eine Vervollkommnungstendenz in die menschliche Geschichte hineinlesen – eine Tendenz, welche wiederum durch die Aufstiegsbewegung vom ungehobelten Wilden zum Kulturmenschen beglaubigt zu werden scheint. Die Kontextualisierung innerhalb der Universalgeschichte der Erde verstösst die menschliche Universalgeschichte keineswegs zwangsläufig in die Bedeutungslosigkeit, sondern kann sie durchaus mit einer kosmischen

---

[310] Wenn Thomas Jefferson, Notes on the State of Virginia [1785]. Edited with an Introduction and Notes by Frank Shuffelton, New York, London 1999, 48-88, Buffon dafür kritisiert, die Tiere und die Menschen in Amerika als kleiner, ja im Verhältnis zur Alten Welt als degeneriert hinzustellen, und er seinerseits die natürlichen und menschlichen Potentiale Nordamerikas herausstreicht, geschieht dies in der Absicht, die Neue Welt als denjenigen Ort zu privilegieren, wo die Fortschrittsbewegung jetzt schon und erst recht künftig vonstatten gehe (und entsprechend als Ziel europäischer Investitionen zu empfehlen). Die bei Buffon angelegte, teleologische Struktur der Erdgeschichte wird bei Jefferson reproduziert, nur eben auf Amerika hin justiert und spezifiziert.

[311] Albrecht von Haller kritisiert an Buffon allerdings gerade, dass er die verborgene Naturteleologie missachtete, siehe Sandra Pott, Säkularisierung in den Wissenschaften seit der Frühen Neuzeit. Bd. 1: Medizin, Medizinethik und schöne Literatur. Studien zu Säkularisierungsvorgängen vom frühen 17. bis zum frühen 19. Jahrhundert, Berlin, New York 2002, 117. In den *Briefen über einige Einwürfe noch lebender Freygeister* verteidigt Haller gegen Voltaire die naturwissenschaftliche Adäquatheit der biblischen Schöpfungs- und Sintfluterzählungen, vgl. Pott, Säkularisierung in den Wissenschaften, Bd. 1, 137-140.

[312] Siehe Buffon, Œuvres complètes, Bd. 13, 1-17.

Dimension ausstatten, die man mit dem Verlust eines unbedingten Vertrauens in die heilsgeschichtlichen Schemata beinahe verloren wähnte.[313] Nun ist es die Naturwissenschaft selbst, die den Anthropozentrismus der Heilsgeschichte restituiert. Das Empfinden der Erhabenheit, das die Betrachtung der Epochen der Natur bei Buffon bewusst erzeugt, überträgt sich leicht auf die Betrachtung der menschlichen Geschichte. Der scheinbar so desillusionierende Blick auf die ungeheuren Zeiträume der Erdgeschichte verbannt bei Buffon den Menschen nicht aus dem Mittelpunkt der Welt, sondern belebt im Gegenteil seine alten Rechte als Krone der Schöpfung wieder – auch wenn dieser Mensch aufgerufen ist, seine eigene Zukunft und die Zukunft seiner Welt zu gestalten. Entsprechend tröstlich ist, wie Sainte-Beuve bemerkt hat, diese Form der Naturwissenschaft: «En général, Buffon peint la nature sous tous les points de vue qui peuvent élever l'âme, qui peuvent l'agrandir, la rasséréner et la calmer».[314]

Freilich ist mit Buffons 'Hypothetismus'[315] nicht das letzte Wort in der erdgeschichtlichen Debatte gesprochen.[316] Denn die beruhigenden anthropozentrischen Schlussfolgerungen lassen sich wegkürzen, ohne die Entdeckung des Erdaltertums als solche zu modifizieren. Ein lehrreiches Beispiel hierfür sind die geologisch-paläontologischen Erörterungen Georg Christoph Lichtenbergs (1742-1799). Das wissenschaftstheoretische Problem,

---

[313] Auch die zeitgenössische protestantische Aufklärungstheologie gibt bereitwillig zu, dass die Erklärung des Weltanfangs «keinen Glaubensartikel» betreffe – «denn keiner von all diesen Gelehrten leugnet, dass Gott der Schöpfer der Welt sey» – «sondern eine exegetische Frage, die zwar allemahl erheblich, aber doch von keiner solchen Beschaffenheit ist, dass der Irrthum für gefährlich müsste gehalten werden» (Johann Georg Rosenmüller, Abhandlung über die älteste Geschichte der Erde welche Moses im ersten Kapitel seines ersten Buches beschrieben, aus dem Lateinischen übersetzet, mit einem Anhang vermehret und von dem Herrn Verfasser übersehen und gebilliget, Nürnberg [Johann Eberhard Zeh] 1782, Vorrede, unpag. Bl. A4 verso).
[314] Charles-Augustin Sainte-Beuve, Causeries du lundi, Bd. 4. Quatrième édition, Paris o. J., 363.
[315] Phillip R. Sloan, L'hypothétisme de Buffon. Sa place dans la philosophie des sciences du dix-huitième siècle, in: Gayon (Ed.), Buffon 88, 207-222.
[316] Zu Buffons Nachleben in geschichtstheoretischen und geschichtspragmatischen Zusammenhängen allgemein siehe Peter Hanns Reill, Buffon and Historical Thought in Germany and Great Britain, in: Gayon (Ed.), Buffon 88, 667-679.

das der sich konstituierenden Geologie den Eingang ins Konzert der modernen Naturwissenschaften erschwerte, bestand in ihrer von der klassischen Physik unterschiedenen Methode: Weder konnten ihre geogonischen Erkenntnisse induktiv aus direkten Beobachtungen und Experimenten erschlossen werden, noch liessen sich deduktiv Voraussagen für die Zukunft mit Hilfe der experimentell erschlossenen Naturgesetze machen. Die Geologie ging von gegenwärtig beobachteten Phänomenen, etwa der Gestalt und Beschaffenheit der Steine, unter Anwendung der aus der Physik schon bekannten Naturgesetze auf lange vergangene Ereignisse zurück. «Man schloss also von Wirkungen auf hypothetische Ursachen, ein Verfahren, das grundsätzlich ungewiss ist, weil dieselbe Wirkung von verschiedenen Ursachen hervorgebracht werden kann.»[317] Wir haben es bei der Geologie, insofern sie sich mit der Erd*geschichte* beschäftigt, demnach weder mit einer induktiven noch einer deduktiven, sondern mit einer *abduktiven Wissenschaft* zu tun: Die geologisch-geogonische Abduktion zieht von der *Conclusio* (gegenwärtige Gesteinsformationen) und der *Major* (Newtonsche Gesetze) einen hypothetischen Schluss auf die *Minor* (vergangene erdgeschichtliche Ereignisse). Entsprechend divergent waren in dieser hypothetischen Wissenschaft denn auch die Vorstellungen, wie es auf Erden vor Urzeiten ausgesehen habe. Lichtenberg, der sich mit geologischen Fragen nur aus zweiter Hand beschäftigte, war sich im Unterschied zu den meisten seiner Zeitgenossen dieser prinzipiellen methodischen Crux der geogonischen Erkenntnisse sehr wohl bewusst. «So wie der Raum uns die Ergründung mancher Dinge unmöglich macht so kann es auch die Zeit. So wie wir den Mond nicht erklettern oder nicht zum Mittelpunkt der Erde hinabsteigen, so wenig werden wir Naturprozesse nachmachen können, über denen sie vielleicht Jahrhunderte brütet» (L 900).[318] Und ganz prinzipiell hält eine andere Sudelbuchnotiz im Geiste des *Pyrrhonismus historicus* fest: «Die Menschen können nicht sagen, wie sich eine Sache zugetragen, sondern

---

[317] Wolf von Engelhardt, Lichtenbergs Gedanken über die Entstehung und die Bildung unserer Erde zu ihrer gegenwärtigen Gestalt, in: Lichtenberg-Jahrbuch 1996, 29.

[318] Lichtenbergs Sudelbucheinträge werden mit Heftsignatur und Eintragnummer zitiert nach: Georg Christoph Lichtenberg, Schriften und Briefe, hg. von Wolfgang Promies, Bd. 1 und 2, Frankfurt a.M. 1994.

nur wie sie meinen, dass sie sich zugetragen hätte.» (C 375) Entsprechend sei der Forscher auf Analogieschlüsse angewiesen: «Die geheimen Würkungen der Natur beurteilt man aus solchen ähnlichen, wo man sie auf der Tat ertappt.» (D 174)

Trotz dieser grundsätzlichen Schranken, die einer strengen Wissenschaft von der Vorzeit der Welt entgegenstehen, verschliesst Lichtenberg seine Reflexionen zum Thema nicht in den Sudelbüchern, sondern lässt sich dazu in Zeitschriftenaufsätzen vernehmen. Bezeichnenderweise handelt es sich dabei nicht um Forschungsbeiträge im engeren Sinn, sondern um 'popularphilosophische' Essays namentlich in seinem beliebten *Göttinger Taschen Calender*. Die Bedeutung dieser Texte für die Wissenschaftsgeschichte liegt nach berufenem Urteil «nicht so sehr in dem, *was* Lichtenberg zu geologischen Phänomenen und Hypothesen zu sagen hatte, als vielmehr darin, *wie* er über Themen und Erklärungen der jungen Wissenschaft sprach».[319] Es ist die Konjunktivierung oder Hypothetisierung der vorgeblich festgegründeten Erkenntnisse, die Lichtenbergs kritische Haltung gegenüber der Wissenschaft im allgemeinen und der Erdgeschichte im besonderen charakterisiert.[320] Eine Konjunktivierung, die sich nicht mehr in endgültige Sicherheiten ummünzen lässt.

Wie prekär es um Sicherheiten bestellt ist, machen die zitierten Sudelbucheinträge C 375 und D 174 bereits offenkundig: Die eineindeutige Lesbarkeit des Buches der Natur, von dem die Mehrzahl von Lichtenbergs geologisierenden Kollegen trotz ihrer Fehden um das Deutungsmonopol (z.B. des Neptunismus oder des Vulkanismus) noch selbstverständlich ausgingen, scheint suspendiert, obschon Lichtenberg selbst im Aufsatz *Über Physiognomik wider die Physiognomen* (^{2}1778) die «absolute[.] Lesbarkeit von allem in allem» eingeräumt hatte.[321] Bloss war damit nicht gesagt, dass unsere Lesarten die richtigen seien – und ebensowenig, wie denn die rich-

---

[319] Engelhardt, Lichtenbergs Gedanken, 46.
[320] Zu Lichtenbergs Konjunktiven als Modus der Experimentalphysik vgl. Albrecht Schöne, Aufklärung aus dem Geist der Experimentalphysik. Lichtenbergsche Konjunktive, München ³1993; im Zusammenhang mit der Geologie Engelhardt, Lichtenbergs Gedanken, 47f.
[321] Georg Christoph Lichtenberg, Schriften und Briefe, hg. von Wolfgang Promies, Bd. 3, Frankfurt a.M. 1994, 265.

tigen gefunden werden könnten.³²² Wenn Lichtenberg am Anfang *Einiger Betrachtungen über die physischen Revolutionen auf unsrer Erde* im *Göttinger Taschen Calender für das Jahr 1794* ebenfalls an die Lesbarkeit des *liber naturae* erinnert, dann wird diese scheinbar so erfreuliche Aussicht am Ende des Aufsatzes durch die Bemerkung relativiert, die Ursachen erdgeschichtlicher Umwälzungen sei ein noch nicht bestelltes und vielleicht gar nicht wirklich bestellbares «Feld für Ideenjagd».³²³

> Mit Kenntniss der Natur und gezähmter Phantasie behandelt, bietet sich in ihm [sc. im «Gegenstand» der Betrachtung, nämlich den «grossen Revolutionen», die die Erde «erlitten haben muss»] ein unerschöpflicher Quell von Geistesübung und Unterhaltung dar, deren Genuss durch die wachsende Hoffnung dereinst tiefer in die Geschichte, wo nicht unsrer ganzen Kugel, doch ihrer ganzen Kruste einzudringen, als aus menschlichen Denkmählern möglich ist, keinen geringen Reitz erhält. Auch da wir täglich neue Zeichen entziffern lernen, womit jene Geschichte so unauslöschlich geschrieben ist, so ist es immer der Mühe werth, dann und wann einmahl unsere kleine [sic] Fortschritte im A B C an jenem schweren Text zu prüfen, und zu sehen, wie viel wir dadurch dem eigentlichen Sinn näher gerückt sind.³²⁴

Es gibt also, zumindest wenn Lichtenberg exoterisch *ad populum* spricht, einen ursprünglichen «Text», an dem man die Interpretationen prüfen kann. Es fehlt der erkenntnistheoretische Vorbehalt, dass uns dieser Text immer nur in Interpretationen gegeben sei. Vielmehr scheint es uns im Verlaufe der Zeit zu gelingen, immer adäquatere Versionen jener «Geschichte» zu finden, die uns nach C 375 doch prinzipiell nicht offenstehe. Zwar dämpft

---

322 Zur Lesbarkeit der Welt bei Lichtenberg siehe Hans Blumenberg, Die Lesbarkeit der Welt [1981], Frankfurt a.M. 1993, 199-213, der Lichtenbergs Skepsis zunächst weniger stark akzentuiert: «Lichtenberg, der so wortgewaltig den Verführungen der Physiognomik, einer der grossen Leichtfertigkeiten des Bedeutungsglaubens, entgegentritt, ist doch voller Glaubensbereitschaft für Winke der Natur, die seine Experimente ihm versagen. Er ist so konzentriert auf die Verweigerung der Gefälligkeiten, die der Mensch seit jeher von der Wirklichkeit erwartet hatte, dass er das Aufkommen neuer Offenheit für Begünstigungen und Vertraulichkeiten nicht bemerkt.» (199) Gleichwohl: «Hinter der Natur sieht Lichtenberg keinen Mitteilungswillen.» (204).
323 Georg Christoph Lichtenberg, Einige Betrachtungen über die physischen Revolutionen auf unsrer Erde, in: Göttinger Taschen Calender für das Jahr 1794, [Göttingen] (Joh. Christ. Dieterich) [1793], 111f. (Reprint Mainz 1993).
324 A.a.O., 80.

der Hinweis auf die «kleinen Fortschritte» allzu hochfliegende Hoffnungen, bald über die Wahrheit des Gewesenen unterrichtet zu sein; aber dennoch predigt Lichtenberg hier keinen *Pyrrhonismus historicus,* dem das Gewesene gerade auch in erdgeschichtlicher Perspektive prinzipiell verschlossen bleiben muss.[325] Statt dessen setzt er auf «andächtige[s] Staunen»,[326] das die Betrachtung dieser erhabenen Gegenstände zu bewirken vermöge. Der Philosoph wisse,

> wie sehr sehr [sic] wichtig diese Vergleichung unsers Selbsts und unsers Wirkungskreises mit den Begebenheiten in der Natur, die sich ohne unser Zuthun ereignen, selbst für unsere Ruhe sind. Wer noch nicht weiss und fühlt, dass hier hinaus ein nie versiegender Quell selbst von Muth im Leiden und von Trost im Tode liegt, den ihm kein Religionsstifter gegeben hat, und also auch kein Stifter von Irreligion rauben kann, muss es noch nicht sehr weit in Philosophie und Kenntniss der Natur gebracht haben.[327]

Erbaulichkeit wird somit – ganz im Unterschied zu manchen Sudelbuchnotizen – zur leitenden Kategorie in der Betrachtung der Natur und ihrer Geschichte. Lichtenbergs längerer «Prolog» zur eigentlich wissenschaftlichen «Belehrung» dient der «Stimmung des Gemüths».[328] Wer sich der Naturbetrachtung hingibt, ist über alle Irritationen erhaben und von allen Anfechtungen der «Irreligion» gefeit. Dieses unanfechtbare Vertrauen in die existentielle Stabilisierungsmacht der (naturwissenschaftlichen) Erkenntnis ist beim Gegenstand, mit dem wir es zu tun haben, erstaunlich: «die physischen Revolutionen auf unsrer Erde» scheinen dem Menschen wenig Halt

---

[325] Vgl. demgegenüber, wie von Chladenius historische Erkenntnis klassisch definiert wird: «Die Erkenntniss der Dinge, welche sind oder geschehen, wird zusammen genommen die Historische Erkenntniss genennet.» (Johann Martin Chladenius, Allgemeine Geschichtswissenschaft. Mit einer Einleitung von Christoph Friederich und einem Vorwort von Reinhart Koselleck. Nachdruck der Ausgabe Leipzig 1752, Wien, Köln, Graz 1985, § 2, S. 2). Im ersten Kapitel werden die zeitgenössischen historischen Begrifflichkeiten umfassend und repräsentativ erläutert. Vgl. auch Johann Christoph Gottsched, Erste Gründe der gesammten Weltweisheit, darinn alle philosophische Wissenschaften, in ihrer natürlichen Verknüpfung, in zween Theilen abgehandelt werden. ..., Bd. 1, Leipzig ^{7}1762, 186 (2. Theil, 3. Hauptstück, § 169).
[326] Lichtenberg, Einige Betrachtungen über die physischen Revolutionen, 79.
[327] A. a. O., 81.
[328] A. a. O., 86.

zu versprechen – erst recht dann nicht, wenn man sie, wie Lichtenberg es in seinem Aufsatz tut – mit den politischen Revolutionen der Menschen parallelisiert, namentlich mit derjenigen, die gerade im Gang ist: der Französischen:

> Ja, frage ich, sollte eine kurze Darstellung jener grossen physischen Gährung auf unserer Erde zu dieser Zeit, da die Bewohner ihres schönsten Theils in der wilden Aufwallung einer politischen begriffen sind, in einer Schrift, wie die unsrige, so ganz am unrechten Ort stehen?[329]

Die Beruhigung, die von der naturgeschichtlichen Reflexion ausgehen soll, gründet in der Relativierung der menschlichen Angelegenheiten, die der Vergleich erdgeschichtlicher mit politischen Revolutionen bewirken will. Im Blick auf die Veränderung des Planeten ist der Mensch ohnmächtig, «Vulcane können wir nicht anlegen».[330] «Was kann also der Mensch hier thun, wo er so deutlich erkennt, dass nicht der ganze Plan vor ihm liegt? Antwort: Nichts weiter als den Theil des Plans mit Treue und Thätigkeit bearbeiten, den er vor sich hat.»[331] Was dem Menschen bleibt, ist «der An-

---

[329] A.a.O., 80. Es ist sonderbar, dass in den begriffsgeschichtlichen Beiträgen zum Thema «Revolution» – vgl. etwa Karl Griewank, Der neuzeitliche Revolutionsbegriff. Entstehung und Entwicklung [1955]. Aus dem Nachlass hg. von Ingeborg Horn-Staiger. Mit einem Nachwort von Hermann Heimpel, Frankfurt a.M. 1973, oder Horst Günther, Revolution, in: HWPh, Bd. 8, Sp. 957-973 – jeweils auf den astronomischen Gebrauch des Wortes verwiesen wird, jedoch nicht auf den erdgeschichtlichen, der z.B. bei Buffon gang und gäbe ist und der sich zumindest bei Lichtenberg eng an den politischen Gebrauch anlehnt. August Ludwig Schlözer, Vorstellung seiner Universal-Historie [1772/73]. Mit Beilagen neu hg. von Horst Walter Blanke, Waltrop 1997, [Bd. 1, 1772], 1, § 1, erhebt die Gesamtschau der «Revolutionen des Erdbodens, den wir bewohnen, und des menschlichen Geschlechtes, dem wir angehören» zum Gegenstand der «Universalhistorie», während Nicolas Antoine Boulanger, Das durch seine Gebräuche aufgedeckte Alterthum. Oder kritische Untersuchung der vornehmsten Meynungen, Ceremonien und Einrichtungen der verschiedenen Völker des Erdbodens in Religions- und bürgerlichen Sachen, übersetzt und mit Anmerkungen versehen von Johann Carl Dähnert, Greifswald 1767, 3 (zitiert nach Zedelmaier, Der Anfang der Geschichte, 218) nach den «moralischen Folgen dieser Revolutionen», nämlich der anfänglichen Sintfluten fragt. Vgl. zum Thema auch Jean-Marie Goulemot, Le règne de l'histoire. Discours historiques et révolutions. XVIIe-XVIIIe siècle, Paris 1996.
[330] Lichtenberg, Einige Betrachtungen über die physischen Revolutionen, 82.
[331] A.a.O., 82f.

bau der Oberfläche, ich meine des Feldes der moralischen Welt».[332] Diese Beschränkung des Wirkungsradius soll nicht in Resignation und Nihilismus ausarten, sondern in vernünftig-tugendhafte Gestaltung der menschlichen Sphäre. Es ist gerade die Tatsache, dass wir über den Weltenplan und das Wirken einer allfälligen Vorsehung nicht hinreichend unterrichtet sind, aus der wir die Motivation zu tugendhaftem Tun zu schöpfen haben. «Dauernde Glückseligkeit kann entweder nie das Erbtheil des Sterblichen werden, oder sie muss ihm auf diesem Wege» – durch «Uebung der Tugend» – «zufallen».[333] Als selbstverständlich setzt Lichtenberg in seinem pastoral-pädagogischen «Prolog» voraus, dass das irdische Geschehen insgesamt einer höheren «Leitung» unterworfen sei, in die dem Menschen aber die Einsicht verwehrt bleibe.[334] Die Relativierung des Menschen im kosmischen Gesamtgefüge wird bald noch weiter forciert:

> Von diesen Meeren also theils überschwemmt, theils durchdrungen, schwebt nun diese ächt antike Steinmasse zwischen dem Mars und der Venus um die Sonne, und nährt in dem Schimmel und in der aerugine nobili [= Rost], womit sie überzogen ist, ein Thiergeschlecht, das sich von allen andern sehr auszeichnet, den Menschen. Wenn andere Thiere lediglich mit Trieben und Kräften ausgerüstet sind, die bloss auf Erhaltung und Fortpflanzung des Geschlechts abzwecken, so besitzt dieses seltsame Geschöpf über alles das noch einige, von denen man nicht so ganz deutlich begreift, wo sie eigentlich hinaus wollen. Unter andern einen Trieb, Verhältnisse aufzusuchen, die es Ursachen nennt, und sich um eine Menge von Dingen zu bekümmern, die es auf der Gotteswelt nichts anzugehen scheinen, als etwa weil es da für das Ursachen-Thier, Ursachen zu jagen gibt, wozu dasselbe durch eine Art geistischen Hungers, die Neugierde, beständig angespornt wird. Von dieser Seite betrachtet, sieht es mit diesen Trieben fast so aus wie mit einigen Heerstrassen zu Malta, die trotz der schönen Gleisen, die man in dem Felsen gewahr wird, am Ende gerade hinaus ins Blaue führen. Die Gegenden des Felsen nähmlich wo diese Strassen hinführten, sind nicht mehr da. Wo geht denn, muss auch der Unbefangenste, der den Menschen beobachtet, fragen, die Reise hin, für welche er so sammelt?[335]

---

[332] A.a.O., 83.
[333] A.a.O., 84.
[334] Vgl. a.a.O., 85.
[335] A.a.O., 104f. Die Ähnlichkeit dieses Abschnitts zu den Eingangspassagen von Friedrich Nietzsches *Ueber Wahrheit und Lüge im aussermoralischen Sinne* (1873; KSA 1,875) ist – worauf Georg Braungart in seinem Vortrag (vgl. oben Fn. 280) hingewiesen hat – offensichtlich. In der Lichtenberg-Ausgabe, die der begeisterte Lichtenberg-Leser Nietzsche besass, scheinen freilich *Einige Betrachtungen über*

Der Mensch als «Ursachen-Thier» wird von einem extraterrestrischen Standpunkt betrachtet, von dem aus er als Tier unter Tieren erscheint, dessen merkwürdige Verhaltensweisen kaum erklärlich sind. Diese Perspektivenwahl unterminiert den physikoteleologischen Anthropozentrismus, der noch für Buffons Erdgeschichtsschreibung eine unhinterfragte Selbstverständlichkeit war. Erst von diesem Anthropozentrismus her liess sich jene Beruhigung des Gemüts gewinnen, von der auch Lichtenberg zu Beginn seines Aufsatzes spricht. Die Entdeckung der unabsehbaren Zeittiefen der Erdgeschichte hatte das anthropozentrische Verständnis der Welt und der Geschichte fundamental bedroht, und die Bedrohung liess sich bei Buffon und auch bei Herder nur abwenden, indem man die Teleologie auf höherer Stufe restituierte, um so die Menschheitsgeschichte als Ziel der Erdgeschichte auszugeben. Bei Lichtenberg entfällt genau diese Möglichkeit, indem die höhere «Leitung» des Weltgeschehens dem «Ursachen-Thiers» nicht intelligibel ist.[336] Die Ziellosigkeit des menschlichen Erkenntnisstrebens wird mit den aporetischen «Heerstrassen zu Malta» drastisch veranschaulicht; da ist der Schritt zu einem Nihilismus, der das Dasein des Menschen dem Sinnlosigkeitsverdacht preisgibt, nur noch ein kleiner. Vom Standpunkt eines Ausserirdischen aus kann man sich weiter fragen, ob der Mensch «eine Bastartbrut vom Affen und einem höhern Wesen» sei, «das sich weggemacht, und ihn hier mit Trieben ausgesteuert hat sitzen lassen, von denen nunmehr, wie bey manchen Bastartarten, und sehr vielen erhabenen menschlichen Anstalten, die Form den Zweck überlebt hat?»[337] Nicht einmal die Zweckhaftigkeit der menschlichen «Triebe», insofern sie über

---

die physischen Revolutionen zu fehlen; auch Martin Stingelins einschlägige Monographie zu Nietzsches Lichtenberg-Rezeption thematisiert die Parallele nicht (Martin Stingelin, «Unsere ganze Philosophie ist Berichtigung des Sprachgebrauchs». Friedrich Nietzsches Lichtenberg-Rezeption im Spannungsfeld zwischen Sprachkritik [Rhetorik] und historischer Kritik [Genealogie], München 1996).

336 Vgl. die Streitschrift *Über Physiognomik wider die Physiognomen*: «Der Schluss aus den Werken der Natur auf einen allmächtigen, allgütigen und allweisen Schöpfer, ist mehr ein Sprung der instruierten Andacht, als ein Schritt der Vernunft. Die Natur zeigt ihrem eingeschränkten Beobachter nichts als einen Urheber, der ihn weit übertrifft. Wie weit? das sagt sie ihm nicht.» (Lichtenberg, Schriften und Briefe, Bd. 3, 275, vgl. auch J 1856).

337 Lichtenberg, Einige Betrachtungen über die physischen Revolutionen, 106.

das Tierische hinausgehen, wird noch konzediert – wie viel weniger dann eine Ausrichtung der Welt insgesamt am Menschen als ihrem Endzweck. Allerdings stehen auch diese anti-teleologischen und anti-anthropozentrischen Überlegungen Lichtenbergs ausdrücklich unter dem hypothetischen Vorbehalt; es handle sich um «Fragen», die «die wilde Phantasie über diese fragmentarische Natur des Menschen» anstelle, während «die ruhige Vernunft» ganz andere Schlüsse ziehe: Für sie «erwächst aus diesem bloss scheinbar weder Halben noch Ganzen, ein Ganzes von unermesslichem Werth». Worin dieser Wert besteht, wird nach der hypothetischen Austreibung der Physikoteleologie und des Anthropozentrismus allerdings nicht verraten; die «weitere Auseinandersetzung» sei «nicht für diese Blätter» bestimmt.[338] Das Postulat der praktischen Vernunft, der Mensch sei «ein Ganzes von unermesslichem Werth», kommt etwas zu unvermittelt und gewaltsam, als dass es die eben aufgeführten Zweifel an der Bestimmung des Menschen zu bändigen vermöchte. Die Trostfunktion der Naturbetrachtung, die der «Prolog» beschworen hatte, ist durch die «wilde Phantasie» empfindlich gestört worden.

Die «Verwegenheit» des menschlichen Erkenntnisdranges ist es auch, weswegen sich dieses sonderbare Tier «mit seinen Untersuchungen jenseit [sic] des Staubes gewagt [habe], der die Werkstätte seiner Erhaltung, seiner Verwesung, und seiner Wiederauferstehung, so wie alles Organischen trägt».[339] Dabei entdeckt es, dass die Erde wenigstens in ihren «festen Theilen ... ihre eigene Geschichte dem aufmerksamen Beobachter» erzähle.[340] Der Mensch sucht darin nun Antworten auf seine Fragen nach dem «Wie? Warum? und Woher?», um so einen Weg zu finden, sich über sich selbst zu verständigen und vermutlich auch jenen Sinnlosigkeitsverdacht gegenüber seinen eigenen Anlagen abzuwehren, der vom extraterrestrischen, transhumanen Standpunkt auf ihn gefallen ist. Das «Ursachen-Thier» ist somit ein eminent historisches Wesen, das Identität gewinnt, indem sich über sein Herkommen und das Herkommen seiner Welt aufzuklären sucht. Es sammelt, angehaucht vom «Schauer der Vorwelt», wie es mit Moritz August von Thümmel in einem Sudelbuch heisst (J 556), Zeugnisse, die ihm ein

---

[338] Ebd.
[339] A.a.O., 107.
[340] A.a.O., 108.

unvordenkliches Alter der Erde nahelegen, aber es gelingt ihm nicht, über die Ursachen all der versteinerten Revolutionen zuverlässiges Wissen zu erwerben: «wie war eine solche Revolution möglich? wo war der Mensch während dieses Elementen-Kriegs? und wie wurde der Friede?»[341] Längst war es denkbar geworden, dass es zu Zeiten dieser erdgeschichtlichen Umwälzungen noch keine Menschen gegeben hat, aber auch – gegen Buffon – dass der Mensch nicht das implizite Ziel der geogonischen Prozesse ist. Was Lichtenberg für seine Leser am Ende seines Aufsatzes bereithält, sind keine provisorischen Antworten auf die Herkunftsfragen, geschweige denn definitive, sondern eben nur die Feststellung, dass wir hier «ein Feld für Ideenjagd» betreten hätten, «wozu sich der Mensch den Zutritt nicht wird versagen lassen, weder durch die Schlüsse der Indolenz, noch die Machtsprüche bewaffneter Consistorien».[342]

Immerhin verspricht er, zu einem späteren Zeitpunkt auf einige Theorien zum Thema zurückzukommen, was er in den *Geologischen Phantasien* des *Göttinger Taschen Calenders für das Jahr 1795* denn auch tut. Dort behandelt er Benjamin Franklins einschlägige Äusserungen und bemerkt, es sei «unglaublich, was die Revolutionen auf der Erde für Revolutionen in den Köpfen nach sich gezogen haben».[343] Hier findet eine Akzentverschiebung insofern statt, als der erdgeschichtliche «Gegenstand» zwar nach wie vor als «einer von den wichtigsten» gilt, «der sich denken lässt», aber «wo nicht in allen seinen Teilen für den Geologen, doch für den Psychologen; wo nicht für die Geschichte der Erde, doch für die Geschichte des menschlichen Geistes».[344] Der Blinkwinkel wird also neuerlich anthropozentrisch gewendet, freilich nicht etwa in ontologisch-metaphysischer oder in entwicklungsgeschichtlich-parametaphysischer Weise. Die «geologischen Phantasien» werden nun als Symptome spezifischer geistiger Zustände jener Menschen gedeutet, deren Köpfen sie entsprungen sind. Ein geogonisches System verrät viel weniger über die Beschaffenheit des Erdaltertums, über das es etwas aussagen will, als über die spezifischen Interessen und Dispositionen desjenigen, der es ausgedacht hat. Allerdings appliziert Lichtenberg diese

---

[341] A.a.O., 111.
[342] A.a.O., 111f.
[343] Lichtenberg, Schriften und Briefe, Bd. 3, 112.
[344] Ebd.

'psychogenealogische' Fragestellung nicht konsequent auf die geologisch-geogonische Forschung überhaupt, sondern diskutiert nach einigen ironischen Volten sehr ernsthaft, inwiefern Franklins Ideen dem Text der Natur adäquat sind. Lichtenberg verabschiedet sich keineswegs vollständig vom Gedanken der prinzipiellen Lesbarkeit der Natur; seine erkenntniskritischen Vorbehalte reichen aber doch so weit, alle Entzifferungsversuche der Erdgeschichte mit dem Index des Hypothetischen zu versehen: *«Es könnte wohl so sein; ja es ist vielleicht so.»*[345] Über dieses «vielleicht» führt keine abduktive Rekonstruktion des Gewesenen hinaus – erst recht keine, die sich in vormenschlichen Zeiten tummelt. Entsprechend prekär ist es um teleologische Versionen der Erdgeschichte bestellt; entsprechend prekär steht es um die Beruhigung, die aus der Naturbetrachtung zu schöpfen sein soll. Solche Beruhigung kann allenfalls noch in der Bestellung des eigenen Gartens oder transhumanen Distanznahme liegen, die die menschlich-allzumenschlichen Dinge relativiert und die Empfindung von der schlechthinnigen Erhabenheit der Natur hervorbringt.[346] «Obgleich objektive Lesbarkeit von allem in allem überall statt finden mag, so ist sie es deswegen nicht für uns».[347]

Wenn man sich die erdgeschichtlichen Überlegungen in der zweiten Hälfte des 18. Jahrhunderts vor James Hutton[348] und Georges Cuvier kursorisch vergegenwärtigt, dann zeigt sich, dass die Entdeckung der erdgeschichtlichen Tiefenzeiten noch nicht auf breiter Front einen anti-anthropozentrischen Dezentrierungsschock auslöste: Die sich laut Blumenberg öffnende Schere zwischen Lebenszeit und Weltzeit zeitigt noch kaum traumatische

---

[345] A.a.O., 113.
[346] Bald wird indessen zu bemerken sein, dass «die Biologie ... seit dem Ende des 18. Jahrhunderts keine Nachsicht mit allem gezeigt [hat], womit wir uns umgeben haben, um uns gegen das Unvorhersehbare zu wappen.» Michael Foucault, Wachsen und Vermehren. «Die Logik des Lebenden» von François Jacob [1970], übersetzt von Martin Stingelin, in: Kaleidoskopien 384: Körperinformationen 2000, 290.
[347] Lichtenberg, Schriften und Briefe, Bd. 3, 290 (Über Physiognomik). Vgl. auch Blumenberg, Die Lesbarkeit der Welt, 212.
[348] Vgl. z.B. Rudolf Trümpy, James Hutton und die Anfänge der modernen Geologie, in: Daniel Brühlmeier/Helmut Holzhey/Vilem Mudroch (Hg.), Schottische Aufklärung. «A Hotbed of Genies», Berlin 1996, 75-89, der freilich nur am Rande auf die geistesgeschichtlichen Implikationen der Konstitution von Geologie als Wissenschaft eingeht.

Auswirkungen.[349] Bei Buffon und bei Herder fügen sich die Jahrzehn- und Jahrhunderttausende recht harmonisch in eine sinnvolle Gesamtentwicklung ein, an deren Ende der Mensch steht, während Lichtenberg zwar eine extraterrestrisch-transhumane Perspektive erprobt, die jedoch nicht oder zumindest nicht hauptsächlich von der zeitlichen Marginalisierung des Menschen im erdgeschichtlichen Gesamtgefüge ausgelöst wird. Die Erdgeschichtsschreibung steht zunächst einer spekulativ-universalistischen Deutung der Menschheitsgeschichte keineswegs entgegen, sondern befördert sie sogar. Die Emanzipation aus dem Korsett der biblischen Chronologie öffnet ungeahnte Vergangenheitsräume, was wiederum die Erschliesung offener Zukunftsräume ermöglicht. Die Verortung des Menschen in einer *selbstgemachten* sinnvollen Geschichte würde hier durchaus wirkmächtig. Auch wenn in der Sattelzeit «Natur und Geschichte ... begrifflich auseinandertreten, ... und in diesen Jahrzehnten die alte Sparte der historia naturalis aus dem Gefüge der historischen Wissenschaften ausgeschieden wird»,[350] so hätte doch die Erdgeschichtsschreibung als eigentlich historische, hypothetisch-abduktive Disziplin eine Reintegration der Menschheitsgeschichte in wahrhaft globalem Zusammenhang ermöglichen können. Diese Möglichkeit wurde in der spekulativ-universalistischen Geschichtsphilosophie des 18. Jahrhunderts dennoch nur selten – etwa von Herder – genutzt. Die philosophische Fortschrittsgeschichtsschreibung, von der nun

---

349 Vgl. allgemein Hans Blumenberg, Lebenszeit und Weltzeit [1986], Frankfurt a. M. 2001. Odo Marquard, Skepsis und Zustimmung. Philosophische Studien, Stuttgart 1994, 45f., hebt mit Johann Baptist Metz hervor, dass erst mit der Erledigung der «eschatologischen Finalität als Heilszeit» die Weltzeit offen und evolutionär entfristet habe werden können.

350 Koselleck, Vergangene Zukunft, 57, unter Hinweis auf Voltaires *Histoire*-Artikel in der *Encyclopédie*. Vgl. auch Wolf Lepenies, Das Ende der Naturgeschichte. Wandel kultureller Selbstverständlichkeiten in den Wissenschaften des 18. und 19. Jahrhunderts, München, Wien 1976, sowie Wolf Lepenies, Historisierung der Natur und Entmoralisierung der Wissenschaften seit dem 18. Jahrhundert, in: W. L., Gefährliche Wahlverwandtschaften. Essays zur Wissenschaftsgeschichte, Stuttgart 1989, 7-38; ferner Foucaults Exemplifizierung seines Archäologie-Konzeptes anhand der Divergenz von Buffon und Linné (Michel Foucault, The Archaeology of Knowledge, London 1972, 151f.; ausführlich zum Thema «histoire naturelle» Michel Foucault, Les mots et les choses. Une archéologie des sciences humaines, Paris 1966, 140-144 und passim).

die Rede sein soll, beschränkte sich meist darauf, in der menschlichen Geschichte positive Entwicklungslinien zu ziehen, während im Naturgeschehen nur die Wiederkehr des Gleichen zu konstatieren sei. Turgot ist der erste, der einen alle Bereiche des menschlichen Lebens umfassenden Gattungsfortschritt diagnostizieren zu können glaubte.

2.5 Wie man unter Theologen philosophisch über Fortschritt redet: Anne Robert Jacques Turgot

1774 schien sich ein Wunschtraum der Aufklärer zu erfüllen: Einer der ihren, ein *philosophe,* wurde nach dem Tod von Louis XV zunächst Marineminister und bald darauf *Contrôleur général des Finances:* Anne Robert Jacques Turgot, Baron de l'Aulne (1727-1781) erhielt auf diesem wichtigsten Ministerposten, den der neue König zu vergeben hatte, die Gelegenheit, jene Ideen im grossen Stil umzusetzen, die in den literarischen Salons seit langem diskutiert wurden, und denen Turgot schon als Verwaltungsbeamter in der Provinz zum Durchbruch hatte verhelfen wollen. Im Geist des Physiokratismus unternahm er den Versuch einer umfassenden Liberalisierung des Getreidehandels.[351] In sechs Edikten forcierte der Minister Anfang 1776 die Aufhebung des Frondienstes, der Zunft- und Meisterprivilegien sowie diverser Abgaben (vgl. OT 5,148-162) und verfolgte grosse Pläne im Hinblick auf eine allgemeine Grundsteuer und eine kodifizierte Verfassung Frankreichs. Doch diese Reformbestrebungen fanden weder beim Adel noch beim König Anklang, und so wurde noch im Mai desselben Jahres Turgots Rücktritt unumgänglich. Mit seinem Scheitern schwanden die Chancen einer inneren Umgestaltung der französischen Monarchie rapide.

Als Turgot sein Ministeramt antrat, war er kein naiver Weltverbesserer mehr, dessen Visionen an der politischen Realität notwendig hätten Schiffbruch erleiden müssen. Seit 1761 hatte er als Generalintendant von Limoges reiche Erfahrungen vor allem auf wirtschaftspolitischem Feld sammeln

---

[351] Nicht umsonst wird Turgot mittlerweile als «Ultraliberaler» gehandelt, vgl. z. B. Alain Laurent, Eloge d'un «ultra-libéral» avant la lettre…, in: Anne Robert Jacques Turgot, «Laissez faire!». Textes choisis et présentés par Alain Laurent, Paris 1997, IX-XXII.

können. Zugleich war diese Tätigkeit theoretisch abgesichert: Als Autor ist Turgot vor allem durch seine ökonomischen Studien, namentlich durch die 1766 entstandenen und 1770 publizierten *Réflexions sur la formation et la distribution des richesses* (OT 2,533-601) mit ihren starken Anleihen an François Quesnay in Erinnerung geblieben. Vor seiner Verwaltungskarriere hatte sich Turgot als Theologe versucht und im Zuge seiner Ausbildung an der Sorbonne Reden und kürzere Abhandlung (geschichts)philosophischen und historiographischen Inhalts verfasst. 1751 kehrte er der Theologie den Rücken – «je ne veux par porter toute ma vie un masque sur le visage» (OT 1,34; vgl. OT 1,236-238) – und sah im Interesse seiner politischen Ambitionen von einer Veröffentlichung seiner wissenschaftlichen Arbeiten weitgehend ab. Die zum Teil umfangreichen Artikel, die er zu Diderots und d'Alemberts *Encyclopédie* beisteuerte *(Etymologie, Existence, Expansibilité, Foire, Fondations)*, erschienen 1756 und 1757 anonym (vgl. OT 473-593),[352] während seine geschichtsphilosophischen Schriften zu Lebzeiten überhaupt nicht publiziert wurden.[353] Sie stellen den Begriff des *genre humain,* der menschlichen Gattung als Geschichts- Fortschrittssubjekt ins Zentrum der Reflexion.[354] Breitere Wirkung konnten Turgots Entwürfe erst

---

[352] Dazu im Detail Gerald J. Cavanaugh, Turgot and the *Encyclopédie*, in: Diderot Studies, Bd. 10 (1968), 23-33, sowie Ronald Grimsley, Turgot's Article 'Existence» in the *Encyclopédie*, in: Will Moore/Rhoda Sutherland/Enid Starkie (Ed.), The French Mind. Studies in Honour of Gustave Rudler [1952], Reprint New York 1971, 126-151.

[353] Turgots einschlägige Schriften liegen seit 1990 auf deutsch vor und wurden von Johannes Rohbeck mit einer ausgezeichneten Einleitung versehen: Anne Robert Jacques Turgot, Über die Fortschritte des menschlichen Geistes, hg. von Johannes Rohbeck und Lieselotte Steinbrügge, Frankfurt a. M. 1990. Leider ist die Übersetzung an manchen Stellen mangelhaft: So erscheint, um ein paar Beispiele herauszugreifen, S. 102 Salvian von Marseille («Salvien» – OT 1,129) als ein gewisser «Salvinus», S. 126 Marc Aurel («Antonin» – OT 1,203) als «Antonius», während S. 122 die «pasteurs» (OT 1,200) unversehens «Pastoren» werden, und S. 124 die Galiläer («Galiléens» – OT 1,201) des Julianus Apostata – also die Christen – zu «Galliern» mutieren!

[354] Dafür, dass Turgot seinen Begriff vom «genre humain» (ausschliesslich) der zeitgenössischen Biologie (namentlich Buffon) entnommen habe, wie Rohbeck in der Einleitung zu Turgot, Über die Fortschritte des menschlichen Geistes, 38f. und 47 meint, gibt es m. E. nicht genügend Anhaltspunkte. Auch die Geschichtstheologie pflegte sich seiner zu bedienen (vgl. z. B. Fleury, oben S. 90), und schon

postum entfalten, nicht zuletzt dank der Freundschaft mit Marie Jean Antoine Nicolas Caritat, Marquis de Condorcet, der 1786 eine *Vie de Turgot* vorlegte,[355] und dessen eigenes fortschrittsideologisches Manifest *Esquisse d'un tableau historique des progrès de l'esprit humain* (1793/95) Turgot verpflichtet ist.

Mag man auch die um die Mitte des 18. Jahrhunderts aufkommende Fortschrittstheorie in Frankreich sozialhistorisch als Versuch deuten, «die Änderungsfähigkeit des *Ancien Régime* zu demonstrieren» und als beredten Ausdruck des «französischen Grossbürgertums, das sich seiner neuen weltgeschichtlichen Bedeutung bewusst wurde und sich seines bisherigen Aufstiegs versichern wollte»,[356] so wird man im Falle Turgots doch mit Vorteil die konkrete Situation bedenken, aus der heraus er spricht: Es ist nicht der Generalintendant, geschweige denn der Finanzminister, der hier zur Selbstapotheose seiner eigenen Klasse ansetzt, sondern vielmehr ein junger Kleriker, der an der traditionsbewusstesten Lehranstalt des Landes, der Sorbonne in Anwesenheit des Kardinals de La Rochefoucauld 1750 zwei feierliche Reden hält und ums Jahr 1751 einen *Plan de deux discours sur l'histoire universelle* aufsetzt, der nicht bloss im Titel eine Hommage

---

in Leibnizens *Theodizee* spielt er eine geschichtsphilosophisch markante Rolle (Gottfried Wilhelm Leibniz, Die Theodizee. Von der Güte Gottes, der Freiheit des Menschen und dem Ursprung des Übels [1710], hg. und übersetzt von Herbert Herring = G.W.L., Philosophische Schriften, hg. und übersetzt von Hans Heinz Holz, Bd. 2/1, Frankfurt a.M. 1996, Teil 2, § 149, 460-462: «l'histoire universelle du genre humain»). Der Sache nach geht der Rekurs auf Augustins «totum genus humanum» zurück (dazu unten S. 354) und findet sich in ähnlichem Sinn auch in Bossuets *Politique tirée des propres paroles de l'Ecriture sainte* (I 2; vgl. Hans Erich Bödeker, Menschheit, Menschengeschlecht, in: HWPh, Bd. 5, Sp. 1127-1137, Sp. 1128).

[355] Vgl. z.B. Bernard Ebenstein, Turgot vu par Condorcet. Eléments d'une hagiographie, in: Christian Bordes/Jean Morange (Ed.), Turgot, économiste et administrateur. Actes d'un séminaire organisé par la Faculté de Droit et des Sciences Economiques de Limoges pour le bicentenaire de la mort de Turgot 8, 9 et 10 Octobre 1981, Limoges 1982, 197-204; ferner Régis Deloche, Turgot et Condorcet économistes: Post hunc ergo propter hunc. Bicentenaire de la Révolution Française, Colloque «Condorcet», Besançon 1988, und allgemein Charles Henry (Ed.), Correspondance inédite de Condorcet et de Turgot 1770-1779 [1883]. Reprint Genève 1970.

[356] Rohbeck, Einleitung, 16.

an Bossuet ist (vgl. OT 1,275 Anm. a). Demnach wäre es anachronistisch, wollte man aus diesen Texten bereits die praktisch-pragmatische Realisierung des Aufklärungsprojektes herauslesen, der sich Turgot dereinst verschreiben sollte. Ein Kausalnexus zwischen frühem visionärem Fortschritts-Ameliorismus und späterer politischer Reformarbeit ist hypothetischer Natur.[357] Die Gegenhypothese, wonach sich Turgot mit dem Abschied von der Theologie nicht nur aus äusserlichen Gründen auch von der universalgeschichtlichen Spekulation verabschiedet hat, um erst durch diesen Abschied für die Verwaltungstätigkeit im Geiste eines sich aufklärenden Absolutismus gerüstet zu sein, liesse sich ebenso vertreten. Indessen darf der Rahmen der Sorbonne nicht dazu verleiten, den jungen Turgot von vornherein in die Ecke irgendeiner theologischen Reaktion zu stellen: Seine Ausbildung war aufklärerisch geprägt, von enzyklopädischer Breite und nicht zuletzt von Voltaire inspiriert. Die Vielfalt seiner wissenschaftlichen Interessen spiegelt sich in einer *Liste d'ouvrages à faire* von 1748, auf der nicht nur Tragödien und theologische Lehrgedichte, sondern ebenso historische, geographische, geometrische, physikalische, agronomische und politische Abhandlungen anvisiert werden (OT 1,115f.). Obwohl aus dieser Liste ein deistisch klingendes «Rituel de la religion naturelle» heraussticht, hatte sich Turgot schon 1746 entschieden vom atheismusverdächtigen Deismus Diderots abgegrenzt (OT 1,87-97). Die erste seiner beiden Reden, die er als Prior seiner Mitstudenten bei der feierlichen Eröffnung und beim Abschluss der sogenannten *Sorboniques* auf lateinisch zu halten hatte, unternimmt denn auch, wie der Titel verspricht, eine historische Apologie des Christentums: *Discours sur les avantages que l'établissement du christianisme a procurés au genre humain* (OT 1,194-214).[358]

---

[357] Für einen solchen Kausalnexus plädiert Rohbeck, a.a.O., 22, gegen Koselleck, Kritik und Krise, 116.

[358] Es ist übrigens bezeichnend, dass diese erste, stark theologisch interessierte Sorbonne-Rede in der neuen Auswahl-Ausgabe der Schriften Turgots nicht erscheint, sehr wohl aber die zweite *(Tableau philosophique des progrès successifs de l'esprit humain)* sowie immerhin der erste *Plan sur l'histoire universelle* (Anne Robert Jacques Turgot, Formation et distribution des Richesses. Textes choisis et présentés par Joël-Thomas Ravix et Paul-Marie Romani, Paris 1997, 69-121). Die ältere Auswahl von Cazes bringt nur den *Tableau* (Anne Robert Jacques Turgot, Ecrits économiques. Préface de Bernard Cazes, Paris 1970, 39-60). Bereits Wilhelm Dilthey,

Turgots geschichtsphilosophische Erwägungen, die 1748 im Antwortentwurf zur Preisfrage der Akademie von Soissons «Quelles peuvent être, dans tous les temps, les causes des progrès et de la décadence du goût dans les arts et les sciences» einen ersten Ausdruck suchen,[359] stehen trotz des Rahmens, in dem sie 1750 zum ersten Mal vorgetragen werden, in durchaus säkularer Tradition. Zunächst ist Fontenelles Eintreten für die Errungenschaften der Gegenwart in der *Querelle des anciens et des modernes* zu nennen, sodann Montesquieu mit seinem 1748 erschienenen, von der theologischen Fakultät der Sorbonne verdammten *De l'esprit des lois* und der darin unternommenen Erforschung historischer Veränderungen,[360] aber auch Maupertuis und nicht zuletzt Voltaire, der in diesen Jahren in mehreren Anläufen seinen *Essai sur les mœurs* dem Publikum präsentierte. Namentlich gegen Montesquieus Klimatheorie und gegen Maupertuis' Sprachtheorie wendet sich Turgot in seinem frühesten Entwurf, um sich statt dessen an Lockes Empirismus zu orientieren.[361] «L'état de la langue du peuple; la constitution du gouvernement, la paix, la guerre, les récompenses, le génie des princes, le hasard du génie» (OT 1,117) seien für Fortschritt in den *arts et sciences* konstitutiv. Aber Trägheit und Angst behinderten das Fortschrittsgeschehen:

Das achtzehnte Jahrhundert und die geschichtliche Welt, in: W.D., Gesammelte Schriften, Bd. 3, Leipzig, Berlin 1927, 235-238, klammert die theologischen Aspekte aus, während Oskar Ewald, Die französische Geschichtsphilosophie = Geschichte der Philosophie in Einzeldarstellungen, hg. von Gustav Kafka, Bd. 25, München 1924, 94-96, sie immerhin thematisiert (vgl. auch Charles Frankel, The Faith of Reason. The Idea of Progress in the French Enlightenment, New York 1948, 120-127).

[359] Unter dem Titel *Recherches sur les causes des progrès et de la décadence des sciences et des arts ou réflexions sur l'histoire des progrès de l'esprit humain* (OT 1,116-142). Turgot reichte seine Skizzen bei der Akademie nicht ein.

[360] Zu Montesquieus Geschichtsdenken, namentlich auch in den *Considérations sur les causes de la grandeur des Romains et de leur décadence* siehe z.B. Octavian Vuia, Montesquieu und die Philosophie der Geschichte, hg. von Richard Reschika, Frankfurt a.M., Berlin, Bern u.a. 1998.

[361] Vgl. zu diesen Zusammenhängen Rohbeck, Einleitung, 28-31. Zu Turgots Locke-Lektüre siehe auch Jean-Pierre Poirier, Turgot. Laissez-faire et progrès social, Paris 1999, z.B. 31f. Hier wird man über Turgots verschiedene Bildungserlebnisse ebenso anschaulich unterrichtet wie über die vorteilhaften Studienbedingungen an der Sorbonne (34ff.).

En dirigeant toutes les forces de votre esprit à decouvrir des vérités nouvelles, vous craignez de vous égarer et vous aimez mieux suivre les opinions reçues, c'est-à-dire que vous ne voulez point marcher de peur de vous casser les jambes. (OT 1,133)

Bei der Durchmusterung einiger Geistesgrössen fällt in diesen fragmentarischen *Recherches sur les causes des progrès et de la décadence des sciences et des arts* die Distanz auf, die Turgot zu den klassischen Systemen der Metaphysik hält. So heisst es über Leibniz nicht ohne Spott: «Il voulut faire de la théodicée ... comme un homme, qui des ruines de tous les édifices de l'ancienne Rome voudrait bâtir un palais régulier.» (OT 1,135). Aus den Ruinen der Vergangenheit mag Turgot – darin echtes Kind der *Lumières* – kein Lehrgebäude mehr zimmern. Gleichwohl vollzieht er, wie sein *Discours sur les avantages que l'établissement du christianisme a procurés au genre humain* zeigt, keineswegs als Tribut an einen angeblichen szientistisch-materialistischen Zeitgeist den Bruch mit jeglichem Herkommen. Gerade das Christentum als Inbegriff des Herkommens soll in hohem Masse für den Fortschritt verantwortlich sein. Was sich als historische Apologie eines Christentums liest, das seit Bossuets Triumphalismus stark in die Defensive geraten war, verfolgt auf der obersten Argumentationsebene dieselbe Absicht, der schon Leibnizens Theodizee-Unternehmen gehorchte, nämlich die Zweifel derer auszuräumen, «qui ne cessent d'accuser la Providence» (OT 1,194). An die Stelle metaphysischer Konstrukte zum Ausweis der Wohlbeschaffenheit der Welt tritt ein historisches Räsonnement, wonach Gott sich der von ihm gestifteten christlichen Religion bedient habe, um das Glück aller Menschen zu erwirken: «par quelques routes écartées que Dieu conduise les hommes, leur bonheur en est toujours le terme» (ebd.). Das veränderte Verfahren zeigt, welche Wandlung das Theodizee-Bedürfnis seit den *Essais de théodicée* von 1710 durchgemacht hat: Konnte Leibniz noch darauf vertrauen, mittels Ontologie und natürlicher Theologie die Vollkommenheit der Schöpfung aufzuweisen, muss Turgot auf das konkrete geschichtliche Handeln Gottes rekurrieren, um nicht bloss die allmähliche und sich geschichtlich vollziehende *Vervollkommnung* der Schöpfung herauszustellen, sondern überdies auch noch die positive Offenbarung vor deistischen Angriffen in Deckung zu bringen. Konnte Leibniz die Kongruenz von Vernunft und Offenbarung noch schlankweg behaupten, hat für Turgots aufgeklärte Zeitgenossen diese Kongruenz die systematische Plausibilität verloren und muss daher über empirische, d. h. hier historische Sachverhalte neu erschlossen werden. Entsprechend will Turgot demonstrieren, dass das Christentum dem menschlichen Glück – als Indikator für die Weltvollkommenheit – nicht entgegenstehe, vielmehr für dieses Glück im Gegenteil unerlässlich sei. Was er zu diesem Zweck anzuführen vermag, beschränkt sich auf partikulare geschichtliche Fakten («faits», OT 1,195) und deren Deutung. Ihnen könnte man – wie es namentlich Voltaire unentwegt tut – ebenso viele, ebenso partikulare geschichtliche Fakten mit kontradiktorischer Deutung entgegensetzen.

Turgots *Discours* geht von der axiomatischen Voraussetzung aus, dass (a) Gott der «auteur» der «Religion chrétienne» sei, und (b) man nicht annehmen dürfe, Gott habe uns Gesetze («lois») gegeben, die keine Wohltaten («bienfaits») seien (OT 1,194). Akzeptiert man diese beiden stark offenbarungstheologisch eingefärbten Voraussetzungen, ist das Folgende nurmehr ein langes historisches Corollarium, das die allgemeine moralische und politische Nützlichkeit des Christentums dokumentiert. Freilich erhebt dieses Corollarium selber den Anspruch, nicht bloss Explikation, sondern Beweis für das zu sein, was schon axiomatisch vorausgesetzt schien. So sind die vermeintlichen Axiome vielleicht besser nur als hypothetische Postulate zu betrachten, deren Stichhaltigkeit der geschichtliche Aufriss erweisen soll. Der ganze Vortrag stellt auf die Beweiskraft partikularer historischer Fakten (und ihrer Deutung) ab, ohne indessen diese Beweiskraft selber zu beweisen: Offensichtlich sollen die (vorgeblichen) Geschichtstatsachen die Wahrheit der Postulate unmittelbar evident machen. Diese kühn anmutende Annahme dürfte sich zumindest im Hinblick auf den ursprünglichen Adressatenkreis: die versammelten Studenten und Kleriker, auch bewahrheitet haben, insofern man diesem Publikum eine grosse Geneigtheit wird zuschreiben können, die Postulate für wahr zu halten. Einem Publikum, dem Diderot, Voltaire, Rousseau oder Holbach angehört hätten,[362] wäre

---

[362] Holbach vermerkt unter dem Stichwort «Histoire ecclésiastique» denn auch lapidar: «Etude très nécessaire aux gens d'Eglise, mais très nuisible aux laïques, qui pourraient bien ne pas avoir toujours une foi assez robuste pour n'être point scandalisés des pieux déportements des ministres du Seigneur» (Paul Henri Thiry d'Holbach [unter dem Pseudonym Abbé Bernier], Théologie portative ou Dictionnaire abrégé de la Religion chrétienne [vorgeblich 1758, faktisch 1768], in: P. H. T. d'H., Œuvres philosophiques. Textes édités par Jean Pierre Jackson, tome 1, Paris 1998, 544).

demgegenüber eine solche Geneigtheit abzusprechen; es stritte die Evidenz der Postulate ab, weil es die beigebrachten Geschichtstatsachen nicht für hinreichend beweiskräftig hielte. Turgots Rede und insbesondere die darin enthaltene legitimatorische Geschichtserzählung ist also für ein Publikum berechnet, das schon glaubt, was eigentlich erst bewiesen werden soll, dass nämlich (a) das Christentum die von Gott gestiftete Religion sei, und dass (b) Gottes Verfügungen ausschliesslich glücksträchtige Wohltaten seien. Daraus folgt (c), dass das Christentum eine solche glücksträchtige Wohltat ist. Für denjenigen, der nicht wenigstens eine Geneigtheit zu solchen Überzeugungen mitbringt, ist auch die Geschichtserzählung schwerlich ein hinreichender Beweggrund, sich nun plötzlich geneigt zu fühlen. Turgots Erörterungen haben also zunächst nur einen Sinn innerhalb einer spezifischen, hauptsächlich theologischen 'Diskursgemeinschaft'.

Freilich reicht Turgots Bestreben über die theologische 'Diskursgemeinschaft' im engeren Sinne hinaus. Denn was Turgot aufweisen will, ist die *innerweltliche* «utilité de la religion» (OT 1,196),[363] nicht etwa die durch sie eröffnete Aussicht auf eine jenseitige Glückseligkeit, deren Glaubwürdigkeit und Beweiskraft jeder Deist oder Atheist ohnehin anzuzweifeln würde. Wenn Turgot demgegenüber plausibilisieren kann, dass das Christentum einen positiven Effekt auf die Entwicklung des Menschengeschlechts ausgeübt hat, wird man sich ihm, so die Kalkulation, vielleicht selbst dann zuwenden, wenn man seinen soteriologischen und eschatologischen Lehren gar keinen Glauben schenkt: Man müsste sich auch jenseits der Dogmatik dazu durchringen, das Christentum für eine Wohltat anzusehen. Und was würde näher liegen, als es für eine Wohltat Gottes zu halten? Die Ambitionen von Turgots *Discours* gehen also weiter, als einem theologischen Publikum das noch einmal vor Augen zu stellen, wovon es ohnehin schon überzeugt ist. Der Kern der historischen Argumentation könnte ohne grosse Mühe in einen säkularen Kontext verpflanzt werden, um dort für die Fort-

---

[363] Das tut wenig später auch Jean-Jacques Rousseau, Diskurs über die Ungleichheit. Discours sur l'inégalité. Kritische Ausgabe des integralen Textes. Mit sämtlichen Fragmenten und ergänzenden Materialien nach den Originalausgaben und den Handschriften neu ediert, übersetzt und kommentiert von Heinrich Meier, Paderborn, München, Wien, Zürich [5]2001, 246f., dazu der erhellende Kommentar von Heinrich Meier, ebd., XLVI-XLVII.

schritts- und Erdenglücksträchtigkeit des Christentums zu werben[364] – auch wenn diese historische Argumentation, wie gesagt, immer gewärtigen muss, von einer ihr entgegengesetzten neutralisiert zu werden. Auf eine solche Verpflanzung dürfte es Turgot angelegt haben, so dass es irreführend ist, wenn man ihm unterstellt, er entferne sich mit seinem Fokus auf dem innerweltlichen Nutzen des Christentums von diesem weiter, als es selbst die von ihm befehdeten Kritiker des Christentums täten.[365] Vielmehr geht es darum, ungeachtet der religiösen und theologischen Fragen im engeren Sinn das Christentum in agnostisch gewordenen Kreisen wieder salonfähig zu machen – ein Verfahren, dass übrigens schon die Apologeten der Alten Kirche angewandt hatten, um die 'Heiden' für ihre Sache einzunehmen. So sassen die wirklichen Adressaten von Turgots Rede gar nicht im hochlöblichen Theologen-Auditorium, sondern in den Pariser Salons, in denen handschriftliche Kopien des *Discours* tatsächlich bald zirkulierten.[366] Wir haben es mit exoterischer Apologetik zu tun, die auf feinnervige dogmatische Bestimmungen gerade deswegen verzichtet, weil sie damit ihr sekundäres, aber wichtigeres Zielpublikum verfehlt hätte.

Die geschichtlichen Fortschritte, von denen Turgot kündet, sind nun nicht mehr wie seit Francis Bacon wissenschaftlicher oder wie in der *Querelle* ästhetischer, sondern vielmehr *moralischer Natur*. Damit befriedigt er – wie ein Seitenblick auf die beiden fast zeitgleich entstehenden *Discours* von Rousseau belegt – offensichtlich ein Zeitbedürfnis. Er antwortet auf die

---

[364] Löwith, Weltgeschichte und Heilsgeschehen, 112, bemerkt freilich, dass sich Turgot niemals die Frage gestellt habe, «ob die christliche Religion, oder vielmehr der Glaube an Christus, überhaupt durch seinen weltlichen 'Nutzen' für das irdische Glück gerechtfertigt werden kann». Aber utilitaristische Maximen von der Art *«la massima felicità divisa nel maggior numero»* (Cesare Beccaria, Dei delitti e delle pene [1764], Bussolengo 1996, 18 – Introduzione) sollten derlei Argumentationen bald unentbehrlich machen (zu dieser Frage grundlegend: Wolfgang Rother, La maggiore felicità possibile. Untersuchungen zur Philosophie der Aufklärung in Nord- und Mittelitalien, Basel 2005).

[365] So Rohbeck, Einleitung, 34, ähnlich auch Michael Heffernan, On Geography and Progress: Turgot's *Plan d'un ouvrage sur la géographie politique* (1751) and the Origins of Modern Progressive Thought, in: Political Geography, Bd. 13 (1994), Heft 3, 332, der im ersten *Discours* «a subtle critique of the orthodox Catholic view of Christianity's role in world civilization» zu erkennen wähnt.

[366] Siehe Poirier, Turgot, 48.

moralisch orientierte und historisch fundierte Kritik am Christentum etwa eines Voltaire und nimmt Montesquieus Beobachtung auf, das Christentum übe einen positiven Einfluss auf die weltliche Moral und gemässigte, antidespotische Regierungsformen aus.[367] Dazu entwirft er ein Panorama der Menschheitsgeschichte, das diese insgesamt in ein Entwicklungsgeschehen unter der Prämabel umfassender «progrès de la Vertu» (OT 1,200) einbaut.[368] Im ersten Teil seiner Ausführungen behandelt Turgot die Auswirkungen der christlichen Religion auf die Menschen als solche, im zweiten auf die Verfassungen und das Glück der politischen Gesellschaften («sociétés politiques») (OT 1,196). Um den Effekt des Christentums möglichst plastisch ins Relief treten zu lassen, nimmt Turgot zu Beginn des ersten Teiles eine Einschwärzung des vorchristlichen Altertums vor, die den landläufigen Präferenzen der *Lumières* zuwiderläuft:

> L'étrange tableau que celui de l'Univers avant le christianisme! Toutes les nations plongées dans les superstitions les plus extravagantes, les ouvrages de l'art, les plus viles animaux, les passions mêmes et les vices déifiés, les plus affreuses dissolutions des mœurs autorisées par l'exemple des Dieux et souvent mêmes par les lois civiles. (OT 1,197)

In der allgemeinen Verderbnis, von der auch die Philosophen nicht ausgenommen waren, hätten allein die Juden eine ursprüngliche Reinheit bewahrt, sie aber zugleich eifersüchtig als Exklusivität gehütet, statt sie der ganzen Menschheit zuteil werden zu lassen. Inmitten dieser desolaten Zustände erscheint nun Jesus Christus, der allen Menschen verkünde, «que la vertu sera mieux connue, mieux pratiquée: le bonheur doit en être la suite» (ebd.). Dieser Jesus ist also wie in der Neologie Jerusalems ein Tugendlehrer, auf dessen Evangelium hin wie durch ein Wunder die Tempel und Götzen fallen (ebd.). Und gerade bei den «génies» zeige sich, wie sehr sie des Christentums bedurft hätten: Erst dank ihm kämen Philosophie und Wissenschaften zu reineren Begriffen.

---

[367] Charles de Secondat, Baron de La Brède et de Montesquieu, De l'Esprit des lois [1748]. Texte établi avec introduction, notes et relevé de variantes par Gonzague Truc, Bd. 2, Paris 1961, 135-137 (5ième partie, livre 24, chapitres III-IV).

[368] Tugot gebraucht «progrès» alternativ im Singular und im Plural. OT 1,202 erscheint der «progrès de la vertu» in der Einzahl.

Le genre humain, par rapport aux verités mêmes que la raison lui démontre d'une manière plus sensible, a-t-il donc une espèce d'enfance? La Révélation serait-elle pour lui ce qu'est l'éducation pour les hommes? (OT 1,198)

Natürlich wird eine bejahende Antwort auf diese rhetorischen Fragen vorausgesetzt; die christliche Offenbarung ist auch im Hinblick auf die Vernunft die wahre Erzieherin des Menschengeschlechts (vgl. unten S. 303-304). Daran kann Turgot eine Rehabilitation der von vielen Aufklärern verschrieenen Scholastik anknüpfen, die im Vergleich zu den antiken Philosophen weit zuverlässigere Kenntnisse von den höchsten Dingen besessen habe.[369] Tatsächlich erlaubt es die Aufwertung des Mittelalters gegen die aufklärerischen Vorurteile, erstmals eine kontinuierliche Fortschrittserzählung zu entfalten,[370] in der sich keine unüberbrückbare und unerklärliche Kluft der Barbarei zwischen Antike und Neuzeit auftut – eine Kluft, die Kreislaufmodelle im Stile Vicos begünstigt hatte. Die Aufwertung des Mittelalters wird um den Preis einer Abwertung der Antike zumindest in philosophischer und moralischer Hinsicht erkauft, die zwar ihr grosses Vorbild in der Heils- und Universalgeschichtsschreibung eines Bossuet hat, aber doch einem aufgeklärt-deistischen Publikum nur schwer verdaulich sein dürfte. Immerhin ist es die griechisch-römische Kultur, die nach Turgot in den mittelalterlichen Klöstern und Schulen überliefert worden ist. Viel höher als die Auswirkung des Christentums auf die Fortsetzung und Tradierung antiker Wissenschaft und Kunst wird jedoch sein moralischer Einfluss veranschlagt. Der junge Abbé verwahrt sich – so sehr er die affektdisziplinierende Tendenz der christlichen Moral einräumt und als Positivum verbucht – gegen den in einer *gradatio* vierfach wiederholten Vorwurf, die christliche Religion habe «les sentiments de la nature» geschwächt (OT 1,200f.). Der antikirchliche Topos von der Schwächung der natürlichen Empfindungen wird zurückgewiesen und überboten mit dem Hinweis, erst das Christentum habe die künstlichen Schranken zwischen den Menschen niedergerissen; es sei eine Religion der Liebe, der Barmherzigkeit, der Milde und der

---

369 Die Gelegenheit, *pro domo* zu sprechen und die Pariser Universität des Mittelalters über den Klee zu loben, lässt sich Turgot auch nicht entgehen (OT 1,198).
370 Vgl. Rohbeck, Einleitung, 32, und Johannes Rohbeck, Technik – Kultur – Geschichte. Eine Rehabilitierung der Geschichtsphilosophie, Frankfurt a. M. 2000, 29f.

Humanität. Und die dadurch ermöglichte Tugend steht in direkter Beziehung zum Glück, dessen die Menschen unter dem milden Joch (vgl. OT 1,195) nun teilhaftig werden, was Turgot anhand zahlreicher Einzelbefunde erhärten zu können glaubt.[371] Das Schema der Argumentation ist deutlich: Der exoterische Apologet reklamiert sämtliche Errungenschaften, die die säkulare Aufklärung ihrer eigenen und der philosophisch-wissenschaftlichen Vernunftarbeit seit den Griechen zuschreibt, für das Christentum, das nun – katholisch gewendet – wie in der protestantischen Neologie als Fackelträger des Fortschritts inauguriert wird. Ging der aufklärerische Antiklerikalismus davon aus, dass das kirchlich institutionalisierte Christentum das Haupthindernis der allgemeinen Beglückung der Menschheit darstelle, soll es nunmehr deren Hauptmotor sein.

Auf der Linie dieses geschichtsphilosophisch-geschichtstheologischen Eudämonismus fährt Turgot im zweiten Teil seines *Discours* fort. «La nature a donné à tous les hommes le droit d'être heureux» (OT 1,205), wird der Abschnitt programmatisch eröffnet. Die daran anschliessende Überlegung bestimmt in unzähligen Variationen die geschichtsphilosophische Debatte bis hin zu Hegel und Marx:

> Mais trop bornés dans leurs vues, trop petitement intéressés, presque toujours opposés les uns aux autres dans la recherche des biens particuliers, les hommes avaient besoin d'une puissance supérieure qui, embrassant dans ses desseins le bonheur de tous, pût diriger au même but et concilier tant d'intérêts différents. (OT 1,206)

Wird einerseits dem Menschen ein *Recht* auf irdisches Glück zugestanden, kann der Redner doch andererseits nicht verkennen, dass die Partikularinteressen der Individuen nicht unter einen Hut zu bringen sind und so das Glück aller nach sich ziehen, es sei denn, eine übergeordnete Macht ko-

---

[371] Gegen Ende des ersten Teiles seiner Rede versteigt sich Turgot – notabene in einer Zeit wachsender und von ihm selbst geteilter Kritik an der Gewaltsamkeit des Kolonialismus – sogar zu einer Seligpreisung der amerikanischen Ureinwohner, die dank der christlichen Mission unversehens aus der Finsternis ins hellste Licht getreten seien: «Vastes régions de l'Amérique! cessez de vous plaindre des fureurs de l'Europe! elle vous a porté sa religion, tout est réparé. Peuples de l'Univers, courez à l'envie vous soumettre à une religion qui éclaire l'esprit, qui adoucit les mœurs, qui fait régner toutes les vertus et le bonheur avec elle» (OT 1,205).

ordiniere und versöhne die antagonistischen Bestrebungen.[372] Genau diese Versöhnungsleistung kann er nun seinem Gott zuschreiben, der eminent Herr der Geschichte ist. Turgots theologisierender Geschichtsphilosophie fällt die Identifikation dieser übergeordneten Macht mit dem christlichen Gott sehr viel leichter als der betont säkularen Geschichtsphilosophie, die ihrerseits zu einer «invisible hand» (Adam Smith)[373] oder zu einer «Naturabsicht» (Immanuel Kant) ihre Zuflucht nehmen muss und ebensowenig auf eine höhere Versöhnungsinstanz verzichten kann.[374] Untersuchte der erste Teil des *Discours* die dem Einzelnen dank des Christentums erschlossenen Glückpotentiale, werden im zweiten ganze Gesellschaften fokussiert, deren

---

[372] Panajotis Kondylis, Die Aufklärung im Rahmen des neuzeitlichen Rationalismus, München 1986, 459 (vgl. 461), sieht die Originalität von Turgots Entwurf gerade im «Konzept der Heterogonie der Zwecke, wonach selbst die 'sottise' ungewollt dem Fortschritt diene», sowie in der «Rehabilitation des vom 'Mittelalter' nicht wegzudenkenden positiven Christentums». Auf S. 462 erörtert Kondylis, dass «eine konsequente entwicklungsgeschichtliche Auffassung ohne eine Rehabilitation des Christentums unmöglich» sei, und Turgot in dieser Hinsicht «einen programmatischen Wendepunkt» darstelle: «Wir würden seine Bereitschaft zu Zugeständnissen gegenüber dem positiven Christentum bzw. dem 'Mittelalter' verstehen, wenn wir uns vergegenwärtigen, wie dringend die normativistische Aufklärung eine überzeugende Fortschrittsidee benötigte. Denn nur sie konnte eine wichtige, doppelte ideologische Funktion erfüllen: die bisherige Nichtrealisierung des Vernunftreiches erklären (die Zeit sei erst am Ende einer Entwicklung dazu reif) und zugleich die bevorstehende Realisierung desselben als unvermeidlich hinstellen (das Vernunftreich sei fälliges Produkt der inneren Dynamik einer ganzen langen Entwicklung).» Kondylis weist S. 463 schliesslich darauf hin, dass bei Condorcet gerade das Konzept der Heterogonie der Zwecke fehle und er daher nur sehr bedingt als Turgots geschichtsphilosophischer Fortsetzer gelten könne (gegen John B. Bury, The Idea of Progress. An Inquiry into Its Origin and Growth, New York 1932, 206f.).

[373] Vgl. auch T.W. Hutchison, Turgot et Smith, in: Christian Bordes/Jean Morange (Ed.), Turgot, économiste et administrateur, 33-45, Ronald Lindley Meek, Smith, Marx, & After. Ten Essays in the Development of Economic Thought, London 1977, 18-32 («Smith, Turgot and the 'Four Stages' Theory»), und schon Léon Say, Turgot, Paris ³1904, 26-28, sowie Siegmund Feilbogen, Smith und Turgot. Ein Beitrag zur Geschichte und Theorie der Nationalökonomie, Wien 1892 [Reprint Genf 1970].

[374] Siehe dazu Heinz-Dieter Kittsteiner, Naturabsicht und Unsichtbare Hand. Zur Kritik des geschichtsphilosophischen Denkens, Frankfurt a.M., Berlin, Wien 1980.

Vollkommenheit auf der Weisheit und Gleichheit («équité») der Gesetze sowie der sie stützenden Herrschaft («autorité») gründe (OT 1,206). Und auch hier sei es einzig und allein der christlichen Religion gelungen, derlei Vollkommenheit ins Werk zu setzen: «elle seule a mis les droits de l'humanité dans tout leur jour» (OT 1,210). In der politischen Universalisierung der Moral lässt sich so der wahre Fortschritt dingfest machen, zu dem der wissenschaftlich-technische Fortschritt kaum mehr als ein Appendix ist. Was Turgot abschliessend skizziert, ist bereits der Entwurf eines aufgeklärt-paternalistischen, christlich erleuchteten Absolutismus. «Heureux les peuples dont les chaînes assurent le bonheur.» (OT 1,211) Und das Christentum ist das vornehmste Mittel, den gesamtgesellschaftlichen Moralfortschritt in die Tat umzusetzen.

Fünf Monate nach seinem *Discours sur les avantages,* am 11. Dezember 1750 hält der junge Prior ebenfalls auf lateinisch eine zweite Rede an der Sorbonne, diesmal «pour la clôture des Sorboniques», die uns französisch unter dem Titel *Tableau philosophique des progrès successifs de l'esprit humain* (OT 1,214-235) überliefert ist. An Pathos reicht diese Rede mühelos an die erste heran. Dieses Pathos betrifft jetzt aber nicht mehr ausschliesslich die Glücks- und Fortschrittsträchtigkeit des Christentums, sondern erstreckt sich auf die Erzählung der Geschichte der menschlichen Gattung von ihren Anfängen an und zehrt von dem in den ersten beiden Abschnitten herausgearbeiteten Kontrast zu den «phénomènes de la nature» (OT 1,214), die – im Unterschied zu Buffons erdgeschichtlichen Entwürfen – in ihrer repetitiven Gleichförmigkeit keine über den Kreislauf von Wachstum und Verblühen hinausweisende Entwicklung zeigten (vgl. oben S. 211, Fn. 296). Hingegen ermögliche die Abfolge der Generationen bei den Menschen einen über das Werden und Vergehen der Einzelindividuen hinausreichenden Fortschritt, dessen Subjekt das «genre humain» (OT 1,215) sei. Die Zeitalter der Menschheitsgeschichte stehen in kausaler Abhängigkeit voneinander, so dass der gegenwärtige Weltzustand die früheren summiert.[375] Diese Summierung verdanke sich den «signes arbitraires du langage et de l'écriture» (ebd.), die die wachsenden Schätze des Wissens an die nächste Generation

---

[375] Geschichte liesse sich so durchaus als «accumulation» verstehen; siehe Claude Morilhat, La Prise de conscience du capitalisme. Economie et philosophie chez Turgot, Paris 1988, 79-94.

weiterzugeben erlaubten.[376] So schreite die Menschheit zu immer grösserer «perfection» (OT 1,216) voran und erscheint «aux yeux d'un philosophe» (OT 1,215) als grosses Ganzes, das wie jedes Individuum seine Kindheit und seine Fortschritte hat. Die Parallelen zum natürlichen Verlauf der Dinge, bei dem auf Kindheit und Akme Altern und Untergang folgen, werden nicht wie bei Vico ausgezogen; die Kindheit der Gattung wird perpetuiert und somit das Fortschreiten nicht als Kreisbewegung, sondern als positiv konnotierte Aufwärtsbewegung verstanden.[377]

Wenn Turgot trotz seines noch immer klerikalen Auditoriums ausdrücklich die Optik des «philosophe» wählt, so darf dies über die theologische Imprägnierung des Textes nicht hinwegtäuschen. Zwar ist der Monokausalismus des ersten *Discours*, im Christentum die einzige Quelle wahren Fortschritts zu erkennen, erheblich gemildert. Jetzt werden (elaborierter als in den *Recherches sur les causes*) eine ganze Reihe von verursachenden Faktoren für ein (fast) alle Bereiche des menschlichen Lebens umfassendes Fortschrittsgeschehen namhaft gemacht. Aber christliche Elemente

---

[376] In Auseinandersetzung mit der Sprachtheorie von Maupertuis entwickelt Turgot zur Abfassungszeit des *Tableau* seine Auffassung von der Arbitrarität der sprachlichen Zeichen (vgl. Rohbeck, Einleitung, 62, und Gerda Hassler, Ansätze zur Diskussion um ein sprachliches Relativitätsprinzip in der Auseinandersetzung Turgots mit Maupertuis, in: Zeitschrift für Phonetik, Sprachwissenschaft und Kommunikationsforschung, Bd. 5/6 [1976], 491-494; weiterführend auch Daniel Droixhe, De l'origine du langage aux langues du monde. Etude sur les XVIIe et XVIIIe siècles, Tübingen 1987, 40-54 [«Turgot: l'économie du langage poétique»]). Diese Auffassung scheint freilich schon bei Hobbes die herrschende zu sein, vgl. z. B. Hobbes, Elemente der Philosophie. Erste Abteilung: Der Körper, I 6, 15, S. 93.

[377] Die Analogisierung von Gattungs- und Individualentwicklung ist geschichtsphilosophisch schon bei Fontenelle topisch: In seiner *Digression sur les anciens et les modernes* (1688) hat er die Analogie zwischen den Lebensaltern des Menschen und den Epochen der Geschichte ausgezogen, um zugleich zu leugnen, dass das epochenübergreifende Geschichtssubjekt je das Greisenalter erreichen können: «il sera toujous également capable des choses auquelles sa jeunesse étoit propre, & il sera toujours de plus en plus de celles qui conviennent à l'âge de virilité» (Bernard Le Bovier de Fontenelle, Œuvres. Nouvelle Edition, Bd. 4, Paris [Saillant, Desaint, Regnard] M.DCC.LXVII. [= 1767], 192; vgl. Bernard Le Bovier de Fontenelle, Philosophische Neuigkeiten für Leute von Welt und für Gelehrte. Ausgewählte Schriften, hg. von Helga Bergmann. Übersetzung von Ulrich Kunzmann, Leipzig ²1991, 255). Siehe zum Thema auch Blumenberg, Lebenszeit und Weltzeit, 185-217.

behalten Scharnierfunktionen: Über Schöpfung der Welt und Ursprung der Menschen kläre uns die Heilige Schrift auf und schildere verlässlich die Frühgeschichte des menschlichen Geschlechts. Mit der Zerstreuung der Menschen über den ganzen Erdball wurde der Bezug zur ursprünglichen monotheistischen Offenbarung beinahe ausnahmslos abgeschnitten (OT 1,216), so dass die Menschheit erst im Verlauf unabsehbar langer Zeitläufte zu einer der ursprünglichen Wahrheit vergleichbaren Erkenntnis zurückfindet. Ein entscheidender Umschlagpunkt der Geschichte ist auch im *Tableau* das Erscheinen des Christentums, «lumière plus précieuse mille fois que celles des lettres et de la philosophie» (OT 1,228): «Religion sainte, pourrais-je vous oublier? Pourrais-je oublier les mœurs perfectionnées, les ténèbres de l'idolâtrie enfin dissipées, les hommes éclairés sur la divinité!» (ebd.)

Gleichwohl ist nicht zu verkennen, dass die Rolle des Christentums im historischen Entwicklungsprozess verglichen mit dem ersten *Discours* zurückgestuft worden ist – so sehr, dass sich die entsprechenden Passagen ohne den Hintergrund von Turgots erster Rede als blosse Akkomodationen an das Auditorium lesen liessen. Im Ausblick auf Turgots anschliessende geschichtsphilosophische Arbeiten, namentlich auf den *Plan de deux discours sur l'histoire universelle* wird man mit Recht von einer zunehmenden Verweltlichung der Perspektive sprechen können, obgleich auch da der Rekurs auf die biblisch bezeugte Offenbarung an die Protoplasten nicht unterbleibt (vgl. OT 1,278) und das Walten der Vorsehung sogar noch häufiger bemüht wird (z. B. OT 1,283f.). Im *Tableau* ist das Christentum beileibe nicht mehr alleiniger Motor des Fortschritts. Nicht einmal für die *mœurs* oder den noch engeren Bereich der Sittlichkeit wird dem Christentum Majestätsrecht eingeräumt; die Entwicklung setzt da viel früher ein und erreicht schon bei Sokrates einen ersten Höhepunkt (OT 1,224). Der vielgeschmähte Aristoteles tritt wieder ein in die Rolle des grössten und tiefsten Geistes des Altertums (ebd.). Hierin darf man eine erneute Reverenz an die ehrwürdige scholastische Tradition sehen, der die Sorbonne verpflichtet ist.[378]

---

[378] Demgegenüber kommt Aristoteles z. B. in Fontenelles *Digression* nicht gerade gut weg (vgl. Fontenelle, Œuvres, Bd. 4, 199; Fontenelle, Philosophische Neuigkeiten, 259).

Insgesamt trachtet der junge Abbé nach der Multiperspektivität eines *philosophe.* Wenn «raison», «passions» und «liberté» ständig neue Ereignisse hervorbringen (OT 1,215), so bemüht sich das *Tableau,* sie nach ihrer diachronen Abfolge, nicht unterschieden nach ihrer spezifischen (z. B. politischen, ökonomischen, moralischen) Art zu erfassen. Trotz der Unstetigkeit der politischen Gebilde bleibt doch das Errungene – ungeachtet der Barbarei am und nach dem Ende des Römischen Reiches – in der Milderung der Sitten und im Fortgang der Wissenschaften gewahrt. Und schliesslich bekommen auch Politik und Ökonomie wieder ihr Recht: «le commerce et la politique réunissent enfin toutes les parties du globe, et la masse totale du genre humain par des alternatives de calme et d'agitation, de biens et de maux, marche toujours, quoique à pas lents, à une perfection plus grande» (OT 1,215f.).[379] Dieser Vervollkommnungsprozess scheint prinzipiell unabschliessbar zu sein. Dass er nicht zur gleichen Zeit bei allen Völkern dieselbe Stufe erreicht, wird damit erklärt, dass die Natur ihre Gaben ungleich verteile und gedeihen lasse (OT 1,217).[380]

Eine vollständige Abkoppelung des menschheitsgeschichtlichen Geschehens von der Natur findet also entgegen den auf eine strikte Dichotomie zusteuernden Eingangsworten des *Tableau* nicht statt.[381] Die Natur rückt vielmehr zu einer planenden Grösse auf, die den Willen Gottes und seiner Vorsehung vollstreckt.[382] Wenn Turgot im Unterschied zu Bossuet Geschichte als ein Geschehen versteht, das sich aus der inneren Entwicklung, der Entwicklungsdynamik seines Geschichtssubjekts *genre humain,* und

---

[379] Die geschichts- und weltverändernde Kraft des Handels betonen etwa auch [Raynal/Diderot], Histoire philosophique et politique des Etablissements & du Commerce des Européens dans les deux Indes, Bd. 1, 2f. «Tout est changé, & doit changer encore.» (2).

[380] Im Blick auf den *Plan* spricht Rohbeck, Einleitung, 48, von Turgots «Entdeckung der Ungleichzeitigkeit der Geschichte», die die «Identität von Fortschritt und Zeitskala» auflöse und einer eigentlichen «'Entchronologisierung' der Geschichte» Vorschub leiste.

[381] Vgl. dazu v. a. Kondylis, Die Aufklärung, 460: «Um das Normative endgültig bzw. ontologisch abzusichern, führt also Turgot durch die Hintertür jene Verbindung von Natur und Geschichte ein, die er in Frage stellte, als es galt, den Fortschrittsgedanken zu untermauern». Kritisch zur These einer pauschalen «Denaturalisierung» der Geschichte äussert sich auch Rohbeck, Einleitung, 46f.

[382] Siehe auch Löwith, Weltgeschichte und Heilsgeschehen, 113.

nicht aus dem äusserlichen Walten einer übergeschichtlichen Lenkungsmacht Gottes ergibt, so darf das nicht darüber hinwegtäuschen, dass diese Lenkungsmacht beileibe nicht verschwindet, sondern internalisiert, in die innere Vervollkommnung des *genre humain* hineingeholt wird. Zwar sind äussere Faktoren nach wie vor ausschlaggebend für die Entfaltung des in den Menschen angelegten Potentials; sie haben aber eher den Charakter von begünstigenden Reizen, als von streng kausalen Determinanten. Turgot behauptet zwar – wie schon Fontenelle in seiner *Digression*[383] –, dass die Vermögen, Bedürfnisse und Neigungen der Menschen aller Zeiten sich gleichblieben (OT 1,216),[384] nimmt jedoch zugleich an, dass sie je nach Epoche unterschiedliche Grade der Realisierung erreichen. Obwohl uns die historische Betrachtung die Menschen jedes Zeitalters unter vollkommen verschiedenen Umständen zeigt – denn alle diese Umstände sind dem Fortschrittsprozess unterworfen –, ändert dies nichts an den anthropologischen Grundgegebenheiten selbst, die keiner geschichtlichen Wandlung unterliegen, sondern sich je länger je besser auskristallisieren. Insofern ist Geschichte nach Turgot kein destruktiver Prozess wie zumindest partiell in Rousseaus erstem *Discours*, vielmehr einer der Entfaltung, wofür nun wiederum die Metapher vom natürlichen Wachstum vollkommen am Platze ist, solange es bei der Tilgung der Vergänglichkeitsassoziationen bleibt.

Turgots geschichtsphilosophische Entwürfe lassen sich als Versöhnungsangebot sowohl an die Adresse der *philosophes* als auch der Theologen begreifen. In ihnen ist weder ein Bruch mit dem Christentum angelegt, noch eine Weigerung, am philosophischen 'Diskurs' zu partizipieren. Indem diese Entwürfe die *histoire universelle* als Sinnganzes aufzufassen lehren, das in einem (fast) gradlinigen Verlauf die Entfaltung der wahren Menschennatur ermöglicht, und überdies in diesem Entfaltungsprozess dem Christentum eine Leitfunktion zukommt, während der 'alte' Gott der Metaphysik *und* der Propheten als Erfolgsgarant agiert, lassen sich religiöse und philosophische Bedürfnisse gemeinsam befriedigen, soweit nicht die eine Seite

---

383 Fontenelle, Œuvres, Bd. 4, 175; Fontenelle, Philosophische Neuigkeiten, 245.
384 Dass die Bedürfnisse und ihre Befriedigung schon in Turgots frühen geschichtsphilosophischen Schriften eine für seine späteren ökonomischen Arbeiten richtungweisende Rolle spielen, betont Roberto Finzi, Turgot, l'histoire et l'économie, in: Christian Bordes/Jean Morange (Ed.), Turgot, économiste et administrateur, 7.

auf theistischem, die andere auf atheistischem Dogmatismus beharrt. In Turgots Weltgeschichte, wie sie im *Tableau* entwickelt wird, braucht es keine grundstürzende Peripetie mehr, die (wie im *Discours sur les avantages* mit Christi Menschwerdung) das Folgende unter völlig neue Bedingungen stellt. Offenbarung ist nur noch insofern präsent, als sie als Erziehung begriffen werden kann. Schon im ersten *Discours* gab es keine Erlösung im Sinne einer Erneuerung der durch die Erbsünde korrumpierten menschlichen Natur. Anthropologischer Pessimismus ist Turgots Sache nicht – und ebensowenig die Inszenierung der Weltgeschichte als ein Drama, in dem es um Heil und Verdammnis zu tun wäre. Turgots Gott der Geschichte ist sozusagen oberster Entwicklungshelfer und als solcher sowohl dem primären Publikum einer nicht ganz und gar aufklärungsunwilligen katholischen Geistlichkeit, als auch dem sekundären philosophischen Publikum in den Salons schmackhaft zu machen. Dennoch lesen sich Turgots Reden wie die geschichtspolitisch konträren Frühschriften Rousseaus als Moralisierungstraktate,[385] mit denen man der (zumindest behaupteten) Frivolität des Zeitgeistes die Stirn bieten will. Wenn Turgot am Schluss des *Tableau* das Wort direkt an seine Kommilitonen richtet, so visioniert er eine Wissenschaft, Staat und Kirche übergreifende und einigende Moralisierungsanstrengung: «La Faculté attend de vous sa gloire, l'Eglise de France ses lumières, la Religion ses défenseurs; le génie, l'érudition et la piété s'unissent pour fonder leurs espérances.» (OT 1,235) Die Dreifaltigkeit von Genie, Gelehrsamkeit und Frömmigkeit ist mehr als eine rhetorische Floskel. Im Verlauf der Geschichte scheinen sich alle Hoffnungen zu erfüllen. Geschichtsphilosophie erlaubt es, mit dem Besten als Künftigem zu rechnen. Damit sind alle Beunruhigungen des mit der Theodizee initiierten Gerichtsverfahrens gegen Gott zu befrieden. Auch die deutschsprachige spekulativ-universalistische Geschichtsphilosophie, die sich ein Jahrzehnt nach Turgot zu Wort zu melden beginnt, steht im Banne einer nicht mehr mit herkömmlich metaphysischen Mitteln zu bewältigenden Theodizee-Problematik. Der Gott, der dann bei Isaak Iselin ebenfalls durch einen fortschrittlichen Geschichtsverlauf zu rechtfertigen ist, wird indes offen-

---

[385] Zu Turgots ambivalentem Moralverständnis vgl. z. B. J.-F. Faure-Soulet, Economie politique et progrès au «siècle des lumières». Préface de Paul Harsin, avant-propos d'André Piatier, Paris 1964, 33f.

barungstheologischer Spezifikationen entkleidet und auf die Begriffe der Rationaltheologie reduziert.[386]

2.6 Fortschrittsgeschichtsschreibung als Trost: Isaak Iselin[387]

Als Basler Ratsschreiber war Isaak Iselin (1728-1782) mit wechselhaftem Erfolg in vielfältigen politischen und philanthropischen Aufklärungsprojekten engagiert.[388] Daneben entfaltete der gelernte Jurist eine weit ausgreifende publizistische Wirksamkeit als Rezensent für Friedrich Nicolais *Allgemeine Deutsche Bibliothek* (ADB)[389] und als fruchtbarer essayistischer Schriftsteller. 1764 kam anonym jenes Werk heraus, das Iselins Ruhm als Aufklärer verankern, ihm jedoch zugleich den Ruf des naiven Fortschrittsgläubigen eintragen sollte:[390] die *Philosophischen Muthmassungen über*

---

[386] Zur Historisierung der Theodizee in Iselins Geschichtsphilosophie siehe auch Bertrand Binoche, Les trois sources des philosophies de l'histoire (1764-1798), Paris 1994, 166-184.

[387] Ausführlich zum Thema Andreas Urs Sommer, Geschichte als Trost? Isaak Iselins Geschichtsphilosophie, Basel 2002. Eine frühere Version dieses Kapitels ist erschienen unter dem Titel: Andreas Urs Sommer, Geschichtsphilosophie als 'interkulturelles' Programm? Isaak Iselins *Geschichte der Menschheit,* in: Rückert Studien, Bd. 14/Jahrbuch der Rückert-Gesellschaft e.V. 2002, hg. von Wolfdietrich Fischer, York-Gothart Mix und Claudia Wiener, Würzburg 2002, 29-44.

[388] Dazu mit gendergeschichtlichem Akzent Sigrid-Ursula Follmann, Gesellschaftsbild, Bildung und Geschlechterordnung bei Isaak Iselin in der Spätaufklärung, Münster 2002.

[389] Mit Nicolai stand Iselin in einem Briefwechsel, dessen vorbildliche Edition exemplarisch das Beziehungsnetz der deutschsprachigen Aufklärung erhellt: Friedrich Nicolai–Isaak Iselin, Briefwechsel (1767-1782). Edition, Analyse, Kommentar = Holger Jacob-Friesen (Hg.), Profile der Aufklärung, Bern, Stuttgart, Wien 1997.

[390] Der Kollektivsingular «Fortschritt» findet sich zumindest in der ersten Auflage von Iselins *Geschichte der Menschheit* noch nicht; er scheint 1770 von Wieland erstmals verwendet worden zu sein (Joachim Ritter, Fortschritt, in: HWPh, Bd. 2, Sp. 1032-1059, Sp. 1052). Dem *Begriffe* nach hat Iselin aber das erfunden, was fortan Geschichtsphilosophie hiess (vgl. Ulrich Dierse/Gunter Scholtz, Geschichtsphilosophie, in: HWPh, Bd. 3, Sp. 416-439, Sp. 418). Im Sommersemester 1769 hat Wieland über die «Philosophie der Geschichte» eine Vorlesung gehalten, der Iselins *Geschichte der Menschheit* zugrundelag – ungeachtet des negativen Urteils,

die Geschichte der Menschheit, in den Folgeauflagen schlicht *Über die Geschichte der Menschheit* betitelt und offen mit Verfassernamen versehen. Das auf acht Bücher in zwei Bänden ausgelegte Werk schildert – nach einem programmatischen ersten Buch über das Wesen des Menschen – die «Geschichte der Menschheit» von ihren ersten, durch Mutmassungen zu erschliessenden Anfängen bis zur Gegenwart. Diese Menschheitsgeschichte umfasst die Einzelgeschichten der Völker und stellt sie in übergreifende Zusammenhänge. Wir haben weder ein Handbuch der Universalgeschichte vor uns, das seinen Ehrgeiz darein setzt, möglichst alle bekannten und unbekannten geschichtlichen Fakten aufzulisten, deren es nur habhaft werden kann, noch ein Beispiel kritischer Historiographie.[391] Vielmehr will Iselin den Entwicklungsbogen nachzeichnen, der die Ursprünge des Menschseins mit seinem heutigen Zustand verbindet, und zu diesem Zweck weniger Ereignis-, sondern Kulturgeschichte, ja Moralgeschichte in umfassendem Sinne schreiben. Iselins Basler und Göttinger Lehrer, namentlich der Kirchenhistoriker Johann Lorenz von Mosheim (1693-1755) und der *in historicis* tätige Jurist Johann Jakob Schmauß (1690-1757), folgten noch anderen, «pragmatischen» Paradigmen der Geschichtsschreibung. Ebensowenig denkt Iselin an eine Fortsetzung von Bolingbrokes *exempla*-Historie mit ihrer einseitigen Betonung der politischen Geschichte.[392] In Frankreich

   das Wieland schliesslich über dieses Buch fällte (vgl. Zedelmaier, Der Anfang der Geschichte, 273).
[391] Reill, The German Enlightenment and the Rise of Historicism, 66-69, kritisiert Iselins Werk als populäres, gänzlich unoriginelles Machwerk, weil er darin wohl zu sehr den Historiker und zu wenig den Philosophen sucht. Wie schlecht es Iselin freilich auch bei den Philosophen ergangen ist, demonstriert Wilhelm Windelband, Lehrbuch der Geschichte der Philosophie. Neunte und zehnte, durchgesehene Auflage, besorgt von Erich Rothacker, Tübingen 1921, § 37, 443.
[392] Iselin hatte Bolingbrokes *Réflexions morales* 1752 in Paris gelesen, ohne dass sie ihm «sonderlich gefallen» hätten, «obgleich dennoch vil Gutes darinne ist» (Isaak Iselin, Pariser Tagebuch 1752, hg. von der Historischen und Antiquarischen Gesellschaft zu Basel mit Unterstützung der Familie Iselin, bearbeitet durch Ferdinand Schwarz, Basel 1919, 126 – 6. Brachmonat [= Juni] 1752). 1759 verurteilt Iselin den englischen Philosophen seiner freien religiösen Ansichten wegen (Ulrich Im Hof, Isaak Iselin. Sein Leben und die Entwicklung seines Denkens bis zur Abfassung der «Geschichte der Menschheit» von 1764. Erster Teil: Isaak Iselins Leben und Bildungsgang bis 1764. Zweiter Teil: Iselins Stellung in der Geistesgeschichte des XVIII. Jahrhunderts, Basel 1947, Teil 2, 397).

hatte schon Fénelon die intensive Beschäftigung mit der Geschichte der «mœurs» empfohlen.[393]

Das erste Buch von Iselins *Geschichte der Menschheit* will mit anthropologisch-psychologischen Erörterungen die Grundlage dafür schaffen, dass wir Geschichte als dasjenige, was den Menschen zum Gegenstand hat, überhaupt begreifen können: «Wer mit Nutzen die unermesslichen Gefilde derselben [sc. der «Geschichte»] durchwandern will, muss von der Philosophie gelernet haben, ihren Helden zu kennen» (GM 1768 1,3). Das, was den Menschen ausmacht, wird nicht selbst aus der Geschichte deduziert, sondern von einer philosophisch orientierten Psychologie *a priori* festgestellt. Eine historistische Anthropologie liegt also beileibe nicht vor. Der Mensch ist nicht bloss (seine) Geschichte.

Das Einzelindividuum arbeitet sich nach Iselin von seinen rudimentären Anfängen als Sinnenwesen hinauf zu den höheren Stufen der Vernunfterkenntnis – «[s]o gross aber immer seine Fähigkeiten seyn mögen: so fängt ihre [sc. der Seele] Entwicklung allezeit bey dem Unvermögen, und bey der Schwachheit an: so erhebet sie sich nur sehr langsam, zu einem kaum merklichen Grade der Vollkommenheit» (GM 1791 1,3f.). Dies jedoch geschieht nicht, wie es Johann Joachim Spalding in seiner von Iselin eifrig gelesenen und rezensierten *Bestimmung des Menschen* von 1748 skizzierte, in einem bis zur Stufe der Tugend letztlich isolierten Raum individueller Selbstvervollkommnung.[394] Vielmehr ist bei Iselin der Mensch zu seiner

---

393 Fénelon, Œuvres, Bd. 4, 531.
394 Zu Spaldings Konzept siehe Andreas Urs Sommer, Sinnstiftung durch Individualgeschichte. Johann Joachim Spaldings *Bestimmung des Menschen*, in: Zeitschrift für neuere Theologiegeschichte, Bd. 8 (2001), 163-200, und die dort angegebene Literatur (das Fortleben des Konzepts behandelt neuerdings Fotis Jannidis, Die 'Bestimmung des Menschen'. Kultursemiotische Beschreibung einer sprachlichen Formel, in: Aufklärung. Interdisziplinäres Jahrbuch zur Erforschung des 18. Jahrhunderts und seiner Wirkungsgeschichte, Bd. 14 [2002], 75-95); zu Iselins Spalding-Lektüren Im Hof, Isaak Iselin. Sein Leben, Teil 2, 524, Fn. 1, und Ulrich Im Hof, Isaak Iselin und die Spätaufklärung, Bern, München 1967, 179 und 336, Anm. 6. Spalding selbst gebraucht in seinem Alterswerk Iselins Stichwort «Geschichte der Menschheit» (Johann Joachim Spalding, Religion, eine Angelegenheit des Menschen, hg. von Tobias Jersak und Georg Friedrich Wagner = J.J.S., Kritische Ausgabe, hg. von Albrecht Beutel. Erste Abteilung: Schriften, Bd. 5, Tübingen 2001, 122).

Selbstvervollkommnung stets auf die Gemeinschaft mit anderen Menschen verwiesen. Dies wiederum verfehlt nicht seinen Effekt auf die Entwicklung der Gesellschaft und schliesslich der Gattung. Erst die Entmonadisierung der Menschen in praktischer Absicht scheint spekulativ-universalistische Geschichtsphilosophie möglich zu machen. Entsprechend werde die «philosophische Erwegung [sic]» der Menschheitsgeschichte «natürlicher Weise zu den grossen Grundsätzen führen, nach welchen in bessern Zeiten glücklichere Völker sich einen vollkommnern Wohlstand versprechen können» (GM 1791 1, XXXI). Iselins *Geschichte der Menschheit* will selber keineswegs eine blosse Bestandesaufnahme von Geschichtsverläufen sein, sondern stellt sich in den praktischen Dienst einer Aufklärung, die moralisch belehren und bessern soll.[395] Die Erquickung «menschenfreundlicher Seelen» durch den Ausblick in eine bessere Zukunft ist überdies ein klassisch werdendes Motiv der sich hier etablierenden, spekulativ-universalistischen Geschichtsphilosophie. Es ist ihr eigentlich *pastoraler Topos*.

Was wir von Iselins Durchgang durch die Geschichte der Menschheit zu erwarten haben, ist demnach keine interessenlose Wiedergabe der *res gestae*, sondern selber ein Versuch, durch historische Erzählung zu erziehen. Dies war ebenfalls die Absicht der *exempla*-Historie: Durch die Darstellung tadelns- und lobenswerten Handelns grosser Männer hofften Plutarch so gut wie Machiavelli, Lord Bolingbroke und Mably den Mächtigen Beispiele zu geben, an Hand derer sie sich selber entwerfen könnten. Iselin begreift demgegenüber seine *Geschichte der Menschheit* nicht als ein Rezeptbuch für eine zum allgemeinen Glück führende Politik oder Sozialtechnik, sondern beschränkt sich darauf, den Wegen nachzugehen, die die Vervollkommnung bisher genommen hat. Er möchte dies gleichwohl als Aufforderung verstanden wissen, an jenem Fortschritt, den er in der Geschichte meint ausmachen zu können, tatkräftig mitzuarbeiten. Jedoch ist auch nach Iselin der Fortschritt nichts, was in der unmittelbaren Verfügung der Menschen liegt. Entsprechend hat seine Geschichtsphilosophie die Aufgabe, das Han-

---

[395] So lässt sich Iselins Werk der Aufklärungshistoriographie im weitesten Sinne zuordnen, wenn man sie mit Blanke, Historiographiegeschichte als Historik, 55, charakterisiert «als diejenige Auffassung, die Geschichte als universalen Prozess der Selbstbefreiung der Menschen interpretiert und die zugleich das aktuelle politische Handeln an der Leitidee orientiert, diesen in Gang gesetzten Emanzipationsprozess zielstrebig weiterzuführen».

deln der Individuen in einen grösseren Sinnrahmen zu stellen, indem sie ihnen versichert, dieses Handeln habe auf das Ganze gerechnet sehr wohl einen Effekt. Damit wird dieses Handeln in einen überindividuellen Kontext eingebunden, der ihm eine historische Dignität verleiht, wie sie bisherige *exempla*-Geschichtsschreibung nur dem Handeln 'grosser Männer' zugebilligt hatte.

Die von der späten Aufklärung neu konzipierte Geschichtsphilosophie hat einen durchaus anderen Adressatenkreis als die herkömmliche, philosophienahe *exempla*-Historie, die auch in die Kreise des Bürgertums eindrang, aber ihren handlungsanweisenden und handlungslegitimierenden Charakter doch eher bei einem regierenden Fürsten als bei einem Lateinschullehrer hätte entfalten sollen.[396] Die Geschichtsphilosophie eines Iselin streift zumindest dem Anspruche nach den Elitismus der *exempla*-Geschichtsschreibung ab. Damit einher geht die Entdeckung der Kultur- und Sozialgeschichte, die eine Abwertung der bis dahin historisch hauptsächlich behandelten Haupt- und Staatsaktionen, Schlachten und Fürstengenealogien impliziert.[397] Wenn man die Geschichte fortan als eine Gesamtheit und als

---

[396] So ist es nicht untypisch, wenn Johann Christian Kestner in der von Johann Christoph Gatterer herausgegebenen *Allgemeinen historischen Bibliothek* (Teil 4, Göttingen 1767, 223) kritisch fragt, «[o]b sich der Nutzen der neuern Geschichte auch auf Privatpersonen erstrecke» (zitiert nach Witschi-Bernz, Bibliography of Works in the Philosophy of History 1500-1800, 59, Fn. 22). Demgegenüber meint Thomas Abbt, der *in paedagogicis* das Konzept der *exempla*-Historie aufrecht erhält, man müsse, da «nicht alle junge[n] Leute ... Regenten oder Heerführer» würden, «nicht bloss solche Beyspiele aus der Geschichte ... entlehnen, die auf dem erhabenen Orte, wo sie stehen, der ganzen Welt zum Schauspiele, nur wenigen zur Nachahmung dienen; sondern auch aus den niedrigern Gegenden und besonders aus den Provinzen der Gelehrsamkeit Exempeln zu sammeln, die durch die Ahnmut zur Nachfolge reizen» (Abbt, Gedanken von der Einrichtung der ersten Studien, 31f.). Das Wesentliche sei, «dass man die Kinder ein Vergnügen aus der Historie ziehen lässt» (a.a.O., 29). Mit Abbt war Iselin übrigens näher bekannt, vgl. Isaak Iselin, Zehn Briefe an Thomas Abbt, hg. von Louis Frison, in: Recherches Germaniques, Bd. 6 (1976), 250-268, sowie Simone Zurbuchen, Staatstheorie zwischen eidgenössischer Republik und preussischer Monarchie, in: Das Achtzehnte Jahrhundert, Jg. 26 (2002), Heft 2, 148-152.

[397] So hat zur selben Zeit Justus Möser für seine *Osnabrückische Geschichte* als «Ideal» eine «Geschichte der Edlen und Gemeinen» aufgestellt: «Ich lasse also majestatem in populo residiren» (Brief an Thomas Abbt, 26. Juni 1765, zitiert nach Horst Möller, Aufklärung in Preussen. Der Verleger, Publizist und Geschichts-

ein gemeinsames Produkt aller Menschen zu begreifen sich anschickt, ist damit auch jeder und jede als Teil des umfassenden Geschichtssubjektes «Menschheit» unmittelbar angesprochen und in die Verantwortung genommen. Diese 'Demokratisierung' der Geschichte, die die Reduktion der vielen Geschichten auf den Kollektivsingular der einen Geschichte begleitet,[398] macht jeden einzelnen zum Adressaten der tröstlichen geschichtsphilosophischen Botschaft, ohne dass dieser einzelne besondere Leistungen vollbracht haben muss. Das Individuum partizipiert sowohl an der Aufgabe der Aufklärung, als auch, soweit seine beschränkte Lebenszeit das zulässt, an den Früchten des Fortschrittes.

Iselin will mit der universalen Reichweite der Philosophie, wie sie Christian Wolff festgeschrieben hatte – «Philosophia est scientia possibilium quatenus esse possunt»[399] – ernstmachen: Die Geschichtsphilosophie, die er entwirft, dehnt ihre Kompetenz auf das Wissen all des Möglichen aus und verleibt, anders als Wolff selber,[400] die im Geruche blosser Kontingenz ste-

---

schreiber Friedrich Nicolai, Berlin 1974, 472; vgl. auch Justus Möser, Patriotische Phantasien. Ausgewählte Schriften, hg. von Wilfried Zieger, Leipzig 1986, 237f. und passim). Ein Blick in August Ludwig Schlözers *Vorstellung seiner Universal-Historie* belegt, in wie starkem Masse auch die «Göttinger Schule» kultur-, sozial- und ökonomiehistorische Interessen hat.

[398] Iselin selber wendet auf seine Gesamtschau des Werdens der Menschheit den Kollektivsingular «Geschichte» an – die frühen Auflagen seines Werkes beginnen mit dem Satz: «Der grosse Gegenstand der *Geschichte* ist der *Mensch*.» (GM 1768 1,3–GM 1770 1,19–fehlt in GM 1791) Wenn er von historischen Detailberichten und einzelnen Abschnitten der Geschichte handelt, benutzt er häufiger den Plural «Geschichten» (z.B. GM 1791 1,45). Zur Ausbreitung des Kollektivsingulars «Geschichte» in der zweiten Hälfte des 18. Jahrhunderts siehe etwa Reinhart Koselleck, Historia Magistra Vitae. Über die Auflösung des Topos im Horizont neuzeitlich bewegter Geschichte, in: Hermann Braun/Manfred Riedel (Hg.), Natur und Geschichte. Karl Löwith zum 70. Geburtstag, Stuttgart 1967, 196-219, besonders 201f., und Hermann Lübbe, Geschichten, in: HWPh, Bd. 3, Sp. 403f., Sp. 403, kritisch dazu Jan Marco Sawilla, «Geschichte»: Ein Produkt der deutschen Aufklärung? Eine Kritik an Reinhart Kosellecks Begriff des «Kollektivsingulars Geschichte», in: Zeitschrift für historische Forschung, Bd. 31 (2004), 381-428.

[399] Christian Wolff im *Discursus praeliminaris* seiner *Philosophia rationalis sive logica* (3. Auflage, Frankfurt, Leipzig 1740, 13). Vgl. Werner Schneiders, Hoffnung auf Vernunft. Aufklärungsphilosophie in Deutschland, Hamburg 1990, 127f.

[400] Zur Behandlung historischer Erkenntnis und historischer Wahrscheinlichkeit im Rahmen des Wolffschen und der wolffianischen Wissenschaftsmodelle siehe Sei-

hende Geschichte der praktisch orientierten, philosophische Reflexion ein. Dennoch macht Iselin von Anfang an klar, dass ohne die richtigen Umstände Glückseligkeit und Sittlichkeit nicht zu erreichen seien. Sein ehrgeiziges Projekt (das er mit Montesquieu und Voltaire, deren Schriften ihm vertraut sind, teilt) zielt auf eine Synthese von Philosophie und Geschichte. Es bedeutet eine Abkehr vom rationalistischen Konstruktivismus der Wolffschen Schule und eine entschiedene Öffnung hin zur Empirie. Zugleich und polemisch stärker akzentuiert, richtet sich Iselins Geschichtsphilosophie gegen Rousseaus historische Verfallstheorie.[401]

In der Gestalt von Geschichtsphilosophie beginnt die Philosophie etwa bei Iselin über das Kontingente selbst nachzudenken, nicht nur über die möglichen Dinge, insofern sie möglich sind. Geschichtsphilosophie soll, jenseits traditionell religiöser Erklärungsmuster, darüber hinaus konkrete Hilfen dafür bereitstellen, wie dieses Kontingente intellektuell und lebenspraktisch zu bewältigen ist. Das heisst, Geschichtsphilosophie wird dafür zuständig, im sinnlos Scheinenden Sinn zu stiften. So viel Spielraum Iselin im folgenden kontingenten Einflüssen gewährt – «der Mensch» hänge «von so unendlich vielen Zufälligkeiten ab, als Dinge und Verhältnisse ausser ihm sind, welche die Wirksamkeit seiner Seele befördern, oder hemmen» (GM 1768 1,52) –, hat dies doch nie den Zweck, den Menschen aus der Verantwortlichkeit für die Geschichte zu entlassen, die in eminentem Sinne *seine* Geschichte ist. Auffallend wenig bemüht die Rekapitulation der «Geschichte der Menschheit» externe Leitungsmächte wie etwa die göttliche Vorsehung, sondern belässt es bei allgemeinen und sporadischen Hinweisen auf eine ordnungsstiftende Weisheit. Das Zusammenspiel von Mensch und Umständen kommt ohne äussere Eingriffe aus, weil die har-

---

fert, Cognitio historica, 163-178. Dass die Wolffsche Philosophie der Entstehung der Geschichtsphilosophie in Deutschland nicht günstig gewesen sei, betont auch Manfred Buhr, Vernünftige Geschichte. Zum Denken über Geschichte in der klassischen deutschen Philosophie, Berlin (Ost) 1986, 12.

401 Dass diese (vermeintliche) Verfallstheorie Rousseaus zumindest im zweiten *Discours* sehr ambivalent erscheint, gibt Heinrich Meier, Rousseaus Diskurs über den Ursprung und die Grundlagen der Ungleichheit unter den Menschen. Ein einführender Essay über die Rhetorik und die Intention des Werkes, in: Rousseau, Diskurs über die Ungleichheit. Discours sur l'inégalité, LXXII, zu bedenken.

monische Struktur der Welt solche Eingriffe überflüssig macht. Im Menschen ist die Entwicklung als Entfaltung seiner Vermögen angelegt und wird durch die äusseren Gegebenheiten erst stimuliert. Diese Entfaltung kann stattfinden, ohne irgendwelcher übernatürlicher Interventionen zu bedürfen. Trotzdem findet durch den Einbezug realer Kontingenz in Iselins Geschichtsphilosophie eine entscheidende Dynamisierung des schulmetaphysisch festgeschriebenen Harmoniemodelles statt. Die Geschichte stellt sich Iselin vornehmlich als *moralischer* Fortschritt dar – und damit ist den Absichten Gottes, die Glückseligkeit seiner Schöpfung zu erreichen, vollständig genüge getan, so dass sich die Frage letztlich erübrigt, wieviel Anteil am faktischen Fortschritt die providentielle Lenkung und wieviel die Anstrengungen des Menschen haben: Beide wirken einhellig zusammen; es entsteht kein Widerspruch zwischen menschlicher Freiheit und göttlichem Weltplan. Ebensowenig kommt die Vorstellung in den Blick, Gott könne seine moralischen Absichten vielleicht durch unmoralische Mittel zu erreichen suchen. In Iselins Geschichtsbild ist der moralisch gesonnene und handelnde Mensch das einzig würdige Instrument von Gottes Weltverwaltung, die wie bei Jerusalem und bei Lessing als Erziehungsprozess gedacht wird.

Die Ordnung ist nichts Vorausgesetztes, nichts schlicht Gegebenes. Erst Erziehung, und das heisst: Entwicklung, schafft jene Ordnung, die wir in der Welt nicht einfach vorfinden. Die neue Geschichtsphilosophie Iselins hält also am alten metaphysischen Axiom der Ordnung fest, stellt aber die Faktizität insofern in Rechnung, als die Ordnung wenigstens in der Menschenwelt nicht als etwas immer schon Erreichtes, sondern etwas zu Erreichendes begriffen wird. Die Idee absoluter Ordnung und göttlicher Güte wird gerettet, indem die Verwirklichung von Ordnung auf eine Zeitskala eingetragen und in die Zukunft verschoben wird.

Überleitend zur eigentlichen Rekapitulation der Menschheitsgeschichte teilt Iselin die Menschen in «drey Hauptclassen» ein: «In die erstere sind diejenigen zu rechnen, welche unter der *Oberherrschaft der Sinne,* und der *sinnlichen Triebe* gleich den Thieren stehen» (GM 1791 1,109). «Wenn der grösste Theil eines Volkes noch in die erste Classe gehöret, so lebt es in dem *Stande der Einfalt.*» (GM 1791 1,113) Die zweite Klasse umfasst diejenigen Menschen, «welche ihre Seelenvermögen höher erhoben haben; bey denen die *Einbildungskraft* mächtiger ist, als die *Sinne; die Vernunft* aber *schwächer,* als die *Einbildung*» (GM 1791 1,110). Wenn die Mehrheit eines Volkes so unter der «Tyranney der Einbildung» (GM 1791 1,113) steht, «so befindet sich ein solches Volk in dem *Stande der Barbarey*» (ebd.). Schliesslich machen die Menschen, «bey welchen die *Vernunft* die *Oberherrschaft* über die *Sinne* und über die *Einbildung* behauptet» (GM 1791 1,112), die dritte Klasse aus. Dieses Schema, in eine historische Entwicklungslinie eingetragen, erinnert an die drei Mentalitäten, die die Geschichte der Menschen nach Vico durchläuft – das Zeitalter der Götter, das der Heroen und das der Menschen (SN^2 52). Tatsächlich wird der geschichtsphilosophische Dreischritt rasch topisch. Für die Entfaltung der Menschheitsgeschichte als Fortschrittsgeschichte ist bei Iselin die anthropologische Annahme vom rastlosen Tätigkeitsdurst des Menschen unentbehrlich, während die traditionelle praktisch-philosophische Zielvorgabe einer Identität von Glückseligkeit und Tugend für die Mechanismen des Geschichtsverlaufes weniger ins Gewicht fällt. Freilich ist eine solche Identität der moralische Massstab, behufs dessen sich überhaupt erst eruieren lässt, ob es Fortschritt in der Geschichte gibt, der nicht allein technisch-zivilisatorischer Natur ist.

«Ist aber der *Mensch* in der Natur derselbige, den wir geglaubt haben, in der Abstraction zu finden, oder ist er ganz etwas anders?» (GM 1791 1,117f.), fragt Iselin zu Beginn des zweiten Buches. Das Problem, auf das er den Fokus verschiebt, liegt nicht in der möglichen Diskrepanz zwischen der theoretischen Konzeption des Menschen und seiner realen Erscheinung, sondern in der Grundentscheidung, ob der Verlauf der menschlichen Geschichte als eine Abirrung von ursprünglicher Vollkommenheit oder als Weg zu einer entweder schon erreichten oder noch ausstehenden Vollkommenheit zu deuten sei. Verglichen mit der Grundentscheidung zwischen Verfall und Fortschritt wiegt die Differenz zwischen einer in eine offene Zukunft verlegten oder schon gegenwärtig erreichten Perfektionierung des Menschen nicht mehr so schwer. Praktisch mögen die Folgerungen aus den beiden letzten Positionen unterschieden sein: Im Falle erlangter Perfektion ist nur noch Besitzstandswahrung angesagt, im Falle ihres Ausstehens hingegen unbeirrtes Streben nach weiterer Steigerung. Als dritte Position zwischen Verfall und Fortschritt könnte zudem die entwicklungsskeptische Auffassung stehen, der Mensch bleibe bezüglich Vollkommenheit und Glück unter allen historischen Umständen in der selben (mehr oder minder desolaten) Verfassung. Das wäre die Haltung, die Kant in seinem Aufsatz

Über den Gemeinspruch Moses Mendelssohn unterstellt und als Abderitismus bezeichnet.[402] Eigentlich Front macht Iselin nicht gegen eine 'abderitische' Skepsis, sondern gegen die Degenerationstheorie, die er bei Rousseau zu finden wähnt. 1751 liest er den *Discours qui a remporté le prix à l'Académie de Dijon (Discours sur les sciences et les arts);* 1752 begegnet er Rousseau in Paris persönlich und scheint von diesem Zusammentreffen nicht unbeeindruckt geblieben zu sein.[403] Gleichwohl geht Iselin ab 1755 zum publizistischen Gegenangriff über:

> Es wäre also ein grosser Irrthum mit Herrn *Rousseau* zu glauben, wir würden dem Staate einen wichtigen Dienst leisten, wenn wir die Wissenschaften und die Gelehrsamkeit daraus verbanneten. Es ist im Gegentheile eine der wichtigsten Sorgen des Staates, dass die Bürger, wie mit den übrigen Gütern des menschlichen Lebens, also auch mit Erkenntniss und Weisheit beglückseliget werden. ... Der Despotismus, so wol der monarchische als der demokratische, ist ein natürlicher Feind der Gelehrsamkeit.[404]

Iselins Einschätzung von Rousseaus Hauptwerken, namentlich der *Nouvelle Héloïse,* des *Emile* und des *Contrat social,* schwankt zwischen vorsichtiger Zustimmung und dezidierter Ablehnung. So sehr ihn der rigorose Moralismus fasziniert, so wenig teilt er doch den Rousseau-Enthusiasmus

---

[402] Vgl. Immanuel Kant, Über den Gemeinspruch: Das mag in der Theorie richtig sein, taugt aber nicht für die Praxis, in: AA 8,307f. Kant bezieht sich auf Mendelssohns *Jerusalem, oder über religiöse Macht und Judenthum* (Berlin 1783, 44-47), wo Lessings *Erziehung des Menschengeschlechts* als «Hirngespinst» (AA 8,307) abgetan wird. Vgl. auch Matt Erlin, Reluctant Modernism. Moses Mendelssohn's Philosophy of History, in: Journal of the History of Ideas, Bd. 63 (2002), Heft 1, 83-104, und Norbert Hinske, Das stillschweigende Gespräch. Prinzipien der Anthropologie und Geschichtsphilosophie bei Mendelssohn und Kant, in: Michael Albrecht/ Eva J. Engel/N. H. (Hg.), Moses Mendelssohn und die Kreise seiner Wirksamkeit, Tübingen 1994, 135-156.

[403] Iselin, Pariser Tagebuch 1752, 133f. (14. Brachmonat [= Juni] 1752), versagt es sich bei dieser Begegnung nicht, die Biographie mit dem Werk kurzzuschliessen: «Hr. Rousseau ist kränklich; er ist dem Steine unterworfen. Ich glaube, er hat seinem kränklichen Leibe, der ihn in vilen [sic] Stükken [sic] des Genusses unfähig macht, einen grossen Teil seiner Filosofie zu verdanken.» (134).

[404] [Isaak Iselin,] Philosophische und Patriotische Träume eines Menschenfreundes. Dritte und vermehrte Auflage, Zürich (Orell, Gessner und Compagnie) 1762, 240.

seiner Berner und Zürcher Freunde oder die grundlegenden geschichtsphilosophischen Prämissen des *Citoyen de Genève*. Die *Geschichte der Menschheit* ist durchaus auch eine ausführliche Antwort auf Rousseaus Verfallsdiagnose.[405] Indessen reicht Iselins Programm, das sich an der Frage nach Fortschritt oder Rückschritt entzündet, viel weiter: Es ist ein Vicos Bemühungen verwandter Versuch, die Schulphilosophie in Tuchfühlung mit der realen Welt zu bringen, die als eine geschichtliche Welt verstanden wird, und gleichzeitig das Reich der Geschichte philosophiefähig zu machen. Hatte sich die deutsche akademische Philosophie in anthropologischer Hinsicht mit allgemeinen Aussagen über das Sein und das Wesen des Menschen begnügt und den Bereich realer Kontingenz, d. h. Geschichte in der Tradition des Cartesianismus für nicht philosophiefähig gehalten, da darin keine strengen Gesetzmässigkeiten herrschen, entdeckt Iselin, dass man den Menschen nicht adäquat verstehen könne, wenn man ihn nicht im Rahmen und mithin als Produzent und als Produkt seiner Geschichte sieht. Iselin geht zwar mit Rousseau einig, insofern dieser im *Discours sur l'origine et les fondemens de l'inégalité parmi les hommes* auch dazu neigt, «das menschliche Wesen des Menschen» als «Produkt des historischen Prozesses» anzusehen,[406] fand aber im Unterschied zu diesem den Massstab menschlichen Handelns gerade im Geschichtsprozess selbst – eine Ansicht, die Rousseau nicht hatte akzeptieren können.[407]

Um zu beweisen, dass der *status quo* keineswegs so verwerflich sei, wie Rousseau glauben machte, musste sich ein vom *mundus optimus* ausgehendes Aufklärungsdenken nicht nur darauf besinnen, dass es selber die Welt erleuchtet und damit wesentlich verbessert zu haben beanspruchte,

---

405 Das hatte schon Mendelssohn in seiner ADB-Rezension von 1767 zur *Geschichte der Menschheit* festgestellt (Moses Mendelssohn, Rezensionsartikel in Allgemeine deutsche Bibliothek [1765-1784]. Literarische Fragmente, bearbeitet von Eva J. Engel = Gesammelte Schriften. Jubiläumsausgabe, Bd. 5/2, Stuttgart 1991, 68).
406 Strauss, Naturrecht und Geschichte, 286f.
407 «Es war ihm [sc. Rousseau] klar, dass die historische Entwicklung, soweit sie zufällig ist, dem Menschen nicht einen Massstab vermitteln kann, und dass, falls diese Entwicklung einen verborgenen Zweck hat, ihre Zweckmässigkeit nicht erkannt werden kann, es sei denn, es gibt transhistorische Massstäbe.» (A. a. O., 287) Solche Massstäbe waren der spekulativ-universalistischen Geschichtsphilosophie Iselins in Gestalt stark reduzierter, metaphysisch-rationaltheologischer Grundsätze gegeben.

sondern ebenso auf die Geschichte, die dieser gegenwärtigen Erleuchtung vorausgegangen war. Die Geschichte eines nicht ausschliesslich die wissenschaftliche und technische Sphäre, sondern das Menschsein im ganzen, explizit auch in moralischer Hinsicht umfassenden Fortschreitens war bis dahin, trotz zukunftsfreudiger Selbstgewissheit schon bei manchen Philosophen des 17. Jahrhunderts (wie Francis Bacon), noch nie wirklich erforderlich gewesen. Man hatte sich mit der Versicherung begnügt, es sei in der jüngeren Vergangenheit dank der eigenen aufklärerischen Bemühungen tatsächlich Licht in die Köpfe vieler eingedrungen und man könne – in der *Querelle des anciens et des modernes* – durchaus den Alten Paroli bieten. Nun aber, unter dem Eindruck einer prinzipiellen Kritik an den gegenwärtigen Verhältnissen, die man mit dem Hinweis auf die noch unvollkommene Durchschlagskraft der Aufklärung nicht mehr abtun konnte – galten doch gerade die Naturwissenschaften, von denen sowohl die Wolffianer wie die *Lumières* mitnichten nur ihr Methodenideal borgten, Rousseau als massgebliche Korruptionsfaktoren –, wurde eine umfassende Darstellung des aufklärerischen Selbstverständnisses, eine umfassende aufklärerische Deutung der geschichtlichen Welt zum dringenden Desiderat. Das Auftreten dieses Desiderats hilft auch zu erklären, weshalb den fortschrittstheoretischen Versuchen, die geschichtliche Welt philosophisch zu erschliessen, in der zeitgenössischen Rezeption nach 1750 ungleich mehr Erfolg beschieden war als den im philosophischen Geschichtserschliessungsanspruch vergleichbaren Anstrengungen Vicos in der ersten Jahrhunderthälfte, die ohne Fortschrittsfokussierung ausgekommen waren. Für eine aufklärungslegitimatorische Fortschrittsgeschichte hatte da noch kein Bedürfnis bestanden.

Rousseau nimmt die Frühzeit des Naturzustandes zum Massstab seiner Zivilisationskritik. Dort setzt Iselin an, nicht ohne die Leser-Erwartungen an den «thierischen Stand» des Menschen gleich wieder zu dämpfen: Es wäre «eine sehr ungereimte Hypothese ..., wenn wir uns einen Zustand des menschlichen Geschlechtes, oder nur des kleinsten Volkes als möglich vorstellen wollten; in welchem alle menschlichen Fähigkeiten auf die blosse Empfindung des *gegenwärtigen Zustandes* eingeschränkt wären» (GM 1791 1,120). Denn dies würde den Menschen zu «einer vollkommenen Unthätigkeit», ja zum «gänzlichen Unvermögen» verurteilen, «für seine Erhaltung zu sorgen» (ebd.). Der Mensch ist also immer schon ein mit Zeitbewusstsein ausgestattetes, tätiges Wesen, wenn er denn Mensch ist. Tätigkeit ist nach Iselin offensichtlich nur, was über die unmittelbare Reaktion auf Umwelteinflüsse hinausgeht, ein intendiertes Ziel und einen Zeitindex hat, – das, was man in heutiger Terminologie als Handeln im engeren Sinne bezeichnet. Der Mensch als Mensch ist von Anbeginn ein geschichtliches Wesen – ein Wesen, das tätig ist, insofern es seine Tätigkeit auf Zukunft und Vergangenheit bezieht.[408] Unter Berufung auf Rousseaus *Discours sur l'origine et les fondemens de l'inégalité parmi les hommes* konstruiert Iselin einen Menschen mit «einem sehr eingeschränkten Gedächtnis» (GM 1791 1,121), dem ein «Fortgang zu einer höhern Vollkommenheit ausserordentlich schwer» fiele: «Jede höhere Einsicht» wäre ihm «gleichgiltig» (GM 1791 1,122); seine «geselligen Empfindungen» beschränkten sich auf «einen dunklen Trieb», vornehmlich auf «die flüchtige Befriedigung [sic] eines unbestimmten Triebes zur Fortpflanzung» (ebd). Dies müsste «ungefehr der Sta[n]d seyn, welchen ein grosser Schriftsteller so beneidungswürdig findet. Dieses würde der wahre Stand des Menschen, seine ganze Bestimmung seyn.» (GM 1791 1,125)

> Nach diesem Lehrgebäude sind die grösten [sic] Fähigkeiten der Seele nur Werkzeuge des menschlichen Elendes; und ist der Trieb zur Vollkommenheit nichts als ein betriegliches Geschenke der Natur, um ihre eigenen Absichten zu vereiteln. Sie hat den Menschen zu einem Thiere bestimmt, und dieser will ihn zu einem Engel machen. (ebd.)

Indem Iselin mit Rousseaus zweitem *Discours* die «perfectibilité»[409], den «Trieb zur Vollkommenheit» zu einem Grundtatbestand der menschlichen Natur erklärt, führt er das Konzept Rousseaus in Kontradiktionen: Auf der einen Seite ist der Stand der Natur das eigentlich Wünschenswerte, auf der anderen schafft die Natur diesen ihren Stand selber ab, indem sie dem Menschen besagten Trieb mitgibt und ihn so zwingt, seiner vorgeblich 'wahren'

---

[408] Das unterscheidet den Menschen ja schon nach stoischer Vorstellung vom Tier, das rein auf die Gegenwart bezogen bleibe: Beim Menschen ist es – gemäss Marcus Tullius Cicero, De officiis I 11f. im Anschluss an Panaitios – gerade das Vermögen, durch vernünftiges Vergleichen des Gegenwärtigen mit dem Vergangenen und Künftigen seinen eigenen Lebensweg zu bestimmen, was die Vergemeinschaftung der Menschen bewirkt.

[409] Jean-Jacques Rousseau, Œuvres complètes. Edition publiée sous la direction de Bernard Gagnebin et Marcel Raymond, Bd. 3, Paris 1964, 142 bzw. Rousseau, Diskurs über die Ungleichheit, ed. Meier, 102f. (sowie Fn. 128 und 129, 103f.).

Bestimmung den Rücken zu kehren. Der Naturzustand ist demnach selber unvollkommen, wenn er bereits eine derart starke Tendenz zur Selbstaufhebung in sich trägt. Ohne einen der menschlichen Natur inhärenten Vollkommenheitstrieb wäre es schwierig, das unbestreitbare Heraustreten des Menschen aus seiner primordialen Befindlichkeit kausal zu erklären, es sei denn, man mache (wie die Theologen) eine äusserliche Ursache, etwa eine 'Versuchung' für das Aufgeben der anfänglichen Symbiose mit der umgebenden Welt verantwortlich (auch Rousseau bemüht den Zufall).

Nach Iselin wäre selbst dann, wenn Rousseaus Hypothese historisch zuträfe, aus ihr nichts Normatives zu gewinnen. Iselin macht auf den naturalistischen Fehlschluss aufmerksam, aus einem (erst noch prätendierten) Sein ein Sollen abzuleiten: Wieso sollte aus der probehalber einmal vorausgesetzten geschichtlichen Tatsache eines unzivilisierten menschlichen Urstandes dessen Normativität folgen?[410] Allerdings lässt sich das triftige Argument auch umkehren und gegen Iselins Fortschrittsdenken wenden: Aus dem (ebenfalls probehalber einmal angenommenen) Vorhandensein von menschlichem Entwicklungspotential ist weder unmittelbar zu folgern, dass der Mensch in irgendeiner Weise moralisch genötigt sei, dieses Potential zu realisieren, noch, dass in diesem Entwicklungspotential die wahre Bestimmung des Menschen verborgen liege.

Um die ganze Diskussion über den Naturzustand abzublocken, rekurriert Iselin auf die Bibel, genauer gesagt auf den Schöpfungsbericht der Genesis. Dabei stellt er ihn auf dieselbe Stufe wie «die Beobachtungen einer gesunden Philosophie» (GM 1791 1,130), die die Fussnote mit Buffons *Histoire*

---

[410] Wenn Reill, The German Enlightenment and the Rise of Historicism, 69, anmerkt, «Iselin simply did not have the ability to demolish, or even to perceive, Rousseau's complex and sometimes contradictory vision», dann verkennt er die Schlagkraft von Iselins antirousseauistischen Argumenten zumindest innerhalb der moderaten deutschen Aufklärung. Was freilich nichts daran ändert, dass Iselin Rousseau mitunter tatsächlich karikiert. Sehr differenziert beurteilt Iselins Rousseaukritik Binoche, Les trois sources des philosophies de l'histoire, 167-173. Vgl. auch Béla Kapossy, The Sociable Patriot. Isaak Iselin's Protestant Reading of Jean-Jacques Rousseau, in: History of European Ideas, Bd. 27 (2001), 153-170, ferner Simone Zurbuchen, Patriotismus und Nation. Der schweizerische Republikanismus des 18. Jahrhunderts, in: Michael Böhler u. a. (Hg.), Republikanische Tugend. Ausbildung eines Schweizer Nationalbewusstseins und Erziehung eines neuen Bürgers, Genf 2000, 151-181.

naturelle identifiziert. Freilich dient der Rückgriff auf die Bibel nur einer subsidiären Erweiterung der Quellenbasis. Vom eigentlichen Skandalon der Geschichte, auf die Iselin anspielt, nämlich vom Fall Adams, ist in seiner Neuerzählung der Urgeschichte ebensowenig zu vernehmen wie später von einer Konzentration des göttlichen Heilswirkens auf ein Volk oder eine Religionsgemeinschaft. Eine durch die biblische Folie präformierte Verengung der welthistorischen Perspektive auf die israelitisch-jüdisch-christlichen Belange, wie sie Voltaires *Essai sur les mœurs* bei Bossuet findet und verspottet, liegt Iselin noch ferner als eine Identifikation von Offenbarung und Aufklärung im Stil von Jerusalem oder Lessing. Die biblische Geschichte Alten und Neuen Testaments als eine besonders ausgezeichnete oder gar paradigmatische Variante menschlicher Geschichte kommt in Iselins Werk nirgends in Sicht. Er fühlt sich zu keiner philosophisch alimentierten Genesis-Exegese verlockt, wie sie Kant im *Mutmasslichen Anfang der Menschengeschichte* unternehmen sollte. Kant geht, vielleicht unter dem direkten Eindruck Iselins, ebenfalls davon aus, dass es eine ursprüngliche «Rohigkeit» des Menschen, so wie sie Rousseaus Naturzustand scheinbar impliziert, nie gegeben habe.[411] Der Stellenwert, den Kant auf seine sehr eigene Weise so gut wie Jerusalem und selbst Buffon der Bibel als Quelle für die Frühgeschichte der Menschheit einräumt, ist bei Iselin stark geschmälert, ja auf eine einzige marginale Referenz beschränkt.

Während sich die Bestimmung einer Tiergattung in jedem einzelnen Individuum verwirklicht, aktualisiert der einzelne Mensch nach Iselin nie all die Potenzen, die er besitzt. Kant wird im Gefolge von Iselin, Jerusalem und Adam Ferguson davon sprechen, dass sich die auf den Vernunftgebrauch bezogenen Anlagen beim Menschen «*nur in der Gattung, nicht aber im Individuum vollständig entwickeln*» (IaG 2, AA 8,18). Wer Iselins Prämisse akzeptiert, dass der individuelle Mensch nie alle in ihm angelegten Möglichkeiten zu entfalten vermöge, kann gegen eine Theorie, die die Entwicklung des Menschengeschlechts zu einer vollkommeneren Ausschöpfung der individuellen Potenzen annimmt, nurmehr einwenden, es sei keineswegs

---

411 Siehe Sommer, Felix peccator? Kants geschichtsphilosophische Genesis-Exegese, 202f., und Josef Bohatec, Die Religionsphilosophie Kants in der «Religion innerhalb der Grenzen der blossen Vernunft». Mit besonderer Berücksichtigung ihrer theologisch-dogmatischen Quellen, Hamburg 1938, 193-196.

erwiesen, dass die «Entwicklung», die der Mensch vom natürlichen zum zivilisierten Zustand durchlaufe, zu einer Entfaltung jener Potenzen im Menschen führe, die ihn zu einem besseren oder glücklicheren Wesen mache. Damit ist die Diskussion wieder auf die basalen 'weltanschaulichen' Entscheidungen zurückgeworfen, die Iselin und Rousseau trennen.

Iselin wird die letzten drei Viertel seines Werkes damit beschäftigt sein, im einzelnen zu zeigen, dass der «Trieb zur Vollkommenheit» trotz mancherlei Abirrungen aufs Ganze gesehen sich mit sicherem Schritt seiner Erfüllung nähert, mag diese Erfüllung noch so fern in der Zukunft liegen. «Einem unveränderlichen Gesetze der Natur» (GM 1791 1,137) sei es geschuldet, dass die menschliche Gattung sich entwickeln müsse. Diese Entwicklung will Iselin mit «der Fackel der Philosophie» (GM 1791 1,138) erhellen. Sie führt vom Stand blosser Sinnlichkeit über den Stand der durch Einbildungskraft erhöhten Sinnlichkeit hin zum Stand der Vernunft. Es ist zu vermerken, dass die menschliche Entwicklung nichts ist, was in Fleisch und Blut übergeht – der Rückfall in die Barbarei der Einbildungskraft scheint auch im Zustand verhältnismässiger, vernünftiger Zivilisiertheit jederzeit möglich, wie das barbarische Mittelalter es Iselin veranschaulicht. Die *Geschichte der Menschheit* schreibt keine lineare Fortschrittserzählung: Zwar liegt der Fortschritt in der Natur des Menschen, in seiner Entwicklungsfähigkeit begründet, was aber niemals heisst, der Mensch könne sich nicht 'falsch', d.h. in Richtung einer perpetuierten Barbarei entfalten. Die Barbarei ist ein notwendiges Stadium auf dem Weg dieses Fortschrittes – es gibt nach Iselin keinen direkten Weg von der unschuldigen Sinnlichkeit der Frühzeit zu einem von Vernunft bestimmten Dasein. Iselins dreistufiges Modell ist in einem Hegel antizipierenden Sinne dialektisch: Erst über die Antithese der Einbildungskraft gelangt der Geschichtsprozess zu seiner synthetischen Erfüllung. Indes wird die Dialektik von Iselins Modell noch nicht theoretisch explizit gemacht.[412] Was unverrückt bleibt und woraus sich für Iselin die geschichtsphilosophischen Konsequenzen notwendigerweise ergeben, ist der anthropologische Dreischritt: Die Ausfaltung von Sinnlichkeit, Einbildungskraft und Vernunft betrifft nicht allein die Entwicklung des Individuums, sondern auch diejenige der Gattung.

---

[412] Vgl. auch Werner Krauss, Studien zur deutschen und französischen Aufklärung, Berlin (Ost) 1963, 441.

Iselins Fortschrittsgeschichte ist eine Emanzipationsgeschichte in doppelter Hinsicht: Zum einen bezogen auf die reale Überwindung der «abscheulichen» Verhältnisse im Laufe des geschichtlichen Prozesses. Zum andern bezogen auf die Rezeption der historischen Ereignisse als Rezeption einer *Erzählung*: Iselins Geschichtserzählung erlaubt es, das Abscheuliche und mithin die gesamte als widerwärtig und hinderlich empfundene Vergangenheit zu distanzieren, ohne sie leugnen oder ausblenden zu müssen. Die «tröstliche» Erzählung mündet in einen glücklichen Ausgang, der all die vorangehenden Abscheulichkeiten annehmbar oder doch wenigstens erträglich macht.

> Sollte es daher so ungereimt seyn zu denken, der Mensch wäre eine von Natur mehr oder minder rohe Pflanze, welche vielfältig versetzt, geäugelt, bearbeitet werden müsse, um gute und schmackhafte Früchte zu bringen. (GM 1791 1,310f.)

Der Mensch als sittliches Wesen muss daher gezüchtet werden. Die Zerrüttung der ursprünglichen Verhältnisse ist es, was diese Selbstzüchtung des Menschen in die Wege leitet. Den Mutmassungen zufolge, die Iselin über den ursprünglichen Stand unverfälschter Sinnlichkeit angestellt hat, ist der Mensch zunächst ein autarkes Wesen. Für Iselin gestaltet sich nun der Prozess der Aufklärung nicht als Prozess der Individualisierung, sondern als Prozess der kontinuierlichen Vergemeinschaftung der Menschen. Die Entwicklung seiner Anlagen macht den Menschen zu einem gesellschafts- und gemeinschaftsfähigen Wesen. In den Zeiten der Barbarei führt die Vergesellschaftung allerdings zu Unterdrückung und Unfreiheit in mannigfaltigen Ausprägungen. Erst die Entfaltung der Vernunft bringt Formen des menschlichen Zusammenlebens zustande, die die Freiheit des Einzelnen nicht zugunsten weniger beschneiden, sondern allenfalls im Interesse des Ganzen. Neue Bedürfnisse setzten neue soziale Kohäsionskräfte frei, «die Vermehrung der Bedürfnisse, welche so viele Sittenlehrer als die Quelle alles menschlichen Elendes ansehen, milderte die rohen Triebe immer mehr; vermannigfaltigte immer mehr die Thätigkeit der Seele» (GM 1791 2,18). Die Religion dient dabei als gesellschaftlicher Kitt. Immerhin der Form halber gibt Iselin die *Möglichkeit* zu, dass sich die 'zivilreligiösen' Anstrengungen einer «göttlichen Eingebung» verdankten. Über die Wirklichkeit oder auch nur Wahrscheinlichkeit solcher Offenbarung sagt er nichts. Iselin qualifiziert die Institutionen und Intentionen der Religionen in frühen Phasen der Vernunftentwicklung so funktionalistisch wie irgendein englischer Deist oder französischer *philosophe* es hätte tun können. Er denkt nicht daran, den Polytheismus mit einer jüdisch-christlichen Offenbarungswahrheit zu kontrastieren.

Den drei letzten Büchern der *Geschichte der Menschheit* wird eine geographische Fokussierung des Zivilisationsprozesses unterlegt: Sie handeln «[v]on den Fortgängen des gesitteten Standes bey den orientalischen Völkern» (GM 1791 2,67), sodann von Griechenland und Rom, schliesslich vom neueren Europa. Unverkennbar verläuft die Richtung des Geistes von Ost nach West – nicht nur bei Hegel, schon bei Iselin bleibt der Orient in lähmendem Despotismus stecken. Despotien seien in Ländern wie Persien entstanden, die durch Fruchtbarkeit und mildes Klima besonders begünstigt wurden.[413] Im Abendland waren die Rahmenbedingungen äusserlichen Glücks nicht so optimal. Gleichwohl arbeitete sich hier manches Volk zu einer höheren Bestimmung empor. Hier ist Iselins Kritik am militaristischen Sparta, in dem es nie zu einer höheren Entwicklung habe kommen können (vgl. GM 1791 2,148), aufschlussreich:[414]

---

[413] Siehe zum Einfluss des Klimas auf die Konstitution des menschlichen Bewusstseins in der zeitgenössischen Diskussion Carl Friedrich Flögel, Geschichte des menschlichen Verstandes. Dritte vermehrte und verbesserte Auflage, Breslau (Johann Ernst Meyer) 1776, 62-130.

[414] Adam Ferguson hingegen war, zum Missfallen Iselins, von Sparta sehr eingenommen (siehe Fania Oz-Salzberger, Translating the Enlightenment. Scottish Civic Discourse in Eighteenth-Century Germany, Oxford 1995, 186). Bekanntlich spielt Rousseau im *Discours sur les sciences et les arts* die Tugendhaftigkeit Spartas, das ganz ohne Wissenschaft und Künste auskomme, gegen die Dekadenz Athens aus (Rousseau, Œuvres complètes, Bd. 3, 12f.). Dagegen richtet sich Iselins Polemik wohl unmittelbar. Sie ist um so wirkungsvoller, als sie Rousseau eines verdeckten anthropologischen Hobbesianismus überführen kann, der in diametralem Widerspruch zu Rousseaus tatsächlicher Anthropologie steht: Nur wenn Rousseaus Mensch von Natur nicht gut, sondern selbstsüchtig, ja böse wäre, könnte Sparta Idealstaat sein. Übrigens wird Sparta auch bei Mably favorisiert: Gabriel Bonnot de Mably, De l'étude de l'histoire, à Monseigneur le Prince de Parme. Nouvelle edition revue et corrigée, Mastreicht (Cavelier), Paris (Barrois/Bailly) M.DCC.LXXVIII. (= 1778), 20 und 367 = Gabriel Bonnot de Mably, Collection complète des Œuvres de l'Abbé de Mably, [hg. von M. Arnoux], Bd. 12, Paris (Ch. Desbrière), An III (= 1794-1795), 19 und 353.

Wenn der Mensch von Natur ein wildes Thier wäre: so könnte man dem Stifter der spartaschen Verfassung die Ehre nicht absprechen, die Gesetzgebung auf den höchsten Gipfel gebracht zu haben. Aber der Mensch soll nicht gebändigt, er soll gebessert; er soll nicht durch einen äusserlichen Zwang, er soll durch die innerliche Milde seiner Seele gut werden. (GM 1791 2,150)

Die christliche Überzeugung von der Verdorbenheit des Menschen, der noch bei Thomas Hobbes allein von den Affekten der Selbstliebe bestimmt wird,[415] weicht unter aufklärerischen Händen wie denjenigen Iselins keinem blinden Vertrauen in die Güte und in den natürlichen Altruismus des Menschen. Die geschichtsphilosophische Perspektivierung der Fortschrittsidee zehrt gerade davon, dass der Mensch in der jeweils eruierbaren Gegenwart und Vergangenheit alles andere als ein durch moralische Handlung oder Gesinnung hervorstechendes, gutes Wesen ist. Anstelle der einmaligen Erlösungstat Christi tritt ein stufenweiser Prozess der Besserung, der moralischen Vervollkommnung. Entscheidend ist die Betonung der steten Wandlungsfähigkeit des Menschen. Die Anlagen des Menschen *versprechen* grundsätzlich Gutes und sind nicht durch einen Sündenfall derart verdorben worden, dass der Mensch nur noch zur Sünde fähig wäre. Der vielbeschworene 'Aufklärungsoptimismus' beschränkt sich in Iselins Fall auf die Annahme, dass der Mensch grundsätzlich verbesserungstauglich und erziehbar sei: Es handelt sich um einen Ameliorismus.

Bei seinem Bericht über die jüngsten wissenschaftlich-philosophischen Fortschritte fällt auf, mit wieviel unverhohlener Kritik Iselin Christian Wolff begegnet: Dieser habe es an Skepsis gegenüber der eigenen Erkenntnisfähigkeit und den eigenen Erkenntnissen fehlen lassen.[416] Iselin seinerseits

---

415 Hobbes weist den gegen ihn erhobenen Vorwurf, er behaupte, der Mensch sei *von Natur* böse, vehement zurück, so sehr er einzuräumen bereit ist, die Bibel sage, der Mensch sei *aus Sünde* böse, siehe Hobbes, Vom Menschen [1658]. Vom Bürger [1642]. Elemente der Philosophie II/III, 68f. (De cive, Vorwort an die Leser).
416 Eine ähnliche Kritik an Wolff hatte 1724 schon Johann Georg Walch in seiner *Bescheidenen Antwort auf Herrn Christian Wolfens Anmerkungen über das Buddeische Bedenken Dessen Philosophie betreffend* geäussert (vgl. Johann Georg Walch, Kontroversstücke gegen die Wolffsche Metaphysik. Vorwort von Jean Ecole, Hildesheim 1990). Ohnehin berührt sich die 'popularphilosophische' Abkehr von Wolff nach 1750 in manchen Hinsichten mit Anliegen der älteren, Wolff-kritischen Eklektik.

kann sich mit dem mathematischen Methodenideal in der Philosophie nicht anfreunden. Hier geht es um mehr als um Fragen des Stils und der persönlichen Präferenz: Iselin artikuliert an dieser Stelle die entschiedene *Abwendung der deutschen 'Popularphilosophie' nach 1750 vom mathematisch-naturwissenschaftlichen Methodenideal.*[417] Die Transformation des Wolffianismus in 'Popularphilosophie' bestand keineswegs – wie gerne behauptet wird[418] – in einer einfachen Trivialisierung der von Wolff und seinen Epigonen auf hohem theoretischem Niveau abgehandelten philosophischen Gegenstände.[419] Vielmehr macht sich – im Gefolge der Eklektik eines Christian Thomasius – ein grundsätzliches Misstrauen dem Methodenzwang des Wolffianismus, aber auch seinen Themen gegenüber bemerkbar, deren lebensweltliche Relevanz nunmehr in Frage steht. Die Abkehr von den strikten Methoden- und Gegenstandsvorgaben der Wolffschen Philosophie provoziert nicht nur eine eigentliche *Literarisierung* des philosophischen Schreibens (der Essay wird zum vorherrschenden Medium philosophischer Vermittlung), sondern erschliesst überdies Gegenstände, die bei Wolff und den Wolffianern nicht als wissenschafts- und damit philosophiefähig angesehen wurden.[420] Die von der 'Popularphilosophie', namentlich von Ise-

---

[417] Freilich haben schon Iselins Landsleute Albrecht von Haller und Leonhard Euler scharfe Kritik am Determinismus der Wolffschen Metaphysik geäussert, vgl. Pott, Säkularisierung in den Wissenschaften, Bd. 1, 143-146.

[418] So z.B. Isaak August Dorner, Geschichte der protestantischen Theologie, besonders in Deutschland, nach ihrer principiellen Bewegung und im Zusammenhang mit dem religiösen, sittlichen und intellectuellen Leben betrachtet, München 1867, 699, der im gleichen Atemzug auch noch die Neologie mitverurteilt.

[419] Zur Problem- und Begriffsgeschichte der Popularphilosophie siehe Helmut Holzhey, Popularphilosophie, in: HWPh, Bd. 7, Sp. 1093-1100, und Christoph Böhr, Philosophie für die Welt. Die Popularphilosophie der deutschen Spätaufklärung im Zeitalter Kants, Stuttgart-Bad Cannstatt 2003 (dazu meine Rezension in: Das Achtzehnte Jahrhundert, Jg. 29 [2005], Heft 1, 120-122). Zur popularphilosophischen Geschichtsphilosophie vgl. Johan Van der Zande, Popular Philosophy and the History of Mankind in Eighteenth-Century Germany, in: Storia della Storiographia, Bd. 22 (1992), 37-56.

[420] Zur «geschlossenen Form» des Wolffschen Schreibens siehe Christiane Schildknecht, Philosophische Masken. Literarische Formen der Philosophie bei Platon, Descartes, Wolff und Lichtenberg, Stuttgart 1990, 85-122; zur Öffnung der 'Popularphilosophie' auch hin zum Aphorismus Giulia Cantarutti, Aforistica e *Aufklärung*, in: G.C. (Hg.), La scrittura aforistica, Bologna 2001, 105-160.

lin zur Salonfähigkeit erhobene Geschichtsphilosophie verzichtet auf den Anspruch, strenge Gesetzmässigkeiten in der Geschichte nachweisen zu wollen, stellt dafür jedoch allgemeine Tendenzen fest, die sich unter dem Namen «Fortschritt» rubrizieren lassen. Der geschichtsphilosophische Zugriff auf die Welt ist, unter dem Einfluss der britischen Philosophie, empiristisch statt rationalistisch. Die Methode ist induktiv oder abduktiv statt deduktiv; die Darstellungsform belletristisch statt mathematisch.

Eine Individualisierung und Entakademisierung zeichnet diese Philosophie aus, ohne dass sie deswegen die hauptsächlichsten Inhalte der Schulmetaphysik *qua metaphysica specialis* preisgäbe. Noch immer spricht man mit der grössten Selbstverständlichkeit von Gott und Glückseligkeit, als ob dies gegebene und genau bestimmte Dinge wären. Erst Kant sollte mit den Inhalten der Schulmetaphysik als theoretisch wissbaren Gegenständen brechen – nicht ohne sich wiederum ihrer Methodik zu erinnern und zu bedienen. Die philosophiehistorische Unpopularität der einst so populären 'Popularphilosophie' der Aufklärung gründet nicht zuletzt darin, dass sie trotz des Ausgreifens auf geschichtliche Kontingenz inhaltlich auf die Schulmetaphysik bezogen blieb und daher von Kant an als hoffnungslos veraltet galt. Iselin freilich, von sich und Seinesgleichen sprechend, wähnt das Licht ganz auf der eigenen Seite: «Diese muthigen und verehrungswürdigen Weltweisen vermehreten die Eroberungen, welche ihre grossen Vorgänger in dem Reiche der Wissenschaften gemacht hatten, vereinigten den Geschmack des Schönen wieder mit der Liebe zur Wahrheit, und benahmen der Philosophie die fürchterliche Gestalt, welche sie eine Zeitlang unter dem eisernen Zepter der demonstrativischen Lehrart geführet hatte.» (GM 1791 2,333) Der Existenzialismus der 'Popularphilosophie'[421] ist also ein Humanismus. Das naturwissenschaftlich-akademische Philosophie-Modell wird vom humanistisch-literarischen herausgefordert.

«Selbst die Verderbnis unserer Zeiten» gebe «uns tröstliche Aussichten für die Zukunft» (GM 1791 2,357). Die Unruhe, die die politische Welt «seit einigen Jahren» (GM 1791 2,380) erschüttere, scheine «die Muthmassung zu rechtfertigen, dass Europa sich nun in einer weit grössern Crisis befinde, als es jemals seit dem Anfang seiner Policierung sich befunden hat, und weit

---

[421] Vgl. Panajotis Kondylis, Die Aufklärung im Rahmen des neuzeitlichen Rationalismus, München 1986, 563.

entfernt, dass wir mit ängstlichen Beobachtern diese Crisis als gefährlich ansehen sollten, gibt sie uns eher tröstliche und hoffnungsvolle Aussichten» (ebd.). Diese Passage artikuliert ein akutes Umbruchbewusstsein, das in dieser Drastik – doch immerhin einige Jahre vor der Französischen Revolution zu Papier gebracht – einigermassen überrascht. Erst dieses Krisenbewusstsein ruft die Geschichtsphilosophie auf den Plan, weil erst ein solches Bewusstsein die Wandel- und Erneuerbarkeit aller Verhältnisse sinnenfällig macht. Iselin schöpft daraus, im Vertrauen auf einen Schöpfungsplan und eine dadurch wohl vorgesehene Lenkung der Geschichte, Zuversicht und den Willen, die «Crisis» im Sinne der Aufklärung, im Sinne einer universalen Erziehung zum allgemeinen Besten umzumünzen. Entsprechend macht Iselins Trost-Rhetorik aus ihren vernünftig-religiösen Aspirationen keinen Hehl: Geschichtsphilosophie als soteriologische Disziplin.

Welche Trostgründe der Ausblick in die Zukunft im letzten Drittel des 18. Jahrhunderts zu bieten begann, wird in eigentümlichen Verschmelzung geschichtsphilosophischer und utopischer Motive deutlich, die in Louis-Sébastien Merciers *L'an deux mille quatre cent quarante* bewerkstelligt wird. Die Zeit soll da als Realisationsfeld sehr irdischer Hoffnungen urbar gemacht werden. Spekulativ-universalistische Geschichtsphilosophie wird zur Inspirationsquelle politischer Utopik und politischer Programmatik.[422]

2.7 Utopisch vorweggenommene Zukunft: Louis-Sébastien Mercier

«On leur [sc. aux enfants] enseigne peu d'histoire, parce que l'histoire est la honte de l'humanité, & que chaque page est un tissu de crimes & de folies. A Dieu ne plaise que nous leur mettions sous les yeux ces exemples de bri-

---

[422] So sieht Joachim Fest, Der zerstörte Traum. Vom Ende des utopischen Zeitalters, Berlin ⁵1993, 21, das eigentliche «utopische Denken», das auf eine künftige Realisierung seiner Visionen nicht nur hofft, sondern sie herbeiredet, nicht schon mit Morus, sondern erst mit Mercier beginnen. «Utopisches Denken» in diesem Sinne (wie es sich denn etwa auch im Marxismus ausprägt) wäre demnach erst in der Verschmelzung des herkömmlichen «Staatsromans» mit progressivistischer Geschichtsphilosophie entstanden.

gandage & d'ambition.» (L'an 2440 [1776], Ch. XII,48)[423] Das antike und humanistische Konzept von Historie, die durch *exempla* eine handlungsleitende oder doch immerhin handlungsorientierende Rolle übernehmen sollte, wird hier umstandslos abgetan, und zwar, weil die Exempel, die der Geschichte zu entnehmen wären, nur negativ sind: ein undurchdringliches Gewebe von Verbrechen und Wahnsinn, durch dessen schönfärberische und entstellende Darstellung sich die Historiker beinahe noch schuldiger gemacht hätten als die geschichtlich handelnden Potentaten (vgl. L'an 2440 [1776], Ch. XXIV,123).[424] Das «Hier», das die *exempla*-Historie eskamo-

---

[423] Bei der mit Kapitel- und Seitenangabe nachgewiesenen Ausgabe (L'an 2440 [1776]) handelt es sich um einen der zahlreichen Nachdrucke der Erstausgabe, die 1771 (nicht 1770!) anonym bei Van Harrevelt in Amsterdam mit dem fingierten Druckort London erschienen ist. Die reich kommentierte, jüngste Ausgabe des Werkes bietet einen orthographisch modernisierten Text, weswegen er hier nicht zitiert wurde (Louis Sébastien Mercier, L'An 2440. Rêve s'il en fut jamais. Introduction et notes par Christophe Cave et Christine Marcandier-Colard, Paris 1999). Zur Publikationsgeschichte im einzelnen siehe Everett C. Wilkie, Jr., Merciers *L'An 2440*: Its Publishing History During the Author's Lifetime, in: Harvard Library Bulletin, Bd. 32 (1984), 5-25 und 348-400. Im zweiten Teil des Aufsatzes findet sich eine detaillierte Autopsie aller bis zu Merciers Tod 1814 erschienenen Ausgaben und Übersetzungen (die hier benutzte Ausgabe 1776.1 auf S. 368). Textgeschichtlich bedeutsam sind v. a. Ausgaben von 1774, 1786 (wesentlich erweitert) und An VII [= 1798] (vgl. auch Aldo Maffey, Per un'edizione critica de «L'an 2440» die L.-S. Mercier, in: Studi francesi. Rivista quadrimestrale, Bd. 37 [1993], Heft 109, 57-64). Die in der Reihe *Bibliographie des Ecrivains Français* erschienene Mercier-Bibliographie ist im Falle der Erstdrucke notorisch unzuverlässig – so wird da für *L'an 2440* eine rein imaginäre Ausgabe von 1770 als *editio princeps* gehandelt (Enrico Rufi, Louis-Sébastien Mercier. Bibliographie des Ecrivains Français, Paris, Rom 1996, 21). Auch sonst genügt diese Bibliographie in mancherlei Hinsicht wissenschaftlichen Ansprüchen nicht (vgl. die Rezension von D. J. Adams in: British Journal for Eighteenth Century Studies, Bd. 20 [1997], Heft 2, 236f.). In (unzuverlässiger) deutscher Übersetzung liegt *L'an 2440* seit 1772 vor; sorgfältig überarbeitet und kommentiert auch im Taschenbuch: Louis-Sébastien Mercier, Das Jahr 2440. Ein Traum aller Träume. Deutsch von Christian Felix Weiße. Hg., mit Erläuterungen und einem Nachwort versehen von Herbert Jaumann, Frankfurt a. M. 1982 (bibliographisch ergänzt 1989 – hier zitiert nach der Fassung von 1982).

[424] Auch in klassischen Utopien wird der Nutzen der Historie – mitunter aus anderen Gründen – zurückhaltend veranschlagt; siehe Andreas Urs Sommer, Religion,

tiert, liegt freilich nicht im Jahr 1770, sondern im Jahr 2440. Es spricht der kundige Führer, der einem Zeitreisenden aus dem Jahr 1770 das Paris des Jahres 2440 zeigt und dabei auf den Stoff eingeht, mit dem die Schuljugend der Zukunft sich zu beschäftigen habe. Geschichte gehört bestenfalls ganz am Rande dazu. Man bedarf ihrer offenkundig nicht mehr, um sich in der Welt zu orientieren. Den Bekundungen der Zukunftsbürger nach zu schliessen, ist diese Orientierung gegenwarts- und zukunftsbezogen, denn der Vervollkommnungsprozess sei auch 2440 beileibe nicht abgeschlossen: «Il nous reste encore bien des choses à perfectionner.» (L'an 2440 [1776], Ch. XXV, 131)

Louis-Sébastien Merciers[425] (1740-1814) Zukunftsroman *L'an deux mille quatre cent quarante* – zwar nicht das erste fiktive Werk, aber doch wohl die erste wirkmächtige und politisch akzentuierte Gesellschaftsutopie, die in der Zukunft spielt[426] – hat freilich nicht, wie das die zitierten Äusserungen

---

Wissenschaft und Politik im protestantischen Idealstaat: Johann Valentin Andreaes «Christianopolis», in: Zeitschrift für Religions- und Geistesgeschichte, Bd. 48 (1996), Heft 2, 129f. Als Überblick dienlich Hans-Günter Funke, Zur Geschichte Utopias. Ansätze aufklärerischen Fortschrittsdenkens in der französischen Reiseutopie des 17. Jahrhunderts, in: Wilhelm Voßkamp (Hg.), Utopieforschung. Interdisziplinäre Studien zur neuzeitlichen Utopie, Bd. 2, Frankfurt a. M. 1985, 299-319; zum gespannten Verhältnis von Utopie und Historie allgemein siehe Jörn Rüsen, Utopie und Geschichte, in: Voßkamp (Hg.), Utopieforschung, Bd. 1, Frankfurt a. M. 1985, 356-374.

[425] Einen ausgezeichneten Überblick über die immense Breite von Merciers Schaffen gibt der Sammelband von Jean-Claude Bonnet (Ed.), Louis Sébastien Mercier (1740-1814). Un hérétique en littérature, Paris 1995 (mit einer brauchbaren Bibliographie 471-489).

[426] Vgl. z. B. Paul Alkon, The Paradox of Technology in Mercier's *L'An 2440*, in: Klaus L. Berghahn/Reinhold Grimm (Ed.), Utopian Vision, Technological Innovation and Poetic Imagination, Heidelberg 1990, 43f., und Herbert Jaumann, Die deutsche Rezeption von Merciers «L'an 2440». Ein Kapitel über Fortschrittsskepsis als Utopiekritik in der späten Aufklärung, in: Harro Zimmermann (Hg.), Der deutsche Roman der Spätaufklärung. Fiktion und Wirklichkeit, Heidelberg 1990, 217-241, der herausarbeitet, dass Merciers Werk in der lebhaften deutschen Rezeption sehr wohl als «Zeitutopie» gelesen, dieses Genre aber gar nicht als Merciers «Innovation» verstanden wurde (225). In der wahrscheinlich von Christoph Martin Wieland stammenden, sehr positiven Rezension von *L'an 2440* in der *Erfurtischen gelehrten Zeitung* heisst es denn auch, es sei «der gewöhnliche Trost, uns mit den Aussichten

vermuten lassen könnten, den Blick starr auf die Zukunftsgegenwart von 2440 und deren weitere Perfektionierung gerichtet. Vielmehr wird die Erzählergegenwart des Jahres 1770 unablässig thematisiert. Das Erzähler-Ich kontrastiert im Gespräch mit seinen freundlichen Gastgebern all die Errungenschaften der von ihm erlebten Zukunft mit den finsteren Zuständen des ausgehenden 18. Jahrhunderts: «[J]e rougis pour mon siècle.» (L'an 2440 [1776], Ch. XXV,128) Den Gastgebern fehlt keineswegs die den eigenen Kindern vorenthaltene historische Bildung: Sie denunzieren gemeinsam mit ihrem Gast dessen glücklicherweise vergangene Gegenwart. Die Rahmenerzählung – nach einer aufwühlenden Unterhaltung mit einem gegenwartskritischen alten Engländer fällt der Ich-Erzähler 1770 in einen Traum, der ihn als siebenhundertjährigen Greis im Jahr 2440 aufwachen lässt – schafft ebenfalls einen Bezug zur Gegenwart von 1770, der im Verlaufe der Spaziergänge durch das zukünftige Paris mit glossierenden Fussnoten ständig erneuert wird. Diese häufig sehr umfangreichen Anmerkungen etablieren eine «ausserfiktionale Gegenwartsebene»,[427] die den Leser mit Erläuterungen und Expektorationen zu den gesellschaftlich-politischen Missständen unter dem *Ancien Régime* – mitunter in anekdotischer Form[428] – versorgt, so dass dieser Leser ständig zwischen der fiktionalen Ebene des 25. und der ausserfiktionalen Ebene des 18. Jahrhunderts hin und her springt.[429] Die schlechten Exempel, die das *Ancien Régime* abgibt, werden den Lesern zwecks Besserung und Belehrung entgegen der anti-historischen Zukunftspädagogik unablässig präsentiert – selbst die *Académiciens* der Zukunft lassen sich von den schonungslos entlarvten Beispielen menschlicher Be-

---

einer glücklichen Zukunft aufzurichten» ([Christoph Martin Wieland?,] [Rezension von Mercier, L'an 2440], in: Erfurtische gelehrte Zeitung, 22. Stück, 16. März 1772, 169). Als Vorgängerwerk des zukunftsutopischen Genres wäre etwa Samuel Maddens *Memoirs of the Twentieth Century* von 1733 zu nennen (vgl. den Reprint: Samuel Madden, Memoirs of the Twentieth Century. Being Original Letters of State under George the Sixth. With an Introduction by Malcolm J. Bosse, New York, London 1972).

[427] Herbert Jaumann im Nachwort zu Mercier, Das Jahr 2440, 323.
[428] Z. B. L'an 2440 [1776], Ch. XXIII,111f.; Ch. XXIX,168. Es handelt sich bei diesen Anekdoten – gerade den historischen – häufig um Fabeln, die im Fussnoten-Souterrain den moralisierenden Generalbass spielen.
[429] Vgl. Darnton, The Forbidden Best-Sellers of Pre-Revolutionary France, 123.

gierde *(envie)* zu Tränen rühren (L'an 2440 [1776], Ch. XXX,177). Die Welt des Jahres 2440 bleibt im Modus der Negation auf die Vergangenheit bezogen: Vergangenheit ist für diese Welt alles, was sie selber nicht ist.[430]

Im Unterschied zu dem sich seit Thomas Morus stetig verbreiternden Strom der utopischen Literatur, die das ideale Gemeinwesen räumlich entrückte – mittlerweile waren die entlegenen Orte der klassischen Utopien durch Entdeckungsreisen erschlossen und liessen so der utopischen Imagination kaum mehr geographische Freiräume[431] – besteht in der von Mercier initiierten Zukunftsutopie eine direkte Verbindung zwischen der Ursprungswelt des Berichterstatters und der utopischen Zukunftswelt. Während das Gemeinwesen der Raumutopie davon zehrt, dass es sich von der Verdorbenheit der restlichen Welt abschottet und erst so zu sich selbst findet (mag es auch, wie etwa mittels Wissenschaftsspionage in Francis Bacons *Nova Atlantis* von extra-utopialen Erkenntnisfortschritten profitieren), ist das Gemeinwesen der Zukunftsutopie Produkt einer Entwicklung, die dort einsetzt, wo der Autor und seine Leser stehen: in der verabscheuten Gegenwart. Die Gesellschaft des Jahres 2440 ist das Resultat der Gegenwart, falls alles, was geschehen wird, seine bestmögliche Wendung nimmt. Falsifizieren liesse sich die in die Zukunft investierte utopische Hoffnung erst, wenn der künftige Zeitpunkt erreicht ist, nicht schon durch die geographische Erschliessung des Globus.[432] Merciers *L'an deux mille quatre cent quarante* dokumentiert, auf welche Weise künftiges Anderssein im letzten Drittel des 18. Jahrhunderts denkmöglich und vorstellbar geworden ist: zunächst nur als positiv konnotierte Negation des Bestehenden, nicht als völliges Anderssein.

Diese bestmögliche Wendung, die die Dinge nehmen sollen, obschon nach der Diagnose des Ich-Erzählers die Übel in der Gegenwart übermäch-

---

[430] Insofern kennt die «utopische Gesellschaft» tatsächlich «nur Gegenwart» (Jürgen Fohrmann, Utopie und Untergang. L.-S. Merciers *L'An 2440*, in: Klaus L. Berghahn/Hans U. Seeber [Hg.], Literarische Utopien von Morus bis zur Gegenwart, Königstein/Ts. 1983, 114).

[431] Siehe Reinhart Koselleck, Die Verzeitlichung der Utopie, in: Voßkamp (Hg.), Utopieforschung, Bd. 3, Frankfurt a.M. 1985, 2f.

[432] Insofern ist bei Mercier wie bei Condorcet das Fortschrittstheorem «eine Zuflucht, welche kein Verfolger ihm rauben kann» (Friedrich Jodl, Geschichte der Ethik als philosophischer Wissenschaft [1882/1930], [5. Auflage], Bd. 1, Essen o.J., 466).

tig sind, ist kein blosser Wunschtraum, sondern die Konsequenz der Gegenwart,[433] und zwar näherhin der Moralität, die im Jahr 1770 zumindest von den *philosophes* propagiert, im Jahr 2440 aber von allen Menschen, einschliesslich der Herrschenden, gelebt wird.[434] Moralische Läuterung ist das, was eine Gesundung des gesellschaftlichen Gefüges auf allen Ebenen herbeiführt und all die Dinge, deren Ungleichgewicht die Fussnoten anprangern, in ein harmonisches Gleichgewicht zueinander setzt. Der naturalistische Theismus, dem die Zukunfts-Pariser unter Absehung von spezifisch christlichen Elementen huldigen, propagiert einen Gott als moralischen Weltregenten, der Tugend und Laster vergelte.[435] Ohne die Vorstellung ei-

---

[433] Das Leibniz-Motto, das auf dem Titelblatt von *L'an 2440* erscheint, veranschaulicht die Zwangsläufigkeit des Künftigen mit einer biologischen Metapher: «Le tems présent est gros de l'avenir.» Wer die von Mercier visionierte Zukunft abtreiben wollte, triebe – so die metaphorische Implikation – Zukunft überhaupt ab. Zu diesem Motto vgl. auch Fest, Der zerstörte Traum, 18, und Niklas Luhmann, Die Gesellschaft der Gesellschaft, Bd. 2, Frankfurt a. M. 1998, 1009, Fn. 241; der genaue Stellennachweis bei Ueberweg[13], Die Philosophie des 17. Jahrhunderts, Bd. 4, 1138.

[434] Die Idee, eine Geschichte der Zukunft zu schreiben, lag in den siebziger Jahren des 18. Jahrhunderts offenbar in der Luft. So legt z. B. ein Anonymus im *Neuen hamburgischen Magazin* von 1775 den Entwurf einer auf Wahrscheinlichkeitsberechnungen beruhenden Zukunftsgeschichtsschreibung vor, die die Aufgabe der Philosophen sei: «Die Geschichte der Zukunft ist mit der Philosophie sehr genau verwandt.» (Anonymus, Von Geschichten der Zukunft, in: Neues hamburgisches Magazin, Bd. 16, Nr. 94, Leipzig [Holle] 1775, 364). Zunächst wird dieses Konzept einer Zukunftsprognostik an induktiven naturwissenschaftlichen Verfahren erläutert, die Rückschlüsse auf künftige Ereignisse erlaubten. Sodann erweitert der Anonymus die Reichweite seiner Zukunftsgeschichte auch auf die Bereiche menschlicher Geschichte. Zwar erhielten wir dabei nicht immer «Sicheres und Gewisses», wohl aber «Wahrscheinliches» (a. a. O., 369). Auch hier steht die moralische Nützlichkeit im Vordergrund und macht es notwendig, dass eine «Geschichte der Zukunft ... munter, aufgeweckt, scherzhaft, einnehmend, und mit einem jugendlichen Feuer geschrieben seyn» solle (a. a. O., 370).

[435] In der Textsammlung *Bonnet de nuit* von 1784 hält Mercier das Bild des Jüngsten Gerichtes – eben weil da endgültig verfolgte Unschuld belohnt und freche Laster bestraft werden – für «le plus sublime qu'y ait jamais été tracé de la main des hommes». Louis-Sébastien Mercier, Mon bonnet de nuit, tome 1, Neuchâtel M.DCC.LXXXIV. (= 1784), 7. Vgl. dazu auch Paola Vecchi, La balance et la mort. Progrès et compensation chez Louis-Sébastien Mercier, in: Studies on Voltaire and the Eighteenth Century, Bd. 264 (1989), 905-908.

ner «récompense» sei die Tugend nur eine Chimäre, heisst es im Anschluss an Edward Young in einer Fussnote (L'an 2440 [1776], Ch. XXVIII,150 Fn.).[436] Es gibt also so etwas wie eine rationaltheologische Notwendigkeit der besagten bestmöglichen Wendung (wiewohl sich auch der Gott des Jahres 2440 die Option offenhält, wenigstens die individuelle Tugend erst im Jenseits zu kompensieren).[437] Die Fortschrittsidee, die der Zukunftsutopie zugrunde liegt,[438] kommt also nicht ohne eine religiöse Letztabsicherung aus. Damit hängt zusammen, dass die Darstellung der künftigen Weltgestalt den Prozess nicht nacherzählt, der schliesslich die annähernd perfekten Verhältnisse herbeiführt. Es gelingt Mercier nicht, die geschichtliche

---

[436] In seiner Rezension von 1772 kritisiert Johann Heinrich Merck diese Passage, um ein noch weitergehendes Konzept innerweltlicher Vergeltung zu vertreten (Johann Heinrich Merck, Werke. Ausgewählt und hg. von Arthur Henkel, mit einer Einleitung von Peter Berglar, Frankfurt a.M. 1968, 526f.). Zu den vielfältigen deutschen Reaktionen auf den Roman siehe – neben Herbert Jaumann, Die deutsche Rezeption von Merciers «L'an 2440» – auch Oskar Zollinger, Louis-Sébastien Mercier's Beziehungen zur deutschen Litteratur, in: Zeitschrift für französische Sprache und Litteratur, Bd. 25 (1903), 87-121, bes. 87-93, wo u. a. Wielands Mercier-Adaptionen im *Goldenen Spiegel* thematisiert werden (vgl. auch William W. Pusey, Louis-Sébastien Mercier in Germany. His Vogue and Influence in the Eighteenth Century [1939], New York 1966, 100-106). Mercier selbst hatte früher schon Wieland und noch exzessiver einen gewissen Johann Gottlob Benjamin Pfeil für eigene Erzählungen ausgebeutet, siehe Winfried Engler, Merciers Abhängigkeit von Pfeil und Wieland, in: Arcadia. Zeitschrift für vergleichende Literaturwissenschaft, Bd. 3 (1968), Heft 3, 251-260, sowie E.T. Annandale, Johann Gottlob Benjamin Pfeil and Louis-Sébastien Mercier, in: Revue de littérature comparée, Jg. 44 (1970), 444-459.

[437] Die Unausweichlichkeit der utopischen Zukunft wird etwa auch durch den konsequenten Gebrauch des Imperfekts als Erzähltempus unterstrichen: Aus der Perspektive des Ich-Erzählers ist die Zukunft schon geschehen oder doch so gut wie geschehen. Im Unterschied zum «vieil Anglois» des 1. Kapitels nimmt der immerhin siebenhundertjährige Ich-Erzähler im Verhältnis zur Zukunftswelt keine weise Altersperspektive ein, wohl aber zur Gegenwart, der er seinen Traum erzählt. Siehe zu Vor- und Nachteilen der «vieillesse» Louis-Sébastien Mercier, Mon bonnet de nuit, tome 2, Neuchâtel M.DCC.LXXXIV. (= 1784), 82-86.

[438] Bereits Bury, The Idea of Progress, 193, sieht in Merciers *L'an 2440* «a telling sign of the power which the idea of Progress was beginning to exercise». «Es spricht einiges dafür, dass das Fortschritts*pathos* des 'philosophischen Traumes' das eigentlich Neue an diesem Buch ist, und nicht das *Programm* des Fortschritts» (Jaumann im Nachwort zu Mercier, Das Jahr 2440, 321).

Entwicklung *als* Entwicklung erzählerisch zu fassen;[439] statt dessen stellt er den betrüblichen Ist-Zustand der ausstehenden Vollkommenheit unvermittelt gegenüber, was diese Vollkommenheit ins Licht paradiesischer Idealität taucht und sie so chiliastischen Weltvollendungsideen annähert.[440]
Mit der Erzählung tut sich der moderne Leser, der nur auf den Haupttext schaut, womöglich schwer. Denn sobald der Ich-Erzähler einmal in den Zukunftsgefilden eingetroffen ist und da auf einen Gelehrten trifft, der gerne bereit ist, den Greis aus der Zeit von Louis XV im erneuerten Paris herumzuführen, erlahmt die narrative Dynamik.[441] Von da an werden

[439] Vgl. Jaumann, Nachwort, 320. Man kann diese Beschränkung freilich auch als Mittel erzählerischer Ökonomie deuten, siehe Christophe Cave/Christine Marcandier-Colard, Introduction zu Mercier, L'An 2440, 9.

[440] Allerdings leidet die von Raymond Trousson, Utopie, Geschichte, Fortschritt: *Das Jahr 2440*, in: Voßkamp (Hg.), Utopieforschung, Bd. 3, 22, vorgeschlagene Deutung, *L'an 2440* sei eine «an die alte jüdisch-christliche Tradition» anknüpfende, «durch die Fortschrittslehre säkularisierte millennaristische Prophezeiung», am grundsätzlichen Begründungsnotstand simpler Säkularisierungsmodelle. Karl Pestalozzi, Lavater als Schriftsteller. Eine Werkausgabe des Zürcher Theologen und Physiognomikers, in: Neue Zürcher Zeitung, Jg. 222, Nr. 137, 16. Juni 2001, 86, stellt Merciers *L'an 2440* ausdrücklich Johann Caspar Lavaters *Aussichten in die Ewigkeit* (1770) an die Seite, insofern dessen Phantasien über das Tausendjährige Reich «unter der Hand ... eine erreichbare irdische Utopie» würden, mit der Lavater «die pädagogische Absicht» verfolgte, «die Lebenden mit hypothetischen Ewigkeitsverlockungen aufzumuntern». Indessen bliebe zu untersuchen, welche geschichtsutopischen Elemente beiden Werken wirklich gemeinsam sind (dazu böte die Neuausgabe Gelegenheit: Johann Caspar Lavater, Ausgewählte Werke. Bd. 2: Aussichten in die Ewigkeit, 1768-1773/78, hg. von Ursula Caflisch-Schnetzler, Zürich 2001). Auffällig ist die aufklärerische Rationalisierung, die Lavater den alten millennaristischen Spekulationen zuteil werden lässt: Die *Aussichten* verfolgen ausdrücklich den Zweck, die Menschen im Hinblick auf das Himmelreich «zur höchsten und besten Anstrengung ihrer Kräfte ... zu ermuntern» ([Johann Caspar Lavater], Aussichten in die Ewigkeit, in Briefen an Herrn Joh. George Zimmermann. Zwote Auflage, Bd. 1, Zürich [Orell, Geßner, Füeßli und Comp.] 1770, 30f.). Dies ist wohl auch der Grund, weswegen Jerusalem Lavaters Werk durchaus gewogen war (vgl. Horst Weigelt, Die Beziehungen Lavaters zu Abt Jerusalem und zu anderen Mitgliedern des Collegium Carolinum, in: Pietismus und Neuzeit. Ein Jahrbuch zur Geschichte des neueren Protestantismus, Bd. 20 [1994], 181f.).

[441] Zur urbanen Entwicklung, die das Paris des Jahres 2440 durchgemacht hat, siehe Réal Ouellet/Hélène Vachon, La presentation de Paris dans *L'an 2440* de L.-S.

– nachdem sich der Ich-Erzähler zukunftsgemäss eingekleidet hat – die Orte und Institutionen der Zukunftswelt in loser Folge abgeschritten;[442] man bestaunt die nivellierten Standesunterschiede (die es noch sehr wohl gibt – wiewohl auf meritokratischer Basis), die neuen Bauwerke, die angeleitete Selbstzensur eines durch unmoralische Erzeugnisse auffällig gewordenen Schriftstellers, das Collège des Quatres-Nations, die reiner (moralischer)

    Mercier ou les métamorphoses du cercle radieux, in: La ville au XVIIIe siècle. Colloque d'Aix-en-Provence, Aix-en-Provence 1975, 83-90. Im zweiten Teil dieses Aufsatzes finden sich sehr bedenkenswerte Überlegungen zur Verschränkung von Raum und Zeit in Merciers Werk, dessen Originalität die Verfasser gerade in der Synthese von Uchronie und Utopie zu erkennen glauben (90). Zu diesem Thema vgl. auch die Ausführungen von Bronislaw Baczko, Lumières de l'utopie, Paris 1978, 153-232. Joseph Jurt, Das Bild der Stadt in den utopischen Entwürfen von Filarete bis L.-S. Mercier, in: Literaturwissenschaftliches Jahrbuch, Bd. 27 (1986), 249, bemerkt, dass im *An 2440* den «städtebaulichen Strukturen ... Zeichencharakter» zukomme, «so dass die Architektur als Ganzes zu einer lesbaren Botschaft wird». Gegen Ouellet und Vachon meint Jurt, Mercier greife immer wieder auf die Kreisform zurück, «weil bei ihm ein lineares Zeitbewusstsein im Vollsinn des Wortes noch nicht ausgebildet ist; seine Zeitvorstellung besteht nur aus zwei Zeitpunkten: 18. Jahrhundert – 2440» (a. a. O., 250). Vgl. auch Kyriaki Christodoulou, Le Paris des Lumières dans *L'An 2440* de Louis-Sébastien Mercier, in: Travaux de littérature, Bd. 4 (1991), 171-182.

[442] Diese assoziativ verbundenen Begehungen werden gespiegelt vom *Tableau de Paris* (1781/1788), in dem Mercier auf mehreren Tausend Seiten das Paris seiner Gegenwart mit all seinen Abgründen erwandert und einen Prototyp moderner Sozialreportage schafft. Vgl. die neue kritische Gesamtausgabe: Louis Sébastien Mercier, Le tableau de Paris [1781/88]. Edition établie sous la direction de Jean-Claude Bonnet, 2 Bde., Paris 1994, sowie die neueste deutsche Auswahl: Louis-Sébastien Mercier, Pariser Nahaufnahmen. Tableau de Paris. Ausgewählt, übersetzt und mit einem Nachwort versehen von Wolfgang Tschöke, Frankfurt a. M. 2000. Schon von den Zeitgenossen wurde das *Tableau de Paris* in erster Linie als moralisch-politisches Unternehmen gedeutet, siehe z. B. die Einleitung zu dem umfangreichen Auszug aus dem Werk in den *Ephemeriden der Menschheit*. Der Rezensent – wohl Isaak Iselin – beschreibt das Werk da als «eine Sammlung lebhafter und oft glücklicher Schilderungen von unzähligen Thorheiten und Abscheulichkeiten, welche die Menschheit nothwendig entehren müssen, so lange der glücklicher scheinende angesehnere Theil ihrer Glieder die ächten Quellen der Glückseligkeit miskennen und entheiligen wird.» ([Isaak Iselin?,] Tableau de Paris. Erinnerungen an Väter. Grosse Städte. Auflagen. Aberglaube, in: Ephemeriden der Menschheit 1781, Teil 2, Leipzig [Göschen] 1781, 657).

Nützlichkeit dienende, von aller Scholastik befreite Sorbonne, ein Impfspital, die Hinrichtung eines Mörders, den Tempel des vernünftigen Theismus mit seinen untadeligen Priestern und seinem weisen Prälaten, weitere Denkmäler, einen *prince* als Gastwirt, das Schauspielhaus, die Stadtbeleuchtung, einen Leichenzug, die königliche Bibliothek, die *Académie Françoise*,[443] das königliche Naturalienkabinett, die Gemäldegalerie, den Thronsaal, das humanisierte Steuer- und Handelswesen, schliesslich eine schickliche Abendgesellschaft, einige Zeitungen, die vom weltweiten Fortschritt künden, sowie schliesslich ein ländliches Begräbnis und die Ruinen des Schlosses von Versailles. Hier wird der Ich-Erzähler – nachdem er sich noch die Selbstanklagen des dort als Gespenst umgehenden Louis XIV hatte anhören müssen – von einer Schlange in den Hals gebissen,[444] worauf er in seiner alten Welt wieder erwacht. Eine eigentliche Erzählhandlung fehlt, und Monotonie in der Aneinanderreihung all der utopischen Errungenschaften wird nur durch die Invektivik der Fussnoten, durch das ständige Wechselbad zwischen Zukunfts-Panegyrik und Gegenwarts-Verdammung verhindert. Was die Form des künftigen Gemeinwesens als solches angeht, so ist unverkennbar, dass in ihm «komplexe, subjektdezentrierte, ausdifferenzierte gesellschaftliche Verhältnisse» ausgeschlossen sein sollen.[445] Das Ziel des utopischen Strebens, nämlich völlige Transparenz aller gesellschaftlichen Verhältnisse als unüberbietbare Komplexitätsreduktion, ist im Jahr 2440 erreicht.

Der Traum, als der sich das Werk schon im Untertitel – *Rêve s'il en fut jamais* – zu erkennen gibt und sich so in die uralte, im 18. Jahrhundert revitalisierte Gattung des philosophisch-literarischen Traumes einordnet, dient ausschliesslich dazu, den Ausgriff in die utopische Zukunftswelt zu plausibilisieren.[446] Immerhin genügt jetzt die auktoriale Phantasie des Erzählers,

---

[443] Hier ist ein Vergleich mit Merciers ungeschminkter Schilderung der *Académie Française* im 18. Jahrhundert besonders lohnend, vgl. Mercier, Pariser Nahaufnahmen. Tableau de Paris, 75-80.

[444] Man denkt unwillkürlich an die Schlange, die schon für die Vertreibung Adams und Evas aus dem Paradies verantwortlich war. Siehe dazu Koselleck, Die Verzeitlichung der Utopie, 6.

[445] Fohrmann, Utopie und Untergang, 120.

[446] Wie vernünftig und wenig traumhaft sich dieser Traum auch für Mercier im Vergleich zur Irrealität gewöhnlicher Träume ausnimmt, beweist etwa seine Reflexion über Newtons aufgewühlten Schlaf (Mercier, Mon bonnet de nuit, tome 1, 10).

um den Ausgriff auf eine Gegenwelt zu rechtfertigen; man benötigt für den Ausflug ins bessere Nirgendwo keine wackeren Seeleute und Entdeckungsreisenden, die die Realität des Andersseins durch ihre Zeugenschaft verbürgen, während die moderne *Science Fiction,* die aus der selben Wurzel wie die zukunftsutopische Geschichtsphilosophie zu entspringen scheint, auf Zeitmaschinen und noch elaboriertere technische Gerätschaften angewiesen ist, um die nötige Glaubwürdigkeit zu erreichen. Mercier hingegen vertraut – und seine zahllosen Leser tun es offenbar ebenso – auf die Autorität des Schriftstellers an sich. Damit ist keine persönliche Autorität von Mercier als Person gemeint. Dieser war als schriftstellernder Emporkömmling aus einer Handwerkerfamilie 1771 noch kein allseits geachteter *homme de lettres,* dessen Name ausgereicht hätte, um das Publikum gewogen zu stimmen. Überdies erschien *L'an deux mille quatre cent quarante* bis in die Revolutionszeit hinein anonym und wurde von den Zeitgenossen längere Zeit verschiedensten Verfassern zugeschrieben. Worauf die Glaubwürdigkeit des Traumes ruht, ist die *Funktion* des aufklärerisch-moralischen Schriftstellers als solche. Der Schriftsteller legitimiert sich und seine träumerische Vision dadurch, dass er die moralisch richtigen Ansichten hat – jene Ansichten nämlich, die von allen freier denkenden und zu mehr oder weniger verhaltener Dissidenz gezwungenen 'Intellektuellen' unter dem *Ancien Régime* geteilt werden. Nicht die Neuheit und Unerhörtheit dieser Ansichten ist es also, was im *An deux mille quatre cent quarante* den Bezug zu den Lesern herstellt und deren Zutrauen sichert, sondern ihre Allbekanntheit. Und eine der tragenden Ansichten der aufklärerischen Ideologie ist binnen weniger Jahre die Fortschrittsidee geworden,[447] die Mercier mit seiner Utopie als erzählerisches Strukturprinzip einsetzt, um mit ihrer Hilfe das Erfüllungsdrängen des aufklärerischen Moralismus als politisch gewendeter Haupt-

---

[447] Vgl. z.B. zur Finanzbourgeoisie als Adressatin der aufklärerischen Ideologeme Lionel Gossman, French Society and Culture. Background for 18th Century Literature, Englewood Cliffs (New Jersey) 1972, 22. Mit Hanno Kesting, Geschichtsphilosophie und Weltbürgerkrieg, Heidelberg 1959, 8, verortet Thomas Gil, Kritik der klassischen Geschichtsphilosophie, Berlin 1999, 33, die geschichtsphilosophischen Autoren Frankreichs in der «oppositionellen Elite des Ancien Régime». «Oppositionell» ist freilich für jemanden wie Turgot nur bedingt eine treffende Charakterisierung.

waffe gegen die herrschenden Verhältnisse zu organisieren.[448] Wenn der aufklärerische Moralismus recht hat und ihm kraft Fortschrittspostulat sowie rationaltheologischer Vergeltungsidee eine zwingende Selbstverwirklichungspotenz zukommt, dann muss das Jahr 2440 in allen wesentlichen Hinsichten so aussehen, wie Mercier es ausmalt. Die Hauptsätze dieses Moralismus erleben hier keine Veränderung in der Sache, sondern nur eine literarische Ausgestaltung. Wir haben es bei Merciers Zukunftsutopie[449] mit Thesen-Belletristik zu tun.

Solche Thesen-Belletristik wirkt auf heutige Leser mitunter unverdaulich – insbesondere dann, wenn sie sich klarmachen, dass Merciers Repertoire utopischer Errungenschaften weitgehend aus den klassischen Vorbildern des Genres schöpft und so ausgesprochen topisch anmutet,[450] wäre da nicht die Transposition vom Nirgendwo in eine verbesserte Gegenwart des Eigenen. Die Beschränkung der Phantasie[451] zeigt sich etwa darin, dass technische

---

[448] Die politische Schlagkraft des Moralismus zeigt sich auch in Merciers zahlreichen Dramen und theatertheoretischen Schriften, in denen er «das Theater vornehmlich als eine moralische Anstalt» betrachtet, um ein «Primat der Wirkungsästhetik und der politisch-sozialen Funktion des Theaters» zu etablieren (Fawzi Boubia, Theater der Politik – Politik des Theaters. Louis-Sébastien Mercier und die Dramaturgie des Sturm und Drang, Frankfurt a. M., Bern, Las Vegas 1978, 5). Vgl. auch Gregory S. Brown, Scripting the Patriotic Playwright in Enlightenment-Era France: Louis-Sébastien Mercier's Self-Fashionings between «Court» and «Public», in: Historical Reflections, Bd. 26 (2000), Heft 1, 31-58, sowie Julie C. Hayes, Changing the System: Mercier's Ideological Appropriation of Diderot, in: Studies in Eighteenth Century Culture, Bd. 18 (1988), 343-357. Für die im *Bonnet de nuit* entworfene Romantheorie Merciers gilt ähnliches; vgl. Krystyna Gabryjelska, La conception de roman d'après L.-S. Mercier, in: Acta Universitatis Wratislaviensis, Nr. 339: La littérature des Lumières en France, Warszawa 1976, 267-278, zum utopischen Roman besonders 276.

[449] Die daher eigentlich auch nicht, wie vielfach behauptet, eine «Uchronie» (nach dem Ausdruck von Paul Renouvier), eine «Nicht-Zeit» ist, denn sie ist bloss *noch nicht*, aber steht für den Aufklärer mit einiger Gewissheit ins Haus.

[450] Merck hält in seiner Rezension von 1772 darüber hinaus «die Gegenstände», gegen die sich Mercier mit seiner «Satyre auf das Zeitalter des Verfassers» richtet, für «zu gemein und verbraucht» (Merck, Werke, 525).

[451] Fohrmann, Utopie und Untergang, 118, gibt zu bedenken, dass in *L'an 2440* die Phantasie «an ihrer eigenen Eliminierung» arbeite, «denn wäre die Utopie realisiert, müsste Phantasie sich in Erbauung verwandeln». Dies geschieht sichtlich mit den

Erfindungen das Paris der Zukunft kaum verändert haben und der Zukunftsutopie keinerlei äusserlichen Anstrich von *Science Fiction* geben.[452] Um die durchschlagende Wirkung von «Merciers erhab'ner Grille»[453] auf seine Zeitgenossen zu verstehen, lohnt es sich, auf die Veränderung im Verhältnis von Autor und Leser zu reflektieren, die namentlich durch Merciers Hauptgewährsmann (wenn auch nicht in Sachen Fortschritt), nämlich Jean-Jacques Rousseau in Gang gesetzt worden ist.

> In place of wit and word games, Rousseau spoke with his own voice and addressed the reader directly, as if the printed word could carry unmediated effusions from heart to heart. ... Of course, Rousseau had actually substituted one kind of rhetoric for another, drawing on a religious idiom at a time when readers were ripe for a religious revival. But in doing so, he made literature into a democratic force.[454]

Genau von dieser Veränderung zehrt Mercier, wenn er sich auf die Autorität des aufklärerischen Schriftstellers als solchem verlässt und seine Kritik nicht mehr in die ironischen Volten eines Voltaire verpackt, sondern unmittelbar vom Individuum Autor zum Individuum Leser zu gelangen trachtet und diesen Leser in seiner Affektivität anzusprechen versucht. Zum einen ist ein sentimentalisches Zwischenspiel ausdrücklich im Stile der Kirchhofromantik von Edward Youngs *Night Thoughts* (L'an 2440 [1776], L'éclipse

---

Phantasieprodukten, die im Jahr 2440 noch zum besten gegeben werden (dürfen). Darnton, The Forbidden Best-Sellers of Pre-Revolutionary France, 125, bemerkt, dass die offensichtliche Beschränkung der schriftstellerischen Imagination veranschauliche, «how far fantasy could be stretched before 1789» – und wie weit eben nicht. Gerade die Französische Revolution, die Mercier später mit seinem Werk vorweggenommen zu haben behauptet, ist in *L'an 2440* noch nicht wirklich angedacht. Reform der Monarchie in konstitutionalistischer Richtung, nicht Revolution ist das, was das Paris des Jahres 2440 von demjenigen des Jahres 1770 unterscheidet.

[452] Dazu schon Bury, The Idea of Progress, 197, und ausführlich Alkon, The Paradox of Technology.

[453] Moritz August von Thümmel, Reise in die mittäglichen Provinzen von Frankreich [1791-1805], Theil 2, in: M.A. v. T., Sämmtliche Werke, Bd. 2, Leipzig 1853, 21.

[454] Darnton, The Forbidden Best-Sellers of Pre-Revolutionary France, 117, vgl. Fest, Der zerstörte Traum, 23f. Zur Änderung des Autor-Publikum-Verhältnisses im Gefolge von Richardson und Sterne siehe auch Jürgen Habermas, Strukturwandel der Öffentlichkeit. Untersuchungen zu einer Kategorie der bürgerlichen Gesellschaft [1962], Neuwied, Berlin [8]1976, 67f.

de lune, 139-143) da ein probates Mittel, die Leser an ihren Herzen zu packen.[455] Zum andern wird das Betroffenheitspathos der Gegenwartsdiagnose ausgebeutet, um die Verwerflichkeit des Gegebenen als unabweisbare Tatsache dem Leser anzusinnen. Moralistisch motivierte Empörung ist es, was Mercier bei seinen Lesern erzeugen will.[456]

In welcher Weise die Veränderung des Verhältnisses von Autor und Leser vonstatten gegangen ist, lässt sich etwa daran ermessen, dass im *An deux mille quatre cent quarante* alle Menschen zu Autoren geworden sind: Jeder komprimiert – so ist in einem aussagekräftig *Les Nouveaux Testamens* betitelten Kapitel zu erfahren (L'an 2440 [1776], Ch. XI,41) – die Einsichten seines Lebens in einem Buch, das von seinen Nachfahren gelesen wird: «ce livre est l'ame du défunt» (ebd.). Der in diesen Büchern niedergelegten Individualgeschichte der Seelen ist nun doch wiederum jener moralische Sinn zu entnehmen, den die Zukunftspädagogen der Geschichte im ganzen nicht abgewinnen konnten:

L'histoire de nos pensées, & celle des nos actions instruit notre famille. Elle apprend par le choix & la comparaison des pensées à perfectionner la maniere de sentir & de voir. Remarquez cependant que les écrivains prédominans, que les génies du siecle sont toujours les soleils qui entraînent & font circuler la masse des idées. (Ebd., 42)

«Tout un peuple auteur» (ebd.,41) ist die Idealvorstellung, die Mercier von der Gesellschaft des Jahres 2440 hegt.[457] Freilich darf man da – wie

---

455 Vgl. dazu Henry F. Majewski, The Preromantic Imagination of L.-S. Mercier, New York 1971, 19f.
456 Zur «Empörungsmoral des Intellektuellen» als «gescheitertem Parasiten», der nämlich trotz aller Bemühungen keine königliche Rente bekommt – ein Typus, für den Mercier eine exemplarische Figur abgibt –, siehe Ivan Nagel, Der Intellektuelle als Lump und Märtyrer. Ein Lebenslauf zwischen Ancien régime und Revolution, in: Akzente. Zeitschrift für Literatur, Jg. 28 (1981), 8f.
457 Diese Verschriftlichung einer Alltagsexistenz wird in den später publizierten *Confessions* von Rousseau auf die Spitze getrieben und provoziert entsprechend die Ablehnung von Seiten der Vertreter des klassischen Geschmacks. «Où en serions-nous», schrieb der Rezensent der *Année Littéraire* dazu, «si chacun s'arrogeoit le droit d'écrire et de faire imprimer tous les faits qui l'intéressent personnellement et qu'il aime à se rappeler» (Année littéraire, Bd. 4 [1782], 150-151, zitiert bei Franco Orlando, Rousseau e la nascità di una tradizione letteraria: il ricordo d'infanzia, in: Belfagor, Bd. 20 [1965], 12). Gossman, Wittgensteins Feuerhaken, 101, schreibt dazu: «Es wäre schwer, die Empörung über Rousseaus Behauptung, dass

das schon erwähnte Beispiel jenes Schriftstellers zeigt, der in einem Werk gefährliche Prinzipien aufgestellt habe, welche der «morale universelle qui parle à tous les cœurs» (L'an 2440 [1776], Ch. X,38) widersprachen, und nun aus lauter Scham maskiert einhergeht – beileibe nicht alles niederschreiben, worauf man gerade Lust hat. Indem jeder sein Innerstes zu Papier zu bringen moralisch gezwungen wird, negiert das neue Paris (wie so manche andere Utopie) das Recht auf ein der Allgemeinheit vorenthaltenes Privates. Die «voix générale» (ebd.,39) der moralischen Öffentlichkeit richtet unerbittlich über alles Intime – im Gedächtnis der Allgemeinheit bleibt der Einzelne nur, insofern er in seinem Buch-Testament sein Innerstes kundgetan hat und verfällt sonst einer impliziten *damnatio memoriae,* im Falle der Äusserung unmoralischer Ansichten gar einer expliziten: «Das Resultat ist der Terror der Tugend.»[458]

Der «voix générale» der Moral – die in Merciers Zukunftsutopie inhaltlich nicht näher spezifiziert wird, sondern als überhistorische Entität immer schon vorausgesetzt ist und unhinterfragt bleibt – kann sich freilich im Jahr 1770 nur als die bereits namhaft gemachte Empörung gegen die Un-

    die scheinbar trivialsten Anekdoten, welche vom Privat- und Innenleben eines unbekannten (wenn auch später als Schriftsteller gefeierten) Waisenkindes zeugen, die Achtung der Öffentlichkeit verdienen, anders zu deuten denn als Ausdruck der klassischen (und konservativen) Forderung, die historische Kenntnis zu kontrollieren und die hierarchische Ordnung der Geschichte sowie der Gesellschaft dadurch zu wahren, dass dekretiert wird, was literaturfähig sei und was aus der Literatur ausgeschlossen werden soll.»

[458] Koselleck, Die Verzeitlichung der Utopie, 7. Darin sollte sich Mercier – vgl. a. a. O., 8 – tatsächlich als Prophet der Revolution erweisen. Ebenfalls als Präfiguration des moralischen Totalitarismus liest Ulrich Döring, Images d'un monde meilleur? Louis-Sébastien Mercier: «L'an 2440. Rêve s'il en fut jamais» (1770), in: Ouverture et dialogue. Mélanges offerts à Wolfgang Leiner, Tübingen 1988, 653-668, Merciers Werk. Demgegenüber steht die sehr wohlwollende Deutung bei Léon Béclard, Sébastien Mercier. Sa vie, son œuvre, son temps. Avant la Révolution 1740-1789, Paris 1903, 84-149. Trousson, Utopie, Geschichte, Fortschritt, 23, bemerkt, dass in Merciers Werk «das Vertrauen in die Zukunft die alte Eschatologie der Angst» ersetze. Die Frage wäre, ob wir dieses Vertrauens recht froh werden könnten. Es ist jedenfalls ein frommer Wunsch, wenn Wolfgang Tschöke in seinem Nachwort zu Mercier, Pariser Nahaufnahmen, 349, behauptet, Merciers *L'an 2440* unterscheide sich von den Vorgängerutopien «dadurch, dass bei ihm das Individuum nicht unter dem Vorwand der Freiheit unterdrückt ist».

moralität der bestehenden Verhältnisse äussern. Der unverhohlen scharfen Kritik an den politischen und geistlichen Machthabern wegen wurde *L'an deux mille quatre cent quarante* in Frankreich denn auch gleich verboten und statt dessen im benachbarten Ausland in Dutzenden von Ausgaben gedruckt, die, – heimlich nach Frankreich importiert – das Werk zum absoluten Bestseller im letzten Drittel des 18. Jahrhunderts werden liessen.[459] Der kirchlichen Zensur missfiel naheliegenderweise die wenig schmeichelhafte Darstellung von Theologen und Klerikern in den Fussnoten, und vielleicht noch mehr, dass in der Zukunftsgesellschaft die moralisch statthafte und allgemeine Religion zu einem schwärmerischen Theismus ohne christliche Offenbarungsgehalte verdünnt wird.[460] Entsprechend wanderte das Werk schon 1773 auf den römischen Index verbotener Bücher,[461] während der protestantische deutsche Übersetzer Christian Felix Weiße in seinem «Vorbericht» monierte:

> O wie sehr wäre nur zu wünschen gewesen, dass der Verfasser unter dem neuen Geschlechte von Menschen, mit denen er sein glückliches Reich bevölkert, statt der blossen natürlichen Religion die geoffenbarte, die christliche Religion in aller ihrer Lauterkeit und Reinheit, in aller ihrer moralischen Tätigkeit eingeführt hätte! ... Aber traurig ist es, dass selbst scharfsinnige Weltweise die Missbräuche, die in einer Religion eingerissen, mit der Religion selbst vermengen und den Aberglauben nicht verwerfen können, ohne in Unglauben zu fallen![462]

Freilich wird Religion im *An deux mille quatre cent quarante* keineswegs ausgeklammert, sondern erfüllt eine viel wesentlichere Funktion, als man-

---

[459] Dazu ausführlich Darnton, The Forbidden Best-Sellers of Pre-Revolutionary France, 115-136 und passim. Wilkie, Jr., Merciers *L'An 2440*, 16, errechnet eine Gesamtauflage des Werkes allein zu Lebzeiten des Autors von mindestens 63 000 Exemplaren.

[460] François Labbé, L'an 2440: une lecture maçonnique, in: lendemains. Zeitschrift für Frankreichforschung und Französischstudium, Jg. 3, Nr. 11, August 1978, 41-51, arbeitet die freimaurerischen Elemente der Zukunftsreligion und ihrer Zeremonien heraus. «So wird die scheinbare Disparität des Buches durch eine lecture maçonnique widerlegt.» (51).

[461] Index librorum prohibitorum, 44. Wenig später zog mit noch herberen Worten die spanische Inquisition nach, vgl. Oskar Zollinger, Eine Utopie des 18. Jahrhunderts vor der spanischen Inquisition, in: Zeitschrift für französische Sprache und Litteratur, Bd. 19 (1897), 305-308.

[462] Mercier, Das Jahr 2440, 12.

che wegwerfenden sekundärliterarischen Hinweise auf den «Deismus» im künftigen Paris vermuten lassen. Nach der seit Mitte des 18. Jahrhunderts gebräuchlichen Unterscheidung von Theismus und Deismus[463] haben wir es bei den breit dargestellten religiösen Überzeugungen der Zukunfts-Pariser mit einem enthusiasmierten Theismus zu tun, der die Weltschöpferschaft, die Weltherrschaft und die Weltrichterschaft des einen Gottes unbedingt aufrecht erhält und bei der Unsterblichkeit der Seele ebensowenig negative (d. h. deistische) Zugeständnisse zu machen bereit ist wie bei der künftigen Vergeltung der irdischen Taten oder der Unterscheidung von moralisch Gutem und Bösem. Nicht nur in der gemeinschaftlichen Anbetung des «Etre Suprême» (L'an 2440 [1776], Ch. XIX,87 u. ö.) kommen diese Überzeugungen der alten *theologia naturalis* zum Tragen, sondern ebenso in der Erforschung und Kontemplation der Natur als göttlicher Schöpfung, die allenthalben von ihrem weisen Urheber zeuge. Die sich unentwegt zu Wort meldende antitheologische Polemik richtet sich nicht gegen die Kernsubstanz des Monotheismus, sondern gegen seine scholastischen Auswüchse, deren Produkte aus früheren Jahrhunderten im Jahr 2440 als Geheimwaffen zur Verwirrung allfälliger Feinde unter Verschluss gehalten werden (L'an 2440 [1776], Ch. XV,57). Statt Metaphysik wird nun Physikotheologie getrieben, die ja, weil auf der Naturwissenschaft beruhend, keine Metaphysik mehr sei (L'an 2440 [1776], Ch. XII,50). Wenn man sich die Grundsätze des gemeinschaftlich praktizierten, mit tränenreichen Gefühlsausbrüchen einhergehenden Zukunfts-Theismus ansieht, verliert freilich das Metaphysikfreiheitspostulat seine Überzeugungskraft. Denn keine dieser schon rekapitulierten Überzeugungen ist metaphysisch unverdächtig; eher verwundert die rationaltheologische Instrumentalisierung, der die Naturwissenschaften von allem Anfang an ausgesetzt sind. In der «Communion de deux Infinis» (L'an 2440 [1776], Ch. XXI,96) wird den zu initiierenden

---

[463] «Le *théiste* est celui qui est déjà convaincu de l'existence de Dieu, de la réalité du bien et du mal moral, de l'immortalité de l'âme, des peines et des récompenses à venir, mais qui attend, pour admettre la révélation, qu'on la lui démontre; il ne l'accorde ni ne la nie. Le *déiste,* au contraire, d'accord avec le théiste, seulement sur l'existence de Dieu et la réalité du bien et du mal moral, nie la révélation, doute de l'immortalité de l'âme, et des peines et des récompenses à venir.» Denis Diderot, Suite de l'Apologie de M. l'Abbé de Prades. Troisième partie [1752], in: D. D., Œuvres complètes, ed. par J. Assézat, tome 1, Paris 1875, 479.

Jünglingen im Sinne einer Konfirmation mittels Teleskop die unendliche Weite des Makrokosmos und mittels Mikroskop der unendliche Reichtum des Mikrokosmos vor Augen geführt.[464] Vor diesen beiden Unendlichkeiten schreckt der Neophyt zwar schaudernd zurück, aber nicht wegen einer unendlichen Regressbedrohung, sondern in Erfurcht vor der sich allenthalben manifestierenden Schöpfermacht, die gleich mit Gottes Allwissenheit in Zusammenhang gebracht wird:

> Sans doute, l'œil qui a composé la structure délicate du cœur, des nerfs, des fibres du ciron, lira sans peine dans les derniers replis de notre cœur. ... Rendons toutes nos pensées dignes du Dieu qui les voit naître & qui les observe. (Ebd.,99)

Das Verhältnis Leser-Autor, das die Gesellschaftsstruktur der Zukunft prägt, wird also auch auf das Gottesverhältnis appliziert.[465] Wir lesen die Werke der Natur als Gottes Werke und verstehen so ihren Urheber, während Gott in unseren Seelen liest, was uns nicht nur moralisch-politisch, sondern auch religiös einer rigorosen Selbstzensur unterwirft, hängt doch von der moralischen Reinheit meiner Gedanken nicht allein mein irdischer Ruhm ab, sondern auch meine ewige Glückseligkeit, die mir im Jenseits vergönnt sein kann. Zugleich zeigt sich hier ein Ungleichgewicht im Leser-Autor-Verhältnis zwischen Mensch und Gott, das sich schon im Leser-Autor-Verhältnis zwischen Individuum und Gesellschaft abgezeichnet hat: Gott und die Gesellschaft behalten gegenüber dem einzelnen Menschen immer recht. Das Leser-Autor-Verhältnis ist sowohl im innergesellschaftlichen Rahmen als auch im Bezugshorizont zum Göttlichen als eine auf keinerlei Interpretationsleistung angewiesene, störungsfreie Sender-Botschaft-Empfänger-Beziehung gedacht. Interpretationen, die dem Wortlaut der Botschaft widersprechen – etwa, wenn ich die Welt nicht als Schöpfung eines allgerechten, allweisen und allmächtigen Gottes deuten sollte –, sind, wie das Exempel des maskierten Schriftstellers statuiert, nicht bloss Erkenntnis-, d.h. Kommunikationsdefizite, sondern moralische Verfehlungen, die die

---

[464] Vgl. zu diesem Kapitel unter dem Glücksaspekt Riikka Forsström, Possible Worlds. The Idea of Happiness in the Utopian Vision of Louis-Sébastien Mercier, Helsinki 2002, 85-95.

[465] Siehe dazu Darnton, The Forbidden Best-Sellers of Pre-Revolutionary France, 134-136.

Gesellschaft oder Gott ahndet. Offensichtlich zieht also der aufklärerische Dogmatismus des Jahres 2440 mit dem vom Ich-Erzähler verschrieenen theologischen Dogmatismus des Jahres 1770 durchaus gleich. Wie viel da wohl an individueller Freiheit übrigbleibt? Als Trost kann sich das unter die Deutungsübermacht der «voix générale» und des göttlichen Seelenlesers gezwungene Individuum mit jenem altmodischen, aber noch bei Buffon virulenten Theorie-Rest der Physikoteleologie behelfen: mit dem Anthropozentrismus der ganzen Schöpfungsordnung:

> N'oubliez point que parmi ses [sc. Gottes] œuvres augustes, l'homme doué de la faculté de les appercevoir & de les sentir, tient le premier rang, & qu'enfant de Dieu il doit honorer ce titre respectable! (Ebd.,98)

Diese Deutung des Universums und die Stellung, die der Mensch darin einnimmt, unterscheidet sich fundamental von den materialistischen Theorien, die mit Holbach und Helvétius tonangebend geworden zu sein schienen.[466] Hier kehrt auf der Akme des Fortschritts eine Form des beschaulichen Rousseauismus wieder, der ein ungeheures Vertrauen in die Wohlbeschaffenheit und die Orientierungskompetenz einer unverfälschten Natur artikuliert.[467] Bei allen naturwissenschaftlichen Erläuterungen, etwa beim Besuch des Naturalienkabinetts (L'an 2440 [1776], Ch. XXXI, v. a. 187 Fn. und 188), steht stets die moralisch-religiöse und nicht etwa die technische Verwertbarkeit an allererster Stelle. Das zentrale Interesse besteht darin, die durch das heliozentrische Weltbild verursachte Ortlosigkeit des Menschen im Universum physikoteleologisch rückgängig zu machen und ihn an der Spitze einer Stufenleiter der Wesen zu plazieren, «qui sembloient créées pour lui» (ebd.,188). Am Schluss, als der Träumer abends noch zu einer Landpartie nach Versailles aufbrechen will, und es ihm wie weiland Josua gelingt, den Gang der Sonne anzuhalten (L'an 2440 [1776], Ch. XLIII,303), scheint der Heliozentrismus überwunden. Mit anderen Worten: Trotz sei-

---

[466] Vgl. auch Majewski, The Preromantic Imagination, 25. Freilich ist Helvétius der Fortschrittsidee durchaus gewogen, siehe [Claude-Adrien Helvétius], De l'esprit, Bd. 1, Amsterdam (Arkstée & Merkus) M. DCC. LXVIII. (= 1758), 300-326 (Discours II, chap. XXIII und XXIV über die progressive Perfektionierung der Moral) und unten S. 435, Fn. 139.

[467] Fohrmann, der auch Merciers frühe erzählerische Versuche einbezieht, stellt fest, dass «Natur» zur «Entscheidungsinstanz über 'richtig' und 'falsch'» werde (Fohrmann, Utopie und Untergang, 107).

ner scheinbar so aufrührerisch-subversiven Gesinnung benötigt Mercier zur Absicherung seines Moralismus einen gewaltigen (para)metaphysisch-rationaltheologischen Apparat, der keineswegs auf der Höhe der wissenschaftlichen Kritik steht. Ohne diesen Apparat wäre der Moralismus, der das alleinige Argument gegen die bestehenden Verhältnisse ist, von akuter Instabilität bedroht und würde als Waffe stumpf werden, sobald man die Absolutheit der Massstäbe, mit denen hier gemessen wird, ganz einfach bestreitet. Der Moralismus, der das *Ancien Régime* unterwandert und ihm binnen weniger Jahre zumindest in Frankreich jeglichen Kredit entzieht, ruht also auf den altertümlichen Säulen, auf die sich das *Ancien Régime* ideologisch selber zu stützen pflegte. Es ist kein Zufall, geschweige denn blosser Opportunismus, dass Mercier, nachdem er endlich in den Genuss einer langerhofften Rente der Königin Marie Antoinette gelangt war, 1788 seine düsteren Untergangsprophetien und moralischen Brandreden deutlich dämpfte.[468] Die von ihm bis dahin geschürte Empörung nahm dennoch ihren Lauf.

Die Fortschrittsidee selber ist nicht, wie man gemeinhin glaubt, das Produkt einer revolutionären Gesinnung, die mit den religiösen und moralischen Prinzipien Alteuropas unerbittlich abgerechnet hätte. Bezeichnend genug, sind ihre ersten Vertreter keine philosophischen Radikalisten, sondern traditionsbewusste und moderate Aufklärer wie Turgot und Iselin, die je auf ihre Weise sehr wohl ihren Frieden mit den bestehenden Verhältnissen zu schliessen wussten. Die Fortschrittsidee ist als solche zunächst keineswegs ideologisch subversiv, und auch wenn sie in Merciers Zukunfts-Utopie einen solchen Anstrich bekommen sollte, berührt dieser durch Polemik bewirkte Anstrich doch nicht die Substanz der Idee. Sie lässt sich zur ideologischen Aufrüstung auf reformabsolutistischer Seite ebenso benutzen wie auf revolutionärer und hat keine eigene Neigung zu der einen oder der andern Seite.

Wie aber wird nun bei Mercier Geschichte gedacht, in welche Funktionszusammenhänge eingebettet? Im *Bonnet de nuit* wird die umfassende moralische Nützlichkeit einer als Gericht verstandenen Geschichte angemahnt:

> J'ose donc croire que ce n'est point absolument la vérité historique qui devient la chose la plus essentielle. Ce qui m'importe dans l'histoire, c'est de voir en grand le jeu des passions humaines, le foible de ceux qu'on appelle les maîtres de la terre,

---

[468] Vgl. Koselleck, Die Verzeitlichung der Utopie, 2.

le vuide de ces grandes entreprises qui semblent flatter l'orgueil national, & qui le trompent. Ce qui m'importe, c'est de voir l'ambition punie, les tyrans périr d'une mort précipitée & violente, les grands criminels ne point échapper au châtiment. ... En ce sens, les réflexions de l'historien sont souvent plus précieuses que les faits mêmes. Une discussion détaillée d'événemens inutiles m'endormira; un tableau vaste & majestueux d'un regne, quoiqu'un peu romanesque, exercera puissament ma pensée.[469]

Nach einer Geschichte als einer möglichst ereignisgetreuen Wiedergabe dessen, was geschehen ist, besteht offenkundig wenig Bedarf. Vielmehr soll Geschichte doch wieder moralisch belehren – sie soll sich als pädagogischer Roman drapieren.[470] Dieses Postulat wird in *L'an deux mille quatre cent quarante* eingelöst. Dass damit alle seit Pierre Bayle unternommenen Versuche, eine Eigenwertigkeit des Historischen jenseits seiner moralischen oder politischen Applikabilität herauszustellen, ebenso aussen vor bleiben wie alle nicht moralisch-rationaltheologisch verwertbaren Erkenntnisse der Naturwissenschaften, überrascht dabei kaum. Im Jahr 2440 gibt es keinen Zufall mehr (L'an 2240 [1776], Ch. XXXI,191), aber nicht so sehr, weil man nun alles als kausalmechanisch determiniert verstünde, sondern, weil man alles als moralisch-rationaltheologisch sinnvoll zu betrachten gelernt hat. Das Telos der Geschichte wird, wie Herbert Jaumann bemerkt, «an die individuelle Erfahrung, und das heisst auch: an das Handeln des einzelnen gebunden».[471] Gerade dies macht – eingebettet in die sinnvolle, orientierungsstiftende Natur – auch die Geschichte sinnvoll und tröstlich: Ich bin gemeint; für mich sind Welt und Geschichte so wundervoll eingerichtet wie sie es sind. Freilich kann da nichts Neues, d.h. nichts in der Ordnung nicht Aufgehobenes geschehen. Möglich und vielleicht unabwendbar ist nur, dass sich die wahre moralische und damit natürliche Ordnung herstellt. Genau das ist im Jahr 2440 geschehen. Weitere Perfektionierung bedeutet

---

[469] Mercier, Mon bonnet de nuit, tome 2, 216f.
[470] In eigentümlicher Weise tun dies auch zwei pornographische Bestseller des 18. Jahrhunderts, nämlich die anonyme *Thérèse philosophe* und John Clelands *Fanny Hill*, wo jeweils die individuelle Lebensgeschichte der Protagonistinnen die Leser zu einer bestimmten philosophisch-weltanschaulichen Position ermutigen will. Hier dient (wie etwa auch in Spaldings *Bestimmung des Menschen*) Individualgeschichte zur Sinnstiftung. Zu *Thérèse philosophe* siehe die schöne Analyse bei Darnton, The Forbidden Best-Sellers of Pre-Revolutionary France, 85-114.
[471] Jaumann im Nachwort zu Mercier, Das Jahr 2440, 321f.

dann noch weitergehende Anpassung an das von der göttlichen Naturordnung Erheischte. Insofern findet mit der vollständigen Moralisierung eine, wie Jürgen Fohrmann es formuliert, «Renaturalisierung der Geschichte» statt.[472]

Wie die Zukunfts-Pariser mit ihrer Geschichte umgehen, zeigt sich drastisch beim Besuch der königlichen Bibliothek, die zum Erstaunen des Ich-Erzählers keine gewaltigen Bücherberge beherbergt, sondern nur vier kleine Regale, die all die Literatur enthalten, die man für überliefernswert, weil nützlich und erbaulich erachtet hat.[473] So wird der Inhalt von tausend Foliobänden auf ein kleines Duodez komprimiert: «le tout a été corrigé d'après les vrais principes de la morale» (L'an 2440 [1776], Ch. XXVIII, 147). Alles andere ist einem riesigen Autodafé – «c'étoit assurément une nouvelle tour de Babel» (ebd.,146) – zum Opfer gefallen, mit der die Zukunftsgesellschaft in einem «zele éclairé» ihr kulturelles Gedächtnis gelöscht hat. Dieses Gedächtnis soll nur enthalten, was für unmittelbar zuträglich befunden wird;[474] vornehmlich moralische, nicht wissenschaftliche Erwägungen bestimmen dabei die Auswahl.[475] Welche Autoren im einzelnen

---

[472] Fohrmann, Utopie und Untergang, 117.

[473] Der Aufsatz von René Godenne, La Bibliothèque de l'homme de l'an 2440 selon L. S. Mercier, in: The French Review, Bd. 45, Nr. 3, Februar 1972, 571-579, beschränkt sich weitgehend auf die Paraphrase von Merciers Bibliotheks-Kapitel. Enrico Rufi, Le rêve laïque de Louis-Sébastien Mercier entre littérature et politique, Oxford 1995, 130-162, relativiert die Ernsthaftigkeit von Merciers Literatureinäscherungswünschen.

[474] Schon das Programm der Enzyklopädisten bestand in einer Allianz von progressivem Zeitgeist und Philosophie, zu dessen Gunsten die Elimination von unnötigem Wissen unabdingbar war, vgl. Ralf Konersmann, Der grosse Verführer. Über den Zeitgeist, seine Liebhaber und seine Verächter, in: Neue Zürcher Zeitung, Jg. 222, Nr. 207, 7. September 2002, 73.

[475] Dies im Unterschied zur Bücherverbrennung, zu der Hume am Ende seiner *Enquiry Concerning Human Understanding* rät: «Sehen wir, von diesen Prinzipien durchdrungen, die Bibliothek durch, welche Verwüstungen müssen wir da nicht anrichten? Greifen wir irgend einen Band heraus, so sollten wir fragen: *Enthält er irgend einen abstrakten Gedankengang über Grösse oder Zahl?* Nein. *Enthält er irgend einen auf Erfahrung gestützten Gedankengang über Tatsachen und Dasein?* Nein. Nun, so werft ihn ins Feuer, denn er kann nichts als Blendwerk und Täuschung enthalten.» (David Hume, Eine Untersuchung über den menschlichen Verstand [1748], hg. von Jens Kulenkampff, Hamburg 1993, 193).

vor dem grossen Feuer des Aufklärungseifers gerettet wurden, resümiert der Ich-Erzähler mit sichtlichem Genuss auf den folgenden Seiten – Voltaire ist nur noch verstümmelt erhalten (ebd.,160f.), Rousseau hingegen vollständig (ebd.,162). Und gerade jener Figur, die einen Prototyp der geschichtstheologischen Reflexion abgegeben hat, Bossuet nämlich, ist samt und sonders in Flammen aufgegangen (ebd.,153), an dessen chronologistischer Grundlegung einer Geschichtswissenschaft qua «science imaginaire» (ebd.,153 Fn.) auch der Fussnotenschreiber einiges auszusetzen findet. Merciers eigene Heilsgeschichte scheint den nur aus einem «pauvre squelette chronologique» bestehenden *Discours sur l'histoire universelle* vollständig ersetzen zu können. Geschichte geht im historisch-pädagogischen Roman auf und macht so der Qualifizierung als einer «science imaginaire» selber ernsthaft alle Ehre. Für die künftigen Pariser ist Geschichte ausschliesslich das, was ihnen ins moralistische Konzept passt.

Merciers utopischer Fortschrittsgeschichtsroman verfolgt für die Geschichte und für alle anderen Bereiche menschlichen Wissens ein mindestens ebenso starkes wissenschaftsfremdes Applikationsinteresse wie die alte *exempla*-Historie. Aber wenn wir von Roman reden, gilt es zu bemerken, dass die *Kunst* selbst keineswegs in die Autonomie entlassen wird. Dass bei der Bücherverbrennung auch eine ganze Milliarde (!) Romane ihr irdisches Schicksal haben besiegeln müssen (ebd.,146), ist ebenso symptomatisch wie die Expektorationen gegen den *esprit* der Salons, der als eine Geissel des 18. Jahrhunderts gebrandmarkt wird (L'an 2440 [1776], Ch. XLI,273f.). Dass man den *Stil* für den Hauptverdienst eines literarischen Werkes halte, ist Merciers Erzähler-Ich ein Greuel (L'an 2440 [1776], Ch. XXVIII,157), gegen den er nur den moralischen Totschläger aufzubieten weiss (vgl. L'an 2440 [1776], Ch. XXXII,203f.; Ch. XXXIII,207-211). Die Paradoxie der Mercier-Rezeption liegt nun darin, dass *L'an deux mille quatre cent quarante* gerade von jenen scheinbar so frivolen Gästen und Betreibern der literarischen Salons mit ihrer unstillbaren Begierde nach *esprit* verschlungen worden ist. Der auf Omnipotenz aspirierende Moralismus wurde offenbar als neuer ästhetischer Kniff, als verwegener Gaumenkitzel empfunden, bevor man merkte, dass er einen als Leser verwandelte. Daraufhin schickte dieser Moralismus sich an, grosse Politik zu machen.

Freilich verebbt mit der politisch-utopischen Instrumentalisierung der Geschichtsphilosophie die damit befasste Aufklärungsdebatte nicht. Bei

Lessing bleibt ähnlich wie bei Mercier trotz moralisch-politischer Perspektiven die Rationaltheologie ein wesentlicher Bezugsrahmen geschichtsphilosophischen Denkens. Lessing bestimmt die Trostangebote an die handelnden Personen der Geschichte noch einmal neu, passt aber seine geschichtsphilosophischen Äusserungen gleichfalls in einen fiktionalen Rahmen ein. In diesem Rahmen darf dann die Absicht artikuliert werden, das geschichtliche Ganze als sinnhaftes Ganzes transparent zu machen – eine Absicht, die Mercier wiederum nicht hat.

2.8 Religionsentwicklung und Vernunftsentwicklung: Gotthold Ephraim Lessing

Gotthold Ephraim Lessings (1729-1781) *Erziehung des Menschengeschlechts* (1777/80) ist ein Text, der zu divergenten Interpretationen Anlass gegeben hat, je nachdem, welche religiösen oder religionsfeindlichen Präferenzen man in Lessings Gesamtwerk für vorherrschend hielt.[476] Demgegenüber ist die hier zu skizzierende Interpretation nicht daran interessiert, Lessing entweder als Christ oder als Christentumskritiker aufzuweisen, sondern daran, welche spezifische Verquickung von Religions- und Geschichtsphilosophie Lessing in seiner Schrift vorstellt und inwiefern gerade diese Verquickung für spätere Versuche spekulativ-universalistischer Geschichtsphilosophie charakteristisch geworden ist. Immerhin hat man die Erziehungsschrift für die «magna charta des philosophischen Chiliasmus»

---

[476] Gegen theologisierende Interpretationen wenden sich etwa Martin Bollacher, Lessing: Vernunft und Geschichte. Untersuchungen zum Problem religiöser Aufklärung in den Spätschriften, Tübingen 1978, 244-286, und Eckhard Heftrich, Lessings Aufklärung. Zu den theologisch-philosophischen Spätschriften, Frankfurt a. M. 1978. Den Weg zu einem geläuterten Christentum sehen Lessing etwa Bernd Bothe, Glauben und Erkennen. Studie zur Religionsphilosophie Lessings, Meisenheim am Glan 1972, Otto Mann, Die gescheiterte Säkularisation. Ein Irrgang der europäischen Philosophie, Tübingen 1980, 61, und Helmut Thielicke, Offenbarung, Vernunft und Existenz. Studien zur Religionsphilosophie Lessings, Gütersloh [5]1967, einschlagen. Eine vermittelnde Position, die Lessing als «theistischen Denker» charakterisiert, nimmt Arno Schilson, Lessings Christentum, Göttingen 1980, 7, ein.

gehalten.[477] Der Begriff der Spekulation wird für die Vernunftleistungen, die Offenbarungswahrheiten intellektuell einholen wollen, in Lessings Schrift übrigens ausdrücklich gebraucht (EM § 78). Während Iselin den Fortschrittsprozess ohne Ausblick in jenseitige Ewigkeitsgefilde als innerweltliches Geschehen deutet, das seiner teleologischen Orientierung wegen bereits trostträchtig ist, unabhängig davon, ob das Individuum in den Genuss der Früchte des Fortschritts kommt oder nicht, ist Lessing ungleich stärker darum bemüht, abgesehen vom religiös-moralischen Fortschritt der Gattung dafür zu sorgen, dass das Individuum nicht um die Vervollkommnung betrogen wird: Der Gattungsfortschritt darf nicht auf Kosten des Individuums gehen, das zufällig auf einer niedrigen Gattungsentwicklungsstufe steht. Das Interesse an der individuellen Vervollkommnungschance – und zwar nicht, wie etwa bei Spaldings *Bestimmung des Menschen* als jenseitige Chance – führt konsequent zu der bereits für Lessings Zeitgenossen befremdenden «Hypothese» über die Palingenese (EM §§ 93-100). Lessing gelingt es im Unterschied zu Spalding und Iselin, den innerweltlichen Leidensdruck nicht zu verharmlosen und gleichwohl eine zufriedenstellende Theodizee zu entwerfen:[478] Während Spalding nur die individuelle Vervollkommnung im Blick hat und die Sphäre der Gattungsgeschichte noch unbeachtet lässt, tendiert Iselin dazu, das individuelle Leiden zugunsten des Gattungsfortschritts beiseite zu schieben, so dass die Frage nach der Gerechtigkeit und Güte eines geschichtslenkenden Gottes, der den einen Menschen in die wüste Zeit der Barbarei hineingeboren sein, den andern aber die Segnungen fortgeschrittener Zustände geniessen lässt, unabweisbar wird. Lessings *Erziehung des Menschengeschlechts* kann und will die Theodizee-Ansprüche, die schon Leibniz meinte einlösen zu können, mit

---

[477] Jacob Taubes, Abendländische Eschatologie [1947]. Mit einem Anhang, München 1991, 133, der S. 135 den «anarchischen» Charakter des philosophischen Chiliasmus betont, nachdem er S. 133 Origenes und Joachim von Fiore als Lessings Hauptgewährsleute hingestellt hat.

[478] Franz Mehring, Die Lessing-Legende = F. M., Gesammelte Schriften, hg. von Thomas Höhle u. a., Bd. 9, Berlin 1963, 349, und viele Interpreten nach ihm erfassen den systematischen Sinn der Seelenwanderungshypothese nicht, wenn sie darin nur das «deutsche Elend» gespiegelt finden, dass «die ökonomische Rückständigkeit Deutschlands» Lessing und seinen Zeitgenossen das «Verständnis des Materialismus» verschlossen habe.

einer Kombination von individueller und gattungsmässiger Vervollkomm-
nungsaussicht bewältigen, die sich gegenseitig erhellen und plausibilisieren:
Die Geschichte der (monotheistischen) Offenbarungsreligion erscheint als
Fortschritt zu immer lauteren moralischen Begriffen, und da dieser Fortschritt als Erziehung des Menschengeschlechts empirisch greifbar zu sein
scheint, ist es konsequent, einen Gott als Erzieher zu denken, der über seinen
kollektiven Erziehungsanstrengungen auch das Individuum nicht vergisst.
Diesem aber widerfährt dann Gerechtigkeit, wenn es eine über das eine
irdische Leben hinausgehende, in mehreren irdischen Leben realisierbare
Vervollkommnungschance hat. Der schon in einem einzelnen Menschen-
leben feststellbare Erkenntnisfortschritt dient wiederum der Plausibilisierung einer kollektiven Fortschrittsthese: Da der einzelne Mensch erzogen
wird, wird doch wohl auch die Menschheit als ganze erzogen werden (vgl.
EM §§ 1-2). Lessings Entwurf behebt also sowohl die Schwächen reiner
eudämonistischer Individualethik als auch diejenigen rein gattungsorien-
tierter Geschichtsphilosophie. Betrachtet man die Folgegeschichte der spekulativ-universalistischen Geschichtsphilosophie im 19. Jahrhundert, liegt
die Feststellung nahe, Lessing habe mit seiner religionsphilosophischen
Aufrüstung des Fortschrittsdenkens, das die individuellen Bedürfnisse nicht
unberücksichtigt lässt, das eigentliche Erfolgsmodell vorgegeben: Erst
wenn nicht nur der Gattungsfortschritt, sondern auch eine individuelle Ver-
vollkommnungsperspektive Trost spendet, kann die Geschichtsphilosophie
ihre Theodizeefunktion voll wahrnehmen. Die Nähe zur geschichtstheologischen Adaption der Geschichtsphilosophie, wie sie in Lessings naher
Umgebung Jerusalem konzipiert hat, ist dabei nicht zu übersehen (vgl. oben
S. 138, Fn. 152).[479]

Freilich ist gar nicht ausgemacht, ob Lessing die ihm eben unterstellten
«Spekulationen» wirklich als seine persönlichen Überzeugungen ange-

---

[479] An Johann David Michaelis schreibt Jerusalem nach Lessings Tod am 27. August
1781: «Der arme Mann liess sich von seiner skeptischen Laune zu sehr leiten [sc.
bei der Herausgabe der Fragmente des Ungenannten], und wie schwankend ihn
diese machte, das bewies bald nachher seine Erziehung des Menschengeschlechts,
worin ungeachtet der Widersprüche, die darin sind, das, was er von der Offenbarung
und von dem Erlöser sagt, sein wahrer Ernst doch scheint gewesen zu sein, und wer
weiss, was die fernere Folge davon gewesen wäre, wenn er länger gelebt hätte.»
(Zitiert bei Karl Aner, Die Theologie der Lessingzeit, Halle/Saale 1929, 74).

sehen wissen will. Obwohl von der wohl am weitesten verbreiteten modernen Ausgabe der *Erziehung des Menschengeschlechts* stillschweigend unterschlagen,[480] ist der «Vorbericht des Herausgebers» (EM, 489) für eine adäquate Interpretation des Textes unerlässlich – ebenso wie das als Augustin-Zitat ausgewiesene Motto: «Haec omnia inde esse in quibusdam vera, unde in quibusdam falsa sunt» (ebd.), das in der vollständigen Ausgabe von 1780 prominent auf dem Titelblatt erscheint.[481] Die Kommentare pflegen jeweils auszuweisen, dass das Motto aus dem zweiten Buch von Augustins Frühwerk *Soliloquia* (alte Zählung: II, Kap. 10 – neue Zählung: II, § 18, 4)[482] stamme, fragen aber selten nach seinem originalen Kontext.[483] Schon die Wahl Augustins als Stichwortgeber hätte angesichts des Umstandes, dass der Kirchenvater in der deutschen Aufklärung selbst bei Theologen nicht wohlgelitten war,[484] zu denken geben müssen: «Augustin war im Zeitalter der Neologie der meistgehasste Mann. Schien er doch der Idee der Menschenwürde am meisten Abbruch getan zu haben.»[485] So konnte Lessing mit der Wahl des Motto-Autors eine Abgrenzung gegenüber den Neologen markieren, deren 'Plattheiten' er bekanntlich reserviert gegen-

---

[480] Gotthold Ephraim Lessing, Die Erziehung des Menschengeschlechts [1777/80] und andere Schriften. Nachwort von Helmut Thielicke, Stuttgart 1991.

[481] Vgl. das Faksimile des Titelblattes bei Louis Ferdinand Helbig, Gotthold Ephraim Lessing. Die Erziehung des Menschengeschlechts. Historisch-kritische Edition mit Urteilen Lessings und seiner Zeitgenossen, Einleitung, Entstehungsgeschichte und Kommentar, Bern, Frankfurt a. M., Las Vegas 1980, 1.

[482] Verwendet wird zum einen die Mauriner Ausgabe (Aurelii Augustini Opera Omnia, Tom. I) im Nachdruck von Jacques-Paul Mignes *Patrologia Latina* (Tom. 32, Paris 1841, das Zitat Sp. 893), zum anderen – auch in den deutschen Zitaten – die zweisprachige Neuausgabe: Aurelius Augustinus, Selbstgespräche. Von der Unsterblichkeit der Seele. Gestaltung des lateinischen Textes von Harald Fuchs, Einführung, Übertragung, Erläuterungen und Anmerkungen von Hanspeter Müller, München, Zürich 1986 (das Zitat S. 110).

[483] Unter der Überschrift «Augustinus contra Augustinum» tut dies freilich auf überzeugende Weise Heftrich, Lessings Aufklärung, 42-45.

[484] Z.B. Johann Friedrich Wilhelm Jerusalem im Brief an Gottsched vom 12. Januar 1747, der Pelagius gegen Augustin (und Hieronymus) in Schutz nimmt (zitiert bei Aner, Die Theologie der Lessingzeit, 223) und in NS 1,433.

[485] Aner, Die Theologie der Lessingzeit, 162, vgl. z. B. auch Gericke, Theologie und Kirche im Zeitalter der Aufklärung, 118.

überstand,[486] und gleichzeitig Orthodoxie in Anspruch nehmen, die er für den Verfasser der Schrift, als deren Herausgeber er sich ausgab, bei der Publikation der ersten 53 Paragraphen der Erziehungsschrift 1777 schon ausdrücklich reklamierte. Aber es lohnt sich, dem Motto etwas genauer nachzuspüren und seine Orthodoxie zu erkunden.[487] Augustins *Soliloquia* inszenieren einen Dialog zwischen Augustin und seiner Ratio, wobei das

[486] Im Brief an den Bruder Karl G. Lessing vom 2. Februar 1774 gibt Lessing dem Wunsch Ausdruck, «dass ein jeder über die Religion vernünftig denken möge». «Ich würde mich verabscheuen, wenn ich selbst bey meinen Sudeleyen einen andern Zwecke hätte, als jene grosse Absichten befördern zu helfen. Lass mir aber doch nur meine eigne Art, wie ich dieses thun zu können glaube. Und was ist simpler als diese Art? Nicht das unreine Wasser, welches längst nicht mehr zu brauchen, will ich beybehalten wissen: ich will es nur nicht eher weggegossen wissen, als bis man weiss, woher reineres zu nehmen; ich will nur nicht, dass man es ohne Bedenken weggiesse, und sollte man auch das Kind hernach in Mistjauche baden. Und was ist sie anders, unsere neumodische Theologie, gegen die Orthodoxie, als Mistjauche gegen unreines Wasser? / Mit der Orthodoxie war man, Gott sey Dank, ziemlich zu Rande; man hatte zwischen ihr und der Philosophie eine Scheidewand gezogen, hinter welcher eine jede ihren Weg fortgehen konnte, ohne die andere zu hindern. Aber was thut man nun? Man reisst diese Scheidewand nieder, und macht uns unter dem Vorwande, uns zu vernünftigen Christen zu machen, zu höchst unvernünftigen Philosophen.» (Gotthold Ephraim Lessings Sämmtliche Schriften. Neue rechtmässige Ausgabe. [Hg. von Karl Lachmann], Bd. 12, Berlin 1840, 409f.) Dass Lessing diese «Scheidewand» in seinen späten religionsphilosophischen Schriften ebenfalls niedergerissen hat, kann freilich nur verkennen, wer Lessings religiöses Sprechen für eine exoterische Verschleierung reiner, esoterischer Vernunftphilosophie hält. Die scharfe Abgrenzung von der Neologie scheint auch einem intellektuellen Selbstbehauptungsinteresse geschuldet zu sein. Darüber hinaus ist mit Arnold Heidsieck, Lessings Vorstellung von Offenbarung, in: Philippe Wellnitz (Hg.), G.E. Lessing. Nathan der Weise/Die Erziehung des Menschengeschlechts, Strasbourg 2000, 27, darauf hinzuweisen, dass «Lessings Verständnis von Offenbarung in den frühen 70er Jahren noch relativ christlich-orthodox» anmutet und sich erst unter dem Eindruck von Locke und Reimarus modifiziert.

[487] Lessing hätte Christian Garve vielleicht recht gegeben, wenn dieser es für den «natürlichen Gang» des «menschlichen Geistes» erachtet, «eigene Gedanken durch fremde zu erwecken», was er mit der Feststellung belegt, «dass man von je her über Texte gepredigt hat, und dass die Philosophen ihren Betrachtungen so gern Mottos und Denksprüche vorsetzen» (Christian Garve, Einige Beobachtungen über die Kunst zu denken, in: C.G., Versuche über verschiedene Gegenstände aus der Moral, der Litteratur und dem gesellschaftlichen Leben. Zweyter Theil, Breslau 1796 = Gesammelte Werke, hg. von Kurt Wölfel, Hildesheim 1985-1999, Bd. 1/2, 380).

Motto der Erziehungsschrift im weiteren Zusammenhang eines Nachweises der Unsterblichkeit der Wahrheit und damit der Unsterblichkeit Gottes steht – sowie im engeren Zusammenhang der Frage nach dem Ursprung der Täuschung. In § 16 differenziert die Ratio zwischen Betrug und Lüge als zwei Arten der Täuschung *(falsum)*, wobei sich die Lüge dadurch vom Betrug unterscheidet, dass sie zwar die Unwahrheit sagt, aber nicht betrügen will, «zum Beispiel sind die Possen, Komödien und viele Dichtungen voll von Lügen, eher aus der Absicht zu unterhalten als aus der Absicht zu betrügen» (*nam et mimi et comoediae et multa poemata mendaciorum plena sunt, delectandi potius quam fallendi voluntate* – II, § 16, 4). Lüge und Betrug sind beide der Täuschung zuzuordnen, insofern es sich dabei um etwas handelt, «was sich für etwas ausgibt, das es nicht ist» (*quod ... fingit esse quod non est* – II, § 16, 1), während es auch eine Täuschung gibt, die darauf beruht, dass etwas «überhaupt zu sein versucht und doch nicht ist» (*omnino esse tendit et non est* – II, § 16, 1). Dieser Form der Täuschung, die im Schein beruht, erörtert § 17, wo die Ratio als Beispiele hierfür das Spiegelbild, die Trugbilder in Traum und Wahnsinn, die für skeptische Verunsicherung so wichtigen Sinnestäuschungen, aber auch die Erzeugnisse der bildenden Künste anführt. Augustin wundert sich nun, weshalb seine Ratio davon die Täuschungen der «Dichtungen und Witze» (*poemata et ioca* – II, § 18, 1) unterschieden wissen will, worauf die ihm bescheidet, es bestehe «doch wohl ein Unterschied zwischen der Absicht zu täuschen und der Unfähigkeit wahr zu sein» (*aliud est falsum esse velle, aliud verum esse non posse* – II, § 18, 2):

> Denn ein gemalter Mensch kann, wie sehr er menschlich auszusehen versucht, doch nicht ebenso ein wahrer Mensch sein wie das, was in den Büchern der Komödiendichter geschrieben steht. Denn dieses will nicht Täuschung sein und ist es nicht aus irgendeinem eigenen Antrieb heraus [*neque enim falsa esse volunt aut ullo appetitu suo falsa sunt*], sondern nach einer gewissen Notwendigkeit, soweit es dem Willen des Dichters hat entsprechen können. Auf der Bühne jedoch war Roscius [sc. berühmter römischer Schauspieler] zwar seinem Willen nach eine vorgetäuschte Hekuba, in Wirklichkeit dagegen ein wahrer Mann. Aber seinem Willen nach war er auch ein wahrer Schauspieler, dadurch nämlich, dass er seine Rolle richtig erfüllte; andererseits war er ein bloss vorgetäuschter Priamus, weil er den Priamus spielte, dieser selbst aber nicht war. (II, § 18, 2-3)

Daraus ergebe sich eine «merkwürdige Tatsache» (*quiddam mirabile* – II, § 18, 3):

Diese Dinge sind alle aus dem gleichen Grund einerseits wahr, wie sie andererseits Täuschung sind. Und dazu, dass sie wahr sind, verhilft allein, dass sie in anderer Hinsicht Täuschungen sind [*Quid putas, nisi haec omnia inde esse in quibusdam vera, unde in quibusdam falsa sunt, et ad suum verum hoc solum eis prodesse, quod ad aliud falsa sunt*]. Daher kommt es, dass sie das, was sie sein wollen oder sollen keineswegs erreichen, wenn sie der Täuschung zu entfliehen suchen. Denn wie könnte der Künstler, den ich vorhin erwähnte, ein wahrer Schauspieler sein, wenn er nicht ein falscher Hektor, eine falsche Andromache, ein falscher Herkules und unzählig viel anderes sein wollte? (II, § 18, 4-5)

Die Ratio fragt nun, woher es komme, dass wir so grosse Furcht vor Täuschungen hätten und nach der Wahrheit suchten, wenn doch einige Erscheinungen, damit sie in einer Hinsicht wahr sein können, in anderer Täuschung sein müssten (II, § 18, 6). Augustin antwortet, er wisse es nicht, aber er finde auch «nichts Nachahmungswürdiges» (*nihil imitatione dignum* – II, § 18, 7) in den gegebenen Beispielen. Wir müssten «nach dem Wahren suchen, das nicht zwei Gesichter trägt, die sich widersprechen» (*illud verum quaerere, quod non quasi bifronte ratione sibique adversante* – ebd.), womit er zum Problem von Wahrheit und Täuschung in den Wissenschaften überleitet. Das von Lessing gewählte Motto stammt aber eben nicht aus dieser nachfolgenden Erörterung wissenschaftlicher Wahrheit, sondern ist die Kernaussage in der Erörterung der Schauspielkunst. Das hat Konsequenzen für die Gesamtdeutung der *Erziehung des Menschengeschlechts*: Das Motto zeigt an, dass Lessing die nachfolgende geschichts- und religionsphilosophische «Spekulation» nicht als wissenschaftliche Wahrheit präsentieren will, sondern sich mit einem janusköpfigen Wahrheitsanspruch, wie er in der dramatischen Dichtung erhoben wird, begnügt. Der originale Kontext des Mottos rückt *Die Erziehung des Menschengeschlechts* in die Nähe dramatischer Texte – man denke an *Nathan den Weisen!* –, die das Wahre im Modus des Falschen sagen –, die nützen, indem sie täuschen. Geschichtsphilosophische Wahrheit ist tentativer, experimenteller Natur und aspiriert nicht darauf, wissenschaftliche Wahrheit zu sein.[488] Es geht im Text *Die Erziehung des Menschengeschlechts* um die Inszenierung einer Geschichte, die zwar in bestimmter Hinsicht – nämlich insofern sie zu moralischem Handeln und zu einer Läuterung, ja Überwindung der positiven Religion

---

[488] Eine Einsicht, die insbesondere Heftrich, Lessings Aufklärung, 36, unterstreicht.

motivieren kann – wahr ist, als Geschichte aber ebenso eine Erdichtung ist wie ein Drama und ein entsprechend gespanntes Verhältnis zur (historischen) Wahrheit unterhält – zumal nach Lessing bekanntlich «*zufällige Geschichtswahrheiten ... der Beweis von notwendigen Vernunftswahrheiten nie werden*» können.[489]

Das «Haec omnia» des Mottos lässt sich auch auf die im Text selbst präsentierten Stufen der *religiösen* Entwicklung beziehen: Die jeweils positive Religion ist jeweils wahr im Hinblick auf die Entwicklungsstufe der Menschheit oder des Volkes Israel, falsch oder doch wenigstens unvollkommen im Hinblick auf spätere Entwicklungsstufen. Schliesslich artikuliert das Motto in der dekontextualisierten Form, in der es *Die Erziehung des Menschengeschlechts* einleitet, einen skeptischen Generalvorbehalt, eine Einklammerung aller propositionalen Wahrheitsansprüche: Lessing verschweigt durch die Ausklammerung des Kontextes, dass es nach Augustin nur ganz bestimmte Erscheinungen sind – namentlich eben Schauspiele –, auf die die Formel *haec omnia inde esse in quibusdam vera, unde in quibusdam falsa sunt* Anwendung finden soll, während es Philosophie und Wissenschaft mit einer ganz unzweideutigen Wahrheit zu tun haben. Durch die Dekontextualisierung des Zitats wird die Intention Augustins gerade unterlaufen, und der Kirchenvater für eine Ansicht in Anspruch genommen, die er so nicht vertreten hätte, dass nämlich *alles (omnia)* wahr und zugleich falsch sei. Damit wird der scheinbar so orthodoxe Augustin-Rekurs in sein Gegenteil verkehrt; die Grenzen zwischen dem Wahren und dem Falschen werden verwischt und eine absolute Grenzziehung, an der Augustin doch so sehr gelegen war, als unmöglich insinuiert, gerade weil, wie der Text *Die Erziehung des Menschengeschlechts* nahelegt, die Wahrheit nichts Absolutes, sondern etwas *historisch* Relatives ist. An Johann Albert Heinrich Reimarus schreibt Lessing am 6. April 1778 dementsprechend:

> Die *Erziehung des Menschengeschlechts* ist von einem guten Freunde, der sich gerne allerley Hypothesen und Systeme macht, um das Vergnügen zu haben, sie wieder einzureissen. Diese Hypothese nun würde freylich das Ziel gewaltig verrücken, auf

---

[489] Gotthold Ephraim Lessing, Über den Beweis des Geistes und der Kraft. An den Herrn Director Schumann zu Hannover [1777], in: G. E. L., Werke, hg. von Herbert G. Göpfert u. a., Bd. 8, Darmstadt 1996, 12.

welches mein Ungenannter im Anschlage gewesen. Aber was thut's? Jeder sage, was ihm Wahrheit *dünkt,* und die *Wahrheit selbst* sey Gott empfohlen![490]

Der «Vorbericht des Herausgebers» in der vollständigen Ausgabe von 1780 akzentuiert den vom Motto vorgegebenen, skeptischen Generalvorbehalt gegenüber dem Inhalt der nachfolgenden 100 Paragraphen, insofern der Herausgeber, als den das Titelblatt Lessing ausweist, über den Verfasser des Textes als über einen Dritten spricht, dessen Perspektive sich von der eigenen deutlich unterscheidet. Gewiss ist im 18. Jahrhundert eine solche fingierte Herausgeberschaft zur Verschleierung der Verfasserschaft eine gängige literarische Technik, was freilich die Lessing-Forschung nicht davon abhielt, lange darüber zu streiten, ob nicht vielmehr ein gewisser Albrecht Thaer (1752-1828) der wahre Autor der Erziehungsschrift gewesen sei.[491] Obwohl mittlerweile die Zweifel an Lessings Verfasserschaft ausgeräumt sind, entbindet dies jedoch keinen Interpreten von der Frage, welche Funktion die Herausgeberfiktion erfüllt. Das Augustin-Motto erscheint erst in der Buchpublikation von 1780, während Lessing die ersten 53 Paragraphen bereits 1777 im vierten Beitrag *Zur Geschichte und Litteratur. Aus den Schätzen der Herzoglichen Bibliothek zu Wolfenbüttel* im Anschluss an seine eigene Erwiderung auf das von ihm tatsächlich nur edierte und nicht selbst verfasste vierte Fragment des Ungenannten (Hermann Samuel Reimarus) «Daß die Bücher A.T. nicht geschrieben worden, eine Religion zu offenbaren» abdruckt und ebenfalls als Herausgeber einleitet. Dass das Alte Testament keine Unsterblichkeitsvorstellung und vor der Babylonischen Gefangenschaft keinen Begriff von der Einheit und Einzigkeit Gottes gehabt habe, gesteht Lessing Reimarus in seiner Erwiderung zu und deutet die religionsgeschichtliche Entwicklungslinie in der Geschichte Israels und des Judentums an, die *Die Erziehung des Menschengeschlechts* dann noch einmal pointiert. Im Unterschied dazu spricht Lessing in der unmittelbaren Antwort auf Reimarus auch explizit nicht nur vom nahöstlich-okzidentalen Kulturkreis, sondern auch von den «heiligen Büchern der Braminen», die «es an Alter und an würdigen Vorstellungen von Gott mit den Büchern des

---

490 Lessings Sämmtliche Schriften. Neue rechtmässige Ausgabe. [Hg. von Karl Lachmann], Bd. 12, Berlin 1840, 503f.
491 Siehe die Rekapitulation dieser Auseinandersetzung bei Helbig, Gotthold Ephraim Lessing, 55-57.

A. T. aufnehmen können».[492] Der göttliche Ursprung einer Schrift lässt sich laut dem Reimarus-Kommentator Lessing weder beweisen noch widerlegen, und er wagt die Vermutung: «Gott könnte ja wohl in allen Religionen die guten Menschen in der *nämlichen Betrachtung,* aus den *nämlichen Gründen* selig machen wollen: ohne darum allen Menschen von der Betrachtung, von diesen Gründen die *nämliche Offenbarung* erteilt zu haben.»[493] Darauf folgt die knappe Einleitung zu den ersten 53 Paragraphen der *Erziehung des Menschengeschlechts,* die den «Anfang» eines «kleinen Aufsatzes», der «unter einem gewissen Zirkel von Freunden ... herum gegangen» sei, darstellten – ein Anfang, «der sich auf den Inhalt unsers *vierten Fragments* so genau bezieht». Lessing bekennt seine «Indiscretion», diesen Text bekannt zu machen, gibt sich aber überzeugt «von der Lauterkeit der Absichten des Verfassers»: «Er ist auch bei weitem so heterodox nicht, als er bei dem ersten Anblicke scheinet».[494] Im «Vorbericht» von 1780 beschreibt die Herausgeberfigur – die sich mit dem Augustin-Motto von jeder Entscheidung dispensiert, was vom Nachfolgenden als wahr und was als falsch anzusehen ist (auch die Aufspaltung der Perspektive in eine Herausgeber- und in eine Verfassersicht ist ja nur in gewisser Weise wahr, in anderer Weise aber falsch) – den Verfasser als einen Menschen, der sich im vorliegenden «Aufsatz» «auf einen Hügel gestellt» habe, «von welchem er etwas mehr, als den vorgeschriebenen Weg seines heutigen Tags zu übersehen glaubt» (EM, 489). Die Unterscheidung von Herausgeber- und Verfasserfigur erinnert übrigens an die Unterscheidung zwischen der Augustin- und der Ratio-Figur in den *Soliloquia,* die mit der dialogischen Form ebenfalls eine Verfahrens-

---

492 Gotthold Ephraim Lessing (Hg.), Ein Mehreres aus den Papieren des Ungenannten, die Offenbarung betreffend. Gegensätze des Herausgebers IV [1777], in: G.E.L., Werke, hg. von Herbert G. Göpfert u.a., Bd. 7, Darmstadt 1996, 474f. Karl S. Guthke, Lessings Horizonte. Grenzen und Grenzenlosigkeit der Toleranz, Wolfenbüttel, Göttingen 2003, 46, weist darauf hin, dass Lessing die «heidnischen» Religionen in der *Erziehung des Menschengeschlechts* «nicht würdig» befinde, «an der grossen Heerstrasse des Herrn der Vorsehung oder der Heilsgeschichte zu liegen» (insbesondere im Hinblick auf EM §§ 7, 21, 39-41). Lessings mitunter gehässig wirkende Ausklammerung «heidnischer» Religionen scheint freilich eher argumentationsstrategisch als von Intoleranz motiviert sein, geht es in der *Erziehung* doch um die Umwertung des spezifisch jüdisch-christlichen Offenbarungsanspruchs.
493 A.a.O., 476.
494 Ebd.

weise wählen, auf die die Formel *haec omnia inde esse in quibusdam vera, unde in quibusdam falsa sunt* gegen Augustins eigene Intention anwendbar ist: Das Drama des Selbstgesprächs kommt nicht ohne die Vortäuschung zweier unterschiedlicher Figuren aus.

Von der Metaphorik des Weges und der (Aus-)Sicht zehrt der ganze «Vorbericht»: Zunächst einmal scheint die Verfasserfigur nur die Wahl zwischen Aussicht und Weiterschreiten auf dem *vorgeschriebenen* Pfad zu haben. Diese Wahl aber ist seine ganz eigene; es tritt, trotz des erhöhten Standpunktes, hier kein Bergprediger und auch kein vom Berg herabsteigender Gesetzgeber auf, lässt er doch jeden «eilfertigen Wanderer, der nur das Nachtlager bald zu erreichen wünscht», auf dessen «Pfad» unbehelligt. «Er verlangt nicht, dass die Aussicht, die ihn entzücket, auch jedes andere Auge entzücken müsse.» Während die Welt sonst ihren Gang nimmt, steht er da und staunt. «Und so, dächte ich, könnte man ihn ja wohl stehen und staunen lassen, wo er steht und staunt!» Gleichwohl erhofft sich die Herausgeberfigur von diesem innehaltenden Kontemplator «aus der unermesslichen Ferne ... einen Fingerzeig ..., um den ich oft verlegen gewesen»:

> Ich meine diesen. – Warum wollen wir in allen positiven Religionen nicht lieber weiter nichts, als den Gang erblicken, nach welchem sich der menschliche Verstand jedes Orts einzig und allein entwickeln können, und noch ferner entwickeln soll? als über eine derselben entweder lächeln, oder zürnen? Diesen unsern Hohn, diesen unsern Unwillen, verdiente in der besten Welt nichts: und nur die Religionen sollen ihn verdienen? Gott hätte seine Hand bei allem im Spiele: nur bei unsern Irrtümern nicht? (EM, 489)

Der fragliche «Fingerzeig» ist also nichts weniger als der Hinweis darauf, dass und wie Religion durch eine entwicklungsgeschichtliche Betrachtung gerechtfertigt werden kann. Die Quintessenz, die die Herausgeberfigur aus den 100 Paragraphen destilliert, ist eine neue Legitimation der historischen, «positiven Religionen», denen Reimarus so gründlich den Boden entzogen zu haben schien. Es findet eine Umkehrung der gewohnten Theodizee-Schemata statt, insofern nicht das *malum physicum* und das *malum morale* als Folgen eines der Schöpfung notwendig innewohnenden *malum metaphysicum* getreu der Leibnizschen Vorgabe «in der besten Welt» rechtfertigungsbedürftig erscheinen, sondern die Religion selbst, die bislang in ihrer christlichen Gestalt den rechtfertigenden Rahmen für das metaphysische Geschäft der «Malitätsbonisierung» (Odo Marquard) abgegeben hat.

Wenn unter dem Eindruck der Religionskritik eines Reimarus plötzlich die Religionen selbst als das zu rechtfertigende Übel erscheinen, das einem an der besten der möglichen Welten irre machen kann, wird damit der Rahmen völlig verändert, unter dem das Theodizeeproblem zur Sprache kommt. Religion in ihren konkreten Erscheinungsformen ist offensichtlich nur dann zu rechtfertigen, wenn diese Erscheinungsformen als Stufen menschlicher Verstandesentwicklung begriffen werden, deren Wahrheitsansprüche unaufhebbar zeitlich limitiert sind. «Positive Religionen» sprechen nur dann nicht gegen die Annahme einer «besten Welt», wenn es gelingt, sie historisch zu neutralisieren. Genau diesem Geschäft einer historischen oder geschichtsphilosophischen Neutralisierung religiöser Wahrheitsansprüche widmet sich *Die Erziehung des Menschengeschlechts,* die dabei freilich stets bezogen bleibt auf das eigentliche Anliegen der Theodizee, nämlich auf die Rechtfertigung Gottes. Nur ist dieser Gott nicht mehr jener Gott, den die positiven Religionen möglichst exklusiv jeweils für sich reklamieren, sondern der Gott einer geschichtsphilosophisch-spekulativen Vernunft. Eine Rechtfertigung dieses Gottes ist nur dann möglich, wenn die positiven Religionen depotenziert sind. Die hypothetische Geschichtserzählung der *Erziehung des Menschengeschlechts* versucht genau das zu leisten.

Die grundlegende Spannung zwischen dem Stehenbleiben, das die Herausgeberfigur der Verfasserfigur zuschreibt, und dem Gang der Geschichte selbst, wird im «Vorbericht» im Interesse des skeptischen Vorbehalts aufrechterhalten: Die aufmerksame Leserin stellt sich unwillkürlich die Frage, wie eine solche Rechtfertigung des vermeintlichen Übels der Religion sich vollziehen kann, wenn der Verfasser stehenbleibt, während alles im Fluss ist. Das Verfasser-Ich, dem die Leserin im Laufe der 100 Paragraphen ab und zu begegnet (z. B. EM §§ 18, 25 f., 91, 96, 100), überlässt sich denn auch – entgegen der Beschreibung, die die Herausgeberfigur von ihm im «Vorbericht» gibt – dem Gang des geschichtlichen Geschehens, auf das es freilich aus der Zukunfts-Perspektive der endlich überwundenen positiven Religion zurückblickt: Das Verfasser-Ich beurteilt die von ihm rekapitulierte Religionsgeschichte vom vorweggenommenen Standpunkt eines *«dritten Zeitalters»* (EM § 89) aus, das alle statuarischen Festlegungen in Religionsdingen überflüssig macht, und in dem man dazu übergangen ist, die «Tugend» weder aus Furcht vor Bestrafung zu achten (Altes Testament), noch für sie jenseitige Belohnung in Form von Unsterblichkeit zu erwarten

(Neues Testament), sondern sie «um ihrer selbst willen zu lieben» (EM § 80). Freilich relativiert der «Vorbericht» wiederum eine solche Perspektivierung der Geschichte von ihrem Ende her, wenn die Verfasserfigur dort als jemand dargestellt wird, der von seinem Hügel aus in die «unermessliche Ferne» schaut, eine Ferne jedoch, «die ein sanftes Abendrot seinem Blicke weder ganz verhüllt noch ganz entdeckt» (EM, 489). Hier kehrt das Sowohl-als-auch des Mottos wieder; die Verfasserfigur hat ebensowenig wie die Herausgeberfigur einen privilegierten Zugang zur Wahrheit; das Innehalten, die philosophische Kontemplation kann nicht mehr als einen «Fingerzeig» geben.

Die «positiven Religionen» mögen zwar – so klingt der «Vorbericht» ja aus – «Irrtümer» sein, doch im Hinblick auf die Entfaltung der menschlichen Vernunft heilsame, nützliche Irrtümer. Als solche sind sie zu rechtfertigen – und durch eine solche Lesart ist der Gott der geschichtsphilosophisch-spekulativen Vernunft zu rechtfertigen, ein Gott im übrigen, der spinozistisch auch auf den Namen «Natur» hört (EM § 90). Religionen sind kein Selbstzweck, sondern Vehikel der Menschheitsentwicklung. Sie werden – hypothetisch – funktionalisiert als Erziehungsmittel des Menschengeschlechts, während sie ohne Zugrundelegung einer solchen wohlwollenden Hypothese ganz einfach verderblich erschienen. Die Hypothese, Religionen seien prominentes Erziehungsmittel der Menschheit, beschränkt zum einen die Religionen in ihrer Geltung, ohne sie zum anderen für unwert zu erklären. Positive Religion wird gerettet mittels ihrer geschichtsphilosophisch bewerkstelligten Entmachtung.

Diese Entmachtung gründet im Haupttext der Erziehungsschrift zunächst in der Engführung von Erziehung und Offenbarung, die Offenbarung als diejenige Erziehung bestimmt, die dem «ganzen Menschengeschlechte» (EM § 1) zuteil wird. Diese Offenbarung gebe dem Menschengeschlecht nichts, «worauf die menschliche Vernunft, sich selbst überlassen, nicht auch kommen würde» (EM § 4).[495] Dass damit der Gehalt von Offenbarung stark

---

495 Der vieldiskutierte Widerspruch von EM § 4 zu EM § 77 ist womöglich nur ein scheinbarer: Dort ist nicht von Offenbarung die Rede, sondern von der positiven Religion des Christentums, die, obwohl es «mit deren historischen Wahrheit, wenn man will, ... so misslich aussieht», uns «nähere Begriffe vom göttlichen Wesen, von unsrer Natur, von unsern Verhältnissen zu Gott» vermitteln könne, «auf welche

beschränkt wird, ist offenkundig;[496] sie erscheint nicht länger als eine Vermittlung heilsnotwendiger Erkenntnis über das Wesen Gottes und über das Verhältnis des Menschen zu Gott. Gleichwohl hält sich der Gang der Rekapitulation der Religionsgeschichte ähnlich wie Kants geschichtsphilosophische Genesis-Exegese (vgl. unten S. 334-344) sehr wohl an die vom Bibeltext vorgegebene Karte; so geht EM § 6 im Unterschied zu Hume von einem Urmonotheismus aus, der dann allmählich zerfallen sei. Der Polytheismus erscheint als «Irrweg», von dem die Menschheit erst «durch einen neuen Stoss» Gottes abgebracht werden (EM § 7). Die Wortwahl, mit der dieses direkte Offenbarungshandeln beschrieben wird, klingt eigentümlich physikalistisch: als ob Newtons Gott Billardkugeln anstiesse. In den Genuss dieser neuerlichen Offenbarung kommt auch nicht die Menschheit insgesamt, ebensowenig einzelne Individuen, sondern «ein *einzelnes* Volk» (EM § 8), das sich dann unter dem Eindruck des Exodus aus Ägypten an den Begriff der Einigkeit, der Einheit Gottes «allmählig» gewöhnt (EM § 13). Erziehungsmittel sind in diesem Kindheitsstadium – auf der Klaviatur der Lebensalteranalogie spielt Lessing ebenso virtuos wie Iselin – «unmittelbare sinnliche Strafen und Belohnungen» (EM § 16). Während das israelitische Volk im Babylonischen Exil seine religiösen Begriffe läutert, gibt es daneben ein paar Völker, die ohne Offenbarung «bei dem Lichte der Vernunft ihren Weg fortgegangen» sind (EM § 20) und sich selbst soweit gebildet

> die menschliche Vernunft von selbst nimmermehr gekommen wäre»: Damit sind die übervernünftigen Dogmen der Trinität, der Erbsünde und der stellvertretenden Genugtuung gemeint, die EM §§ 73-75 spekulativ einzuholen sich bemühen – «die Ausbildung geoffenbarter Wahrheiten in Vernunftswahrheiten ist schlechterdings notwendig, wenn dem menschlichen Geschlechte damit geholfen sein soll» (EM § 76). Dem Menschengeschlecht kann nur dann wirklich Nutzen aus diesen zunächst übervernünftigen Dogmen erwachsen, wenn sie rationalisiert werden. Von sich aus würde die Vernunft nie auf sie verfallen. Vgl. Klaus Bohnen, Geist und Buchstabe. Zum Prinzip des kritischen Verfahrens in Lessings literarästhetischen und theologischen Schriften, Köln, Wien 1974, 198, ferner auch Terence James Reed, Von den Motoren der Menschheitsgeschichte. Zu Geschwindigkeitsunterschieden im teleologischen Denken des 18. Jahrhunderts, in: Lessing-Yearbook, Bd. 30 (1998), 88.
> [496] Vgl. auch Willy Michel, Die Aktualität des Interpretierens. Hermeneutische Zugänge zu Lessing, Die Erziehung des Menschengeschlechts ... und ein Gespräch mit Peter Härtling, Heidelberg 1978, 25.

haben, dass sie in ihrer Entwicklung den Israeliten ebenbürtig werden. Es tritt also eine Konkurrenz der Selbstbildung und der Offenbarung auf, die belegt, dass die Offenbarung qua Erziehung durch Gott an sich entbehrlich ist. Daran ändert auch die vermeintlich orthodoxe Beteuerung nichts, dass das «Kind der Erziehung», also das Volk Israel, «mit langsamen, aber sichern Schritten» anfange und «manches glücklicher organisierte Kind der Natur spät» einhole, «aber es holt es doch ein, und ist alsdann nie wieder von ihm einzuholen» (EM § 21). Die allmähliche Emanzipation aus der göttlichen Erziehungsobhut, die im folgenden beschrieben wird, widerlegt die These eines von der natürlichen Vernunft nie einholbaren Offenbarungsvorsprungs. Im Babylonischen Exil leisten Vernunft und Offenbarung zum ersten Mal einen «wechselseitige[n] Dienst» (EM § 37).

Das Fehlen der Lehren von Unsterblichkeit und jenseitiger Belohnung sowie Bestrafung im Alten Testament wird in Abgrenzung von Reimarus gerade nicht als Argument gegen den göttlichen Ursprung dieser Schriften gelten gelassen, sondern vielmehr mit dem Gedanken der Akkomodation begründet: Solche Lehren wären dem beschränkten Auffassungsvermögen der damaligen Israeliten noch nicht angemessen gewesen (EM § 23). Das pädagogische Modell für Offenbarung nutzt das Verfasser-Ich dazu, das Alte Testament als «Elementarbuch für Kinder» (EM § 26) darzustellen, von dem man keineswegs erwarten solle, es habe schon alle wichtigen Lehren zu liefern. Nur dürfe es «schlechterdings nichts enthalten, was den Kindern den Weg zu dem zurückbehaltnen wichtigen Stücke versperre oder verlege». Und genau dies könne man dem Alten Testament im Hinblick auf die Unsterblichkeitsidee nicht vorwerfen. Solange es den Anschein hat, als ob der Fromme auch mit allen irdischen Glücksgütern gesegnet wird, komme kein Empfinden der Ungerechtigkeit und also auch kein Theodizeebedürfnis auf. Dieser Anschein aber wurde durch die «tägliche Erfahrung» (EM § 30) auch bei den Israeliten nicht bestätigt, so dass sie langsam für eine andere Anschauung präpariert werden, während sie zunächst noch im «heroische[n] Gehorsam» (EM § 32) verharrten, Gottes Gesetz zu achten, ohne dafür belohnt zu werden. Die «Lehre von der Unsterblichkeit der Seele» wurde den «Juden unter den Chaldäern und Persern ... bekannter; «[v]ertrauter mit ihr wurden sie in den Schulen der Griechischen Philosophen in Ägypten» (EM § 42). Die Unsterblichkeitslehre ist demnach nichts, was sich der direkten göttlichen Erziehungsmassnahme verdankt, sondern dem religiösen Synkretismus; sie ist zunächst die Erkenntnis einer nicht offenbarungsgeleiteten Vernunft. Die Seiten des ersten «Elementarbuches» sind in Sachen Unsterblichkeit leer, so dass es naheliegt, es nach und nach beiseite zu legen. Hatte die lutherische Tradition mit ihrem *sola-scriptura*-Prinzip den biblischen Text für das zeitlose, unbedingt gültige und wahre Wort Gottes ausgegeben, sieht die Verfasserfigur der *Erziehung des Menschengeschlechts* darin einen Text, der «nur für ein gewisses Alter» (EM § 51) tauglich ist – ein Text, der immerhin «*Anspielungen* und *Fingerzeige*» (EM § 43) auf das Künftige enthält. Eine generalisierte Akkomodationstheorie macht den Wahrheitsanspruch des Alten und auch des Neuen Testament (EM § 72) relativ zu seinen eigentlichen Adressaten: zu einem bestimmten Volk im Kindheitsstadium, zur Menschheit im Jugendstadium. Die Absolutheit des lutherischen Schriftprinzips wird gebrochen und schliesslich die Schriftreligion überhaupt zur Disposition gestellt. Das uneigentliche, bildhafte Sprechen, das die Bücher des Alten Testaments charakterisiere,[497] diene der «Einkleidung» «der nicht wohl zu übergehenden abstrakten Wahrheiten» (EM § 48) – ein Argument, das wiederum zur Entschärfung des von der literalen Exegese hochgehaltenen Schriftprinzips beiträgt.

Weil das erste Elementarbuch ausgedient hat, tritt nun Christus auf (EM § 53), der sich als «der erste *zuverlässige, praktische* Lehrer der Unsterblichkeit der Seele» (EM § 58) erweist und im Hinblick auf das Jenseits statt einer Handlungs- eine Gesinnungsmoral einführt, «[e]ine innere Reinigkeit des Herzens in Hinsicht auf ein andres Leben» empfiehlt (EM § 61). Das Neue Testament gewinnt den Status des zweiten Elementarbuches, und diesmal nicht bloss für ein einziges Volk, sondern «für das Menschengeschlecht» (EM § 64) – ein Buch, das «seit siebzehnhundert Jahren den menschlichen Verstand mehr als alle andere Bücher beschäftiget; mehr als alle andere Bücher erleuchtet, sollte es auch nur das Licht sein, welches der menschliche Verstand selbst hineintrug» (EM § 65). Diese ironische Volte, die die Vermutung nahelegt, die Menschen würden nur das in der Bibel finden, was sie selber hineinlegen, hindert die Verfasserfigur nicht, in

---

[497] Priscilla Hayden-Roy, Refining the Metaphor in Lessing's *Erziehung des Menschengeschlechts*, in: Monatshefte für deutschsprachige Literatur, Bd. 95 (2003), 400, macht darauf aufmerksam, dass Lessing auch in anderen Schriften sehr wohl erwägt, die Bibel als poetischen Text zu lesen.

den folgenden Paragraphen den als Du direkt angesprochenen Leser davor zu warnen, sich frühzeitig vom Neuen Testament überheblich abzukehren, sondern betont dessen praktische Relevanz: «Einheit Gottes» (EM § 70) und «Unsterblichkeit der Seele» (EM § 71) seien dort nicht als Vernunftschlüsse gelehrt, sondern als Offenbarungen gepredigt worden. Es wäre möglich, dass es in der Bibel noch mehr versteckte Wahrheiten gibt, «die wir als Offenbarungen anstaunen sollen, bis sie die Vernunft aus ihren andern ausgemachten Wahrheiten herleiten» kann (EM § 72). Eine solche spekulativ-vernünftige Eingemeindung erproben die folgenden Paragraphen an den Lehren von Trinität, Erbsünde und stellvertretender Genugtuung.[498] Freilich sind, wie Lessing sehr wohl bewusst war, diese Lehren gerade nicht biblisch, sondern nachapostolische Rationalisierungsleistungen, mithin also eher ein Beispiel für das, was man alles in die Bibel hineinlesen konnte, als für das, was sich aus ihr herauslesen lässt. Entsprechend wenig orthodox mutet etwa die ziemlich spinozistisch anmutende «Spekulation» über die Trinität an – nämlich über die «Einheit» Gottes als «transzendentale Einheit ..., welche eine Art von Mehrheit nicht ausschliesst» (EM § 73), also als die eine Substanz mit ihren Modifikationen. Als Legitimation für «dergleichen Vernünfteleien» (EM § 76) wird angeführt, die «Ausbildung geoffenbarter Wahrheiten in Vernunftswahrheiten ist schlechterdings notwendig, wenn dem menschlichen Geschlechte damit geholfen sein soll». Versteht man das «wenn» konditional, dann bedeutet der Satz nichts anderes, als dass dergleichen dogmatische Wahrheiten der Menschheit nur unter der Bedingung dienlich sind, dass die Vernunft sie in ihre Begriffe übersetzen kann. Die Existenz *prinzipiell* übervernünftiger Wahrheit wird damit zurückgewiesen. Damit wird nicht nur der neologische Ansatz radikalisiert, sondern zugleich auch jede «Spekulation» legitimiert. «Es ist nicht wahr, dass Spekulationen über diese Dinge jemals Unheil gestiftet, und der bürgerlichen

---

[498] Vgl. auch Michael Reiter, Von der christlichen zur humanistischen Heilsgeschichte. Über G. E. Lessings *Erziehung des Menschengeschlechts,* in: Richard Faber/Eveline Goodman-Thau/Thomas Macho (Hg.), Abendländische Eschatologie. Ad Jacob Taubes, Würzburg 2001, 179: «Der Humanismus Lessings reinigt das Christentum von der erlösenden und neu verpflichtenden Macht des stellvertretenden Opfers, ohne aber auf dessen Wirkung verzichten zu wollen: die gute Werke erzwingende Grundhaltung von Liebe und Dankbarkeit.»

Gesellschaft nachteilig geworden.» (EM § 78)[499] Stimmt man der Behauptung zu, dogmatische Wahrheiten könnten der Menschheit nur dann Nutzen bringen, wenn sie in Vernunftwahrheiten übersetzt werden, bedeutet dies, dass die Spekulationen der Vernunft nicht bloss Grille und Zeitvertreib derjenigen sind, die stehenbleiben, anstatt ihren Weg weiterzugehen, sondern eine für die Zukunft des Menschengeschlechts unentbehrliche Anstrengung: Der Spekulation ist nicht deswegen jede nur erdenkliche Freiheit einzuräumen, weil sie harmlos ist, sondern weil von ihr das Wohl der Menschheit abhängt – wofür man auch ihre Irrwege und Irrtümer in Kauf nehmen muss. «Es ist nicht wahr, dass die kürzeste Linie immer die gerade ist.» (EM § 91)[500]

Die Paragraphen 79 und 80 historisieren freilich schon wieder die «Spekulationen», insofern es sich um «die *schicklichsten* Übungen des menschlichen Verstandes» handle», «so lange das menschliche Herz überhaupt, höchstens nur vermögend ist, die Tugend wegen ihrer ewigen glückseligen Folgen zu lieben» (EM § 79). Wiederum also wird eine Behauptung konditionalisiert: Spekulation ist nicht *per se* schicklichste Verstandesübung, sondern nur insofern man die «Tugend» noch nicht in einer «völligen Aufklärung» «um ihrer selbst willen zu lieben» gelernt hat (EM § 80). Falls die Menschheit je zu dieser Einsicht gelangt, werden sich die Spekulationen erübrigen – als «Lästerung» erscheint demgegenüber die Annahme, der Menschheit werde dies nie gelingen, würde das doch bedeuten, die Erziehung habe kein *«Ziel»* (EM § 82), womit die geschichtsphilosophische «Ökonomie» (EM § 88) des Heils zerstört wäre. Die Aussicht auf eine «besser[e] Zukunft» (EM § 85) wird schliesslich als Motivationsgrund für das eigene Handeln überflüssig. Damit aber hebt sich die motivatorische Notwendigkeit des geschichtsphilosophischen Fortschrittsglaubens selbst auf; tut man die Tugend um ihrer selbst willen, braucht es keine geschichtsphilosophische Zukunftshoffnung für die Menschheit mehr.

---

499 Die Radikalität dieser These betont schon Heinrich von Treitschke, vgl. Helbig, Gotthold Ephraim Lessing, 53.

500 Diese Äusserung richtet sich gegen ein eng verstandenes Ökonomieprinzip, wie es etwa Friedrich II. von Preussen, Über die deutsche Literatur, 90, in der Kritik an Leibniz formuliert: Dass nämlich «die Natur den kürzesten Weg nimmt, um zu ihren Zielen zu gelangen». Die §§ 88-91 lehnen sich übrigens eng an das Ende von Jerusalems *Betrachtungen* (BVWR 3) an.

Aber die letzten Paragraphen der *Erziehung des Menschengeschlechts* geben, im Modus der Fiktion, dieses Schema einer Handlungsmotivierung mittels Ausblick in eine bessere Zukunft keineswegs auf. Sie machen die Strukturanalogie der religiösen Unsterblichkeitshoffnung und der geschichtsphilosophischen Hoffnung auf Gattungsvervollkommnung noch einmal deutlich, indem sie den Fokus von der Gattung wiederum auf das Individuum verschieben. Um das Individuum bei aller Aussicht auf einen höheren Vollkommenheitszustand der Gattung nicht unbelohnt zu lassen, sondern ihm selbst ein Potential unbeschränkter Vervollkommnung zuzugestehen, postuliert das Verfasser-Ich die Idee der Palingenese.[501] «Warum sollte ich nicht so oft wiederkommen, als ich neue Kenntnisse, neue Fertigkeiten zu erlangen geschickt bin?» (EM § 98) Diese Idee hat den Charakter jener «Spekulationen», von denen § 78 spricht; sie sind notwendig, solange weder das Individuum noch die Gattung die Vollkommenheit erreicht hat. Nur bei strenger Parallelität der individuellen und der Gattungserziehung ist das Theodizee-Problem der Rationaltheologie zu lösen; der Gattungsfortschritt darf nicht auf Kosten des individuellen Fortschritts gehen.[502]

Lessings *Erziehung des Menschengeschlechts* macht darauf aufmerksam, dass spekulativ-universalistische Geschichtsphilosophie ein individualeschatologisches Supplement braucht, ohne das sie ihre Aufgabe nicht zu erfüllen vermag. Dieses Supplement ist religionsphilosophisch begründet, verzichtet aber auf einen dogmatischen Wahrheitsanspruch, dem die Geschichtsphilosophie gleichfalls nicht gerecht werden könnte. Geschichtsphilosophie wird 'wahrer', wenn sie mit einem individualeschatologischen

---

[501] Vgl. auch Kuno Fischer, G.E. Lessing als Reformator der deutschen Literatur, 2. Theil: Nathan der Weise, Stuttgart, Berlin [5]1905, 31-36.

[502] Hans Urs von Balthasar, Die Apokalypse der deutschen Seele. Studien zu einer Lehre von letzten Haltungen. Bd. 1: Der deutsche Idealismus, Salzburg, Leipzig 1937, 47, sieht freilich einen systematischen Konflikt, den Lessing nicht löse: «die Verbindung beider Eschatologien, der historisch-sozialen, die offenbar auf ein (statisches) Vernunftreich hinzielt, und der kosmisch-individuellen, die eine ins Unendliche weisende, offene Hyperbelbahn beschreibt, wird dann erst zum eigentlichen Problem. Mögen anfangs beide einträchtig gehen, als höhere Wiedergeburt und höhere Kultur, sie müssen doch bald auseinanderziehen: am erreichten Maximum irdischen 'Reiches' haben die ins Ewige zielenden Seelen nichts mehr zu 'lernen', aus seinem Stoffe nichts mehr zu bilden. Der Sinn beider 'Eschata' lässt sich nicht einen.»

Supplement ausgestattet wird.[503] Individualeschatologie und Geschichtsphilosophie sind nur in bestimmter Hinsicht wahr, in anderer aber falsch. Als scharfer Kritiker metaphysischer Spekulation gilt Kant. Es wird jetzt zu fragen sein, wie weit Kants kritische Philosophie im Feld der Geschichte kritisch bleibt. Denn Kants Geschichtsphilosophie bleibt der Erbaulichkeit treu, die sie von Iselin bis Lessing begleitet hat. Ist Erbaulichkeit mit Vernunftkritik vereinbar?

2.9 Geschichtsphilosophische Sinnstiftungen als ob

2.9.1 Immanuel Kant als Geschichts-Teleologe

Die Geschichtsphilosophie Immanuel Kants (1724-1804) soll hier hauptsächlich anhand zweier Texte erörtert werden, deren erster – *Idee zu einer allgemeinen Geschichte in weltbürgerlicher Absicht* (1784) – die Möglichkeitsbedingungen philosophischer Geschichtsbetrachtung thematisiert, während der zweite – *Mutmasslicher Anfang der Menschengeschichte* (1786) – eine solche Geschichtsbetrachtung exemplarisch ins Werk setzt, und zwar bei der Auslegung der in der Genesis dokumentierten menschlichen Urgeschichte. Geschichtsphilosophie integriert bei Kant auf eine für die weitere Theoriegeschichte folgenreiche Weise geschichtstheologische Elemente, ohne doch selber blosses Säkularisat zu sein.[504] Sowohl diese Integrations-

---

[503] Till Dembeck, Eine «vieldeutige Textur» und die scharfe Lektüre der Aufklärung: Lessings *Erziehung des Menschengeschlechts,* in: Lessing Yearbook/Jahrbuch, Bd. 35 (2003), Göttingen 2004, 79, spricht hingegen von einer «Exklusion des 'eigentlich Individuellen'» in Lessings Schrift, insofern die «geschichtliche Dynamik» als eine Dynamik vorgestellt werde, «innerhalb derer Individualität und Singularität als für die Entfaltung der allgemeinmenschlichen Vernunft hinderlich erscheinen» (81). Aber diese geschichtliche Dynamik ist eben nur die eine Seite des pädagogischen Entwurfs.

[504] Manfred Riedel, Einleitung, in: Immanuel Kant, Schriften zur Geschichtsphilosophie, hg. von Manfred Riedel [1974], Stuttgart 1999, 7f., betont im Anschluss an eine Notiz in Kants Reflexionen zur Logik, Nr. 2018, AA 16,197, dass sich Kant dezidiert von der traditionellen «heilsgeschichtlichen Behandlung der Universalhistorie» abwende (siehe auch Manfred Riedel, Geschichtstheologie, Geschichtsideologie, Geschichtsphilosophie. Zum Ursprung und zur Systematik einer kritischen

leistung wie der Umstand, dass mit Kant die Geschichtsphilosophie des Deutschen Idealismus anhebt – eine Geschichtsphilosophie, die die ihr eigene, von Geschichtswissenschaft und offenbarungsgegründeter Geschichtstheologie unterschiedene Reflexionsform findet –, prädestinieren seine Ausführungen zum Schlusspunkt der hier versammelten, autorenbezogenen Studien zur Genese der spekulativ-universalistischen Geschichtsphilosophie. Inwiefern kann die Kantische Geschichtsphilosophie dem kritischen Geschäft treu bleiben, ohne sich in ausserwissenschaftliche Metaphysik zu transfigurieren oder dogmatisch zu werden?[505]

Bereits der Titel von Kants erster geschichtsphilosophischer Schrift deutet an, dass er nicht daran denkt, über den Umweg der Geschichte jene rationalistische Metaphysik zu restituieren, gegen deren Erkenntnisanspruch in transempirischen und transzendenten Belangen sich die drei Jahre zuvor erschienene *Kritik der reinen Vernunft* gewandt hatte. Die *Idee zu einer allgemeinen Geschichte* bietet auf der einen Seite im Stil jener spekulativ-universalistischen Geschichtsphilosophie, die sich von 1750 an herauszubilden begonnen hatte, eine materiale Geschichtsdeutung mit dem Anspruch, den sinnhaften Zusammenhang der Gesamtheit aller *res gestae* zu erschliessen. Auf der anderen Seite stellt die Evokation der titelgebenden «Idee» den Anschluss an die Transzendentale Dialektik und Transzendentale Methodenlehre her, wo Ideen qua «Vernunftbegriffe» als «heuristische Fiktionen» «regulative Prinzipien des systematischen Verstandesgebrauchs im Felde der Erfahrung ... gründen» sollen: Sie haben «freilich keinen Gegenstand in irgend einer Erfahrung, aber bezeichnen darum doch nicht gedichtete und zugleich dabei für möglich angenommene Gegenstände» (KrV A 771/B 799, vgl. Logik § 3, AA 9,92).[506]

Theorie der Geschichte bei Kant, in: Philosophische Perspektiven, Bd. 5 [1973], 161-192). Das ist sicher richtig, wenn man diese Heilsgeschichte mit Bossuet assoziiert. Im folgenden wird demgegenüber zu zeigen sein, dass sich Kant mit der philosophisch modernisierten, neologischen Geschichtstheologie durchaus berührt.

505 Wie es beispielsweise Yirmiahu Yovel, Kant and the Philosophy of History, Princeton 1980, 154, Kant ankreidet.

506 Mit Recht stellt Hans Vaihinger, Die Philosophie des Als Ob. System der theoretischen, praktischen und religiösen Fiktionen der Menschheit auf Grund eines idealistischen Positivismus. Mit einem Anhang über Kant und Nietzsche, Berlin 1911, 619, die Erörterung von Kants Ideenlehre unter den Gesichtspunkt der «heuristischen Fiktionen».

Was Kants materiale Geschichtsdeutung angeht, so bewegt sie sich in den Bahnen der aufklärerischen Fortschrittsgeschichtsschreibung:[507] Expliziert wird die Teleologie des geschichtlichen Prozesses zur *«Erreichung einer allgemein das Recht verwaltenden bürgerlichen Gesellschaft»* (IaG 5, AA 8,22).[508] Die Errichtung eines Staatenbundes stellt den weiteren Zielhorizont der geschichtlichen Entwicklung dar. Allerdings erschöpft sich diese Teleologie nicht in der Herstellung eines rechtlichen Zustandes auf staatlicher und Staatenbunds-Ebene. Dieser Zustand ist vielmehr die Bedingung dafür, dass die «Natur» *«alle ihre Anlagen in der Menschheit völlig entwikkeln kann»* (IaG 8, AA 8,27).[509] Ja, so etwas wie eine Fortschrittsentwicklung zu einem moralischen «Reich Gottes» könnte sich abzeichnen (RiGbV, B 181/AA 6,122f.), wiewohl wahre Religion kein öffentlicher Zustand, sondern einer des Herzens ist und daher keine «Universalhistorie» davon möglich erscheint (RiGbV, B 183f./AA 6,124). Der Übergang von der Rechtsphilosophie zur Moralphilosophie gestaltet sich in der Geschichtsphilosophie gleichwohl erstaunlich problemlos: «Alles Gute ..., das nicht auf moralisch-gute Gesinnung gepropft ist, ist nichts als lauter Schein und schimmerndes Elend.» (IaG 7, AA 8,26) Dabei ist die Ausgangsüberlegung der materialen Geschichtsdeutung schöpfungsökonomisch akzentuiert[510] und macht starke Anleihen bei Konzeptionen, wie sie Iselin oder Jerusalem vorgeschlagen hatten: *«Alle Naturanlagen eines Geschöpfes sind bestimmt, sich einmal vollständig und zweckmässig auszuwickeln.»* (IaG 1, AA 8,18) Während bei den Tieren in jedem einzelnen Individuum das Gattungs-Telos realisiert wird, entfalten sich beim Menschen die vernunftbezogenen Naturanlagen nicht im Individuum, sondern in der Gattung, d. h. im Rahmen einer

---

[507] Eher oberflächlich auf diesen Traditionsbezug verweist Louis Dupré, Kant's Theory of History and Progress, in: The Review of Metaphysics. A Philosophical Quarterly, Bd. 51 (1998), 813, wenn er Kant attestiert, «he ... resisted the uncritical optimism of the *philosophes*», ohne für diesen vorgeblich unkritischen Optimismus valable Belege beizubringen.

[508] Die Evolution der Rechtsverfassungen ist für Kant dabei zunächst die eigentliche Fortschrittsbewegung, vgl. Riedel, Einleitung, 19.

[509] Vgl. dazu auch Gunnar Beck, Autonomy, History and Political Freedom in Kant's Political Philosophy, in: History of European Ideas, Bd. 25 (1999), 228f.

[510] Unterstrichen wird diese schöpfungsökonomische Akzentuierung durch die explizite Rede von «Geschöpfe[n]» (IaG 1, AA 8,18).

geschichtlichen Gattungsentwicklung (vgl. IaG 2).[511] Die *persona agens* dieser Entwicklung ist *«die Natur»:* Sie *«hat gewollt»,* dass sich der Mensch *«Glückseligkeit oder Vollkommenheit ... durch eigene Vernunft»* verschaffe (IaG 3, AA 8,19); sie *«bedient»* sich dazu eines *«Mittels»*, nämlich des *«Antagonism»* der menschlichen Anlagen, der *«ungeselligen Geselligkeit»* (IaG 4, AA 8,20), die der Geschichte ihre teleologische Dynamik verleiht. Die Religionsschrift pointiert diese Sichtweise noch: «Wenn man dieser [sc. der «grossen Gesellschaften, *Staaten* genannt»] ihre Geschichte bloss als das Phänomen der uns grossteils verborgenenen inneren Anlagen der Menschheit ansieht, so kann man einen gewissen maschinenmässigen Gang der Natur, nach Zwecken, die nicht ihre (der Völker) Zwecke, sondern Zwecke der Natur sind, gewahr werden.» (RiGbV, B 30/AA 6,34)

Dass der geschichtliche Prozess durch den Plan und das Handeln der «Natur» abgesichert wird, ist eine Vorstellung, die in der 'vorkritischen' Geschichtsphilosophie vielfach im Schwange war. Bei Iselin beispielsweise tritt die Natur als weise Erzieherin auf, die den Menschen mit dem Vermögen zur Selbst- und Weltveränderung beschenkt (vgl. GM 1791 1,135); sie setzt die Rahmenbedingungen fest, unter denen Entwicklung erst möglich wird (vgl. GM 1768 1,53). Metaphysikverdacht gegen Kants geschichtsphilosophischen Naturbegriff schürt scheinbar die Koppelung von Natur und Vorsehung in der Skizze einer historischen Theodizee am Ende der *Idee zu einer allgemeinen Geschichte:* «Eine solche *Rechtfertigung* der Natur – oder besser *der Vorsehung* – ist kein unwichtiger Bewegungsgrund, einen besonderen Gesichtspunkt der Weltbetrachtung zu wählen.» (IaG 9, AA 8,30) Zwar konzediert Kant im *Ewigen Frieden* (1795), dass wir die Vorsehung weder zu erkennen noch zu erschliessen vermöchten, «sondern (wie in aller Beziehung der Form der Dinge auf Zwecke überhaupt) nur *hinzudenken* können», aber eben auch hinzudenken «müssen» (AA 8,362). Daher sei der «Gebrauch des Worts *Natur* ... schicklicher für die Schranken der menschlichen Vernunft ... und *bescheidener,* als der Ausdruck einer für uns erkennbaren *Vorsehung»* (ebd.). An Gewicht und Gehalt des Postulats ändert die Selbstbescheidung im Sprachgebrauch wenig.[512]

---

511 Dazu ausführlicher Sommer, Geschichte als Trost, 64f.
512 Im Aufsatz *Über den Gemeinspruch: Das mag in der Theorie richtig sein, taugt aber nichts für die Praxis* (1793) wird dies anschaulich: «von der *Vorsehung* allein,

Mit dem Vorsehungsbegriff ist der Anschluss an die Sprechweise sowohl der herkömmlichen Geschichtsphilosophie wie auch der Geschichtstheologie zumindest terminologisch vollzogen. Allerdings macht Kant klar, dass «Natur» oder «Vorsehung» kein metaphysisches Realium meint, sondern einen Entwurf der Vernunft zum Zwecke einer sinnvollen Ordnung des geschichtlichen Materials.[513] Ob es diese geschichtsphilosophisch agierende Natur oder Vorsehung tatsächlich gibt, entzieht sich unserem theoretischen Wissen.[514] Im Postulat des Natur- oder Vorsehungswaltens ist jene Idee «zu einer allgemeinen Geschichte» konkretisiert, die sich die Vernunft bildet, um den scheinbar chaotischen geschichtlichen Stoff auf den Begriff zu bringen: Der Philosoph solle versuchen, «ob er nicht eine *Naturabsicht* in diesem widersinnigen Gange menschlicher Dinge entdecken könne; aus welcher, von Geschöpfen, die ohne eigenen Plan verfahren, dennoch eine Geschichte nach einem bestimmten Plane der Natur möglich sei» (IaG Einleitung, AA 8,18).[515] Freilich brauchen wir nach Kant nicht in völli-

können wir einen Erfolg erwarten, der aufs Ganze und von da auf die Theile geht, da im Gegenteil die Menschen mit ihren *Entwürfen* nur von den Teilen ausgehen, wohl gar nur bei ihnen stehen bleiben und aufs Ganze als ein solches, welches für sie zu gross ist, zwar ihre Ideen, aber nicht ihren Einfluss erstrecken können» (AA 8,310). Bei der geschichtlich wirksamen Vorsehung handelt sich um ein Postulat der praktischen und nicht bloss um eine Hypothese der theoretischen Vernunft.

[513] In der geschichtsphilosophischen Natur «porträtiert sich Vernunft selbst; aber sie legt sich zugleich höchste Macht bei, wodurch garantiert wird, dass für den politisch-geschichtlich handelnden Menschen die Hoffnung gerechtfertigt ist, dass er in seinem Einsatz für die Vernunft nicht scheitert» (Friedrich Kaulbach, Natur V. 2, in: HWPh, Bd. 6, Sp. 474, siehe auch Friedrich Kaulbach, Welchen Nutzen gibt Kant der Geschichtsphilosophie?, in: Kant-Studien, Bd. 66 [1975], 65-84).

[514] Insofern ist auch Balthasar, Die Apokalypse der deutschen Seele, Bd. 1, 121 zuzustimmen: «Geschichtssinn ist nicht etwas, worin der Mensch als Individuum oder Gattung wie in einem vorgezeichneten Geleise fährt, sondern etwas, was der Geist, als das eigentlich geschichtliche Sein, selber spendet.»

[515] Volker Gerhardt, Immanuel Kant. Vernunft und Leben, Stuttgart 2002, 251, wählt im Anschluss an die *Idee* die an Vaihinger (vgl. oben Fn. 506) anklingende, vorsichtigere Formulierung, die Natur dürfe «unter bestimmten Bedingungen so betrachtet werden ..., *als ob* sie im Gang ihrer Entwicklung eine Absicht verfolge». Überdies hebt Gerhardt S. 248f. im Anschluss an Klaus Düsing, Die Teleologie in Kants Weltbegriff, Bonn ²1986, hervor, dass die kausalen Verhältnissen unterworfene Geschichte sich nicht ausserhalb des Naturgeschehens abspielen könne.

gem Dunkel über den Gang der Geschichte befangen zu bleiben, scheint es doch eine empirische Plausibilisierung der apriorischen Idee zu geben: «Es kommt nur darauf an, ob die Erfahrung etwas von einem solchen Gange der Naturabsicht entdecke.» (IaG 8, AA 8,27) In der Erscheinungswelt sind alle menschlichen Handlungen kausalen Gesetzmässigkeiten unterworfen, wofür Kant zu Beginn der *Idee zu einer allgemeinen Geschichte* einen Beleg in der Regelmässigkeit statistisch erhebbarer Daten wie Geburts-, Sterbe- und Eheschliessungsraten findet. Hier ist – unabhängig vom freien Willen, der hinter jeder einzelnen menschlichen Handlung stehen mag, und ebenso unabhängig von den individuellen Handlungsmaximen, in denen kein Interesse am allgemeinen Besten zu herrschen braucht und meist auch tatsächlich nicht herrscht – eine Ordnung sichtbar, die zur Plausibilisierung der Idee eines teleologischen Geschichtsverlaufs weiter beiträgt, so wenig sich daraus auch ein Beweis ableiten lässt. Dasjenige, von dessen Verlauf sich die Vernunft eine Idee bildet, nämlich die Gesamtheit der Geschichte, ist prinzipiell nicht erkennbar, weil diese Gesamtheit uns schlechterdings nicht gegeben ist.[516] Entsprechend lässt sich diese Idee allenfalls an ihrer «empirischen Brauchbarkeit»,[517] d. h. an ihrer historiographischen Operationalisierbarkeit 'überprüfen'. Dass eine solche 'Überprüfung' selber immer nur vorläufig und situativ ist, scheint sich von selbst zu verstehen – obgleich das *«Geschichtszeichen»* der moralischen Zuschauerreaktion auf die Französische Revolution im *Streit der Fakultäten* ein «Phänomen» sei, das nicht mehr vergessen werde (SF A 149, AA 7,88) und für Kant 1798 schliesslich

---

[516] Diese kritische Beschränkung menschlicher Erkenntnisfähigkeit in der Geschichte spielt noch in der gegenwärtigen Geschichtsphilosophie, eine wesentliche Rolle; siehe Baumgartner, Thesen zur Grundlegung einer transzendentalen Historik, 288: «Das Ganze der Geschichte kann nicht als objektiv gegeben, nicht als realer Prozess, mithin nicht als erkennbare Realität gedacht werden, sondern ausschliesslich als regulative Idee.» Der Anschluss an Kants Geschichtsphilosophie ist gegenwärtig ohnehin populär, siehe z. B. Ralf Dahrendorf, Teilnahme am Guten. Über die Idee zu einer allgemeinen Geschichte in weltbürgerlicher Absicht, in: Frankfurter Allgemeine Zeitung, 22. Juni 2002, Nr. 142, 6.
[517] Siehe Pauline Kleingeld, Zwischen kopernikanischer Wende und grosser Erzählung. Die Relevanz von Kants Geschichtsphilosophie, in: Herta Nagl-Docekal (Hg.), Der Sinn des Historischen. Geschichtsphilosophische Debatten, Frankfurt a. M. 1996, 185-188.

einen positiven, offenbar unaufhebbaren Beweis für den moralischen Fortschritt des Menschengeschlechts abgibt.

Wenn sich Kants Geschichtsphilosophie in materialer Hinsicht an die Vorgaben des geschichtsphilosophischen Aufklärungsdenkens hält, so unterscheidet sie sich von diesen Vorgaben in der kritischen Fundamentierung der materialen Geschichtspostulate. Wer Kants Geschichtsphilosophie unter Metaphysikverdacht stellt, sollte dabei nicht übersehen, dass wir es hier mit einer geschichtsphilosophischen *Metaphysik als ob* zu tun haben. Die Hoffnung auf einen Newton der Geschichte (vgl. IaG Einleitung, AA 8,18), der das historische Material nach Massgabe des «Leitfadens» qua Idee synthetisiert, kann schwerlich die Annahme implizieren, einem solchen Synthetisator werde es gelingen, allgemeingültige teleologische Gesetze der Geschichte *selbst* zu erschliessen. Allenfalls wird er feststellen, dass die geschichtlichen Ereignisse qua Erscheinungen von «allgemeinen Naturgesetzen» (IaG Einleitung, AA 8,17), d.h. kausal bestimmt sind, und dass die den Naturgesetzen unterworfenen Ereignisse teleologisch interpretiert werden *können*. Den Beweis, dass sie so interpretiert werden können, liefert Kants Schrift freilich schon selbst, so dass man sich fragen darf, wozu ein Newton der Geschichte schliesslich noch gut sein soll. Kant will mit seiner Schrift die Grundlage einer philosophisch orientierten Geschichtswissenschaft schaffen.[518] Die eigentlich interessante Frage wäre, ob Kant die Auffassung vertritt, wir *müssten* als vernünftige Wesen die Idee eines teleologischen Geschichtsverlaufs annehmen, weil ein Vernunftbedürfnis uns dies gebiete.[519]

Insofern die Idee im allgemeinen einen «notwendigen Vernunftbegriff» (KrV A 327/B 383) darstellt, ist die Vernunft ihrem Wesen nach gezwungen, sich ihn zu bilden, ohne dass diese Begriffsbildung einen Anhalt an irgendwelchen empirischen Gegenständen zu haben braucht. Daher sei ein «regulative[r] Gebrauch der Ideen» (KrV A 642 ff./B 670 ff.), ein «hypo-

---

[518] Dazu eingehend Manfred Riedel, Geschichte als Aufklärung. Kants Geschichtsphilosophie und die Grundlagenkrise der Historiographie, in: Neue Rundschau, Bd. 84 (1973), 289-308, sowie Riedel, Einleitung.

[519] Zu Kants Begriff «Bedürfnisse der reinen Vernunft» (vgl. KpV, AA 5,142ff.) siehe Beatrix Himmelmann, Bedürfnisse der Vernunft. Vom Umgang mit den Grenzen des Vernunftgebrauchs, in: Wolfram Hogrebe (Hg.), Grenzen und Grenzüberschreitungen. XIX. Deutscher Kongress für Philosophie, 23.-27. September 2002 in Bonn. Sektionsbeiträge, Bonn 2002, 917-926.

thetische[r] Vernunftgebrauch» (KrV A 647/B 675) zu machen, «um dadurch, soweit als es möglich ist, Einheit in die besonderen Erkenntnisse zu bringen» – wobei diese Einheit «lediglich nur *projektierte* Einheit» sei, «die man an sich nicht als gegeben, sondern nur als Problem ansehen muss; welche aber dazu dient, zu dem Mannigfaltigen und besonderen Verstandesgebrauch ein Principium zu finden» (ebd.). Wie ein ontologisierend-metaphysischer Gebrauch der drei Arten transzendentaler Ideen – Seele, Welt, Gott – demgegenüber in Paralogismen und Antinomien führen kann, zeigt Kant ausführlich. Sind die Ideen auch in theoretischer Hinsicht «problematisch» und als «objektive Realität» (KpV A 242) ungesichert, werden die Ideen «Freiheit, Unsterblichkeit, und Gott» in praktischer Hinsicht unentbehrlich, «wodurch denn die theoretische Erkenntnis der reinen Vernunft allerdings einen Zuwachs bekommt, der aber bloss darin besteht, dass jene für sie sonst problematische (bloss denkbare) Begriffe jetzt assertorisch für solche erklärt werden, denen wirkliche Objekte zukommen, weil praktische Vernunft die Existenz derselben zur Möglichkeit ihres, und zwar praktisch-schlechthin notwendigen, Objekts des höchsten Guts unvermeidlich bedarf, und die theoretische dadurch berechtigt wird, sie vorauszusetzen» (ebd.). Die praktische Vernunft ist es also, die zu ihrer Selbstabsicherung einen objektiven Gehalt dieser Ideen voraussetzt und ihn daher behauptet – wodurch sie zugleich auch der theoretischen Vernunft eine transzendentale Absicherung zu geben im Stande sich wähnt. Zwischen «theoretischen Ideen» und «praktischen Ideen» lässt sich ein Übergang bewerkstelligen: In der «Teleologie ... [ist] das Reich der Zwecke eine theoretische Idee zu Erklärung dessen, was da ist. Hier [sc. in der Moral] ist es eine praktische Idee, um das, was nicht da ist, aber durch unser Thun und Lassen wirklich werden kann, und zwar eben dieser Idee gemäss zu Stande zu bringen» (GMS, AA 4,436 Fn.). Die Idee an sich ist bei alledem ein für den Verstandesgebrauch «nothwendiger Grundbegriff» (Logik § 3; AA 9,92); nur bei der theoretischen Idee der Freiheit lasse sich ein Beweis ihrer objektiven Realität beibringen, «und zwar, weil diese die Bedingung des *moralischen Gesetzes* ist, dessen Realität ein Axiom ist» (ebd., AA 9,93). Gleichzeitig konzediert Kant aber, dass die für die Geschichtsphilosophie so relevante «Idee der Menschheit, die Idee einer vollkommenen Republik, eines glückseligen Lebens ... den meisten Menschen» fehlen, da die sich lieber an «Autorität» und «Instinkt» hielten (ebd.). Das Streben der Aufklärung zielt nun gerade darauf ab, den Ausgang aus der Autoritäts- und Instinktbestimmung zu weisen – ein Ausgang, der gemäss dem *Mutmasslichen Anfang* schon beim Essen vom Erkenntnisbaum im Paradies seinen ersten Anfang nahm. Die faktisch häufige Abwesenheit der aufgezählten, geschichtsphilosophisch relevanten Ideen ändert offenbar nichts daran, dass die «Idee eines Endzwecks im Gebrauche der Freiheit nach moralischen Gesetzen subjektiv-*praktische* Realität» habe: «Wir sind a priori durch die Vernunft bestimmt, das Weltbeste, welches in der Verbindung des grössten Wohls der vernünftigen Weltwesen mit der höchsten Bedingung des Guten an *demselben*, d.i. der allgemeinen Glückseligkeit mit der gesetzmässigsten Sittlichkeit, besteht, nach allen Kräften zu befördern.» (KU § 88, A 424/B 429)

In der *Idee zu einer allgemeinen Geschichte* findet eine Übertragung der für das Reich der Natur postulierten Teleologie auf den Bereich der Geschichte statt, die freilich hier nichts von ihrem postulatorischen Charakter verliert.[520] Soweit wir es bei der Geschichte mit Erscheinungen zu tun haben, appliziert die Vernunft im Interesse systematischer Einheit auf sie dieselbe Teleologie-Idee, wobei sich der hypothetische Charakter dieser teleologischen Interpretation zweifach potenziert, «wenn sie vom Einzelorganismus auf das Ganze der Natur ausgedehnt wird und dann auf die nicht-naturale Totalität der Geschichte übertragen wird».[521] Der «Leitfaden», mit dem Kant die Geschichte zu betrachten heisst, ist die Teleologie-Idee, die ihre Rechtfertigung, sofern Geschichte dem Reich der natürlichen Erscheinungen zugeordnet wird (wie zu Beginn des Aufsatzes), aus dem Postulat einer allgemeinen Naturteleologie bezieht. Sofern Geschichte aber das Produkt freier menschlicher Handlungen ist, müsste sich ihre Ausrichtung auf einen weltbürgerlichen Zustand nicht aus einer allgemeinen Naturteleologie, als vielmehr aus den individuellen Handlungsteleologien ergeben. Von einer entsprechenden Abzweckung der individuellen Handlungen und ihrer Maximen ist aber im gegenwärtig beobachtbaren Normallfall nach Kant keine Rede, so dass der Philosoph «bei Menschen und ihrem Spiele im Grossen gar keine vernünftige *eigene Absicht* voraussetzen kann» (IaG

---

520 Darauf hebt Larry Krasnoff, The Fact of Politics: History and Teleology in Kant, in: European Journal of Philosophy, Bd. 2 (1994), 22-40, eindringlich ab.
521 Emil Angehrn, Geschichtsphilosophie, Stuttgart, Berlin, Köln 1991, 80, vgl. IaG 7, AA 8,24-26.

Einleitung, AA 8,18). Die Naturabsicht wird daher zur Stellvertreterin individuell vernünftiger und moralischer Handlungsabsichten, solange sich die Mehrheit der Menschen noch nicht dazu durchgerungen hat, ihre Geschichte nach Massgabe eines weltbürgerlichen Endzwecks zu gestalten. Die geschichtliche Naturabsicht läuft darauf hinaus, die Menschen in die Lage zu versetzen, sich ihre Vollkommenheit aus sich selbst, emanzipiert von der Natur, zu schaffen (vgl. IaG 3).[522]

Die Teleologisierung der Geschichte kommt in der *Idee zu einer allgemeinen Geschichte* also in doppelter Perspektive zum Tragen: Einerseits – und das wäre das moralisch Gesollte – ist ein vom Endzweck des weltbürgerlichen Zustandes normativ bestimmtes, vernünftiges und moralisches Handeln der einzelnen Menschen die Ursache für die Herbeiführung dieses geschichtlichen Endzwecks. Andererseits bewirkt bis zum Zeitpunkt derartiger vernünftig-moralischer Selbstbestimmung der Menschen die Natur selbst die Annäherung an dieses Telos. Nun ist es freilich heikel, auf der Grundlage des Kantischen Kritizismus von der Natur als einer dem Menschen übergeordneten Geschichtsmacht zu sprechen, die irgendwelche Dinge beabsichtigt, plant, will und tut. Die Vorrede zur zweiten Auflage der *Kritik der reinen Vernunft* dekretiert bekanntlich, «dass die Vernunft nur das einsieht, was sie selbst nach ihrem Entwurfe hervorbringt, dass ... sie die Natur nötigen müsse, auf ihre Fragen zu antworten, nicht aber sich von ihr allein gleichsam am Leitbande gängeln lassen müsse» (KrV B XIII): An der Natur ist nur verstehbar, «was die Vernunft selbst in die Natur hineinlegt» (KrV B XIV). Auch im Falle der geschichtsphilosophisch wirksamen Natur wird es sich schwerlich anders verhalten; auch hier ist das Reden von Absicht, Plan und Wille der Natur eine Projektion der Vernunft.[523] Eine offenbar praktisch notwendige Projektion allerdings, insofern die Ordnungs- und Einheitsidee der Vernunft eben gerade im Bereich der faktisch von

---

522 Dann wäre auch eine «wahrsagende Geschichtserzählung des Bevorstehenden» a priori möglich, da dann «der Wahrsager die Begebenheiten selber *macht* und veranstaltet, die er zum voraus verkündigt» (SF A 132, AA 7,79f.).

523 Vgl. aber *Zum ewigen Frieden*, Erster Zusatz: «Wenn ich von der Natur sage: sie *will,* dass dieses oder jenes geschehe, so heisst das nicht soviel, als: sie legt uns eine Pflicht auf, es zu thun (denn das kann nur die zwangsfreie praktische Vernunft), sondern sie *thut* es selbst, wir mögen wollen oder nicht (fata volentem ducunt, nolentem trahunt).» (AA 8,365)

Menschen gemachten Geschichte nach Befriedigung heischt und zu dieser Befriedigung der Teleologie bedarf. Die anthropomorphe Redeweise von Plan, Absicht und Willen der Natur dient dazu, die Teleologie-Hypothese, die die Vernunft an 'die Natur heranträgt', zu verbalisieren: Kant sagt nicht allein, der in der Geschichte wirksamen Natur wohne eine Teleologie inne (wie der Geschichte), sondern die Natur gebe der Geschichte ein Telos vor. Diese Figur lässt die Personifizierung der Natur als fast unumgänglich erscheinen. Bei alledem bleibt aber entscheidend, dass es jene praktische, auf den weltbürgerlichen Zustand abzweckende Vernunft selber ist, die der Natur die teleologischen Absichten zuschreibt, also genau jene Vernunft, die sich im realen Geschichtsprozess bei den meisten Menschen noch nicht hinreichend Gehör verschafft hat – eben weil diese Menschen ihre Maximen nach kurzsichtigen Eigennutz-Interessen bestimmen. Zu dem Zeitpunkt, wo die Menschen ihr Handeln an der künftigen Vollkommenheit der Gattung zu orientieren beginnen, wird auch die teleologische Naturabsicht 'bewiesen' sein: Dann wird sich das bisherige Geschehen als Entwicklung hin zu dieser vernünftig-moralischen Selbstbestimmung der Menschen lesen lassen, zu deren Erklärung man eben gerade einer Naturabsicht bedarf, weil es noch nicht die vernünftig-moralische Selbstbestimmung der Menschen gewesen sein kann, die diesen Zustand herbeigeführt haben wird.

Die Implementierung der Naturteleologie in den Bereich der Geschichte bringt eine für die ganze spekulativ-universalistische Geschichtsphilosophie signifikante Naturalisierung der Geschichte mit sich, die Kant bei der Besprechung von Herders *Ideen zur Philosophie der Geschichte der Menschheit* gerade kritisiert hatte (AA 8,53-55). Die Naturabsicht konterkariert das individualmenschliche Handeln, solange es sich nicht am vernünftigen Endzweck der Geschichte ausrichtet. Mit der Naturalisierung der Geschichte durch Naturteleologie geht eine Anthropozentrierung der Naturteleologie einher: «Wenn nun Dinge der Welt, als ihrer Existenz nach abhängige Wesen, einer nach Zwecken handelnden obersten Ursache bedürfen, so ist der Mensch [sc. nicht als Sinnen-, sondern als moralisches Vernunftwesen] der Schöpfung Endzweck; denn ohne diesen wäre die Kette der einander untergeordneten Zwecke nicht vollständig gegründet» (KU § 84, A 394/B 398). Die hier von Kant vollzogene, transzendentalphilosophische Restitution des naturteleologischen Anthropozentrismus ist für die nachkantische Entwicklung der Geschichtsphilosophie bestimmend. Wie wir gesehen haben, kamen auch die früheren spekulativ-universalistischen Geschichtsphilosophien nicht ohne vergleichbare Restitutionen des teleologischen Anthropozentrismus aus. Selbst Buffons Erdgeschichtsschreibung konnte seiner nicht entraten (vgl. oben S. 215f.). Obwohl Kant in der «physischen Teleologie» betont, wie problematisch unsere Zweckzuschreibungen im Falle natürlicher Organismen sind, schreitet in seiner «moralischen Teleologie» die praktisch-reflektierende Urteilskraft unangefochten weiter fort zum praktischen Postulat «eines *moralischen* Welturhebers, d. i. Gottes» (KU § 87, A 423/B 429), «um uns, gemäss dem moralischen Gesetze, einen Endzweck vorzusetzen» (ebd., A 419/B 424). Dem ist als «das höchste in der Welt mögliche, und so viel an uns ist, als Endzweck zu beförderende, physische Gut ... *Glückseligkeit*» (ebd.) zur Seite gestellt. Auch wenn für Kant selbstverständlich gilt, dass «Endzweck ... bloss ein Begriff unserer praktischen Vernunft» ist und «aus keinen Datis der Erfahrung zu theoretischer Beurteilung der Natur gefolgert, noch auf Erkenntnis derselben bezogen werden» (KU § 88, A 427/B 432) kann, wird mit der «Ethikotheologie» doch ein Übergang zu rationaltheologischen Postulaten hergestellt, die sowohl in der Moralphilosophie wie in der Geschichtsphilosophie als unverzichtbar ausgewiesen werden sollen.

Der Rekurs auf die Vorsehung ist demnach in der *Idee zu einer allgemeinen Geschichte* keineswegs eine topische Floskel: Mit der «Natur» gekoppelt, reicht ihre Funktion über blosse Stabilisierung ewiger geschichtlicher Kreisläufe (Vico, vgl. oben S. 205) weit hinaus: Vorsehung muss als Fortschrittsplanungsinstanz postuliert werden, solange die Menschen ihre Zukunft nicht vernünftig-moralisch selber in die Hand nehmen. Die Kantische Geschichtsphilosophie als ganze hat dabei die Funktion, die ethikotheologische und -teleologische Idee eines moralischen Gottes a posteriori zu belegen. So wächst einer nach der geschichtsphilosophischen Teleologie-Idee verfahrenden Geschichtsschreibung tatsächlich die Aufgabe zu, die Vorsehung zu rechtfertigen, d.h. eine Theodizee zu liefern.[524] Die Geschichtsphilosophie soll – und das ist ihr zentraler Topos[525] – «eine tröstende Aus-

---

[524] Zum Vorsehungsglauben bei Kant siehe auch Arnulf von Scheliha, Der Glaube an die göttliche Vorsehung. Eine religionssoziologische, geschichtsphilosophische und theologiegeschichtliche Untersuchung, Stuttgart 1999, 117-172.
[525] Anders Kleingeld, Zwischen kopernikanischer Wende und grosser Erzählung, 189.

sicht in die Zukunft» (IaG 9, AA 8,30) eröffnen, nämlich zum Zwecke der «Versöhnung mit der Welt»,[526] aber eben auch einer Versöhnung mit Gott, insofern dieser als moralischer Welturheber konzipiert wird.[527] Entsprechend kann auch die Philosophie «ihren *Chiliasmus* haben» (IaG 8, AA 8,27).

Die daseinsorientierende Stabilisierungsfunktion des Rekurses auf Natur, die *in politicis* nach Ausweis der Schrift *Zum ewigen Frieden* als Garantin des ewigen Friedens fungiert (AA 8,360-368),[528] kann nicht darüber hinwegtäuschen, dass die von der theoretischen Vernunft postulierte Naturteleologie auch im geschichtsphilosophischen Zusammenhang von der moralischen Teleologie überboten werden soll und nur deren vorläufiges Substitut ist. Die *Idee zu einer allgemeinen Geschichte* stellt unmissverständlich klar, dass sich die Natur zugunsten der vernünftig-moralischen Selbstbestimmung des Menschen selber nach und nach überflüssig macht (vgl. IaG 3, AA 8,19). Damit ist eine dauerhafte Fremdbestimmung des Menschen durch Natur oder Vorsehung ausgeschlossen – insofern ist der Mensch auch nicht blosser Spielball anonymer und nur notdürftig personalisierter Geschichtsmächte. Im *Gemeinspruch* wird die fragliche «Natur» explizit als «menschliche *Natur*» ausgewiesen (AA 8,310).[529] Zugleich

---

[526] Angehrn, Geschichtsphilosophie, 85. Herta Nagl-Docekal, Ist Geschichtsphilosophie heute noch möglich?, in: H. N.-D. (Hg.), Der Sinn des Historischen, 29, meint demgegenüber, Kants Argumentation laufe «weder auf eine 'grosse Erzählung' noch auf eine 'Legitimationserzählung' hinaus».

[527] Da diese Versöhnung geschichts- und moralphilosophisch bewerkstelligt wird, ist es nur konsequent, wenn Kant in der *Religion innerhalb der Grenzen der blossen Vernunft* die christlichen Gnadenmittel eskamotiert (B 311, AA 6,199f.), vgl. Heinz Dieter Kittsteiner, Listen der Vernunft. Motive geschichtsphilosophischen Denkens, Frankfurt a. M. 1998, 85. Andererseits erleidet in der Religionsschrift vielleicht auch Kants «moralischer Fortschrittsoptimismus» empfindliche Einbussen (Wolf-Daniel Hartwich, Apokalyptik der Vernunft. Die eschatologische Ästhetik Kants und Schillers, in: Richard Faber/Eveline Goodman-Thau/Thomas Macho [Hg.], Abendländische Eschatologie. Ad Jacob Taubes, Würzburg 2001, 189).

[528] Skirl, Politik – Wesen, Wiederkehr, Entlastung, 161, spricht davon, «dass sich die Geschichtsphilosophie Kants über seine politische Philosophie legt und das Gefühl für Geschichte, als ein Gefühl für Politik, die Kritik der Erhabenheit, die die *Kritik der Urteilskraft* ist, jederzeit zugleich übertüncht.»

[529] Vgl. Francis Cheneval, Über die projektive Selbstimplikation der Geschichtsphilosophie als Hermeneutik politischen Handelns. Überlegungen zu Kant, in: Studia

trägt Kant dem Umstand Rechnung, dass die gemeinhin beobachtbaren Menschen keineswegs bewusst Herren ihrer Geschichte sind. So gelingt es der Kantischen Geschichtsphilosophie, sowohl das moralisch unbedingte Sollen – die, wie es im *Gemeinspruch* heisst, «angeborne Pflicht ... so auf die Nachkommenschaft zu wirken, dass sie immer besser werde» (AA 8,309)[530] –, unsere (theoretisch wie praktisch) vernünftige Teleologie-Idee und unsere rationaltheologischen Erwartungen als auch die faktische Beschränkung menschlichen Vermögens zu integrieren, ohne den Menschen vollständig unter Natur- oder Vorsehungs-Vormundschaft zu stellen, aber auch ohne ihn zum gottgleichen Schöpfer des eigenen Gewordenseins, zur *causa sui* zu verklären.

Für Kant besteht – so viel machen die bisherigen Darlegungen klar – kein Zweifel, dass die Idee eines teleologischen Geschichtsverlaufs ein Bedürfnis der theoretischen und der praktischen Vernunft beantwortet, und zwar ein Bedürfnis nach Einheit und Ordnung, das von keiner anders gearteten Idee befriedigt werden könnte: Jede andere Idee – etwa diejenige von kontinuierlichem geschichtlichen Verfall oder von geschichtlichem Chaos – würde die Einheit und Ordnung vernünftiger Welterkenntnis hintertreiben und damit ihr ganzes System in den Grundfesten erschüttern. Deshalb hat die Geschichtsphilosophie im Gesamtkontext der Kantischen Transzendentalphilosophie nicht bloss akzidentellen Charakter, sondern ist von konstitutiver Bedeutung: Geschichtsphilosophie als Abschluss und Erfolgsgarantin des Systems. Allerdings zeigt schon der Modus des Hypothetischen, in dem Kant die Geschichte abhandelt – bezeichnenderweise in essayistischer Form –, dass es um die Absicherung dieses Systemabschlusses selbst prekär bestellt ist. Fast an jeder Stelle der geschichtsphilosophischen Argumentation liessen sich die getroffenen Unterscheidungen problematisieren und in andere Richtung treiben, um den Preis allerdings, die teleo-

---

philosophica. Jahrbuch der Schweizerischen Philosophischen Gesellschaft, Bd. 60 (2001), 131: «'Natur' bedeutet ... innerhalb der normativen Geschichtsphilosophie [sc. Kants] immer die ektypische Natur, das vom Menschen zu schaffende Gegenbild der Verstandeswelt in der Sinnenwelt.»

[530] Dass diese moralphilosophische Begründung des Fortschrittspostulats logisch inkonsistent sei, will Kleingeld, Zwischen kopernikanischer Wende und grosser Erzählung, 180-182, nachweisen.

logische Ordnungs- und Einheits-Hypothese aufgeben zu müssen. Zwar beweist der historische Hinweis, dass ein auf die Geschichte appliziertes Ordnungsbedürfnis der Vernunft bis in die Mitte des 18. Jahrhunderts offenbar kaum verspürt worden ist (oder seine Befriedigung in heilsgeschichtlichen Konzepten fand), keineswegs, dass ein solches Ordnungsbedürfnis oder die postulierte Ordnung gar nicht existiert. Aber offenbar war es mittlerweile möglich geworden ist, die Annahme einer alles umfassenden Ordnung, wie sie die klassische und die schulphilosophische Metaphysik geteilt hatten, schlicht zu bestreiten: Erst die Möglichkeit dieser Bestreitung generiert ein geschichtsphilosophisches Ordnungsbedürfnis. Die Fundamentalkritik an der metaphysischen Ordnungsannahme ist kennzeichnend für die radikaleren Strömungen der Aufklärung, auf die die spekulativ-universalistische Geschichtsphilosophie reagierte. Drastisch hat sich die Skepsis gegenüber der metaphysischen Ordnungsannahme und insbesondere gegenüber der ihr inhärenten, universellen Teleologie in Lichtenbergs vordergründig unscheinbaren *Betrachtungen über die physischen Revolutionen* artikuliert, die die menschlichen Fähigkeiten mit den «Heerstrassen zu Malta» verglichen, die «am Ende gerade hinaus ins Blaue führen».[531] Unter diesem Verdacht hat die metaphysische Ordnungsannahme universeller Teleologie einen schweren Stand, selbst dann, wenn sie transzendentalphilosophisch, im Modus des Als-ob, restituiert wird.

Die spekulativ-universalistische Geschichtsphilosophie (nicht nur Kantischen Zuschnitts) will der skeptischen Teleologie-Verweigerung und Ordnungs-Annihilation gegensteuern, indem sie im scheinbar Ungeordnetsten, in der Geschichte, Teleologie und Ordnung aufweist. Ansonsten gehört «historisches Erkenntniss» ohne Bezug auf die Besserung des Menschen «unter die Adiaphora, mit denen es jeder halten mag, wie er es für sich erbaulich findet» (RiGbV, B 47 Fn./AA 6,44; vgl. B 161/AA 6,111f.) Das Hauptproblem des Kantischen Ansatzes besteht darin, dass diese Teleologie schon als Vernunft-Idee vorausgesetzt ist, und sie daher nur akzeptieren wird, wer der transzendentalphilosophischen Rekonstruktion der Ordnungs-Metaphysik als ob wenigstens ansatzweise schon Glauben schenkt oder aber dem praktischen Postulat gehorcht, sein Handeln so zu bestimmen,

---

[531] Lichtenberg, Einige Betrachtungen über die physischen Revolutionen, 105, vgl. oben S. 219-225.

als ob es eine weltbürgerliche Gesellschaft geben solle – «es mag mit der Geschichte stehen wie es wolle» (RiGbV, B 239/AA 6,158f.). Was wäre, wenn jemand das Ordnungsinteresse der Vernunft statt als nützliche als illusionäre Fiktion denunzierte und im Gestus einer nochmals radikalisierten Metaphysikkritik zu verstehen gäbe, dass wir die Geschichte mit der Idee einer sie vereinheitlichenden und sie umfassenden Teleologie überforderten? Wenn, nach Kants Orientierungsschrift,[532] Sich-Orientieren im Denken bedeutet, «sich bei der Unzulänglichkeit der objectiven Prinzipien der Vernunft im Fürwahrhalten nach einem subjectiven Prinzip derselben [zu] bestimmen» (AA 8,136 Fn.), wäre es doch immerhin möglich, dass in einem solchen subjektiven Prinzip die Einheits- und Ordnungs-Idee bewusst aufgegeben würde.[533] Das gefühlte Bedürfnis der Vernunft, sich über die Gegenstände der Erfahrung zu erheben, könnte, anstatt sich zu einem «ersten *Urwesen*» und «höchsten Gute» (AA 8,137), zu einem «*Vernunftglauben*» (AA 8,140) hin zu orientieren und damit seiner Weltbetrachtung Teleologie zu unterlegen, zu einem Verzicht auf solches Ausgreifen raten und statt dessen skeptische Bedürfnisbescheidung und Bedürfnisbeschneidung empfehlen.[534] Was sollte dieses Vernunftbedürfnis – sein Vorhandensein einmal vorausgesetzt – denn zu einer entsprechenden Erfüllung *nötigen?*

Immerhin erwies sich – trotz der immer wieder erhobenen skeptischen Einwände – die Metaphysik in Gestalt spekulativ-universalistischer Geschichtsphilosophie als überlebensfähig, ja als ausgesprochen erfolgreiches Paradigma, von dem her sich bei Fichte, Schelling und Hegel die gesamte klassisch-rationalistische Metaphysik erneuern liess. Die Hypothetisierung unserer an die Geschichte herangetragenen Vernunftideen ermöglichte es Kant, den kritischen Anspruch seiner Transzendentalphilosophie aufrechtzuerhalten und zugleich jene für die spekulativ-universalistische Geschichtsphilosophie so kennzeichnende Re-Anthropozentrierung zu betreiben, die

---

[532] Siehe auch Friedrich Kaulbach, Weltorientierung, Weltkenntnis und pragmatische Vernunft bei Kant, in: F. K./Joachim Ritter (Hg.), Kritik und Metaphysik. Heinz Heimsoeth zum achtzigsten Geburtstag, Berlin 1966, 60-75.
[533] «[E]s würde verwegen sein, den Horizont Anderer bestimmen zu wollen, weil man theils ihre Fähigkeiten, theils ihre Absichten nicht genug kennt» (Logik, Einleitung VI, AA 9,43).
[534] Vgl. Andreas Urs Sommer, Die Kunst des Zweifelns. Anleitung zum skeptischen Philosophieren, München 2005.

es der Vernunft wieder erlauben sollte, sich in der nach ihren Ideen organisierten Welt zurechtzufinden. Die Kopernikanische Wende wird auch in der Geschichtsphilosophie vollzogen, womit sie sich für ihre weitere, nunmehr auch akademische Karriere qualifiziert, während sie bis zu Kant 'popularphilosophische' Reflexionsform gewesen war.

Im folgenden soll anhand des Aufsatzes zum *Mutmasslichem Anfang der Menschengeschichte* und seiner theologischen Vorgeschichte erörtert werden, auf welche Weise Kant genuin (offenbarungs)theologische, näherhin heilsgeschichtliche Motive geschichtsphilosophisch integriert. Dieser Text rekonstruiert für die biblisch bezeugte Vergangenheit, was die *Idee zu einer allgemeinen Geschichte* für die Zukunft postuliert. Wenn man projektiv über die Zukunft und den weltbürgerlichen Endzweck der Geschichte handelt – «[n]ur die Annäherung zu dieser Idee ist uns von der Natur auferlegt» (IaG 6, AA 8,23) –, muss man auch von seinem Anfang sprechen, von der Initialzündung des Geschichtlichen. Daher gehört der *Mutmassliche Anfang* wesentlich zum Corpus von Kants geschichtsphilosophischen Schriften.

Exkurs: Zur theologischen Vorgeschichte
der geschichtsphilosophischen Genesis-Exegese

Als geschichts- und religionsphilosophischer Text hat der *Mutmassliche Anfang der Menschengeschichte* – obwohl heute selbst von Spezialisten gerne überlesen – Schule gemacht:[535] Friedrich Schiller schreibt in seinem Geiste fort;[536] Heinrich von Kleists Allegorese von Genesis 3 lässt unverhohlen die Kantische Hoffnung anklingen, dass «vollkommene Kunst wieder Natur» (AA 8,117f.) werde;[537] und Kants Vorgabe bestimmt die Auslegung der Pa-

---

535 Dem Folgenden liegen meine hier allerdings stark modifizierten Untersuchungen in: Andreas Urs Sommer, Felix peccator? Kants geschichtsphilosophische Genesis-Exegese im *Mutmasslichen Anfang der Menschengeschichte* und die Theologie der Aufklärungszeit, in: Kant-Studien, Jg. 88 (1997), 190-217, zugrunde.
536 Friedrich von Schiller, Etwas über die erste Menschengesellschaft nach dem Leitfaden der Mosaischen Urkunde, in: Schillers sämmtliche Werke in zwölf Bänden [hg. von C.G. Körner], Bd. 10, Stuttgart, Tübingen 1838, 387-408.
537 Heinrich von Kleist, Über das Marionettentheater, in: H. v. K., Werke in sechs Teilen. Auf Grund der Hempelschen Ausgabe neu hg. von Hermann Gilow, Willy

radieserzählung bei den Alttestamentlern des beginnenden 19. Jahrhunderts in starkem Masse.⁵³⁸ Zum Verständnis von Kants Aufsatz ist es hilfreich, ihn in den Rahmen der zeitgenössischen Diskussionen zu stellen,⁵³⁹ namentlich der innertheologischen Polemik gegen die Erbsündenlehre, die in der paulinisch-augustinischen Ausformung⁵⁴⁰ eine Säule der protestantischen Orthodoxie gebildet hatte.⁵⁴¹ Individualethischen, aufklärerischen Begriffen musste eine Auffassung widerstreben, die die anhaltende Hinfälligkeit und Schuld der Gattung einer kontingenten Tat eines Urahnen anlastete («Lapsus [i. e. primum peccatum] est in se contingens»⁵⁴²), nur damit sich dereinst in der stellvertretenden Genugtuung des Gottessohnes die Gnade des Weltschöpfers erwiese. Dergleichen scholastische Restbestände auszuräumen trat die protestantische Aufklärung an, die von der Fähigkeit des Menschen überzeugt war, aus freien Stücken das Gute tun zu können. «Ergo oppositum lapsus est in se possibile», hiess es schon in der von Kant viel-

---

Manthey, Wilhelm Waetzoldt, 5. Teil: Vermischte Aufsätze, hg. von Wilhelm Waetzoldt, Berlin, Leipzig, Wien, Stuttgart, o. J., 79.

538 Vgl. Martin Metzger, Die Paradieserzählung. Die Geschichte ihrer Auslegung von J. Clericus bis W. M. L. de Wette, Bonn 1959, 152.

539 Den Versuch, Kants geschichtsphilosophische Entwürfe im Rahmen der europäischen Aufklärungshistoriographie zu kontextualisieren, unternimmt Norbert Waszek, Le cadre européen de l'historiographie allemande à l'époque des Lumières et la philosophie de l'histoire de Kant, in: Littérature et Nation, no. 21 (1999): La philosophie de l'histoire: héritage des Lumières dans l'Idéalisme Allemand, sous la direction de Myriam Bienenstock, Tours 2001, 23-58. Dabei rückt er v. a. den Bezug zu Hume in den Vordergrund, so dass wir uns hier auf die deutschen Diskussionszusammenhänge beschränken können.

540 Vgl. auch Karl Aner, Zum Paulusbild der deutschen Aufklärung, in: Harnack-Ehrung. Beiträge zur Kirchengeschichte. Ihrem Lehrer Adolf von Harnack zu seinem 70. Geburtstage (7. Mai 1921) dargebracht von einer Reihe seiner Schüler, Leipzig 1921, 366-376, ferner Albert Schweitzer, Geschichte der Paulinischen Forschung von der Reformation bis auf die Gegenwart, Tübingen 1911.

541 Dazu noch immer einschlägig Aner, Die Theologie der Lessingzeit, 158-164 und 297-299. Allgemein zur aufklärungstheologischen Wissenschaft sehr hilfreich Walter Sparn, Vernünftiges Christentum. Über die geschichtliche Aufgabe der theologischen Wissenschaften im 18. Jahrhundert in Deutschland, in: Rudolf Vierhaus (Hg.), Wissenschaften im Zeitalter der Aufklärung, Göttingen 1985, 18-57.

542 Alexander Gottlieb Baumgarten, Metaphysica. Editio III, Halle (Karl Hermann Hemmerde) 1750, § 966, 350.

fach verwendeten *Metaphysica* von Alexander Gottlieb Baumgarten (1714-1762);[543] und dem führenden neologischen Exgeten, Wilhelm Abraham Teller (1734-1804),[544] fiel in seinem *Wörterbuch des Neuen Testaments* unter dem Lemma «Sünde» zur paulinischen Konzeption von Sünde und Gnade nicht viel mehr ein als: «Sie sind allzumal Sünder Röm. 3,23 geht auf die damalige Allgemeinheit des Sittenverderbens unter Juden und Heyden».[545]

Vor diesem Hintergrund unterwarf die aufklärerische Theologie die ersten Genesis-Kapitel einer neuen Lektüre und erprobte dabei die jetzt zu Gebote stehenden Mittel einer philologisch-historischen Kritik. Der wundersame Bericht von der sprechenden Schlange und dem verbotenen Baum der Erkenntnis erschwerte eine literale Auslegung, die seit der Reformation als exegetische Kardinalmethode gegolten hatte. Baruch de Spinoza trat im *Tractatus theologico-politicus* (1670) dafür ein, der Paradieserzählung als einer «Parabel» statt eines historisch-literalen einen moralischen Sinn abzugewinnen;[546] und im englischen Deismus wurde bisweilen die allego-

---

[543] A.a.O., § 966, 350.

[544] Aloysius Winter, Theologiegeschichtliche und literarische Hintergründe der Religionsphilosophie Kants, in: Friedo Ricken/François Marty (Hg.), Kant über Religion. Mit Beiträgen von Hans Michael Baumgartner u. a., Stuttgart, Berlin, Köln 1992, 17-51, nimmt an, Kant habe Tellers Schriften gekannt (wiederabgedruckt in: Aloysius Winter, Der andere Kant. Zur philosophischen Theologie Immanuel Kants. Mit einem Geleitwort von Norbert Hinske, Hildesheim, Zürich, New York 2000, 425-476). Zu Tellers *Wörterbuch* siehe auch Gottfried Hornig, Wilhelm Abraham Tellers *Wörterbuch des Neuen Testaments* und Friedrich Christoph Oetingers *Emblematik,* in: Das Achtzehnte Jahrhundert, Jg. 22 (1998), Heft 1, 76-86.

[545] Wilhelm Abraham Teller, Wörterbuch des Neuen Testaments zur Erklärung der christlichen Lehre [1772]. Vierte mit Zusätzen und einem Register vermehrte Auflage, Berlin (August Mylius) 1785, 372.

[546] Baruch de Spinoza, Theologisch-Politischer Traktat [1670]. Auf der Grundlage der Übersetzung von Carl Gebhardt neu bearbeitet, eingeleitet und hg. von Günter Gawlick = B. d. S., Sämtliche Werke in sieben Bänden, hg. von Carl Gebhardt, Bd. 3, Hamburg 1976, 75 (Kapitel 4). Zu den Parallelen der Spinozanischen und der Kantischen Bibelhermeneutik siehe Yirmiahu Yovel, Bible Interpretation as Philosophical Praxis. A Study of Spinoza and Kant, in: Journal of the History of Philosophy, Bd. 11 (1973), 189-212. Kant dürfte über Moses Mendelssohns *Jerusalem* mit dem *Tractatus theologico-politicus* mindestens indirekt in Berührung gekommen sein (a.a.O., 190). Vgl. auch Yovel, Kant and the Philosophy of History.

rische Schriftauslegung als einziges Mittel gepriesen, die Glaubwürdigkeit der Bibel zu erhalten.[547] Die Frage blieb, ob die Erzählung vom ersten Menschenpaar einen historischen Kern besitze, oder ob sie, als blosse Erdichtung, einen freieren Zugang gestatte. So schlug Johann David Michaelis (1717-1791) 1752 mit seinen *Gedancken über die Lehre der heiligen Schrift von der Sünde* eine naturalistische Lesart vor: Der Mensch im Garten Eden habe zuerst vom Baum des Lebens gegessen, dessen Früchte einer Verhärtung der Gefässe und Organe vorgebeugt hätten, und dann vom Baum der Erkenntnis, dessen verbotene Frucht nicht nur die Begierde angestachelt, sondern auch die Blutgefässe verhärtet habe und damit unweigerlich den Tod der Menschen heraufbeschwören musste.[548] Somit hat Gott die Frucht nicht willkürlich verboten, kannte er doch deren todbringende Wirkung. Der Schöpfer wird so vom Vorwurf freigesprochen, er enthalte den Menschen despotisch ein Gut vor und verursache damit selbst die Sünde. In der Vorrede zur zweiten Auflage der *Religion innerhalb der Grenzen der blossen Vernunft* findet Kant bei Michaelis seine eigene Auffassung von der Kompetenz des «philosophischen Religionsforschers» (B XXIV/AA 6,13) bestätigt, der Vernunftreligion und historischen Schriftglauben in Übereinstimmung bringen möchte.[549]

Die Schlange der Paradieserzählung wurde nach der neologischen Eliminierung des Teufels beispielsweise zu einer «Hieroglyphe» der Sinnlichkeit umfunktioniert. So hält sie Teller «für eine symbolische bildliche Vorstellung *der Macht der Sinnlichkeit ..., welche so oft in dem Menschen sich die Vernunft unterwirft*».[550] «Theologie nach dem Tode des Teufels führt

---

[547] Siehe Ernst Troeltsch, Deismus, in: PRE³, Bd. 4, 541f. Zu Kants Beschäftigung mit dem englischen Deismus vgl. Winter, Theologiegeschichtliche und literarische Hintergründe, 39-48.
[548] Vgl. Metzger, Die Paradieserzählung, 136, ferner Johann David Michaelis, Dogmatik. Zweite umgearbeitete Ausgabe, Göttingen 1784, §§ 84f., S. 315ff.
[549] Kant besass Johann David Michaelis' *Einleitung in die Göttlichen Schriften des neuen Bundes* (Göttingen 1750, vgl. Arthur Warda, Immanuel Kants Bücher. Mit einer getreuen Nachbildung des bisher einzigen bekannten Abzuges des Versteigerungskataloges der Bibliothek Kants, Berlin 1922, 43, Nr. 8) und erwähnt seine «Moral» in der Religionsschrift auch andernorts (z.B. AA 6,110, Fn.).
[550] Teller, Wörterbuch des Neuen Testaments, 352 (Lemma «Schlange»).

notwendig zu einer Theorie der Entmythologisierung der Theologie».[551] Die exegetische 'Entmythologisierungspraxis', etwa von Johann Salomo Semler (1725-1791) oder Johann Joachim Spalding (1714-1804) eifrig vorangetrieben,[552] stellte die Theologen vor das Problem der Akkomodation: Ist die Wahrheit mit der Bibel in eine Hülle verpackt, die sie den *damaligen* Hörern und Lesern hätte schmack- und glaubhaft machen sollen? Wie kann, wenn man diese Frage bejaht, der Inhalt der Botschaft Gottes aus dem tradierten Schriftkanon destilliert werden? Mit Kant betrachteten die radikaleren Theologen das von Unvernünftigkeiten gereinigte Christentum als einen idealen, pädagogischen Vermittler moralischer Religiosität. Die partiell rehabilitierte, allegorische Schriftauslegung diente einer Anpassung der Botschaft an die verschiedenen Verhältnisse des Lebens; die Neologen wollten in den biblischen Berichten und den kirchlichen Lehren allerdings nur eine lange Reihe von Metaphern und Allegorien der Vernunftwahrheiten erkennen. Bei Semler werden Bibel und Sakramente die *vehicula* der eigentlichen religiösen Botschaft, während bei Kant der Kirchenglaube insgesamt als Vehikel der Sittlichkeitsreligion gilt.[553]

---

[551] Frieder Lötzsch, Vernunft und Religion im Denken Kants. Lutherisches Erbe bei Immanuel Kant, Köln, Wien 1976, 98. Zur theologischen Elimination des Teufels siehe nach wie vor Gustav Roskoff, Geschichte des Teufels. Eine kulturhistorische Satanologie von den Anfängen bis ins 18. Jahrhundert [1869], 2 Bde., Nachdruck Nördlingen 1987, zum sogenannten neologischen «Teufelsstreit» siehe Aner, Die Theologie der Lessingzeit, 234-252. Drastisch hatte schon der dissidente Johann Christian Edelmann den Teufel ausgetrieben; vgl. [Johann Christian Edelmann], Moses mit aufgedecktem Angesichte von schon bekannten beyden Brüdern noch ferner beschauet; die bey Gelegenheit der weitern Betrachtung der sogenannten Schöpffung, von der anjetzt so sehr belobten Besten Welt freymüthig mit einander discurriren ... Dritter Anblick, o. O. 1740, 67.

[552] Dass «der Einfluss Semlers auf Kant *sehr stark* war», hält Josef Bohatec, Die Religionsphilosophie Kants in der «Religion innerhalb der Grenzen der blossen Vernunft». Mit besonderer Berücksichtigung ihrer theologisch-dogmatischen Quellen, Hamburg 1938, 27, Fn. 30, fest (vgl. dann 457-465 und 472-477), während Spaldings Name bei Bohatec nicht fällt, was Winter, Theologiegeschichtliche und literarische Hintergründe, 32, zwar beklagt, aber nicht kompensiert. Zu Kants Spalding-Rezeption siehe die knappen Hinweise in der Einleitung zu: Spalding, Religion, eine Angelegenheit des Menschen, hg. von Tobias Jersak und Georg Friedrich Wagner, XXV, zu Spalding selbst Sommer, Sinnstiftung durch Individualgeschichte.

[553] Siehe Winter, Theologiegeschichtliche und literarische Hintergründe, 29.

Johann Friedrich Wilhelm Jerusalems Auslegung der Sündenfallgeschichte dürfte auf Kant unmittelbar eingewirkt haben.[554] In den *Betrachtungen über die vornehmsten Wahrheiten* (vgl. oben S. 133-150) wird die Geschichte als «moralisches Lehrgedicht» präsentiert, «durch das sich die ersten Menschen, nachdem sie die Mühsal des Lebens und die üblen Folgen ungezügelter Leidenschaften erfahren hatten, zum Gehorsam gegen Gottes Gesetze und zur Beherrschung der Triebe ermahnen und sich die Hauptwahrheiten der Religion, nämlich, dass Gott der Schöpfer und moralische Regent der Welt sei, vor Augen halten wollten».[555] Von einer Ursünde, die eine Korruption der menschlichen Anlagen verursacht habe, spricht der Text nach Jerusalem nicht. Zwar werde das «göttliche Gebot» «hier wirklich übertreten; die Sünde ist da, und bleibt immer warnende strafbare Verblendung. Aber wo ist die abscheuliche Empörung gegen den göttlichen Befehl, wo nur der Schein von dem sträflichen Hochmuthe, von der empörenden Verbindung mit dem Verführer, dem Feinde GOttes?»[556] Das Essen vom Baum ziehe Schamgefühl und Reue nach sich. Indes stellt Jerusalem die faktische Realität des Lebens- und des Erkenntnisbaumes in Abrede. Statt dessen sieht er ersteren als «Bild einer beständigen Glückseligkeit» und letzteren als «Bild des göttlichen Gesetzes».[557] Mehr als ein «warnendes Bild vor der Verführung der sinnlichen Begierden zur Übertretung des göttlichen Gesetzes»[558] sei auch die Schlange nicht. Um den beschränkten Denkhorizont der mosaischen Frühzeit nicht zu überschreiten, bediene sich die Gleichnisrede damaliger Mythologeme.[559] Geschildert werde in Gene-

---

554 Kant besass die *Betrachtungen über die vornehmsten Wahrheiten der Religion* (Warda, Immanuel Kants Bücher, 43, Nr. 6). Wolfgang Erich Müller, Von der Eigenständigkeit der Neologie Jerusalems, in: Neue Zeitschrift für Systematische Theologie und Religionsphilosophie, Bd. 26 (1984), 303-309, vergleicht Kants Religionsschrift mit Jerusalems Ansatz.
555 Metzger, Die Paradieserzählung, 44.
556 [Johann Friedrich Wilhelm Jerusalem], Lehre von der moralischen Regierung Gottes über die Welt oder Die Geschichte vom Falle. Aus dem zweyten Bande des zweyten Theiles der Betrachtungen über die vornehmsten Wahrheiten der Religion, Braunschweig 1780, 20.
557 A.a.O., 43.
558 A.a.O., 47.
559 Vgl. a.a.O., 50-62 und passim.

sis 3 nicht der einmalige und bis zur Inkarnation Christi unwiderrufliche Akt des Abfalls von Gott, sondern die allgemein menschliche Tendenz, der Sinnlichkeit vor der Vernunft den Vorzug zu geben. Komplementär zur Entfachung der Sinnlichkeit wächst das Bedürfnis nach Erziehung, die von Gott gewollt und eingerichtet sei. «Und dies soll nicht bloss Erziehungsgeschäffte während der Kindheit, sondern Erziehungsgeschäffte des ganzen Lebens seyn. Denn das ganze Leben ist Stand der Zucht, wo die Grund-Sätze der Religion, und besonders dieser grosse Gedanke von GOtt, von einer vergeltenden Vorsehung und einer Ewigkeit immer der herrschende Gedanke bleiben ... muss».[560] Die Welt als eine göttliche Erziehungsanstalt, bei der die geschichtsphilosophische Ausrichtung sich deutlich abzeichnet: «Alle Vernunft muss wieder einen solchen Stand der Unschuld annehmen».[561]

Johann Gottfried Herder (1744-1803) hat die Tendenz der Genesis-Interpretation zu einem geschichtsphilosophischen Bonum-durch-Malum-Schema weiter verstärkt.[562] Neben Rousseaus *Contrat social,* Jerusalems *Betrachtungen* und allenfalls Iselins *Geschichte der Menschheit* dürfte Herders *Älteste Urkunde des Menschengeschlechts* Kants *Mutmasslichen Anfang* unmittelbar angeregt haben.[563] «Warum stand also der Baum da? Weil der Mensch ohn' ihn ein Thier gewesen wäre, ein Menschenthier im Paradiese. 'Iss von allen Bäumen im Garten! folge den Sinnen, thue, was dir beliebt, sei ohne Gebot!' was hiesse das anders, als 'Mensch sei Vieh!'»[564]

---

560 A.a.O., 90.
561 A.a.O., 41.
562 Odo Marquard, Felix culpa? Bemerkungen zu einem Applikationsschicksal von Genesis 3, in: Manfred Fuhrmann/Hans Robert Jauss/Wolfhart Pannenberg (Hg.), Text und Applikation, Theologie, Jurisprudenz und Literaturwissenschaft im hermeneutischen Gespräch, München 1981, 53-71, sieht die Genesis-Auslegung, die seit Augustinus mit dem *felix culpa*-Motiv operierte, von Leibniz an unter dem Bann der Kompensationsidee *«bonum durch malum»* zum Zwecke der Theodizee stehen.
563 Vgl. Bohatec, Die Religionsphilosophie Kants, 193. Zu Kant und Rousseau vgl. Karlfriedrich Herb, Contrat et histoire. La transformation du contrat social à Kant, in: Revue germanique internationale, Bd. 6/1996: Kant: philosophie de l'histoire, 101-112.
564 Johann Gottfried Herder, Älteste Urkunde des Menschengeschlechts [1774/76], in: J.G.H., Sämtliche Werke, hg. von Bernhard Suphan, Bd. 7, Berlin 1884, 27.

Am Ende zeitigt Verfehlung der noch kindlichen Menschen, auch wenn sie aus dem Paradies vertrieben werden, «nicht *Unter-* sondern *Über-* und *Fortgang des Menschengeschlechts im Plane Gottes*».[565] Der Mensch ist dazu bestimmt, das Paradies zu verlassen und die Welt zu kultivieren. Herders Erwägungen münden schliesslich – im Unterschied zu Jerusalem – in eine christologische Deutung des *felix culpa*-Motivs.[566]

Inzwischen war die Interpretation der Paradiesgeschichte in emanzipatorischer Absicht zu einem eigentlichen Modethema geworden. So fand der Stürmer und Dränger Jakob Michael Reinhold Lenz (1751-1792) in seinen *Philosophischen Vorlesungen für empfindsame Seelen* von 1780 «in der ganzen Erzählung vom vermeinten Fall Adams keine Spur von Erbsünde»[567] und wertete nun seinerseits die Konkupiszenz als Triebkraft menschlichen Handelns auf, nicht ohne manche orthodoxen Elemente beizubehalten, die bei den Neologen aufgegeben worden waren.[568] Das bei Jerusalem bemerkbare, bei Herder und Kant vorherrschende geschichtsphilosophische Interesse an der Genesis tritt bei Lenz zugunsten eines anthropologischen zurück.

---

[565] A.a.O., Bd. 7, 116.
[566] Vgl. a.a.O., Bd. 7, 121-150. Vgl. ausführlich zum Thema Christoph Bultmann, Die biblische Urgeschichte in der Aufklärung. Johann Gottfried Herders Interpretation der Genesis als Antwort auf die Religionskritik David Humes, Tübingen 1999, und allgemein Thomas Willi, Herders Beitrag zum Verstehen des Alten Testaments, Tübingen 1971.
[567] Jakob Michael Reinhold Lenz, Philosophische Vorlesungen für empfindsame Seelen. Faksimiledruck der Ausgabe Frankfurt und Leipzig 1780. Mit einem Nachwort hg. von Christoph Weiß, St. Ingbert 1994, 38.
[568] Siehe dazu Andreas Urs Sommer, Theodizee und Triebverzicht. Zu J.M.R. Lenzens «Philosophischen Vorlesungen für empfindsame Seelen», in: Lichtenberg-Jahrbuch 1995, 242-250; ferner Johannes Friedrich Lehmann, Vom Fall des Menschen. Sexualität und Ästhetik bei J.M.R. Lenz und J.G. Herder, in: Maximilian Bergengruen/Roland Borgards/J.F.L. (Hg.), Die Grenzen des Menschen. Anthropologie und Ästhetik um 1800, Würzburg 2001, 15-35, sowie Heinrich Bosse/Johannes Friedrich Lehmann, Sublimierung bei Jakob Michael Reinhold Lenz, in: Christian Begemann/David E. Wellbery (Hg.), Kunst – Zeugung – Geburt. Theorien und Metaphern ästhetischer Produktion in der Neuzeit, Freiburg i.Br. 2002, 177-201.

2.9.2 Immanuel Kant als Genesis-Exeget

Eigentümlich ist Kants Anspruch, mit dem er seine geschichtsphilosophischen Erläuterungen der Sündenfallerzählung im *Mutmasslichen Anfang der Menschengeschichte* als «blosse Lustreise» (AA 8,109) einführt: Seine Mutmassungen, deren problematischer wissenschaftstheoretischer Status ihm bewusst ist, wollen kein allzu «ernsthaftes Geschäft» sein. Das Bemerkenswerte an Kants Einleitung liegt im erklärten Willen, «Erholung und Gesundheit des Gemüths» wo nicht zu bewirken, wenigstens kraft der heilsamen «Bewegung» «der Einbildungskraft in Begleitung der Vernunft» zu fördern. Kant teilt diese therapeutische Anwartschaft mit dem althergebrachten Selbstverständnis religiöser, namentlich christlicher Seelsorge, aber auch mit der platonischen Vorstellung vom Philosophen als Arzt. Kants Unternehmung will keine wissenschaftliche im strengen Sinn des Wortes sein, weswegen er auch keine sachlichen Bedenken zu hegen braucht, eine der praktischen Theologie zugehörige Domäne probehalber zu annektieren. Am Ende gelingt es ihm, den versprochenen Sinn zu stiften, falls der wohlwollende Leser die altbekannte Voraussetzung akzeptiert, dass die *mala physica* Folgen des *malum morale* (und des *malum metaphysicum*) seien. Die im *Mutmasslichen Anfang* skizzierte geschichtsphilosophische Theodizee lässt sich unter den strengen metaphysikkritischen Massstäben, die Kant an anderer Stelle anlegt,[569] nur dann aufrechterhalten, wenn man sie als praktisches Vernunftpostulat begreift und das «Gemüth» als eigentlichen Adressaten mitreflektiert. Dafür klingen die Bedürfnisse der (neologischen) Theologie mit den Ergebnissen der Weltweisheit – genauer: mit dem praktischen Bedürfnis der Vernunft nach einer teleologischen Geschichtsauffassung[570] – wieder einhellig zusammen, ganz nach dem Geschmack jenes

---

[569] Immanuel Kant, Über das Misslingen aller philosophischen Versuche in der Theodicee [1791], in: AA 8,253-271.

[570] Dieses Vernunftbedürfnis arbeitet Pauline Kleingeld in ihrer einschlägigen Dissertation eindringlich heraus (Pauline Kleingeld, Geschichtsphilosophie bei Kant. Rekonstruktion und Analyse. Proefschrift ter verkrijging van de graad von Doctor aan de Rijksuniversiteit te Leiden, Leiden 1994, 80-93 und passim; modifiziert Pauline Kleingeld, Fortschritt und Vernunft. Zur Geschichtsphilosophie Kants, Würzburg 1995). Vgl. auch Pauline Kleingeld, Kant, History, and the Idea of Moral Development, in: History of Philosophy Quarterly, Bd. 16 (1999), Heft 1, 59-80,

allmählich 'bildungsbürgerlich' werdenden Publikums, das die *Berlinische Monatsschrift* und damit Kants Aufsatz las.

Obwohl Kant seinen Essay keineswegs als «Roman» und «Erdichtung» (AA 8,109) verstanden wissen will, hat der *Mutmassliche Anfang* doch zu diesen Gattungen eine unverkennbare, vielleicht sogar «prekäre Nähe».[571] Demgegenüber beklagte Kant 1784 in seiner ersten Besprechung von Herders *Ideen zur Philosophie der Geschichte der Menschheit* einen quasi belletristischen Missbrauch der Philosophie, «deren Besorgung mehr im Beschneiden als Treiben üppiger Schösslinge besteht» (AA 8,55). Offenbar hat sich Herder nach Ansicht des Rezensenten, anstatt «bestimmte Begriffe» zu bilden, von einer «durch Metaphysik oder durch Gefühle beflügelten Einbildungskraft» (ebd.) dazu verleiten lassen, diese philosophische (Selbst-) Disziplin zu verraten. Was sich hier als eine grundsätzliche Differenz im Verständnis des Philosophierens auszukristallisieren scheint – nämlich belletristische 'Popularphilosophie' im Dienste der Einbildungskraft auf der einen Seite, strenge Arbeit am Begriff auf der anderen[572] – wird schon bald durch Kants eigene geschichtsphilosophische Schriftstellerei relativiert. Dies macht offenkundig, dass trotz des in der *Idee zu einer allgemeinen Geschichte* unternommenen Versuchs, einer Geschichtsschreibung, die als Wissenschaft wird auftreten können, einen apriorischen «Leitfaden» zu diktieren, Geschichtsphilosophie noch immer nicht ganz zu einer akademisch-wissenschaftlichen Disziplin mit einem ihr eigentümlichen wissenschaftlich-literarischen Genre geworden ist und noch immer enge Bindungen zur Einbildungskraft aufrecht erhält. Gerade die Anfangskapitel der Geschichte

---

und Jean-Michel Muglioni, Le principe téléologique de la philosophie kantienne de l'histoire, in: Revue germanique internationale, Bd. 6/1996: Kant: philosophie de l'histoire, 113-127.

[571] Willi Goetschel, Kant als Schriftsteller, Wien 1990, 136.
[572] Siehe auch Pierre Pénisson, Kant et Herder. Le «recul d'effroi de la raison», in: Revue germanique internationale, Bd. 6/1996: Kant: philosophie de l'histoire, 63-74, der herausstellt, wie gering die inhaltliche Kluft zwischen Herders und Kants Geschichtsphilosophien ist, während die Art und Weise des Philosophierens für Kant das tatsächliche Problem darstelle, nämlich Herders «metaphorischer Stil». Demgegenüber betont Manfred Riedel, Historismus und Kritizismus. Kants Streit mit Georg Forster und Johann Gottfried Herder, in: Kant-Studien, Bd. 72 (1981), 41-57, die systematischen Differenzen.

werden zum Prüfstein der Leistungskraft einer hypothetisch verfahrenden Geschichtsphilosophie; hier vermochte die wissenschaftliche Historie nichts auszurichten.[573]

Kant bewegt sich bei seiner «Lustreise» auf den Fährten der «heiligen Urkunde»; seine Annahmen stützen sich, abgesehen von der verbrieften Karte der Genesis, auf die «Voraussetzung», dass die Natur, aus deren Schoss der Mensch hervorgeht (oder die sein ursprüngliches Wesen ausmacht), am Anfang «nicht besser und nicht schlechter» gewesen sei als heute, was Kant in «Analogie» und aus der «Erfahrung» eine begründete Annahme zu sein dünkt. Hiermit ist die alte dogmatische Lehre, der Urstand, die Natur des Menschen sei durch den Sündenfall dauerhaft und substantiell zum Schlechten hin verändert worden, stillschweigend beseitigt. Diese Lehre wird bei der Bestimmung der Prämissen nicht einmal mehr der Diskussion für würdig befunden. Wenn der Mensch sich, wie dies im folgenden behauptet wird, aus der Herrschaft der Instinkte löst und sich die Welt der Freiheit zu erschliessen beginnt, dann findet da zwar ein qualitativer Bruch statt, gleichwohl wird die Freiheitsfähigkeit und die praktische Vernunft im Menschen, in seinem Wesen immer schon angelegt gewesen sein. Die «Lücken» (AA 8,109), mit denen wir unser historisches Wissen komplettieren, klaffen am Anfang der Geschichte besonders weit. Das Verfahren, mit dem wir sie zu schliessen versuchen, hat bei Kant ebenso wie in der beginnenden Erdgeschichtsschreibung Mutmassungscharakter; es ist abduktiv (vgl. oben S. 217).

Der Mensch stellt sich uns gleich «in seiner *ausgebildeten Grösse*», «*in einem Paare*», «nur *einem einzigen* Paare» vor, haust in einem paradiesartigen «Garten» und hat die Fähigkeit, zu «*stehen*», zu «*gehen*» und zu «*sprechen*» bereits erworben (AA 8,110). Das Heraustreten des Menschen aus seiner anfänglichen «Rohigheit» wird – wie bei Iselin – ausgespart, «um bloss die Entwickelung des Sittlichen in seinem Thun und Lassen, welches jene Geschicklichkeit nothwendig voraussetzt, in Betrachtung zu ziehen» (AA 8,111). Offenbar entfalten sich praktische und reine bzw. 'instrumentelle' Vernunft nicht synchron. Bezeichnend für Kants Lesart von Genesis

---

573 Dazu eingehend Arno Seifert, Von der heiligen zur philosophischen Geschichte. Die Rationalisierung der universalhistorischen Erkenntnis im Zeitalter der Aufklärung, in: Archiv für Kulturgeschichte, Bd. 68 (1986), 108ff.

2-3 ist die Invisibilisierung der eigentlichen Hauptperson des biblischen Berichts: Gott tritt weder als Schöpfer, noch als Gesetzgeber auf – präsent ist er nur auf dem Umweg des «Instinct[s], diese[r] *Stimme Gottes*», und, was sich aus der *Idee zu einer allgemeinen Geschichte* ableiten lässt, im Walten der «Natur», das ein Walten der *Vorsehung* ist. Natürlich schickt sich für eine Philosophie, die der Theologie nicht die Schleppe nach-, sondern die Fackel vorantragen möchte (vgl. AA 8,369) und deshalb aller Überhebung der rationalistischen Metaphysik abgeschworen hat, keine positiv-eindeutige Aussage über Tun und Sein Gottes. Kant liegt daran, Gott als Postulat des sittlichen Handelns zu *erweisen* und nicht schon vorauszusetzen. Im *Mutmasslichen Anfang* soll die Geschichts- und Naturteleologie das Gottespostulat plausibilisieren. So lässt sich die praktische Philosophie Kants als Lösungsvorschlag auf die eminente Frage nach der Heils- oder Sinngewissheit auffassen; den Gehalt dieser Antwort kann man mit Hans Blumenberg auf die Formel bringen: «*Descartes* hatte die Güte Gottes zum Garanten für die Vernunft gemacht; *Kant* macht die Vernunft zum Garanten für die Güte Gottes.»[574] Vorderhand beschränkt er sich in unserem Fall auf die hypothetische Beschreibung des göttlichen *Wirkens*. Das Göttliche will offenbar einerseits die Freiheit des Menschen, seine Selbstbestimmung und andererseits die Ausdifferenzierung all seiner Anlagen. Der «Instinct» hält den Menschen in Abhängigkeit, solange dieser nicht eigenmächtig den Gehorsam aufkündigt.

Alsbald beginne sich im Naturwesen Mensch die «*Vernunft*» «zu regen»; er stelle Vergleiche an zwischen dem ihm Bekannten und dem, was ihm die anderen Sinne zeigen, um «seine Kenntniss der Nahrungsmittel über die Schranken des Instincts zu erweitern» (ebd.). Diese *curiositas* verfällt keinem Bannfluch mehr. Ausgelöst worden sei die Abwendung vom Naturtrieb vermutlich durch etwas Geringfügiges, eine lockende Frucht beispielsweise, die, vom Instinkt[575] missbilligt, aber von einem Tier ohne Schaden verzehrt wurde, was die Vernunft veranlasste, «mit der Stimme der Natur

---

574 Hans Blumenberg, Kant und die Frage nach dem gnädigen Gott, in: Studium Generale 7 (1954), 559.

575 «*Instinkt* ist ein innerlicher Trieb, etwas zu tun oder zu lassen, den die Natur in ein Geschöpf gelegt hat.» Georg Christoph Lichtenberg, Beiträge zu Rabeners Wörterbuche, in: G. C. L., Schriften und Briefe, Bd. 3, 505.

zu chikanieren ([Genesis] III, 1), und trotz ihrem Widerspruch den ersten Versuch von einer freien Wahl zu machen, der als der erste wahrscheinlicherweise nicht der Erwartung gemäss ausfiel» (AA 8,112). Schlimme Nachwirkungen mochten sich daraus nicht ergeben haben, «so gingen dem Menschen hierüber doch die Augen auf ([Genesis 3] V. 7). Er entdeckte in sich ein Vermögen, sich selbst eine Lebensreise auszuwählen und nicht gleich anderen Thieren an eine einzige gebunden zu sein.» (ebd.)[576]

In Kants Nacherzählung fährt kein zornentbrannter Gott auf die Erde herab und verstösst das Urelternpaar aus dem Garten Eden, sondern der Mensch beendet selbst die Unbeschwertheit seiner fremdbestimmten Existenz. Göttliche Gesetze hat der Mensch nur insofern verletzt, als er auf die «Stimme Gottes», den Instinkt nicht mehr hörte. Von nun an wird er den Kurs seiner «Lebensreise» selbst bestimmen und sein eigener Gesetzgeber werden. Nach der Verstossung aus dem «Gängelwagen des Instincts», auf dem der Mensch die elementaren «Geschicklichkeiten» erworben habe, werde er mit «Angst» und «Bangigkeit» konfrontiert (ebd.), denn er wisse nicht, wie er «mit seinem neu entdeckten Vermögen zu Werke gehen sollte. Er stand gleichsam am Rande eines Abgrundes». Der ungeheuren Fülle von Möglichkeiten seiner Wahl ist der Mensch noch nicht gewachsen, weshalb er bemüht sein wird, sie einzuschränken, einen Horizont zu schaffen, innerhalb dessen er sich zu orientieren vermag (vgl. auch Logik, Einleitung VI, AA 9,40-44). Um seinen Geschlechstrieb anzustacheln und ihn gleichzeitig in der Phantasie «dauerhafter und gleichförmiger» (AA 8,112) auszuleben, verhülle der Mensch alsbald seine Nacktheit. Kant schenkt dem Umstand besondere Aufmerksamkeit, dass das bewusste Sich-selbst-Entziehen des begehrten Objektes eine Abstraktionsleistung darstellt. Denn hier wird die blosse Gegenwartsbezogenheit aufgegeben. Ein Bewusstsein von Vergangenheit und Zukunft bildet sich. Dieser Verzicht zur Steigerung der Lust ist bereits *«Weigerung»* im emphatischen Sinn. Das dann tatsächlich Erreichte und Ergriffene (und wenn es nur die ominöse Frucht gewesen ist)

---

[576] Die Akademie-Ausgabe emendiert wie die erste Gesamtausgabe von Hartenstein (Bd. 4, Leipzig 1838, 344) «Lebensreise» stillschweigend zu «Lebensweise». Bei dieser Lesart wird die metaphorische Parallele zur Reise, die der Leser mit Kant auf den Flügeln der Einbildungskraft unternimmt, unterschlagen, weswegen ich hier der Ausgabe von Weischedel (WW 9,88) und der *editio princeps* folge.

bedeutet immer eine Überwindung des bloss Möglichen, der immensen Menge von Möglichkeiten. Der Mensch schafft sich seine Welt und auferlegt ihr seine Regeln. Eben diese Entscheidung gegen bloss Mögliches zugunsten des Getanen und Zutuenden ist für das weitere Fortschreiten wegweisend. Als nächste Stufe der Selbsterziehung lege der Mensch sich Sittsamkeit zu. Obgleich äusserlich von der Sittlichkeit kaum zu unterscheiden, folgt die Sittsamkeit nur den egoistischen Interessen des Individuums, das nicht einem absoluten Sollen gehorcht, vielmehr allein seinen sinnlichen Gelüsten und dem Selbsterhaltungstrieb. Deswegen stuft sie Kant auch erst als «kleine[n] Anfang» auf dem Weg zur Vervollkommnung ein, ohne dass er jedoch den qualitativen Sprung von Sittsamkeit zu Sittlichkeit weiter begründen könnte.

Der «dritte Schritt der Vernunft» ist Kant zufolge die «überlegte *Erwartung des Künftigen*». Planung und das Bewusstsein von Kausalität werden vorrangig; sie schaffen «Sorgen und Bekümmernisse», weil die Folgen des eigenen Tuns nur bedingt berechenbar sind. Schliesslich sei die Gewissheit des eigenen Todes nicht mehr zu verdrängen, wodurch das in einem Leben Mögliche als beschränkt erfahren wird, was wiederum der jeweiligen Wahl (einer Route auf der Lebensreise) ungeahntes Gewicht verleiht. Da die Vernunft dies alles sichtbar hat werden lassen, werde sie vom Menschen für die Übel verantwortlich gemacht. Viertens begreife der Mensch sich selbst als «*Zweck der Natur*» (AA 8,114), als Herrn dieser Welt, die um seinetwillen geschaffen ist, weshalb er «*zum Schafe sagte, der Pelz, den du trägst, hat dir die Natur nicht für dich, sondern für mich gegeben*, ihm ihn abzog, und sich selbst anlegte». In seinem Mitmenschen erkenne er hingegen die letzte Zweckhaftigkeit; er dürfe sich seiner, so fange er zu begreifen an, nie «bloss als Mittel zu anderen Zwecken» (AA 8,114) bedienen. Wie und warum diese Anerkennung des andern als Zweck einer vom vernünftigen Eigeninteresse unterschiedenen Quelle entspringen solle, erläutert Kant nicht.

In der «Anmerkung» formuliert Kant die geschichtsphilosophische Quintessenz. Aus der Perspektive der Gattung kann demnach die Ablösung von der Naturvormundschaft nur positiv gewürdigt werden, denn deren «Bestimmung» bestehe «in nichts als im *Fortschreiten* zur Vollkommenheit» (AA 8,115). Dagegen müsse das Individuum gewärtigen, dass ihm Eintracht und Glück hienieden nach dem Verlust des Urstandes nicht mehr beschieden sei, und es persönlich nicht (unbedingt) zum Besseren fortschreite. Da die praktische Vernunft, als sie «ihr Geschäft anfing», noch nicht voll entwickelt gewesen sein konnte, «kam» sie «mit der Thierheit und deren ganzen Stärke ins Gemenge». Eine ähnliche Position verteidigt neben Iselin die Aufklärungstheologie, namentlich Jerusalem, der den ursprünglichen Konflikt zwischen Sinnlichkeit und Vernunft noch stärker hervorhebt, ohne dass deswegen die Sinnlichkeit als Sinnlichkeit schon verwerflich wäre. Aus dem Kampfe entstehen laut Kant Übel und «bei cultivirterer Vernunft Laster» (ebd.) als unumgängliche Nebenprodukte. Der «erste Schritt» hinaus aus der Obhut der Natur soll «also» «auf der sittlichen Seite ein *Fall*» gewesen sein, obwohl «ehe die Vernunft erwachte» «kein Gesetz oder Verbot» existierte (ebd.). Der Nachsatz stipuliert im orthodoxen Stil, die «Menge nie gekannter Übel des Lebens» müssten als Konsequenzen des Falles, «mithin» als «Strafe» akzeptiert werden, sind sie doch Folgen des Vernunftgebrauchs. Was Kant als moralisch bedenklich in Rechnung stellt, ist offenbar weniger der Griff nach der Frucht, sondern die Folgen des von da an geübten, aber noch sehr unvollkommenen Vernunftgebrauchs: Schuldig werden die Menschen nicht durch die allererste Handlung ohne Instinktgängelung, sondern durch die sich daran anschliessenden, nicht pflichtkonformen Handlungen. Sobald die Vernunft sich regt, ist offenbar auch das Sittengesetz in unbedingter Geltung.

«Für das Individuum, welches im Gebrauche seiner Freiheit bloss auf sich selbst sieht, war bei einer solchen Veränderung Verlust; für die Natur, die ihren Zweck mit dem Menschen auf die Gattung richtet, war sie Gewinn.» (AA 8,115f.) Die Natur (qua Vorsehung) hat den «Fall» des Menschen gewollt, weil auch das Verschulden und das Böse zur Vervollkommnung der Schöpfungsordnung beitragen, um den Menschen zu ihren Zwecken anzuspornen, die seine ureigensten Zwecke seien. Die geschichtliche Heilsökonomie der Natur ist eine innerweltliche Angelegenheit; in dieser Welt führt sie den Menschen seiner Vollendung entgegen – den Menschen als Gattung wohlverstanden –, solange er noch nicht selbst seine Maximen vernunftgemäss bestimmt: Naturteleologie präludiert moralische Teleologie. Das Individuum hat, ganz gemäss der alten theologischen Doktrin, «alle Übel die es erduldet und alles Böse das es verübt, seiner eigenen Schuld zuzuschreiben» (AA 8,116), kann aber auf die Aufhebung seiner Leiden bestenfalls hoffen, indem es sich einer transmundanen Glückseligkeit würdig erweist. Dieser Aspekt individueller Glückswürdigkeit bleibt aber im *Mutmasslichen Anfang* ausgeklammert, während etwa bei Jerusalem oder Lessing die Aussicht auf individuelle Unsterblichkeit die teleologische Gattungsentwicklung sekundiert und so die Härten der geschichtsphilosophischen Gattungsorientierung mildert. In Kants geschichtsphilosophischen Schriften wird diese Engführung gattungsgeschichtlicher und individualgeschichtlicher Erwartungen nicht nachvollzogen; hier hat das Individuum in seinem Leiden nur «die Weisheit und Zweckmässigkeit der Anordnung zu bewundern und zu preisen» (AA 8, 116). Diese Ausgrenzung des individuellen Glücksinteresses aus der Geschichtsphilosophie, mit der sich Kant gegen Rousseau[577] und Herder verwahrt, insofern sie die Befriedigung des individuellen Glücksbedürfnisses nicht zugunsten eines geschichtlichen Gattungsziels eingeschränkt wissen wollten, sollte für die weitere Theoriegeschichte bis Hegel und Marx bestimmend bleiben und zugleich ein Hauptangriffspunkt der Kritik an der spekulativ-universalistischen Geschichtsphilosophie überhaupt werden.

Die «Schlussanmerkung» des *Mutmasslichen Anfangs* unterstreicht die Hauptabsicht des geschichtsphilosophisch-exegetischen Unternehmens: Damit sich beim nachdenklichen Betrachter keine «Unzufriedenheit mit der Vorsehung, die den Weltlauf im Ganzen regiert» (AA 8,120f.), einniste, sei es für ihn «von der grössten Wichtigkeit: *mit der Vorsehung zufrieden zu sein*» (AA 8,121).[578] Hier kommt der therapeutische Topos der sich etablierenden Geschichtsphilosophie voll zum Tragen, unbeschadet der Hintanstellung individueller Glücksinteressen: Angesichts der offenbaren Übel sollen wir im festen Glauben an das Walten der Vorsehung neue Zuversicht

---

[577] Vgl. dazu Ernst Cassirer, Kant und Rousseau [1939], in: E.C., Rousseau, Kant, Goethe, hg. und eingeleitet von Rainer A. Bast, Hamburg 1991, 42-44.

[578] Demgegenüber stellt Helmut Holzhey, «Das Ende aller Dinge». Immanuel Kant über apokalyptische Diskurse, in: H. H./Georg Kohler (Hg.), In Erwartung eines Endes. Apokalyptik und Geschichte, Zürich 2001, 31, bei der Untersuchung der Kantischen Komplementärschrift zum *Mutmasslichen Anfang,* dem *Ende aller Dinge* (1794) fest, dass es der entmythologisierend-moralphilosophischen Interpretation christlichen Redens von der Ewigkeit nicht wirklich gelänge, die eschatologische Unruhe zu pazifizieren: «Gegen diese Unruhe, die mehr ist als Mangel an individueller 'Zufriedenheit', ist philosophisch kein Kraut gewachsen. Auch für Kant gibt es keine tranquillitas animi, die sich aus dem Gefühl der Sicherheit in Bezug auf den Gang der Dinge nähren könnte.» Gerade Kants Geschichtsphilosophie bringt freilich zumindest eine 'Beruhigung als ob' (vgl. auch a.a.O., 33).

schöpfen. Solches Vorsehungswalten wäre hypothetisch der Vernunfttätigkeit zu unterstellen und wird von ihr unterstellt; also ist die Vorsehungszuversicht insgeheim eine Vernunftzuversicht. So lassen sich für die einzelnen Übel treffliche geschichtsphilosophische Rechtfertigungen beibringen: «Auf der Stufe der Cultur also, worauf das menschliche Geschlecht noch steht, ist der Krieg ein unentbehrliches Mittel, diese noch weiter zu bringen» (AA 8,121).[579] Die *«Kürze des Lebens»* (AA 8,122) sei ebenfalls nicht beklagenswert, da niemand ernstlich die «Verlängerung eines mit lauter Mühseligkeiten beständig ringenden Spiels» (ebd.) wünschen könne. Die Spielmetapher kann als Reminiszenz der barocken Welttheatervorstellung gelesen werden, die unterschwellig trotz aller menschlichen Freiheit in der geschichtsphilosophischen Vorstellungswelt mitschwingt.[580] Schliesslich sei die Sehnsucht nach einer Wiederkunft des Goldenen Zeitalters nur ein Zeichen des Überdrusses «am civilisirten Leben», obwohl der Mensch doch von der Vernunft angehalten werde, «dem Leben durch *Handlungen* einen Werth zu geben». Der Urzustand, in den sich manche zurückwünschen, erweise sich als unhaltbar, sobald die Vernunft erwache. Ein antirousseauistischer Tenor ist hier unverkennbar, wohingegen die vorangehende Zivilisationskritik an Rousseau anschliesst. Wenn die physischen Übel gegen unser Verdienst aufgerechnet werden, so würden wir «schwerlich» von mehr Leiden behelligt, als wir verdienten. Von einer ungleichen und ungerechten Verteilung der Leiden will der Text nichts wissen. «Zufriedenheit mit der Vorsehung und dem Gange menschlicher Dinge im Ganzen» zu bewirken, ist Sinn der geschichtsphilosophischen Theodizee am Ende. Ein jeder sei «durch die Natur selbst berufen», am «Fortschritte» mitzubauen, «so viel in seinen Kräften steht» (AA 8,123).

Hatte das philosophische Nachdenken über Geschichte am Ende des 17. und zu Beginn des 18. Jahrhunderts etwa bei Bayle und Bolingbroke noch

---

579 Zum Thema Krieg und Geschichtsphilosophie ausführlich Andreas Urs Sommer, Krieg und Geschichte. Zur martialischen Ursprungsgeschichte der Geschichtsphilosophie, Bern 2002.

580 Klaus Weyand, Kants Geschichtsphilosophie. Ihre Entwicklung und ihr Verhältnis zur Aufklärung, Köln 1964, 131, meint dagegen, dieses theologische Relikt sei im *Mutmasslichen Anfang* bereits überwunden.

dazu tendiert, theologische und philosophische Interessen säuberlich zu unterscheiden und das theologische aus den Sphären der Wissenschaft zu verweisen, konvergiert am Ende des 18. Jahrhunderts das aufgeklärte theologische Interesse erneut mit dem philosophischen. Zum einen hat dies mit einem eklatanten Modernisierungsschub innerhalb der (protestantischen) Theologie zu tun, zum andern aber auch mit einer erheblichen Erweiterung des Gesichtskreises philosophischer Reflexion, die sich das scheinbar Kontingente als einen Bereich erschlossen hat, der sich nach philosophischen Kriterien organisieren lässt.[581] Vico hat diese Erschliessung auf noch barocken Wegen vorgezeichnet; danach etablieren Turgot, Iselin, Lessing und Kant die Geschichtsphilosophie als Kerndisziplin dieser Erschliessung. Man wagt sich nun an die umfassende Deutung des «roman de la vie humaine, qui fait l'histoire universelle du genre humain»,[582] von dem Leibniz gesprochen hatte, auch wenn manche – wie Kant und Lessing – das Bewusstsein aufrechterhalten, dass die Annahme der Kohärenz und Konsistenz des Geschichts-Romans eine hypothetische bleiben müsse.[583]

---

[581] Schon Leibniz' Philosophie lässt sich als Versuch der «Kontingenzstabilisierung», nicht der «Kontingenzeliminierung» lesen, siehe Stoellger, Die Vernunft der Kontingenz und die Kontingenz der Vernunft, 113.

[582] Gottfried Wilhelm Leibniz, Die Theodizee [1710]. Von der Güte Gottes, der Freiheit des Menschen und dem Ursprung des Übels, hg. und übersetzt von Herbert Herring = G.W.L., Philosophische Schriften, hg. und übersetzt von Hans Heinz Holz, Bd. 2/1, Frankfurt a.M. 1996, 460-462 (Teil 2, § 149).

[583] Der problematischen Verwandtschaft von Roman und Geschichtsphilosophie war sich ja etwa Kant durchaus bewusst (vgl. oben S. 335). Dietrich Schwanitz, Bildung als Stellvertreterin Gottes. Das Wissen ermöglicht gesellschaftliche Integration in der Moderne, in: Neue Zürcher Zeitung, Jg. 221, Nr. 276, 25./26. November 2000, 55, wähnt einen tiefgreifenden Zusammenhang von Roman und Geschichtsphilosophie zu erkennen: «Der Trick des Romans, die Perspektive des überlegenen Rückblicks aufzugeben und sich statt dessen mit der Erlebnisgegenwart des Helden gleichzeitig zu machen, wurde in der Geschichtsschreibung zur Anweisung, jede Zeit aus sich heraus zu verstehen. Die Differenz zur offenen Zukunft konnte dann als Dialektik von Widersprüchen oder als Anlass für Fehler zu einer Stufenfolge progressiver Selbstkorrekturen vervielfacht werden, bis das jeweilige Subjekt schliesslich im Rückblick seine eigene Irrtumsgeschichte als notwendige Vorgeschichte seiner jetzigen Selbsttransparenz begriff. Bezogen auf die Geschichte, wurde das zur Mutter aller Ideologien, der Geschichtsphilosophie. Bezogen auf das Individuum, wurde es zum Vater des Bildungskonzepts selbst, dem Bildungsroman.» Siehe dazu auch oben S. 288, Fn. 470.

Die letzten Prinzipien, mit deren Hilfe etwa Kant den gesamten Verlauf menschlicher Geschichte als sinnhaftes, lebensorientierendes Ganzes organisiert, sind wiederum Prinzipien, die ein vernünftiges höchstes Wesen als Herrn der Geschichte aus einem Vernunftbedürfnis heraus zumindest im Modus des Als-ob reinstallieren.[584] Zwar ist Geschichte nicht direkt planbar, soll aber doch so betrachtet werden, als sei sie höherenorts geplant.[585] Geschichte stellt sich der aufgeklärten Vernunft nicht länger als ein undurchdringliches Geflecht zufälliger Ereignisse oder als eine wiederholte Abfolge strukturgleicher Phänomene dar, sondern als ein dynamischer, (endzweck)gerichteter und geordneter Prozess, der als solcher eminenter Gegenstand der Philosophie wird. Die experimentalphilosophische Phase der Geschichtsphilosophie endet – zunächst noch als «Lustreise» – in der Konvergenz philosophischer und rationaltheologischer Interessen. Kants Genesis-Exegese gibt dafür das beste Beispiel ab.

---

[584] Riedel, Einleitung, 10, hebt freilich zu Recht hervor, dass die Geschichtsphilosophie bei Kant «nicht als Säkularisat im spekulativen Teil eines revidierten 'Systems der Metaphysik' (weder in der Sparte der rationalen Kosmologie noch der rationalen Theologie)» auftrete, sondern Teil der praktischen Philosophie bleibe.

[585] Vgl. Kittsteiner, Listen der Vernunft, 8: «Die Geschichtsphilosophie ... des späten 18. und des frühen 19. Jahrhunderts hatte die Machbarkeit der Geschichte *nicht* vorausgesetzt. Sie suchte das die Aufklärer schockierende Phänomen zu verarbeiten, dass nun zwar die Menschen zunehmend besser die Natur beherrschen, dass sie immer mehr 'machen' können, dass sie mit all ihrem Können aber in einen sich beschleunigenden Prozess hineingeraten sind, der sich jenseits ihrer Verfügung vollzieht.» Ob das wirklich ein Schock war, sei dahingestellt.

ZWEITER TEIL

Zur Topik der Geschichtsphilosophie

Der erste Hauptteil hat exemplarische Erscheinungsformen geschichtstheologischen und geschichtsphilosophischen Denkens in autorenbezogenen Studien vorgestellt. Hierbei haben sich Kontinuitäten und Diskontinuitäten abgezeichnet, aus denen sich in der zweiten Hälfte des 18. Jahrhunderts spekulativ-universalistische Geschichtsphilosophie und eine sich ihr anverwandelnde, aufklärungswillige Geschichtstheologie kristallisierten. Nur wer die Maximen dieser Geschichtsphilosophie absolut setzt, kann in dieser Kristallisation ein zwangsläufiges Entwicklungsergebnis sehen. Wer die Genese spekulativ-universalistischer Geschichtsphilosophie historisch verstehen will, tut demgegenüber gut daran, eine skeptischere, historistisch anmutende Methode zu wählen, die keinen wissenschaftsgeschichtlichen Teleologien vertraut.

Die autorenbezogenen Studien führen diese Genese nur ein- oder zweidimensional vor Augen. Daher wähle ich im folgenden eine andere, nämlich diachron-thematische Perspektivierung, mit deren Hilfe Mehrdimensionalität gewonnen werden soll: Es werden Topoi herausgearbeitet, die relevant sind im Prozess, der spekulativ-universalistische Geschichtsphilosophie hervorgebracht hat. «Topos» meint in diesem Zusammenhang einen allgemeinen Argumentationsgesichtspunkt oder ein erzählungsbestimmendes Element, das bei der Konstitution der geschichtsphilosophischen Argumentation und Erzählung Verwendung findet. Der Topos braucht nicht expliziter Gegenstand der geschichtsphilosophischen Reflexion zu sein, sondern kann ebenso eine ihrer inneren oder äusseren Möglichkeitsbedingungen darstellen. Topoi sind leitende Vorstellungen, mit deren Hilfe der geschichtliche Stoff philosophisch organisiert wird. Die Wortverwendung lässt sind in zwei Richtungen differenzieren: Zum einen sind Topoi – in der Tradition der *Topica* des Aristoteles – feststehende, formale Gesichtspunkte, mit deren Hilfe eine geschichtsphilosophische Argumentation zustande kommt; zum andern sind sie – in der Tradition der sophistischen Rhetorik Athens – stehende materiale, inhaltliche Motive, «Gemeinplätze» geschichtsphilosophischer Erzählungen.[1] Dabei ist die Unterscheidung zwischen argumentationsleitendem und erzählungsbestimmendem Topos im Einzelfall meist nicht sauber durchführbar, da die Geschichtsphilosophie selbst den Unterschied zwischen Argumentation und Erzählung verwischt. Topoi sind die Orte, die das Koordinatensystem des geschichtsphilosophischen Denkens ausmachen.

Wenn ich im folgenden eine Topik als Sammlung der geschichtsphilosophischen Topoi und ihres Gebrauchs skizziere, erhebe ich nicht den Anspruch, dieses Koordinatensystem vollständig zu erfassen. Vielmehr soll anhand einiger zentraler Topoi aufgezeigt werden, wie sich spekulativ-universalistische Geschichtsphilosophie allmählich konstituiert, indem bestimmte Topoi (wie *exempla*) allmählich zugunsten anderer (wie Fortschritt) in den Hintergrund geraten. Hierbei zeigt sich, dass die Topoi selbst unausgesetztem Wandel unterworfen (und insofern nicht 'topisch') sind. Sie versehen verschiedene Aufgaben. Hier werden sie im Sinne einer vorläufigen Typologisierung in *Ordnungsprinzipien, Dynamisierungsprinzipien* und *Kontingenzen* unterteilt, wobei die Dynamisierungsprinzipien der Statik alter Ordnungsgefüge entgegenwirken und auf deren geschichtliche Dynamisierung hinarbeiten, um neue Ordnungsgefüge hervorzubringen, während den Ordnungsprinzipien die Aufgabe zufällt, Erzählung und Argumentation zu strukturieren und zu stabilisieren, gleichgültig, ob wir es noch mit philosophischer *exempla*-Historie oder schon mit spekulativ-universalistischer Geschichtsphilosophie zu tun haben. Die Dynamisierungsprinzpien sind mitunter nur in einer Hinsicht, nämlich in Hinsicht auf die hergebrachten Ordnungsgefüge dynamisierend, während sie die entstehenden Ordnungsgefüge spekulativ-universalistischer Geschichtsphilosophie befestigen können. Kontingenzen ist spekulativ-universalistische Geschichtsphilosophie auf allen Stufen ihrer Genese ausgesetzt; sie vermögen verschiedenste, dynamisierende wie stabilisierende, destruktive wie konstruktive Effekte zu zeitigen und müssen so besonders sorgfältig auf ihre jeweilige topische Funktionalisierbarkeit hin befragt werden.

---

[1] Zu diesen zwei antiken Hauptbegriffen des Topos – der mnemotechnische bleibt hier ausgeklammert – siehe Oliver Primavesi, Topik; Topos I, in: HWPh, Bd. 10, Sp. 1263-1269.

Zur Topik der Geschichtsphilosophie 349

Die autorenbezogenenen Studien haben uns bereits einigen Aufschluss über Charakter, Vielfalt und Transformation der Topoi gegeben; nun werden auf der gleichen Materialbasis – die da und dort noch um weitere einschlägige Quellen vermehrt wird – diese Orte des geschichtsphilosophischen Koordinatensystems selber zum Gegenstand der Untersuchung. Man wird sehen müssen, ob die bisherigen Einsichten in einer topischen Rekonstruktion noch tragen. Falls ja, bekämen wir weitere Aufschlüsse über das Funktionieren des prekären Gefüges «spekulativ-universalistische Geschichtsphilosophie».

Eine synoptische Skizze der folgenden Topik, die zugleich die zwar anfechtbare aber nicht beliebige Auswahl der untersuchte Topoi rechtfertigt, sieht folgendermassen aus: Zunächst werden im ersten Abschnitt mit dem Stoffradius und der Reichweite die äusseren Grenzpunkte geschichtsphilosophischer Reflexion bestimmt, die gerade im Verlaufe der Abgrenzung von der Geschichtstheologie mehrfachen Revisionen unterworfen sind. Einzelne Geschichten als Orte individueller und kollektiver Vergegenwärtigung sittlichen Handelns kommen im zweiten Abschnitt in den Blick; es wird gezeigt, wie der traditionelle Typus philosophierenden Geschichtsbezugs, die *exempla*-Historie auch in ihren inneren Widersprüchen neuen theoretischen Anforderungen nicht länger zu genügen vermag. Der dritte Abschnitt führt mit der zuerst vor allem geschichtstheologisch bedeutsamen Vorsehung einen Topos ein, der es erlauben sollte, die Gesamtgeschichte nach einem höchsten Gesichtspunkt zu organisieren und zugleich mit den Erfordernissen der Rationaltheologie zu harmonisieren. Die Bedeutung dieses Topos nimmt im Verlauf der Genese spekulativ-universalistischer Geschichtsphilosophie nicht ab, sondern zu. Für die Aufklärung als europäischer Bewegung ist der Topos der Moralisierung und Vervollkommnung ein zentraler Gesichtspunkt; im vierten Abschnitt wird zu erörtern sein, wie er sich in geschichtsphilosophischem Zusammenhang ausprägt. Ebenfalls im Kontext der Gesamtaufklärung spielt das Emanzipations- und Individualisierungsinteresse, verknüpft mit Metaphysikkritik, eine wesentliche Rolle. Inwiefern gerade dieses Interesse in der Geschichtsphilosophie seinen Ort findet, diskutiert der fünfte Abschnitt. Als topischer Inbegriff spekulativ-universalistischer Geschichtsphilosophie gilt die Idee des Fortschritts; ob zu Recht, kommt im sechsten Abschnitt zur Sprache. Schon in den autorenbezogenen Studien hat sich abgezeichnet, dass diese Geschichtsphilosophie nicht allein als Ausdruck des saturierten Selbstbewusstseins einer zur Herrschaft gelangten, womöglich «bürgerlichen»

Aufklärungselite verstanden werden kann, sondern ebensosehr eine Antwort auf die der Aufklärung selbst entwachsenden Aufklärungskritik ist. Diesem Topos wird im siebten Abschnitt Rechnung getragen. Der achte Abschnitt stellt spekulativ-universalistische Geschichtsphilosophie in den Horizont des Theodizeeproblems und beleuchtet, in wie starkem Masse das Bedürfnis nach einer Rechtfertigung der Übel diesseits einer Metaphysik vom statischen *mundus optimus* die Entstehung dieser Geschichtsphilosophie befördert hat. Zeitgleich mit dem neuen Typus von Geschichtsphilosophie profiliert sich eine neue, methodisch reflektierte Geschichtswissenschaft, die sich gegen philosophische Instrumentalisierungen der Geschichte verwahrt. In Gestalt der Geschichtsphilosophie durchläuft die Philosophie ein Stadium der essayistisch-belletristischen Entwissenschaftlichung und bleibt gleichwohl für die Wissenschaften anschlussfähig. Darauf wird im neunten Abschnitt reflektiert. Dabei stellt sich das Problem der Kontingenz in aller Schärfe: Spekulativ-universalistische Geschichtsphilosophie empfiehlt sich, wie der zehnte Abschnitt darzustellen versucht, als Instrument prinzipieller Kontingenzbewältigung, nicht nur der Bewältigung von Übeln. Als Leittopos spekulativ-universalistischer Geschichtsphilosophie am Ende der Aufklärungsepoche erweist sich die Gewährung von Trost: Geschichtsphilosophie als consolatorische Disziplin ist so das Thema des letzten, elften Abschnitts.

Bei der Untersuchung dieser Topoi möchte ich den Blick auch auf die hier nicht abschliessend beantwortbare Frage hin schärfen, was im Verlaufe der Selbstkonstitution der spekulativ-unversalistischen Geschichtsphilosophie verloren geht. Falls die Vernunft – frei nach Michel Foucault – ein Macht-Dispositiv ist, das im Verlauf der Neuzeit andere Unterscheidungsmuster mehr und mehr ausgrenzt, ausser diejenigen, nach denen sie sich selbst zu organisieren pflegt, wäre zu erkunden, wie weit die 'vernünftigen' Unterscheidungsmuster von der *in statu nascendi* begriffenen Geschichtsphilosophie als Vollstreckungsgehilfin 'der' Vernunft vorgeprägt, durchgeführt oder nachvollzogen werden. Ist die Geschichtsphilosophie eine repressive, ausgrenzende Disziplin, die philosophisches mit politischem und ökonomischem Herrschaftsinteresse zur Deckung bringen will? Immerhin haben die autorbezogenen Studien illustriert, dass spekulativ-universalistische Geschichtsphilosophie als ganze weder eine natürliche Neigung zur Affirmation bestehender politisch-ökonomischer Machtverhältnisse noch zu deren Negation zeigt: Es kommen einfach beide Fälle vor.

1. Ordnungsprinzip I: Stoffradius, Reichweite und Grenzen[2]

Der Gegenstandsbereich spekulativ-universalistischer Geschichtsphilosophie scheint zunächst ebenso selbstverständlich naheliegend wie umfassend zu sein: *die* Geschichte, wobei in diesem Kollektivsingular alle Einzelgeschichten einbegriffen werden, die menschlichen Individuen, Gruppen, Völkern, Nationen, Kulturen etc. widerfahren sind, aber auch gegenwärtig widerfahren und künftig widerfahren werden. Bereits diese Andeutungen zur Begriffsextension *der* Geschichte machen allerdings deutlich, dass es mit Selbstverständlichkeiten bei näherem Hinsehen nicht weit her ist: Der Begriff der *einen* Geschichte, die sämtliche Geschichten inkorporiert und dennoch als sinnvolles Ganzes verstanden werden kann, ist ein Kunstprodukt, wenn wir dem (diesen Begriff bereits voraussetzenden) Befund trauen dürfen, dass die Menschheit in der längsten Zeit ihrer Geschichte über einen solchen Begriff von Geschichte nicht verfügt hat. Die Äquivokation von «Geschichte» als *historia rerum gestarum,* als *res gestae* sowie als Wissenschaft von dieser *historia* und diesen *res,* die sich im deutschsprachigen Bereich mit der Kontamination von «Historie» und «Geschichte» im letzten Drittel des 18. Jahrhunderts gleichzeitig mit der Durchsetzung des Kollektivsingulars verankerte,[3] ist im französisch- und englischsprachigen Raum schon länger vorgeprägt. Der Kollektivsingular *histoire* zur Bezeichnung der Summe sowohl des Geschehens als auch des Berichts scheint sich früher etabliert zu haben. In der spekulativ-universalistischen Geschichtsphilosophie wird in erster Linie vom Geschehensaspekt *der* Geschichte (= Geschichte$_1$) gehandelt; sie beschäftigt sich mit der Totalität der *res gestae* und weniger mit einer Methodologie der Geschichtswissenschaften[4] oder mit

---

2 Eine frühere Fassung dieses Kapitels erschien unter dem Titel: Andreas Urs Sommer, Geschichte und Grenzziehungen. Zur Genese der Geschichtsphilosophie, in: Wolfram Hogrebe (Hg.), Grenzen und Grenzüberschreitungen. XIX. Deutscher Kongress für Philosophie, 23.-27. September 2002 in Bonn. Sektionsbeiträge, Bonn 2002, 807-816.
3 Vgl. dazu Reinhart Koselleck, Geschichte, Historie, in: GG, Bd. 2, 593-717.
4 Einer solchen oblag die neue Geschichtswissenschaft selbst, siehe z. B. Johann Martin Chladenius, Allgemeine Geschichtswissenschaft. Mit einer Einleitung von Christoph Friederich und einem Vorwort von Reinhart Koselleck. Nachdruck der Ausgabe Leipzig 1752, Wien, Köln, Graz 1985, oder August Ludwig Schlözer,

einer philosophischen Interpretation unseres Sprechens über Geschichte *(historia rerum gestarum).*[5]

Zur Vereinfachung unserer Aufgabe sollen daher nur der Stoffradius, die Reichweite und die Grenzen dieses Geschehens-Aspektes *der* Geschichte$_1$ thematisiert werden. An sich und *idealiter* müsste *die* Geschichte als Bericht, als Erzählung (= Geschichte$_2$) genau mit Geschichte$_1$, der Totalität der *res gestae* zur Deckung kommen: Ein Jenseits der Geschehnissumme läge auch jenseits des historisch Berichtbaren. Faktisch jedoch wird die Geschichte$_2$ als Bericht mitnichten die Totalität des Geschehens, die *die* Geschichte$_1$ ausmacht, abbilden, ganz einfach, weil es von vielen (vergangenen und erst recht künftigen) Ereignissen, die zur Ereignissumme gehören, gar keine Kunde gibt. Auf der andern Seite stehen viele Historien als Berichte von Dingen, die nie geschehen sind, aber hätten geschehen sein und in den meisten Fällen mangels Geschehenspräsenz nicht überprüft werden können. Über die Monstrosität einer Historie, die *alles* – und sei es auch nur das menschliche Geschehen – verzeichnet, will ich lieber gar keine Mutmassungen anstellen: Sie wäre eine getreue Kopie, eine Verdoppelung der menschlichen Welt – ohne zu gewichten, auszuwählen, zu ordnen zugleich mutmasslich ein riesengrosses Chaos.[6] Die Antinomien, auf die man geriete,

---

Vorstellung seiner Universal-Historie [1772/73]. Mit Beilagen neu hg. von Horst Walter Blanke, Waltrop 1997. Zu den geschichtsphilosophischen und geschichtsmethodischen Berührungspunkten namentlich im Falle Bayles siehe noch immer Günther Pflug, Die Entwicklung der historischen Methode im 18. Jahrhundert, in: Deutsche Vierteljahrsschrift für Literaturwissenschaft und Geistesgeschichte, Bd. 28 (1954), 447-471; im Falle Voltaires Paul Sakmann, Die Probleme der historischen Methodik und der Geschichtsphilosophie bei Voltaire, in: Historische Zeitschrift, Bd. 97 (1906), 327-379.

[5] Derlei Aufgaben hat sich die Geschichtsphilosophie – wenn es denn noch dasselbe Subjekt ist – erst später zugewandt, vgl. z. B. Arthur C. Danto, Analytische Philosophie der Geschichte. Übersetzt von Jürgen Behrens, Frankfurt a. M. 1980.

[6] Vgl. die in diese Richtung zielenden, kritischen Erwägungen zum Begriff der «Universal-Historie» bei Georg Andreas Will, Einleitung in die historische Gelahrtheit und die Methode, die Geschichte zu lehren und zu lernen [1766], hg. von Horst Walter Blanke, in: Dilthey-Jahrbuch für Philosophie und Geschichte der Geisteswissenschaften, Bd. 2 (1984), 228, § 20, im Anschluss an Alexander Gottlieb Baumgarten, Acroasis logica, Halle 1761, 133, § 432 (auch die «historische Gelahrtheit» hat nach Will, Einleitung, 222, § 1 «einen fast ungeheuern Umfang»).

wenn man von der Geschichte₂ qua Bericht verlangte, sie müsse *die* Geschichte₁ in ihrer Totalität abbilden, veranschaulichen hinlänglich, dass es um die postulierte Kongruenz von Geschichte₂ als *historia omnium rerum gestarum* und Geschichte₁ als *omnes res gestae* problematisch bestellt ist. An Inkongruenzen trägt jedoch weniger eine strukturelle Defizienz von Geschichte₂ als Bericht die Schuld (oder gar der subjektive und kontingente Charakter dieses Berichts, den ich hier zur Komplikationsverringerung ganz ausklammere), als vielmehr der metaphysische Charakter *der* Geschichte₁ als Totalität allen menschlichen Geschehens, der der von Kant analysierten theoretisch-metaphysischen Idee «Welt» verwandt ist.[7] Für spekulativ-universalistische Geschichtsphilosophie, soweit sie mit dem Kollektivsingular *Geschichte* operiert, scheint der Begriff freilich erstaunlich unproblematisch zu sein;[8] sie fragt – mit Ausnahme einiger Andeutungen in Kants *Idee zu einer allgemeinen Geschichte* – kaum nach seinen Möglichkeitsbedingungen, aber auch nicht nach der begrifflichen oder erzählerischen Abbildbarkeit ihres angeblichen Gegenstandes, *der* Geschichte₁. Wie will man davon einen tentativen und approximativen Begriff bilden (etwa im Sinne einer regulativen Idee), wenn man doch immer bloss Zugang zur einer beschränkten Anzahl von Geschehnissen hat, die man *der* Geschichte₁ zuordnet, jedoch aus dieser begrenzten Anzahl von Geschehnissen unmöglich eine kumulative Summe ziehen kann? Welche Grenzziehungen nimmt die Geschichtsphilosophie vor, um einen spekulativ-universalistischen Begriff von Geschichte₁ zu gewinnen, wenn sich durch die Addition von geschichtlichen Geschehnissen wenig ausrichten lässt?

Um den rege gebrauchten geschichtsphilosophischen Begriff von Geschichte₁ einer peinlicheren Inquisition zu unterziehen, seien die Alternativen in Erinnerung gerufen, die vor der Etablierung der spekulativ-universalistischen Geschichtsphilosophie in Kurs waren. Die christliche Geschichtstheologie seit den Kirchenvätern kannte verschiedene Modelle, irdisches

---

[7] Die «Ideale Chronik» müsste, würde Danto ihr nicht «das Wissen von der Zukunft» vorenthalten, eine solche Weltverdoppelung sein (vgl. Danto, Analytische Philosophie der Geschichte, 241-292, v. a. 245).
[8] Zur Unterscheidung einer qualitativen und einer quantitativen Totalität der Geschichte siehe Herbert Schnädelbach, Geschichtsphilosophie nach Hegel. Die Probleme des Historismus, Freiburg i. Br., München 1974, 11f.

Geschehen und göttliches Handeln aufeinander zu beziehen.[9] Am nachhaltigsten prägte Augustins *De civitate Dei* das theologische Nachdenken über Geschichte. Dieses Werk – ohne dass es zur Hauptsache geschichtstheologisch oder gar geschichtsphilosophisch orientiert wäre – führt Geschichte als das Geschehen zwischen der Erschaffung der Welt und dem Jüngsten Gericht ein – ein Geschehen wiederum, das seine Antriebskraft dem Gegensatz zwischen der die Gläubigen repräsentierenden *civitas Dei* und der von Ungläubigen dominierten *civitas terrena* verdankt. In diesem Gegensatz, der vom Anfang zum Ende der Welt andauert, regiert nicht das blinde Schicksal, sondern die Vorsehung, mit der Gott die Welt als ganze und damit beide *civitates* lenkt.[10] Augustin begreift – obwohl uns letztlich der *ordo temporum* verborgen bleibe[11] – *die* Geschichte als Einheit, die stets im Spannungsfeld derselben antagonistischen Kräfte steht. Die Einheit der Geschichte fusst auf der Einheit des menschlichen Geschlechts, *totum humanum genus,* die in der Abstammung aller Menschen vom Urvater Adam begründet ist.[12] Dieser schöpfungstheologisch gewonnene Begriff von der Einheit und providentiellen Ordnung der Geschichte erlaubt es Augustin überdies, den Verlauf der Geschichte in Epochen einzuteilen, die nach dem Sechstagewerk und in Analogie zu den Lebensaltern eines menschlichen Individuums gebildet werden; der Verlauf selbst lässt sich als Erziehungsprozess, als *humani generis recta eruditio* fassen.[13] Gleichwohl bedeutet die *peregrinatio* der *civitas Dei* nicht Pilgerschaft auf ein lineares, womöglich innerweltliches Geschichtsziel hin, sondern ein In-der-Fremde-Sein.[14] An

---

9   Siehe die ausgezeichnete Zusammenstellung bei Gunter Scholtz, Geschichte, Historie, in: HWPh, Bd. 3, Sp. 345-352.
10 Vgl. Aurelius Augustinus, De civitate Dei V 9-11.
11 A. a. O., IV 33.
12 A. a. O., XII 22f. und 28.
13 A. a. O., X 14. Vgl. oben S. 291-310.
14 Ernst A. Schmidt, Zeit und Geschichte bei Augustin, Heidelberg 1985, 84. Kurt Flasch geht in seiner Einleitung zu Augustinus. Ausgewählt und vorgestellt von Kurt Flasch, München 2000, 46, sogar soweit, «Augustins Nachdenken über Geschichte ... den Verzicht auf Geschichtsphilosophie und Geschichtstheologie» zu attestieren (viel differenzierter ausgeführt in: Kurt Flasch, Augustin. Einführung in sein Denken, Stuttgart 1980, 368-402). Unstreitig wird indes sein, dass man aus Augustins Grundkonzept sehr bald eine Geschichtstheologie extrahiert hat. Vgl. auch Christoph Horn, Geschichtsdarstellung, Geschichtsphilosophie und Geschichts-

irdischer Geschichte zeigt sich Augustin nur insofern interessiert, als sie Symptom eines überirdisch-göttlichen Handelns ist.

Mit diesen Überlegungen war ein (zumindest aus der einheitsbedürftigen neuzeitlichen Perspektive) weithin überzeugendes Muster vorgegeben, behufs dessen die scheinbar kontingenten Ereignisse, eben einzelne Geschichten in *einer einzigen* (theozentrischen) Geschichte$_1$ integriert werden konnten, die dem Einzelereignis den Anstrich von Kontingenz nahm. Erkauft war diese Einheit der Geschichte allerdings mit starken offenbarungstheologischen Prämissen, die man zu akzeptieren hatte, bevor man die Geschichte als Einheit verstehen konnte. Überdies liess dieses theologische Einheitskonzept von Geschichte keinen Raum für die Entdeckung weiterer geschichtsbestimmender Faktoren, die mit der *civitas Dei* und der *civitas terrena* ein für allemal festgeschrieben schienen. Wir bekommen bei Augustin und seinen Nachfolgern also einen dogmatischen Begriff *der* einen Geschichte$_1$ präsentiert, der nicht beansprucht, aus der Empirie oder aus philosophisch-deduktiver Begriffsbildung gewonnen zu sein. Dieser Begriff von Geschichte ist vielmehr eine Folgerung aus den offenbarungstheologischen Prämissen, die Gottes Allmacht und damit auch seine Geschichtsmächtigkeit herauszustellen. Sinn von Geschichte ist da theologisch immer schon vorab gestiftet. Für den Menschen, der aus sich heraus Geschichte macht und Geschichte begreift, bleibt kein Platz. Der dogmatische Einheitsbegriff von Geschichte hat genau da seine Grenzen, wo die Glaubwürdigkeit seiner Prämissen in Frage steht. Entsprechend prekär ist es um die Adaptierbarkeit eines solchen Geschichtsbegriffs im Rahmen einer säkularen Geschichtsphilosophie bestellt, die offenbarungstheologische Annahmen ausklammern will.

Die katholischen Geschichtstheologien am Übergang vom 17. zum 18. Jahrhundert stellen Variationen des Augustinismus dar. Bei Sébastien Le Nain de Tillemonts Kirchengeschichtsschreibung (oben S. 77-86) habe ich von einem Exklusionsmodell gesprochen, das es kaum mehr erlaubt, Geschichte als Gesamtheit zu begreifen, weil die Kluft zwischen *histoire*

bewusstsein, in: C.H. (Hg.), Augustinus: De civitate Dei, Berlin 1997, 171-193; zur orthodoxen Lesart Augustinischer Geschichtsreflexion die Atti della Settima Agostiniana Pavese No. 4: Provvidenza e Storia. Pavia, 16-20 aprile 1972, Pavia 1974 mit Beiträgen von Clemente Gaddi, Pietro Prini, Federico Sciacca u. a.

profane und *histoire sainte* derart breit geworden ist. Man mag darin den reträtistischen Zug der jansenistischen Frömmigkeit von Port-Royal gespiegelt finden.[15] Die Abwertung der *civitas terrena* und der mit ihr zusammenhängenden Geschichte – eine Abwertung, die Tillemont in der Praxis seiner Historiographie keineswegs vollständig durchexerziert – ist eine historiographische Konsequenz des augustinischen Zwei-Reiche-Schemas, nämlich einer einseitigen Betonung der mit der Kirchengeschichte identifizierten Heilsgeschichte. Das exklusionistische Modell neigt dazu, die Einheit der Geschichte in zwei Teile zu zerlegen. Eine entgegengesetzte historiographische Konsequenz aus dem augustinischen Schema zieht Jacques-Bénigne Bossuet (oben S. 97-108), dessen Inklusionsmodell die Einheit der Gesamtgeschichte betont und sowohl die *histoire sainte* wie die *histoire profane* als ein einziges, Gottes Vorsehung und Erziehungshandeln unbedingt unterworfenes Geschehen deutet. Dies erlaubt ihm, scheinbar weltlichem Handeln religiöse Relevanz zuzusprechen, die ihm in einem strikten Sphärenscheidungsmodell nicht zukäme. Es lässt sich daraus mit andern Worten eine theologische Legitimation politischer und gesamtgesellschaftlicher Verhältnisse stricken, was durchaus eine Kernabsicht von Bossuets Unternehmen war. Sowohl beim inklusionistischen als auch beim exklusionistischen Modell katholischer Geschichtstheologie bleibt die theologische Absicherung des Geschichtsbegriffs ungebrochen: Unter Geschichte – das, was Bossuet «histoire universelle» nennt – wird nach wie vor die Zeitspanne zwischen Schöpfung und Weltgericht verstanden, in der sich das göttliche Handeln an der Welt und am Menschen manifestiert.

Während der puritanische Protestantismus in der Gestalt von Jonathan Edwards' *History of the Work of Redemption* (oben S. 121-133) noch einmal die Einheit der weltlichen und geistlichen Geschichte im Vorsehungsplan beschwört und mit der umfassenden Integration des Weltlichen in einen geistlichen Endzweck die Potenz theologischer Geschichtsdeutung im An-

---

15 Neben den beiden neueren Monographien – Françoise Hildesheimer, Le Jansénisme en France aux XVIIe et XVIIIe siècles, Paris 1992, sowie Monique Cottret, Jansénismes et lumières. Pour un autre XVIIIe siècle, Paris 1998 – stellt die Spätwirkungen des Jansenismus im 18. Jahrhundert immer noch unübertroffen Edmond Préclin, Les Jansénistes du XVIIIe siècle et la Constitution civile du clergé. Le développement du Richérisme, sa propagation dans le Bas Clergé 1713-1791, Paris 1929, dar.

gesicht des Deismus demonstriert, machen sich in Gottfried Arnolds Radikalpietismus (oben S. 108-121) Zersetzungstendenzen bemerkbar, die die Einheit der Geschichte als theologisch abgesichertes Ganzes zerstören: Bei Arnold gibt es, trotz mancher schwärmerischer Zukunftsprojektionen, angesichts der Übermacht des Weltlichen gerade auch in der Kirche keinerlei Gewähr mehr dafür, dass man das Geschehen insgesamt als strikt providenzgelenkt verstehen kann, so wenig Arnold auch an den offenbarungstheologischen Grundvoraussetzungen rüttelt. Ganz selbstverständlich setzt er die Weltschöpfung vor ein paar tausend Jahren ebenso voraus wie das unvermeidlich anstehende Jüngste Gericht. Die erdrückende Fülle der Negativitätserfahrungen, die er seine verfolgten Heiligen in Vergangenheit und Gegenwart erleiden sieht, erlauben den augustinischen Rekurs auf ein göttliches Erziehungshandeln jedoch nicht mehr; aus den geschichtlichen Ereignissen ist keine Summe zu bilden, die dann *die* Geschichte des göttlichen Welthandelns ergäbe. Zwar liesse sich im herkömmlichen Jargon noch immer von der einen Geschichte als Spanne zwischen Weltschöpfung und Gericht sprechen; im Kontext von Arnolds Negativitätserfahrungen hat diese (von ihm selbst nicht gepflegte) Rede von *der* Geschichte aber insofern nur noch wenig Sinn, als dieser Geschichtsbegriff gerade das nicht mehr leistet, was er bis dahin geleistet hatte, nämlich Kontingenz zu rationalisieren und zu positivieren. Wenn man, wie man es mit Arnold tun müsste, nur noch sagen kann, Geschichte sei das, worein der Herr seine unergründlichen Schritte lenke, ist für das Verständnis jener postulierten Gesamtheit von Geschichte wenig gewonnen. Die Übermacht der Negativitätserfahrung setzt dem theologischen Begriff einer Einheit von Geschichte so sehr zu, dass auch seine internen Grenzen offenkundig werden: Es ist nicht einmal nötig, die offenbarungstheologischen Grundvoraussetzungen seiner Konstitution in Frage zu stellen, um ihn zu eliminieren. Es genügt, seine Nutzlosigkeit zu erweisen, die daher rührt, dass man Einheit von Geschichte zwar noch postulieren, aber nicht länger plausibel und intelligibel machen kann. Daraus resultiert bei Arnold eine Zersetzung der einen Geschichte Gottes mit der Welt in erbauliche Bekehrungsgeschicht*en,* in denen sich noch individuell der Wille Gottes manifestieren mag, wenn er schon in keinem geschichtlichen Ganzen mehr auffindbar ist.

Wenn wir uns den philosophischen Bemühungen um den Begriff von Geschichte zuwenden, dann stehen wir bei Pierre Bayle (oben S. 151-165) zunächst vor einem ähnlich fragmentarischen Befund wie bei Arnold:[16] Begünstigt von der durch die Form des *Dictionnaire* bewirkten Verschlagwortung, verflüchtigt sich das Geschichtsganze in Episoden. Diese Episoden werden nach allen Regeln der philologisch-philosophischen Künste kritisch analysiert und vielfach als imponderabel verworfen. Gleichzeitig unterläuft Bayles Skeptizismus die dogmatischen Gewissheiten, die *conditiones sine qua non* des theologischen Begriffs einer Einheit von Geschichte gewesen sind. Dieser Begriff ist nur so lange aufrecht zu erhalten, als man an einen von Gott gesetzten Weltanfang und an ein ebensolches Weltende glaubt. Die schöpfungstheologische und eschatologische Prämisse musste sich schon im 16. Jahrhundert einige allerdings noch sehr dissidente Widerreden gefallen lassen, die sich im 17. Jahrhundert zusehends verstärkten. Seit Isaac de La Peyrère (1594-1676) die These von einer präadamitischen Menschheit 1655 öffentlich zu äussern wagte,[17] wurde – wiewohl höchst umstritten und meist verworfen – der Gedanke eines polyzentrischen und nicht länger offenbarungsbeglaubigten Ursprungs der Menschheit zur realen Option.[18] Mit dem Anfang der Geschichte konnte dann auch ihr Ende als unsicher und offen erscheinen. Überdies hatte sich die neue Naturwissenschaft vom Anthropozentrismus (und Geozentrismus) der Theologie allmählich distanziert, so dass es nicht mehr anzugehen schien, alles nichtmenschliche Geschehen im Universum als letztlich unerheblichen Anhang zum göttlichen Heilshandeln am Menschen zu interpretieren. Immerhin mochte in dieser Frage eine wiederum anthropozentrische, physikoteleologische Weltbetrachtung eine zeitweilige Beruhigung gebracht haben, die allerdings bloss auf modernisiertem Niveau die alten offenbarungstheologischen Antworten reproduzierte und vor Kritik nicht dauerhaft sicher

---

16 Arnolds Werk ist Bayle übrigens durchaus bekannt, siehe z. B. «Ruysbroeck (Jean de)» – DHCS 159f.
17 Siehe dazu Richard H. Popkin, Isaac La Peyrère (1596-1676). His Life, Work and Influence, Leiden 1987, und Adalbert Klempt, Die Säkularisierung der universalhistorischen Auffassung. Zum Wandel des Geschichtsdenkens im 16. und 17. Jahrhundert, Göttingen 1960, 90-96, ferner Hans-Joachim Kraus, Geschichte der historisch-kritischen Erforschung des Alten Testaments von der Reformation bis zur Gegenwart, Neukirchen 1956, 55-57.
18 Vgl. Johannes Rohbeck, Technik – Kultur – Geschichte. Eine Rehabilitierung der Geschichtsphilosophie, Frankfurt a. M. 2000, 31.

war. Auf breiter Front wurde um 1700 sichtbar, dass das alte theologische Einheitsmodell von Geschichte mehr Fragen aufwarf, als es beantworten konnte. Wie offensichtlich seine Beschränkungen geworden waren, macht Bayles 'historistischer' Kritizismus an allen Ecken und Enden deutlich. Zugleich gewann aber weder die Philosophie noch die sich als kritische Wissenschaft nach und nach formierende Geschichtsschreibung einen neuen Begriff von Geschichte als Einheit. Was Bayle zu präsentieren vermag, sind von allem mythologischen und theologischen Fleisch klinisch gesäuberte *disjecta membra* einer der Idee nach noch vorhandenen *einen* Geschichte$_1$, die zunächst begrifflich ungefasst bleibt. Immerhin scheint sich die Eingrenzung *der* Geschichte$_1$ auf das vom Menschen Gemachte oder mit ihm Zusammenhängende – eine Eingrenzung, die durch den theologischen Einheitsbegriff von Geschichte präfiguriert war – abzuzeichnen, handelt Bayle in seinem ausdrücklich historischen *Dictionnaire* fast nur von menschlichen Dingen, während die alte Wortbedeutung von *historia* und *histoire* als Bericht oder Darlegung von jeglichem Gegebenem, etwa auch Gegebenem der natürlichen, nichtmenschlichen Welt, zu verblassen beginnt. Die neuen Grenzen der Geschichte deuten sich da an, wo die Fabel, der Mythos, das blosse Hörensagen und Meinen anfangen. Quellenkritisch soll nun – so Bayles Projekt – bestimmt werden, was zum Geschichtlichen gehört, und was nicht. Mit solchen Grenzziehungen hat man noch keinen konsistenten Begriff von Geschichte gewonnen, selbst wenn man davon im Französischen im Singular spricht.

Nicht grundlegend anders schaut die Lage einige Jahrzehnte später bei Henry St. John, Viscount Bolingbroke (oben S. 165-182) aus, der sich philosophisch auf die alte *exempla*-Historie besinnt, um so dem Geschichtlichen einen Raum normativer Geltung zu verschaffen. Wie Bayle bleibt Bolingbroke bei den Episoden, die jedoch als Beispiele gelungener oder misslungener Problemlösungsstrategien sehr viel entschiedener direkten praktischen Nutzen zeitigen sollen. Diese *exempla*-Historie scheint eine prinzipielle Gleichförmigkeit des Gegenwärtigen und Künftigen mit dem Vergangenen vorauszusetzen und so zu implizieren, dass es im Feld des Geschichtlichen eigentlich nichts Neues geben könne. Eingeschränkt wird diese implizite Gleichförmigkeitsannahme indessen dadurch, dass Bolingbroke nur die nachmittelalterliche Zeit als Reservoir seiner *exempla* heranzieht mit dem ausdrücklichen Hinweis, die Zeiten davor unterschieden sich von den gegenwärtigen zu sehr, als dass ihnen brauchbare Handlungsvorbilder zu entnehmen seien. Damit wird die Erkenntnis eingeräumt, dass Neues im Verlaufe geschichtlicher Prozesse auftreten kann. Überdies kombiniert Bolingbroke seine Neuauflage der *exempla*-Historie mit einem kritischen Anspruch, der sich wiederum eng an Bayle anlehnt und nach einer klaren Unterscheidung von historisch Wahrem und Falschem heischt. Viel weiter in der philosophischen Bestimmung dessen, was *die* Geschichte$_1$ ausmacht, kommt auch Bolingbroke nicht. Trotzdem ist Bolingbrokes Rückgriff auf die *exempla*-Historie für die weiteren Transformationen der Geschichtsphilosophie unerwartet innovationsträchtig, unterwirft sie doch das Geschichtliche einem moralischen Applikationsinteresse und kann so die *disjecta membra* des Bayleschen Kritizismus unter einem Gesichtspunkt, eben der praktischen Anwendbarkeit, wieder zusammenbinden. Der Historiker soll sich nicht länger ausschliesslich mit den Fragen der Authentizität und Verifizierbarkeit von Überliefertem beschäftigen, sondern wird in ein höchstes moralisches Richteramt berufen – gerade, weil Bolingbrokes historistischer Kritizismus nicht so weit reicht wie der Baylesche, der der Tendenz nach moralische Vorstellungen und Urteile als historisch kontingent und nicht als universal oder geschichts-exempt begreift. Die neue Rolle des philosophischen Historikers kommt der Selbstnobilitierung der französischen und etwas später der deutschen Aufklärer zu moralischen Weltenrichtern sehr entgegen. Wird Geschichte als moralische Anstalt verstanden, scheint sie beinahe schon als Einheit begreifbar zu werden. Jedenfalls demonstriert Bolingbroke seinen Zeitgenossen, dass Geschichte qua *res gestae* mehr ist als eine blosse Ansammlung von vergangenen Tatbeständen und Geschichte qua *historia rerum gestarum* mehr als blosses, möglichst minutiös abgesichertes Nacherzählen dieser Tatbestände. Der Geschichte wird ein Sinn zugesprochen, der über die vergangenen Tatbestände und ihre Nacherzählung hinausweist: ein moralischer Sinn. Mit diesem neuen philosophischen Interesse am Historischen jenseits der Grenzen kritischer Faktensicherung erweist sich Bolingbrokes Ansatz als anschlussfähig. Der spekulativ-universalistischen Geschichtsphilosophie wird diese Erweiterung des philosophischen Reflexionshorizonts weg vom historischen Kritizismus hin zu Geschichte als Sinnstiftungsmedium sehr entgegenkommen, so wenig sie auch Bolingbrokes moralistischen Fragmentarismus zu imitieren gedenkt.

Freilich ginge die Vermutung in die Irre, mit Bolingbroke seien theologische Strukturelemente im philosophischen Nachdenken über den Geschichtsbegriff verschwunden. Giambattista Vicos «neue Wissenschaft» (oben S. 188-206) begreift sich gerade als eine Disziplin, deren vornehmste Aufgabe darin besteht, die Wege der göttlichen Vorsehung nachzuzeichnen. Im Unterschied zu den herkömmlichen Geschichtstheologien agiert diese Vorsehung nicht partikular-teleologisch; sie steht nicht im Dienste eines linearen Geschichtsverlaufs von Weltschöpfung zu Weltende, sondern perpetuiert vielmehr die zyklische Abfolge der drei Zeitalter, der Vico alle menschliche Geschichte mit einer Ausnahme unterworfen sieht. Diese Ausnahme ist die Geschichte des Auserwählten Volkes zunächst der Israeliten und dann der Christen (qua Christen und nicht qua Weltmenschen), das von Anbeginn an über Offenbarungserkenntnis verfügt, sich besonderer Vorsehungsfürsorge erfreut und keinen zyklischen Wandlungen unterliegt. Hier reproduziert Vico das etwa bei Tillemont oder Arnold benutzte Exklusionsmodell. Vicos Hauptaugenmerk ist jedoch auf die Profangeschichte gerichtet, gerade in der Absicht, sie als geordnetes Ganzes zu verstehen, ohne im Stile Bossuets Heilsgeschichte in sie hineinlesen zu müssen. Vicos geschichtsphilosophische Innovation, die freilich mangels Rezeption in der spekulativ-universalistischen Geschichtsphilosophie des 18. Jahrhunderts folgenlos blieb, liegt in der Privilegierung des Geschichtlichen als des für den Menschen allein Erkennbaren: Wir erkennen nur, was wir selber gemacht haben – und das, was der Mensch wirklich gemacht hat, ist seine geschichtliche Welt.[19] Damit wird das cartesianische Wissenschaftsparadigma durchbrochen, für das das Geschichtliche das schlechthin Fremde, Wissenschaftsunfähige war, und das Erkenntnisinteresse auf die Kultur, statt auf die Natur und die idealen Gegenstände der Mathematik hin fokussiert. Mit dem *verum-factum*-Prinzip zeichnet sich ein neuer Weg zu einem von theologischen Vorgaben losgelösten Begriff von Geschichte$_1$ ab. Vico selber vermag diesen Einheitsbegriff von Geschichte noch nicht zu einem universalgeschichtlichen Entwurf zu synthetisieren, obwohl er mit seiner Zyklentheorie von einem metahistorischen Standpunkt aus universale Verlaufsgesetze der Geschichte$_1$ formuliert zu haben beansprucht. In der Durch-

---

[19] Siehe dazu auch Ferdinand Fellmann, Das Vico-Axiom. Der Mensch macht die Geschichte, Freiburg i. Br., München 1976.

führung seines Unternehmens bleibt die Episodisierung der Geschichte in Geschichten bestehen.

Bei Vico macht sich wie bald auch bei Montesquieu und Voltaire eine inhaltliche Erweiterung des Stoffradius von Geschichte bemerkbar: Die Beschränkung auf politisch-militärische Haupt- und Staatsaktionen, auf die die Profangeschichte lange Zeit eingeengt war, wird nach und nach aufgegeben zugunsten einer offeneren, geistes-, sozial- und kulturgeschichtlichen Perspektivierung.[20] Dies mag, so lässt sich mutmassen, zusammenhängen mit dem allmählichen Bedeutungsverlust der *historia sacra,* die bestimmte Bereiche dessen, was man heute «Geistesgeschichte» nennt, inkorporiert hatte, insofern sie nämlich als Geschichte der «Kirche» (von der Welterschaffung an) auch die philosophisch-wissenschaftlich-theologische Lehrentwicklung (und die Lehrabweichungen) protokollierte. Das menschliche Schreib- und Denkhandeln wurde zunächst Gegenstand der *historia litteraria,* bevor es in eine umfassendere Geschichtsbetrachtung einwanderte, die sich mehr für Rechtsvorschriften, Bestattungsriten und *mœurs* zu interessieren begann als für Schlachtenberichte. Als allgemeine Sitten-, Geistes und Kulturgeschichte tritt uns dann das entgegen, was bei Voltaire unter dem Titel *histoire* gefasst wird. Mit Vico liesse sich sagen, alles, was von Menschen gemacht wird, sei Gegenstand der Geschichte. Dem korrespondiert, dass die *historia naturalis* qua Naturbeschreibung aus dem Bereich des Geschichtlichen ausgegliedert wird, während eine Erdgeschichtsschreibung im modernen Wortsinn etwa bei Buffon (oben S. 207-216) jenen Anthropozentrismus zu restituieren erlaubt, der in den Naturwissenschaften sonst getilgt worden war, insofern nun der Mensch als Endprodukt einer langen, aber doch anscheinend zielorientierten, menschenlosen Vergangenheit verstanden werden kann. Für die Gewinnung eines neuen, kohärenten und konsistenten Begriffs von Geschichte$_1$ dürfte die Restitution des Anthropozentrismus unabdingbar gewesen sein. Gerade Vicos anticartesianisches Programm steht für eine solche Restitution.

Diese Restitution wird in dem Augenblick allgemein offenkundig, als sich Mitte des 18. Jahrhunderts jene spekulativ-universalistische Geschichtsphilosophie erstmals formiert, die dann lange Zeit als die Geschichtsphilo-

---

[20] Vgl. auch schon Wilhelm Dilthey, Das achtzehnte Jahrhundert und die geschichtliche Welt, in: W.D., Gesammelte Schriften, Bd. 3, Leipzig, Berlin 1927, 229.

sophie schlechthin gelten sollte. Sie macht – wie es programmatisch eine entsprechend betitelte Werkskizze Anne Robert Jacques Turgots (oben S. 228-246) vorführt – damit ernst, *histoire universelle* philosophisch zu traktieren, ohne die dogmatischen Überblendungen Bossuets zu reproduzieren. Die Dualität von Heilsgeschichte und Profangeschichte wird – bei Turgot zunächst noch selber in durchaus (rational)theologischem Interesse – aufgegeben zugunsten einer einzigen Geschichte$_1$, die Sinnansprüche deckt, welche wiederum über den bloss geordneten Zusammenhang dieser Geschichte$_1$ hinausgehen. Hat Vico die der Vorsehung geschuldete Ordnung in den geschichtlichen Prozessen festgestellt – also Sinn$_1$ –, geht die spekulativ-universalistische Geschichtsphilosophie mit ihrem Anspruch insofern weiter, als jetzt die Erkenntnis des intrisischen Sinns$_1$ von Geschichte – etwa ihre Wohlgeordnetheit oder ihre Providenzbestimmtheit – ausserhalb der Reflexion auf geschichtliche Zusammenhänge Sinn$_2$ stiften, beispielsweise dem gegenwärtigen Handeln von Individuen eine Motivationsgrundlage geben soll. Die Geschichtsphilosophie rückt damit zu einer pastoralen Disziplin auf. Das Reflexionsfeld dieser Geschichtsphilosophie erstreckt sich auf die Geschichte aller Menschen zu allen Zeiten; das Augustinische *totum humanum genus,* die menschliche Gattung gelangt als integrierendes Subjekt dieses Geschehens zu neuem Ansehen.[21] Entscheidend ist, dass man mit dem Fortschritt ein Prinzip gefunden zu haben glaubte, mit dessen Hilfe die unendliche Mannigfaltigkeit des Geschehens verstanden und alle Geschichten zu einer einzigen Geschichte kondensiert werden konnten (vgl. unten S. 421-435). Diese Reduktibilität der Geschichtsbewegung auf ein verborgenes Prinzip namens Fortschritt verlieh der Geschichtsreflexion überdies einen ausgesprochen wissenschaftlichen Anstrich: Je weniger Prinzipien, desto mehr Wissenschaft, wollte es im Gefolge neuzeitlicher Naturwissenschaft scheinen. Dafür wurde der von der spekulativ-universalistischen Geschichtsphilosophie propagierte und diagnostizierte Fortschritt ubiquitär, beschränkte sich nicht auf den kulturellen, wissenschaftlichen, technischen, ökonomischen, sozialen und politischen

---

21 Noch bei Schlözer, Vorstellung seiner Universal-Historie, [Bd. 1, 1772], § 3, 4f., wird die Einheit des Menschengeschlechts (als Objekt der Universalhistorie) einerseits biblisch mit der gemeinsamen Abstammung von Adam begründet, andererseits aber auch mit «Buffon aus der Naturkunde» belegt.

Bereich, sondern erschloss auch den moralischen. Die Geschichtsphilosophie hätte sich im Hinblick auf ihren Gegenstandsbereich, ihr Prinzip und ihre moralische Zwecksetzung unversehens als Einheitswissenschaft präsentieren können.[22]

Freilich bedeutet diese mögliche Selbstpräsentation der Geschichtsphilosophie als Einheitswissenschaft nicht, dass sie unverzüglich als gleichberechtigte Partnerin ins Konzert der Wissenschaften aufgenommen worden wäre.

Einerseits fand ihr Versuch, Geschichte als Einheit und nicht mehr als Konglomerat höchst divergenter Einzeltatsachen zu begreifen und sie dem Prinzip Fortschritt als der einen sie beherrschenden Gesetzmässigkeit zu unterwerfen, Anklang in der Geschichtswissenschaft, die sich als akademische Disziplin festigte, sich jedoch bis ins 19. und 20. Jahrhundert hinein dem Verdacht ausgesetzt sah, blosses Kuriositätenkabinett, nicht aber Wissenschaft im eminenten Wortsinn zu sein, weil zwischem dem Postulat des einen Prinzips und dem historischen Faktenmaterial eine schwer zu schliessende Lücke klaffte: Wie sollte man denn beweisen, dass das 'Gesetz' Fortschritt ausgerechnet diese oder jene partikulare Geschichtstatsache und keine andere hervorgebracht hat, auf die selbe Weise, wie man beweist, dass das Gravitationsgesetz hinter der Fallbewegung dieses oder jenes Körpers steht? Kein 'Newton der Geschichte' (vgl. IaG Einleitung, AA 8,18) vermochte die Lücke zwischen dem Prinzip Fortschritt und den partikularen Geschichtstatsachen mit einem Set weiterer, daraus deduzierter Zusatzgesetze dauerhaft so zu kitten, dass künftige Geschichtstatsachen kalkulierbar geworden wären.[23]

---

[22] Während es sonst zum guten Ton gehörte, den «Mangel einer allgemeinen Methode» in den Wissenschaften zu beklagen (Friedrich II. von Preussen, Über die deutsche Literatur. Die Mängel, die man ihr vorwerfen kann, ihre Ursachen und die Mittel zu ihrer Verbesserung [1780], in: Die Werke Friedrichs des Grossen in deutscher Übersetzung, Bd. 8: Philosophische Schriften, hg. von Gustav Berthold Volz, Berlin 1913, 81).

[23] Wie weit es mit den grossen Anstrengungen des 19. Jahrhunderts – Hegelianismus, Marxismus, Positivismus – her ist, gerade dies zu leisten, bedarf hier keiner skeptischen Erläuterung. Überaus bescheiden ist denn auch die moderne Geschichtswissenschaft geworden, die nicht einmal mehr für sich in Anspruch nehmen will, «Geschichtsbewusstsein» zu stiften (siehe Rudolf Vierhaus, Geschichtswissenschaft ohne Zukunft?, Bremen, Wolfenbüttel 1975, 22).

Andererseits blieb die Geschichtsphilosophie selber (im Unterschied zur der etwa von Johann Franz Buddeus und Jakob Brucker betriebenen Philosophiegeschichte)[24] bis zum Ende des 18. Jahrhunderts eine literarisch-belletristische Unternehmung. Die akademische Philosophie nahm sich ihrer nur mit Zögern an. Während sich gleichzeitig die wissenschaftliche Historiographie universitär etablierte, fanden die geschichtsphilosophischen Entwürfe, die die Universalgeschichte nach dem neugefundenen Prinzip zu organisieren trachteten, ihren Platz ausserhalb dieses akademischen Zusammenhangs. Isaak Iselins geschichtsphilosophischer Essayismus (vgl. oben S. 247-268) gibt dafür das beste Beispiel ab. Im Falle Iselins zeigt sich eine symptomatische Abgrenzung von der wolffianischen Schulphilosophie, deren Methodenzwang sich die spekulativ-universalistischen Geschichtsphilosophie unmöglich fügen konnte, ohne Schaden an der eigenen Substanz zu erleiden.

Dennoch wird man die spekulativ-universalistische Geschichtsphilosophie kaum angemessen verstehen, wenn man nicht mitbedenkt, welche Erwartungen von Seiten einer alleserklärenden Schulmetaphysik und von Seiten der dominant werdenden Naturwissenschaften an die philosophisch-wissenschaftliche Geschichtsreflexion herangetragen wurde. Die Naturwissenschaften und die Schulmetaphysik schienen alle Bereiche der Welt ausgeleuchtet und kausalen Erklärungsmustern zugänglich gemacht zu haben – mit Ausnahme des Chaos der vermeintlich kontingenten geschichtlichen Tatsachen. Dieses Chaos verlangte nach Domestizierung und fand sie schliesslich in der neuen Geschichtsphilosophie, die sich prognostische Kompetenz zutraute. Spekulativ-universalistische Geschichtsphilosophie beanspruchte, diesen Erwartungsdruck von Seiten der Naturwissenschaften und Metaphysik nach Rationalisierung und Intelligibilisierung ihres Stoffes zu befriedigen, dadurch dass sie mit dem Fortschrittsgedanken ein Prinzip hervorbrachte, mit dessen Hilfe jeder historische Sachverhalt erklärbar schien. Leider war dieses Prinzip so hoch gehängt, dass es zur Erklärung des jeweiligen Sachverhalts nur unter Beibezug zahlreicher, jeweils recht willkürlicher Zusatzannahmen taugte.

---

24 Zum Wandel, den die Philosophiegeschichtsschreibung nach Brucker durchgemacht hat, siehe Ulrich Johannes Schneider, Die Vergangenheit des Geistes. Eine Archäologie der Philosophiegeschichte, Frankfurt a. M. 1990, 22ff.

So sehr man den Rationalisierungsdruck seitens der Naturwissenschaften und der Metaphysik unter die Entstehungsbedingungen der spekulativ-universalistischen Geschichtsphilosophie wird rechnen müssen, so wenig darf man diese Geschichtsphilosophie zur von vornherein kooperations- oder gar kapitulationsbereiten Erfüllungsgehilfin eines universellen Rationalisierungsprojekts stempeln, das sich in den experimentellen Naturwissenschaften ebenso verwirklicht habe wie in der rationalistischen Metaphysik. Die dezidierte Abscheidung sowohl von der Metaphysik, als auch vom mathematisch-naturwissenschaftlichen Methodenideal, das die ersten spekulativ-universalistischen Geschichtsphilosophen kennzeichnet, mahnt zu Misstrauen gegenüber vorschnellen Rubrizierungen, zumal wenn sich alsbald innerhalb der Geschichtsphilosophie Widerstand gegen die dem einen Prinzip geschuldeten Einebnungen des widerspenstigen historischen Materials regt: Während sich weder Turgot noch Iselin, ja nicht einmal Lessing oder Kant dazu durchringen, das geschichtsphilosophische Nachdenken strengen wissenschaftlichen und akademischen Diskursregeln zu unterwerfen, beginnt bei Herder bereits die geschichtsphilosophieimmanente Metakritik des einen Prinzips Fortschritt zugunsten des historisch Individuellen, der einzelnen Volks- und Epochen-Identitäten. Die Willfährigkeit der hier zusammengefassten Entwürfe, einem *äusseren Rationalisierungsdruck* nachzugeben, wird man also vorsichtig zu beurteilen haben. Allerdings ist die Nichtintegration der Geschichtsphilosophie ins Konzert der Wissenschaften oder auch nur der philosophischen Disziplinen kein freigewähltes Schicksal ihrer Repräsentanten, die in der Mehrzahl der Fälle ausserhalb des universitären Wissenschaftsbetriebs angesiedelt waren und so eine entsprechende Integration gar nicht erwarten durften, sondern sich die äusseren Umstände zur Berufung machten und die Geschichtsphilosophie als Instrument der Kritik am «Schulbetrieb» nutzten. Immerhin war die Entstehung spekulativ-universalistischer Geschichtsphilosophie offenbar nur ausserhalb der institutionellen Wissenschaftskontexte möglich, so dass der Zwang zur Konformität verhältnismässig gering gewesen sein dürfte. Umgekehrt legt die weitgehende Unabhängigkeit der ersten spekulativ-universalistischen Geschichtsphilophen auf dem europäischen Kontinent von wissenschaftsinstitutionellen Bindungen die Vermutung nahe, die Genese der spekulativ-universalistischen Geschichtsphilosophie habe gerade eine solche Distanz zur institutionalisierten Wissenschaft nötig gehabt.

Unsere Erörterung verschiedener Versuche seit Ende des 17. Jahrhunderts, in Abgrenzung von theologischen Vorgaben einen Begriff von Geschichte₁ und von den sie beherrschenden Faktoren zu gewinnen, könnte suggerieren, dass sich die Herausbildung der spekulativ-universalistischen Geschichtsphilosophie einem inneren Rationalisierungsdruck verdankt.[25] Wollte man dies unbesehen glauben, würde man freilich ein teleologisches Bild der Theorieentwicklung unterstellen und mit Immanuel Kants *Idee zu einer allgemeinen Geschichte* glauben, dass die Vernunft Geschichte gar nicht anders als teleologisch konzeptualisieren kann (vgl. oben S. 310-326). Bei näherem Hinsehen ist es jedoch gar nicht ausgemacht, dass der Einheitsbegriff von Geschichte₁, bloss weil er die Vielheit in Einzahl umschmilzt, ein besonders rationales Konzept ist. Manche metaphysischen Tücken dieses Einheitsbegriffs von Geschichte₁ habe ich zu Beginn dieses Abschnitts bereits angedeutet. Die geschichtsphilosophische Reflexion kann die Rationalität dieses Begriffs nur postulieren, aber nicht beweisen. Diese Erwägung gibt ihrerseits einen wichtigen Hinweis zur Beantwortung der Frage, weshalb die kontinentaleuropäische Geschichtsphilosophie[26] erst sehr spät, frühestens mit dem Deutschen Idealismus als wissenschafts- und universitätsphilosophiefähig angesehen wurde. Dies hat bestimmt die schon angeführten äusseren Gründe: die Randständigkeit der Vertreter von Geschichtsphilosophie und die vom wissenschaftlichen Establishment erhobenen Bedenken gegenüber der Rationalität dieser Wissenschaft. Noch wichtiger mögen aber innere Gründe gewesen sein, nämlich der der Ge-

---

[25] Vgl. Peter Hanns Reill, Die Historisierung von Natur und Mensch. Der Zusammenhang von Naturwissenschaften und historischem Denken im Entstehungsprozess der modernen Naturwissenschaften, in: Wolfgang Küttler/Jörn Rüsen/Ernst Schulin (Hg.), Geschichtsdiskurs. Bd. 2: Anfänge modernen historischen Denkens, Frankfurt a. M. 1994, 48-61, der für die Geschichts*wissenschaft* zu zeigen versucht, wie sie sich unter dem Eindruck der Naturwissenschaften dem Projekt einer Naturalisierung der Geschichte verschrieben (vgl. dazu auch oben S. 244, Fn. 381).

[26] Die schottische Geschichtsphilosophie, die bei dieser verspäteten Verwissenschaftlichung ja eine Ausnahme macht, insofern ihre Vertreter ausser Hume Professoren waren, hat von Anfang einen weniger spekulativen, als vielmehr empirisch-sozialwissenschaftlichen Zugang, was ihrer Integration in den Wissenschaftskanon (und zwar nicht als Geschichtsphilosophie, sondern als Gesellschaftswissenschaft) bestimmt sehr zustatten kam.

schichtsphilosophie inhärente Zweifel an der zwingenden Rationalität und empirischen Überprüfbarkeit des eigenen Konzeptes von Geschichte$_1$ und geschichtlichem Fortschritt. Diese Zweifel sind noch in Kants Scheu greifbar, die geschichtsphilosophische Spekulation aus praktischer Absicht in Tatsachen- oder Prinzipienwissen zu transformieren. Sicher wird man Kants erkenntniskritisch hochreflektierte Position nicht zum Normalfall der frühen geschichtsphilosophisch-spekulativen Reflexion erklären dürfen; aber das Zögern, eine Transposition der Geschichtsphilosophie in Wissenschaft zu unternehmen, ist bei ihren frühen Verfechtern augenfällig. Viel eher als wissenschaftlich sind sie essayistisch oder geschichtenerzählend tätig, halten pathetische Festtagsreden oder schreiben utopische Romane.[27]

Mit dieser Distanz zur etablierten Wissenschaft – mag sie nun empiristisch oder rationalistisch sein – bewahrte sich spekulativ-universalistische Geschichtsphilosophie, wie sich an den Beispielen Jerusalem (vgl. oben S. 133-150), Lessing (vgl. oben S. 291-310) und Herder zeigt, Offenheit und Resistenz gegen dogmatische Grenzziehungen. Trotz des Postulats von der Geschichtseinheit blieb mancherorts die Pluralität der Geschichten erhalten oder wurde neuerlich befestigt. Die Vermutung lässt sich schwer von der Hand weisen, eine Ideologisierung der spekulativ-universalistischen Geschichtsphilosophie, namentlich ihres Fortschrittskonzeptes, habe erst mit der wissenschaftsinstitutionellen Eingemeindung im Deutschen Idealismus ernstlich beginnen können. Dann wird, so scheint es, die Grenze der einen Geschichte$_1$ zu den Geschichten zugemauert, und dem Andersartigen kann nur noch Asyl gewährt werden, wenn es als Vorstufe zum besseren Eigenen begreifbar ist. In ihrer ersten Phase hält spekulativ-universalistische Geschichtsphilosophie noch das Bewusstsein wach, dass sie, wollte sie Wissenschaft spielen, dem Rationalisierungsdruck von Seiten der Naturwissenschaften und der Metaphysik ebensowenig standhalten könnte wie hypertrophen Sinnerwartungen, die aus Zeiten der alten theologischen Heilsgeschichte überlebt haben mochten. Das führt zu ihrem eigentümlich hypothetisch-fiktionalen Sprechen, mit dem sie immer wieder kundtut, dass

---

[27] Für einen etwas späteren Zeitraum zeigt Johannes Süssmann, Geschichtsschreibung oder Roman? Zur Konstruktionslogik von Geschichtserzählungen zwischen Schiller und Ranke (1780-1824), Stuttgart 2000, in der Parallelbetrachtung von fiktionaler und historischer Literatur, inwiefern «vermeintlich unwissenschaftliche Geschichtswerke» (18) den Weg des Historismus geebnet haben.

sie diesem Rationalisierungsdruck und den Sinnerwartungen einerseits zu entsprechen trachtet, es andererseits aber nur sehr bedingt vermag. Diese Form des Sprechens verblasst in dem Augenblick, wo sich die Geschichtsphilosophie in Besitz der Deutungs- und Sinn$_2$stiftungsmacht gekommen wähnt.

Der Rationalisierungs- und Sinnstiftungsdruck brachte in spekulativ-universalistischer Geschichtsphilosophie von Anfang an eine Restauration theologischer Begriffe mit sich,[28] namentlich des Providenzvokabulars (vgl. unten S. 382-399) – obwohl gerade hier die hypothetisch-fiktionale Verklausulierung zum Zug kommt. Wenn man die Vorsehung Gottes als Geschichtslenkungsmacht ins Feld führen kann, kontert man auf Augenhöhe der alten, theologischen Sinnzumutungen an die Geschichte. Freilich handelt man sich damit das schon bei Vico akute Problem ein, einerseits von Vorsehung als Geschichtslenkungsmacht zu sprechen und andererseits die Geschichte zum Reich des von Menschen Gemachten zu erklären. Nun mag argumentiert werden, die von der Geschichtsphilosophie vorgenommene Annexion des gattungskollektiven *Raumes der Geschichte,* insonderheit der Zukunft, erfülle zwar wieder die metaphysischen Totalerkenntnisansprüche und habe so die Theologie und die angegraute Schulmetaphysik Leibniz-Wolffscher Provenienz aus dem Felde geschlagen. Nur sei diese Eroberung zugleich mit dem Preis verbunden gewesen, den Menschen als selbst- und geschichtsmächtiges Individuum zu entmündigen, da er sich als vorderhand unbelehrbares Wesen herausstellen sollte. Gegen den menschlichen Individualwillen habe daher eine höhere Macht der «Natur» oder der «Vorsehung» aufgeboten werden müssen. Wenn dem so wäre, könnte dies der (Selbst-)Aufklärungsträchtigkeit spekulativ-universalistischer Geschichtsphilosophie arg zusetzen.

---

28 Horst Möller, Aufklärung in Preussen. Der Verleger, Publizist und Geschichtsschreiber Friedrich Nicolai, Berlin 1974, 480, stellt ebenfalls fest, dass die meisten Repräsentanten des «neuen historischen Bewusstseins ... meist ausserhalb universitärer Forschung» lebten, sieht aber S. 482f. eine «sozialemanzipatorische Funktion» in der «bürgerlich-aufgeklärten Geschichtsschreibung» walten, die sich gerade «in einer Rationalisierung der Geschichte selbst, und zwar in der Säkularisierung des göttlichen Heilsplans mit ausserweltlichem Ziel zur innerweltlichen Fortschrittsidee» ausdrücke. Abgesehen von der problematischen Säkularisierungsthese ist es m. E. um die Rationalität dieser «Rationalisierung» prekär bestellt.

2. Ordnungsprinzip II: Exempla

1642 veranschaulicht die Vorrede zu einer der populären und prächtig bebilderten universalgeschichtlichen Chroniken des 17. Jahrhunderts den Zweck der Geschichtsbetrachtung folgendermassen:

> Viel grosse Könige und Potentaten haben alle Freud und Kurtzweil / deren sie an ihren Höfen genugsam haben konnten / verachtet / gegen Anhörung und Lesung der Historien: Etlichen sind solche so lieblich fürkommen / dass sie dardurch von schweren Kranckheiten genesen / welches sie durch Hülff der Medicin nicht erlangen können.[29]

Der Zweck der «Historien» ist nach Ansicht des Vorredenschreibers – es ist der berühmte Kupferstecher Matthäus Merian der Ältere (1593-1650), der Johann Ludwig Gottfrieds (ca. 1584-1633) *Historische Chronica* verlegt, illustriert und nach eigenem Gutdünken redigiert[30] – offenbar ein re-

---

[29] Johann Ludwig Gottfri(e)d, Historische Chronica Oder Beschreibung Der fürnehmsten Geschichten / so sich von Anfang der Welt / biß auff das Jahr Christi 1619 zugetragen [1629/34]. Nach Außtheilung der vier Monarchien / und beygefügter Jahr-Rechnung / auffs fleissigste in Ordnung gebracht / vermehrt / und in acht Theil abgetheilet: Mit viel schönen Contrafaicturen / und Geschichtsmässigen Kupffer-Stücken / zur Lust und Anweisung der Historien / gezieret / an Tag gegeben / und verlegt Durch Weiland Matthaeum Merianum Seel. Jetzo dessen Erben. [Frankfurt a. M.] MDCLXXIV (= 1674), unpag. Bl. § iv recto. Die zitierte Auflage ist die sechste. Ich orientiere mich hier – stark verkürzend und modifizierend – an meinen Ausführungen in: Andreas Urs Sommer, Triumph der Episode über die Universalhistorie? Pierre Bayles Geschichtsverflüssigungen, in: Saeculum. Jahrbuch für Universalgeschichte, Jg. 52 (2001), Halbbd. 1, 15-23. Insbesondere muss ich die dort in Fussnote 44 behauptete Identität von Abelin und Gottfried korrigieren (vgl. unten Fn. 30).

[30] Der Verfasser Johann Ludwig Gottfri(e)d oder Gothofredus (ca. 1584-1633), Pfarrer von Offenbach, ist nicht identisch mit dem Strassburger Lehrer Johann Philipp Abelin oder Abele (1600-1634), wie Hermann Bingel, Das Theatrum Europaeum. Ein Beitrag zur Publizistik des 17. und 18. Jahrhunderts, Berlin 1909, 10-17, sowie Gustavus Droysen, Arlanibaeus, Godofredus, Abelinus sive scriptorum de Gustavi Adolphi expeditione princeps. Habilitationsschrift Universität Halle 1864, angenommen hatten (dagegen erschöpfend Lucas Heinrich Wüthrich, Der Chronist Johann Ludwig Gottfried [ca. 1584-1633], in: Archiv für Kulturgeschichte, Bd. 43 [1961], 188-216). Vielmehr verstarb Gottfried, noch bevor er die *Chronica* fertigstellen konnte. Abelin ergänzte das Werk um den 8. Teil. Es erschien erstmals in 1629 bis 1634 bei Merian in Frankfurt und erlebte bis 1743 insgesamt acht deutsche

zeptionsästhetischer, genauer gesagt, ein therapeutischer. Auch das Publikum scheint klar bestimmt zu sein: Im Unterschied zur späteren spekulativ-universalistischen Geschichtsphilosophie, die den Kreis der Adressaten auf die gesamte Menschheit ausdehnt, verspricht der Historientyp, den wir in der Gottfried/Merianschen Chronik repräsentiert finden, nämlich die seit der Antike gepflegte *exempla*-Historie, nur dem eng beschränkten Kreis derjenigen, die als potentiell geschichtsmächtige Individuen in Frage kommen, also angehenden Potentaten, Nutzen und Gewinn.[31] Gleichwohl soll das bildtextliche Gesamtkunstwerk nicht nur fürstliche Bibliotheken bereichern, sondern dem «Kunstliebenden Teutschen Leser und gemeinen Mann»[32] moralische Aufrüstung bescheren:

> Nun können ... die Leute / unsers Erachtens / nicht besser beredet / und in ihrem Hertzen und Gewissen überzeuget werden / dann durch artige Vorstellung viel schöner und lebhaffter Exempel / wie die Tugend belohnet / die Laster gestrafft / es den Frommen zuletzt wol / den Bösen aber übel gangen / welches dann allein durch die Historien und warhaffte Erzehlung vergangener Dingen geschicht [sic]. Dann gleich wie in den Schulen den Kindern Vorschrifften gemacht / denen sich die kleine [sic] Knaben nachzufolgen befleissen sollen / damit sie eine feine Hand bekommen / oder / da sie ein wenig weiter gelangt / gewisse Muster und Formulen zu decliniren fürgegeben werden / darnach sie andere Wörter / so ihnen in gleichem Schlag fürkommen / formiren lernen / welche Muster oder Patronen Paradigmata genannt sind: Also stellen uns die Historien unzehlbare Thaten und Geschichten für Augen / darauss wir erkennen / wie ein schön / herrlich und löblich Ding es um die Tugend und Erbarkeit / und wie diejenige / so sich deren befleissen / allenthalben lieb und

---

Auflagen und mehrere Übersetzungen. Zu kunsthistorischen, buch- und rezeptionsgeschichtlichen Aspekten siehe Lucas Heinrich Wüthrich, Das druckgraphische Werk von Matthaeus Merian d. Ae., Bd. 3: Die grossen Buchpublikationen. 1. Die Merianbibel, Gottfrieds Chronik, Theatrum Europaeum ..., Hamburg 1993, 61-112 (die Autopsie der hier benutzten, von Wüthrich trotz der Jahresangabe auf dem Titelblatt auf ca. 1690 datierten, 6. Auflage, a. a. O., 79).

[31] Grosse Taten sind selbst nach Ansicht der Schottischen Aufklärung grossen Seelen angemessen und erheben den Betrachter: «For another example, let us figure some grand and heroic action, highly agreeable to the specator: beside veneration for the author, the specator feels in himself an unusual dignity of character, which disposes him to great and noble actions; and herein chiefly consists the extreme delight every one takes in the histories of conquerors and heroes.» (Henry Home Lord Kames, Elements of Criticism [1762]. With Analyses, and Translations of Ancient and Foreign Illustrations. Ed. by Abraham Mills, New York ²1833, 39f.).

[32] Gottfri(e)d, Historische Chronica, unpag. Bl. § iv verso.

angenehm / auch reichlich belohnet werden / hergegen wie nichts schändlichers und verachters [sic] / als ein Mensch den Lastern und Untugenden ergeben / über das derselbige der Straff und Raach GOttes nicht entrinnen möge.[33]

Die einzelnen Geschichten sollen die Bestrafung der Laster und die Belohnung der Tugend so exemplifizieren, wie die Beispiele in der Sprachgrammatik darüber belehren, auf welche Weise man in identischen oder ähnlichen Fällen zu deklinieren oder zu konjugieren habe. Merians Vorrede zufolge leiten wir in der Sprachgrammatik aus den Paradigmata die Deklinations- oder Konjugationsregeln ab und wenden das, was wir bei den Paradigmata beobachtet haben, auf ähnliche Fälle an. Aus den konkreten Fällen, die die «Historien» zu bieten haben, soll der Leser Schlüsse für die Fälle ziehen, die ihm in seinem eigenen Leben begegnen. Das setzt voraus, dass alle Geschehnisse sich nach einer feststehenden Ereignisgrammatik richten. In dieser historischen Grammatik gibt es offenbar nur eine endliche Anzahl möglicher Ereignis-Typen, denen sich alles, was geschieht, zuordnen lässt – es fehlt ein prinzipiell offener Zukunftsraum. Die Umstände mögen verschieden sein; der Ereignis-Typ erlaubt es dennoch, das der Situation adäquate Verhalten zu entwickeln. Dabei reicht die Kenntnis der abstraktesten Regel dieser Ereignisgrammatik – dass nämlich Tugend belohnt und Laster bestraft werde – offenbar nicht aus, um das gegenwärtige Handeln der Individuen in die richtige Richtung zu lenken. Erst wer am historischen Stoff die Grammatik – und das heisst: nicht nur die abstraktesten Regeln, sondern vielmehr die einzelnen Ereignis-Typen, die Muster-Fälle – gründlich eingeübt hat, kann den Herausforderungen des Lebens trotzen.[34]

Historische Erkenntnis erschöpft sich demnach in der Kenntnis einer endlichen Anzahl von Muster-Fällen – nach denen das Weltgeschehen *de re* und *de dicto* immer dekliniert worden ist und immer zu deklinieren sein wird – sowie im Vermögen, den jeweils richtigen Muster-Fall auf eine neu zu beurteilende Begebenheit anzuwenden. Historische Erkenntnis ist also

---

[33] A.a.O., unpag. Bl. § iii verso/recto.
[34] Bei der älteren normativen Adelsliteratur in Burgund, die ebenfalls mit *exempla* operiert, hat Bernhard Sterchi beobachtet, dass sie selten mit konkreten Handlungsanweisungen operiert, sondern statt dessen ein Wertordnungsraster vorgeben, in das sich die Leser mit ihrem Tun und Lassen einzupassen haben (Bernhard Sterchi, Über den Umgang mit Lob und Tadel. Normative Adelsliteratur und politische Kommunikation im burgundischen Hofadel, 1430-1506, Turnhout 2005).

eine eminent kasuistisch-praktische Erkenntnis. Die historische Grammatik der Gottfried/Merianschen *Chronica* ist ein geschlossener Kreislauf; sie hat Lösungen für die Probleme des gegenwärtigen Handelns allein dann anzubieten, wenn diese Probleme auf Parallelfälle in der Vergangenheit zurückgeführt werden können. Aber dieses Verständnis von Geschichte ist in seiner Wahrnehmungsfähigkeit darin beschränkt, dass es Ereignisse, die sich nicht anhand der Muster-Fälle deuten lassen, nicht in den Blick bekommt. Seine obersten Regeln selbst lassen allein das als geschichtsfähig und geschichtsmächtig zu, was ihnen entspricht, nämlich ausschliesslich die Fälle, in denen Tugend belohnt und Laster bestraft werden. Historisches Wissen bezieht sich – wenigstens in der Theorie, wenn auch nicht in der tatsächlichen historiographischen Praxis der *Chronica* – nicht auf alle denkbaren Fakten der Vergangenheit, sondern nur auf solche, die die basale moralische Funktion erfüllen, den Triumph der Gerechtigkeit zu erweisen. Dann wäre Weltgeschichte ein sich permanent vollziehendes Weltgericht. Indessen ist es um den inneren Zusammenhang der Weltgeschichte hier prekär bestellt, zerfällt sie doch von allem Anfang an in einzelne Episoden, die eben als Exempel moralischen Sinn vorführen sollen. Das moralische Weltgericht vollzieht sich nicht in einem sich über Jahrtausende erstreckenden Geschichtsprozess mit der Abschlussperspektive des Jüngsten Tages, sondern als jeweils (fast) unmittelbare Handlungsfolge innerhalb einer einzelnen Episode, eines einzelnen Exempels.

Allein der Zeitindex scheint zu verbürgen, dass eine Erzählung keine «Fabel», sondern ein historisches Faktum wiedergibt. Die Datierung nach der Weltschöpfung oder nach der Geburt Christi ist das einzige Band, das die historischen Erzählungen miteinander verbindet. Es gibt keine Kontinuität der Entwicklung, keine übergreifenden Kausalitäten zwischen einander nicht unmittelbar benachbarten Elementen eines Ereignisses, sondern nur eine diachrone Abfolge der Ereignisse. Das zugrundegelegte Vier-Reiche-Schema nach Daniel 2 und 7 stellt nur ein Element der Chronologie und kein wirkliches – etwa heilsgeschichtliches – Strukturierungsprinzip dar.[35]

---

[35] Nach Johannes Sleidanus (1505-1556), der mit seinem beliebten weltgeschichtlichen Lehrbuch *De quatuor summis imperiis* (1556) für alle protestantischen Schulen bis ins 18. Jahrhundert hinein das Vier-Reiche-Schema vorgab – gegen das schon Jean Bodin, Methodus ad facilem historiam cognitionem [1566], Am-

Folgerichtig ist da die parallele Betrachtung der biblischen und der 'heidnischen' Geschichten je nach ihrem Ort in der Chronologie. Ebenso wie die biblischen Geschichten erziehen nämlich «die Heydnischen Historien / welche wir zu gleichem Ende in dieser Chronica mit den Heiligen und Göttlichen fleissig conjugiren»,[36] zur Tugendhaftigkeit und Gottesfurcht. In der historischen Grammatik der Gottfried/Merianschen Chronik werden die Stoffe aus den beiden Bereichen einander freilich nur 'parataktisch' zugeordnet; es gibt keine übergreifenden Bedingungsverhältnisse, Wechselbeziehungen oder elaborierten geschichtstheologischen Konstruktionen, die beide Bereiche miteinander liierten (vgl. dagegen oben S. 97-108). Mit dieser Parataxe wird im Sinne des Humanismus durchaus eine faktische Gleichrangigkeit der israelitisch-jüdischen und der griechisch-römischen Tradition hergestellt, wobei die 'Tradition' von vornherein in Episoden aus-

---

sterdam (J. Ravenstein) 1650, Bedenken anmeldet –, sind die Vier Reiche das Babylonische, das Persische, das «Griechische» und das Römische (das bis zum Weltende währen wird); vgl. Johannes Sleidanus, De qvatvor summis imperiis libri tres. Postrema editione hac accurate recogniti, Lugdunum Batavorum (Officina Elzeviriana) MDCXXXI (= 1631), 5, zum Traum Nebukadnezars Daniel 2 als *locus probans* des Vier-Reiche-Schemas a.a.O., 20. Exemplarisch hat Arno Seifert, Der Rückzug der biblischen Prophetie von der Geschichte. Studien zur Geschichte der Reichstheologie des frühneuzeitlichen deutschen Protestantismus, Köln, Wien 1990, vorgeführt, wie man allmählich dazu überging, die Danielsprophetien und auch die Johannesapokalypse nicht mehr typologisch, sondern historisch, d.h. «präteritistisch» im Horizont ihrer jeweiligen Entstehung zu interpretieren: «ihre zeitliche Reichweite» wurde «rigoros» beschränkt und «die nachbiblische Geschichte ihrem Zugriff, damit aber überhaupt der schrifttheologischen Interpretation» entzogen (a.a.O., 3). Diese Entwicklung nahm ihren Ausgang in der Reformationszeit, namentlich bei Johannes Calvin. Samuel Pufendorf führte 1682 in seiner *Einleitung zu der Historie der Vornehmsten Reiche und Staaten* die Vier-Reiche-Lehre an, jedoch ist für ihn das Römische Reich «nur mehr eine historische Grösse» (Helmut Zedelmaier, Der Anfang der Geschichte. Studien zur Ursprungsdebatte im 18. Jahrhundert, Hamburg 2003, 31), d.h. die Idee der *translatio imperii* wird verabschiedet. Allerdings plädiert noch Johann Georg Schlosser (vgl. unten S. 451f.) für einen pädagogischen Gebrauch der Vier-Reiche-Lehre, vgl. Isaak Iselins Pädagogische Schriften nebst seinem pädagogischen Briefwechsel mit Joh. Casp. Lavater und J.G. Schlosser, hg. von Hugo Göring. Mit einer Einleitung von Edmund Meyer. Zum Todessaecularisate Iselins, den 15. Juli 1882, Langensalza 1882, 343.

[36] Gottfri(e)d, Historische Chronica, unpag. Bl. § iii verso.

einandergebrochen ist. Normative Rekurse auf 'Tradition', 'Traditionsbeweise' sind dann möglich, wenn die Strukturgleichheit von Ereignissen das Exempel der Vergangenheit meiner Gegenwart nahelegt. Dies ist gemäss diesem Historienkonzept fast immer der Fall.

Bei der Lektüre der Gottfried/Merianschen Chronik fällt auf, dass sie sich, je weiter sie sich der Gegenwart des Chronisten nähert, aufdringlicher Moralisierungen enthält. Die Vielgestaltigkeit und Vielschichtigkeit der nahe zurückliegenden, sehr gut dokumentierten Geschehnisse erlauben keine Reduktion auf simple *exempla* mehr. Der Befund, den die Behandlung der neueren Geschichte nahelegt, ist wohl symptomatisch für die Abkehr der Geschichtsschreibung vom humanistischen und antiken Moralisierungs-*Basso-Continuo:* Das Schwinden des Applikationszwangs, der sich mit der Etablierung moderner, wissenschaftlicher Historiographie bemerkbar macht, beruht zunächst weniger auf einer heroischen Entscheidung zugunsten wissenschaftlicher Wertfreiheit, als vielmehr auf der Hilflosigkeit, der Fülle des Faktischen noch eine einfache moralische Wahrheit, einen kohärenten Sinn$_3$ abzutrotzen. Diese Hilflosigkeit wird bei Gottfried und Merian nicht kompensiert durch die Implementierung übergreifender Ordnungskonstrukte – etwa eines heilsgeschichtlichen Schemas oder gar eines universalgeschichtlichen Entwicklungsmusters. Entsprechend leistet das Konzept der *exempla*-Historie zumindest in ihrer Spätphase einer starken Fraktionierung der Geschichte Vorschub. Damit ich etwas als Exempel rezipieren kann, darf es einen gewissen Grad an Komplexität und Extension nicht überschreiten: Als Exempel kann dem Individuum nicht die ganze Geschichte Roms von Aeneas bis Romulus Augustulus dienen. Dazu sind Geschicht*en* vonnöten, die Individuen fokussieren und so einfache Identifikationsmuster bereitstellen. Genau solche Muster bietet die Gottfried/Meriansche *Chronica* in ihren das Altertum behandelnden Partien. Erleichtert wird die Identifikation mit den Situationen und Verhaltensweisen antiker Helden durch Merians Stiche, die die Figuren zwar in ein antikisierendes Dekor stellen, aber doch mit neuzeitlichen Attributen versehen: Auch das Bildprogramm will die moralische Applikation durch sichtbare Aktualisierung erreichen. In diesem Geschichtskonzept gibt es konstant Menschliches, das sich durch alle Kontingenzen hindurch erhält und den Gesamtverlauf der Geschichte nur als Variation immer gleicher Themen verstehen lässt: Ich bin in der Geschichte zu Hause, weil ich alle Dinge, die geschehen sind, auf mich und meine Lebensgestaltung beziehen kann. Problematisch wird diese Sinn₄stiftung durch die *exempla* erst dort, wo die Ereignisse einen derart hohen Komplexitätsgrad erreichen, dass ihnen jede direkte moralische Applizierbarkeit abhanden kommt.

Vom Moralisierungs-*Basso-Continuo* werden noch die meisten geschichtsmethodologischen und -pädagogischen Erwägungen des 17. Jahrhunderts begleitet. Ebenso stark ist zudem die leitende Überzeugung, das Wissen um die Paradigmata der historischen Grammatik erschliesse den gesamten Bereich der Geschichte, die Zukunft eingerechnet. Novitäten können in diesem Klassifikationssystem prinzipiell nicht auftreten. So heisst es in der englischen Übersetzung des 1670 erstmals erschienenen Traktats *De l'histoire*, verfasst vom Jesuitenpater Pierre Le Moyne (1602-1671):

> *History* performs yet more, she furnishes with Preservatives against all Evils to come, let them arrive on what side they will. And since, as the Wise Man says, nothing is new under the Sun, a Learned and Judicious Reader may learn to foretell the future by the past; and regulate what he has to do, by what has been done; and so become *Diviner* without *Magick,* and *Prophet* without *Inspiration.* There is nothing can arrive, that he will not see afar off; and against which he will not have time to prepare and arm himself with what is necessary, Prudence or Courage.[37]

Mit der alten Weisheit des Predigers Salomonis wird hier noch einmal die divinatorische Potenz der historischen Erkenntnis beschworen, die darauf gründet, dass alle künftigen Geschehnisse in die schon bekannte Grammatik eingeordnet und von ihr dekliniert werden können. Nach und nach schwindet aber das Vertrauen in die Integrationskraft dieser Grammatik, weil Ereignisse ins Blickfeld rücken, die nicht mehr auf die bekannten Paradigmata reduzierbar sind. Offenkundig wird dies in Bolingbrokes Versuch einer Neuauflage der *exempla*-Historie (vgl. oben S. 165-182). Bolingbroke muss zugeben, dass die *exempla* der antiken und mittelalterlichen Geschichte auf die Gegenwart nicht mehr anwendbar sind, so dass er für die politisch-moralische Instruktion seines adligen Zöglings die antike und

---

[37] Pierre Le Moyne, Of the Art both of Writing & Judging of History, with Reflections upon Ancient as well as Modern Historians. Shewing Through what Defects there are so few Good, and that it is Impossible there should be many so much as Tolerable, London 1695, 45. Die französische Originalausgabe war mir nicht zugänglich.

mittelalterliche Geschichte als Beispiellieferanten ausblendet, obwohl sie bislang in der *exempla*-Historie fast allein normativ waren. Damit ist die Grundidee der *exempla*-Historie, nämlich die prinzipielle Gleichförmigkeit von Vergangenheit und Zukunft zerbrochen. Wenn ich angesichts von Fällen, die nicht auf die bekannte Grammatik zurückzuführen sind, ständig neue Bereiche festlegen muss, denen ich die einschlägigen Paradigmata meines Handelns entnehmen kann, dann bin ich zu permanenter Neuorientierung verurteilt. Der Nutzen der *exempla*-Historie, mir einen begrenzten Kanon von Muster-Fällen vorzugeben, an denen ich die *ganze* Grammatik möglichen Geschehens erlernen kann, ist in dem Augenblick zunichte, wo der Kanon der Fälle immer wieder neu bestimmt werden muss und die sozusagen blinde Orientierungssicherheit nicht mehr als gegeben vorausgesetzt werden kann. Fortan werden häufig nur noch vorgeblich allgemeine anthropologische Gegebenheiten historisch exemplifiziert, etwa die Vergeblichkeit menschlichen Strebens nach Reichtum, Ansehen, Macht, langem Leben und körperlicher Schönheit in Samuel Johnsons Lehrgedicht *The Vanity of Human Wishes* (1749), das bloss die konkreten historischen Figuren seiner Vorlage – Iuvenals *Satira X* – austauscht[38] und den schon bei Iuvenal sehr moralischen Schluss endgültig verchristlicht.[39] Die *exempla*, die die Geschichte hier zeigt, sind auswechselbar, sagen aber auch nichts mehr über das Funktionieren der Geschichte als solche aus, sondern entlarven geschichtsfern universelle menschliche Schwächen. Johnsons nicht mehr taufrische Handlungsanweisung lautet, sich ganz aus der Geschichte herauszuhalten und allein Gott sein Schicksal anzuvertrauen. Der Topos vom Nutzen der Geschichte, die durch Beispiele lehre, hält sich zwar hartnäckig, wie etwa ein Brief von Lord Chesterfield an seinen Sohn vom 20. November 1739 dokumentiert,[40] aber es setzt sich bei denselben Personen die Einsicht

---

[38] So treten Kardinal Thomas Wolsey, Galileo Galilei, Erzbischof William Laud, König Karl XII. von Schweden, Kaiser Karl (VII.) Albrecht von Bayern an die Stelle von Sejanus, Demosthenes, Cicero, Hannibal und Alexander, siehe Samuel Johnson, Selected Poetry and Prose. Edited with an Introduction and Notes by Frank Brady and W. K. Wimsatt, Berkeley, Los Angeles, London 1977, 57-67.

[39] Das «orandum est, ut sit mens sana in corpore sano» (Decimus Iunius Iuvenalis, Satira X 356) wird bis zur Unkenntlichkeit entstellt.

[40] Philip Dormer Stanhope, Lord Chesterfield, Letters to His Son and Others. Introduction by Robert K. Root, London, New York 1946, 4.

durch, dass «there never were, since the creation of the world, two cases exactly parallel» (Chesterfield an seinen Sohn, 22. Februar 1748).[41]

Mit dem wachsenden und grundstürzenden Bewusstsein, dass im geschichtlichen Prozess offenbar neue, nicht anhand bekannter Muster deklinierbare Fälle vorkommen, macht sich überhaupt Widerstand gegen die Nutzenkalküle bemerkbar, denen man die «Historien» bislang unterwofen hat. So schreibt der Abbé Nicolas Lenglet du Fresnoy (1674-1755) im zweiten Dezennium des 18. Jahrhunderts:

> Ils ont prétendu prouver la Religion par l'histoire, autoriser les regles des mœurs, & donner par les faits historiques des exemples de toutes les vertus chrêtiennes & morales. Enfin on peut dire qu'ils on fait de l'histoire des traitez [sic] de Religion, de Politique, ou de Philosophie.[42]

Trotz seiner Vorbehalte gegenüber einem in religiöse, politische oder philosophisch-moralische Applikationszwänge komplimentierten Historienverständnis hält auch Lenglet du Fresnoy ein generelles Nutzenpostulat aufrecht: «C'est en cela que consiste l'usage de l'Histoire: faire une égale attention sur le bien & sur le mal, pour imiter l'un, & pour éviter l'autre.»[43] Der Moralismus der alten *exempla*-Historie – ein Moralismus, der selbst bei jenen scheinbar immoralistischen Adaptionen dieses Historientyps greifbar ist, die rein zweckrationaler, politischer Klugheit dienen wollen (z. B. Machiavelli), insofern auch sie die zweckspezifische Güte eines aus der Belehrung folgenden Handelns im Blick haben – bleibt in den Ablösungsversuchen erhalten und wird wie bei Lenglet du Fresnoy auf abstrakte, allgemeine Begriffe von Gut und Böse gebracht, deren die *exempla*-Historie nicht unbedingt bedurfte, weil sich die durch das einzelne Exempel erzielte Belehrung auf eine jeweils ganz konkrete Handlungsweise richtete.[44] Eine

---

[41] A.a.O., 46.

[42] [Nicolas Lenglet du Fresnoy], Méthode pour étudier l'histoire, où aprés avoir établi les principes & l'ordre qu'on doit tenir pour la lire utilement, on fait les remarques necessaires pour ne se pas laisser tromper dans sa lecture: avec un Catalogue des principaux Historiens, & des remarques critiques sur la bonté de leurs Ouvrages, & sur le choix des meilleurs Editions; considerablement augmenté par J[ohann] B[urckhard] Mencke. Dernière édition, revuë selon les copies de Paris & de Bruxelles & exactement corrigée, Leipzig 1714, unpag. Bl. b4 verso (préface de l'auteur).

[43] A.a.O., 3.

[44] Zur gleichen Zeit beklagt Paul Rapin de Thoyras (1661-1725) im *Préface* seiner grossen *Histoire d'Angleterre* freilich, dass die herkömmlichen nutzenorientierten

Pointe der *exempla*-Historie liegt ja gerade darin, dass es vollständig genügt, jedem einzelnen Beispiel eine nützliche Lehre fürs Leben zu entnehmen. Diese einzelnen Lehren müssen sich nicht zu einem Lehrgebäude, einem moralischen oder metaphysischen System fügen; ebensowenig wie die Vorstellung von der Einheit der Geschichte ist eine Vorstellung von $Sinn_1$ oder gar $Sinn_2$ einer Einheitsgeschichte vonnöten. Das Gefüge der *exempla* ist prinzipiell plural, insofern eine Subordination der einzelnen *exempla* und ihrer *applicationes* unter einen Einheitsbegriff nicht stattzufinden braucht und oft genug nicht stattfindet, so sehr auch die Rhetorik der *exempla*-Historie es auf Lebensleitungskompetenz abgesehen hat. «History» als «philosophy teaching by examples» (LSUH 2–BHW 9), wie Bolingbroke sich ausdrückt, kann die Nichtreduzierbarkeit dieser als Geschichte(n) erzählten Philosophie auf Einheitsbegriffe geradezu zum Postulat machen: Liesse sich das, was jedes einzelne Beispiel lehrt, summierend auf den Begriff bringen, müsste man nur diesen Begriff vorweisen und könnte sich Hunderte von Seiten *exempla*-Präsentation sparen. Allerdings lautet so nicht die Argumentation der *exempla*-Geschichtsphilosophen selbst – sind sie doch von der inneren Kohärenz und Konsistenz ihres *exempla*-Gefüges überzeugt. Sie begründen die Nicht-Reduktion auf Einheitsbegriffe normalerweise pädagogisch: Die moralische Belehrung darf nicht abstrakt sein, sondern muss sich an den Konkretionen des Daseins orientieren, damit sie überhaupt rezipierbar ist. Darin sind sich Merian/Gottfried und Bolingbroke einig, und noch spätere Aufklärer wie Gabriel Bonnot de Mably (1709-1785) pflichten ihnen bei.[45] Mablys *De l'étude de l'histoire à Monseigneur le Prince*

Ratschläge, wie Geschichte zu schreiben sei, für sein grosses Projekt nicht operationalisierbar seien, weswegen ihm nur die «résolution» bleibt, «de suivre [s]on propre génie» (Paul Rapin [de] Thoyras, Histoire d'Angleterre. Seconde édition, Bd. 1, La Haye [Alexandre de Rogissart] 1727, III).

45 Zu Mably vgl. Johnson Kent Wright, A Classical Republican in Eighteenth-Century France. The Political Thought of Mably, Stanford (CA) 1997, wo freilich dessen geschichtsphilosophische Reflexionen eine ganz untergeordnete Rolle spielen (vgl. das zweitletzte Kapitel über den Trost der Philosophie). Hilfreich auch die Einleitung zu Gabriel Bonnot de Mably, Des droits et des devoirs du citoyen [1789]. Edition critique avec introduction et notes par Jean-Louis Lecercle, Paris 1972, die S. XXII auf die fundamentalen Unterschiede von Mablys und Bolingbrokes politischen Konzepten aufmerksam macht. Der Verwandtschaft ihrer *exempla*-Historien tut dies jedoch keinen Abbruch.

de Parme verrät keine Spur freudiger Fortschrittserwartungen, wie sie von anderen *philosophes* kultiviert wurde. Dem Fürsten von Parma schreibt Mably nicht nur zum Zwecke persönlicher Tugendhaftigkeit, sondern auch zur politischen Belehrung «l'admiration pour les grands modeles que présente l'antiquité»[46] vor – während Bolingbroke ja von einem Rückgriff auf die antike Geschichte Abstand genommen hatte. «L'histoire doit être pendant toute votre vie l'école où vous vous instruirez de vos devoirs.»[47] Unter diesen Auspizien avanciert die Historie schliesslich zu einer eigentlichen Glückseligkeitswissenschaft,[48] erzählt sie doch einmal mehr davon, wie Tugenden belohnt und Laster bestraft werden.[49]

Ein Geschichtsganzes ist in der *exempla*-Historie also ebensowenig erforderlich wie ein Gesamtsinn von Geschichte. Der scheinbare Pluralismus, die Irreduzibilität der einzelnen *exempla* auf einen Generalnenner wird freilich konterkariert von der prinzipiellen Gleichförmigkeitsannahme, derzufolge es nichts wahrhaft Neues unter der Sonne geben könne. Auf diese Weise wird die Geschichte zwar rigorosen Ordnungspostulaten unterworfen, ohne dass ein Begriff *der* Geschichte₁ expliziert oder auch nur mitgedacht werden müsste. Jedoch deckt die *exempla*-Historie mit ihrer prinzipiellen Gleichförmigkeitsannahme nicht die Neuheitserfahrungen ab, die das 18. Jahrhundert verstärkt macht und so zur Vermutung einer Unvergleichbarkeit von Gegenwart und Zukunft mit der Vergangenheit gelangt. Bei Bolingbroke deutet sich eine solche Vermutung an, obwohl er noch immer versucht, nach dem *exempla*-Schema Geschichte zu verarbeiten.[50] Dieses Verarbeitungsmodell erweist sich allerdings bald insofern als inadäquat, als es aus

---

[46] Gabriel Bonnot de Mably, De l'étude de l'histoire, à Monseigneur le Prince de Parme. Nouvelle edition revue et corrigée, Mastreicht (Cavelier), Paris (Barrois/Bailly) M.DCC.LXXVIII. (= 1778), 7 = Gabriel Bonnot de Mably, Collection complète des Œuvres de l'Abbé de Mably, [hg. von M. Arnoux], Bd. 12, Paris (Ch. Desbrière), An III (= 1794-1795), 7.

[47] Mably, De l'étude de l'histoire, 8 = Mably, Collection complète, Bd. 12, 8.

[48] Vgl. Mably, De l'étude de l'histoire, 21 = Mably, Collection complète, Bd. 12, 20.

[49] Mably, De l'étude de l'histoire, 17f. = Mably, Collection complète, Bd. 12, 17.

[50] Ähnlich später bei Friedrich II. von Preussen, Über die deutsche Literatur, der S. 92 die Kenntnis der «ältesten Zeiten» für «sehr unnütz» hält und also auf die Lehre der neueren Geschichte dringt, zugleich aber S. 94 in der Geschichte insgesamt «Vorbilder» findet, denen der Jüngling «folgen soll».

der unendlichen Fülle der geschichtlichen Tatsachen nur eine kleine und willkürliche Auswahl trifft, deren Auswahl sich nicht durch generelle Verlaufsgesetzhypothesen der Geschichte rechtfertigen lässt – mit Ausnahme eben der in Plausibilitätsnotstand geratetenen Gleichförmigkeitsannahme. Wenn David Hume im *Treatise* und in der *Enquiry Concerning Human Understanding* schliesslich verneinen sollte, dass es Erfahrungsschlüsse gibt, die uns kontingente, künftige Tatsachen antizipieren lassen, fällt diese Gleichförmigkeitsannahme der *exempla*-Historie theoretisch endgültig aus Abschied und Traktanden – so gern Humes schottische Aufklärerkollegen mitunter auch weiterhin noch von ihr Gebrauch machen (vgl. oben S. 371, Fn. 31).[51]

Die spekulativ-universalistische Geschichtsphilosophie kam den Bedürfnissen einer wissenschaftlichen Geschichtsschreibung insofern eher entgegen, als sie prinzipiell kein historisches Faktum unberücksichtigt zu lassen braucht. Denn sie kann ihr Ordnungspostulat im Unterschied zur *exempla*-Historie selbst dann befriedigen, wenn sich die Ereignisse oder Ereignisstrukturen nicht wiederholen, und auch, wenn sich in den einzelnen Ereignissen nichts pädagogisch-moralisch Adaptierbares zeigt: Denn selbst die schiere Negativität lässt sich als Durchgangsstadium, ja als Möglichkeitsbedingung künftigen Besserseins interpretieren. Überdies gibt die spekulativ-universalistische Geschichtsphilosophie den Elitismus der *exempla*-Historie auf, insofern sie sich nicht mehr nur an potentielle und aktuale Machthaber richtet, sondern an die Menschheit insgesamt, die sowohl Agentin, Nutzniesserin und Publikum der neu konzipierten Geschichte ist. Philosophische Universalgeschichte hat dem eigenen Anspruche nach einen universalen Adressatenkreis, sie ist weltbürgerlich. Insofern ist der Übergang von der exemplarischen zur spekulativ-universalistischen Geschichtsphilosophie auch von einem fundamentalen Adressatenwechsel gekennzeichnet.

---

[51] Allerdings wäre mit Hume auch eine Fortschrittsgeschichte nicht gerade einfach zu begründen: Man würde sie ins Reich des Hypothetischen verbannen und sich auf *habit* und *custom* berufen müssen. Zu Humes eigener, etwa von Iselin sehr geschätzter *History of England* vgl. Philip Hicks, Neoclassical History and English Culture from Clarendon to Hume, New York 1996.

3. Ordnungsprinzip III: Vorsehung

Wer sein Bedürfnis nach klaren Begriffs- und Gebietsabgrenzungen in der Geistesgeschichte befriedigt zu sehen wünscht, wird schwerlich bei Erkundigungen nach der Vorsehung im 18. Jahrhundert fündig. Wer zu solchen Erkundigungen aufbricht, muss strikte Sphärenscheidungen zwischen Philosophie und Theologie aufgeben, da er sonst leicht in die Not gerät, selber zu geheimnisvoll-providentiellen Wunderkräften seine Zuflucht nehmen zu müssen, um etwa zu erklären, weshalb beispielsweise bei Geschichtsphilosophen wie Turgot plötzlich eine Vorsehung auftreten kann, die rein gar nichts mit der alten theologischen Vorsehung zu tun haben soll. Wenn die Vorsehung als *providence générale* (um Nicolas Malebranches Terminologie zu verwenden) sowohl nach der 'geschichtstheologischen' Konzeption eines Bossuet als auch nach der 'geschichtsphilosophischen' Konzeption eines Vico und eines Turgot den Zweck erfüllt, letzte Ordnungsgarantien zu leisten, wird man grosse Schwierigkeiten haben, zu plausibilisieren, es handle sich hier um zwei ganz verschiedene Dinge.[52] Gewiss ist die von Bossuet, Turgot oder Kant als geschichtsordnende Grösse in Anschlag gebrachte Vorsehung keine *providence particulière* im Sinne Malebranches, die sich unmittelbar um das jeweilige Wohl der Individuen kümmert und zu diesem Zweck womöglich noch Wunder wirkt;[53] nichtsdestotrotz ist der

---

52 Auf Blumenberg beruft sich die Riege der Begriffsdualisten, die die (womöglich parthenogenetische?) Autarkie der Geschichtsphilosophie verteidigen, vgl. Johannes Rohbeck in seiner Einleitung zu: Anne Robert Jacques Turgot, Über die Fortschritte des menschlichen Geistes, hg. von Johannes Rohbeck und Lieselotte Steinbrügge, Frankfurt a. M. 1990, 80, Fn. 103. Hans Blumenberg, Die Legitimität der Neuzeit [1966]. Erneuerte Ausgabe, Frankfurt a. M. ²1988, 46-62, weist zur Unterminierung der Säkularisierungsthese dem Christentum als Spezifikum die (apokalyptische) Eschatologie zu, während die (stoische) Vorsehung im Unterschied dazu gerade mit dem Fortbestand der Welt rechne. Bei einer solchen Differenzierung sind freilich jene Konzepte, die wir hier als «geschichtstheologische» untersucht haben, keine «christlichen» mehr, insofern sie allesamt an irdische Zukunft glauben (selbst Jonathan Edwards). Siehe auch oben S. 74f., Fn. 17.

53 Für eine solche Vorsehung hat dann der philosophische Antiklerikalismus nur noch Spott übrig, siehe Paul Henri Thiry d'Holbach [unter dem Pseudonym Abbé Bernier], Théologie portative ou Dictionnaire abrégé de la Religion chrétienne [vorgeblich 1758, faktisch 1768], in: P. H. T. d'H., Œuvres philosophiques. Textes

Vorsehung am Gesamtwohl der Menschheit sehr wohl gelegen. In jedem Fall impliziert der Begriff der Vorsehung zunächst einen Inhaber – jemanden, der durch die Vorsehung wirkt –, mag es sich nun um die imperiale *providentia Caesaris,* die stoische *pronoia theōn*[54] oder um die christianisierte *providentia Dei* (die bekanntlich weniger ein biblischer als ein Begriff der hellenistischen Philosophie ist)[55] handeln – wobei die Vorsehung wie schon im römischen Kultkontext personifiziert und von ihrem jeweiligen Inhaber abgelöst verehrt werden kann. Eine «vorausschauende Fürsorge», was die *providentia* dem Begriffe nach ist, erscheint nur dann als sinnvoll, wenn sie ein Objekt und ein Subjekt hat. Nun ist die Vielfalt der Vorsehungs-Subjekte, mit der das *Siècle des Lumières* aufwartet, ebenso beträchtlich wie seine Vielfalt an 'weltanschaulichen', religiösen und metaphysischen Anschauungen. In der Tendenz gewannen rationaltheologische Konzepte gegenüber den offenbarungstheologischen mit ihrem Postulat permanenter oder doch permanent möglicher, direkter Eingriffe Gottes ins Weltgeschehen mehr und mehr Terrain. Damit war aber keineswegs das Ende des rationaltheologischen Theismus überhaupt eingeläutet, das das Ende einer wie auch immer gearteten Vorsehung impliziert hätte. Der strenge Atheismus war im letzten Viertel des 18. Jahrhunderts die Überzeugung einer selbst unter Intellektuellen verschwindenden Minderheit, deren Glauben an eine selbstregulierende Naturordnung überdies oft genug 'paraprovidentielle'

édités par Jean Pierre Jackson, tome 1, Paris 1998, 585, s. v. «Providence»: «L'on designe sous ce nom la bonté vigilante de la divinité qui pourvoit aux besoins de ses prêtres.»

[54] Bekanntlich hatte schon Poseidonios die philosophische Geschichtsschreibung als Rechenschaft über das Walten den Logos verstanden und, wie Diodor Siculus, Bibliotheca historica I 1, 3, exponiert, die wahren Historiker gleichsam als Organe der göttlichen Vorsehung hingestellt (vgl. auch Max Pohlenz [Hg.], Stoa und Stoiker. Die Gründer. Panaitios. Poseidonios, Zürich 1950, 276). In der Rahmenidee von Poseidonios' Geschichtsschreibung finden wir einen Archetypus christlicher Geschichtstheologie.

[55] Siehe dazu ausführlich Johannes Köhler, Vorsehung, in: HWPh, Bd. 11, Sp. 1206-1218, bes. Sp. 1207-1209, sowie Hildegard Cancik-Lindemaier, Vorsehung II: Religionsgeschichtlich (griechisch und römisch), in: RGG⁴, Bd. 8, Sp. 1213-1214. Zum patristischen Begriff siehe die Monographie von Silke-Petra Bergjan, Der fürsorgliche Gott. Der Begriff der ΠΡΟΝΟΙΑ Gottes in der apologetischen Literatur der Alten Kirche, Berlin, New York 2002.

Entitäten bemühen musste.[56] Demgegenüber entzündete sich ein providenzskeptischer Deismus gerade am Evidenzmangel direkter oder indirekter Vorsehungswirkungen.

Das Problem der Vorsehungswirkungen in der Geschichte oder den Geschichten ist nur ein Ausschnitt aus der die Moral- und Religionsphilosophie, die Anthropologie und selbst die Ontologie und Naturphilosophie prägenden Providenzdebatte, in der sich die säuberliche Trennung von theologischen und metaphysischen Anliegen schwerlich bewerkstelligen lässt. Institutionell, d. h. akademisch-universitär war die Trennung zwischen Philosophie und Theologie zwar vollzogen, aber doch nur dahingehend, dass die theologischen Fakultäten die positive christliche Offenbarungstheologie pflegten, während *theologia naturalis* selbstverständlich ebenso in anderen Fächern getrieben wurde. Gegen Ende des 18. Jahrhunderts war, wie Kants und Lessings einschlägige Unternehmungen veranschaulichen, nicht einmal mehr die Bibelexegese als Kerngeschäft der Offenbarungstheologie vor profanem Zugriff sicher (vgl. oben S. 291-310 und 334-344), während die Neologie etwa eines Jerusalem ihrerseits auf die aufklärerisch-theologische 'Kolonisierung' scheinbar profaner Gebiete drang (vgl. oben S. 133-150). Die Geschichte gehörte zu den Gebieten, die zwischen Theologie und Philosophie nicht vollständig aufgeteilt waren; entsprechend erhielt die Frage nach der göttlichen Geschichtsmächtigkeit, wie sie im Providenzgedanken auftrat, besonderes Gewicht. Weniger universitäre Disputationen als die sich formierende und publizistisch artikulierende, aufgeklärte und sich aufklärende Öffentlichkeit war der Austragungsort dieser Debatten um die Wirkungsweisen der Vorsehung.

Inneruniversitär scheint sich in der ersten Hälfte des 18. Jahrhunderts so etwas wie ein Normaltypus des rationaltheologischen Providenzverständnisses im Bereich der Profangeschichte herausgebildet zu haben. Exemplarisch hierfür können die *Prolegomena historica sive Introductio in studium historiae* des lutherischen Theologen, Herausgebers der *Acta Philosophorum* und nachmaligen Göttinger Professors Christoph August

---

56 Vgl. schon Jean Mesliers (1664-1729) Substitution Gottes durch die Materie qua Substanz (z. B. Das Testament des Abbé Meslier [1718/64]. Die Grundschrift der modernen Religionskritik, hg. von Hartmut Krauss [Text identisch mit der Suhrkamp-Ausgabe von 1976], Osnabrück 2005, 308f.).

Heumann (1681-1764) aus dem Jahre 1723 stehen.[57] Heumann definiert dort die Geschichte nicht nur wie Aulus Gellius als *narratio rerum ab hominibus gestarum* (vgl. oben S. 83, Fn. 34), sondern *narratio rerum a substantiis libere agentibus gestarum,* womit sowohl Gott als auch die Engel als geschichtsmächtige Wesen eingeschlossen sind. Im Fortgang seiner Überlegungen muss er den Untersuchungsbereich freilich auf menschliche Geschichte als die dem Menschen allein bekannte reduzieren. Trotzdem sieht er den Zweck der Geschichtsbetrachtung nicht nur in moralischer und politischer Klugheit, sondern ausdrücklich auch in der Erkenntnis der Wege der Vorsehung Gottes. Damit wird die Geschichte als Gemeinschaftswerk von Menschen und Gott zwar nicht transparent, aber doch im Prinzip verstehbar; eine Emanzipation von der göttlichen Oberaufsicht und Letztsteuerung wird nicht angestrebt. Heumanns Definition von Geschichte zielt ausdrücklich auf eine Reintegration des göttlichen Handelns – so wenig uns dieses Handeln sonst zugänglich und intelligibel ist. Und für Heumann sind es einzelne Ereignisse und nicht der geordnete Gesamtverlauf der Geschichte, die vom Vorsehungswirken Zeugnis ablegen: Beispielsweise die Reformation lässt auf einen unmittelbaren Eingriff der Vorsehung schliessen. In ähnlicher Weise hatte die Kirchengeschichtsschreibung seit Eusebius den Finger der Vorsehung bemüht, der noch bei Gottfried Arnold noch eine gewisse Rolle spielte, auch wenn er nicht mehr die Gesamtkirchengeschichte als insgesamt sinnvollen Prozess zu lesen im Stande war (vgl. oben S. 108-121).

Diese Konzeptionen gehen von einer unmittelbaren Ingressionsmacht der Vorsehung aus, die besondere Ereignisse eigens hervorbringt und dazu gelegentlich den Einsatz von wunderbaren Mitteln nicht scheut. Das rationaltheologische Vorsehungskonzept, das wir etwa bei Vicos Behandlung der profanen (aber nicht der biblischen) Geschichte angewendet finden (vgl. oben S. 203-206), sieht demgegenüber von derlei direkten, supranaturalen

---

57 Christoph August Heumann, Poecile sive Epistolae Miscellaneae ad literatissimos aevi nostri viros accedit appendix exhibens dissertationes argumenti rarioris, Bd. 3/3, Halae (Renger) MDCCXXX (= 1730), 422-442. Ich orientiere mich hier an Walter Sparn, Philosophische Historie und dogmatische Heterodoxie. Der Fall des Exegeten Christoph August Heumann, in: Henning Graf Reventlow/Walter Sparn/John Woodbridge (Hg.), Historische Kritik und biblischer Kanon in der deutschen Aufklärung, Wiesbaden 1988, 171-192.

Eingriffen ab, um statt dessen die Rahmenbedingungen und allgemeinen Verlaufsformen dieser profanen Geschichte als providentiell gesetzt zu begreifen. Schon Leibniz brachte gegen Clarke in Anschlag, auch eine als Uhr verstandene, prästabiliert harmonische Welt komme nicht ohne Vorsehung aus, die aber dank der Weltvollkommenheit auf direkte Interventionen verzichten könne,[58] während Clarke (im Gefolge Newtons) Leibniz vorgehalten hatte, sein Prästabilismus schüre «die Vorstellung von Materialismus und Verhängnis» und laufe darauf hinaus, «die Vorsehung und Gottes Herrschaft tatsächlich aus der Welt zu verbannen».[59] Die Sphärenscheidung, die Vico vornimmt, indem er in der Geschichte des Auserwählten Volkes der Juden und Christen einer besonderen Fürsorge der Vorsehung unterstellt wissen will – in ihr agiert Gott auch kraft Wundern zum Zwecke seiner Selbstoffenbarung –, und im Reich der profanen Geschichte die Vorsehung nur für den Gesamtablauf, nicht aber für einzelne Ereignisse direkt verantwortlich macht (ebenso wie die Physik die Vorsehung in der Etablierung der physikalischen Gesetze wirksam finden konnte), diese Sphärenscheidung wird so oder ähnlich in den gemässigten geschichtsphilosophischen Konzepten der ersten Hälfte des 18. Jahrhunderts propagiert. Auf Dauer war sie indes instabil, verlor doch die Vorstellung einer ausgegrenzten Heilsgeschichte an Bedeutung, zumal man den vorgeblichen Quellen solcher Heilsgeschichte mit historisch-kritischen Mitteln zu Leibe rückte und sie – wie etwa Bolingbroke (vgl. oben S. 165-182) – als blosse Erfindung zwecks klerikaler Machterhaltung zu verdächtigen begann. War für eine exklusionistische, katholische Geschichtsschreibung am Ende des 17. Jahrhunderts die Sphärengrenze zwischen Heils- und Profangeschichte noch so klar, dass es Tillemont zwar für ein Hauptanliegen der Profangeschichtsschreibung halten

---

58 Samuel Clarke, Der Briefwechsel mit G.W. Leibniz von 1715/1716. A collection of papers which passed between the late learned Mr. Leibniz and Dr. Clarke in the years 1715/16 relating to the principles of natural philosophy and religion. Übersetzt und hg. von Ed Dellian, Hamburg 1990, 19 (Leibnizens zweiter Brief). Siehe dazu die konzise Analyse bei Ursula Goldenbaum, Philosophie im Spannungsverhältnis von Vernunft und Glauben. Das Beispiel des Briefwechsels zwischen Samuel Clarke und Gottfried Wilhelm Leibniz, in: Frank Grunert/Friedrich Vollhardt (Hg.), Aufklärung als praktische Philosophie, 387-417.
59 Clarke, Der Briefwechsel mit G.W. Leibniz von 1715/1716, 14 (Clarkes erste Entgegnung).

konnte, die «sagesse de la providence» augenfällig zu machen,⁶⁰ aber doch die *histoire sainte* den Haupthandlungsort der Vorsehung sein zu lassen (vgl. oben S. 78-86), waren für Bayle sowohl die Sphärengrenzen wie das geschichtliche Vorsehungswirken überhaupt problematisch geworden (vgl. oben S. 163f.). Geschichte wird um 1700 weder auf theologischer Seite von Arnold, noch auf philosophischer Seite von Bayle als Einheit und Ganzheit begriffen, die erst noch von einer selber nicht historisierbaren Lenkungsmacht namens Vorsehung in ihrer Einheit und womöglich Zielgerichtetheit befestigt würde.⁶¹

Weniger radikale Geister wie Vico und Heumann nahmen statt dessen zu dem schon skizzierten Zwei-Sphären-Modell ihre Zuflucht, dessen Instabilität freilich auch darin begründet lag, dass sich ohne einen rigide insititutionellen (mit Vorteil katholischen) oder prädestinatorisch-exklusiven Kirchenbegriff nur mit Mühe plausibel machen liess, wo man denn in der Geschichte des christlichen Abendlandes das Schema der Heilsgeschichte und wo das Schema der Profangeschichte anzuwenden hätte, wenn sich doch die überwiegende Mehrzahl der Menschen zum Christentum bekennen, aber in ihrem irdischen Handeln gar nicht unbedingt unter dem Protektorat der *providence particulière* zu stehen brauchen. Augustinus war für diese Welt von einem *corpus permixtum,* einer Vermischung der *civitas Dei* und der *civitas terrena* ausgegangen, die nur bedingt Handhabe für eine

60 [Sébastien Le Nain de Tillemont], Histoire des Empereurs et des autres Princes Qui ont regné durant les six premiers siecles de l'Eglise, des persecutions qu'ils ont faites aux Chrétiens, de leurs guerres contre les Juifs, des Ecrivains profanes, & des personnes les plus illustres de leurs temps. Justifiée par les Citations des Auteurs originaux. Avec des Notes pour éclaircir les principales difficultez de l'histoire, Bd. 1, Paris (Charles Robustel) MDCXCII [= 1692], v.
61 In der deutschsprachigen Kirchengeschichtsschreibung werden sich diese Arnoldschen Zweifel erst in der zweiten Hälfte des 18. Jahrhunderts auf breiter Front sichtbar. Nach Dirk Fleischer verweist die (Kirchen-)Geschichtsschreibung in der zweiten Hälfte des 18. Jahrhunderts zwar noch immer allgemein auf göttliche Vorsehung, zieht diese aber kaum noch zur Erklärung von Einzelphänomenen heran. Fleischer erklärt das mit Hinweis auf die Entwicklung einer bürgerlichen Individualreligion (Dirk Fleischer, Geschichtswissenschaft und Sinnstiftung. Über die religiöse Funktion des historischen Denkens in der deutschen Spätaufklärung, in: Horst Walter Blanke/D.F., Aufklärung und Historik. Aufsätze zur Entwicklung der Geschichtswissenschaft, Kirchengeschichte und Geschichtstheorie in der deutschen Aufklärung. Mit Beilagen, Waltrop 1991, 173-201).

Vorsehungsgeschichtsschreibung geboten hatte, da die Trennung der beiden Sphären dem Endgericht vorbehalten blieb. Wer aus Augustins Zwei-Reiche-Lehre eine Vorsehungsgeschichte ausbuchstabieren wollte, musste unter Abweichung von Augustins Vermischungsthese entweder eine Institution (die alleinseligmachende Kirche) als ausschliessliches Objekt von Gottes *besonderem* Vorsehungshandeln und damit als Subjekt der *histoire sainte* postulieren (so verfuhr die katholische Geschichtstheologie etwa eines Fleury, vgl. oben S. 86-97), oder aber bei jedem einzelnen historischen Phänomen bestimmen, welchem Bereich es nun zuzuordnen sei. Damit manövrierte sich der Heilsgeschichtsschreiber aber selber in Gottes richterliche Rolle hinein, und der Willkür der jeweiligen Bereichsbestimmung war prinzipiell keine Grenze gesetzt. Eine implizit auf die Einheit der Geschichte bedachte Geschichtsphilosophie konnte sich spätestens von 1750 an mit dieser prekären und willkürlichen Bereichsbestimmung nicht länger abfinden und sah sich genötigt, die Dualität von Heils- und Profangeschichte zugunsten der *einen* Geschichte$_1$ aufzugeben. Zur Stabilisierung dieser Einheit blieb der Rekurs auf eine wie auch immer gedachte Vorsehung konstitutiv.[62]

Das Einheitsmodell von Geschichte wiederum war in manchen, hier als «inklusionistisch» bezeichneten geschichtstheologischen Entwürfen sehr wohl angelegt. Bossuet im katholischen (vgl. oben S. 97-107), Edwards im

---

[62] Noch 1782 konnte ein so bedeutender Profanhistoriker wie Johannes (von) Müller (1752-1809) die Wahrheit des Christentums und das in allem waltende Vorsehungswirken mit der historischen Erfüllung biblischer Prophetien zu erweisen suchen, wozu selbst Bayle und Hume zu Glaubenszeugen *ex negativo* umfunktioniert werden (Johannes von Müller, Das Christenthum. Gespräch mit Frau v. B. in Hof Geissmar [1782], in: J. v. M., Sämmtliche Werke, hg. von Johann Georg Müller, 25. Theil, Stuttgart, Tübingen [J.G. Cotta] 1833, 187-200). 1781 hatte Müller in seiner Kasseler Antrittsrede den Historiker zum «Richter der Vorwelt und Lehrer der Nachwelt» erhoben (Johannes von Müller, Sämmtliche Werke, hg. von Johann Georg Müller. Bd. 8: Kleine historische Schriften, Tübingen 1810, 11, hier zitiert nach: Horst Walter Blanke/Dirk Fleischer, Artikulation bürgerlichen Emanzipationsstrebens und der Verwissenschaftlichungsprozess der Historie. Grundzüge der deutschen Aufklärungshistorie und die Aufklärungshistorik, in: H.W.B./D.F., Aufklärung und Historik, 88). Allgemein zum Thema vgl. auch Doris Walser-Wilhelm/Peter Walser-Wilhelm/Marianne Berlinger Konqui (Hg.), Geschichtsschreibung zu Beginn des 19. Jahrhunderts im Umkreis Johannes von Müllers und des Groupe de Coppet, Paris 2004.

protestantischen Lager (vgl. oben S. 121-133) lieferten theologisch-politische Geschichtsinterpretationen, die die traditionellen Grenzen von Heilsund Profangeschichte verwischten und damit die Differenzen zwischen einer besonderen und einer allgemeinen Vorsehung überflüssig erscheinen liessen, insofern eben auch das scheinbar weltlichste Geschehen sich einer besonderen Vorsehungsaufmerksamkeit verdanken und in jeder Profanität eine Heilsbedeutung verborgen liegen konnte. Wenn wie bei Edwards die Typologie zum hauptsächlichen Deutungsinstrument der nachbiblischen Geschichte aufsteigt, dann findet eine Resakralisierung der Welt statt, in der alles der unumschränkten Verfügungsgewalt des providentiell und in redemptorischer Absicht handelnden Gottes unterstellt ist. Die Grenzverwischung zwischen Heils- und Profangeschichte zieht hier also keine Naturalisierung der Vorsehung nach sich, die nur noch für allgemeine Rahmenbedingungen des sonst gänzlich freien menschlichen Handelns zuständig wäre, sondern ruft umgekehrt die besondere, *de potentia absoluta* nötigenfalls gegen die Naturgesetze agierende Vorsehung als Machthaberin auch in den profanen Gefilden aus. Die mühsam erkämpfte Scheidung von Heiligem und Profanem, die erst in der Frühneuzeit die Ausdifferenzierung autarker, religionsfreier Räume ermöglicht hatte, sollte hier also handstreichartig zugunsten eines – mit Blumenberg gesprochen – «theologischen Absolutismus» revoziert werden. Diesem Versuch einer Geschichtsvereinheitlichung unter der Herrschaft der universalisierten *providence particulière* war wohl deswegen kein dauerhafter Erfolg beschieden, weil das von ihm gemachte Ordnungsangebot weder die theoretischen noch die 'weltanschaulichen' Bedürfnisse der sich konstituierenden und sich aufklärenden Öffentlichkeit auf Dauer befriedigen konnte.[63] Daran änderte auch Edwards' an sich bemerkenswertes Bestreben nichts, die Erkenntnisse zeitgenössischer Natur-

---

[63] Siehe allgemein Jürgen Habermas, Strukturwandel der Öffentlichkeit. Untersuchungen zu einer Kategorie der bürgerlichen Gesellschaft [1962], Neuwied, Berlin [8]1976, und die sich daran anschliessenden Diskussionen (vgl. die kritischen Bemerkungen bei Ute Daniel, How Bourgeois Was the Public Sphere of the Eighteenth Century? Or: Why It Is Important to Historicize *Strukturwandel der Öffentlichkeit*, in: Das Achtzehnte Jahrhundert. Zeitschrift der Deutschen Gesellschaft für die Erforschung des achtzehnten Jahrhunderts, Jg. 26 [2002], Heft 1, 9-17, die S. 10 «the bad habit» kritisiert «of labelling *bürgerlich* everything which seems to move, to develop, to modernize in the 18th century»).

wissenschaft und Philosophie mit seinen calvinistischen Grundannahmen zu synthetisieren. Edwards' Welt, in der jederzeit durch allerhöchsten Eingriff der Vorsehung (zum Endzweck des Heils) etwas für die Menschen Unvorhersehbares und durch Naturgesetze Unerklärliches geschehen kann, ist hochgradig unverlässlich, eine Zauberwelt, in der jederzeit auch alles ganz anders sein könnte, falls sich dieses Anderssein in den redemptorischen Vorsehungsplan einfügt. In einer derart unverlässlichen Welt hat sich das Aufklärungsdenken kaum wiederzuerkennen vermocht, gerade weil es ihm gelungen war, durch Einschränkung des Religiösen und die Abgrenzung autarker, naturgesetzlich bestimmter Räume die Instabilität entscheidend zu reduzieren. Daher war der aggressive offenbarungstheologische Fideismus, der die ganze Geschichte einer besonderen Vorsehung unterwerfen wollte, für die alles Geschehen nur Mittel zum einzigen Zweck des Heils ist, nie eine ernsthafte Option der europäischen Aufklärung. Selbst die Bossuetsche Variante des theologischen Einheitsmodells von Geschichte nimmt sich verglichen mit der amerikanisch-puritanischen Variante moderat und konzessionsbereit aus, weil sie im Unterschied zu Edwards das Handeln der Vorsehung nicht nur einem einzigen Zwecke gehorchen sieht, sondern eine Pluralität möglicher Zwecke zugesteht, nach denen die Vorsehung das Weltgeschehen sowohl unter Heiden wie Juden und Christen anordnet.

Indessen verfehlte die Faszinationskraft des Einheitsmodells – das sich bei Edwards zwar in besonders radikaler Form ausgeprägt hat, aber doch in seinen Grundzügen ein altes Modell war, das erst unter dem Eindruck frühneuzeitlicher Ausdifferenzierungen von einem (gleichfalls neoaugustinischen) Zwei-Reiche-Schema beispielsweise bei Luther starke Konkurrenz erhielt – selbst auf diejenigen seine Wirkung nicht, die seine offenbarungstheologischen Voraussetzungen entschieden ablehnten. Denn Universalisierbarkeit war ebenso der Anspruch der modernen exakten Wissenschaften wie sie der alte Anspruch des Christentums gewesen war. Die natürliche Welt, so stellte sich im Verlaufe des 17. Jahrhunderts immer deutlicher heraus, liess sich nach kausalmechanischen Gesetzen verstehen, die keine Ausnahmen erlauben und für alle wo und wann auch immer auftretenden Fälle in gleicher Weise gelten. Dies bedeutete nicht nur eine weitreichende Stabilisierung in der wissenschaftlichen Weltwahrnehmung, die theologische Welterklärungsvorschläge unter Rekurs auf unumschränkte göttliche Willkürfreiheit und Allmacht suspekt machte, sondern stellte zugleich eine

Vereinheitlichung des Wissens als Ganzes ohne offenbarungstheologische Schützenhilfe in Aussicht. Die Natur wurde als eine Einheit dechiffrierbar, die universellen, kausalen Gesetzen gehorchte und ohne Eingriffe höherer Mächte auskam. Wenn nun 'die' Natur auf diese Weise begreifbar wurde, war es naheliegend, die Sphäre des Menschen und seines Handelns ebenfalls unter die Hypothese zu stellen, hier wirkten universelle Gesetze, die mit wissenschaftlichen Methoden ähnlich bestimmt werden könnten wie diejenigen der Physik, ohne auf die okkasionalistische Inanspruchnahme permanenter Eingriffe der göttlichen Vorsehung weiterhin angewiesen zu sein. Entsprechend ostinat ist im 18. Jahrhundert der Ruf nach einem 'Newton der Geschichte'. Das theologische Einheitsmodell von Geschichte gab ein Muster ab, wie die *eine* Geschichte$_1$ vorstellbar war, um den Preis des ständigen oder doch zumindest potentiellen Rückgriffs auf direkte providentielle Intervention. Als Kontrastprogramm hierzu formierte sich die spekulativ-universalistische Geschichtsphilosophie, die sich selbstbewusst in der Tradition des Vereinheitlichungs- und Universalisierungsunternehmens Naturwissenschaft verortete (ohne zu dieser personell und theoretisch selten mehr als eine lose Bindung zu haben), um die Geschichte$_1$ als eine universellen Gesetzen unterworfene Einheit zu postulieren. Das Zwei-Sphären-Modell hatte mitterweile zusätzlich an Attraktivität eingebüsst, weil vor dem Gerichtshof der (historisch-kritischen) Vernunft die Legitimationsgründe für eine distinkte Heilsgeschichte nicht mehr zu überzeugen vermochten: Selbst die Heilige Schrift entpuppte sich schlicht als ein von Menschen für Menschen geschriebenes Buch.[64]

Freilich erwies sich die geschichtliche Welt als erstaunlich resistent gegen Bestrebungen, sie unter universellen Gesetzmässigkeiten zu vereinheitlichen. Zwar wurde es nach dem ersten Drittel des 18. Jahrhunderts Mode, solche Gesetzmässigkeiten zu formulieren, jedoch war keine dieser Formulierungen innerhalb der aufklärerischen Gelehrtenrepublik und Öffentlichkeit auf Dauer mehrheitsfähig. Auch die Newtonsche Physik hatte ihre Zeit gebraucht, bis sie sich durchzusetzen vermochte; von da an war jedoch ein wissenschaftlicher Grundkonsens gegeben, der sich so weder in der Geschichtsphilosophie noch in der Geschichtswissenschaft zu etablie-

---

[64] Siehe Georg Christoph Lichtenberg, Schriften und Briefe, hg. von Wolfgang Promies, Bd. 1, Frankfurt a. M. 1994, 652f. (J 17).

ren vermochte. Denn auch wenn man sich – im Unterschied zur analogisch und korrelativ verfahrenden Typologie eines Edwards – darin einig war, geschichtliche Prozesse als kausale zu verstehen, so hatte man sich mit dieser Annahme weder darauf verständigt, welche Kräfte in diesen Prozessen als Ursachen, noch was überhaupt als Kräfte und welche Ereignisse als Wirkungen anzusehen seien. Zweifellos entsprang die geschichtsphilosophische Reflexion – in scharfer Abgrenzung von der alten, geschichtstheologischen Besetzung des historischen Feldes – der Entdeckung der Geschichtsmächtigkeit der Menschen. Freilich machte sich zugleich auch so etwas wie ein Schock über die Unplanbarkeit der Geschichte bemerkbar:[65] Obwohl nach der Beseitigung des alten Vorsehungs-Interventionismus «der» Mensch alleiniger Herr seiner Geschichte(n) zu sein schien, lag der Verlauf der Geschichte doch nicht in der Hand jener Menschen, die sich vornahmen, über geschichtliche Geschicke zu bestimmen. Zwischen den individuellen Handlungsabsichten und den tatsächlichen Resultaten dieses Handelns klafft ein so immenser Abgrund, dass es schwerfällt, das Postulat von der Geschichtsmächtigkeit «des» Menschen aufrechtzuerhalten. Mit diesem Postulat konnte indes sowohl die Frage nach Kräften und Gesetzmässigkeiten in den geschichtlichen Prozessen einigermassen beantwortet (die Menschen sind die in der Geschichte wirkenden Kräfte; die Logik ihres Handelns ist die Logik der Geschichte), als auch dem politisch-moralischen Emanzipationsanspruch der Aufklärung Rechnung getragen werden (die Menschen sind freie, selbstmächtige Wesen). Bloss zeigte die Betrachtung der Geschichte(n) rasch, dass mit diesem Postulat von der Geschichtsmächtigkeit «des» Menschen wenig anzufangen war, wenn man die faktische Entstehung des Nicht-Intendierten verstehen wollte. So blieb übrig, entweder den Menschen als Produzenten *der* Geschichte$_1$ wieder zu entmündigen und ihn unter die Vormundschaft anonymer Mächte von Klima bis Kapital zu stellen, oder als Subjekt der Geschichte$_1$ auf die menschliche Gattung als Ganze zu rekurrieren und diese so zu personifizieren, dass sie mit der Geschichte andere Absichten verfolge als die Einzelindividuen – Absichten, die sie in der Geschichte$_1$ verwirkliche und zu deren Verwirklichung sie sich der partikularen Handlungsabsichten der Individuen bediene.

---

[65] Vgl. Heinz Dieter Kittsteiner, Die heroische Moderne. Skizze einer Epochengliederung, in: Neue Zürcher Zeitung, Jg. 222, Nr. 262, 10. November 2001, 83.

Nun ist die Hypostasierung der Gattung zu einer Entität mit eigenem Willen und eigenen Intentionen eine reichlich metaphysische Zumutung an den gesunden Menschenverstand, selbst wenn man annimmt, dass die Intentionen der Gattung einigen ihrer besonders aufgeklärten Individuen zu Bewusstsein kommen und also nicht vollständig unbewusst bleiben. Das Verhältnis von Gattung und Individuum ist hier ohnehin unklar, entstehen Gattung und Gattungsbewusstsein doch offenbar nicht aus der additiven Summierung der Einzelindividuen und der Einzelbewusstseine. Die Gattung scheint etwas anderes im Sinn zu haben als die Elemente, aus denen sie, in welcher Weise auch immer, besteht. Mit dem Rekurs auf die Gattung zur Bewältigung der Unplanbarkeitserfahrung, die das Individuum mit der Geschichte macht, handelt man sich also womöglich noch mehr Probleme ein, als durch die Divergenz von individuellen Handlungsintentionen und faktischem Geschichtsverlauf ohnehin schon aufgetreten sind. Viel naheliegender als die Hypothese einer Gattung, die für schlechterdings alles zuständig ist, also etwa auch für die Planung der scheinbar ungeplanten Geschichte, wäre es, eine externe Ordnungsmacht zu postulieren, die die Gattung und damit auch die Einzelindividuen gegen deren Willen oder mit ihm leitet, und zwar nicht wie in der offenbarungstheologischen Providenzversion *de potentia absoluta,* sondern *de potentia ordinata.* Mit Hilfe einer solchen externen Ordnungsmacht kann man die Forderung nach Sinn$_1$ von Geschichte einlösen, ohne behaupten zu müssen, dass zwar die Gattung (diesmal als additive Summe aller biologisch dazu gehörenden Individuen) sehr wohl Geschichte mache, aber als Gattung weder einen eigenen Willen noch aus ihm folgende Handlungsabsichten habe, weswegen es in der Geschichte so chaotisch aussehe, wie es aussehe – nämlich in der Geschichte als Resultat einander widerstreitender Individualabsichten aller einzelnen Menschen. Eine solche skeptische Geschichtsbetrachtung würde alle Entwicklung, allen Fortschritt leugnen und Geschichte weder als wirkliche Einheit oder Ordnung konzipieren können, noch als Hort von Sinn$_1$ oder Stifterin von Sinn$_2$. Um dieser Form des geschichtsphilosophischen 'Nihilismus' nicht stattgeben zu müssen, und um nicht um dieser Abwehr willen in den Gattungsbegriff Bewusstsein, Willen und Absicht hineinzugeheimnissen, wird eine von den menschlichen Handlungsabsichten (seien sie nun individuell oder gattungsspezifisch) unabhängige, ordnende Instanz eingeführt, die auf den alten Namen der Vorsehung nicht nur getauft ist, sondern auch in der Sache mit der alten *providence générale* identisch ist. Sie handelt nicht durch übernatürliche Eingriffe, sondern bedient sich zu ihren Zwecken des menschlichen Wollens und Handelns selbst. Unter ihrer Oberaufsicht erweisen sich am Ende selbst die Taten finsterster Despoten als allgemein entwicklungs- und glücksträchtig – entgegen den individuellen Handlungsabsichten.

Weniger die Unplanbarkeit der Geschichte als ihre Unvorhersehbarkeit machte der wissenschaftlich imprägnierten Aufklärung zu schaffen. Dieser Unvorhersehbarkeit wird mit der Annahme einer rationaltheologischen Vorsehung begegnet, welche wiederum unterstellt, dass es jemanden gibt, der das Geschehen voraussieht, und dessen Perspektive man sich überdies – da es sich nicht um die Willkürvorsehung der Offenbarungsreligion handelt – auch als denkender Mensch anverwandeln kann, indem man die Handlungsweise, die 'Motivation' der Vorsehung philosophisch erschliesst und damit die Unvorhersehbarkeit des einzelnen Geschehens durch die zumindest hypothetische Vorhersehbarkeit des künftigen Geschichtsverlaufs und glücklichen Geschichtsausgangs überbietet. Entsprechend wird die spekulativ-universalistische Geschichtsphilosophie nicht müde, Geschichten von der Vorsehung zu erzählen, die für das Funktionieren des neuen Modells von der einen Geschichte$_1$ unentbehrlich ist. Es ist nicht zu verkennen, dass diese Vorsehung sehr wohl besondere Zwecke verfolgt, auch wenn sie ohne direkte Eingriffe, nur durch die Leitung menschlichen Handelns (vermutlich auf Kosten menschlicher Freiheit) diese Zwecke – etwa Fortschritt, weltbürgerliche Gesellschaft, allgemeine Glückseligkeit etc. pp. – zu erreichen vermag. Der Verlauf der Geschichte$_1$ ist für die spekulativ-universalistische Geschichtsphilosophie ein geordnetes und intelligibles Geschehen und als solches Beweis für das Vorsehungswirken.[66]

Die Rede von der Vorsehung, die *per definitionem* die Vorsehung Gottes ist, entbindet davon, von Gott selbst, von seiner Natur und seinen Eigenschaften zu reden. Vorsehung ist die Weise, wie Gott in Natur und Geschichte in Erscheinung tritt. Selbst wenn man das Handeln Gottes durch

---

[66] Eminentermassen etwa auch im ökonomischen Denken der Zeit; vgl. Jacob Viner, The Role of Providence in the Social Order. An Essay in Intellectual History. Jayne Lectures for 1966, Philadelphia 1972 (= Memoirs of the American Philosophical Society, Bd. 90).

die Vorsehung richtig bestimmt und deren Endabsichten errät – so schwer es Sterblichen auch fallen mag, «die Vorsehung der Vorsehung» zu sein[67] –, hat man damit über die Prädikate, die Gott als Gott zukommen, noch nichts gesagt. Und bei derlei Aussagen über die Natur Gottes zeigt die spekulativ-universalistische Geschichtsphilosophie eine eigentümliche Zurückhaltung: Sie will sich – schon längst vor Kants Kritizismus – nicht zu weit auf das Feld der *metaphysica specialis* vorwagen, sondern begreift das eigene Unternehmen im Geiste des naturwissenschaftlichen Paradigmas als ein empirisches, das ihr zwar Gesetzmässigkeitshypothesen unter Einschluss des Vorsehungswirkens zu formulieren erlaubt, nicht jedoch das Ausgreifen auf einen transmundanen Bereich des göttlichen Wesens selbst. Über Gott wird in der spekulativ-universalistischen Geschichtsphilosophie nur insofern etwas gesagt, als innerweltliche Wirkungen thematisiert werden, die mit ihm in Zusammenhang gebracht werden. Freilich ist mit diesem vornehmen Schweigen die Metaphysik keineswegs ganz umgangen: Wenn man von der Vorsehung redet, dann impliziert das die Anteilnahme eines sonst wie auch immer gearteten Gottes am Weltgeschehen, was epikureische und deistische Theologumena von göttlichem Desinteresse und Teilnahmslosigkeit auschliesst, während ein strenger Atheismus ohnehin perhorresziert wird. Gottes Anteilnahme ist aber, so machen es die meisten spekulativ-universalistischen Vorsehungskonzeptionen deutlich, keine, die sich durch besondere Eingriffe in den natürlichen Lauf der Dinge Aufmerksamkeit verschaffen müsste; Wunderakte gegen die Naturgesetze kommen im Handeln dieser Vorsehung nicht vor, die sich vielmehr des menschlichen Handelns und der kausal determinierbaren Naturgewalten bedient, um ihre Zwecke schliesslich zu erreichen. In dieser Funktionsbestimmung der Vorsehung zeigt sich die geschichtsphilosophische Distanz zum Gott der voraufklärerischen, jüdisch-christlichen Offenbarungstheologie, in dessen Allmacht nach traditioneller Bestimmung auch die Durchbrechung der Naturgesetze gelegen hat. Die Abgrenzung von Deismus und Atheismus auf der einen, von traditioneller Offenbarungstheologie auf der andern Seite macht die Neigung spekulativ-universalistischer Geschichtsphilosophie zum Gott der

---

67 Jean Paul [eigtl. Johann Paul Friedrich Richter], Dämmerungen für Deutschland [1809], in: J.P., Sämtliche Werke, hg. von Norbert Miller, Abt. I, Bd. 5, Darmstadt 2000, 929.

Metaphysik deutlich – ohne dass sie eben zu einer positiven metaphysischen Bestimmung der göttlichen Natur vordringen wollte oder könnte. Wenn man diese theoretisch-theologischen Präferenzen und Antipathien bedenkt, wird auch deutlich, inwiefern dieser spezifische Typus von Geschichtsphilosophie ein 'ideologisches' Selbststabilisierungsunternehmen der Aufklärung ist. Der Providenzbezug erlaubt es, alle praktischen Postulate der Metaphysik aufrecht zu erhalten und ihre Lebensorientierungsangebote zu adoptieren, ohne jedoch gleichzeitig die metaphysischen Haupt- und Obersätze behaupten zu müssen. In der Vorsehungsdiskussion führt man gegen die strikt offenbarungstheologischen und gegen die deistisch-atheistischen Gottesvorstellungen einen Stellvertreterkrieg, ohne sie doch direkt attackieren zu müssen.[68]

Sprach man einst – in der politisch heute nicht mehr korrekten Terminologie der sechziger Jahre – von der «Überfremdung der Literatur durch die Theologie» im deutschen Barock,[69] so könnte nach den vorangehenden Überlegungen leicht die spekulativ-universalistische Geschichtsphilosophie in theologischen Überfremdungsverdacht geraten (der sie im simplen Säkularisierungsschema ohnehin ausgesetzt war), solange man nicht die für moderne Leser subtilen Differenzen dieses Vorsehungsbegriffs etwa zum offenbarungstheologischen mit berücksichtigt, was manchem gegenwärtigen Interpreten aus antitheologischem (oder kryptotheologischem) Reflex schwerfällt. Ohnehin ist ein normativ-profaner Idealtypus von Philosophie (ebenso wie von Literatur), in den keine 'fremden' Elemente eingegangen sind, ein 'begriffsrassistisches' Phantom, das an historischen Realitäten keinen Anteil hat. Aber der Hinweis auf die theologischen Momente der Literatur, die sich noch weit ins 18. Jahrhundert hineinverfolgen lassen, kann Anlass sein, zur abschliessenden Problemerhellung einen kurzen Seitenblick auf vier zur Entstehungszeit spekulativ-universalistischer Geschichts-

---

[68] Nicht erst spekulativ-universalistische Geschichtsphilosophie beansprucht, wie Leo Strauss, Naturrecht und Geschichte [1956], Frankfurt a. M. 1977, 330, suggeriert, die Wege der Vorsehung seien «für ausreichend aufgeklärte Menschen erfindlich». Dies ist schon das Postulat klassischer Metaphysik und auch der alten theologischen Dogmatik.

[69] Robert Minder, Kultur und Literatur in Deutschland und Frankreich. Fünf Essays [1962], Frankfurt a. M. 1977, 47.

philosophie verfasste Romane und die darin virulenten Vorsehungskonzepte zu werfen.

Ein eigentliches Vorsehungsmärchen erzählt Christian Fürchtegott Gellert (1715-1769) in seinem *Leben der schwedischen Gräfin von G**** aus dem Jahr 1750. Die mitunter reichlich verwirrende Geschichte einer Frau aus verarmten Adel, die nach unglaublichen Abenteuern schliesslich geläutert ein bescheidenes Glück geniessen darf, verwandelt den Roman in eine moralische Anstalt (Bernd Witte) und statuiert ein Exempel aufklärerischer Rationaltheologie, das die Protagonistin selbst folgendermassen umschreibt: «Ich glaube auch gewiss, dass die Religion, wenn sie uns vernünftig und gründlich beigebracht wird, unsern Verstand ebenso vortrefflich aufklären kann, als sie unser Herz verbessert.»[70] Die Pointe des Romans besteht in der Ausschaltung aller blinden Motive, in der Aufhebung aller Kontingenz in einem sinnvollen Ganzen, das in der Handlungsabsicht eines Gottes liegt, der zwar nicht nachsichtig-gnädig, dafür aber unerbittlich gerecht ist und Menschentat nach moralischen Massstäben belohnt oder ahndet. Auch hier ist es der Gott der Metaphysik, der hinter dem Wirken der Vorsehung steht, die sich als Schicksal kaschiert.[71] Mit einer ähnlichen Anlage der Geschichte als solcher bietet Voltaires *Candide* (1759) wenige Jahre später zum *Leben der schwedischen Gräfin* die radikale Kontrastfolie, auf der fast alle Motive blind bleiben und die Vorsehung zum verlachten Ladenhüter der Pangloss'schen Westentaschenmetaphysik verkommt. Im *Zadig, ou La destinée* hatte sich Voltaire zwölf Jahre früher noch in einer erzählerischen Version der optimistischen Theodizee versucht. Das berühmte Kapitel *L'ermite* macht freilich dort bereits unübersehbar, dass jene von der Betrachtung des Weltganzen abhängige Rechtfertigung der Vorsehung, nur für Gott selbst und seine Engel funktioniert, nicht für die Menschen, die allein der Theodizee bedürfen, jedoch das Weltganze unmöglich in den Blick bekommen können. So bleibt Zadigs «Mais», mit der er die Theodizee-Entwürfe des Engels beantwortet, aus menschlicher Perspektive die

---

[70] Christian Fürchtegott Gellert, Leben der schwedischen Gräfin von G*** [1750], hg. von Jörg-Ulrich Fechner, Stuttgart 1985, 6f.
[71] Vgl. auch Werner Frick, Providenz und Kontingenz. Untersuchung zur Schicksalssemantik im deutschen und europäischen Roman des 17. und 18. Jahrhunderts, Tübingen 1988.

Quintessenz. Glücklich werden kann man offenbar nur, wenn man das Begehren nach metaphysischer Antwort betäubt.

Der satirische Panegyrikos auf den 1725 gehängten Verbrecherkönig Jonathan Wild, den Henry Fielding (1707-1754) in seiner *History of Mr. Jonathan Wild the Great* von 1743 anstimmt, rührt trotz aller satirischen Spitzen (namentlich gegen den alten Intimfeind Lord Bolingbrokes, den korrupten Premier Robert Walpole) nicht an moralisch-rationaltheologischen Grundüberzeugungen. Heartfree, der gar nicht nur insgeheim positive Held des Buches, entgeht seiner ungerechtfertigten, durch Wilds Bosheit beinah herbeigeführten Hinrichtung auf wunderbare Weise; seine allseits begehrte Frau kehrt keusch und mit Juwelen im Gepäck von Schiffsreisen aus Übersee wohlbehalten zurück, während Wild am Galgen endet. Eine über allem regierende, moralisch abwägende Vorsehung im Schicksalsgewand bringt am Ende noch das letzte Detail ins Lot.[72] Bei der Lektüre von Fieldings Roman drängt sich freilich der Eindruck auf, das glückliche Wirken der Vorsehung werde fiktiv in allen Farben ausgemalt, um ein Gegenwicht zur Realität zu bieten, in der die Vorsehung erschreckend absent ist, wenn man Fieldings Zeitdiagnose trauen darf.[73]

Die geschichtsphilosophischen Vorsehungsgeschichten begnügten sich freilich nicht mit einem kompensatorischen Ausflug in fiktive Ersatzwelten, sondern reklamierten für sich, das geschichtliche Geschehen wahrheitsgetreu nicht nur zu deuten, sondern abzubilden. Die spekulativ-universalistische Geschichtsphilosophie war selbst (und vielleicht erst recht) beim grossen Kritiker der Schulmetaphysik ein praktisch-moralisches Unternehmen, das beim Geschichtsbetrachter vor allem eine einzige Einsicht «von der grössten Wichtigkeit» hervorrufen wollte, nämlich «*mit der Vorsehung zufrieden zu sein*» (AA 8,121). Diesen zentralen Stabilisierungstopos entlehnt Kant der Neologie, mit der sich die spekulativ-universalistische

---

[72] Siehe Richard A. Rosengarten, Henry Fielding and the Narration of Providence. Divine Design and the Incursions of Evil, New York 2000.
[73] Dagegen ist Denis Diderots (erst 1796 publizierter) Roman *Jacques le fataliste* nach Laurent Loty, Providence, in: Michel Delon (Ed.), Dictionnaire européen des Lumières, Paris 1997, 921, darauf angelegt «à démystifier la linéarité narrative qui donne au romancier le pouvoir de se substituer à la Providence ou à une anti-Providence».

Geschichtsphilosophie nicht nur in der Präferenz für den Gott der Metaphysik trifft. Formuliert hat ihn der reformierte Aufklärungstheologe Georg Joachim Zollikofer (1730-1788) in seinen *Betrachtungen über das Uebel in der Welt* von 1777: «Euch zur Zufriedenheit mit allen Anordnungen und Schickungen der Vorsehung, zur Freude über Gott ..., zum frohen, dankbaren Genusse seiner Wohlthaten zu erwecken, und euch dadurch besser und glückseliger zu machen; darauf, M[eine] A[ndächtigen] Z[uhörer], zielen alle Lehren der Religion und des Christenthums ab».[74] Und, nach Kant, offensichtlich auch die Lehren der Geschichtsphilosophie.

4. Dynamisierungsprinzip I: Moralisierung und Vervollkommnung

Dem Historiker hatte Fénelon in seinem Brief an den Akademie-Sekretär von 1714 ins Stammbuch geschrieben, er solle inspirieren «par une pure narration la plus solide morale, sans moraliser».[75] Indessen war gerade der *exempla*-Historie in ihrer moralisierenden Absicht die «plus solide morale» insofern zum Problem geworden, als sich aus den einzelnen *exempla* kaum Rückschlüsse auf ein moralisches Ganzes ziehen lassen; der Gebrauch der *exempla* ist situativ und kommt ohne Universalisierung aus (vgl. oben S. 370-381). Wenn die Moralisierung der Geschichte – insofern jedes vergangene Ereignis handlungsleitend sein kann – einen Vervollkommungsprozess in Gang setzt, so bleibt diese Vervollkommnung im Schema der *exempla*-Historie eine individuelle Angelegenheit (die sich mitunter ohnehin eher in politischer Schlangenklugheit als in moralischer Besserung äussert), mag ein *exempla*-historischer Nachzügler wie Mably auch den öffentlichen Nutzen eines beispielbelehrten Fürsten hervorheben.[76] Gewiss ist Aufklärung als Bewegung der Versuch, ein grossangelegtes Programm

---

[74] Georg Joachim Zollikofer, Einige Betrachtungen über das Uebel in der Welt; Nebst einer Warnung vor den Sünden der Unkeuschheit; und andern Predigten [1777]. Zweyte Auflage, Leipzig (Weidmanns Erben und Reich) 1784, 4f.
[75] François de Salignac de la Mothe Fénelon, Œuvres, Bd. 4, Paris (Lefèvre/Pourrat) 1838, 530 (Lettre à M. Dacier, Abschnitt VIII: Projet d'un Traité sur l'histoire).
[76] Vgl. Mably, De l'étude de l'histoire, 12 = Mably, Collection complète, 12.

der Moralisierung zu verwirklichen – ein Programm freilich, das die Tendenz hat, sich früher oder später über seine eigene Moral auf- und abzuklären. Dadurch höhlt die Aufklärung ihren eigenen normativen Anspruch aus und findet ihre Bestimmung in der radikalen Kritik. Bolingbroke hält an Aufklärung als Moralisierungsprojekt in der Theorie unbedingt fest, während sich in der Praxis, d. h. seiner konkreten Geschichtsauslegung, die Historisierung der Moral schon unverkennbar ankündigt. Auf der Fluchtlinie dieser Historisierung liegt eine rein subjektive Aneignung von Geschichte und ein rein subjektiver Ethikentwurf. Bolingbroke gewichtet historische Transformationen zu stark, als dass ihm die Unveränderlichkeit der menschlichen Natur ganz gewiss sein könnte. Wenn der Glaube hieran jedoch zu wanken beginnt, steht die *exempla*-Historie insgesamt zur Disposition. Bolingbrokes Unternehmung hält noch ebenso Distanz zu einer sich als Wissenschaft etablierenden, akademischen Disziplin «Geschichte», die zugunsten reiner Faktenrekapitulation alles moralisch-philosophische Interesse an geschichtlichen Dingen verleugnet, wie zu einer spekulativ-universalistischen Geschichtsphilosophie, die bald das Geschichtsganze in ein Korsett moralischer Entwicklung einpassen sollte.

Vollkommenheit ist das beherrschende Thema der praktisch-philosophischen Diskussionen in der deutschen Schulphilosophie. So definiert Gottfried Wilhelm Leibniz in einem Fragment gebliebenen Text *Von der Glückseligkeit* aus dem späten 17. Jahrhundert die Weisheit als Glückseligkeitswissenschaft, die uns lehre, wie wir zur Glückseligkeit als einer beständigen Freude gelangten. Freude wird dabei als «Einnehmung» des Gemüts durch angenehme Gedanken begriffen; angenehm wiederum sei, was uns die Empfindung von Vortrefflichkeit, Vollkommenheit gebe. Vollkommenheit erscheint als dasjenige, wodurch «in einer Sache mehr Selbst-Wesens (Realität) ist als zuvor».[77] Dabei befördert der Eindruck, den fremde Vollkommenheit hinterlässt, die eigene. Vollkommenheit umfasst schliesslich «alle Erhöhung des Wesens»,[78] und ist auf «die grosse Wissenschaft» angewiesen, zu «verstehen, was wahre beständige Freude bringe», nämlich «auf eine dienliche Nachricht von dem allervollkommensten Wesen, so man Gott

---

[77] Gottfried Wilhelm Leibniz, Von der Glückseligkeit [1694/98], in: G. W. L., Philosophische Schriften, hg. von Hans Heinz Holz, Bd. 1, Frankfurt a. M. 1996, 391.
[78] A. a. O., 393.

nennet».⁷⁹ Gott ist die grösste und grösstmögliche Vollkommenheit, so dass man sich als Mensch nach Leibniz durch die erkenntnismässige Teilhabe an seinem Wesen selber vervollkommnet, wobei sowohl rationaltheologische, als auch offenbarungstheologische Wege gangbar sind. Die hier entworfene Vollkommenheitsidee bleibt an religiöse Vorgaben gebunden; zwar kommt die Vollkommenheit der anderen Menschen sehr wohl in den Blick, sie bleibt aber Sache der Individuen und wird nicht auf eine Gattungsentwicklung projiziert. Eine sich historisch-prozessual ausfaltende Vollkommenheit wird zunächst nicht gedacht.

Auch Christian Wolff erhebt das Vollkommenheitsstreben zur ethischen Leitmaxime: «Thue was dich und deinen oder anderer Zustand vollkommener machet; unterlass, was ihn unvollkommener machet».⁸⁰ Daraus folgt aber weder bei Wolff selber noch im 'orthodoxen' Wolffianismus eine geschichtsphilosophische Theorie von der Vervollkommnung der Gattung oder der Welt. Zwar instrumentalisiert bei Wolff (wie bei Leibniz) Gott die Übel in Vollkommenheitsabsicht: «er brauchet es [sc. das von ihm zugelassene Böse] als ein Mittel zum Guten und machet, dass dadurch in der Welt alles besser mit einander zusammen stimmt, folgends grössere Vollkommenheit in die Welt kommet, als sonst darinnen seyn würde».⁸¹ Das dafür gegebene Beispiel stammt aber nicht aus der Geschichte, sondern aus der Landwirtschaft. Eine geschichtsphilosophische Perspektivierung der Vervollkommnung mit Hilfe der *mala* zeichnet sich noch nicht ab – auch dann nicht, wenn Wolff in seiner Sineser-Rede meint, «dass im ungehinderten Fortschritt zu täglich grösseren Vollkommenheiten das höchste Gut des Menschen» bestehe.⁸² Die pietistischen Gegner Wolffs fühlten sich durch diesen – verglichen mit Leibniz – säkularen Gebrauch des Vollkommen-

---

[79] A.a.O., 394f.
[80] Christian Wolff, Moral, oder Vernünfftige Gedanken von der Menschen Thun und Lassen, zu Beförderung ihrer Glückseeligkeit, Halle (Renger) 1720, § 12.
[81] Christian Wolff, Vernünfftige Gedanken von Gott, Der Welt und der Seele des Menschen, Auch allen Dingen überhaupt, Den Liebhabern der Wahrheit mitgetheilet. Neue Auflage hin und wieder vermehret, Halle (Renger) 1751, § 1060, 653.
[82] Christian Wolff, Oratio de Sinarum philosophia practica. Rede über die praktische Philosophie der Chinesen [1721/26]. Übersetzt, eingeleitet und hg. von Michael Albrecht, Hamburg 1985, 57.

heitsbegriffes brüskiert, obwohl Wolff die absolute Vollkommenheit nach wie vor Gott vorbehält.[83] Auf wolffianischer Fährte sind theologisierende Adaptionen der Vollkommenheitsidee noch sehr wohl denkbar. So erregte Georg Schades (1712-1795) öffentlich verbrannte *Unwandelbare und ewige Religion* von 1760 weniger wegen theologischer Dissidenz Anstoss, als wegen ihrer ungeschminkten Attacken auf das kirchliche Establishment.[84] In der Sache versucht Schade unter den Vorzeichen eines entschiedenen Perfektibilismus die christliche Soteriologie mittels der Lehre einer postmortalen Seelenverwandlung bis hin zur Apokatastasis, zur Versöhnung aller Dinge mit Gott auszuschalten. Auch hier wird die Idee der Vervollkommnung nicht – ebensowenig wie in der Neologie *vor* Jerusalem[85] – geschichtsphilosophisch gewendet, sondern bleibt auf Hinter- und Jenseitswelten vertagt.[86] Dennoch

---

[83] Der Begriff der Vollkommenheit selber «ist aus der theologischen Tradition in Wolffs Terminologie aufgenommen worden und liess sich bei aller wissenschaftlicher Distanz von Wolffs demonstrativischer Methode zur Theologie auch im Horizont des theologischen Sprachgebrauchs verstehen» (Gerhard Sauder, Vollkommenheit. Christian Wolffs Rede über die Sittenlehre der Sineser, in: Frank Grunert/Friedrich Vollhardt [Hg.], Aufklärung als praktische Philosophie. Werner Schneiders zum 65. Geburtstag, Tübingen 1998, 328). Zu Wolffs Glückseligkeitsbegriff in der zeitgenössischen reformierten Diskussion siehe Sandra Pott, Reformierte Morallehren und deutsche Literatur von Jean Barbeyrac bis Christoph Martin Wieland, Tübingen 2002, 89-140.

[84] Georg Schade, Die unwandelbare und ewige Religion (1760). Dokumente. Hg. und eingeleitet von Martin Mulsow, Stuttgart-Bad Cannstatt 1999; dazu Andreas Urs Sommer, Vergessene und verfehmte Werke der Aufklärung – zwei Wiederentdeckungen, in: Das Achtzehnte Jahrhundert. Zeitschrift der deutschen Gesellschaft für die Erforschung des achtzehnten Jahrhunderts, Jg. 24 (2000), Heft 1, 107-109.

[85] Siehe Andreas Urs Sommer, Sinnstiftung durch Individualgeschichte. Johann Joachim Spaldings *Bestimmung des Menschen*, in: Zeitschrift für neuere Theologiegeschichte, Bd. 8 (2001), 163-200.

[86] Allerdings weist Martin Mulsow, Moderne aus dem Untergrund. Radikale Frühaufklärung in Deutschland 1680-1720, Hamburg 2002, 92, darauf hin, dass in der anglikanischen Theologie des 17. Jahrhunderts, namentlich bei John Spencer (De legibus Hebraeorum ritualibus, et earum rationibus, London 1685 u. a.), «unter der vermittelt pädagogischen Anleitung Gottes eine Höherentwicklung» zumindest des Auserwählten Volkes konzipiert werde: «Also kann die Vorstellung von der anfänglichen Vollkommenheit des jüdischen Volkes nicht gelten, sondern umgekehrt nur die Vorstellung von den einfachen, barbarischen Anfängen der Juden.» Aber handelt

überbietet Schades Idee einer noch ausstehenden Vervollkommnung Leibnizens Optimismus-Modell durch einen ausgesprochenen Dynamismus. Zeitgleich beginnen die französischen Philosophen von der «perfectibilité» des Menschen zu reden, die Rousseau im *Discours sur l'origine et les fondemens de l'inégalité parmi les hommes* von 1755 als die dem Menschen eigentümliche «faculté de se perfectionner» bestimmt, nicht ohne zu bemerken, dass dieses Vermögen «la source de tous les malheurs de l'homme» sei.[87] Frédéric-Melchior, Baron de Grimm (1723-1807) sieht im Anschluss an einen Nachruf auf Montesquieu in seiner *Correspondance littéraire, philosophique et critique* am 15. Februar 1755 die Vervollkommnungsfähigkeit des Menschen als dessen Hauptwesenszug an, der ihn von anderen Geschöpfen unterscheide, gibt aber den Philosophen die Frage auf, «ob diese Vervollkommnungsfähigkeit ein Vorteil und wirkliches Glück für den Menschen ist und ob die Tiere nicht sogar dadurch vollkommener sind, dass sie sogleich auf ihrer höchstmöglichen Vollkommenheitsstufe geboren werden».[88] Für Grimm ist das Geschick des Menschen von Anfang an durch eine verderbliche Abirrung vom Weg der Natur gekennzeichnet, zu der es – wie er im «Versuch eines Katechismus für Kinder» gleich ausführt,[89] zurückzukehren gelte.

Weniger dunkel eingefärbt ist der Blick auf das menschliche Vervollkommnungspotential in der deutschsprachigen Aufklärung, wo sich Isaak Iselin zum ersten Fürsprecher eines «Triebes zur Vollkommenheit» (GM 1791 1,134 u. ö.) macht, der eine geschichtsphilosphische Ausweitung der

---

es sich hier um die Idee einer linearen moralischen Vervollkommnung? Immerhin gibt 1706 auch Nikolaus Hieronymus Gundling die Idee ursprünglicher menschlicher Perfektion auf, so dass kontinuierliche, geschichtlich gedachte Vervollkommnung denkbar wird, vgl. a. a. O., 322.

[87] Jean-Jacques Rousseau, Œuvres complètes. Edition publiée sous la direction de Bernard Gagnebin et Marcel Raymond, Bd. 3, Paris 1964, 142 bzw. Rousseau, Diskurs über die Ungleichheit, ed. Meier, 102. Es ist umstritten, ob es sich bei der «perfectibilité» um einen von Rousseau selbst geschaffenen Neologismus handelt (vgl. a. a. O., 1317-1319, sowie Richard Baum/Sebastian Neumeister, Perfektibilität I, in: HWPh, Bd. 7, Sp. 239).

[88] Melchior Grimm, Paris zündet die Lichter an. Literarische Korrespondenz. Aus dem Französischen übertragen von Herbert Kühn, mit einer Einleitung hg. von Kurt Schnelle, Leipzig 1981, 101.

[89] A. a. O., 102-104.

ethischen Vervollkommungsidee impliziert.[90] Intensive Arbeit am Begriff des Triebes hat Hermann Samuel Reimarus (1694-1768) geleistet. Mit ihm stand Schade zur Abfassungszeit seiner *Unwandelbaren und ewigen Religion* übrigens in enger Beziehung, während Iselin ausdrücklich mit Reimarus' Rationaltheologie sympathisierte (ohne in ihm freilich den Urheber der von Lessing fragmentweise publizierten *Apologie oder Schutzschrift für die vernünftigen Verehrer Gottes* zu vermuten). Reimarus attestiert dem Menschen ein von seiner (Mängelwesen-)Natur herrührendes Streben nach einer in seinem Falle nicht einfach wie beim Tier gegebenen Vollkommenheit.[91] Von einem «Trieb zur Vollkommenheit» spricht er freilich nicht, fasst er doch «Trieb» schon in den *Vornehmsten Wahrheiten der natürlichen Religion* im Unterschied zu Iselin enger und moderner als «Instinct». Reimarus zufolge ist es «nicht möglich, dass uns ein blinder Trieb zu irgend einer Vollkommenheit und zu unserm wahren Wohl führen könne».[92] Iselins «Trieb zur Vollkommenheit» ist denn auch nicht blind, insofern dem Menschen ein angeborener Wille zur Selbstvervollkommnung eigen sei, wie Iselin noch durchaus wolffianisch annimmt. Allerdings liegt die Vervollkommnung der Gattung und damit so etwas wie ein moralischer Fortschritt in der Gesamtgeschichte nicht innerhalb der Reichweite individueller Selbstvervollkommnungsbestrebungen. Der Vervollkommnungstrieb ist bei Iselin zunächst ganz individuell gedacht, wird dann aber ähnlich wie Rousseaus «perfectibilité», nur in bewusster Abgrenzung von dessen Verfallsdiagnose, zur Erklärung einer allgemeinen Entwicklungsrichtung der Weltgeschichte herangezogen. Jerusalem übernimmt in seinen *Betrachtungen* bezeichnenderweise den Begriff eines «Triebes zur Vollkommenheit» als «erstem Grundtrieb der vernünftigen Natur», der den Menschen zur

---

[90] [Isaak Iselin], Philosophische und Patriotische Träume eines Menschenfreundes. Dritte und vermehrte Auflage, Zürich (Orell, Gessner und Compagnie) 1762, 56-72, widmet dem «Trieb zur Vollkommenheit» einen kleinen Essay.

[91] Hermann Samuel Reimarus, Allgemeine Betrachtungen über die Triebe der Thiere, hauptsächlich über ihre Kunsttriebe. Zur Erkenntniss des Zusammenhanges der Welt, des Schöpfers, und unser selbst [1760], Bd. 2, Wien (F.A. Schrämbl) 1790, 179-196, §§ 152-156, sowie Hermann Samuel Reimarus, Die vornehmsten Wahrheiten der natürlichen Religion in zehn Abhandlungen auf eine begreifliche Art erkläret und gerettet [1754]. Zweyte, verbesserte Auflage, Hamburg (Johann Carl Bohn) 1755, 506-521.

[92] Reimarus, Die vornehmsten Wahrheiten, 515.

vorsehungsgeleiteten Entwicklung seiner Anlagen nötigt.[93] «Ohne diesen Trieb würde der Mensch mit all seinen grossen Vorzügen nichts mehr, als ein ander Thier seyn».[94]
Der Übergang von der individuellen Vervollkommnung – die, wie der von Iselin sehr geschätzte Johann Joachim Spalding ausführte, in diesem irdischen Leben keine letzte Verwirklichung finden könne[95] – zur Selbstvervollkommnung der Gattung wird bei Iselin nicht eigens begründet. Man erfährt nur, dass *der* Mensch «nicht zu einem unveränderlichen Stande bestimmt» sei, denn «nicht vergebens» habe «die Natur ihm einen Trieb eingeflösset ..., der ihn mit einer unbesiegbaren Macht zur Veränderung anspornet» (GM 1791 1,135). Der Vollkommenheitstrieb muss also, damit die Ökonomie der Natur oder der Schöpfung im Lot ist, wenn denn schon das menschliche Individuum nicht dazu bestimmt ist, in dieser Welt höchste Vollkommenheit zu erlangen, anderweitig sein Ziel finden, und das geschieht bei Iselin weniger – wie etwa bei Spalding und Leibniz – im jenseitigen Leben der unsterblichen Seele, als in einem Geschichtsprozess, der der menschlichen Gattung insgesamt einen besseren Zustand beschert. Auf welche Weise aber ein als individuelle Gegebenheit konzipierter «Trieb zur Vollkommenheit» die Vollkommenheit der Gattung zu seiner Absicht machen kann, bleibt dunkel. Diese offenkundige Schwäche in Iselins Argumentation ist bezeichnend für den Übergang von der Leibniz-Wolffschen zur geschichtsphilosophischen Vollkommenheitsidee. In der frühen Phase spekulativ-universalistischer Geschichtsphilosophie wird noch immer eine naturalistisch-fundamentalanthropologische Begründung der gesamtgeschichtlichen Vervollkommnungsprozesse benötigt. Mit dem Rückgriff auf die «Natur» des Menschen, der etwa ein «Trieb zur Vollkommenheit» eigen sei, gewinnt man zugleich eine quasi-ontologische Garantie für die

---

93 [Johann Friedrich Wilhelm Jerusalem], Fortgesetzte Betrachtungen über die vornehmsten Wahrheiten der Religion an Se. Durchlaucht den Erbprinzen von Braunschweig und Lüneb., Braunschweig 1772, 154.
94 Ebd.
95 «Das ganze menschliche Leben ist ein Räthsel, ein Schauplatz der Verwirrung und des Elendes, wenn keine Zukunft ist, welche den Knoten auflöset, die Anlagen unserer vernünftigen Natur zur Vollkommenheit bringet, und die Fürsehung rechtfertiget.» (Johann Joachim Spalding, Die Bestimmung des Menschen [1748], Wien [Johann Thomas von Trattnern] 1769, 84f.).

Tatsächlichkeit und Verlässlichkeit des geschichtlichen Fortschrittes und steht damit noch auf dem Boden des alten metaphysischen Optimismus.[96] Aber dieser Boden ist brüchig geworden und muss mit immer neuen Zusatzbehauptungen gesichert werden: Wenn man den Beweis für die Vollkommenheit der Welt nicht mehr in der Gegenwart antreten kann, was Leibnizens stolzes metaphysisches Trachten war, muss man ihn in eine unabsehbare Zukunft vertagen. Es gibt also gute Gründe, im geschichtsphilosophischen Ameliorismus oder Perfektibilismus die Liquidation des metaphysischen Optimismus angelegt zu sehen:[97] Die naturalistisch-fundamentalanthropologische Begründung der Vervollkommnungsidee, die von einer statisch-individualethischen zu einer dynamisch-gattungsgeschichtlichen Kategorie mutiert, tritt mehr und mehr in den Hintergrund. Für viele spekulativ-universalistischen Geschichtsphilosophen nach Iselin bedarf der als evident ausgegebene Vervollkommnungsprozess der Gattung keiner Rechtfertigung mehr, weder einer ontologischen in der Natur des Menschen, noch (rational)theologischen oder einer moralischen, stellt sich der Vervollkommnungsprozess doch nun selber als oberste Moral dar, vor der alle anderen Werte sich zu beugen haben. Das bedeutet auch, dass sich mit seiner Hilfe prinzipiell alles rechtfertigen lässt. Zugleich gerät dann die 'ideologische' Handhabung der geschichtsphilosophischen Vervollkomm-

---

[96] Vgl. Wilhelm Schmidt-Biggemann, Theodizee und Tatsachen. Das philosophische Profil der deutschen Aufklärung, Frankfurt a. M. 1988, 7f.: «Das Projekt Aufklärung unterstellt aller Aufklärung praktische Absicht. Es geht von einem denkmöglichen und folglich wünschbaren Ziel aus, von einem Ziel, das in kosmologischem und anthropologischem Optimismus metaphysisch garantiert ist. Die prinzipielle gute Existenz ist an ihrer Verwirklichung noch gehindert: Die Verwirklichung ist die Aufgabe der Geschichte, die dann am Ende die gute Schöpfung rechtfertigen wird. Die teleologisch normierte Aufklärung ist auf Veränderung aus, auf Veränderung der Tatsachen zu Zielen, die als Kern der historischen Realität gelten.» Siehe dazu Martin Mulsow in seiner Einleitung zu Schade, Die unwandelbare und ewige Religion, 9.

[97] Ohnehin sind nach den Analysen von Panajotis Kondylis (Die Aufklärung im Rahmen des neuzeitlichen Rationalismus, München 1986) sowohl Optimismus als auch Pessimismus je nach Stimmungslage und Hinsicht in der Aufklärung beide präsent. Die pauschale Rede von der «optimistischen Aufklärung» ist zumindest irreführend. Vgl. auch Jorge Luis Borges, Persönliche Bibliothek, übersetzt von Gisbert Haefs = J. L. B., Werke in 20 Bänden, hg. von Gisbert Haefs und Fritz Arnold, Frankfurt a. M. 1995, 328.

nungsidee ausser Kontrolle: Jeder kann sich ihrer bedienen und die jeweils anderen im Namen des Fortschritts und der geschichtlichen Notwendigkeit unter die Guillotine schicken.

Wenn sich zu der Zeit, als spekulativ-universalistische Geschichtsphilosophie auftrat, die Sollensethik als Alternative zur herkömmlichen Strebensethik etablierte,[98] dann zeigt dies auf der einen Seite eine generelle Tendenz der Emanzipation von metaphysisch-ontologischen Gewissheiten im Blick auf Wesen und «Bestimmung des Menschen». Auf der andern Seiten war es sowohl im Fall der Sollensethik als auch im Fall der spekulativ-universalistischen Geschichtsphilosophie jene Ablösung von konkreten inhaltlichen Vorgaben, die beiden Weisen des Philosophierens (die bei Kant überdies eine Personalunion eingegangen sind) einen unerhört breiten Applikationshorizont eröffnete. Universalistische Un- oder Unterbestimmtheit war ein Erbe, das die zwei Jahrhunderte nach der Aufklärung gern und vermeintlich ohne Risiko antraten.[99]

5. Dynamisierungsprinzip II: Freiheit, Individualisierung, Beschleunigung und Metaphysikkritik

Die Geschichte der Geschichtsphilosophie wird namentlich aus hegelianischer Perspektive gerne als Geschichte von der Entdeckung menschlicher Freiheit erzählt,[100] so als ob erst im 18. Jahrhundert 'der' Mensch als ein Wesen begriffen worden wäre, das freier Herr seines Willens, seiner Hand-

---

[98] Vgl. Urs Thurnherr, Angewandte Ethik zur Einführung, Hamburg 2000, 133, im Anschluss an Hans Krämer, Integrative Ethik, Frankfurt a.M. 1992.

[99] Schliesslich ist zu bemerken, dass die geschichtsphilosophische Pädagogisierung die Individualerziehung zugunsten der Gattungserziehung normalerweise (Ausnahme: Lessing, vgl. oben S. 291-310) so sehr hintanstellt, dass man den geschichtsphilosophischen Glauben an die Erzieh- und Wandelbarkeit des Einzelindividuums womöglich für resignativ wird halten müssen: Ist der Durchschnittsvertreter der spekulativ-universalistischen Geschichtsphilosophie im Blick auf das individuelle Fortschrittspotential gar ein Pessimist?

[100] Z.B. bei Ralf Beuthan, Hegels Enthistorisierung der Geschichte, in: Wolfram Hogrebe (Hg.), Grenzen und Grenzüberschreitungen. XIX. Deutscher Kongress für Philosophie, 23.-27. September 2002 in Bonn. Sektionsbeiträge, Bonn 2002, 818f.

lungen und damit freier Herr seiner Geschichte sei. Es verstünde sich dann fast von selbst, dass mit dieser Entdeckung zugleich eine Moralisierung von Geschichte einherginge (vgl. oben S. 399-407), insofern einerseits Geschichte als Resultat freier menschlicher Handlungen insgesamt moralisch qualifizierbar würde, andererseits die Geschichtserzählung oder die geschichtsphilosophische Reflexion eine moralisierende Wirkung auf das Publikum ausübte, was dann sinnvoll wäre, wenn dieses Publikum künftige Geschichte 'frei' zu gestalten vermöchte. Nun gehört die Geschichte der Geschichtsphilosophie als Geschichte, die vornehmlich von der Entdeckung der Freiheit handelt, leider ins Reich der Fabeln. Das Thema der Freiheit, was immer darunter zu fassen ist, erweist sich bei näherem Hinsehen in der spekulativ-universalistischen Geschichtsphilosophie als erstaunlich peripher und so verzettelt, dass es kaum als einheitliches Thema Gestalt annimmt. Im hier untersuchtem Text-Corpus macht Isaak Iselins *Geschichte der Menschheit* die *politische* Freiheit zu einem wesentlichen Anliegen, ohne jedoch zu einer auch nur annähernd überzeugenden begrifflichen Durchdringung seiner Problematik vorzustossen. Vielmehr mutet die Beschwörung der Freiheit(en), der(en) sich die Menschen künftig erfreuen werden, eigentümlich topisch an – so, als wäre sie fester Bestandteil eines bereits etablierten, 'liberalen' Sprachspiels unter deutschsprachigen vorrevolutionären Aufklärern, das die Realität der paternalistischen Monarchie mit grösstmöglichen individuellen Freiheiten zumindest rhetorisch paaren will. Bekanntermassen verabschiedet sich Kant vom Paternalismus als politischem Programm und eröffnet in der *Idee zu einer allgemeinen Geschichte* die Aussicht auf eine weltbürgerliche Gesellschaft, in der die Freiheit zur Pflichterfüllung beinahe unbeschränkt sein würde. Hingegen werden bei der Emanzipation vom Instinktgängelband, um die es im *Mutmasslichen Anfang* geht, politische Konnotationen des Freiheitsbegriffs tunlichst nivelliert. Eine neologische 'Befreiungstheologie' auf Grundlage einer Genesis-Interpretation hätte Kant ebenso widerstrebt wie vor ihm Jerusalem.

Wenn wir nach dem Motiv der Freiheit im Entstehungsgeflecht der spekulativ-universalistischen Geschichtsphilosophie Ausschau halten, dann tun wir gut daran, es auf die Frage nach der Handlungsfreiheit zu beschränken, einerseits, weil sich die Rede von der Geschichte der Geschichtsphilosophie als Geschichte der Entdeckung der Freiheit hierauf zu beziehen scheint (obwohl die hochtrabende Metaphorik auch der Eingangspassagen dieses Kapitels die Investition von mehr metaphysischem Kapital suggeriert), andererseits, weil in intrikateren ontologischen, metaphysischen und anthropologischen Freiheitsfragen die Geschichtsphilosophie ohnehin ein genauso uneinheitliches Bild bietet wie die Philosophie der Aufklärungszeit insgesamt. Man wird der spekulativ-universalistischen Geschichtsphilosophie als Gesamtphänomen weder nachsagen können, sie hege z. B. eine besondere Vorliebe zu einer metaphysisch konzipierten Willensfreiheit, noch, sie verrate eine entsprechende Abneigung; die Vorlieben und Abneigungen sind da individuell, wiewohl der Normaltypus der spekulativ-universalistischen Geschichtsphilosophie eine Scheu vor aller Art Radikalismen hegt. Doch selbst angenommen, die Ablehnung eines deterministischen Radikalismus in metaphysischen Willensfreiheitsfragen sei allen einschlägigen Autoren gemeinsam, wäre damit noch kein kausaler Bezug zur spekulativ-universalistischen Geschichtsphilosophie hergestellt. Und in systematischer Hinsicht ist ein solcher kausaler Bezug schwer zu konstruieren, es sei denn, man assoziiere moralische Vervollkommnung überhaupt mit Willensfreiheit. Aber wenige der untersuchten Werke tun das.

Dennoch ist es aufschlussreich, zu untersuchen, welchen Stellenwert das Problem der *Handlungs*freiheit im geschichtsphilosophischen Sedimentierungsprozess besitzt.[101] Im Vorfeld der spekulativ-universalistischen Geschichtsphilosophie ist unter den hier ausführlicher besprochenen Autoren Lord Bolingbroke am meisten mit ihm beschäftigt. Er ist, damit seine *exempla*-Historie als nicht bloss deskriptive, sondern präskriptive Disziplin sinnträchtig wird, zumindest auf Handlungsfreiheit des Menschen angewiesen: Die Menschen müssen durch Beispiele dazu motiviert werden können, anders zu handeln, als sie sonst handeln würden.[102] Bolingbrokes Verteidi-

---

[101] Vgl. zur Reduktion des Freiheitsbegriffs auf Handlungsfreiheit im Gefolge von Hobbes, Locke und Voltaire Robert Spaemann, Freiheit IV, in: HWPh, Bd. 2, Sp. 1090.

[102] Freilich liesse sich mit Anthony Collins auch argumentieren, jede Handlung müsse insofern determiniert sein, als es für sie die stärksten Gründe geben müsse, die ja durchaus in der Androhung moralischer (oder strafrechtlicher) Sanktion liegen können (Anthony Collins, A Philosophical Inquiry Concerning Human Liberty [1715]. Republished with a Preface by Joseph Priestley. With a New Introduction by John Stephens, Bristol 1990, 60-70). Eine solche Form des 'Necessitismus' wäre mit spekulativ-universalistischer Geschichtsphilosophie vereinbar.

gung des Begriffspaares Tugend und Laster, das im Falle eines reinen naturalistischen oder prädestinationstheologischen Determinismus hinfällig würde, wirkt zwar reichlich konventionell, verhehlt jedoch nicht, dass bei der Verteidigung der menschlichen Geschichtsmächtigkeit humanistische Grundüberzeugungen der zu verteidigende Einsatz sind. Hier wird Front gemacht sowohl gegen das deterministisch-heilsgeschichtliche als auch gegen das deterministisch-naturgeschichtliche Modell eines völligen Ausgeliefertseins des Menschen an seine Natur und an seine Affekte. Offenbar stehen für Bolingbroke mit der Geschichtsmächtigkeit die Selbst- und Weltmächtigkeit des Menschen zur Disposition. Diese dürfen, so scheint Bolingbroke gegen spinozistische Deterministen ebenso wie gegen calvinistische Prädestinationstheologen einwenden zu wollen, nicht wirklich zur Disposition stehen, will man nicht in Kauf nehmen, das gesamte gesellschaftliche (insbesondere moralische) Ordnungsgefüge zu kippen. Ein bis zum Letzten durchgehaltener Determinismus zerstört nach Bolingbrokes Dafürhalten alle lebensweltlichen Sicherheiten, so sehr dieser Determinismus auch vorgibt, solche Sicherheiten durch einen Heils- oder Naturmonismus erst zu schaffen: Wenn mit mir nur noch gehandelt wird, und ich in keiner Weise mehr der wirklich Handelnde bin, ist an allem, was geschieht, nurmehr die Natur oder der göttliche Gnadenratschluss schuld. Wenn Bolingbroke derlei Generalexkulpationen verwirft, führt er ideenpolitisch einen Zweifrontenkrieg, sowohl gegen das prädestinatorische Christentum etwa jener Presbyterianer, unter deren Einfluss er aufgewachsen ist (und die unter den hier behandelten Autoren Jonathan Edwards in der amerikanischen Variante prominent vertritt), als auch gegen den modernen naturwissenschaftlichen Determinismus, der individueller menschlicher Selbstkompetenz ebensowenig Raum lässt. Was er dabei verteidigt, ist die moderate, humanistische Aufklärung, die dem Forschungseifer die heiligsten moralischen und anthropologischen Prämissen vorenthält.

In Bolingbrokes Fall leuchtet die systematische Unerlässlichkeit des Handlungsfreiheitspostulats unmittelbar ein: Seine *exempla*-Historie will das Handeln ihrer Adressaten direkt normieren, und das ist seines Erachtens eben nur dann eine sinnvolle Voraussetzung, wenn diese Adressaten ihr Handeln auch bestimmen können (ob sie dazu eminentermassen *Willens*freiheit brauchen, ist wiederum eine andere, hier nicht zu erörternde Frage). Diese Situation ändert sich mit der spekulativ-universalistischen Geschichtsphilosophie grundlegend. Mögen deren Schriften als Elemente des aufklärerischen Pädagogisierungsunternehmens auch insgesamt auf die «Verbesserung» der allgemeinen Moral abzwecken, so entfällt doch die direkte handlungsnormierende Komponente: Diese Werke sind keine Rezeptbücher, denen entnommen werden kann, wie man handeln muss, um beispielsweise den allgemeinen Fortschritt zu befördern. In weiten Teilen verfahren sie rein deskriptiv und reflektiv; das dem Leser stellenweise angesonnene zukunftsträchtige Verhalten ist nicht einfach normierbar, wobei die Vorsehung oder «Naturabsicht» ohnehin die Divergenz zwischen individuellen Handlungsabsichten und Geschichtszielen auf eigene Rechnung justiert (vgl. oben S. 393-396). Die humanistische Überzeugung, Geschichtserzählung und Geschichtsreflexion wirkten sich direkt auf das menschliche Handeln aus, braucht daher von den spekulativ-universalistischen Geschichtsphilosophen nicht mehr aufrechterhalten zu werden. Aller untergründigen illokutionären und performativen Absichten ungeachtet, orientiert sich ihr Schreiben nicht mehr an der Applikabilität, sondern will in erster Linie einen getreulichen Bericht davon geben, wie es um *die* Geschichte$_1$ tatsächlich bestellt sei. Dieser Bericht, wie immer er im einzelnen aussehen mag, ist im Prinzip auf Handlungsfreiheit des Menschen nicht angewiesen; die schrofferen Versionen der geschichtstheologischen Erzählung wie Edwards' *History of the Work of Redemption* ähneln in der Struktur den späteren geschichtsphilosophischen Erzählungen stark und kommen doch ganz ohne menschliche Handlungsfreiheit aus. Solange man mit seinem Schreiben nicht direkt handlungsbestimmend sein will, gerät man auch in keinen logischen Widerspruch, wenn man menschliche Handlungsfreiheit leugnet.

Nun liegt die Leugnung solcher Handlungsfreiheit als der Freiheit, das Was und Wie seiner Handlungen festzulegen (was immer die jeweilige Festlegung bedingt), durchaus nicht im Sinne spekulativ-universalistischer Geschichtsphilosophie. Wie sieht deren Verständnis historischen Handelns im Vergleich zur *exempla*-Historie aus? Im Prinzip ging letztere von einem einfachen Imitationsschema aus: Die Geschichtsbetrachtung führt uns Handlungen vor, die sich in ihrer Zeit so bewährt haben, dass sie als prägende Muster unseres gegenwärtigen Handelns Geltung beanspruchen können. Der Wert einer gegenwärtigen Handlung bemisst sich an ihrer Kongruenz mit festgelegten Exempeln, nicht etwa in ihrer Originalität und Innovativität. Dass dieses *exempla*-Konzept ein statisches Geschichtsbild voraussetzt (das bei Bolingbroke langsam aufweicht), haben wir schon bemerkt. An dieser Stelle möchte ich die Aufmerksamkeit darauf lenken, dass die *exempla*-Historie die Individualität des Handelns und des Handelnden tendenziell negiert, so sehr sie auch Handlungsfreiheit einzuräumen bestrebt ist. Nur insofern sich Handeln ins Schema von Vorbild, Adaption und Nachahmung einfügt, ist es positiv zu qualifizieren.

Mit dieser Vorgabe bricht die spekulativ-universalistische Geschichtsphilosophie, deren linearisiertes und dynamisiertes Geschichtsverständnis keinen Sinn für *exempla* als handlungspräformierende Muster hat, weil jede historische Situation prinzipiell neu und unvergleichlich ist.[103] Damit einher geht ein entschiedener Individualisierungsschub: Jede Handlung ist individuell statt exemplarisch vorgeformt und muss für sich ohne die Rückendeckung von Vorbildern stehen können. Sie wird nicht mehr danach beurteilt, ob sie sich am Kanon des richtigen Handelns in der Vergangenheit orientiert, sondern danach, ob sie in der jeweils einmaligen Situation und im Hinblick auf die Gesamtentwicklung von Geschichte$_1$ das Richtige ist. Diese Beurteilungsweise hängt freilich in ebenso starkem Masse vom partikularen Urteil des Betrachters ab wie die willkürliche Festlegung exemplarischen Handelns in der Vergangenheit. Entscheidend ist hier jedoch, dass sich in der Optik der spekulativ-universalistischen Geschichtsphilosophie mit den einzelnen Handlungen zugleich die Handelnden individualisieren: In einem unumkehrbaren und inimitablen Ablauf der Geschichte$_1$ hat jedes Individuum einen singulären Platz, auf dem es von keinem anderen Individuum ersetzt werden kann, so wenig vielleicht auch der Gesamtprozess der Geschichte$_1$ dieses Individuums zur Selbstverwirklichung bedarf. Gleichwohl ist es als eine tröstliche Botschaft an die Adresse des einzelnen Menschen gemeint, dass im ungeheuren Geschichtsgeschehen sein Handeln ebenso absolut individuell sei wie er selbst als handelndes Wesen.

Wie aber steht es um die menschliche Freiheit des Handelns gemäss der spekulativ-universalistischen Geschichtsphilosophie, wenn die Vorsehung oder ihre Substitute die Richtung des Geschehens bestimmen? Hier wird

---

[103] Während die *exempla*-Historie also historische Kontinuitäten so stark macht, dass sie letztlich jede positiv qualifizierte Handlung nur als Kontinuitätsprodukt versteht, kann bei spekulativ-universalistischer Geschichtsphilosophie die Neigung auftreten, historische Kontinuitäten zugunsten von Entwicklung zu suspendieren.

ein zentrales Problem der geschichtsphilosophischen Selbstverständigung sichtbar: Einerseits werden gegen den Theozentrismus der Geschichtstheologie die Menschen als Handlungssubjekte der Geschichte identifiziert: Geschichtsphilosophie kann ihren selbstgewählten Sinnstiftungsauftrag (nämlich aus der Geschichte$_1$ Sinn$_2$ zu destillieren) nur dann zufriedenstellend erfüllen, wenn sie den einzelnen Handlungen der einzelnen Individuen Sinn verleiht. Das tut sie, indem sie diese Handlungen in einem sinnvollen Ganzen integriert sieht, dessen Sinnhaftigkeit nicht von der Realisierung der einzelnen, individuell gesetzten Handlungsziele abhängt. Und gleichwohl soll dieses sinnvolle Ganze nicht einfach das Produkt einer transzendenten Macht sein, würde das Individuum doch dann den Sinn sowohl seiner einzelnen Handlung als auch des Geschichtsganzen bloss oktroyiert bekommen, was wiederum dem aufklärerischen Selbstermächtigungsaxiom, das ein Axiom zumindest partieller Selbstsinngebung ist, zuwiderliefe. Der Sinn sowohl der einzelnen Handlung als auch des Geschichtsganzen darf, wenn die amelioristische Entwicklungsidee irgendeinen Sinn ergeben sollte, nicht allein ein fremder und von anderer, unsichtbarer Hand gestifteter Sinn sein. Der einzelne Mensch als geschichtlich handelndes Wesen muss, wenn auch nicht Herr seines Willens, doch immerhin Herr seiner Handlungen insofern sein, als er auch anders handeln könnte, und sein So-Handeln, nicht aber sein Irgendwie-Handeln sinnvoll ist, insofern es im Gesamtsinn der Geschichte aufgehoben ist.

Andererseits soll, und das ist die providentielle Garantie, um die die spekulativ-universalistische Geschichtsphilosophie so eifrig besorgt ist, jedes So-Handeln in der Metaperspektive Anteil am letztlich positiven Gesamtverlauf von Geschichte haben. Was immer geschieht, wie immer gehandelt und nicht gehandelt wird: Es hält das unerbittliche Räderwerk des sinnvollen Geschichtsprozesses nicht auf. Obschon gerade in der frühen Phase der spekulativ-universalistischen Geschichtsphilosophie die fast unüberwindlich scheinenden Hindernisse auf dem Fortschrittsweg beschworen werden, sind diese die verborgenen Energiequellen der progressiven Geschichtsbewegung selbst, da letztere ihre Kräfte erst dann formiert, wenn sie auf Hindernisse, auf Widerstand stösst. Allerdings hat der Rekurs auf das Walten der Vorsehung häufig einen ausgesprochen postulatorischen und hypothetischen Klang und wird nicht apodiktisch unter den metaphysischen Gewissheiten abgebucht wie ehedem zu Leibnizens Zeiten: «Geh deinen unmerklichen Schritt, ewige Vorsehung! Nur lass mich dieser Unmerklichkeit wegen an dir nicht verzweifeln.» (EM § 91) Dennoch ist das Vertrauen auf die providentielle Garantie für das Funktionieren des geschichtsphilosophischen Unternehmens konstitutiv, auch wenn diese Garantie, energisch gebraucht, eben jedes So-Handeln unterschiedslos als gut, weil fortschrittsträchtig ausweisen kann. Damit das nicht geschieht, bemühen zumindest die ersten Repräsentanten der spekulativ-universalistischen Geschichtsphilosophie noch ausgesprochen traditionelle Moralvorstellungen, die ihnen die Unterscheidung zwischen Gut und Böse unabhängig von geschichtsphilosophischem Konsequentialismus zu treffen gestatten. Diese Moral wird somit neben der Geschichtsphilosophie und sogar gegen sie aufrechterhalten. Sie beruht nicht selten auf herkömmlichen Konzepten von Willensfreiheit und Zurechenbarkeit von Schuld.

Es dauert lange – bis zu den Linkshegelianern und Karl Marx – bevor Gott aus der Geschichtsphilosophie wegen erwiesener Nichtexistenz verschwinden wird,[104] denn man bedarf seiner Vorsehung oder ihrer Substitute zur Sicherung eines geregelten und sinnvollen Geschichtsverlaufs trotz aller Versuche, ebendiesen Verlauf zu naturalisieren. Um nun die Kluft zwischen menschlicher Handlungsfreiheit und providentieller Garantie zu überbrücken, wird ein gemeinsamer *concursus* des Menschen und der Vorsehung entworfen, der seine strukturelle Ähnlichkeit mit der christlichen Soteriologie nicht verleugnen kann: Der Mensch muss sich selber helfen, kann sich aber nicht wirklich helfen, weswegen nach der alten Anselmschen Satisfaktionslehre ein Gott-Mensch zu Hilfe eilt. Auf die Inkarnation des *vere Deus, vere homo* kann die spekulativ-universalistische Geschichtsphilosophie zwar gut verzichten – selbst bei Vico hat Christus geschichtsphilosophisch kaum Relevanz –, nicht aber auf das Zusammenwirken menschlicher und übermenschlicher Kräfte: Der Mensch soll Schmied seines eigenen Glücks werden und die idealen künftigen Zustände selber herbeiführen, vermag dies aber nur, wenn die Vorsehung – nicht mirakulös, sondern als regulative Ordnungsinstanz *de potentia ordinata* gedacht – ihm ihre permanente Unterstützung gewährt. Im paratheologischen Kern ist die speku-

---

[104] Das ist gegen Odo Marquard, Schwierigkeiten mit der Geschichtsphilosophie, Frankfurt a.M. 1982, 68f., in Erinnerung zu rufen. Von einer «Selbstzerstörung der philosophischen Theologie» (69) kann im Hinblick auf die frühe spekulativ-universalistische Geschichtsphilosophie kaum die Rede sein.

lativ-universalistische Geschichtsphilosophie also ein *synergistisches Konzept:* Gott, vertreten durch die Vorsehung oder die «Naturabsicht», und der Mensch sind gemeinsam verantwortlich für die letzten Dinge dieser Welt, den weltbürgerlichen Zustand oder wie immer die Ziele des geschichtlichen Verlaufsprozesses auch heissen mögen. Weder zwingt ein nach seiner unergründlichen Heilslogik verfahrender Gott den Menschen ihr Heil auf (wie bei Edwards, vgl. oben S. 121-133), noch sind die Menschen mit der Herstellung von Geschichte ganz alleingelassen. Zweifellos hat dieser geschichtsphilosophische Synergismus, der noch bei Lessing und Kant stark ausgeprägt ist, eine bezeichnende Parallele in den theologischen Adaptionen von Aufklärung, namentlich in der Neologie (vgl. oben S. 133-150), vielleicht sogar in manchen Formen des Pietismus. Auch hier kann man Versuche beobachten, nach den Erfolgen der angewandten, neuzeitlichen Wissenschaften das Heil in menschliche Reichweite zu bekommen, ohne es gänzlich zu immanentisieren. Zweifellos setzt dieser Synergismus auf Seiten des Menschen Freiheit voraus, aber nicht notwendig metaphysische Willensfreiheit, sondern nur die Freiheit, so oder auch anders zu handeln: So viel Freiheit, dass der Mensch selber geschichtsmächtig werden kann. Auf der Seite Gottes oder der Vorsehung hingegen ist die Freiheit, wie wir weiter oben schon erörtert haben, durch die Ordnung der Schöpfung selbst so eng beschränkt, dass sich diese *persona agens* keiner wider- und selbst keiner übernatürlichen Mittel in ihrer geschichtsteleologischen Kanalisierung des menschlichen Tuns bedienen kann.

Das synergistische Modell der Geschichtsphilosophie ist also auf Kooperation zwischen Mensch und Natur/Vorsehung/Gott angelegt, wobei die Handlungsfreiheit des Menschen und die Bestimmung des Geschehens durch Natur/Vorsehung/Gott auf einer anderen Ebene liegen und sich so wenigstens dem Anspruche nach vereinbaren lassen. Was immer der Mensch tun kann, wozu immer der Mensch die Freiheit hat, es ist eingebunden in die Ordnung der Geschichte und der Natur, so dass sowohl die eine als auch die andere Handlung, die ein Mensch in einer gegebenen Situation verrichten könnte, nicht aus dem Rahmen des Geschichtsprozesses als solchem herausfällt. Dass der Mensch aber mit seinem freien, nur durch die Umstände und die Natur bedingten Handeln nicht aus diesem Rahmen herausfällt, wird durch implizite schöpfungsmetaphysische Annahmen gedeckt, wonach die einzelnen Individuen so gestaltet sind, dass sie mit ihrem Tun niemals die Schöpfungsordnung als ganze in Frage stellen können (wie es dies in der christlichen Erbsündentheologie Adams Fall sehr wohl getan hat). Wir haben hier noch immer eine Schwundstufe des Leibnizschen Harmoniekonzeptes vor uns, insofern gemäss der spekulativ-universalistischen Geschichtsphilosophie in der Welt (jetzt der geschichtlichen Welt) *a priori* dafür gesorgt zu sein scheint, dass auch ohne wider- und übernatürliche providentielle Eingriffe die Ordnung erhalten bleibt und sich die Welt- und Geschichtszwecke erfüllen. Mit diesem synergistischen Modell menschlich-providentieller Kooperation können sowohl die menschliche Handlungsfreiheit und Geschichtsmächtigkeit, als eben auch die Idee einer ordnenden und stabilisierenden Vorsehung aufrechterhalten werden. Was immer «der» Mensch tut, es ist in der Natur- und Geschichtsordnung aufgehoben.

An anderen Fronten zeichnet sich in der spekulativ-universalistischen Geschichtsphilosophie ein Abschied von metaphysischen Grundannahmen ab, die manche Interpreten mit der Verzeitlichungs- und Beschleunigungserfahrung in Verbindung bringen, die im 18. Jahrhundert allgemein gemacht worden sein soll: «Die ontologische Vorzugsverfassung ist dann nicht mehr die Unveränderlichkeit, sondern die Veränderlichkeit: dadurch wird die Geschichte – das Feld der Veränderungen – positiviert und kann zur entscheidenden Wirklichkeit werden und wird es auch.»[105] Das neuartige Zeitempfinden, mit dem die Entstehung der Geschichtsphilosophie erklärt werden soll, ist zumindest in den hier behandelten Texten nur mit

---

[105] Odo Marquard, Ende der Universalgeschichte? Philosophische Überlegungen im Anschluss an Schiller, in: O.M., Philosophie des Stattdessen, Stuttgart 2000, 81. Im Anschluss an Reinhart Koselleck ist in der neueren Literatur viel von der «Akzeleration der Zeitrhythmen» die Rede, die in der Geschichtsphilosophie ihren Ausdruck finde: «In einer Zeit akzelerierten Wandels auf allen Ebenen der Lebenswirklichkeit ist die Geschichtsphilosophie die Theorie dieser Bewegungsdynamik, Indikator geschichtlicher Bewegung und Faktor der Bewegung selbst, denn sie selbst ist eine Bewegungsphilosophie, die nicht nur langfristige, tiefgreifende Veränderungen registriert und auf den Begriff bringt, sondern auch zu deren realen Konstitutionsbedingungen Wesentliches beiträgt.» (Thomas Gil, Kritik der klassischen Geschichtsphilosophie, Berlin 1999, 26 bzw. 29f.). Vgl. kritisch Blumenberg, Die Legitimität der Neuzeit, 61f., überdies Hans Blumenberg, Lebenszeit und Weltzeit [1986], Frankfurt a.M. 2001, wo aufgewiesen werden soll, wie sich der neuzeitliche Mensch bewusst werde, dass seine Lebenszeit nicht ausreiche, um mit der Weltzeit Schritt zu halten – mit der Zeit einer Welt, die in beständiger Veränderung begriffen sei.

einiger Mühe auszumachen; als Interpretament für die Genese der spekulativ-universalistischen Geschichtsphilosophie ist es in seiner Allgemeinheit und Unbestimmtheit wenig hilfreich.[106] Aber Marquards Hinweis auf die Ablösung vom alten metaphysischen Seins-Paradigma ist bedenkenswert: So wenig die frühen spekulativ-universalistischen Geschichtsphilosophen tatsächlich eine ontologische Positivierung des Werdens betrieben haben, war ihnen doch gerade und vorzüglich an einer neuerlichen Stabilisierung gelegen – eine Stabilisierung hinwiederum, die nicht so sehr mit einem neuartigen Zeitempfinden zu ringen hatte als mit den inneren Instabilitäten der alten metaphysischen Systemangebote. Zweifellos zu den Entstehungsbedingungen des neuen Typus von Geschichtsphilosophien gehört das Wegfallen starrer Teleologien, wie es sie noch bei Wolff gab, zugunsten erweiterter Freiheitsräume, d. h. der Kontingenz, die die substantielle Möglichkeit des Andersseins einschliessen. Zwar wird dieses Anderssein durch den Rekurs auf die Ordnungsmacht Vorsehung/Naturabsicht wieder metaphysisch eingebunden, aber dem Anderssein wird doch sein Recht gelassen, insofern es selbst in Ordnung zurückübersetzt und Teil der Ordnung wird, wenn diese Ordnung nicht länger statisch, sondern dynamisch, als Entwicklungsgeschehen gefasst werden kann.

Gerade an der Statik der metaphysischen Systementwürfe hatte sich die Kritik der sich konstituierenden Geschichtsphilosophie entzündet. Man fand in den konkurrierenden Systemen der Metaphysik jene Erfahrungen nicht mehr abgedeckt, mit denen man sich konfrontiert sah, ohne noch bereit zu sein, sie in ewigen Wahrheiten einzufrieren. Diese Erfahrungen scheinen aber weniger die der Akzeleration als der Kontingenz überhaupt gewesen zu sein (vgl. unten S. 463-472). Diese vielfältigen Kontingenzerfahrungen waren offensichtlich für manche Mitglieder der Gelehrtenrepublik um und nach 1750 nicht mehr mit traditioneller Religion oder Metaphysik zu bewältigen, weil diese nicht mehr die Antworten auf die Fragen bereithielt, die man sich nun stellte. Dieser Mut zur Kontingenz wird zwar wieder providentiell eingemeindet, doch diese Eingemeindung ist mit der Schleifung der sie stützenden Systeme prekär geworden – und es bleibt ungewiss, ob die Eingemeindung auf Kontingenz dauerhaft bauen kann.

[106] Zur Kritik vgl. auch Arno Seifert, 'Verzeitlichung'. Zur Kritik einer neueren Frühneuzeitkategorie, in: Zeitschrift für historische Forschung, Bd. 10 (1983), 447-477.

Im Ablösungsprozess der Geschichtsphilosophie von der herkömmlichen Metaphysik muss noch ein anderer Aspekt bedacht werden, der in einer gewissen Spannung zur Tendenz steht, das Handeln und die Handelnden zu individidualisieren. Offensichtlich ist nämlich so etwas wie die Entmonadisierung des Menschen eine Möglichkeitsbedingung der spekulativ-universalistischen Geschichtsphilosophie. Der 'Diskurs' über den Menschen in den schulphilosophischen Traditionen war zumindest in Deutschland weniger auf die Vollendung der Gattung als auf die Vollendung des Individuums gerichtet. In seiner *Bestimmung des Menschen* (1748) deutet Johann Joachim Spalding noch mit keinem Worte an, dass so etwas wie eine Erziehung des Menschengeschlechtes, ein moralischer Gattungsfortschritt in dieser Welt stattfinden könnte.[107] Ein isoliertes Individuum hat da sein irdisches Los zugeteilt bekommen, um sich selbst für eine transmundane Zukunft zu präparieren. Trotz aller Aufrufen zur mitmenschlichen Tugend ist der Mensch ein monadisches und letztlich nicht wirklich soziables Wesen. Jedes Individuum kämpft allein und einsam um sein Stück am Vollkommenheitskuchen, wozu es seine Mitmenschen, denen es Gutes tut, am Ende bloss als Mittel gebraucht.[108] Ungeachtet der sozial- und politikphilosophischen Entwürfe gerade in der Wolffschen Schule machte erst die spekulativ-universalistische Geschichtsphilosophie auf die Möglichkeit aufmerksam, dass es jenseits der summierten individuellen Vollkommenheiten so etwas wie ein gemeinsames Klassenziel *der* Menschheit geben könnte. Besonders gut lässt sich diese Entmonadisierungstendenz bei Turgot und Iselin verfolgen, die ein mögliches Ziel entwicklungslogisch strukturierter

---

[107] Bezeichnend ist da Spaldings Differenz zu konservativen protestantischen Heilsgeschichtskonzepten wie demjenigen von Edwards, der die Parallelen zwischen Individual- und Menschheitsgeschichte überall hervorhebt, während Spaldings *Bestimmung des Menschen* nach dem stillen Ende traditioneller Heilsgeschichtsschreibung keine Gesamtgeschichte der Menschheit mehr in den Blick bekommt.

[108] Auch als Prediger versteht es Spalding, «den Nutzen der Einsamkeit in Absicht auf das Christenthum» in glänzenden Farben wiederzugeben (Johann Joachim Spalding, Neue Predigten. 3. Auflage, Bd. 1, Frankfurt, Leipzig 1788, 317). Im Sturm und Drang wird das einsame Individuum erneut zum Emblem; noch Zimmermann bringt den «Trieb zur Einsamkeit bey einem Christen» mit dessen Nachdenken über seine «Bestimmung» in Zusammenhang (Johann Georg Zimmermann, Von der Einsamkeit [Fassung 1773], Frankfurt, Leipzig 1780, 42).

Geschichte₁ nicht als Summe individueller Glückseligkeiten bestimmen, sondern als etwas der Menschheit als Gattung *in corpore* Zukommendes. Es deutet sich hier ein 'kollektives' Interesse der Menschheit an, mit dem die Geschichtsphilosophie des 19. Jahrhunderts Wucher treiben sollte. Im 18. Jahrhundert wurde auf diese Weise ein Gegengewicht zur Individualisierungstendenz geschaffen, die sich, als allgemeinaufklärerisches Phänomen, in der Geschichtsphilosophie auf besondere Weise ausprägte.

Metaphysikkritik ist zweifellos ein Movens der sich konstituierenden Geschichtsphilosophie.[109] Dabei finden, wie sich etwa in der Frage der Vorsehung zeigt, Adaptionsprozesse statt, die es erlauben, stabilisatorische Elemente der alten metaphysischen Ontologien in neue Anwendungszusammenhänge zu übernehmen. Die Delegitimierung des Bestehenden ist auch in politisch-sozialer Hinsicht eine wesentliche Stossrichtung bestimmter, aber beileibe nicht aller Typen der geschichtsphilosophischen Reflexion. Im französischen Kontext des letzten Jahrhundertdrittels war – siehe Mercier (vgl. oben S. 268-291) – eine derartige Delegitimierungsabsicht stärker wirksam als im schottischen oder deutschen, wo die Geschichtsphilosophie eher dazu benutzt wurde, die Unvollkommenheit der gegenwärtigen Verhältnisse als Mittel zur zukünftigen Besserung zu legitimieren.[110] Spekulativ-universalistische Geschichtsphilosophie ist nicht notwendig ein Werkzeug politischer Agitation, als die sie aus der Perspektive des späteren 19. Jahrhunderts womöglich erscheinen konnte. Keineswegs waren ihre Vertreter stets

---

[109] Noch heute scheint sich Geschichtsphilosophie als Instrument der Metaphysikkritik zu bewähren, siehe Emil Angehrn, Ursprungsmythos und Geschichtsdenken, in: Herta Nagl-Docekal (Hg.), Der Sinn des Historischen. Geschichtsphilosophische Debatten, Frankfurt a. M. 1996, 305-332. Hermann Lübbe, Geschichtsphilosophie. Verbliebene Funktionen, Erlangen, Jena 1993, 3 und 26-31, sieht – in einer bemerkenswerten Umkehr von Karl R. Popper, The Poverty of Historicism [1944/45], London, Henley 1976 – die Geschichtsphilosophie gerade als (potentielle) Kritikerin der «totalitären Grossideologien», während Michael Stanford, An Introduction to the Philosophy of History, Oxford, Malden (Mass.) 1998, 15f., in ihr eher eine Hüterin unserer Kontinuitätsbedürfnisse (und damit implizit eine Schwester der Metaphysik) zu erkennen wähnt.

[110] Die Delegitimierung des Vergangenen und Gegenwärtigen war ja z.B. auch die Absicht der protestantischen Kirchengeschichtsschreibung; vgl. oben S. 108-121 und Horst Günther, Zeit der Geschichte. Welterfahrung und Zeitkategorien in der Geschichtsphilosophie, Frankfurt a. M. 1993, 159.

reale oder auch nur potentielle Revolutionäre; die systematische Gestalt dieser Geschichtsphilosophie, wie sie sich in unserer Rekonstruktion bisher konturiert hat, legt mitnichten die Unabwendbarkeit einer politisch-revolutionären Inanspruchnahme nahe. Spekulativ-universalistische Geschichtsphilosophie eignete sich ebenso für die Absicherung moderater aufklärerischer Reformentwürfe (Iselin) wie – womöglich theologisch gesteigert (Turgot, Jerusalem) – für die ideologische Rückendeckung eines mehr oder weniger aufklärungswilligen Absolutismus. Aus der Geschichtsphilosophie als solcher ist die Französische Revolution also nicht zu deduzieren, so gern sie sich schliesslich auch in deren Dienst nehmen liess (Condorcet). Aber an sich ist die spekulativ-universalistische Geschichtsphilosophie politisch un- oder unterbestimmt, was sie konträren politischen Instrumentalisierungen willfährig machte. Gerade bei den französischen Revolutionären findet eine Synthese zwischen kritisch-delegitimatorischer und sinnstiftend-positiver, progressivistischer Geschichtsperspektivierung statt: Einerseits weist die Geschichte in dieser Sicht die Hinfälligkeit und Vernichtungswürdigkeit des *Ancien Régime* aus, andererseits die Grösse und Existenzwürdigkeit des Neuen und Künftigen, das man zu schaffen im Begriffe war. Aber auch der antirevolutionären Gegenseite wusste sich der geschichtsphilosophischen Argumentation zu bedienen,[111] obwohl ihr wortmächtigster Repräsentant, Edmund Burke (1729-1797), lieber geschichtstheologisches Vokabular verwendete und in den Jakobinern den leibhaftigen Antichrist witterte.[112] In

---

[111] «[D]as Prinzip des intellektuellen Fortschritts [wird] als der Zweck der geschichtlichen Entwicklung der Gattung proklamiert, und die Geschichtsphilosophie bekommt die Aufgabe, diesen Zweck zu begründen und zu zeigen, wie er universalhistorisch erfüllt wird, wonach denn auch die einzelnen Phasen dieses Gesamtfortschrittes zu beurteilen sind. ... So denken auch die unbedeutenden Verteidiger der französischen Revolution, wie Volney oder Saint-Lambert oder andererseits ihre philosophisch ebenso unbedeutenden Gegner aus dem ultramontan-legitimistischen Lager, de Bonald und de Maistre.» Wilhelm Windelband, Geschichtsphilosophie. Eine Kriegsvorlesung. Fragment aus dem Nachlass, hg. von Wolfgang Windelband und Bruno Bauch, Berlin 1916, 25f.

[112] Edmund Burke, Letters on a Regicide Peace [1795/96], in: The Portable Edmund Burke. Edited with an Introduction by Isaac Kramnick, New York, London 1999, 521. Ohnehin ist das politisch-theologische Interesse in Burkes Spätwerk dominant. Vgl. zu Burkes Ansatz auch Strauss, Naturrecht und Geschichte, 307-336, sowie oben S. 50, Fn. 69 und S. 176, Fn. 209.

ihrer politischen Unentschiedenheit erwies sich die Geschichtsphilosophie als multilateral anschlussfähig.

6. Dynamisierungsprinzip III: Fortschritt

Kein Thema der spekulativ-universalistischen Geschichtsphilosophie wird und wurde in der Forschung so häufig verhandelt wie die Idee eines allgemeinen Fortschritts, der sich auf alle Bereiche des menschlichen Lebens erstreckt.[113] Diese sekundärliterarische Prominenz beweist allerdings noch nicht, dass der Fortschritt auch tatsächlich das alleinregierende Thema in der Konstitutionsphase des in Frage stehenden Typus von Geschichtsphilosophie gewesen wäre. Da konkurrieren verschiedenartige Interessen miteinander, die sich nicht so leicht auf den Generalnenner «Fortschritt» bringen lassen, obwohl für den Idealtpyus der spekulativ-universalistischen Geschichtsphilosophie eine wie auch immer bestimmte Fortschrittsidee eine notwendige (aber keine hinreichende) Bedingung sein dürfte. Einigen Vorschlägen, diese Fortschrittsidee zu bestimmen, sind wir in den historisch-monographischen Studien nachgegangen, so dass ich hier auf eine ausführliche Rekapitulation verzichten kann, zumal die Forschungsliteratur bereits

---

[113] Z.B. bei Karsten Ruppert, Die Idee des Fortschritts in der Neueren Geschichte, Eichstätt 2000; Jochen Schlobach, Progrès, in: Michel Delon (Ed.), Dictionnaire européen des Lumières, Paris 1997, 905-909; Arthur M. Melzer/Jerry Weinberger/ M. Richard Zinman (Ed.), History and the Idea of Progress, Ithaca, London 1995; Friedrich Rapp, Fortschritt. Entwicklung und Sinngehalt einer philosophischen Idee, Darmstadt 1992; Margarita Mathiopoulos, History and Progress. In Search of the European and American Mind. Foreword by Gordon A. Craig, New York, Westport (Conn.), London 1989; Charles Van Doren, The Idea of Progress, New York, Washington, London 1967; Hans Robert Jauss, Ursprung und Bedeutung der Fortschrittsidee in der «Querelle des Anciens et des Modernes», in: Helmut Kuhn/Franz Wiedmann (Hg.), Die Philosophie und die Frage nach dem Fortschritt, München 1964, 51-72; Ernest Lee Tuveson, Millennium and Utopia. A Study in the Background of the Idea of Progress [1949], New York 1964; Charles Frankel, The Faith of Reason. The Idea of Progress in the French Enlightenment, New York 1948; John B. Bury, The Idea of Progress. An Inquiry into Its Origin and Growth, New York 1932.

erschöpfende Kategorisierungen vorgenommen hat.[114] Hier soll daher nur in Kürze die Funktion der Idee eines Fortschritts, der alle Bereiche menschlicher Geschichte$_1$ umfasst, im theoretischen Gesamtgefüge des Idealtypus «spekulativ-universalistische Geschichtsphilosophie» zur Sprache gebracht werden. Implizierte die Idee des Fortschritts im Gefolge von Bacon und Descartes zunächst ein Fortschreiten der Technik, der Wissenschaften und damit der Welterkenntnis, griff die Idee gegen Ende des 17. Jahrhunderts in der *Querelle* beispielsweise bei Fontenelle auf den Bereich der Kunst über, die man nicht mehr länger als Schattenwesen unter der übermächtigen Ägide klassisch-antiker Vorbilder begriff. Für zahlreiche aufklärerische Autoren des 18. Jahrhunderts erstreckte sich Fortschritt denn auch vornehmlich auf Wissenschaften und Künste;[115] ein allgemeines Fortschreiten der Gattung brauchte damit noch keineswegs mitgedacht zu sein, ebensowenig wie die Vorstellung einer einen und einzigen Geschichte$_1$. Es reichte vollkommen aus, sich selber, die europäische Gegenwart im Vergleich mit Griechen und Römern wissenschaftlich und künstlerisch avanciert zu wähnen.

Gleichwohl schwingt in solchen geschichtsphilosophisch noch wenig ambitionierten Äusserungen manches Mal die versteckte These mit, der Fortschritt sei mit natürlicher Entwicklung verquickt. So schreibt Samuel Johnson im *Idler* vom 30. Juni 1759: «The natural progress of the works of men is from rudeness to convenience, from convenience to elegance, and from elegance to nicety.»[116] Die menschliche Produktivität sei nur zu Beginn durch Notwendigkeit veranlasst,[117] danach lasse sich ein vom Diktat der Notwendigkeit freier, natürlicher Fortschritt mit den angeführten Stufen beobachten, den Johnson an der Entwicklung der Architektur von der Höhle bis zum Hochbarock exemplifiziert, um freilich in der Gegenwart in Gestalt von «luxury» Dekadenzphänomene auszumachen, die sich ohne Mühe in ein morphologisch-biologistisches Schema einfügen lassen: Denn wenn

---

114 Repräsentativ ist hierfür die Habilitationsschrift von Johannes Rohbeck, Die Fortschrittstheorie der Aufklärung. Französische und englische Geschichtsphilosophie in der zweiten Hälfte des 18. Jahrhunderts, Frankfurt a. M., New York 1987.
115 Vgl. z. B. Antoine Yves Goguet, De l'origine des loix, des arts, et des sciences, et de leurs progrès chez les anciens peuples, 3 Bde., Paris 1758; dazu Zedelmaier, Der Anfang der Geschichte, 191-213.
116 Johnson, Selected Poetry and Prose, 258.
117 «The first labor is enforced by necessity.» (Ebd.)

man geschichtlichen Fortschritt als natürliche Wachtstumserscheinung versteht, dann wird man um Alter, Verfall und Tod nicht herumkommen. Erst die Idee eines unbegrenzten, unendlichen Fortschrittes, den die spekulativ-universalistische Geschichtsphilosophie erfinden sollte, blendet diese Implikationen des morphologisch-biologistischen Schemas aus. Johnson hingegen extrapoliert auf keinen universellen, alle Sphären des menschlichen Daseins umfassenden Fortschritt, sondern begnügt sich mit der Beobachtung technischer, wissenschaftlich-kultureller Innovationen, die eben keineswegs irreversibel sind oder eine Spekulation auf den Gesamtverlauf *der* Geschichte$_1$ erlauben. Ohnehin dürfte der englische *progress* als Kollektivsingular von John Bunyans (1628-1688) *Pilgrim's Progress* her zunächst weniger geschichtsphilosophische Implikationen nahegelegt haben als die Schaffung des deutschen Kollektivsingulars «Fortschritt».[118] *Progress* erzählt noch im 18. Jahrhundert weitgehend Individualgeschichten, am bekanntesten vielleicht in William Hogarths (1697-1764) Gemälde- und Kupferstichfolgen *The Harlot's Progress* (1730/32) und *The Rake's Progress* (1735), die eine satirische Kontrafaktur zu Bunyans frommer Erbauungsgeschichte bieten[119] und demonstrieren, wie der *progress* schnurstracks ins Irrenhaus oder auf den Friedhof führt. Bezeichnenderweise übersetzt Georg Christoph Lichtenberg in seiner *Ausführlichen Erklärung der Hogarthischen Kupferstiche* «progress» nicht mit «Fortschritt», sondern mit «Weg»: «Der Weg der Buhlerin» (1795) und «Der Weg des Liederlichen» (1796).[120]

Die spekulativ-uinversalistische Geschichtsphilosophie setzte in ihrer Frühphase nicht einfach die Gleichung eines morphologisch-biologistischen Schemas mit dem Gattungsfortschritt voraus.[121] Vielmehr werde, meinen diese Geschichtsphilosophen, die Fortschrittsidee über ein quasi-induktives Verfahren gewonnen, womit die Geschichtsphilosophie ihre

---

[118] Vgl. oben S. 247f., Fn. 390.
[119] Bunyans *Pilgrim's Progress* gehörte zu Hogarths frühesten Lektüren, vgl. Jenny Uglow, Hogarth. A Life and a World, London 1997, 23.
[120] Lichtenberg, Schriften und Briefe, Bd. 3, 732-818 bzw. 821-910.
[121] So gern die Metapher vom biologischen Wachstum in der Popularphilosophie auch zur Abwehr einer Position benutzt wurde, die alle Wahrheit schon bei den Alten für entwickelt hielt, vgl. Johann Jakob Engel (Hg.), Der Philosoph für die Welt. Stereotyp-Ausgabe, Berlin 1860, 28-32 (7. Stück: Die Eiche und die Eichel).

Nähe zur empirischen Wissenschaft ausweisen zu können glaubt. So heisst es bei Iselin:

> Dieser Fortgang der Menschheit von der äussersten Einfalt zu einem immer höhern Grade von Licht und von Wohlstande,[122] welcher die herrschende Idee meines Werkes ausmacht, ist mir erst in dem Laufe meiner Untersuchungen über die G[eschichte] d[er] M[enschheit] in den Sinn gekommen. Ich habe diese Idee gefunden ohne eben sie zu suchen; Sie ist die Frucht, das Resultat meiner Untersuchungen: Sie war nicht die Absicht davon. Wenn mein Werk der Beweis davon ist: so ist es doch nicht unternommen worden um sie zu beweisen. Ich habe nicht meine Untersuchungen auf sie gerichtet, sondern meine Untersuchungen haben mich zu ihr geführet. (GM 1791 1, XXXV)

Iselin tut so, als sei die «Idee» von Fortschritt etwas, was sich bei einem Blick auf die historischen 'Fakten' zwanglos einstellt. Sein quasi-induktives Verfahren soll den möglichen Vorwurf unwissenschaftlicher Träumerei von vornherein ausschalten; Iselins Abgrenzung gegenüber der Schulmetaphysik besteht ja gerade darin, mittels Geschichtsbetrachtung die faktisch-geschichtlichen Realitäten, in denen die Menschen leben und die ihr Leben bestimmt, zum Gegenstand der Betrachtung zu erheben. Geschichtsphilosophie im Sinne Iselins bedeutet Einbruch und Einbezug der Kontingenz in die Philosophie. Freilich muss diese Kontingenz in einen grösseren Ordnungszusammenhang eingebettet werden – und genau dieser Ordnungszusammenhang ist die «Idee» von einem prinzipiell unbeschränkten «Fortgang der Menschheit» in allen möglichen Hinsichten. Spekulativ-universalistische Geschichtsphilosophie setzte ein riskantes Unternehmen ins Werk, nämlich eine Sphäre wissenschaftsfähig zu machen, die bis dahin von den Vertretern der modernen Wissenschaften nur als Ansammlung von Kuriositäten betrachtet worden war, die sich keinen strengen, wissenschaftlich formulierbaren Gesetzen unterwerfen liess. Obwohl die spekulativ-universalistische Geschichtsphilosophie formal lange Zeit sowohl zur Metaphysik wie zur Naturwissenschaft Distanz hielt und mit der von ihr hauptsächlich gepflegten Essayistik so etwas wie philosophische Erbauungsliteratur produzierte, war das Bedürfnis, die geschichtsphilosophischen Erkenntnisse wissenschaftskonform zu formulieren, doch zweifelsohne ausgeprägt. So

---

[122] Paul Wernle, Der schweizerische Protestantismus im XVIII. Jahrhundert, Bd. 2, Tübingen 1924, 14, weist darauf hin, dass «Wohlstand» bei Iselin sehr wohl ökonomisch gemeint sei.

galt es zu beweisen – und genau diesen Beweis versucht Iselin zu erbringen –, dass sich in der Sphäre, mit der die Geschichtsphilosophie befasst ist, eben der Gesamtheit menschlichen Handelns in der Vergangenheit, aber auch in der Gegenwart und in der Zukunft, dieselben oder doch wenigstens analoge Methoden anwenden liessen, die die Naturwissenschaft entwickelt und anwendet. Es sind quasi-empirische und quasi-induktive Verfahren, die der Geschichtsphilosophie zu ihrer Erkenntnis verhelfen.

Überdies erbrächten diese Verfahren Ergebnisse, die den Ergebnissen der Naturwissenschaften zu vergleichen seien, nämlich Gesetzmässigkeiten, die das Feld der Geschichte ebenso strukturieren sollen wie das Feld der Natur durch Naturgesetze strukturiert ist: Es könne also eine Wissenschaft von der Geschichte$_1$ geben, und ihre Sachwalterin sei bis auf weiteres die spekulativ-universalistische Geschichtsphilosophie, die auf der obersten Abstraktionsebene die die Geschichte beherrschenden Gesetze formuliere. Obwohl Autoren wie Iselin sich über diese Grundhypothese hinaus nicht auf eine Verwissenschaftlichung ihres Schreibens einlassen, und etwa nach der Lektüre der *Geschichte der Menschheit* oder auch von Turgots *Tableau* keineswegs so klar ist, was denn die Gesetze der Geschichte$_1$ sein sollen, deren Entdeckung doch mehr oder weniger enthusiastisch angekündigt worden war, bleibt dieses szientistische Vorverständnis der Geschichtsphilosophie dominant. Szientistische Geschichtsmodelle produziert das 19. Jahrhundert in einer historiographischen Schattenwirtschaft der produktiv-technischen Disziplinen dann in reicher Fülle und mit unterschiedlichster Akzentuierung (die jeweils selbstverständlich die alleinseligmachende zu sein beansprucht).[123]

Ohnehin wird der Verdacht aufkommen, die frühe spekulativ-universalistische Geschichtsphilosophie habe sich nicht nur analoger Methoden bedient und sei zu analogen Resultaten gelangt wie die Naturwissenschaften,[124] sondern habe mit ihrer Fortschrittsidee als dem hauptsächlichsten

---

[123] Sehr luzide gegen das szientistische Selbstmissverständnis der Geschichtsschreibung argumentiert Isaiah Berlin, Concepts and Categories. Philosophical Essays. Edited by Henry Hardy. With an Introduction by Bernard Williams, London 1999, 103-142 (The Concept of Scientific History [1960]).

[124] Differenziert hierzu Arno Seifert, Von der heiligen zur philosophischen Geschichte. Die Rationalisierung der universalhistorischen Erkenntnis im Zeitalter der Aufklärung, in: Archiv für Kulturgeschichte, Bd. 68 (1986), 84f. und passim.

Resultat ihrer (dem Vernehmen nach) methodisch geregelten Untersuchungen auch inhaltlich einem naturwissenschaftlichen Anpassungsdruck stattgegeben. Denn in der Sache sieht diese Idee eines universellen Fortschritts nach einer Generalisierung des wissenschaftlichen Erkenntnisfortschritts aus, an den man anderthalb Jahrhunderte früher zu glauben begonnen hatte. Die Geschichtsphilosophie scheint genau dieses progressivistische Selbstverständnis der Naturwissenschaften aufzunehmen, aber nicht einfach als eine auf das eigene, sich etablierende Fach bezogene handlungsregulative Maxime, die das Forschen gewissermassen *a priori* für sinnvoll, weil erkenntniserweiternd erklärt (im Gegensatz zu einem rein traditionalen Verständnis von Wissenschaft als Bewahrung und Überlieferung definitiv festgelegter Wissensbestände). Vielmehr wird dieses Selbstverständnis der Naturwissenschaft als Fortschrittsgeschehen objektiviert und zu einem allgemeinen Gesetz nicht nur des wissenschaftlichen Arbeitsprozesses, sondern der Geschichte im Ganzen hypostasiert. Das, womit die moderne Naturwissenschaft ihr eigenes Tun rechtfertigt, nämlich ein im wissenschaftlichen Tun selbst erfahrener Fortschritt (und nicht bloss die Konservierung) von Erkenntnis, soll nach der historischen Analyse der spekulativ-universalistischen Geschichtsphilosophie nun also die Struktur, das Hypergesetz von Geschichte$_1$ überhaupt ausmachen. Das Material, mit dem die Geschichtsphilosophie ihren Befund erhärten will, besteht in der Selbsterfahrung der modernen Naturwissenschaften sowie der spekulativ-universalistischen Geschichtsphilosophie selbst, die sich mit ihrer Einsicht in das ewige Fortschritts-Verlaufsgesetz der Geschichte auf einer höheren Erkenntnisstufe angelangt wähnt als ihre Vorformen. Wenn man wie die Geschichtsphilosophie das als Forschungsresultat und Entwicklungsgesetz ausgibt, was sich mit der forschenden Selbsterfahrung der Wissenschaften deckt, hat man gute Aussicht darauf, auch bei jenen Gehör zu finden, die dem Wissenschaftlichkeitsanspruch der Historie bislang reserviert, wenn nicht unwirsch gegenüberstanden. Das Postulat eines universellen Fortschrittsgesetzes schmeichelt – wie die ganze Entwicklung des Positivismus noch im 19. Jahrhundert eindringlich belegt – den Wissenschaften (und vor allem: den Wissenschaftlern) zu sehr, als dass man auf die metaphysischen Implikationen dieses Postulats oder die darin womöglich verborgene *petitio principii* allzuviel Aufmerksamkeit verschwenden möchte. Rechnet man das Selbstverständnis und die Selbsterfahrung der modernen Wissenschaften ab, ist der Boden, auf dem man einen universellen Fortschritt annehmen könnte, denkbar dünn und – wie der permanente Vorsehungsrekurs der Geschichtsphilosophie beweist – nur mit der Errichtung metaphysischer und rationaltheologischer Brücken haltbar.

Die Naturwissenschaften glaubten sektoriell also schon das, was die spekulativ-universalistische Geschichtsphilosophie dann als Hypergesetz der Geschichte induktiv zu erschliessen behauptete. Auf dieser Ebene konnten Akzeptanzschwierigkeiten für die neue Weise zu philosophieren, demnach kaum auftreten, da man den Wissenschaften nach dem Mund redete und ihr blosses Meinen zu einem wahren und universellen Wissen umzugestalten beanspruchte – trotz mancher hypothetisch-fiktionaler Einklammerungen. Die Geschichtsphilosophie hob – nicht zuletzt, um ihr eigenes Avancement gegenüber dem Alten herauszukehren – die sektoriellen Beschränkungen der Fortschrittsidee als bloss wisssenschaftliche oder bloss kulturelle auf.[125] Der Bereich des Moralischen erhielt besondereres Gewicht. Der Anspruch auf universelle Reichweite mochte einer gewissen Steigerungs- und Überbietungslogik gehorchen, die dem progressivistischen Selbstverständnis der modernen Wissenschaften insgesamt eigen war. Bloss ist eine unabhängige Evaluation des Materials, mit dem es eine Wissenschaft jeweils zu tun hat, unter dem Vorzeichen universellen Fortschritts nicht möglich. Wer den universellen Fortschritt postuliert, tut dies nicht von einer Warte aus, die von diesem Prozess grundsätzlich ausgenommen bleibt, sondern ist selber involviert, also keineswegs mehr der unbeteiligte Beobachter, den die Naturwissenschaften verlangen. Damit jedoch genügt die spekulativ-universalistische Geschichtsphilosophie bei näherem Hinsehen keineswegs den Anforderungen, die von dieser Seite an eine Wissenschaft erhoben werden müssten.[126] Die spekulativ-universalistische Geschichtsphilosophie war sich

---

125 Wobei sich gerade daran schon früh scharfe Richtungsgegensätze innerhalb der Geschichtsphilosophie entzündeten: Herder nahm in *Auch eine Philosophie der Geschichte* (1774) die fortschrittsgläubigen Zeitgenossen, insbesondere Iselin ins Visier, weil sie mit ihrer Fortschrittsmechanik alle Differenzen planierten, um die es doch in der Geschichte zu tun sei. Dies hinderte ihn allerdings nicht, selber (mit organischen Modellen operierend) auf einen Fortschritt zu setzen, nicht ohne dabei jeder Epoche ihr spezifisches Recht zuzusprechen. Auch Herder schöpfte Trost aus dem Verlauf der *Gesamt*geschichte.
126 Vgl. auch Berlin, Concepts and Categories, 129.

in ihrer Frühphase ihres prekären wissenschaftlichen Status wohl bewusst – und gestaltete sich deshalb eher als romanhafter Essay, als hypothetische Erbauungsliteratur oder als politisches Manifest denn als wissenschaftliche Abhandlung aus.[127] Diese Zurückhaltung verlor sich erst nach und nach – als sich gerade die Naturwissenschaften bereitfanden, das universelle Postulat eines Fortschrittsgesetzes für Wahrheit und bare Münze zu nehmen, so, als ob es wirklich in methodisch geregelten Verfahren, quasi unter Laborbedingungen induktiv entdeckt und verifiziert worden wäre. Man darf vermuten, dass auch auf naturwissenschaftlicher Seite ein starkes Wunschbefriedigungsbedürfnis (und gewiss nicht induktive Verfahren) die Adoption eines der Geschichtsphilosophie entsprungenen, universellen Fortschrittsgesetzes begünstigt hat. Positivismus und Vulgärdarwinismus sollten sich dann als vorzügliche Ziehväter erweisen.

Wenn sich die spekulativ-universalistische Geschichtsphilosophie also im Hinblick auf die Wissenschaft als *self-fulfilling prophecy* des universellen Fortschritts gerierte, den sie einerseits diagnostizierte, andererseits herbeiredete, habe sie es, so ist vielfach zu lesen, im Hinblick auf Politik mit Emanzipation zu tun (vgl. oben S. 407-421): Die Idee eines universellen Fortschritts gilt als Ausdruck einer politisch-ideologischen Emanzipationstendenz, die die Aufklärung als Bewegung insgesamt auszeichne. Nun ist damit freilich noch nicht viel gesagt, insofern in dieser allgemeinen Fassung des sekundärliterarischen Gedankens ja noch nicht verraten wird, wer sich hier von was oder wem emanzipiert. Von der Fabel einer besonders revolutionären Geneigtheit der spekulativ-universalistischen Geschichtsphilosophie sind wir im Laufe dieser Studien allzu sehr enttäuscht worden, als dass wir das Junktim (universeller) Fortschritt und (universelle?) Emanzipation ganz ungeprüft übernehmen könnten. Immerhin gibt es Verdachtsmomente, die Popularität des Fortschrittsgedankens in der schweize-

---

[127] Siehe im Zusammenhang mit Kants Entwürfen Habermas, Strukturwandel der Öffentlichkeit, 142: «In dieser Absicht wird Geschichtsphilosophie es übernehmen, das Publikum anzuleiten; denn in ihr, als der Propädeutik eines weltbürgerlichen Zustandes, kommen die Gesetze der Vernunft mit den Bedürfnissen der Wohlfahrt überein: sie selbst muss zur öffentlichen Meinung werden. So kommt es zu der merkwürdigen Selbstimplikation der Geschichtsphilosophie; sie veranschlagt die Rückwirkung einer Theorie der Geschichte auf deren eigenen Verlauf».

risch-deutschen 'Popularphilosophie' mit den desolaten vorrevolutionären Verhältnissen insofern in Verbindung zu bringen, als hier gar nichts anderes übrig blieb, auf bessere Zeiten einfach zu hoffen, weil man sie nicht politisch-partizipatorisch herbeiführen konnte. Oder konnte nicht die geschichtsphilosophische Fortschrittsidee einem aufgeklärt absolutistischen Fürsten als Herrschaftsinstrument dienen, der im Ausblick auf künftiges Bessersein das gegenwärtige Missbefinden trefflich zu kaschieren gewusst hätte? Jedenfalls würde die Frage, wer unter welchen politisch-sozialen Umständen einer Fortschrittsidee anhängt, eine umfassende sozial- und mentalitätsgeschichtliche Untersuchung erfordern, so dass hier, wo eine solche Untersuchung nicht geleistet werden kann, weitere pauschale Spekulationen über den politischen Ort der Fortschrittsidee unterbleiben müssen, um mindestens die pauschalen Äusserungen der Sekundärliteratur in skeptischen Gewahrsam zu nehmen.

Statt dessen ist hier von der intrinsischen Emanzipationslogik der Fortschrittsidee zu sprechen. Denn wie immer sich diese Idee zu politischen Gegebenheiten und zu politischen Wünschbarkeiten verhalten mag, so ist doch wenigstens ihr Verhältnis zur Vergangenheit unmittelbar evident, insofern sie offensichtlich ein ideales Mittel ist, unliebsame oder übermächtige Vergangenheiten dadurch zu distanzieren, dass man sich immer schon über sie hinaus weiss. Die Idee des Fortschritts impliziert ihrer inneren Struktur nach die Überlegenheit der Gegenwart über die Vergangenheit und die Überlegenheit der Zukunft über die Gegenwart. Dies erlaubt dem Betrachter, in ein kritisches Verhältnis zur Gegenwart und zur Vergangenheit zu treten, ohne beide in Bausch und Bogen zu verdammen; ihre bewahrungswürdigen Momente sind im zeitlich jeweils Nachfolgenden aufgehoben. Die Idee eines universellen Fortschritts zehrt von einem linearen Verständnis der Zeit und der Geschichte als positivem Akkumulationsprozess, das es erlaubt, das Vergangene und Gegenwärtige zur minderen Vorstufe des Künftigen zu erklären. Dieses Verständnis von Zeit und Geschichte unterscheidet sich fundamental vom traditionalen, gegen das etwa die neuzeitliche Naturwissenschaft mit ihrer noch sektoriellen Fortschrittsintention opponiert hatte. Dieses traditionale Verständnis supponiert von vornherein eine normative Übermacht des Vergangenen, gegen das die Gegenwart und erst recht die Zukunft immer schon 'alt', d.h. geringerwertig aussehen. Dann käme dem Menschen nur die bestmögliche Bewahrung des Vergangenen und der treue Gehorsam unter seiner Direktive zu – eine Haltung, die noch die *exempla*-Historie moralisch zu kodifizieren strebt. Aufklärung als Bewegung lässt sich als grossangelegtes Emanzipationsunternehmen deuten, traditionale Bindungen jedweder Art wenn nicht abzuschütteln, so doch zu relativieren.

Die Fortschrittsidee erweist sich in diesem Kontext als ungemein dienlich, da sie doch prinzipiell das Neue gegenüber dem Alten privilegiert und die Rechtfertigungsverhältnisse umkehrt: Nicht das Neue soll sein Werden legitimieren, sondern das Vergangene sein Noch-Sein. Und eine Legitimation des Vergangenen wird vor dem Gerichtshof der Fortschrittsgeschichte prinzipiell nur dann zugelassen, wenn sie die Zukunftsträchtigkeit dieses Vergangenen nachweist. Das Urteil kann hier nachsichtig ausfallen, verdammen doch die wenigsten Aufklärer die Vergangenheit *in globo,* wie es später Friedrich Nietzsches «kritische Historie» tun sollte.[128] Solche Radikalismen vermeidet die Idee des universellen Fortschritts, deren Sachwalter nach Gutdünken Vergangenheitsbestände unter Hinweis auf Zukunftsträchtigkeit approbieren. Das Konzept des Fortschritts ist für die Form der Emanzipation, die die Aufklärung als Bewegung zu vollziehen wünscht, hervorragend geeignet, weil es den Emanzipatoren die Kontrolle darüber verleiht, welche Vergangenheit man weiterhin als normativ zulassen will (also z. B. die griechisch-antike statt der christlich-mittelalterlichen), ohne das (in die Gegenwart hineinwirkende) Vergangene grundsätzlich verteufeln zu müssen. Die Idee des universellen Fortschritts gewährt in der Auseinandersetzung zwischen den *anciens* und den *modernes* Kompromisslösungen aller Schattierungen, da eben jede Vergangenheit mit etwas gutem Willen zum selbst schon positiven Ermöglichungsgrund künftiger, natürlich noch besserer Güter erklärt werden kann.

In dieser kompromissgünstigen Situation zeigt sich deutlich die Sinnstiftungsfunktion der Fortschrittsidee sowohl im Hinblick auf Sinn$_1$ wie auf Sinn$_2$ von Geschichte: Zum einen bietet sie in reichem Masse Trost (vgl.

---

[128] Dazu Andreas Urs Sommer, Der Geist der Historie und das Ende des Christentums. Zur «Waffengenossenschaft» von Friedrich Nietzsche und Franz Overbeck. Mit einem Anhang unpublizierter Texte aus Overbecks «Kirchenlexicon», Berlin 1997, 50-57 und 109-120, ferner Andreas Urs Sommer, Friedrich Nietzsche: «Der Antichrist». Ein philosophisch-historischer Kommentar, Basel 2000, passim.

unten S. 472-480).[129] Geschichte ist ein Prozess, in dem alles besser wird, mag es um die Vergangenheit und die Gegenwart auch pitoyabel bestellt sein. Eine durch die Fortschrittsidee strukturierte Geschichte$_1$ stellt ein geordnetes Ganzes dar, das nicht nur einen inneren Sinn$_1$, nämlich geordnete Entwicklungstendenz, aufweist, sondern überdies ausstrahlt und jedem Handeln, das immer schon ein Handeln innerhalb von Geschichte$_1$ ist, einen Sinn$_2$ verleiht. Zum andern ist daher aus der Fortschrittsidee in ebenso reichem Masse Ansporn zu schöpfen – Ansporn zu gegenwärtigem und künftigem Handeln, für das a priori Sinn verbürgt ist, insofern der Prozess des Fortschrittes nicht aufzuhalten ist. Bemerkenswert an dieser pauschalen Sinnvollerklärung der Welt durch ihre Fortschrittsgeschichte ist gewiss auch die enorme Falsifikationsresistenz der Fortschrittsidee als solcher: Was immer geschieht, es könnte zur Schaffung künftiger Güter notwendig sein. Der Beweis für die bestmögliche Beschaffenheit der Welt kann *ad libitum* in die Zukunft verschoben werden – ja, muss verschoben werden, da die Welt ja noch immerzu besser wird. Dieser Beweis braucht theoretisch schliesslich gar nicht erbracht zu werden, zumal sich – so die Implikation – die Sinnhaftigkeit der Fortschrittsidee auf einer 'existenziellen' Ebene ohnehin unmittelbar erschliesst: Handeln erhält dadurch eine ganz neue, für das handelnde Individuum beglückende Tragweite.

Eine fortschrittsgeschichtlich organisierte Geschichte befriedigt sowohl das Bedürfnis nach Sicherheit, als auch dasjenige nach Veränderung vollauf (mag es um die Balance zwischen beidem mitunter auch schwierig bestellt sein). Das Fortschrittskonzept schafft Stabilität in der Gegenwart des Handelnden, ohne das Werden und mit ihr die Geschichte in einem starren, metaphysischen Sein einzufrieren. Die gegenwärtige Stabilität ist nur in der dynamischen Wechselwirkung mit der Zukunft zu haben, die ja die Kredite auf Besserung einzulösen hat, während man die Vergangenheit als

---

129 Wenn, wie Herbert Lüthy, Geschichte und Fortschritt, in: Rudolf W. Meyer (Hg.), Das Problem des Fortschrittes – heute, Darmstadt 1969, 5, ausführt, zu den Prämissen der «modernen Fortschrittsidee» nicht nur die neugewonnene «Vorstellung einer endlosen linearen Erstreckung der historischen Zeitdauer in alle Vergangenheit und Zukunft» gehört, sondern auch «die gleichzeitige Übertragung der im Unbewussten unausrottbaren Unsterblichkeitsidee vom individuellen Menschen auf die zoologische Gattung Mensch», wird damit die Bedeutung des Trostaspekts noch einmal unterstrichen.

Requisiten- und Vorratskammer ausbeutet. Dynamik und Stabilität in einem sind der Schlüssel zum stupenden Erfolg der Fortschrittsidee, deren Funktionsprinzip darin besteht, sowohl das Vergangene und noch Bestehende zu rechtfertigen und gutzuheissen, als auch das Künftige unausweichlich und wertvoll erscheinen zu lassen, und so die Gegenwart versteh- und gestaltbar zu machen.

Bekanntlich ist in der Forschung viel darüber gestritten worden, ob die Fortschrittsidee eine «Säkularisierung» christlicher Eschatologie darstelle – was immer dann Eschatologie sein soll.[130] Hans Blumenberg hebt als vehementer Kritiker der Säkularisierungsthese mit Recht die Differenz zwischen der ursprünglichen christlichen Endzeiterwartung,[131] die auf ein von aussen einbrechendes, der Geschichte eigentlich fremdes Ereignis harrt, und der Fortschrittsidee hervor, die «von einer jeder Gegenwart präsenten Struktur auf eine der Geschichte immanente Zukunft extrapoliert.»[132]

> Wo Hoffnung entstehen sollte, musste sie als ein neuer und originärer Inbegriff von dieseitigen Möglichkeiten *gegen* die jenseitigen gesetzt und gesichert werden. Von einer Auffassung her, die Geschichte als Fortschritt versteht, erscheint die theologische Erwartung der von aussen kommenden Endereignisse – selbst wenn sie noch Hoffnungen gewesen wären – als Verhinderung derjenigen Einstellungen und Aktivitäten, die dem Menschen die Realisierung seiner Möglichkeiten und Bedürfnisse gewährleisten können. Es ist nicht zu sehen, wie aus der einen «Erwartung» je die andere hervorgehen könnte, es sei denn, dass man die Enttäuschung an der transzendenten Erwartung als Agens der immanenten darstellt.[133]

---

[130] In kaum überbietbarer Naivität wird diese These in dem vielkonsultierten Buch von Robert Nisbet, History of the Idea of Progress, New York 1980, propagiert, das nicht davor zurückschreckt, Buch 22 von Augustins *De civitate Dei* zum Manifest des Fortschrittsglaubens zu erklären. Sehr viel differenzierter hierzu Wilhelm Kamlah, Utopie, Eschatologie, Geschichtsteleologie. Kritische Untersuchungen zum Ursprung und zum futurischen Denken der Neuzeit, Mannheim, Wien, Zürich 1969, 40-44.

[131] Zum ursprünglichen, existenziellen Charakter dieser Eschatologie vgl. Blumenberg, Lebenszeit und Weltzeit, 79.

[132] Blumenberg, Die Legitimität der Neuzeit, 39 (wobei Blumenberg in der hier vorgenommenen Abrechnung mit Karl Löwith dessen *Weltgeschichte und Heilsgeschehen* durchaus gegen den Strich liest, vgl. die Replik auf die *Legitimität der Neuzeit* von 1968 in: Karl Löwith, Sämtliche Schriften, Bd. 2: Weltgeschichte und Heilsgeschehen. Zur Kritik der Geschichtsphilosophie, Stuttgart 1983, 452-459, die mit der treffenden Feststellung schliesst: «Die Geburten des geschichtlichen Lebens sind allesamt 'illegitim'.» [459, vgl. auch 279]).

[133] Blumenberg, Die Legitimität der Neuzeit, 40.

Vielmehr erwachse, so Blumenberg weiter, der Fortschrittsgedanke säkularem Zusammenhang, «aus dem Protest gegen das Verbindlichkeitsideal konstanter Vorbilder», während die Vicosche Losung, wonach der Mensch die Geschichte mache, noch keine Garantie des Fortschrittes enthalte, sondern zunächst nur die Selbstbehauptung der Aufklärung gegenüber dem «übermächtigen theologischen Fremdprinzip» artikuliere.[134] Eine so messerscharfe Grenzscheide zwischen dem religiösen und dem profanen Denkkontext haben wir freilich bei unserer bisherigen Beschäftigung mit repräsentativen theologisch-philosophischen Versuchen, geschichtliche Erfahrung als solche auf einen Begriff zu bringen, nicht feststellen können. Auch für die Fortschrittsidee stellt sich das Verhältnis Theologie und Philosophie nicht so einfach dar, insofern die schroffe Gegenüberstellung von urchristlicher Eschatologie und neuzeitlich-profanem Fortschrittsglauben vergessen zu machen droht, dass dies nicht der reale Gegensatz des 17. und 18. Jahrhunderts gewesen ist. Von den Modellen der urchristlichen Naherwartung hatten sich in der Theologie der Neuzeit kaum mehr als Spuren erhalten. Mitunter wurde – wie etwa in pietistischen Kreisen[135] – Gottes Erziehungshandeln an den Menschen durchaus als ein innerweltliches Fortschrittsgeschehen interpretiert, das wiederum Geschichte als synergistisches Kooperationsprojekt von Gott und Menschen erscheinen lässt. Nach dem ersten Aufflackern einer geschichtsphilosophischen Fortschrittseuphorie ist die protestantische Theologie sehr schnell bereit, alte geschichtstheologische Konzepte nach Fortschrittskriterien zu reformulieren und diese Kriterien als theologisches Proprium zu reklamieren (Jerusalem, vgl. oben S. 133-150). Das Bild, das die geschichtstheologisch-geschichtsphilosophischen Fortschritts-Diskussionen bieten, stellt sich bei näherem Hinsehen als weit weniger modernistisch-heroisch dar, als es bei Blumenberg mit seiner persistenten Erinnerung an die humane Selbstbehauptung gegen den theologischen Absolutismus den Anschein hat. So wenig sich Fortschritt auch aus urchristlicher Eschatologie herausklauben lässt, scheinen sich doch gerade im Begriff des Fortschritts (rational)theologische Restinteressen zu kondensieren, die verhindern, dass sich der Mensch ausschliesslich dem Selbstbehauptungsgeschäft widmen müsste, das ihm gegen seine ihm vom allmächtigen Gott zugemutete Ohn-

---

[134] A.a.O., 42 bzw. 44
[135] Siehe dazu oben S. 116, Fn. 120.

macht nach Blumenberg zukomme.[136] Gerade der Fortschrittsidee gelingt es ja, göttliche und menschliche Geschichtsmächtigkeit in ein ausgewogenes, gewissermassen republikanisches Verhältnis zueinander zu bringen, insofern weder die göttliche Allmacht geleugnet werden muss, noch das menschliche Handeln gelähmt und machtlos dasteht. In zahlreichen Entwürfen der spekulativ-universalistischen Geschichtsphilosophie dient die Fortschrittsidee geradezu zur philosophisch-theologischen Harmonisierung. Selbst dann, wenn man sich stolz die menschliche Geschichts(eigen)mächtigkeit attestiert, findet mancher entschiedene Aufklärer sein Schöpfungsvertrauen in der Idee vom letztlich providentiell abgesicherten Fortschritt wieder. So könnte es gelingen, ein mit Gottvertrauen assoziiertes Schöpfungsvertrauen auf geschichtsphilosophischem Wege wiederzugewinnen, das mit der alten Physikotheologie begraben schien.[137] An der Fortschrittsdebatte der speku-

---

[136] Blumenberg, Die Legitimität der Neuzeit, 44f., ist wohl darin zuzustimmen, dass die Ausweitung der Idee von einem allgemeinen Fortschritt zu einem unendlichen Fortschritt mehr mit der raschen Enttäuschung hochfliegender Fortschrittserfahrungen und ihrer entsprechenden Vertagung als mit der «Erringung eines göttlichen Attributs», also Unendlichkeit, zu tun hat. Mit ihrer unbeschränkten Verschiebungskompetenz und entsprechenden Nichtfalsifizierbarkeit bietet das Konzept des unendlichen Fortschritts jedoch auch stattliche Argumentationsvorteile, ist also nicht bloss «Resignationsform». Vgl. auch Hans Blumenberg, Lebenszeit und Weltzeit, 173-212.

[137] Für Brockes war klar, dass nur wer der Schöpfung vertraut, Gott vertrauen könne: «Im Buch der Welt steht auch: so jemand spricht / Ich ehre GOtt, und ehrt Jhn in den Werken nicht, / Der ist ein Lügener. / Denn wer / Die Werke, die er siehet, / Nicht einsten würdigt zu betrachten; / Wie kann der GOtt, den er nicht siehet, achten?» (Barthold Hinrich Brockes, Die nothwendige Verehrung GOttes in Seinen Werken, in: B. H. B., Irdisches Vergnügen in Gott, bestehend in Physicalisch- und Moralischen Gedichten, nebst einem Anhange etlicher übersetzten Fabeln des Herrn [Antoine] de la Motte[-Houdart]. Zweyte, durchgehends verbesserte, und über die Hälfte vermehrte Auflage, mit einer gedoppelten Vorrede von [C. F.] Weichmann, Hamburg [Johann Christoph Kißner] 1724, 492). Eine geschichtsphilosophische oder geschichtstheologische Perspektivierung der Schöpfungsteleologie lag Brockes noch denkbar fern, so sehr man in der Physikotheologie auch schon eine Ahnherrin moderner Forschrittsmythen hat sehen wollen, vgl. Ruth Groh/Dieter Groh, Religiöse Wurzeln der ökologischen Krise. Naturteleologie und Geschichtsoptimismus in der frühen Neuzeit, in: Merkur, Bd. 8 (1990), 621-637, dazu Mulsow, Moderne aus dem Untergrund, 252, der die auf «stabilisierende Verbesserung» der Gesellschaft zielende Physikotheologie von Johann Albert Fabricius erörtert.

lativ-universalistischen Geschichtsphilosophie haben während des 18. Jahrhunderts Atheisten kaum Anteil.[138] Die Vertreter der Fortschrittsidee sind fast allesamt irgendeiner Form von Rationaltheologie gewogen, was sie zu mancherlei geschichtsphilosophisch-geschichtstheologischen Kompromissen geneigt macht, selbst wenn sie sich als Materialisten geben.[139]

> In gefährliche Nähe zu Hermann Samuel Reimarus wird der scheinbar harmlose Brockes bei David Friedrich Strauss, Barthold Heinrich Brockes und Hermann Samuel Reimarus, in: ders., Kleine Schriften biographischen, literar- und kunstgeschichtlichen Inhalts, Leipzig 1862, 1-22, gerückt: «Wie ein Blitz aus heiterm Himmel trifft uns darum die ... Nachricht, wornach dieser gottselige Naturdichter, diese harmlose Seele, wornach unser Brockes einer der zwei oder drei Männer war, denen sein Landsmann Hermann Samuel Reimarus von jenem Werke geheime Mittheilung machte, das in den später von Lessing bekannt gemachten Fragmenten als ein Aeusserstes von Gottlosigkeit die ganze Christenheit in Schrecken setzen sollte.» (9).

[138] Wenn Otto Finger, Von der Materialität der Seele. Beitrag zur Geschichte des Materialismus und Atheismus im Deutschland der zweiten Hälfte des 18. Jahrhunderts, Berlin (Ost) 1961, 144, den von ihm untersuchten frühen deutschen Materialisten (Michael Hißmann, Melchior Adam Weikard, Johann Christian Lossius) «Ahistorismus» attestiert, insofern «das Unhistorische und Abstrakte in der Menschenbetrachtung» bei ihnen dominiere, macht dies – ganz gegen die Intention Fingers – offenkundig, wie wenig diese Materialisten auf der philosophischen Diskussionshöhe ihrer Zeit standen (was nicht gegen sie zu sprechen braucht). Diesen Befund lässt sich für die erste Hälfte des 18. Jahrhunderts durch die detaillierten Beobachtungen von Winfried Schröder, Ursprünge des Atheismus. Untersuchungen zur Metaphysik- und Religionskritik des 17. und 18. Jahrhunderts, Stuttgart-Bad Cannstatt 1998, 263-320, dahingehend ergänzen, dass die klandestinen Väter des philosophischen Atheismus schon zu ihrer Zeit wissenschaftlich völlig veraltete, stark dogmatische Theorien verfochten. Während die (in der marxistischen Literatur vorherrschende) Gleichung Materialisten = Atheisten zumindest problematisch scheint, ist die Gleichung Materialisten qua Atheisten = wissenschaftlich-methodologisch avancierteste Aufklärer schlicht ein ideologisches Märchen.

[139] Bei allem Antiklerikalismus plädiert beispielsweise Helvétius durchaus für eine universale Religion. Im Chant IV seines «poème allégorique» *Le bonheur* (1772) huldigt er mit der Beschwörung des «progrès des connoissances», dank dessen das künftige Glück der Menschheit gesichert sei, dem geschichtsphilosophischen Zeitgeist, ohne ihm indessen mit denkerischer Innovation auf die Sprünge zu helfen (Claude-Adrien Helvétius, Poésies, Londres M. DCC. LXXXI. [= 1781], 56-85). Der Geschichte weist er eine konventionelle *magistra vitae*-Rolle zu (vgl. a. a. O., 42ff.). Vgl. auch oben S. 286, Fn. 466.

7. Kontingenzen I: Aufklärungskritik

Als 1750 ein bis dahin unbekannter «Citoyen de Genève» die Frage der Academie von Dijon: «Si le rétablissement des Sciences et des Arts a contribué à épurer les mœurs» negativ beantwortete, und zum Gegenangriff überging: «Les Sciences et les Arts doivent donc leur naissance à nos vices»,[140] fand die sich hier artikulierende Kritik am Projekt der Aufklärung europaweites Echo.[141] Der grosse Gottsched hielt die Widerlegung der wissenschaftsfeindlichen Invektiven in Jean-Jacques Rousseaus *Discours qui a remporté le prix à l'Académie de Dijon (Discours sur les sciences et les arts)* zwar für eine Aufgabe, der schon seine Leipziger Studenten gewachsen sein würden;[142] doch es zeigte sich rasch, dass zur Selbstverteidigung des Projektes Aufklärung gegen dieses als pubertär verschrieene, argumentativ nicht immer schlüssige Pamphlet mehr theoretischer Aufwand erforderlich war, als bloss die Gegenbehauptung aufzustellen und auf der sittlichen Fort-

---

140 Rousseau, Œuvres complètes, Bd. 3, 17.
141 Treffend beschreibt schon John Stuart Mill, John Stuart Mill, On Liberty [1859], in: J.S.M., On Liberty and Other Essays. Ed. with an Introduction and Notes by John Gray, Oxford 1998, 53, den «salutary shock», den Rousseau im Zeitalter aufklärerischen Zivilisationsvertrauen auslöste.
142 Siehe [Johann Friedrich Burscher/Wilhelm Abraham Teller/Karl Friedrich Brucker/Johann Traugott Schulz/Johann Christoph Gottsched], Vertheidigung der Gelehrsamkeit, und sonderlich der schönen Wissenschaften gegen den Herrn Rousseau, aus Genf. Am höchsten Geburtsfeste Sr. Kön. Hoheit des Durchlautigsten Königl. Churprinzen zu Sachsen, in dem philosophischen Hörsale [sic] zu Leipzig unternommen, von Innenbenannten, Leipzig (Bernhard Christoph Breitkopf) 1752. Bernd Renner (Princeton) bereitet eine Neuedition dieses Textes vor. Zum Thema vgl. Kurt Nowak, Der umstrittene Bürger von Genf. Zur Wirkungsgeschichte Rousseaus im deutschen Protestantismus des 18. Jahrhunderts, Berlin 1993, 14-18; Herbert Jaumann, Rousseau in Deutschland. Forschungsgeschichte und Perspektiven, in: H.J. (Hg.), Rousseau in Deutschland. Neue Beiträge zur Erforschung seiner Rezeption, Berlin, New York 1995, 4f., sowie sehr ausführlich Ludwig Tente, Die Polemik um den ersten Discours von Rousseau in Frankreich und Deutschland, 3 Bde., Diss. phil. Kiel 1974. Auch Nicolas Antoine Boulangers *Das durch seine Gebräuche aufgedeckte Alterthum* (in der Übersetzung von Johann Carl Dähnert, Greifswald 1747, 191f.) lässt sich als «Selbstvergewisserung der Aufklärung» und «Wiederlegung ihres Kritikers Rousseau» lesen (Zedelmaier, Der Anfang der Geschichte, 236).

schrittsträchtigkeit der Wissenschaften und Künste zu beharren. Obgleich die neuere Forschung gezeigt hat, wie stark sich Rousseaus Erstling aus «typischen Ideologemen des konservativen Provinzadels» speiste,[143] liegt seine Schlagkraft im Umstand begründet, dass man die Kritik als eine innere, als eine Selbstkritik der Aufklärung begriff. Hier predigt kein klerikaler Dunkelmann Busse und sinnt darauf, alte kirchlich-feudale Knechtschaften zu reinstallieren, sondern innerhalb des aufklärerischen 'Diskursfeldes' meldet sich einer zu Wort, der das Aufklärungsprojekt unter den Verdacht des Scheiterns stellt, weil die von der Aufklärung gewählten Mittel der Aufklärung entgegengesetzte Resultate zeitigten. Rousseau appelliert vor dem «Tribunal» der «lumieres»[144] an eine altväterisch-kriegerische Tugend des Alten Sparta und des Alten Rom, die unter den Verzärtelungen von Wissenschaft und Kunst depraviert worden sei. Der diesem Motiv zugrundeliegende Moralismus kommt ohne offenbarungstheologische Unterfütterung aus, ist durch und durch naturalistisch – «selon ma lumiere naturelle»[145] – und als solcher selber eine Facette von Aufklärung.[146] Die Tugend allein soll der Massstab sein, an dem sich die Errungenschaften einer Gesellschaft

---

[143] Andreas Gipper in: Franco Volpi (Hg.), Großes Werklexikon der Philosophie, Bd. 2, Stuttgart 1999, 1288.
[144] Rousseau, Œuvres complètes, Bd. 3, 5.
[145] Ebd.
[146] Bezeichnend ist etwa, wie der *Discours* gleich zu Beginn die emanzipatorische Selbstermächtigung des Menschen «en quelque maniere du néant par ses propres efforts» als «grand et beau spectacle» würdigt (a. a. O., 6). Andererseits wird den Wissenschaften kein positives Emanzipationspotential zuerkannt und ihre Aneignung als Frevel gegen die Natur ausgedeutet, unter deren Kuratel die Menschen besser blieben: «Peuples, sachez donc une fois que la nature a voulu vous préserver de la science, comme une mere arrache une arme dangereuse des mains de son enfant; que tous les secrets qu'elle vous cache sont autant de maux dont elle vous garantit, et que la peine que vous trouvez à vous instruire n'est pas le moindre de ses bienfaits.» (A. a. O., 15) Unter diesen Vorzeichen ist der Kulturheros Prometheus mit gutem Grund an den Fels geschmiedet worden (a. a. O., 17, Anm. *). Freilich verweist Heinrich Meier, «Les rêveries du Promeneur Solitaire». Rousseau über das philosophische Leben, München 2005, 14-19, zu Recht auf Rousseaus ambivalente Prometheus-Deutung im Hinblick auf das Frontispiz des Werkes – eine Deutung, die sich keineswegs mit dem negativen Urteil «der Griechen» und «der Ägypter» über Prometheus/Theuth zur Deckung bringen lasse (18), sondern von einer scharfen Unterscheidung zwischen philosophischen und nichtphilosophischen Adressaten ausgehe.

war. Genau dies soll seine historische Erzählung leisten, die die «Sciences et Arts» als müssigen Luxus entlarven will, der von ruchlosen Machthabern im besten Fall zur Sozialdisziplinierung eingesetzt werde.[149] Der Untergang aller grossen Kulturen im Altertum geht gemäss dieser Erzählung auf das Konto töricht-nutzloser Künste und Wissenschaften; Geschichte stellt sich als tristes Einerlei fortgesetzter und sich potenzierender Dekadenz dar. Dennoch waltet hier keine strenge Notwendigkeit; der «Citoyen de Genève» verspricht sich von seiner nach den altrömischen Mustern des älteren Cato und des Fabricius[150] modellierten Tugendpredigt die Rückkehr zur Lauterkeit ursprünglicher Tugend: Der «nature», auf deren Stimme die Menschen in ihrer Verblendung zu hören versäumten – «[l]es hommes sont pervers»[151] – soll wieder Gehör verschafft werden. Und dass es ihr verschafft werden kann, leidet keinen Zweifel – so viel Vertrauen in die Wohlbeschaffenheit der Schöpfung und in eine naturalisierte Vorsehung bringt auch der junge Rousseau noch auf.

Man kann nicht deutlich genug sagen, dass die spekulativ-universalistische Geschichtsphilosophie, die erstmals eine alle Bereiche menschlicher Existenz gleichermassen umfassende Fortschrittsidee denkt, auch als Reaktion auf Rousseaus aufklärungskritische Expektorationen oder doch zumindest zeitgleich entsteht. Turgots Sorbonne-Reden, die diese Idee exponieren, fallen ebenfalls ins Jahr 1750 und dürften bereits jene wissenschaftsfeindliche Stimmung aufgenommen haben, die sich unter manchen Intellektuellen breitzumachen begann. Rousseau selbst sollte im zweiten *Discours* und im *Contrat social* seine Position stark modifizieren; die radikale Position seines ersten Pasquills ist es aber, was die Aufklärungsbewegung auf breiter Front zu einer legitimatorischen Selbstthematisierung zwingt, in der die gemeinaufklärerische Annahme eines Kausalzusammenhangs von Wissenschaften und Moral aufrechterhalten und mit der vorrousseauistischen, positiven Wertigkeit versehen wird. Aber die geschichtsphilosophische Antwort auf das von Rousseau herausgestellte Legitimationsdefizit besteht nicht einfach in der Wiederholung der frühaufklärerischen Position, sondern in deren Generalisierung: Die Geschichte insgesamt ist

---

[149] A. a. O., 7, Anm. * (Discours sur les sciences et les arts).
[150] A. a. O., 14f.
[151] A. a. O., 15.

kein Verfalls-, sondern ein Fortschrittsgeschehen, das Wissenschaften und Künste in ein für beide Seiten fruchtbares Wechselverhältnis zur Tugend setzt: Je besser die Wissenschaften und Künste, desto besser die Tugend, lautet das allgemeine geschichtliche Fortschrittsgesetz, das die spekulativ-universalistische Geschichtsphilosophie zu formulieren sich anschickt. Damit soll der Verdacht des jungen Rousseau abgewendet werden, Emanzipation aus den Fittichen der «nature» sei *per se* böse. Vielmehr wird diese Emanzipation zur Möglichkeitsbedingung wahren Menschseins erhoben, womit zugleich die alten theologischen Einwände gegen die Selbstermächtigung der Menschen beseitigt werden sollen.

Wesentlich anders als Rousseau gehen die Geschichtsphilosophen bei ihren Gegenwürfen nicht vor; sie erzählen ebenso eine Geschichte, und zwar – wie Iselin – die Geschichte der menschlichen Welt von ihren Anfängen, bloss nicht als *decline and fall*, sondern als Aufstieg und Fortschritt. Grundlegend bessere Argumente als Rousseau und Seinesgleichen haben sie nicht vorzubringen; sie berufen sich einfach auf andere Evidenzen. Immerhin überwinden sie die isolierte Betrachtung einzelner Kulturen, deren Verfall laut Rousseau jeweils nach dem gleichen Muster verläuft, und postulieren ein kulturübergreifendes Gesamtgeschehen, das sie unter der Kategorie des universellen Fortschritts abbuchen. Der grosse strategische Vorteil im Vergleich zum alten, noch nicht geschichtsphilosophisch fundierten Aufklärungsameliorismus besteht zweifellos darin, dass man *actualiter* den Beweis für den positiven Einfluss beispielsweise der Wissenschaften und Künste auf die Tugend nicht zu leisten braucht und sogar Rousseau darin recht geben kann, dass der Anschein in vielen Fällen der gegenteilige sei. Aber man müsse eben das positive Ende abwarten; auf längere Frist werde das Gute obsiegen.

Spekulativ-universalistische Geschichtsphilosophie stellt sich in der Auseinandersetzung mit der Aufklärungskritik, wie sie beispielsweise von Rousseau geäussert wurde, als ein aufklärerisches Selbststabilisierungsunternehmen dar: Dadurch, dass man auf die Gesamtheit der Geschichte ausgreift, kann die ideologische Bedrohung abgewehrt werden, die in der Unterwanderung der aufklärerischen Grundüberzeugung besteht, das Glück des Menschen sei an seine Erkenntnis und somit an Wissenschaften und Künste gekoppelt. Entsprechend lässt sich dieser Typus von Geschichtsphilosophie als Phänomen einer Krise von Aufklärung sowie ihrer Bewältigung verstehen. Ein Krisenphänomen ist sie auch im Hinblick auf das Brüchigwerden der rationalistischen Systeme der Metaphysik, mit denen man sich nicht mehr zu identifizieren vermochte (vgl. oben S. 417-419). So erscheint die spekulativ-universalistische Geschichtsphilosophie als eine aufklärungskonservative Bewegung, die gegen den revolutionär-destruktiven Avantgardismus der Rousseauisten alte Überzeugungen retten will, nicht zuletzt, indem man sie integriert und teilweise 'aufhebt'. Bei Lessing und Jerusalem soll auf diese Weise sogar noch das Alte Testament vor dem modernistischen Imponderabilitätsverdikt bewahrt werden. Der Umgang mit dem Christentum und den Grundannahmen der Metaphysik von Turgot bis Hegel macht das konservative Interesse spekulativ-universalistischer Geschichtsphilosophie weiter augenfällig. Die Mutmassung hat einiges für sich, dass es dieser Geschichtsphilosophie um den Erhalt dessen geht, was von der Moderne, etwa der naturwissenschaftlichen Skepsis, radikalem Moralismus oder Atheismus und Deismus bedroht ist.[152]

8. Kontingenzen II: Übel

Das Thema der Theodizee beherrscht seit der Wende vom 17. zum 18. Jahrhundert, seit dem Erscheinen von Nicolas Malebranches *Traité de la nature et de la grâce* (1680),[153] Pierre Bayles *Dictionnaire,* William Kings *De origine mali* (1702) und Gottfried Wilhelm Leibnizens *Essais de théodicée* (1710) die intellektuellen Debatten. Die Akutheit der Frage nach der Rechtfertigung Gottes angesichts der Übel hängt mit dem allmählichen Niedergang des alten offenbarungstheologischen Systems zusammen, in dem die Frage durch den Sündenfall Adams und die göttliche Heilsökonomie

---

[152] Obwohl die Atheisten im geistigen Gefüge des 18. Jahrhunderts eine kleine Minderheit darstellten, ist am Ende des Jahrhunderts mit Kondylis, Die Aufklärung im Rahmen des neuzeitlichen Rationalismus, 361f., «eine erhebliche Schwächung der Position Gottes» festzustellen – sofern man den Gott der Offenbarungstheologie meint. Die spekulativ-universalistische Geschichtsphilosophie eilte nun oft sowohl diesem Gott wie demjenigen der Rationaltheologie zu Hilfe.

[153] Zur Theodizee-Absicht des *Traité* siehe z. B. Nicolas Malebranche, Abhandlung von der Natur und der Gnade [1712]. Aus dem Französischen übersetzt, eingeleitet und hg. von Stefan Ehrenberg, Hamburg 1993, XXVI, Fn. 23.

ruhiggestellt war. Trotz dieser offenbarungstheologischen Ruhigstellung ist freilich nicht zu verkennen, in welch starkem Masse das Theodizeeproblem im strengen Sinn aus der christlichen Tradition herausgewachsen ist. Zum einen muss sich erst, wenn man einen allmächtigen und zugleich allgütigen Gott annimmt, eine Rechtfertigung der göttlichen Schöpfung und ihres Schöpfers finden lassen. Ohne Schöpfungstheologie gibt es keinen Gott, den man für eine vermeintliche Unvollkommenheit seiner Hervorbringung zur Rechenschaft ziehen könnte. Zum anderen räumen die biblischen Religionen dem Menschen eine Vorzugsstellung im Kosmos ein, die das ihm widerfahrende Übel als ein vordringliches Problem erscheinen lassen: Das Leiden der Menschen, für die nach den Schöpfungserzählungen der Genesis diese Welt doch letztlich erschaffen worden sei, wird unter diesem Gesichtspunkt in ganz anderer Weise brennend als etwa im paganen Kosmosdenken der Antike, für das die Welt keineswegs vornehmlich für den Menschen eingerichtet zu sein braucht.[154] Erst der Anthropozentrismus, der sich im Christentum ausprägt, ruft dringend nach einer Erklärung der dem Menschen widerfahrenden Übel. Gegen Grundtendenzen neuzeitlicher Naturwissenschaft restituiert die spekulativ-universalistische Geschichtsphilosophie diesen Anthropozentrismus auf anderer Ebene. Nicht zuletzt die Persistenz der rationaltheologischen Interessen in anthropozentrischer Fokussierung lässt die Theodizee zu einem geschichtsphilosophischen Anliegen werden.

Leibnizens klassische Problemlösungsstrategie wurde zwar immer noch von offenbarungstheologischen Grundüberzeugungen getragen, beanspruchte zugleich jedoch, eine rationale, metaphysische Erklärung für die Existenz der Übel in einer von einem vollkommenen Gott geschaffenen Welt zu geben: Dieser Gott muss die beste aller möglichen Welten geschaffen haben; diese Welt kann aber nicht ganz so vollkommen wie Gott selber sein, da sie sonst mit ihm identisch wäre. In dieser, mit Gott verglichen, relativen Unvollkommenheit liegt das *malum metaphysicum,* aus dem das *malum physicum* und das *malum morale* folgt – letzteres als das intendierte, von Menschen (und allenfalls Engeln) begangene Böse ist eine direkte Konse-

---

[154] Dazu Karl Löwith, Die beste aller Welten und das radikal Böse im Menschen [1959/60], in: K. L., Sämtliche Schriften, Bd. 3: Wissen, Glaube und Skepsis, Stuttgart 1985, 275-297.

quenz der Willensfreiheit, ohne die die beste aller möglichen eine entschieden schlechtere Welt wäre. Das Leibnizsche Modell sollte – trotz bereits früh einsetzender Kritik[155] – für einige Jahrzehnte tonangebend bleiben, bis um die Jahrhundertmitte der metaphysische Optimismus mehr und mehr Plausibilität einbüssen und etwa in Voltaires literarischen Verarbeitungen des Erdbebens von Lissabon an Allerheiligen 1755, namentlich dem *Poème sur le désastre de Lisbonne* (1756) und dem *Candide* (1759), eine scharfe und aufsehenerregende Zurückweisung erleben sollte.[156]

Ausserhalb schulphilosophischer Zusammenhänge lässt sich der Plausibilitätsverlust des Leibnizschen Modelles schon früher beobachten – auch bei keineswegs freigeistigen Autoren. So ist in Albrecht (von) Hallers (1708-1777) Gedicht *Über den Ursprung des Übels* vom Februar 1734 wenig Leibnizscher Optimismus zu spüren, obschon es mit einer idyllischen Naturbeschreibung einsetzt. Sobald «die innre Welt» des Menschen ins Blickfeld rückt, trüben sich die Aussichten: «sie ist der Hölle gleich»,[157] wird der Mensch doch «[g]etrieben vom Gespenst stäts hungriger Begierden». «Wer ist der Selige, in seltnem Stern gebohren, / Bey dem Verdruss sein Recht auf einen Tag verlohren?»[158] Und auch die Aussicht auf die Unsterblichkeit, mit der die bestallten Treuhänder der christlichen Kirchen die Gläubigen stets über die irdischen Unbillen hinwegzuhelfen wussten, bietet keine rechten Trostgründe, da an dieser Stelle Hallers protestan-

---

155 Siehe Stefan Lorenz, De mundo optimo. Studien zu Leibniz' Theodizee und ihrer Rezeption in Deutschland (1710-1791), Stuttgart 1997.
156 In der zeitgenössischen deutschen Rezeption des Lissaboner Erdbebens spielten die Zweifel am Optimismus nur eine untergeordnete Rolle; die Katastrophe von 1755 ist weniger eine Epochenschwelle als ein retrospektiv gesetztes, historisch-rhetorisches Datum. Siehe die minutiöse Studie von Ulrich Löffler, Lissabons Fall – Europas Schrecken. Die Deutung des Erdbebens von Lissabon im deutschsprachigen Protestantismus des 18. Jahrhunderts, Berlin, New York 1999 (dazu meine Rezension in: Zeitschrift für Neuere Theologiegeschichte, Jg. 8 [2001], Heft 1, 146-147). Zur gleichwohl noch «Leibnizianischen 'Stimmung' im 18. Jahrhundert» vgl. Wilhelm Schmidt-Biggemann, Aufklärung durch Metaphysik. Zur Rolle der Theodizee in der Aufklärung, in: Herder Jahrbuch/Herder Yearbook 1994, 112f.
157 Albrecht (von) Haller, Versuch Schweizerischer Gedichte. Fünffte Auflage. Nach der vermehrten Vierten verbessert. Göttingen (Abram Vandenhöck) MDCCXXXXIX (= 1749), 126.
158 A.a.O., 127.

tisch-reformierte Angst vor dem Verworfensein und der ewigen Verdammnis voll durchschlägt: «Und die Unsterblichkeit, das Vorrecht seiner Art, / Wird ihm zum Henker-Trank, der ihn zur Marter spart».[159] Wie einen anderen berühmten Reformierten vor ihm, Pierre Bayle, ficht den Dichter ein gnostischer Verdacht an: «Wie dass O Heiliger! Du dann die Welt erwählet, / Die ewig sündiget, und ewig wird gequälet?» Die Leibnizsche Folie scheint zwar noch durch – die Rede vom «Erwählen» einer Welt aus anderen möglichen Welten verrät es –, unterdrückt jedoch nicht die jäh aufschiessende Empörung gegen das göttliche Weltregiment. Haller spricht den blasphemischen Verdacht nicht aus, diese Welt könne nur das Produkt eines minderwertigen Gottes sein. Dennoch stösst Leibnizens metaphysische Pazifierungsbemühung bei Haller auf ertaubende Ohren, so sehr dieser auch bereit ist, den freien Willen als Ursache immerhin der moralischen Übel anzuerkennen.[160] Der Mensch bleibt ein «[z]weydeutig Mittelding von Engeln und von Vieh»[161] Das, worauf sich Haller zur Restituierung seines vernünftig-orthodoxen Gottvertrauens zurückziehen kann, ist das «Gewissen», das jedem Menschen sage, was gut und böse sei, das Naturrecht: «Die Kraft von Blut und Recht erkennen die Huronen, / Die dort an Mitchigans beschneyten Ufern wohnen, / Und unterm braunen Sud fühlt auch der Hottentott, / Die allgemeine Pflicht und der Natur Gebot.»[162] Aber unbefangenes Schöpfungsvertrauen macht sich ebensowenig breit wie metaphysischer Optimismus oder geschichtsphilosophischer Ameliorismus, schwingt sich der Dichter auch am Schluss zur Hoffnung auf, die Vielfalt der Welten könne immerhin auf anderen Sternen Orte der Seligkeit in Aussicht stellen.[163] Diese Auslagerung einer Befriedigung der Rechtfertigungs- und Trostbedürfnisse in den stellarischen Raum ist schwerlich dazu angetan,

---

[159] A.a.O., 128.
[160] «Dann [sic] GOtt liebt keinen Zwang, die Welt mit ihren Mängeln, / Ist besser als ein Reich von Willen-losen Engeln» (a.a.O., 131).
[161] A.a.O., 133 (falsch paginiert 134).
[162] A.a.O., 137.
[163] «Vielleicht ist unsre Welt, die wie ein Körnlein Sand, / Im Meer der Himmel schwimmt, des Uebels Vaterland, / Die Sterne sind vielleicht ein Sitz verklärter Geister, / Wie hier das Laster herrscht, ist dort die Tugend Meister, / Und dieses Punct der Welt von mindrer Trefflichkeit / Dient in dem grossen All zu der Vollkommenheit» (a.a.O., 145).

mehr Trost zu stiften als die alte theologische Vertröstung auf ein Jenseits. In der Leibnizschen Konzeption war mit der besten aller möglichen Welten nicht diese Erde, sondern das gesamte Universum gemeint, was den Ausweg auf andere Sterne angesichts irdischer Übel schon nahegelegt hatte. Macht man mit diesem Ausweg allerdings ernst, so besteht der Trost und die Rechfertigung der Übel in deren Bagatellisierung oder aber im Versprechen auf Kompensation anderswo und anderswann. Das Ausschweifen in die Weite des Alls konterkariert (den ptolemäischen Geozentrismus und) den Anthropozentrismus, der dem Theodizee-Projekt eigentlich zugrunde liegt: Wenn man das menschliche Leiden und die für den Menschen wahrnehmbaren Übel im Vergleich mit dem unendlichen Kosmos für irrelevant erklärt – was Haller zumindest ansatzweise tut (vgl. Fn. 163) –, hat man das Theodizee-Problem nach der Vorgabe der Stoa[164] beseitigt. Falls dann noch ein Gott für die Welt verantwortlich zeichnet, wird man ihn nicht mehr vor den Gerichtshof der Vernunft zitieren, sondern die scheinbaren Übel der Welt für blosse Trugbilder der sehr beschränkten menschlichen Perspektive ansehen.

Freilich ist Haller keineswegs bereit, das Theodizee-Projekt über Bord zu werfen, denn er will nach wie vor den traditionellen christlichen Schöpfergott, der die Welt für die Menschen erschaffen hat, vor dem Zugriff des agnostischen Skeptizismus schützen.[165] Bei diesem Versuch fügen sich aber die theoretischen Bausteine der Metaphysik, der Offenbarungsreligion und der Naturwissenschaften nicht mehr fugenlos ineinander. Selbst die alte christliche Erlösungslehre scheint ihre Relevanz eingebüsst zu haben. Was in Hallers Lehrgedicht übrigbleibt, ist keine neue Lehre, sondern ziemlich ratlose Verwirrung, der man bestenfalls lebenspraktisch mit Stoizismus begegnen kann.[166] Selbst der gnostische Einwand, diese Welt sei in ihrer Schlechtigkeit das Produkt eines minderbemittelten Demiurgen gewesen,

---

[164] Vgl. z. B. Aulus Gellius, Noctes Atticae VI 1, 1-13.
[165] Dazu ausführlich – wenn auch ohne Berücksichtigung des hier diskutierten Gedichts – Sandra Pott, Säkularisierung in den Wissenschaften seit der Frühen Neuzeit. Bd. 1: Medizin, Medizinethik und schöne Literatur. Studien zu Säkularisierungsvorgängen vom frühen 17. bis zum frühen 19. Jahrhundert, Berlin, New York 2002, 107-157.
[166] Vgl. die eindringliche Untersuchung von Eduard Stäuble, Albrecht von Haller: «Über den Ursprung des Übels», Zürich 1953.

kultiviert noch einen zwar gern übersehenen, aber nicht geringen Rest Physikoteleologie: Die Annahme nämlich, die Welt müsse so beschaffen sein, dass sie *für uns Menschen* die beste aller möglichen Welten darstelle. Dies hatte Leibniz – entgegen der Voltaireschen Karikatur – nie behauptet. Das Problem der Übel und ihrer Rechtfertigung liegt freilich darin, dass es sich um Übel handelt, die den Menschen betreffen, was dieser wiederum nur schwer mit dem Glauben an einen persönlichen und fürsorglichen Gott zur Deckung bringen kann. Wenn also manche metaphysischen Lösungsvorschläge das Problem dadurch zum Verschwinden bringen, dass sie es für einen in der Beschränktheit der menschlichen Erkenntnisperspektive begründeten Irrtum halten, und es 'in Wahrheit', d.h. objektiv (aus der Warte Gottes) im Hinblick auf das Weltganze, gar keine Übel gebe, wird damit eine andere, nicht-anthropozentrische und nicht-physikoteleologische Weltsicht propagiert, indessen das Problem nicht gelöst, um das es eigentlich geht, nämlich, warum es *für den Menschen* die Übel gibt, obwohl er Gottes Lieblingsgeschöpf ist. Wer die christlich-anthropozentrischen Vorbedingungen des Theodizeeproblems eliminiert, eliminiert damit das Problem selbst. Soweit können und wollen weder Leibniz noch Haller gehen. Zweifellos jedoch haben sich in der ersten Hälfte des 18. Jahrhunderts die Elemente verflüssigt, aus denen entweder ein Theodizee-Lösungsvorschlag gebaut oder mit denen das Problem wegrationalisiert werden konnte. Diese Verflüssigung lässt sich in der spekulativ-universalistischen Geschichtsphilosophie beobachten.

Eine beliebte Problembeseitigungsstrategie besteht in der Positivierung der scheinbaren Negativität. Ihr lassen sich schliesslich selbst Dinge unterwerfen, die als Inbegriff des Übels gelten. So interpretiert beispielsweise Jakob Reinhold Michael Lenz 1780 in seinen *Philosophischen Vorlesungen* die Konkupiszenz ganz pelagianisch als Geschenk Gottes, solange sie sich innerhalb zarter Ehebande auslebt.[167] An sich ist die Positivierung der Konkupiszenz nur ein Beispiel für weitgehende Positivierungsprozesse, die im 18. Jahrhundert in Gang gekommen sind. Gerade sie aber ist ein Symptom für die Verwandlung anthropologischer Grundanschauungen. Auch wenn

---

[167] Im einzelnen Andreas Urs Sommer, Theodizee und Triebverzicht. Zu J. M. R. Lenzens «Philosophischen Vorlesungen für empfindsame Seelen», in: Lichtenberg-Jahrbuch 1995, 242-250.

wir an anderer Stelle schon bemerkt haben, dass spekulativ-universalistische Geschichtsphilosophie durchaus missmutig und pessimistisch auf das Entwicklungspotential des einzelnen, konkreten Individuums blicken kann,[168] so hat sie als Bewegung insgesamt doch Anteil an der Verabschiedung des alten anthropologischen Pessimismus paulinisch-augustinischer Prägung: Mag der Mensch als Individuum zuweilen für unbelehrbar gehalten werden, die Gattung ist es für die Geschichtsphilosophen nicht. Dieser im 18. Jahrhundert auf breiter Front beobachtbare Umschwung in der Beurteilung des Menschen fachte die Frage nach der Rechtfertigung des Leidens in ungeahntem Masse an. Solange die Menschen als Sünder (in Adam) ohnehin immer schon der Verdammnis wert sind und nur durch göttliche Gnadenratschlüsse gerettet werden können, kommt das Theodizee-Problem nicht ernstlich auf: Alle Übel und insbesondere alle menschlichen Leiden scheinen in diesem Weltbild so sehr gerechtfertigt, dass eher die göttlichen Erlösungsverheissungen als die ewigen Höllenstrafen Verwunderung hervorrufen (vgl. oben S. 121-133). Der anthropologische Stimmungsumschwung der Aufklärung, die die Erbsünde abschafft und die Konkupiszenz statt zur Verderberin zur Antriebskraft menschlichen Tuns nobilitiert, lässt das Leiden plötzlich als ungerechtfertigt erscheinen.[169] Erst jetzt werden die Übel wirklich philosophisch legitimationsbedüftig. Das Leibnizsche Modell, das noch ganz selbstverständlich herkömmliche Erbsündendoktrinen verteidigt hatte, vermochte ein solches Bedürfnis nicht dauerhaft zu stillen. Das Übel wird nicht länger als metaphysische Notwendigkeit, sondern als ärgerliche, wenn nicht empörende Kontingenz empfunden.

Die Geschichtsphilosophie zehrt seit Vico von der Idee, Geschichte werde wesentlich von Menschen oder doch von Menschen in Kooperation mit der Vorsehung gemacht. Indessen widersetzen sich die Übel und unter ihnen namentlich der Tod allzu harmonischen Konzepten: Wie soll man ernstlich von der Geschichtsmächtigkeit der Menschen sprechen, wenn

---

[168] Siehe oben S. 407, Fn. 99.
[169] Dementsprechend interessiert, wie Marquard, Schwierigkeiten mit der Geschichtsphilosophie, 171, Anm. 20, anmerkt, die aufklärerische Theodizee tatsächlich der gerechte und nicht mehr der gnädige Gott. Ein Gott, mit dem sich in irdischen Belangen kooperieren lässt, und dem man nicht bloss ausgeliefert ist, würde ich hinzufügen.

der Verlauf der Geschichte irreversibel ist und der Tod über alle menschlichen Bemühungen die Oberhand behält? Es ist auffällig, dass die spekulativ-universalistischen Geschichtsphilosophien äusserst ungern von jener Vergänglichkeit sprechen, die alles Reden über Geschichte im christlichen Abendland determiniert hatte, insofern Geschichte ein prominentes Mittel war, das Bewusstsein der Ohnmacht gegenüber der Macht der Zeit, eben Vergänglichkeitsbewusstsein, zu schüren.[170] Diesen Negativitätsüberhang der Geschichtsbetrachtung, in der der Mensch – d.h. das einzelne menschliche Individuum – immer den Kürzeren zu ziehen scheint, will die spekulativ-universalistische Geschichtsphilosophie ausmerzen.[171] Zu diesem Zwecke rehabilitiert sie das Augustinische Geschichtssubjekt, das *genus humanum*, dem die individuelle Sterblichkeit nichts anhaben kann. Der Negativitätsüberhang der Geschichte als Feld, auf dem letztlich alle alles verlieren, nämlich ihr Leben (soweit ihnen keine jenseitige Existenzperpetuierung gegeben ist), wird umgedeutet in einen positiven Erziehungsprozess, in dem das eigentliche Geschichtssubjekt, die Gattung eine Entwicklung durchläuft. Die Idee der Gattung suggeriert, dass auch alle Individuen, die ihr angehören, von dieser Entwicklung profitieren, womit sich die Vergeblichkeit des individuellen Tuns und Trachtens, das ja im Blick auf die Gattungsentwicklung gar nicht vergeblich sei, in eitel Sonnenschein verwandelt.

Die philosophische Betrachtung der Geschichte schwenkt im 18. Jahrhundert vom «memento mori» auf das «memento vivere» um; die grossen geschichtsphilosophischen Erzählungen bemühen sich eifrig, historischer Negativität den Anstrich von Vergeblichkeit zu nehmen und sie zur notwendigen Stufe in einem Entwicklungsschema zu erklären. Ein Aufklärungstheologe wie Johann Joachim Spalding kann in der Geschichte noch kein Reservoir positiver Entwicklung sehen; in einer «Die menschlichen

---

[170] Vgl. den Essay von Werner Schneiders, Aufklärung als memento mori?, in: Das Achtzehnte Jahrhundert. Zeitschrift der Deutschen Gesellschaft für die Erforschung des 18. Jahrhunderts, Jg. 25 (2001), Heft 1, 83-96, der der Aufklärung Unfähigkeit attestiert, mit dem Tod angemessen umzugehen, was stürmerisch-drängerische und romantische Gegenbewegungen auf den Plan gerufen habe.

[171] Schon Mablys *exempla*-Historie hatte sich dagegen verwahrt, sie gewähre nur Einsicht in die Vergänglichkeit (Mably, De l'étude de l'histoire, 17 = Mably, Collection complète, 17).

Erwartungen» betitelten Zugabe von 1756 zu seiner *Bestimmung des Menschen* wird zwar die menschliche Natur als prinzipiell futurisch verstanden: «Unsere Natur ist einmal so beschaffen, dass wir an dem Gegenwärtigen nicht genug haben, sondern schon zugleich zum voraus in dem Zukünftigen leben.»[172] An sich ist eine hoffnungsfrohe Zukunftserwartung nach Spalding eine Gottesgabe, die aber leicht zum Schlechten ausschlagen kann. Letztlich sei es «vergebens, dass das Herz sich mit muntern und fröhlichen Hoffnungen in der Welt anschwellet!»[173] Was bleibt anderes übrig, als sich in «diesem wankenden und trostlosen Zustande der Seele, da sie ohne Vorstellung der Zukunft nicht wohl bleiben kann», auf eine Hoffnung zu verlegen, die kein Ding in dieser Welt zum Gegenstand hat: «das ist diejenige Erwartung, die sich über das Grab hinaus in die Ewigkeit erstrecket»?[174] Nach Spaldings Diagnose ist der Mensch als ein auf Künftiges gerichtetes Wesen in ein unlösbares Dilemma verstrickt, solange er sein Heil hienieden sucht. Zum einen projektiert er sich in eine idealisierte Zukunft, die ihn mit sämtlichen Glücksgütern ausstatten wird. Zum andern sei es angesichts widerstrebender Umstände selbst für den Gewissenhaftesten und Tatkräftigsten unmöglich, diesen Idealzustand herbeizuführen. Überdies ist das Ausmalen künftiger Glückseligkeiten laut Spalding selten dazu angetan, sich in Handeln zu verwandeln, sondern bleibt gewöhnlich passive Träumerei. Kurzum: Das Individuum ist nicht Herr seines künftigen irdischen Schicksals, so grosse Anstrengungen es in diese Richtung auch unternehmen mag. Spalding rät nun nicht so sehr zu einer Minimierung der Angriffsfläche für die Kontingenz und zum gänzlichen Rückzug auf den unanfechtbaren Besitzstand im eigenen Innern. Vielmehr vertagt er die Hoffnung auf eine Zukunft, die von den Stürmen des Lebens nicht angefochten werden kann, weil sie jenseits dieses Lebens liegt. Dazu führt er einen Unsterblichkeitsbeweis an, wonach es der göttlichen Schöpfungsökonomie widerspreche, Anlagen zur Vollkommenheit der Vergeblichkeit preiszugeben. Im Unterschied zu Leibnizens Theodizee ist Spaldings Entwurf entschieden anthropozentrisch: Es stellt sich für ihn nicht die Frage, welche metaphysische Rolle die Übel im unermesslichen Weltganzen spielen, sondern er begnügt sich mit der Fest-

---

[172] Spalding, Die Bestimmung des Menschen, Wien 1769, 90.
[173] A.a.O., 96.
[174] A.a.O., 97f.

stellung, dass die den Menschen widerfahrenden Übel ohne die Aussicht auf eine postume Abgeltung für ebendiese Menschen nicht rationalisierbar sind. Freilich tut sich Spalding mit der Erklärung der erbärmlichen Verhältnisse auf Erden ausgesprochen schwer, da er nicht mehr auf die Erbsündendoktrin zurückgreifen will und zudem erkennt, dass er dem mitunter ganz tugendhaften, von üblem Geschick geplagten Einzelnen das Leid nicht als Strafe für eigene Schuld anrechnen kann. Also bleibt ihm nurmehr der pädagogische Ausweg. Die irdische Bekümmernis ist die Vorschule unserer künftigen Vollkommenheit und leitet uns zur Vollkommenheit an.

Spaldings Reflexionen über die futurische Ausrichtung menschlicher Existenz konzentriert sich auf individuelle Erwartungen und Aussichten. Die wären ohne ein Jenseits mit unbeschränktem Vervollkommnungspotential ausgesprochen betrüblich. Im Unterschied zu diesem individualeschatologischen Entwurf, der für eine irdische Zukunft wenig Verheissungsvolles prophezeit, blendet die spekulativ-universalistische Geschichtsphilosophie die individuellen Zukunftserwartungen aus und macht die «Menschheit» zum unsterblichen Träger eines Fortschrittsprozesses, aus dem alle Vergänglichkeitsassoziationen getilgt werden. Damit profiliert sich diese Geschichtsphilosophie selbst als Antwort auf die durch die Sterblichkeitserfahrung bewirkte Trostlosigkeit der herkömmlichen Geschichtsbetrachtung. Selbst wenn es keine individuelle Unsterblichkeit gäbe, wäre das Tun jedes endlichen Wesens in einen universellen geschichtlichen Ordnungszusammenhang eingebettet und als Baustein des Gattungsfortschrittes unentbehrlich. Damit kann dem barockisierenden Vergänglichkeits-Nihilismus Paroli geboten werden, ohne dass man auf Theologumena wie die Unsterblichkeitslehre zurückgreifen muss. Es ist allerdings bezeichnend genug, dass die meisten Vertreter einer spekulativ-universalistischen Geschichtsphilosophie im 18. Jahrhundert nach wie vor an der Unsterblichkeitslehre festhalten, wird doch erst mit ihrer Hilfe gewährleistet, dass auch das Individuum je nach seinem irdischen Wandel bestraft oder belohnt wird, und damit universelle Gerechtigkeit hergestellt. In den geschichtsphilosophischen Entwürfen hat die Unsterblichkeitslehre moralischen Rückversicherungscharakter: Sollte es für die Motivierung individuellen Handelns nicht ausreichen, auf sein Eingebundensein in einem gattungsgeschichtlichen Prozess zu verweisen, werden subsidiär die persönlichen, jenseitigen Konsequenzen dieses Handelns herausgestellt. Für die spekulativ-universalistische

Geschichtsphilosophie der Aufklärung geht es nicht an, das Individualwohl dem Gemeinwohl ganz zu opfern. In diesem Zusammenhang ist eine stürmerisch-drängerische Attacke gegen Alexander Popes (1688-1744) *Essay on Man* (1733/34) mit seinem «Whatever is, is right»[175] von Interesse, die Goethes Schwager und Herausgeber von Lenzens *Philosophischen Vorlesungen,* Johann Georg Schlosser (1739-1799) mit seinem *Anti-Pope* 1776 lancierte.[176] Die hier gegen Popes vorgeblichen Optimismus[177] in Anschlag gebrachte Skepsis macht nach einigen nihilistisch klingenden Kapriolen eine fideistische Kehre, die wiederum nur möglich ist, weil sie alle historische Bibelkritik ignoriert.[178] Dies geschieht einzig dazu, die hypertrophen Sinnerwartungen des Individuums zu befriedigen, die Schlosser allein vom Christentum hinreichend gedeckt sieht.[179] Sein Protest entzündet sich an der inakzeptablen Vorstellung, als

---

[175] Alexander Pope, An Essay on Man [1733/34], Epistle I, V. 293 (Abschnitt 10, V. 14). Edited by Maynard Mack = The Twickenham Edition of the Poems of Alexander Pope, Bd. 3/1, London 1950, 51.

[176] [Johann Georg Schlosser], Anti-Pope oder Versuch über den natürlichen Menschen. Nebst einer neuen prosaischen Uebersetzung von Pope's Versuch über den Menschen, Bern (Beat Ludwig Walthard) 1776. Vgl. zu Schlossers Werk auch Johan van der Zande, Bürger und Beamter. Johann Georg Schlosser 1739-1799, Stuttgart 1986; zu den deutschen Pope-Übersetzungen allgemein Rainer Baasner, Alexander Popes *An Essay on Man* in den deutschen Übersetzungen bis 1800, in: Das Achtzehnte Jahrhundert, Jg. 27 (2003), Heft 2, 189-216.

[177] Freilich machen ja schon Gotthold Ephraim Lessing und Moses Mendelssohn, Pope ein Metaphysiker! [1755], in: Gotthold Ephraim Lessing, Werke, hg. von Herbert G. Göpfert u. a., Bd. 3, Darmstadt 1996, 649, darauf aufmerksam, dass die Formel «Whatever is, is right» nicht behaupte, alles sei gut, sondern nur, alles sei *recht.* Pope eigne sich nicht als Pappkamerad der Metaphysikkritik.

[178] Die fideistische Motivation schon der frühneuzeitlichen Skepsis arbeitet Richard H. Popkin, The History of Scepticism from Erasmus to Spinoza, Berkeley, Los Angeles, London 1979, heraus (vgl. auch manche Beiträge in: Pierre-François Moreau [Ed.], Le scepticisme au XVIe et au XVIIe siècle. Le retour des philosophies antiques à l'Age classique, Bd. 2, Paris 2001).

[179] Vgl. Johann Wolfgang von Goethe, Dichtung und Wahrheit, 2. Theil, 7. Buch: «Er [sc. Schlosser] studirte die Engländer fleissig, Pope war, wo nicht sein Muster, doch sein Augenmerk, und er hatte, im Widerstreit mit dem Versuch über den Menschen jenes Schriftstellers, ein Gedicht in gleicher Form und Sylbenmass geschrieben, welches der christlichen Religion über jenen Deismus den Triumph verschaffen sollte.» (Sophien-Ausgabe, 1. Abt., Bd. 27, 85)

Mensch nur Mittel, nicht Zweck des göttlichen Weltplans zu sein, wie dies Popes Immanentismus zu sanktionieren scheint. Schlosser und mit ihm viele seiner Zeitgenossen sind nicht länger bereit, zugunsten einer wie auch immer konzipierten Weltharmonie individuelle Glücksinteressen zu opfern; im Gegenteil deutet sich hier ein vorromantischer Individualitäts-Kult an, der auch jeder Geschichtsphilosophie feindlich gegenüberstehen müsste, die sich der einzelnen Menschen bloss als Mittel bedient, anstatt in ihnen einen Zweck zu sehen. Gerade von Iselin distanziert sich Schlosser denn auch.[180] Was zählt, ist für ihn und seine Mit-Stürmer und Dränger nicht das Ganze, sondern das individuelle Heil. Indes richtet sich der *Anti-Pope* nicht gegen die sich zeitgleich konstituierende spekulativ-universalistische Geschichtsphilosophie, sondern gegen die alten optimistisch-metaphysischen Ordnungsmodelle. Denn die Geschichtsphilosophie versuchte in ihrer initialen Phase die Balance zwischen geschichtlicher Weltordnung und individuellen Glücksinteressen zu gewährleisten, indem sie das Versprechen auf jenseitiges Heil als subsidiäres Argument sehr wohl im Angebot behielt. Dieses Argument entsprang freilich weniger der inneren Logik des geschichtsphilosophischen Denkkontextes selbst, sondern den pastoralen Intentionen der neuen Disziplin (vgl. unten S. 472-480). Leicht konnte sie in *terreur* umschlagen, sobald man dem Gattungsinteresse absolute Priorität einzuräumen bereit war. Dies geschah bekanntlich in den neunziger Jahren des 18. Jahrhunderts. Spekulativ-universalistische Geschichtsphilosophie ist so nicht *per se* eine philanthropische Unternehmung.

«Historische Theodicee»[181] als Aufgabe der Geschichtsphilosophie zielt namentlich darauf, die physischen und moralischen Übel auf einer höheren,

---

[180] V. a. die pädagogischen Aspekte dieser Abgrenzung erörtert Walter Ernst Schäfer, Volkserziehung und Elitebildung. Schlossers Kritik an Isaak Iselin und den Philanthropen, in: Johann Georg Schlosser (1739-1799). Eine Ausstellung der Badischen Landesbibliothek und des Generalarchivs Karlsruhe, Karlsruhe 1989, 73-90. Im Briefwechsel Schlossers mit Iselin kommen durchaus auch historische, aber kaum geschichtsphilosophische Fragen zur Sprache, vgl. Iselins Pädagogische Schriften nebst seinem pädagogischen Briefwechsel, 292-347.

[181] Der Ausdruck stammt vom Zürcher Theologen Johann Jakob Hess (1741-1828), der ihn allerdings noch in bibelexegetisch-geschichttheologischem Kontext gebraucht: «Dass ich aber die biblische Geschichte, als Geschichte, im Ganzen genommen, für ebenso wichtig als *wahr*, ja für eine *eigentliche historische Theodicee* halte, die ihresgleichen nicht hat, noch haben kann, mithin eine *unumschränkte* Wichtigkeit

aber nicht transzendenten Stufe aufzuheben und zu belegen, dass diese Übel erster Ordnung Güter zweiter Ordnung hervorbringen.[182] Danach strebt schon das Theodizee-Modell der «Malitätsbonisierung»[183] in der klassischen Metaphysik; und das Schema ist persistent auch in der ökonomischen Reflexion der Zeit: Thomas Robert Malthus (1766-1834) gilt schwerlich als Repräsentant eines naiven geschichtsphilosophischen Fortschrittsglaubens; gerade Condorcets Perfektibilismus ist ihm ein Stein des polemisch artikulierten Anstosses.[184] In zumindest potentiell geometrischem Fortschritt begriffen ist nach Malthus' *Essay on the Principle of Population* (1798) allein das Bevölkerungswachstum, während die Produktion der Subsistenzmittel bestenfalls arithmetisch wachse.[185] Um diese Schere zu schliessen, reicht Adam Smiths «invisible hand» offenkundig nicht aus; menschliche Planungsvernunft müsste Malthus zufolge die Verhältnisse ins Lot bringen. Diese Divergenzen hindern ihn nicht, das Bonum-durch-Malum-Schema der Theodizee im programmatischen Schlussabschnitt seines *Essay* zu beschwören und dabei die Höherrangigkeit der durch die Übel bewirkten Güter – namentlich «activity» – zu unterstreichen:

> Evil exists in the world not to create despair but activity. We are not patiently to submit to it, but to exert ourselves to avoid it. It is not only the interest but the duty of every individual to use his utmost efforts to remove evil from himself and from as large a circle as he can influence, and the more he exercises himself in this duty, the more wisely he directs his efforts, and the more successful these efforts are, the more he will probably improve and exalt his own mind and the more completely does he appear to fulfil the will of his Creator.[186]

---

ihr zuschreibe, das würde ich mich schämen nicht oder schwach zu sagen – weil ich es steif und vest glaube!» ([Johann Jakob Hess], Geschichte Moses. Von dem Verfasser der Lebensgeschichte Jesu, Bd. 1, Zürich [Orell, Geßner, Füeßlin und Comp.] 1777, 20).

[182] Zum Theodizee-Aspekt der deutschsprachigen, spekulativ-universalistischen Geschichtsphilosophie auch ausführlich Bertrand Binoche, Les trois sources des philosophies de l'histoire (1764-1798), Paris 1994, 166-238.

[183] Vgl. Odo Marquard, Entlastungen. Theodizeemotive in der neuzeitlichen Philosophie, in: O. M., Apologie des Zufälligen. Philosophische Studien, Stuttgart 1986, 11-32.

[184] Thomas Robert Malthus, An Essay on the Principle of Population [1798], and A Summary View of the Principle of Population [1830]. Edited with an Introduction by Anthony Flew, London, New York 1985, 120-131.

[185] Vgl. z. B. a. a. O., 71.

[186] A. a. O., 217.

Die metaphysische Theodizee war stets davon ausgegangen, dass die Übel von Werten höherer Ordnung aufgehoben würden – und zwar von Werten, die es nicht gäbe, wären die Übel der ersten Ordnung nicht gegeben. Die Werte höherer, zweiter Ordnung setzen also die Übel erster Ordnung nicht nur kausal, sondern logisch voraus: Ohne Schmerz gäbe es beispielsweise keine Tapferkeit, ohne Tod keinen Mut. Freilich müsste, damit das Argument stichhaltig wird, der Verteidiger Gottes beweisen, dass tatsächlich jedes Übel dieser Welt von einem höherrangigen Gut zweiter Ordnung absorbiert wird.[187] Ein solcher Beweis dürfte schwer zu erbringen sein, zumal es Übel zweiter Ordnung wie bewusste menschliche Grausamkeit und Boshaftigkeit zu geben scheint, die selbst wiederum Güter zweiter Ordnung – etwa Malthus' «activity» – zur Voraussetzung haben. Ein statisches Theodizee-Modell wie das Leibnizsche stösst da an seine Grenzen, selbst wenn es die menschliche Willensfreiheit als höchstes Gut auf einer dritten Ebene postuliert und somit sogar die Möglichkeit nicht direkt absorbierter Übel einräumt, weil der Wert dieses höchsten Gutes in der Summe alle Negativität neutralisiert. Die «historische Theodicee» der Geschichtsphilosophie postuliert gegenüber der metaphysischen Statik einen permanenten Übel-Absorptionsprozess, in dem die Dynamik nicht auf einer einmal erreichten, z.B. dritten Güterstufe zum Erliegen kommt. Freilich handelt es sich bei diesen Prozessen dann um kausale, und nicht um logische Voraussetzungsverhältnisse. Ansonsten wäre auf Stufe drei wohl tatsächlich der Endpunkt erreicht. Schliesslich überlässt die spekulativ-universalistische Geschichtsphilosophie die Malitätsbonisierung (auf welcher Stufe auch immer) gelassen ihrer Vorsehung, die die Übelabsorption *de potentia ordinata* künftig schon richten werde (vgl. oben S. 382-399). Das Malthus'sche Vertrauen in die bewusste, individuell menschliche Planungs- und Übelbewältigungskraft ist dagegen in den geschichtsphilosophischen Zusammenhängen zunächst nicht sehr stark ausgeprägt.

In der Forschungsdiskussion um den Theodizeebezug der Geschichtsphilosophie erheben sich gewichtige Stimmen, die den neuen Reflexionstypus von der alten metaphysischen Diskussion absondern. So will Blumenberg nachweisen, dass die progressivistische Geschichtsphilosophie

---

[187] Siehe John Leslie Mackie, Das Wunder des Theismus. Argumente für und gegen die Existenz Gottes, hg. von Rudolf Ginters, Stuttgart 1985, 246f.

«das wichtigste Argument der Theodizee stört, demzufolge der Mensch die Schuld an den Übeln der Welt trage. Eben diese geschichtstheoretische Entlastung des Menschen im Gegenzug zur ihn belastenden Theodizee bezeichnet das zentrale Motiv der Neuzeit: die 'humane Selbstbehauptung' gegen den 'theologischen Absolutismus'.»[188] Freilich scheint ja das metaphysische Projekt der Theodizee erst in dem Augenblick akut zu werden, als sich in der Anthropologie das Gewicht vom christlichen Pessimismus zu einem humanistisch-aufklärerischen Optimismus zu verschieben beginnt. Solange das Weltbild der paulinisch-augustinischen Erbsündentheologie intakt war, stellte sich das Problem der Rechtfertigung Gottes und der Übel noch nicht ernstlich, da die Übel exklusiv auf das Konto der Menschen gingen. Leibnizens Theodizee-Entwurf zielt demgegenüber bereits auf die zumindest partielle Entlastung des Menschen, ist es doch die notwendige metaphysische Defizienz der besten aller möglichen Welten, die die erste Ursache aller Übel ist. Trotzdem bleibt die dem Menschen aufgebürdete Schuld am Übel auch bei Leibniz sehr beträchtlich, weil er in wesentlichen Hinsichten den offenbarungstheologischen Vorgaben treu bleibt. Demgegenüber verringert die «historische Theodicee» der spekulativ-universalistischen Geschichtsphilosophie tatsächlich die Schuldlast auf menschlichen Schultern, liegt ihre Rechfertigung der Übel doch hauptsächlich in deren *Funktionalisierung* im Dienste des Fortschritts. Wenn man die Übelabsorption für künftig stets gegeben hält, sind alle *mala,* gleichgültig welcher Prägung, legitimiert; selbst die willentliche und wissentliche Bosheit führt gegen die Intention ihres Täters schliesslich zu positiven Resultaten. Ein solcher Funktionalismus hat freilich unverkennbar seine zynischen Seiten und widerstreitet dem aufklärerischen Moralismus und Pädagogismus so sehr, dass er vor Hegel kaum ungeschützt formuliert wird. Überdies schmälert er die Geschichtsmächtigkeit des Menschen und legt alle Übelbewältigung vertrauensvoll in den Schoss der Vorsehung. Entsprechend klingt in den Texten des 18. Jahrhunderts der moralistische Tenor auf der Oberfläche mindestens ebenso laut wie der funktionalistische Generalbass – eben gerade, weil der Mensch als Gattungswesen trotz allem Täter seiner Geschichte sein soll.

---

[188] Hans-Gerd Janssen, Gott – Freiheit – Leid. Das Theodizeeproblem in der Philosophie der Neuzeit, Darmstadt ²1993, 185f.

An dieser Stelle ist es mit der Entlastungsfunktion spekulativ-universalistischer Geschichtsphilosophie nicht mehr weit her. Zwar wird die Erbsündenlast teilweise vom Menschen genommen, dafür werden ihm oder seiner Gattung Verantwortlichkeiten aufgebürdet, die er schwerlich zu tragen vermag. Zunächst soll er um die künftige weltbürgerliche Gesellschaft, um das vollkommene Dasein, das Paradies auf Erden besorgt sein, bis ihm schliesslich im Deutschen Idealismus (namentlich bei Schelling) sogar die Rolle zufällt, die Selbstverwirklichung eines im Werden begriffenen Gottes zu ermöglichen.[189] Wer die Folgegeschichte mitbedenkt, wird in der modernen Geschichtsphilosophie statt Entlastung eher permanente Überlastung des Menschen finden, ist ihm da doch nicht nur Selbstverantwortung, sondern Selbsterlösungs- und Geschichtszielverantwortung auferlegt. Davon hätte die metaphysisch-christliche Theodizee nichts wissen wollen, sind wir ihrzufolge zwar an allem Übel schuld, zugleich aber schon erlöst.

Die geschichtsphilosophische Positivierungsidee ist überdies mit der jesuanischen Ethik schwer zur Deckung zu bringen, insofern diese den Ratschlag des Kaiphas, es sei besser, «ein Mensch sterbe für das Volk, denn dass das ganze Volk verderbe» (Johannes 11,50), und damit das Bonum-durch-Malum-Argument zurückweist. Die christliche Dogmatik hatte freilich mit der Lehre von der stellvertretenden Genugtuung in Christus dieses Argument selbst stark strapaziert. Dennoch hat die Deontologie eine Wurzel in der strikten jesuanischen Zurückweisung der ethischen Zweckrationalität, für die der Zweck, also ein Bonum, das Mittel, also ein mögliches Malum, heiligt.[190] Insofern die Geschichtsphilosophie das Malum als Ermöglichungsgrund eines Bonum aufbietet, konterkariert sie diese Deontologie – ein Gegensatz, der scharf hervortritt bei Kant, dessen Ethik insgesamt deontologisch, dessen Geschichtsphilosophie jedoch zweckrational organisiert ist (vgl. oben S. 310-344). Insofern die Geschichtsphilosophie die Übel positiviert, bringt sie Entlastung. Entlastung bringt sie aber auch, insofern

---

[189] Zur Kritik dieser Doktrin vgl. Andreas Urs Sommer, Gott als Knecht der Geschichte. Hans Jonas' «Gottesbegriff nach Auschwitz». Eine Widerrede, in: Theologische Zeitschrift, Jg. 51 (1995), 340-356.

[190] Vgl. Jean-Claude Wolf, Zu viel des Guten im Kampf gegen das Böse. Zur Nähe von Gut und Böse, in: Neue Zürcher Zeitung, Jg. 223, Nr. 172, 27. Juli 2002, 66.

sie das unbedingte ethische Sollen des Guten relativiert, – insofern sie zeigt, dass auch das Malum zu einem Bonum werden kann.[191] Dieses Bonum freilich steht selber wiederum zur Disposition. Denn die Dynamik des Geschichtsprozesses belässt, wie gegen des 18. Jahrhunderts immer deutlicher wird, nicht nur kein Malum als Malum, sondern auch kein Bonum als Bonum: Ein Bonum kann sehr schnell als Bonum überholt sein und unter neuen Bedingungen zum Malum werden. Wenn – mangels metaphysischer Letztversicherungen, wie sie Iselin noch besass, indem er auf die Ewigkeit des Guten und die Vergänglichkeit der Übel vertraute – kein Bonum ein Bonum bleibt, dann gilt für die spekulativ-universalistische Geschichtsphilosophie bald auch die Umkehrung der Theodizee-Formel: Nicht allein Bonum durch Malum, sondern ebenso Malum durch Bonum, wie sich in der Französischen Revolution einem Beobachter wie Edmund Burke zeigen sollte. Die Umkehrbarkeit des geschichtsphilosophischen Positivierungsversprechens verringerte sein Trostpotential und erodierte die Verwendbarkeit von Geschichte als Metaphysikersatz zu Gunsten eines relativistischen, wenn nicht gar nihilistischen Historismus am Ende des 19. Jahrhunderts.[192]

9. Kontingenzen III: Entwissenschaftlichung

Im *Ewigen Frieden* (1795) und im *Streit der Fakultäten* (1798) widmet sich Immanuel Kant und der traditionellen Unterordnung der Philosophie unter die Befehlsgewalt der Theologie.[193] «So heisst es z. B. von der Philosophie, sie sei die *Magd* der Theologie ... – Man sieht aber nicht recht,

---

191 Ob dies, wie Strauss, Naturrecht und Geschichte, 330, nahelegt, das «Verbot, Böses zu tun», seiner «Evidenz» beraubt, und «verschiedene Handlungsweisen, die zuvor als böse verdammt waren, jetzt als gut angesehen werden», sei dahingestellt. Zweifellos wird in der spekulativ-universalistischen Geschichtsphilosophie das Malum jederzeit legitimierbar.
192 Siehe in diesem Zusammenhang auch Strauss, Naturrecht und Geschichte, 18f., zum Historismus als nihilistischer Antwort auf die universalistischen Naturrechtskonzeptionen der Aufklärung.
193 Die drastische Schilderung der theologischen Versklavung der Philosophie als *ancilla theologiae* findet sich in der Auslegung von Deuteronomium 21,10-13 bei Petrus Damiani, De divina omnipotentia 5.

'ob sie ihrer gnädigen Frauen die Fackel vorträgt oder die Schleppe nachträgt'.» (AA 8,369; vgl. AA 7,28) Für Kant ist die Frage ausgemacht, insofern der Philosophie mittlerweile selbst in bibelexegetischen Fragen die Fackelträgerschaft zukommt, und sie die altersblinde Theologie auf ein moralisches Religionsverständnis zu trimmen hat (vgl. oben S. 334-344). Wenige Jahre später bringt Friedrich Nicolai eine weitere Kandidatin für die geistige Vorherrschaft ins Spiel: *«Die Geschichte trägt der Aufklärung die Fackel vor.»* Und er fährt fort: «In der Theologie und Philosophie ist dieses sehr sichtlich».[194] Während sich also Philosophie und Theologie um ihre Vorreiterrolle streiten, sind sie dem meinungsbildenden Herausgeber der ADB zufolge von der historischen Kritik überholt worden. Nicolai hat die Erschütterungen des europäischen Bewusstseins im Sinn, die die historisch-kritische Betrachtung der Vergangenheit auslöste: «[D]er, welcher nicht die allmähliche Entstehung und Veränderung der theologischen Dogmen und der Meinungen der Philosophen ernstlich studirte, welcher sich nie darum bekümmerte, wie eine aus der andern nach und nach entstand und hergeleitet ward, wird immer ein sehr einsinniger, kurzsichtiger Theolog und Philosoph bleiben».[195] Am Ende des 18. Jahrhunderts war der alte geschichtstheologische Rahmen der abendländischen Mentalität weitgehend zerbrochen; nicht einmal mehr Theologen wollten die sogenannten historischen Bücher des Alten Testaments als verlässlichen Fahrplan der Geschichte wortwörtlich verstanden wissen. Eine Historisierungswelle setzte den Gewissheiten des überlieferten Christentums in ungeahntem Ausmass zu und beraubte die Theologie fast gänzlich ihrer angestammten Geschichtsdeutungsmacht. Aber nach Nicolais Diagnose geriet nicht nur die Theologie in den Sog der Historie, sondern ebenso die Philosophie, wenn auch – so darf man vermuten – auf andere Weise: Gegen die statische Metaphysik hatte sich der Dynamismus der spekulativ-universalistischen Geschichtsphilosophie auf breiter Front durchgesetzt und lehrte nun, den Menschen historisch zu verstehen.

---

[194] Friedrich Nicolai, Einige Bemerkungen über den Ursprung und die Geschichte der Rosenkreuzer und Freymaurer. Veranlasst durch die sogenannte historisch-kritische Untersuchung des Herrn Hofraths Buhle über diesen Gegenstand, Berlin, Stettin 1806, 27. Siehe auch Möller, Aufklärung in Preussen, 490.
[195] Nicolai, Einige Bemerkungen, 27

Das späte 17. und das 18. Jahrhundert ist von einem Verwissenschaftlichungsprozess der Historie gekennzeichnet. Ein feinziseliertes methodisches Instrumentarium wurde entwickelt, um die Wahrheit bislang autoritativ behaupteter, historischer Faktizität zu überprüfen. In der Theologie lässt sich dieser Prozess besonders gut nachvollziehen: Schon in der protestantischen Hochorthodoxie hatte man sich um die rationale Absicherung der Dogmatik bemüht,[196] aber die Aneignung profanwissenschaftlicher Erkenntnisse blieb ganz aufs Formale beschränkt: Man adaptierte das rhetorische und logische Handwerkszeug, um den durch die Offenbarung vorgegebenen Stoff folgerichtig zu arrangieren. Die «vernünftige Orthodoxie» um 1700 nahm die Anregungen aus den profanen Wissenschaften demgegenüber nicht länger nur *formaliter,* sondern auch *materialiter* auf, d. h. sie benutzte namentlich Philologie und Historie nicht mehr bloss dazu, theologischen Subtilitäten zu unterfuttern und dem dogmatischen System ein angemessenes 'Theoriedesign' zu verpassen, sondern war – wie bei den Reformierten beispielsweise die mehr oder weniger stillschweigende Verabschiedung der hochorthodoxen *Formula consensus helvetica* von 1675 belegt – bereit, der profanen Wissenschaft eine erkleckliche Anzahl theologischer Subtilitäten (etwa die Verbalinspiration der hebräischen Vokalisationszeichen) zu opfern und sich dogmatisch auf Hauptlehren zu beschränken.[197] Diese Entwicklung setzte sich parallel zur universitären Etablierung der Historie beschleunigt in der eigentlich aufklärerischen Theologie fort. Bibelkritik und Kirchengeschichtsschreibung untergruben nach und nach eine Vielzahl historischer Gewissheiten, von denen die theologische Dogmatik ausgegangen war. Entsprechend ausgeprägt ist in der Neologie das Bemühen, die theologischen Grundaussagen möglichst weitgehend von historisch falsifizierbaren Fakten abzulösen und so zu allgemeinen moralisch-religiösen Einsichten zu gelangen, die einerseits in ihrer Allgemeinheit gar nicht historisierbar zu sein schienen, und die andererseits ein aufklärerisch gewendetes Christentum auch für die Gebildeten unter den Verächtern der Religion wieder

---

[196] Vgl. die Fallstudie von Max Geiger, Die Basler Kirche und Theologie im Zeitalter der Hochorthodoxie, Zollikon-Zürich 1952, 352.
[197] Siehe z. B. Andreas Urs Sommer, Zur Vernünftigkeit von reformierter Orthodoxie. Das Frey-Grynaeische Institut in Basel, in: Basler Zeitschrift für Geschichte und Altertumskunde, Bd. 98 (1998), 67-82.

interessant zu machen versprachen. Während also die Theologie in ihren historischen Fächern eine weitgehende Verwissenschaftlichung erlebte, war sie als dogmatische und pastorale Disziplin bald schon auf die Selbstimmunisierung gegen historische Wissenschaftlichkeit bedacht. Die noch formulierbaren theologischen Aussagen sahen fürderhin von möglichst allen konkreten, als historisch verstehbaren Bestimmungen ab.

Der Verwissenschaftlichungsprozess der Historie provozierte demnach in der Theologie neologischer Prägung, soweit sie sich als dogmatische und pastorale Disziplin verstand, eine 'antihistoristische' Reaktion.[198] Eine vergleichbare Reaktion wird man, soweit es um die Wissenschaftlichkeit der Historie geht, in der Philosophie ebenfalls nicht übersehen können. Um die Wende vom 17. zum 18. Jahrhundert widerfuhr ihr ein erheblicher Historisierungsschub, der sich nicht allein in der bald einsetzenden Selbstthematisierung im Spiegel der eigenen Geschichte, nämlich als neue Subdisziplin «Philosophiegeschichte» ausdrückte, sondern auch in der wachsenden Erkenntnis der Historizität des Menschen. Diese Erkenntnis hat schon bei Bayle fatale Folgen für die statischen Systeme der Metaphysik, deren subordinatorische Organisation des Wissens seiner historischen Koordination weichen musste (vgl. oben S. 153): Die Historisierung der Philosophie führte zu einer Disgregation des Wiss- und Glaubbaren, da sich nunmehr alles, was auf Wiss- und Glaubbarkeit Anspruch erheben wollte, seine historische Authentizität zu beweisen hatte. Und selbst wenn die erwiesen war, verbürgte das tatsächliche Gewesensein noch mitnichten normative Autorität: Denn die Hinsichten, auf denen die Normativität eines Vergangenen für die Gegenwart allenfalls hätte gründen können, sind gewöhnlich historisch unbeweisbar: Auch wenn es Jesus Christus historisch gegeben hat, beweist das weder, dass er Gottes Sohn, noch, dass er wesensgleich mit Gottvater ist.

In dem Augenblick, wo die Philosophie zum ersten Mal in ganzem Ernst auf Geschichte und Geschichtlichkeit reflektiert, macht sie sich zur Advokatin des Peripheren, zum Gedächtnis dessen, was der Furie des Verschwindens preisgegeben ist. Philosophische Geschichte in Bayles Manier verhilft

---

[198] Wobei grosse Aufklärungstheologen durchaus und zugleich grosse Historiker sein konnten (Semler!): Gerade als Historikern war ihnen die Problematik einer wissenschaftlich-historischen Absicherung christlicher Grundwahrheiten bewusst.

dem zum Recht, was sich zu entziehen anschickt, und gibt zu diesem Zweck die hierarchischen Organisationweisen des Wissens auf. Nur war mit der blossen Koordination des Kontingenten auf Dauer nicht auszukommen, so dass bei allem 'Historismus' Bayles geschichtsphilosophierende Nachfolger bald auf die erneute Etablierung von Subordinationsverhältnissen in praktischer Absicht sannen. Bolingbrokes *exempla*-Historie macht das Orientierungsinteresse des handelnden Menschen zum Bezugspunkt seiner Hierarchisierung geschichtlicher Fakten.[199] Damit aber entfernt er sich bereits wieder von der wissenschaftlichen Historiographie, insofern die einer Nutzanwendung historischer Erkenntnisse in steigendem Masse kritisch gegenüberstand, wiewohl die Erinnerung an den moralischen Gewinn, den man aus historischen Studien ziehen könne, noch lange zur Inauguraltopik wissenschaftlich-historischer Literatur gehörte. Es ist wichtig zu bemerken, dass die Geschichtsphilosophie ebensowenig wie dem Wolffianismus nicht direkt der historischen Wissenschaft entstammte, so unverkennbar die Verwandtschaftsverhältnisse auch sind. Die Geschichtsphilosophie entfernte sich in ihrer spekulativ-universalistischen Erscheinungsform von den historisch-wissenschaftlichen Forschungsdebatten, um erst gegen Ende des Jahrhunderts zu diesen wieder eine grössere Nähe zu suchen. Die Folge dieses Sich-Entfernens ist eine *Literarisierung* von Geschichtsphilosophie (vgl. oben S. 266f.), die den Charakter einer Entwissenschaftlichung hat.[200] Die Formen, in denen die Geschichtsphilosophie auftrat, sind sowohl gegen den fachphilosophischen wie gegen den fachhistorischen Formenkanon recht distinkt abgegrenzt.

Nun könnte man argumentieren, der halbwissenschaftliche und belletristisch-essayistische Charakter der Geschichtsphilosophie als einer zunächst nicht anerkannten gemeinsamen Tochter von Historie und Philosophie (um die verwandtschaftlichen Bande zur Theologie einmal beiseite zu lassen) sei

---

[199] «Im Grunde ist Aufklärung als Orientierungswissen oder Orientierungsversuch eine Antwort auf die (angesichts des Verlustes der religiösen Gewissheiten) durch die Wissenschaft sichtbar gewordene Sinnfrage.» Werner Schneiders, Das Zeitalter der Aufklärung, München 1997, 14.

[200] Auch die zeitgenössische Universalhistorie verwandelt sich dem literarischen Zeitgeschmack an und organisiert Geschichte nach belletristischem Modell, vgl. Zedelmaier, Der Anfang der Geschichte, 172, der a. a. O., 255 noch bemerkt, Iselin erzähle «die *Geschichte der Menschheit* als eine Art Bildungsroman».

eine notwendige Folge ihrer Konstitutionsbedingungen und könne daher nicht mit «Kontingenz» in Beziehung gebracht werden, was die Überschrift dieses Kapitels tue. Der Entwissenschaftlichungsprozess, den die Historie und die Philosophie durchlaufen mussten, um in der spekulativ-universalistischen Geschichtsphilosophie zusammenzufinden, sei als solcher eine ebenso unabdingbare Voraussetzung für ihre Entstehung wie die Abgrenzung von der klassischen Metaphysik. Diesen Beobachtungen ist an sich zuzustimmen, mit der Einschränkung eben nur, dass sich in den vermeintlichen Notwendigkeiten die Kontingenz gerade besonders deutlich zeigt: Ihre immanente Logik hätte die Geschichtsphilosophie streng wissenschaftlich entfalten können, zumal, wenn man bedenkt, welchem inneren und äusseren Rationalisierungsdruck sie ausgesetzt war (vgl. oben S. 365-369 und 424-428). Und dennoch wurde sie erst am Ende des 18. Jahrhunderts wissenschaftsfähig, obwohl schon im Bayleschen Kritizismus eine Synthese von Philosophie und Historie zustande kam, die jedoch noch keinerlei Sinnstiftungs- und Orientierungsaufgaben erfüllen konnte. Dies war der Geschichtsphilosophie – jetzt als spekulativ-universalistischer – zunächst nur ausserhalb des akademisch-universitären, wissenschaftlichen Gefüges möglich.

Man würde die Entwissenschaftlichungstendenzen der spekulativ-universalistischen Geschichtsphilosophie überzeichnen, rückte man sie in die Nähe heutiger Verunwissenschaftlichung von Historie. Frank A. Ankersmit hat dieses Phänomen als «Privatisierung der Geschichte» nach dem Ende der grossen historischen Metaerzählungen des 19. Jahrhunderts scharfsinnig analysiert. «Statt dessen ist die Vergangenheit zu einer riesigen formlosen Masse geworden, durch die sich jeder Historiker hindurchgraben kann, ohne jemals auf seine Kollegen (aus der Gegenwart oder Vergangenheit) zu stossen und ohne zu wissen, in welcher Beziehung die Ergebnisse seiner Arbeit zur 'Geschichte als ganzer' stehen (sofern dieser Begriff überhaupt noch als sinnvoll betrachtet wird).»[201] Ankersmit stellt fest, dass die Selbstverständlichkeit der traditionellen makroskopischen Geschichtsschreibung in der Annahme gelegen habe, «dass es eine natürliche Verbindung zwischen dem Schicksal des Individuums und der Geschichte gebe».[202] Die Errun-

---

[201] Frank A. Ankersmit, Die postmoderne «Privatisierung» der Vergangenheit, in: Nagl-Docekal (Hg.), Der Sinn des Historischen, 204.
[202] A. a. O., 230.

genschaft der spekulativ-universalistischen Geschichtsphilosophie bestand gerade darin, diese Annahme, deren Ende Ankersmit konstatiert, jenseits theologischer Geschichtskonstruktionen zu erfinden und zu plausibilieren. Gewonnen war die Annahme nicht in einem wissenschaftlichen Verfahren, sondern in einem Akt divinatorischer oder spekulativer Gesamtschau eines eigentlich nicht Anschaulichen, *der* Geschichte₁ als ganzer. Erst im Laufe von 50 Jahren fand die volle Integration dieser divinatorischen oder spekulativen Gesamtschau sowohl in die wissenschaftliche Historie als auch in die akademisch-universitäre Philosophie statt. Als Gesamtschau war sie anti-privatistisch und – gegen den 'historistischen' Fragmentarismus eines Bayle – auf die Synthetisierung der *disjecta membra* historischer Faktizitäten unter allgemeinen Begriffen bedacht, um im Grossen, möglichst für die Menschheit insgesamt orientierend und sinnstiftend zu wirken. Dies sollte, wollte und konnte die spekulativ-universalistische Geschichtsphilosophie zunächst weder unter den Bedingungen der Geschichtswissenschaft, noch unter denjenigen der Schulphilosophie bewerkstelligen.

10. Kontingenzen IV: Kontingenz an sich

Die Aufklärung sah sich nicht allein an allen Ecken und Enden, sondern in ihrem Kern mit Kontingenz konfrontiert, die nicht mehr von vornherein religiös oder metaphysisch bewältigt war. Nicht allein partikulare Kontingenzen wie die Übel (vgl. oben S. 441-457), die ein enges Netz metaphysischen Systemdenkens bis dahin als notwendig hatte erscheinen lassen, sondern Kontingenz überhaupt machte sich als Problem bemerkbar. Wenn es so etwas wie «absolute Kontingenz» gibt, nämlich das Losgelöstsein «von allen denkbaren Begründungs- und Ableitungszusammenhängen», dann fragt sich, wer oder was den «absoluten Kontingenzen gewachsen ist».[203]

---

[203] Jochen Hörisch, Die Poesie der Medien: Die Niemandsrose. Drei (Ab-)Grundzüge einer Theopoesie, in: H. Schröer/G. Fermor/H. Schroeter (Hg.), Theopoesie – Theologie und Poesie in hermeneutischer Sicht, Bonn 1998, 104. Nach Hörisch ist «der religiös-theologische Diskurs unvermeidbar», eben weil er als einziger absoluter Kontingenz gewachsen ist. Das ist die Argumentation von Hermann Lübbe, Religion nach der Aufklärung, Graz, Wien, Köln ²1990, der S.156f. und S.167 ebenfalls von «absoluter Kontingenz» spricht.

bemessen lassen. Unter diesem Gesichtspunkt schneidet die Gegenwart katastrophal schlecht ab, aber nicht, weil sie es mit ihren zivilisatorischen Bemühungen in Gestalt von Wissenschaften und Künsten noch nicht weit genug gebracht hätte, sondern weil diese Bemühungen selbst die moralische Disgregation der Gesellschaft befördern. Die Tugend, die Rousseau vor die Hunde gegangen sieht, ist eine soziale; der natürlich-gesamtgesellschaftliche Zusammenhalt wird durch die zivilisatorischen Bemühungen untergraben. «Si la culture des sciences est nuisible aux qualités guerriéres, elle l'est encore plus aux qualités morales.»[147]

Rousseaus erster *Discours* entwickelt seine Gedanken weniger systematisch als historisch: Er erzählt die Geschichte des Abendlandes als Verfallsprozess, in dessen Verlauf man sich mit immer mehr Künsten und Wissenschaften immer mehr Untugend eingehandelt habe. Das einzige Rezept, das er dagegen zu verschreiben weiss, ist die Rückkehr zu spartanischer Einfachheit, zu Gemeinschaftlichkeit, zu militärischer Disziplin. Freilich konzediert Rousseau sehr wohl, dass die Wissenschaften Fortschritte zu verzeichnen hätten, bloss seien ihre Effekte auf die Tugend negative. Er konstruiert also ein kausales Verhältnis zwischen dem Aufstieg der Wissenschaften und Künste und dem Niedergang der Tugend.[148] So wenig zwingend eine solche Annahme auch ist – was beweist denn, dass hier überhaupt ein kausales Verhältnis, eine Wechselwirkung vorliegt? – so verstörend scheint diese Behauptung doch auf das zeitgenössische aufklärerische Publikum gewirkt zu haben. Diese Wirkung gründet darin, dass Rousseaus Hypothese die genaue Kontrakfaktur der gemeinaufklärerischen Annahme ist, es gebe eine positive Beziehung zwischen der Entwicklung der Wissenschaften und der Moral: Je erleuchteter die Künste und Wissenschaften, desto avancierter die Tugend. Rousseau muss also für die postulierte Kausalbeziehung keinen Beweis mehr beibringen, sondern nur zeigen, in welchen Fällen die Entfaltung der Wissenschaften und Künste der Tugendentfaltung abträglich

---

[147] Rousseau, Œuvres complètes, Bd. 3, 24.
[148] In der *Lettre à Monsieur l'Abbé Raynal*, die zu Repliken auf den *Discours* Stellung nimmt, heisst es: «j'ai assigné ce premier degré de la décadence des mœurs au premier moment de la culture des Lettres dans tous les pays du monde, et j'ai trouvé le progrès de ces deux choses toujours en proportion» (a. a. O., 32). Raynal vertrat selber die genau entgegengesetzte Position (vgl. auch oben S. 76, Fn. 20).

Die Kontingenz, der die Aufklärung ausgesetzt ist, beschränkt sich nicht auf Einzelphänomene, deren Auftreten nach den Gesetzmässigkeiten der Natur und des Handelns als zufällig eingestuft werden muss.[204] Vielmehr erscheint nach dem Zerfall der christlichen und der metaphysischen Metaerzählungen plötzlich die Gesamtheit des Seins als kontingent: Es könnte doch auch nicht sein, weil dahinter kein Gott oder Erstes Prinzip mehr zu lauern braucht, aus dem man es ableiten und begründen kann.[205] Während die Wissenschaften immer bessere Mittel an die Hand gaben, die scheinbare Kontingenz von Ereignissen als in Wahrheit naturgesetzlich determiniert zu erkennen, zerrannen der Aufklärung die Gewissheiten, mit denen herkömmlich das Weltganze vor dem Kontingenzverdacht sichergestellt worden war. Zahlreiche Erscheinungen im Bereich der täglichen Erfahrung verloren ihren scheinbaren Kontingenzcharakter, insofern die Wissenschaften jetzt ihre strenge, möglichst kausalmechanische Notwendigkeit auszuweisen wussten. Gewitter und Erdbeben, Krankheit und Tod wurden als natürliche Gegebenheiten verstehbar, als deren direkte Ursache weder der schiere Zufall noch ein unmittelbarer Eingriff Gottes länger in Frage kam.[206]

Auf der einen Seite brachte die Aufklärung mit ihren Wissenschaften einen gewaltigen Rationalisierungsschub, der eine Vielzahl partikularer Kontingenzen in der menschlichen Erfahrungswelt tilgte. Auf der andern Seite verstärkte die Schwächung des Bandes zwischen der wissenschaft-

---

[204] Nach Jörn Rüsen, Zerbrechende Zeit. Über den Sinn der Geschichte, Köln, Weimar, Wien 2001, 148f., ist die «Zeiterfahrung der Kontingenz ... die Art und Weise, wie ein Ereignis oder Vorkommnis im menschlichen Lebenszusammenhang (so) geschehen kann, ... dass es nicht in einen vorgegebenen Deutungszusammenhang passt», die «Perspektive der Erwartung» unterläuft und «so, wie es geschehen ist, gar nicht beabsichtigt war». Entsprechend sei Kontingenz kein *factum brutum,* sondern die Störung von «vorgegebenen und kulturell wirksamen Orientierungen des menschlichens Lebens» (a. a. O., 151).

[205] Für die Metaphysik der Leibniz-Wolffschen Tradition gilt selbstverständlich, dass ausser Gott keinem Ding Notwendigkeit zukommt, insofern ihr Nichtsein keinen begrifflichen Widerspruch mit sich brächte. Wenn nach der Wolffschen Definition (vgl. oben S. 252) Philosophie sich mit dem Möglichen beschäftigt, insofern es möglich ist, dann ist sie im eminenten Sinn «Weltweisheit» und nicht Gottesgelahrtheit.

[206] Vgl. Heinz Dieter Kittsteiner, Die Entstehung des modernen Gewissens, Frankfurt a. M. 1995, bes. 31-156; Olaf Briese, Die Macht der Metaphern. Blitz, Erdbeben und Kometen im Gefüge der Aufklärung, Stuttgart 1998.

lich erforschten Naturordnung und einem göttlichen Schöpfer- und Weltlenkungswillen den Verdacht auf absolute Kontingenz: Es mochte ja z. B. sein, dass alle Körper dem Gravitationsgesetz unterworfen sind; aber dieses Gesetz selbst schien kontingent zu sein, wenn man es nicht mehr in einem göttlichen Weltenbauplan zu integrieren wusste, was der Aufklärung mit ihrer wachsenden Abneigung gegen Metaphysik und Offenbarungstheologie zu tun zusehends schwerer fiel. War das Gravitationsgesetz nicht mehr unabdingbarer Bestandteil der besten aller möglichen Welten, weil die Voraussetzungen des Glaubens an eine solche beste aller möglichen Welten schwanden, hätte auch das Gegenteil des Gravitationsgesetzes der Fall sein können. Ohne metaphysische (oder wahlweise religiöse) Letztbegründung kamen selbst die obersten Gesetze der Naturwissenschaften in den Geruch absoluter Kontingenz.

Deutlich ablesen lässt sich das etwa am Artikel «Bien» in Voltaires *Dictionnaire philosophique* (OC Kehl 38,274-281), der mit einer Reflexion darüber einsetzt, dass es wichtiger wäre, ein Heilmittel *unserer* «maux» zu finden, als über ihre Herkunft zu spekulieren – aber ein solches Heilmittel suche man vergebens. Voltaire zieht dann die herkömmlichen Versuche zu Rate, die Existenz des Übels zu rechtfertigen, ohne auf eine befriedigende Antwort zu stossen. Die kirchliche Lehre von der Omnipotenz, die Gott zu einem Tyrannen mache, leiste selbst dem Atheismus Vorschub. Im zweiten Anlauf kehrt Voltaire die Optik um und verabschiedet (wie der befehdete Leibniz) den Anthropozentrismus, wozu Gott aller menschlichen Prädikate entkleidet wird: Über sein Wesen lasse sich nichts sagen, ausser, dass er die erste Ursache der Welt sei, aus dessen Perspektive es weder moralisches noch physisches Übel gebe. Auf diesen rationaltheologischen Deismus stellt Voltaire seine konsequente Naturalisierung der Übel ab, die nur für den Menschen (oder für irdische Lebewesen) Übel seien. Damit wird dem Menschen jede Ausnahmestellung im Kosmos abgesprochen, während die Erde selbst im Universum nur ein «atome» (OC Kehl 38,281) darstelle, mögen auch alle Dinge in einer Kette des Seienden miteinander zusammenhängen (vgl. OC Kehl 38,280).[207] Die offenbarungstheologische Rückversicherung,

---

[207] Siehe dazu die klassische Untersuchung von Arthur O. Lovejoy, The Great Chain of Being. A Study of the History of an Idea. The William James Lectures Delivered at Harvard University 1933, Cambridge (Mass.) ³1948.

die in Leibnizens Theodizee mit ihrem Heilsversprechen aufrechterhalten blieb, wird von Voltaire aufgegeben. Aber auch an Leibnizens beste aller möglichen Welten mag er bekanntlich nicht mehr glauben; die eine Welt, in der wir leben, ist für uns eiskalt und trostlos: Es gibt keinerlei Gewähr dafür, dass die von Gott verursachte Welt eine sinnvolle, nicht absolut kontingente Welt ist, denn über die Absichten, die dieser Gott mit seiner Welt hat oder gehabt hat, sind wir ebensowenig unterrichtet wie darüber, ob überhaupt eine Absicht dahinter steckt oder darüber, ob die Welt nicht die Pfuscherei eines subalternen Demiurgen ist. Der rationaltheologische Deismus eines Voltaire ist also kaum dazu angetan, die absolute Kontingenz der Welt als solche mit tröstenden Worten und grossen Theorien aufzufangen, sondern hält in aller metaphysischen Bescheidenheit nur die bittere Lektion bereit, sich in die Kontingenz und primordiale Sinnleere der Welt zu schicken, indem man das Zuhandene, sein eigenes Dasein sinnvoll gestaltet.[208]

Die spekulativ-universalistische Geschichtsphilosophie trat in diesen 'Kontingenzdiskurs' der Aufklärung mit doppelter Funktion ein: *Einerseits* sollte sie im Bereich der von Menschen gestalteten geschichtlichen Welt der Vergangenheit, Gegenwart und Zukunft jene Aufgabe wahrnehmen, die die Naturwissenschaften im Bereich der natürlichen Welt erfüllten, nämlich die Erklärung und Reduktion phänomenaler Kontingenzen auf allgemeine Gesetzmässigkeiten. Die Geschichtsphilosophie stand ja sowohl unter innerem wie äusserem Rationalisierungsdruck und zeigte zumindest in der Fremdwahrnehmung durchaus die Neigung, sich als nomothetische Wissenschaft zu profilieren, die alle einzelnen historischen Erscheinungen möglichst einem einzigen Gesetz unterwerfen wollte. Freilich zeigte sich ziemlich rasch, dass die Geschichtsphilosophie mit ihrem Universalgesetz «Fortschritt» den Ansprüchen an eine Wissenschaft nicht genügen konnte (vgl. oben S. 427f.) – nicht bloss, weil nach Hume kein Erfahrungsschluss künftige, kontingente Tatsachen vorauszusehen erlaubt.[209] Es fehlten konsensfähige Mittelglieder und Ableitungsregeln zwischen dem Universalgesetz und den zu erklärenden Einzelereignissen, so dass das tatsächliche Vermögen

---

[208] Zu Voltaires Metaphysikabstinenz siehe Ulrich Dierse, Die «trügerischen Gedankenblitze unserer Vernunft». Voltaire über das Recht der Vernunft und ihre Grenzen, in: Das Achtzehnte Jahrhundert, Jg. 29 (2005), Heft 1, 95-105.

[209] Vgl. oben S. 381, Fn. 51.

der Geschichtsphilosophie, konkrete Kontingenzen, d. h. historische Einzelereignisse in der Weise zu bewältigen, wie die Physik unter Rekurs auf das Gravitationsgesetz die scheinbare Kontingenz der Fallbewegung eines Körpers bewältigt und zum Verschwinden bringt, gering zu veranschlagen ist. Das 'Gesetz' Fortschritt war Gesetz zu sehr in metaphorischem Sinne, als dass es *in puncto* Strenge mit dem Gravitationsgesetz den Vergleich hätte wagen dürfen. So blieb die spekulativ-universalistische Geschichtsphilosophie zunächst weitgehend vor den Toren der institutionalisierten Wissenschaften. Die Aufgabe, die Partikularkontingenz einzelner historischer Phänomene zu bewältigen, sollte die wissenschaftliche Geschichtsschreibung insofern besser erfüllen, als sie ungeachtet eines möglichen allgemeinen Gesetzes der geschichtlichen Bewegung die jeweilige lokale Determiniertheit und Abhängigkeit jedes vermeintlich kontingenten historischen Phänomens von andern ebensolchen Phänomen nachwies, ohne ein unmittelbares Eingreifen Gottes oder die schiere Unverbundenheit der Dinge behaupten zu müssen. In welchem Ausmass die spekulativ-universalistische Geschichtsphilosophie für diese wissenschaftliche Geschichtsschreibung nach 1750 den rationalisierenden 'Überbau' lieferte, ist eine offene Frage. Die Geschichtsschreibung etablierte sich zusehends als idiographische Disziplin, die aus der zumindest relativen Kontingenz ihrer Gegenstände sogar theoretisches Kapital schlagen konnte: Nach Hermann Lübbe wird das Interesse an Geschichten, die als Historien «Medien der Vergegenwärtigung eigener und fremder Identität» seien, die Geschichtswissenschaft als Ausdruck einer «Kontingenzerfahrungskultur» begünstigen.[210]

Der spekulativ-universalistischen Geschichtsphilosophie liegt aber von einer solchen Kontingenzerfahrungskultur ziemlich weit entfernt, ist ihr Interesse doch das Allgemeine. Darin besteht das *«Andererseits»* des geschichtsphilosophischen Involviertseins im 'Kontingenzdiskurs': Der neue Typus Geschichtsphilosophie versuchte nicht allein der Partikularkontin-

---

210 Hermann Lübbe, Geschichtsbegriff und Geschichtsinteresse. Analytik und Pragmatik der Historie, Basel, Stuttgart 1977, 17, vgl. auch Hermann Lübbe, Die Identitätspräsentationsfunktion der Geschichte, in: H. L., Praxis der Philosophie, Praktische Philosophie, Geschichtstheorie, Stuttgart 1978, 97-122. Jörn Rüsen und Emil Angehrn (Geschichte und Identität, Berlin, New York 1985) sehen Identitätsinteressen allen Formen von Geschichtsbezug wesentlich zugrundeliegen.

genz einzelner historischer Phänomene Einhalt zu gebieten. Sie sollte vielmehr Antworten auf das Problem der absoluten Kontingenz formulieren, das mit 'der' Aufklärung seit dem Zerreissen des engmaschigen Netzes der Metaphysik akut wurde. Denn der sich ahnungsweise (etwa in Deismus und Atheismus) abzeichnende Nihilismus erschien der grossen Mehrzahl der Aufklärer nicht als Emanzipationsverheissung, sondern als apokalyptische Bedrohung aller Werte, die man mit einem dezidierten, pädagogistischen Moralismus um so unnachsichtiger zu verteidigen trachtete, je unwiderbringlicher die metaphysische Basis dieser Werte wegbrach. In dieser Situation erschien die spekulativ-universalistische Geschichtsphilosophie, deren Wertkonservatismus offenkundig ist, als das quasi providentielle Bindeglied zwischen sehr allgemeinen rationaltheologischen Aussagen wie Gott als erster Welturache und der scheinbar absolut kontingenten Beschaffenheit der Welt in ihrem Sosein. Der kosmologische Gottesbeweis, den Voltaire in seinem Artikel «Bien» noch immer verteidigt, gibt bestenfalls eine Antwort auf die Frage nach dem «Wie?» des Seins, aber noch keine Antwort auf die Frage nach seinem «Warum?», da im aufklärungsphilosophischen Deismus die Motive Gottes dunkel bleiben, ja völlig unklar ist, ob man diesem Gott überhaupt Motive und Intentionen zuschreiben kann, ob er überhaupt Person und nicht bloss eine physikalische Hypothese ist. Für diejenigen, die weder zur Offenbarungstheologie noch zu einer Metaphysik von der besten aller möglichen Welten regredieren wollten, bot sich die spekulativ-universalistische Geschichtsphilosophie als Helferin in den Nöten absoluter Kontingenz an. Ihr Trostmittel bestand in der Restitution des Anthropozentrismus sowohl gegen die Vorgaben der Leibnizschen Schulphilosophie (die den Anthropozentrismus einer vernünftigen Offenbarungstheologie überlassen hatte) als auch gegen diejenigen des naturwissenschaftlichen Deismus (oder gar Atheismus). Dennoch war diese geschichtsphilosophische Neuauflage des Anthropozentrismus nichts den Naturwissenschaften prinzipiell Entgegengesetztes, insofern er sich mit der Geschichte auf einen Bereich bezog, über dessen Prinzipien die Naturwissenschaften bisher wenig zu sagen wussten, ihn nur dem Ordnungsverdacht unterstellten, es müssten auch da intelligible Prinzipien herrschen. Manche dieser Wissenschaften verrieten gegenüber der anthropozentrischen Geschichtsphilosophie sogar eine gewisse Rezeptionsbereitschaft, zumal sich in der Naturwissenschaft in der ersten Hälfte des 18. Jahrhunderts eine biozentrische Teleologisierung etabliert hatte:[211] Jemand wie Buffon konnte die Erdgeschichte als ein im Menschen gipfelndes, providentiell gelenktes, kosmisches Geschehen begreifen (vgl. oben S. 210-216). Die spekulativ-universalistische Geschichtsphilosophie machte mit der alten Aufgabe ernst, die sich bei Pope klassisch formuliert findet: «The proper study of Mankind is Man.»[212] Bei Iselin lautet die Formulierung dafür bündig: «Der grosse Gegenstand der *Geschichte* ist der *Mensch*.» (GM 1768 1,3)

Insofern die Geschichtsphilosophie im geistig-mentalitären Gefüge des späteren 18. Jahrhunderts als Bindeglied zwischen höchst allgemeinen rationaltheologischen Aussagen und dem faktischen, geschichtlichen Sosein des Menschen fungierte, spielte sie eine ähnliche Rolle wie der heute verächtlich als «pseudowissenschaftlich» etikettierte Mesmerismus, der im Frankreich der 1780er Jahre mit Visionen von mikrokosmisch-makrokosmischer Harmonie grossen Einfluss gewann und zur Radikalisierung der vorrevolutionären Gesellschaft beitrug.[213] Louis-Sébastien Mercier, dessen geschichtsphilosophischer Zukunftsroman auf radikale Weise Kontingenz auszumerzen strebt (vgl. oben S. 268-291), ist einem Mesmeristen wie Jean-Pierre Brissot de Warville (1754-1793) nicht nur in seiner Gesellschaftskritik, sondern auch in seinem hochfliegenden Enthusiasmus eng benachbart;[214] nicht von ungefähr hat Brissot Turgot ediert.[215] Jedenfalls könnte die nähere Untersuchung des Verhältnisses von Mesmerismus und Geschichts-

---

[211] Vgl. Schröder, Ursprünge des Atheismus, 200-202.
[212] Pope, An Essay on Man, Epistle II, V. 2. Ed. Mack/Twickenham, 53. Vgl. auch den Kommentar zur 2. Epistle bei A. D. Nuttall, Pope's 'Essay on Man', London 1984, 77-101. Schon bei Pierre Charron hatte es geheissen: «La vraie science et la vraie étude de l'homme c'est l'homme» (*De la sagesse,* livre I, introduction), was nach Gerhard Oestreich, Antiker Geist und moderner Staat bei Justus Lipsius (1547-1606). Der Stoizismus als politische Bewegung [1954]. Hg. und eingeleitet von Nicolette Mout, Göttingen 1989, 96, auf einen Ausspruch Senecas zurückgehen soll: «homo sacra res homini».
[213] Siehe dazu Robert Darnton, Mesmerism and the End of the Enlightenment in France, Cambridge (Mass.) 1968, v. a. 161-167.
[214] «Mesmerism appealed to radicals in two ways: it served as a weapon against the academic establishment that impeded, or seemed to impede, their own advancement, and it provided them with a 'scientific' political theory.» (A. a. O., 164)
[215] Siehe zu Brissot ausführlicher Robert Darnton, Bohème littéraire et révolution. Le monde des livres aux XVIIIe siècle, Paris 1983, 43-69.

philosophie manche Funktionsanalogien in der Bewältigungpraxis absoluter Kontingenz mehr als nur prosopographisch erhärten (ähnliches gälte für das Verhältnis von Freimaurerei und Illuminatentum zur Geschichtsphilosophie[216]). Im funktionalen Kontext der Bewältigung partikularer und absoluter Kontingenz erscheint die spekulativ-universalistische Geschichtsphilosophie beileibe nicht als Ideologie bourgeoiser Saturiertheit, als die sie manchmal denunziert wird. Wenn sich in der vorrevolutionären Geschichtsphilosophie tatsächlich das gutbetuchte, aber politisch machtlose Bürgertum artikulieren sollte, dann gerade in seinem nicht mehr traditionell religiös oder metaphysisch zu stillenden Bedürfnis nach Kontingenzbewältigung.[217] Dieses Bedürfnis indiziert das Gegenteil schon erreichter Saturiertheit.

Spekulativ-universalistische Geschichtsphilosophie als Kontingenzbewältigungsmedium hat eine restaurative Schlagseite, insofern sie die Verbindung zwischen der von der Aufklärung forcierten Moral und der Rationaltheologie wieder zu kitten trachtete. Die Religionskritik des späten 17. und frühen 18. Jahrhunderts hatte genau diese Verbindung gekappt und gemeint, auf die Moral allein, ohne Aussicht auf göttliche Kompensation vertrauen zu dürfen.[218] Die Belohnung, die die Geschichtsphilosophie für moralisches Verhalten bereithielt, bestand in der Aussicht auf künftige glückselige Zeiten auf Erden, an denen das moralisch handelnde Individuum indes kaum selbst würde partizipieren können (weswegen die Mehrzahl der Geschichtsphilosophen die Unsterblichkeitslehre als subsidiäres Motivationsargument beibehielten). Freilich kam der Fortschritt in der geschichtsphilosophischen Theorienbildung bald ohne das moralische Handeln der Individuen aus; er fand statt ungeachtet der Handlungsintentionen der Individuen und erwies sich in dieser Lesart der Geschichte als schlechterdings unaufhaltsam. Damit schien sich der aufklärerische Moralismus selbst überflüssig zu machen

---

216 Über die Geschichtsphilosophie des Illuminatenbundes unterrichtet ausführlich Manfred Agethen, Geheimbund und Utopie. Illuminaten, Freimaurer und deutsche Spätaufklärung. Studienausgabe, München 1987, 106-126.
217 Hermann Lübbe hat wiederholt zu zeigen versucht, dass Kontingenzbewältigung die zentrale Funktion von Religion (in nachaufklärerischen Gesellschaften) sei (vgl. Lübbe, Religion nach der Aufklärung, 160-178), was freilich nicht zu bedeuten braucht, dass nicht auch andere Instanzen – eben z. B. die Geschichtsphilosophie – in diese Funktion eintreten können.
218 Vgl. Schröder, Ursprünge des Atheismus, 164ff., aber auch oben S. 308.

(vgl. oben S. 399-407); Geschichte drohte zu einem Geschehen zu mutieren, in dem das faktische Handeln der Individuen von höheren Mächten – sei es die Vorsehung, sei es die ominöse Gattung «Menschheit» – zu deren Zwecken (natürlich zum Besten der Menschen) instrumentalisiert wurde. Wenn solche Formen der Rationaltheologie das Übergewicht bekommen, ist es mit der Geschichtsmächtigkeit der einzelnen Menschen nicht mehr weit her. Entsprechend werden in idealistischen Versionen der Geschichtsphilosophie selbst die «grossen Individuen» zu blossen Agenten des Weltgeistes. Damit ist zwar der letzte Hauch von absoluter Kontingenz eliminiert, zugleich jedoch hat sich die Geschichtsphilosophie als antimetaphysisches, aufklärerisches Projekt zur Rettung der Phänomene erledigt.

Das Kontingenz-Problem, mit dem die spekulativ-universalistische Geschichtsphilosophie beschäftigt war, konkretisierte sich in der scheinbaren Unvereinbarkeit von Vernunfts- und Geschichtswahrheiten. Gerade die rationaltheologische Christentumskritik hatte herauszuarbeiten versucht, dass historisch zufällige Ereignisse (wie das jüdisch-christliche Offenbarungsgeschehen) keine universal-vernünftige Geltung beanspruchen dürften.[219] Lessing brachte diesen Befund im Bild vom «garstigen, breiten Graben» der Geschichte auf den Punkt: *«zufällige Geschichtswahrheiten können der Beweis von nothwendigen Vernunftswahrheiten nie werden».*[220] Aber hier zeichnet sich schon die geschichtsphilosophische Lösung ab, nämlich «der Beweis der Kraft», wonach sich allein in den «Früchten», den lebensweltlichen Effekten die praktische, wenn vielleicht auch nicht theoretische Wahrheit der vielgeschmähten Offenbarungsreligionen manifestiere: «Was kümmert es mich, ob die Sage falsch oder wahr ist; die Früchte sind trefflich.»[221] Die Erziehungs- und Fortschrittsidee überwindet in der spekulativ-universalistischen Geschichtsphilosophie den Hiatus von Kontingenz und Vernunftwahrheit im Interesse eines umfassenden Kontingenzbewältigungsprogrammes. Unversehens können dank geschichtsphilosophischer

---

[219] Siehe z. B. Schröder, Ursprünge des Atheismus, 120.
[220] Gotthold Ephraim Lessing, Über den Beweis des Geistes und der Kraft. An den Herrn Director Schumann zu Hannover [1777], in: G. E. L., Werke, hg. von Herbert G. Göpfert u. a., Bd. 8, Darmstadt 1996, 13 bzw. 12. Siehe dazu oben S. 298 und auch Sommer, Friedrich Nietzsche: «Der Antichrist», 486f.
[221] Lessing, Über den Beweis des Geistes und der Kraft, 14.

Brückenbaukunst Offenbarungs- und Rationaltheologie wieder auf gleichen Spuren wandeln. Hieran zeigt sich nicht nur die restaurative Tendenz, sondern auch die Integrationskraft der spekulativ-universalistischen Geschichtsphilosophie. Verglichen mit der herkömmlichen Metaphysik besitzt sie ein immenses Potential an Offenheit, das sie als idealen Ausweg aus der Realitätsvergessenheit dieser Metaphysik auszuweisen scheint. Geschichtsphilosophie braucht Kontingenz welcher Art auch immer nicht zu leugnen, sondern bewältigt und bewahrt sie in einem.[222] Darin liegt ihre Attraktivität und Stärke.

11. Abschluss: Trost

In den vorangegangenen Kapiteln ist vor allem eines offenkundig geworden: Die Multifunktionalität oder Funktionspolyvalenz der spekulativ-universalistischen Geschichtsphilosophie. Es reicht nicht aus, diese neue Reflexionsform als Ausdruck gesellschaftlicher Beschleunigungsprozesse zu beschreiben, solange man nicht mitbedenkt, dass sie gerade als stabilisierende Antwort auf diese Prozesse, als Akzelerationsneutralisierungmacht auftrat. Zur Deckung geistig-mentalitärer Sekuritätsbedürfnisse erwies sich die statische Metaphysik als ungeeignet, insofern sie von anderen Wirklichkeiten zu sprechen schien als von denjenigen, in denen die aufgeklärte Öffentlichkeit des späteren 18. Jahrhunderts zu leben glaubte. Realitätssättigung schien in den Systemen der Metaphysik nicht mehr hinlänglich gegeben zu sein, während die neue Geschichtsphilosophie einerseits den dynamisierten Realitäten dadurch Tribut zollte, dass sie diese Realitäten als kontingente Realitäten zum Hauptgegenstand ihrer Reflexion erhob. Andererseits bot sie Denkfiguren und Prinzipien an, mit denen sich die Dynamik wieder stabilisieren liess, insofern sie Ordnung in der Bewegung aufwies, später sogar behaupten sollte, allein in der Bewegung sei Ordnung möglich. Die spekulativ-universalistische Geschichtsphilosophie machte die Bewegung, die

---

[222] Zu Kants dezidiert geschichtsphilosophischem Versuch, «den Zufall möglichst durch Einholung in den Horizont allgemeiner Gesetze der Natur zu rationalisieren», siehe Friedrich Kaulbach, Das Prinzip Handlung in der Philosophie Kants, Berlin, New York 1978, 105.

Beunruhigung zur Möglichkeitsbedingung jener Beruhigung des Gemüts, in der ihre pastorale Funktion (nicht nur: Funktionalisierbarkeit) besonders markant in Erscheinung trat. Geschichtsphilosophie als consolatorische, als soteriologische Disziplin.[223]

Das Reden von der trostspendenden Geschichtsphilosophie ist kein geläufiges Sprachspiel mehr, weil die Vorstellung, aus der Geschichte könne Trost geschöpft werden, der Blickrichtung der Gegenwart auf das Trümmerfeld des Menschlichen und damit des Geschichtlichen zuwiderläuft. Freilich braucht es nur eine geringfügige Justierung des Blicks, um unter den Trümmern zerstörter Hoffnungen und erfolglosen Handelns Chancen der Wandlung zum Besseren zu entdecken, die sich spekulativ-universalistische Geschichtsphilosophie zunutze machte, indem sie herausstrich, dass diese Chancen aufs Ganze der Geschichte gesehen positiv zu Buche schlügen. Die Geschichtsphilosophie in ihrer pastoralen Funktion war mitnichten gezwungen, die reale Existenz partikularer Kontingenzen zu leugnen; vielmehr sei ihnen Trost abzutrotzen, enthielten sie doch das grosse Versprechen auf ein Bessersein, das im Unterschied zu den theologischen Antworten ein durch und durch irdisches sei. Selbst die aufgeklärteste Theologie, die Neologie

---

[223] In der Geschichtsphilosophie wird in dieser Hinsicht «immer noch das gleiche Stück gespielt ...: das Stück Erlösung» (Marquard, Schwierigkeiten mit der Geschichtsphilosophie, 17f.; diese Erkenntnis geht übrigens zurück auf Erich Rothacker, Mensch und Geschichte. Studien zur Anthropologie und Wissenschaftsgeschichte, Bonn 1950, 135: «In der Geschichtsphilosophie handelt es sich stets um die Erlösung der Menschheit.»). Vgl. aber den Kommentar von Walter Jaeschke, Die Suche nach den eschatologischen Wurzeln der Geschichtsphilosophie. Eine historische Kritik der Säkularisierungsthese, München 1976, 331: «Wenn Neuzeit nicht 'Neutralisierung der biblischen Eschatologie' ist, so ist auch Geschichtsphilosophie nicht 'die Rache der neutralisierten Eschatologie an dieser Neutralisierung' [so Marquard, Schwierigkeiten mit der Geschichtsphilosophie, 16]; auch kann nicht als Vorwurf erhoben werden, dass die Säkularisierung nicht gelungen sei. Damit ist nicht bewiesen, dass Geschichtsphilosophie nicht dennoch eine Form des Misslingens sei und in ihr nicht dennoch 'das Stück Erlösung' gespielt wird. Aber es ist zu fragen, ob die Gestalt der Neuzeit, die die misslingende Form 'Geschichtsphilosophie' hervorgetrieben hat, eine besser gelungene Gestalt gewesen sei, ja ob nicht alle Gestalten Formen des Misslingens gewesen seien – und es ist letztlich zu fragen, ob nicht die zudem unter falschen Prämissen erfolgte Absetzung des Stücks 'Erlösung' vom Spielplan der Bühne der Neuzeit diejenige ihrer Formen wäre, in der das Misslingen irreparabel würde.»

eines Spalding hatte als Trostmoment nur die abgeschliffene Münze Unsterblichkeit zu bieten und musste so die Erfüllung des Trostgrundes ins Jenseits vertagen. In ihrer theoretischen und in ihrer literarischen Gestalt gleichen sich Neologie und universalistisch-spekulative Geschichtsphilosophie der ersten Stunde über weite Strecken; bloss kann letztere prinzipiell ohne Jenseitsrekurs auskommen, da die besseren Zustände, die ihr als Trostgrund herhalten, eben irdische sein sollen. Die Nähe von Geschichtsphilosophie und Neologie zeigt sich auch in der Schnelligkeit und Problemlosigkeit, mit der Jerusalem die Geschichtsphilosophie neologisch adaptierte und die geschichtsphilosophischen Trostgründe für die Theologie reklamierte (vgl. oben S. 133-150). Jerusalem betrieb keine religiöse Ummünzung der Aufklärung, um diese für die Zwecke des Christentums, für die «vornehmsten Wahrheiten der Religion» einzuspannen. Vielmehr ist das Anliegen zumindest der deutschen Aufklärung wesentlich ein rationaltheologisches.[224] «Beruhigung» heisst die Losung, mit der Jerusalem ihr praktisches Anliegen artikulierte. Wie stark die Interesselage der Aufklärung noch von religiös erzeugten Trosterwartungen geprägt war, dürfte deutlich sein. Die Trostfunktion gehört zu den essentiellen Bestimmungen der spekulativ-universalistischen Geschichtsphilosophie: Zweck der philosophischen Betrachtung der Weltgeschichte sei es, so Kant, Zufriedenheit mit dem Wirken der Vorsehung zu stiften. Worauf es ankommt, ist Beruhigung angesichts der unleugbaren, aber zu höheren Zwecken instrumentalisierten Übel. Im Trachten nach der durch Providenzerweis erbrachten Beruhigung und Zufriedenheit liegt der 'existentielle' Kern der frühen spekulativ-universalistischen Geschichtsphilosophie, deren Zweck es nach Kants *Idee zu einer allgemeinen Geschichte* eben sei, «eine tröstende Aussicht in die Zukunft» zu eröffnen (IaG 9, AA 8,30). Plötzlich vertritt die Philosophie theologische Kernanliegen.

Diese Trostfunktion der Geschichtsphilosophie verdient eine etwas eingehendere Analyse. Spekulativ-universalistische Geschichtsphilosophie

---

[224] Vgl. Klaus Scholder, Grundzüge der theologischen Aufklärung in Deutschland, in: Geist und Geschichte der Reformation. Festgabe Hanns Rückert zum 65. Geburtstag, Berlin 1966, 462: «Tatsächlich hat sich die Aufklärung, soweit sie zwischen 1740 und 1780 wirksam geworden ist, weithin nicht *gegen* die Theologie, sondern *mit* ihr und *durch* sie vollzogen.»

funktioniert, so viel ist bereits deutlich geworden, als Vertröstung, insofern das, woraus der Trost geschöpft wird, noch aussteht, zwar nicht im Jenseits, aber doch in der Zukunft. Mit der Neologie teilt sie den weitgehenden Verzicht auf die in der herkömmlichen Pastoraltheologie gebräuchliche Kombination von Trost und Drohung: Die sozialdisziplinatorische Kraft des Christentums lag ja nicht zuletzt darin, die göttliche Strafgewalt in den dunkelsten Farben auszumalen, um so zu Reue und Umkehr zu bewegen. Wie tief solche Vorstellungen bei den Autoren im Vorfeld der spekulativ-universalistischen Geschichtsphilosophie verankert waren, illustriert Jonathan Edwards' 1741 in Enfield, Connecticut, gehaltene Predigt *Sinners in the Hand of an Angry God,* die dem sündigen Kirchgänger buchstäblich den Atem rauben sollte: «The God that holds you over the pit of hell, much as one holds a spider, or some loathsome insect, over the fire, abhors you, and is dreadfully provoked: his wrath towards you burns like fire; he looks upon you as worthy of nothing else, but to be cast into fire» (WH 2,10).[225] Die Beschwörung des göttlichen Zorns, der mit Fug und Recht jedes Geschöpf zur Hölle fahren lassen kann, will aufrütteln und zur Erweckung anstacheln, ist aber nur solange wirksam, als sie durch ein ebenso starkes Heilsangebot ausgeglichen wird: Für manche ist von der göttlichen Gnade die Erlösung und das ewige Leben vorgesehen. Lebenspraktisch soll sich alles Trachten danach ausrichten, sich unter der fürchterlichen Aussicht auf das Höllenfeuer des ewigen Lebens würdig zu erweisen, soweit dies einem armen Sünder überhaupt möglich ist (vgl. oben S. 121-133). In der Neologie ebenso wie in der Geschichtsphilosophie verlieren die Höllenstrafen ihren dominanten Status im Zuge der Umwertung paulinisch-pessimistischer Anthropologie und der Verabschiedung des radikalen Ungleichgewichts von göttlicher Allmacht und menschlicher Verworfenheit. Dem Trost, den die Neologie und die Geschichtsphilosophie gewähren wollen, wächst eine andere Bewandtnis zu, bedarf man doch nicht mehr der Tröstung angesichts der ewigen Ver-

---

[225] Vgl. Donald H. Meyer, The Democratic Englightenment, New York 1975, 19: «Now, Edwards spoke this way not because he hated people, but because he believed their only hope lay in their awareness of their awful danger. He called for repentance, but repentance could begin only in a heart that was frantic. So, to make the hearts of his congregation frantic, Edwards impressed upon them the fact of their own vulnerability.»

dammnis, sondern angesichts der Übel, die dem Menschen – nicht länger als Rabenaas und Sündenkrüppel aller Leiden qua Strafe ohnehin wert – in dieser Welt widerfahren. Die spekulativ-universalistische Geschichtsphilosophie imaginiert keine künftigen apokalyptischen Schrecken für den Fall, dass die Individuen sich nicht moral- und fortschrittskonform verhalten. Erst im nachhinein hält die Apokalyptik Einzug in die Geschichtsphilosophie. Zunächst hat sie mit der Trostbeschaffung für die realen und absoluten Kontingenzen genug zu tun, als dass sie mit Horrorszenarien den Teufel an die Wand malen müsste, um ihn dann mit Fortschrittsversprechen wieder auszutreiben.

Mit dem Wegfallen der Strafandrohung vermindert und intensiviert sich das Trostbedürfnis je nach Hinsicht gleichermassen. Die Verminderung tritt dadurch ein, dass die Geschichtsphilosophie unter nicht länger offenbarungsreligiösen Ausgangsbedingungen darauf verzichten kann, Trost für ein allfällig grässliches Jenseitsschicksal zu besorgen; mit der ewigen Verdammnis schwindet die Bedeutung der ewigen Glückseligkeit und einer an völlige Seinsverwandlung gebundenen Erlösung. Das Trostbedürfnis intensiviert sich hingegen im Blick auf die dem Menschen widerwärtigen irdischen Verhältnisse, die nicht mehr als verdiente Sündenstrafen abgebucht werden, sowie im Blick auf den nihilistischen Verdacht absoluter Kontingenz (vgl. oben S. 463-472). Mit dem Wandel in den anthropologischen Grundüberzeugungen wächst auch die Empfindlichkeit: Was bis dahin als unvermeidliche Folge menschlicher Verworfenheit zähneknirschend in Kauf genommen worden war, stellte sich nun als grosses erklärungs- und trostbedürftiges Rätsel dar, das so einfach weder mit der Tugendhaftigkeit des Menschen noch mit der Güte des rationaltheologischen Schöpfergottes zur Deckung gebracht werden konnte. Das sogenannte Zeitalter der Empfindsamkeit ist nicht allein in Fragen der Theodizee und der Geschichtsphilosophie ein Zeitalter der Empfindlichkeit: Die geistige Schmerz- und Leidensresistenz – die im 'Fatalismus' des traditionell praktizierten Christentums erheblich gewesen sein muss, da jedes Leiden als gottgewollt und als Sündenstrafe akzeptiert werden konnte –, diese Leidensresistenz verflüchtigt sich in dem Augenblick, wo das Leiden nicht mehr als gerechtfertigt ganz einfach hingenommen werden konnte. Die neuzeitliche Medizin und die Naturwissenschaften trugen ihrerseits zur faktischen Leidensverringerung bei, so dass dieses Leiden nicht länger unvermeidlich schien; es erhielt jetzt den Charakter sozusagen schreiender Kontingenz, indem es sich als vermeid- und als verzichtbar erwies. Erst da setzt das metaphysische Leiden an den physischen und moralischen Übeln richtig ein. Erst hier wird ein Trost verlangt, der nicht bloss ein Appendix jenes Trostes ist, den das Christentum angesichts der ewigen Verdammnis spendete.

Die Ausgangslage des christlichen und des geschichtsphilosophischen Trostes ist also eine gänzlich verschiedene. Auch ihr Publikum ist ein anderes: Dort die Gemeinde der Gläubigen, hier eine Öffentlichkeit, die sich konkret bestimmen lässt mit dem potentiellen Leserkreis von Zeitschriften wie denjenigen, in denen Kant seine geschichtsphilosophischen Beiträge publizierte. Trost bedeutet im geschichtsphilosophischen Kontext nicht zuletzt Entlastung, und zwar Entlastung von der Letztverantwortlichkeit für den Verlauf der Geschichte$_1$, die ja als Gestaltungsraum des Menschen gerade erst herausgestellt worden war. Der geschichtsphilosophische Trost liegt darin, trotz der scheinbaren Vergeblichkeit partikularer menschlicher Handlung einen Generalfahrplan der Geschichte$_1$ zu postulieren, der sich ungeachtet aller Widerstände nach inneren Gesetzen der Geschichte$_1$ selbst sowie unter Mithilfe höherer Vorsehungs- und Vernunftmächte realisiert. Und wenn diese Realisierung stattfindet, darf man sich als einzelner Mensch getröstet fühlen und, obwohl sich der geschichtliche Gesamtprozess individual-menschlicher Kontrolle und Planung völlig entzieht, zugleich stolz darauf sein, an dieser Selbstrealisierung der Geschichte$_1$ mit seinem partikularen Handeln zu partizipieren. Die Kontingenzen, die die Emanzipation von der pessimistischen Anthropologie in aller Schärfe als Kontingenzen hatte wahrnehmbar werden lassen, bekommen wieder einen neuen Anstrich von Notwendigkeit: Hatte das herkömmliche Christentum sie als Sündenstrafe und als Ermunterung zum Weltverzicht zu sehen gelehrt, sind sie auf einmal Möglichkeitsbedingungen künftiger, irdischer Güter, einer besseren, glückseligeren Gesellschaft beispielsweise. Damit wird eine Argumentationslinie akzentuiert, die zwar auch in der christlichen Religion eine Rolle gespielt hatte (vgl. auch oben S. 233-241), aber bei der vorherrschenden Konzentration auf die Letzten Dinge, auf Hölle oder Himmelreich untergeordnet geblieben war. Jetzt, wo der *sensu stricto* eschatologische Aspekt entfiel, wurden die irdischen Übel zum vordringlichen Problem. Der spekulativ-universalistischen Geschichtsphilosophie war es darum zu tun, sie weniger in ihrer Kontingenz, als in ihrer Unvermeidlichkeit, ihrer Notwendigkeit für den ameliorativen Verlauf der Geschichte₁ herauszustellen: Mögen sie auch kontingent im Hinblick auf ihre Ursache sein, so sind sie doch notwendig zur Erreichung der providentiellen Geschichtsziele, die den Kernbestand der rationaltheologischen Glaubenssätze spekulativ-universalistischer Geschichtsphilosophie ausmachen. Sobald man in einem Fall demonstriert hat, dass das Übel das Übelabsorbierend-Bessere unaufhaltsam nach sich zieht, scheint für alle anderen Fälle der Schlüssel gefunden zu sein. Die Geschichtsphilosophie zögerte jedenfalls nicht, diesen Schlüssel auf alle anderen Fälle von historisch-partikularer Kontingenz anzuwenden.

Wie konnte der Philosophie jene pastorale Rolle zuwachsen, die sie in Gestalt der spekulativ-universalistischen Geschichtsphilosophie als Trostspenderin auftreten liess? Gewiss gehörte Trostgewährung seit Platon und den hellenistischen Schulen zum Selbstverständnis der Philosophie überhaupt, das sich freilich in dem Masse abschwächte, als das Christentum und die es begleitende Theologie diese Rolle in Beschlag nahmen, während sie den philosophischen Trost als Blendwerk des Teufels denunzierten. Seit der Renaissance und verstärkt seit dem 17. Jahrhundert positionierte sich die Philosophie wieder neu und machte sich in engem Bündnis mit den von ihr noch nicht wirklich getrennten Naturwissenschaften daran, manche ihrer ehemaligen Besitzstände und Deutungshoheiten zurückzuerobern. Noch durchaus religiös instrumentalisiert wird die Philosophie als Paränese in Johann Franz Buddeus' (1667-1729) *Elementa philosophiae naturalis* von 1703.[226] Nach und nach wächst der Philosophie eine zunächst theologisch motivierte Trostspenderrolle zu. Bald aber entledigt sie sich dieser theologischen Anbindung, indem sie ihren Aktionsradius erheblich ausweitet, wie es für das Philosophieverständnis der Wolffschen Schule richtungweisend werden sollte: Philosophie als Wissenschaft vom Möglichen, insofern es möglich ist.[227] Die Ausweitung des philosophischen Aktionsradius auf die Geschichte lässt sich durchaus als Adaption des umfassenden Inkor-

---

[226] Vgl. auch die topische Beschwörung der Nützlichkeit philosophiehistorischer Forschung in: Ioannes Franciscus Buddeus, Analecta historiae philosophicae. Editio II, Halae Saxonum (Orphanotrophium) M.DCC.XXV. (= 1725), 9. Zu Buddeus' philosophiehistorischer Konzeption in Abgrenzung von derjenigen Gundlings vgl. auch Mulsow, Moderne aus dem Untergrund, 330-358.
[227] Siehe dazu oben S. 252.

porationsprogramms verstehen, das in Deutschland mit der Schulphilosophie seinen nachhaltigsten Ausdruck fand, ohne dass dort das Feld der Geschichte bereits philosophisch beackert worden wäre. Neben dem Wolffianismus spielt als Entwicklungsfaktor hin zu einem pastoralen Selbstverständnis der deutschsprachigen Philosophie die von Christian Thomasius begründete, stark praxisbezogene Eklektik eine nicht zu unterschätzende Rolle. Wenn die Philosophie tatsächlich für alles zuständig sein soll, weshalb nicht auch dafür, Trost zu verschaffen und auf diese Weise Sinn zu kreieren? Die spekulativ-universalistische Geschichtsphilosophie erfüllte gegen Ende des 18. Jahrhunderts jene Erwartungen, die vom Wolffianismus mit seinem umfassenden Komptenzanspruch und vom Thomasianismus mit seiner praktischen Eklektik geschürt, aber nicht befriedigt worden waren: Erst jenseits der strengen Verfahrensvorgaben der Schulphilosophie war offensichtlich genügend Denkspielraum gewährleistet, um einerseits die Geschichte zum Gegenstand philosophischer Reflexion zu machen, und andererseits dieser Reflexion eine Trostfunktion zuzuschreiben. Zwar wird in der Philosophie der Spätaufklärung, namentlich im Kritizismus Kants, der Kompetenzanspruch der theoretischen Vernunft, wie ihn die Wolffsche Metaphysik formuliert hatte, erheblich zurückgestutzt, dafür aber der Verlust metaphysischer Sicherheiten mit praktisch-geschichtsphilosophischen Sinnverheissungen ausgeglichen.

Die Reformation hatte die transzendenten Quellen des Trostes dem menschlichen Zugriff entrückt: Das göttliche Heilsversprechen bestand weiterhin fort, konnte jedoch nicht länger durch menschliches Tun, durch «gute Werke» seiner Realisierung näher gebracht werden. Die Heilswirksamkeit der mittelalterlichen religiösen Praktiken wurde unter Protestanten negiert, im tridentinischen Reformkatholizismus mit vielerlei Einschränkungen versehen, so dass sich der Fokus des menschlichen Handelns – liegt das jenseitige Heil doch eh' nicht in seiner Macht – nach und nach auf irdische Belange in ihrer Irdigkeit (also nicht als Mittel zu überirdischen Zwecken) verschob. Man könnte mutmassen – wollte man kühn sein –, weniger einer reichlich komplizierten Prädestinationslehre verdanke sich die spezifische Dynamik des okzidentalen Zivilisationsprozesses (eine Ansicht, die man Max Weber zuzuschreiben pflegt) als vielmehr dem Umstand, dass die Letzten Dinge seit dem 16. Jahrhundert nicht mehr im Verfügen der Menschen standen, und sich diese Menschen daher zwangsläufig um vorletzte

Dinge zu kümmern begannen. Weiter könnte man die These wagen, die späte Entstehung der spekulativ-universalistischen Geschichtsphilosophie hänge daran, dass erst nach sichtbaren Erfolgen bei der wissenschaftlich-technisch-politischen Bewältigung vorletzter Dinge ernsthaft versucht worden sei, die letzten und die vorletzten Dinge wieder zusammenzudenken; Kontingenz mit Notwendigkeit zu versöhnen. Die Erfüllung dieses von der spekulativ-universalistischen Geschichtsphilosophie übernommenen Anliegens wäre gewiss tröstlich; der Vertagungscharakter der Geschichtsphilosophie lässt schon das Erfüllungsversprechen tröstlich erscheinen. Nur ist diese Form des Trostes Menschen vielleicht nicht angemessen.

Epilog:
Der Ort geschichtsphilosophischen Denkens

Das geschichtsphilosophische Denken hat einen spezifischen Ort innerhalb einer Gesellschaft, einer Epoche, in der es sich ausgestaltet. Zu Beginn der geschichtsphilosophischen Reflexion ist dieser Ort nicht festgeschrieben; sie bevölkert vielmehr die verschiedensten Sphären – von der theologischen über die historische und die politische bis hin zur naturwissenschaftlichen. Wie bei der frühneuzeitlichen *Respublica litteraria*[1] wäre es auch bei der Geschichtsphilosophie vorschnell, wollte man der von ihren Repräsentanten gegebenen Beschreibung, Geschichtsphilosophie bewege sich ausserhalb aller Machtfelder und throne unparteiisch auf dem Weltrichterstuhl, für bare Münze nehmen. Vielmehr muss man bei jedem einzelnen Text eruieren, wo die Reflexion steht, wo sie fällt und wie sie mit dem Gegebenen verwoben ist. Wir haben es nicht mit einem 'freischwebenden Diskurs' zu tun, und zunächst nicht einmal mit einem einheitlichen. Die Klischees vom «bürgerlichen Klassenbewusstsein», das in spekulativ-universalistischer Geschichtsphilosophie zu seinem adäquaten Ausdruck komme, sind zumindest differenzierungsbedürftig. Würde sich in der Geschichtsphilosophie tatsächlich die unbedingte Opposition des Bürgertums gegen die feudale Ordnung ausdrücken, wäre schwer erklärlich, weshalb sie auch in aristokratischen Kreisen Aufmerksamkeit und Zustimmung fand, es sei denn, man würde mit der Paradoxiensucht der Aristokratie argumentieren

---

[1] Siehe dazu die eindringliche Untersuchung von Herbert Jaumann, Das Projekt des Universalismus. Zum Konzept der *Respublica litteraria* in der frühen Neuzeit, in: Peter-Eckhard Knabe/Johannes Thiele (Hg.), Über Texte. Festschrift für Karl-Ludwig Selig, Stauffenburg 1997, 149-163, im methodischen Anschluss an Marc Fumaroli, L'Age de l'Eloquence. Rhétorique et res literaria de la Renaissance au seuil de l'époque classique, Genf 1980.

wollen:[2] Zweifellos war der Adel zumindest in Frankreich davon fasziniert, dass Aufklärer aus dem *Tiers état* in den Salons es wagten, die erlesene Gesellschaft vor den Kopf zu stossen und wie im Falle Rousseaus die Etikette der vornehmen Konversationskultur zu verletzen. Man könnte weiter darüber spekulieren, inwiefern eine solche aristokratische Paradoxiensucht die Preisgabe der eigenen Machtprärogative in Kauf zu nehmen bereit war. Im Falle der Geschichtsphilosophie war eine solche Selbstpreisgabe aber gar nicht vonnöten, denn die Vertröstungsstruktur ihrer spekulativ-universalistischen Erscheinungsformen kam dem politisch entmachteten Hochadel Frankreichs ebenso zustatten wie reformabsolutistischen Fürsten Deutschlands oder dem aufstrebenden Bürgertum Schottlands. Nicht einmal in der fortschritts-amelioristischen Utopie Merciers mit ihrem sozialkritischen Sarkasmus wird das Ende der Ständegesellschaft vorausgesagt.

Erneut wird hier die Multifunktionalität der Geschichtsphilosophie offenkundig. Sie ist auch eine Multilokalität. Das Vagieren zwischen verschiedenen, sich ausdifferenzierenden Sphären der Gesellschaft ist kennzeichnend für die Geschichtsphilosophie, die eben nicht institutionell-akademisch fest eingebunden war und so grosse Bewegungsfreiheit genoss, die schliesslich gegen Ende des Jahrhunderts zu einer eigentümlichen Ubiquität geschichtsphilosophischer Sinnangebote führte. Auch der Standort des geschichtsphilosophischen Betrachters ist keineswegs festgelegt, wiewohl die ersten spekulativ-universalistischen Geschichtsphilosophen eine Betrachtung der Geschichte aus ihrer Mitte heraus gewöhnlich bevorzugten und noch nicht über die Augen der Minerva-Eule verfügten, die bei Hegel nach Anbruch der Dämmerung ihren Flug beginnt. So sehen Iselin und Jerusalem die Menschheit in dem Augenblick, wo sie selber ihre Fortschrittsdiagnose wagen, erst im Kindheits- oder Jugendstadium einer Entwicklung stehen, die prinzipiell unabschliessbar sein soll. Mercier gibt der Welt demgegenüber nur noch 670 Jahre, um bei einer fast vollständigen

---

[2] In Analogie zu Friedrich Nietzsches Erklärung, wie die vornehme heidnische Antike sich auf das sie verneinende Christentum einlassen konnte: «die damalige Bildung war zu paradoxensüchtig, um es nicht sehr anziehend zu finden» (Nachlass 1880, 3[20]; KSA 9,52, vgl. Andreas Urs Sommer, Friedrich Nietzsche: «Der Antichrist». Ein philosophisch-historischer Kommentar, Basel 2000, 55, Anm. 120 und 237f.). Eine aufklärerische «Lust am Paradoxen» findet Nietzsche etwa bei Bernard de Mandeville (Nachlass 1883, 7[19]; KSA 10,243).

Verwirklichung aller Menschheitsträume anzulangen, so dass, trotz aller Verdammungsurteile, die der utopische Romancier über seine Gegenwart verhängt, die Geschichte den grössten Teil ihres Weges bereits zurückgelegt haben muss. Ein gewisser Triumphalismus, es schon wunderbar weit gebracht zu haben, ist in Turgots Fortschrittsreden vernehmbar, freilich ohne abgeklärten Blick auf ein *grosso modo* abgeschlossenes Geschehen, das man nurmehr analysieren, aber nicht mehr beeinflussen kann. Wo immer die Geschichtsphilosophen der Aufklärung ihre Jetztzeit auf der Entwicklungsskala verorten, so betrachten sie sich selbst doch mehrheitlich nicht als desinteressierte Beobachter auf einem geschichts-exempten Metastandpunkt, sondern als tatkräftige Mitarbeiter am Fortschrittsprozess, den sie diagnostizieren, propagieren und Tat werden lassen wollen. Spekulativ-universalistische Geschichtsphilosophie empfiehlt sich als eine Disziplin, die schon in der Ausübung ihres vermeintlich bloss deskriptiven Geschäfts eminent praktisch wird. Wenn die Philosophie im 18. Jahrhundert den Raum der Geschichte, namentlich die bislang den theologisch-eschatologischen *res novissimae* vorbehaltene Zukunft erobert, ist sie in der Gestalt der spekulativ-universalistischen Geschichtsphilosophie nicht bereit, in einer bloss kontemplativen Haltung den Zugriff auf die Zukunft preiszugeben. Diese eben erst entdeckte, kollektive und bessere Zukunft der Menschheit ist für sie in der Regel noch nicht erfüllt, weswegen die Geschichtsphilosophie sich selbst als Erfüllungsgehilfin anbietet.

Um den Ort der spekulativ-universalistischen Geschichtsphilosophie zu umreissen, wird man nicht nur ihre Einbindungen in gesellschaftliche, mentalitäre und intellektuelle Zusammenhänge sowie die Selbstverortungen der Geschichtsphilosophen im Geschichtsprozess zu bedenken haben, sondern überdies die durch die Geschichtsphilosophie selbst bewirkte, erneute Perspektivenverschiebung: Die neuzeitliche Naturwissenschaften bereiteten, grob gesprochen, dem Geozentrismus und dem Anthropozentrismus des ptolemäisch-christlichen Weltbildes ein Ende, das allerdings kein definitives Ende war, insofern die Geschichtsphilosophie die Peripherisierung der Menschen und der von ihnen bewohnten Welt wieder rückgängig zu machen sich anschickte mit dem von Vico formulierten Argument, allein das von Menschen Gemachte sei für Menschen wahrhaft wissbar. Die naturwissenschaftliche Ontologie hatte die Welt zur Zentrumslosigkeit verurteilt. Dieses Urteil überstand indessen das geschichtsphilosophische Revisionsverfahren nicht unbeschadet: Zwar forderte das Revisionsverfahren keine Rückkehr zum Heliozentrismus, aber doch eine vollständige Neugewichtung menschlichen Handelns, das als das Wesentliche zu gelten habe, um das es den Menschen zu tun sein müsse, und um das es dem Gott der Rationaltheologie ebenfalls zu tun sei. Dieses menschliche Handeln sollte nicht als sinnlose Aktivität einer sonderbaren Spezies irgendwo am äusseren Rande des Alls gelten, sondern wird zu jener Aktivität nobilitiert, um derentwillen der ganze Rest des Alls letztlich besteht. Diese Re-Anthropozentrierung aktiviert ein immenses Sinnstiftungspotential, kann allerdings auf direktem Wege zu jenen idealistischen Konzepten von der Selbstwerdung Gottes in der Geschichte führen, die wiederum eine heillose Überlastung menschlicher Verantwortlichkeit nach sich ziehen.[3]

Der Ort, an dem nach Auffassung spekulativ-universalistischer Geschichtsphilosophie Fortschritt stattfindet, ist nicht das einzelne Individuum, sondern die menschliche Gattung. Sie stach schon in der katholischen Geschichtstheologie Fleurys unter Rückgriff auf Augustinus stark heraus[4]

---

[3] Siehe dazu oben S. 456, Fn. 189.

[4] Eine progressivistische Geschichtsbetrachtung könnte glauben machen, die Geschichtstheologie habe sich mit der Machtübernahme der Geschichtsphilosophie erledigt. Weit gefehlt: Nach der Desillusionierung über die nicht erreichten Weltgeschichtsziele der grossen Geschichtsideologien kriecht im 20. Jahrhundert die Geschichtstheologie wieder hervor – namentlich angesichts der *posthistoire* und der modernen «Geschichtslosigkeit». Ein typisches Beispiel gibt Georg Essen, «Posthistoire» als Herausforderung für die Theologie, in: Orientierung, Jg. 62 (1998), Nr. 18, 190-194, der der Geschichte Sinn- und Identitätsstiftungsaufgaben zuweist, die sie in der profanen Geschichtsphilosophie nicht mehr erfülle. Also folgert er: «Das im Posthistoire aufscheinende 'Ende von Sinn' drängt auf eine Neubestimmung des Verhältnisses von theologischem und neuzeitlichem Geschichtsverständnis. Die Rede vom 'Ende der Geschichte' deckt nämlich auf, dass die neuzeitliche Geschichtsphilosophie die Sinnvorgaben, von denen sie faktisch gezehrt hat, nicht selbst garantieren kann. In Frage steht deshalb die faktische Angewiesenheit der historischen Vernunft auf die Sinnvorgabe und Verheissung des christlichen Glaubens.» (193f.) Pikant ist Essens Suggestion, dass «theologisches» und «neuzeitliches Geschichtsverständnis» einander entgegengesetzt wären. Dieser geschichtstheologische Ansatz verhehlt nur unzureichend, dass er genausowenig wie weltliche Ideologien Sinn zu garantieren in der Lage ist: Er stellt nur ungedeckte Wechsel auf Jenseitswelten aus. «Was theoretisch zu verantworten ist – die humane Relevanz des christlichen Geschichtsverständnisses – ist in der Praxis zu erinnern und zu bezeugen: dass Geschichte die Freiheitsgeschichte Gottes mit den

und wird in den geschichtsphilosophischen Entwürfen Turgots endgültig zum integrierenden Subjekt der Gesamtgeschichte. Bolingbrokes philosophische *exempla*-Historie war demgegenüber in einem reaktionären, gewissermassen vorkopernikanischen Ansatz noch individuozentrisch. Erst der Speziezentrismus des spekulativ-universalistischen Typus von Geschichtsphilosophie erlaubte es ihr, sich schliesslich als Wissenschaft mit Allgemeingültigkeitsanspruch zu präsentieren. Ihr Ort wurde dank ihres ungeheuren Integrations- und Trostpotentials der einer Leitwissenschaft.

Die Entstehung spekulativ-universalistischer Geschichtsphilosophie erscheint in der Perspektive der vorliegenden Untersuchung nicht als ein selber von universalgeschichtlicher Notwendigkeit diktiertes Geschehen, in welchem diese Notwendigkeit sozusagen zum Bewusstsein ihrer selbst gelangte, sondern als Antwort auf die spezifische Herausforderung einer Neuverortung des Menschen im Weltganzen, wie sie die wissenschaftlichen und mentalitären Entwicklungen der Neuzeit hervorgebracht hat, und wie sie in den Metaphysik- und Aufklärungskrisen des 18. Jahrhunderts aufbrach, auf die die Geschichtsphilosophie die konkrete, historisch unmittelbare Antwort war. Diese Antwort ist selber historisch kontingent. Diese Kontingenz ist an sich kein Argument gegen die Geltung der Antwort. Die Unübertragbarkeit der geschichtsphilosophischen Antwort auf gegenwärtige Verhältnisse ist nichts, was sich formal demonstrieren lässt. Gegen die Übertragbarkeit spricht freilich, dass die geschichtsphilosophische Rechtfertigung gegenwärtiger und vergangener Übel durch versprochene, künftige Güter im 21. Jahrhundert nur noch intellektuell, nicht aber lebenspraktisch nachzuvollziehen ist. Denn die rationaltheologische Basis der spekulativ-universalistischen Geschichtsphilosophie ist fast vollständig abhanden ge-

---

Menschen ist, durch die Menschen sich unbedingt anerkannt und zu verbindlichen Übernahme ihrer Freiheit ermutigt erfahren.» (194) Die gute alte Erbsündenanthropologie, von der die klassisch christliche Geschichtstheologie seit Augustinus gezehrt hatte, ist ganz offensichtlich zugunsten sehr idealistischer und sehr modernistischer Philosopheme entfallen. Bloss könnte damit auch die Erlösungsbedürftigkeit des Menschen hinfällig geworden sein. Vgl. auch die luziden Ausführungen bei J. A. P. Heesterbeek/J. M. A. M. van Neerven/H. A. J. M. Schellinx, Das Fegefeuer-Theorem/De Purgatorio. Eschatologische Axiomatik zum transorbitalen Sündenmanagement, Bottighofen am Bodensee 1992, besonders 18-25, und die dort genannte weiterführende Literatur.

kommen. Allenfalls nimmt man heute zu neuer offenbarungsgegründeter Eschatologik seine Zuflucht, die freilich die Frage nach dem Sinnganzen der Geschichte nur um den Preis des *sacrificium intellectus* löst.[5] Spekulativ-universalistische Geschichtsphilosophie – zu Anfang selbst ohne festbestimmten Ort – hat dieser Frage einen Ort gegeben, der nicht mehr durch die Antworten der Religion von vornherein determiniert war. Mit dem Plausibilitätsverlust der geschichtsphilosophischen Antwort auf die Frage nach dem Sinn von Geschichte ist diese Frage ortlos geworden und hat begonnen, sich allenthalben einzunisten. Insofern ist das Thema dieser Untersuchung keine geistesgeschichtliche Quisquilie. Was not tut, ist keine Kritik der spekulativ-universalistischen Geschichtsphilosophie, sondern der von ihr aufgeworfenen Frage nach dem Sinn von Geschichte. Denn diese Frage überfordert das menschliche oder doch zumindest das philosophische Antwortpotential. Die Spendung von überindividueller Zuversicht kann schwerlich länger die Aufgabe der Philosophie sein.[6] Philosophie wird der Aufklärung ihre Illusionen nehmen und die Aufklärung womöglich selbst zur Ortlosigkeit verurteilen. Das ist die einzige, zugegebenermassen ebenfalls kontingente Lehre, die aus der Frühgeschichte der spekulativ-universalistischen Geschichtsphilosophie allenfalls zu ziehen wäre.

---

[5] Dazu z. B. Andreas Urs Sommer, Eschatologie oder Ewige Wiederkunft? Friedrich Nietzsche und Jacob Taubes, in: Richard Faber/Eveline Goodman-Thau/Thomas Macho (Hg.), Abendländische Eschatologie. Ad Jacob Taubes, Würzburg 2001, 341-354, sowie ders., «Pathos der Revolution» im «stahlharten Gehäuse» des «Verhängnisses». Marginalien zum Thema «Max Weber bei Jacob Taubes», ebd., 365-371.

[6] Siehe dazu selbst Jürgen Habermas in: Angelika Brauer, Wider den Fundamentalismus der Endlichkeit. Ein Gespräch mit Jürgen Habermas, in: Neue Zürcher Zeitung, Jg. 220, Nr. 133, 12. Juni 1999, 78: «Aber gegen Theunissen meine ich allerdings, dass wir als Philosophen keine *Zuversicht* spenden können.» Vgl. Andreas Urs Sommer, Die Kunst, selber zu denken. Ein philosophischer Dictionnaire, Frankfurt a. M. ²2003, 31-33.

Danksagung

Wissenschaft ist ein Austauschprozess. Sofern dieses Buch auf Wissenschaftlichkeit Anspruch erheben darf, tut es dies am besten als Austauschprodukt zwischen mancherlei Disziplinen, aber auch mancherlei akademischen Welten.[1] Eine erste Skizze entstand 1997 bei intellektuellen Schatzgräbereien im Frey-Grynäischen Institut zu Basel. Die nächste Austauschstation bildete von 1998 bis 1999 die Princeton University, wo ich mich als Visiting Research Fellow mit amerikanischer Wissenschafts- und Lebenspraxis vertraut machen konnte. Es folgten 1999/2000 intensive Textgrabungen an der Herzog-August-Bibliothek in Wolfenbüttel. An der Universität Greifswald, wo ich seit 2000 tätig bin, hat die Rezeptionskapazität zugunsten der lehrenden Vermittlung und reflektierenden Durchdringung des erarbeiteten Stoffes abgenommen. Eine gemeinsam mit Greifswalder Mittelbau-Kollegen und finanzieller Unterstützung der Fritz-Thyssen-Stiftung vorbereitete und im Mai 2002 durchgeführte, internationale Tagung «Wozu Geschichte(n)? Selbstvergewisserung und Wandel in geschichtstheoretischen und geschichtsphilosophischen Gegenwartsdebatten» beförderte die Austauschintensität. *Otium cum dignitate* am Institute of Germanic Studies, School of Advanced Study der University of London, das mir im Fall Term 2001 eine Visiting Fellowship gewährte, ermöglichte es schliesslich, das hier Vorliegende in eine erste Form zu bringen. Als Repräsentanten dieser Institutionen, Gesprächspartner vor Ort und anderswo möchte ich, *partes pro toto,* Prof. Dr. Emil Angehrn (Basel), Prof. Dr. Robert Darnton (Princeton), Prof. Dr. Robert Peter Ebert (Princeton), Prof. Dr. Dr. h.c. Ulrich Gäbler (Basel), Prof. Dr. Rüdiger Görner (London), Prof. Dr. Anthony

---

[1] Vgl. Andreas Urs Sommer, Wissenschaft als Beruf. Lage des geisteswissenschaftlichen Nachwuchses im Vergleich, in: Neue Zürcher Zeitung, Jg. 220, Nr. 261, 9. November 1999, Sonderbeilage Studium und Beruf, B 4.

Quellen- und Literaturverzeichnis

Im Text erwähnte Rezensionen und konventionell zitierte antike, patristische und mittelalterliche Autoren sind aus Platzgründen nur in Ausnahmefällen verzeichnet, ebensowenig die im Siglenverzeichnis schon genannten Nachschlagewerke wie Ueberweg und Zedler. Bei alten Drucken werden gelegentlich auch Drucker und/oder Verleger vermerkt. Dies macht Verbindungen sichtbar: Beispielsweise ist es kein Zufall, dass die Werke von Pierre Bayle und Richard Simon im selben Haus publiziert worden sind.

Quellen und zeitgenössische Literatur

Abbt, Thomas: Gedanken von der Einrichtung der ersten Studien eines jungen Herrn vom Stande; nebst einer Nachricht von dem Tode und der Grabschrift dieses würdigen Mannes von einem Verehrer hrerausgegeben, Leipzig, Berlin 1767.

Anonymus: Von Geschichten der Zukunft, in: Neues hamburgisches Magazin, Bd. 16, Nr. 94, Leipzig (Holle) 1775, 359-371.

Arnold, Gottfried: Catalogus Bibliothecae B. Godofredi Arnoldi, inspectoris et pastoris Perlebergensis, o.O. 1714 [faksimiliert in: Dietrich Blaufuß/Friedrich Niewöhner (Hg.), Gottfried Arnold (1666-1714). Mit einer Bibliographie der Arnold-Literatur ab 1714, Wiesbaden 1995, 339-410].

– Das Geheimniss Der Göttlichen Sophia oder Weissheit / Beschrieben und Besungen, Leipzig (Thomas Fritsch) 1700.

– Das Geheimnis der göttlichen Sophia. Faksimile-Neudruck der Ausgabe von Leipzig 1700 mit einer Einführung von Walter Nigg, Stuttgart-Bad Cannstatt 1963.

– Der richtige Weg Durch Christum zu Gott: Bey öffentlichen Versammlungen in dreyen Sermonen oder Predigten angewiesen / und auff Begehren ausgefertigt. Nebenst Einer näheren Erklärung von seinem Sinn und Verhalten in Kirchen-Sachen, Franckfurt (Thomas Fritsch) 1700.

– Die Erste Liebe. Das ist: Wahre Abbildung Der Ersten Christen nach ihrem Lebendigen Glauben und Heiligen Leben, Aus der ältesten und bewährtesten Kirchen-Scribenten eigenen Zeugnissen, Exempeln und Reden, nach der Wahrheit der Ersten einigen Christlichen Religion, allen Liebhabern der Historischen Wahrheit, und sonderlich der Antiquität, als einer nützlichen Kirchen-Historie, treulich und unpartey-

isch entworfen: Worinnen zugleich Des Hn. William Cave Erstes Christenthum nach Nothdurft erläutert wird [1696], Leipzig (Samuel Benjamin Walther) ⁵1732.
- Ein Denckmahl Des Alten Christenthums / Bestehend in des Heil. Macarii und anderer Hocherleuchteten Männer aus der Alten Kirche Höchsterbaulichen und Ausserlesenen Schrifften, Gosslar (Joh. Christoph König) 1699.
- Erklärung / Vom gemeinen Secten-wesen / Kirchen- und Abendmahl-gehen; Wie auch Vom recht-Evangel. Lehr-Amt / und recht-Christl. Freyheit: Auff veranlassung derer von Ernest. Salom. Cypriani, Vorgebrachten beschuldigungen wider seine Person / unpartheyisch vorgetragen. Nebenst Eines Freundes Erinnerungen gegen Cypriani Anmerckungen über Arnoldi Kirchen- und Ketzer-Historie ..., Leipzig (Thomas Fritsch) 1700.
- Historia cognationis spiritualis, inter Christianos receptae. Accesit Historia Christianorum ad metalla damnatorum, Goslar (Joh. Christoph König) MDCCIII (= 1703).
- Historie und beschreibung [sic] Der [sic] Mystischen Theologie / oder geheimen Gottes Gelehrtheit / wie auch derer alten und neuen Mysticorvm, Frankfurt [a. M.] (Thomas Fritsch) 1703.
- [Arnold, Gottfried]: Kurtz gefaste [sic] Kirchen-Historie / des Alten und Neuen Testaments, Leipzig (Thomas Fritsch) 1697.
- [Arnold, Gottfried]: Offenhertzige Bekäntniss [sic] / welche Bey unlängst geschehener Verlassung eines Academischen Amtes abgeleget worden, o. O. 1699.
- Unparteyische Kirchen- und Ketzer-Historie / Vom Anfang des Neuen Testaments Biss auff das Jahr Christi 1688, Theile 1 und 2, Franckfurt am Mayn [und Leipzig] (Thomas Fritsch) 1700 = KKH 1700 1-2.
- Fortsetzung und Erläuterung Oder Dritter und Vierdter Theil der Kirchen- und Ketzer-Historie. Bestehend In Beschreibung der noch übrigen Streitigkeiten im XVIIden Jahrhundert. Nebst den Supplementis und Emendationibus über alle vier Theile, Franckfurt am Mayn (Thomas Fritsch) 1715 = KKH 1715 3-4.
- Unpartheyische Kirchen- und Ketzer-Historie / Vom Anfang des Neuen Testaments Biss auf das Jahr Christi 1688, 4 Theile, Franckfurt am Mayn [und Leipzig] (Thomas Fritschens sel. Erben) 1729.
- Wahre Abbildung des Inwendigen Christenthums, Nach dessen Anfang und Grund, Fortgang oder Wachsthum, und Ausgang oder Ziel in Lebendigem Glauben und Gottseligem Leben, Aus den Zeugnissen und Exempeln der gottseligen Alten Zur Fortsetzung und Erläuterung Der Abbildung der Ersten Christen dargestellet [1709], Franckfurt, Leipzig 1723.
Bacon, Francis: Neues Organon. Lateinisch-deutsch, 2 Bde., hg. und mit einer Einleitung von Wolfgang Krohn, Hamburg 1990.
Baumgarten, Alexander Gottlieb: Acroasis logica, Halle (Karl Hermann Hemmerde) 1761.
- Metaphysica. Editio III, Halle (Karl Hermann Hemmerde) 1750.
[Bayle, Pierre]: Addition aux Pensées diverses sur les Cometes, ou Reponse à un libelle intitulé, *Courte Revuë des maximes de Morale & des principes de Religion de l'Auteur des Pensées diverses sur les Cometes*, &c. Pour servir d'instruction aux Juges Ecclesiastiques qui en voudront conoître. Troisieme Edition, Rotterdam (Reinier Leers) MDCCIV [= 1704].

- [Bayle, Pierre]: Continuation des Pensées diverses, Ecrites à un Docteur de Sorbonne, à l'occasion de la Comete qui parut au mois de Decembre 1680. Ou Reponse à plusieurs dificultez que Monsieur *** a proposées à l'Auteur, 2 Bde., Rotterdam (Reinier Leers) MDCCV [= 1705] = PDC 1-2.
- Correspondance. Edition critique, publiée et annotée par Elisabeth Labrousse et alii, Oxford 1999ff.
- Dictionaire historique et critique, 3 Bde. Troisieme edition. A laquelle on a ajoûté la Vie de l'Auteur, & mis ses Additions & Corrections à leur place, Rotterdam [Genf?] MDCCXV [= 1715] = DHC 1-3.
- Historisches und kritisches Wörterbuch. Eine Auswahl. Übersetzt und hg. von Günter Gawlick und Lothar Kreimendahl, Darmstadt 2003.
- Œuvres diverses. Contenant tout ce que cet Auteur a publié sur des matieres de Theologie, de Philosophie, de Critique, d'Histoire, & de Litterature; excepté son Dictionnaire historique et critique, 4 Bde., La Haye (P. Husson, T. Johnson, P. Gosse u.a.). MDCCXXVII-MDCCXXXI (= 1727-1731) (= OD 1-4).
- [Bayle, Pierre]: Pensées diverses, Ecrites à un Docteur de Sorbonne, A l'occasion de la Comete qui parut au mois de Decembre 1680. Quatrieme Edition, 2 Bde., Rotterdam (Reinier Leers) MDCCIV [= 1704] = PD 1-2.
- Supplement au Dictionaire historique. Pour les Editions de MDCCII. & de MDCCXV. Geneve (Fabri & Barrillot) MDCCXXII [= 1722] = DHCS.

Beccaria, Cesare: Dei delitti e delle pene [1764], Bussolengo 1996 (= Acquarelli 114. Raccolta di classici a cura di Angela Cerinotti).

Beck, Jacob Christoff: Ungrund des Separatismus, Oder Beantwortung der fürnehmsten Ursachen, derentwegen sich die Separatisten von dem öffentlichen Gottesdienste absöndern; den Irrenden zur heilsamen Unterweisung, andern aber zur Wahrnung, Auf Gutbefinden E. Ehrw. Predig-Ammts allhier, Basel 1753.

Blanke, Horst Walter/Dirk Fleischer (Hg.): Theoretiker der deutschen Aufklärungshistorie. Bd. 1: Die theoretische Begründung der Geschichte als Fachwissenschaft. Bd. 2: Elemente der Aufklärungshistorik, Stuttgart-Bad Cannstatt 1990 (= Fundamenta Historica, Bde. 1.1 und 1.2).

Bodin, Jean: Methodus ad facilem historiam cognitionem [1566], Amsterdam (J. Ravenstein) 1650.

Bolingbroke, Henry St. John, Viscount: Defence of the Treaty of Utrecht. Beeing Letters VI-VIII of *The Study & Use of History*. With an Introduction by G.M. Trevelyan, Cambridge 1932.
- Historical Writings. Edited and with an Introduction by Isaac Kramnick, Chicago, London 1972 = BHW.
- A Letter to Sir William Windham. II. Some Reflections on the Present State of the Nation. III. A Letter to Mr. Pope, London (A. Millar) MDCCLIII (= 1753).
- Letters on the Study and Use of History [1736/1752], in: BHW, 1-149 = LSUH.
- Letters on the Study and Use of History. A New Edition Corrected, London (T. Cadell) MDCCLXX (= 1770) [trotz des Titels enthält der Band *de facto* nur Bolingbrokes *Remarks on the History of England!*].
- Political Writings. Edited by Isaac Kramnick, New York 1970.

- Political Writings. The Conservative Enlightenment, ed. by Bernard Cottret, London, New York 1997.
- The Works of the late Right Honorable Henry St. John, Lord Viscount Bolingbroke, [edited by David Mallet], 5 Bde., London 1754 (= Reprint Hildesheim 1968) = WM 1-5.

Bossuet, Jacques-Bénigne: Exposition de la Doctrine de l'Eglise catholique sur les matières de Controverse. Nouvelle édition, Paris (Guillaume Desprez/Jean Desessartz) M.DCC.L. (= 1750).
- Instructions sur la Version du Nouveau Testament Imprimée a Trevoux en l'année M.DCC.II. Avec une Ordonnance publiée à Meaux, Paris (Anisson), M.DCCII (= 1702).
- Œuvres. Textes établis et annotés par l'Abbé Velat et Yvonne Champailler, Paris 1970 (= Bibliothèque de la Pléiade, Bd. 33).

Boswell, James: Life of Johnson [1791/99]. Edited and with an Introduction by R. W. Chapman, London, New York, Toronto 1960 (= Oxford Standard Authors Edition).

Boulanger, Nicolas Antoine: Das durch seine Gebräuche aufgedeckte Alterthum. Oder kritische Untersuchung der vornehmsten Meynungen, Ceremonien und Einrichtungen der verschiedenen Völker des Erdbodens in Religions- und bürgerlichen Sachen, übersetzt und mit Anmerkungen versehen von Johann Carl Dähnert, Greifswald 1767.

Brockes, Barthold Hinrich: Irdisches Vergnügen in Gott, bestehend in Physicalisch- und Moralischen Gedichten, nebst einem Anhange etlicher übersetzten Fabeln des Herrn [Antoine] de la Motte[-Houdart]. Zweyte, durchgehends verbesserte, und über die Hälfte vermehrte Auflage, mit einer gedoppelten Vorrede von [C. F.] Weichmann, Hamburg (Johann Christoph Kißner) 1724.

Buddeus, Ioannes Franciscus: Analecta historiae philosophicae. Editio II, Halae Saxonum (Orphanotrophium) M.DCC.XXV. (= 1725).

Buffon, Georges-Louis Leclerc, Comte de: Histoire naturelle, Quadrupèdes = Œuvres complètes de Buffon, mises en ordre par M. Le Comte de Lacepède. Seconde édition, Bd. 13, Paris 1819.
- Les Epoques de la nature, hg. von Georges Meunier, Paris o. J.
- Œuvres complètes, avec les descriptions anatomiques de Daubenton, son collaborateur. Nouvelle édition, dirigée par M. Lamouroux, 40 Bde., Paris (Verdière et Ladrange) 1824-1832.

Burke, Edmund: The Portable Edmund Burke. Edited with an Introduction by Isaac Kramnick, New York, London 1999.

[Burscher, Johann Friedrich/Wilhelm Abraham Teller/Karl Friedrich Brucker/Johann Traugott Schulz/Johann Christoph Gottsched]: Vertheidigung der Gelehrsamkeit, und sonderlich der schönen Wissenschaften gegen den Herrn Rousseau, aus Genf. Am höchsten Geburtsfeste Sr. Kön. Hoheit des Durchlautigsten Königl. Churprinzen zu Sachsen, in dem philosophischen Hörsale [sic] zu Leipzig unternommen, von Innenbenannten, Leipzig (Bernhard Christoph Breitkopf) 1752.

Butler, Joseph: The Analogy of Religion Natural and Revealed to the Constitution and Course of Nature [1736]. To Which are Added Two Brief Dissertations; I. Of Personal Identity: II. Of the Nature of Virtue. To Which is Prefixed a Life of the Author by Dr. Kippis; with a Preface, Giving some Account of His Character and Writings, by Samuel Halifax, New Haven (A. H. Maltby & Co.) 1822.

Chaufepié, Jacques George de: Nouveau dictionnaire historique et critique pour servir de supplement ou de continuation au Dictionnaire historique et critique de M^r. Pierre Bayle, 4 Bde., Amsterdam (Z. Chatelain u. a.), La Haye (Pierre de Hondt) MDCCL-MDCCLVI [= 1750-1756].

Chesterfield, Philip Dormer Stanhope, Lord: Letters to His Son and Others. Introduction by Robert K. Root, London, New York 1946 (= Everyman's Library, Bd. 823).

Chladenius, Johann Martin: Allgemeine Geschichtswissenschaft. Mit einer Einleitung von Christoph Friederich und einem Vorwort von Reinhart Koselleck. Nachdruck der Ausgabe Leipzig 1752, Wien, Köln, Graz 1985 (= Klassische Studien zur sozialwissenschaftlichen Theorie, Weltanschauungslehre und Wissenschaftsforschung, Bd. 3).

Clarke, Samuel: A Discourse Concerning the Being and Attributes of God, the Obligations of Natural Religion, and the Truth and Certainty of the Christian Revelation. In Answer to Mr. Hobbs [sic], Spinoza, the Author of the Oracles of Reason, and other Deniers of Natural and Revealed Religion. Being sixteen Sermons, Preach'd in the Cathedral-Church of St Paul in the Years 1704, and 1705, at the Lecture Founded by the Honourable Robert Boyle, Esq. ... The Eight Edition, London (W. Botham for James and John Knapton) MDCCXXXII (= 1732).

– Der Briefwechsel mit G.W. Leibniz von 1715/1716. A collection of papers which passed between the late learned Mr. Leibniz and Dr. Clarke in the years 1715/16 relating to the principles of natural philosophy and religion. Übersetzt und hg. von Ed Dellian, Hamburg 1990 (= Philosophische Bibliothek, Bd. 423).

Clericus, Joannes: Oratio inauguralis, De Praestantia & Utilitate historiae ecclesiasticae, habita in auditorio Remonstrantium Amstelod. A. D. VIII, Idus Septemb. Anno MDCCXII, Amstelaedami (Henricus Schelte) 1712.

Collins, Anthony: A Philosophical Inquiry Concerning Human Liberty [1715]. Republished with a Preface by Joseph Priestley. With a New Introduction by John Stephens, Bristol 1990.

Condorcet, Marie Jean Antoine Nicolas Caritat, Marquis de: Esquisse d'un tableau historique du progrès de l'esprit humain [1793/95]. Suvi de Fragment sur l'Atlantide. Introduction, chronologie et bibliographie par Alain Pons, Paris 1988 (= GF 484).

Cyprianus, Ernestus Salomon: Allgemeine Anmerckungen über Gottfried Arnolds Kirchen- und Ketzer-Historie / Worinnen bescheidenlich und gründlich erwiesen wird / dass Arnold, vermöge einer vorgefassten Meynungen / nothwendig partheyisch schreiben / seine Klagen wider die Kirche auf schwache Grunde bauen / und einiger Scribenten Meynung so gar verdrehen müssen / dass auch nur in einem halben paragrapho der Sinn und die Worte Augustini, denen Donatisten zum Behuff, über sechsmal verfälschet worden. Helmstädt (Georg-Wolffgang Hamm) 1700.

De Felice, Fortunato Bartolomeo: Encyclopédie ou dictionnaire universel raisonné des connoissances humaines. Mis en ordre par M. [Fortunato Bartolomeo] de Felice, 42 Bde., Yverdon 1770-1775, 6 Supplement-Bde., Yverdon 1775-1776, 10 Tafelbände, Yverdon 1775-1780.

Descartes, René: Abhandlung über die Methode des richtigen Vernunftgebrauchs und der wissenschaftlichen Wahrheitsforschung [1637]. Ins Deutsche übertragen von Kuno Fischer. Erneuert und mit einem Nachwort versehen von Hermann Glockner, Stuttgart 1973.
- Recherche de la verité par la lumière naturelle, in: Œuvres de Descartes, publiées par Charles Adam et Paul Tannery, Bd. 10, Paris 1908, 495-514.

Dictionnaire universel françois et latin, contenant la signification et la définition tant des mots de l'une & de l'autre Language, avec leurs différens usages, que des termes propres de chaque Etat & de chaque Profession. ... Avec des remarques d'erudition et de critique. ... Nouvelle édition corrigée, 6 Bde., Nancy (Pierre Antoine), M.DCC.XL. (= 1740) [= Dictionnaire de Trévoux].

Diderot, Denis: Œuvres complètes, revues sur les éditions originales comprenant ce qui a été publié à diverses époques et les manuscrits inédits conservés à la Bibliothèque de l'Ermitage, ed. par J. Assézat et Maurice Tourneux, Paris 1875-1877.

[Diderot, Denis/Jean le Rond d'Alembert (Ed.)]: Encyclopédie ou Dictionnaire raisonné des sciences, des arts et des métiers [1751/1780] (articles choisis). Chronologie, introduction et bibliographie par Alain Pons, 2 Bde., Paris 1986 (= GF 426 und 448).
- Encyclopédie ou Dictionnaire raisonné des sciences, des arts et des métiers, par une société de gens de lettres, mis en ordre et publié par M. Diderot, de l'Académie Royale des Sciences et Belles-Lettres de Prusse, et, quant à la partie mathématique, par M. d'Alembert, de l'Académie Royale des Sciences de Paris et de celle de Prusse et de la Société Royale de Londres, Paris u. a. 1751-1772.

Ebert, Johann Jacob: Kurze Unterweisung in den Anfangsgründen der Vernunftlehre. Zweyte verbesserte und vermehrte Auflage, Frankfurt, Leipzig (Christian Gottlieb Hertel) 1774.

[Edelmann, Johann Christian]: Moses mit aufgedecktem Angesichte von schon bekannten beyden Brüdern noch ferner beschauet; die bey Gelegenheit der weitern Betrachtung der sogenannten Schöpffung, von der anjetzt so sehr belobten Besten Welt freymüthig mit einander discurriren ... Dritter Anblick, o. O. 1740.

Edwards, Jonathan: A History of the Work of Redemption, Containing the Outlines of a Body of Divinity, Including a View of Church History, in a Method Entirely New [1739], in: WH 1, 532-619 = HWR.
- A History of the Work of Redemption [1739]. Transcribed and Edited by John F. Wilson = The Works of Jonathan Edwards, Edited by John E. Smith, Bd. 9, New Haven, London 1989 = WY 9.
- Apocalyptic Writings: Notes on the Apocalypse. An Humble Attempt, Edited by Stephen J. Stein = The Works of Jonathan Edwards, Edited by John E. Smith, Bd. 5, New Haven, London 1977 = WY 5.
- The Works of Jonathan Edwards with a Memoir by Sereno E. Dwight, Revised and Corrected by Edward Hickman, 2 Bde. [1834], Edinburgh, Carlisle (Pennsylvania) 1990 = WH.
- The Works of President Edwards, in Four Volumes. A Reprint of the Worcester Edition, New York [8]1852-1856.

Enfield, William: The History of Philosophy from the Earliest Times to the Beginning of the Present Century. Drawn up from Brucker's Historia Critica Philosophiae [1791], 2 Bde., London (William Baynes) 1819.

Engel, Johann Jakob (Hg.): Der Philosoph für die Welt. Stereotyp-Ausgabe, Berlin 1860.

Ernesti, Johannes August: De theologiae historicae et dogmaticae coniugendae necessitate et modo universo, in: J. A. E., Opuscula theologica, Leipzig 1773, 567-590.

Faber Soranus, Basilius: Thesaurus eruditionis scholasticae omnium usui et disciplinis omnibus accomodatus post celeberrimorum virorum Buchneri, Cellarii, Graevii, operas et adnotationes et multiplices Andreae Stübelii curas recensitus, emendatus, locupletatus a Io. Matthia Gesnero, 2 Teile, Leipzig (Thomas Fritsch) 1726.

Fénelon, François de Salignac de la Mothe: Œuvres, 5 Bde., Paris (Lefèvre/Pourrat) 1838.

Ferguson, Adam: An Essay on the History of Civil Society [1767]. Edited by Fania Oz-Salzberger, Cambridge 1995.

- Versuch über die Geschichte der bürgerlichen Gesellschaft [1767]. Hg. und eingeleitet von Zwi Batscha und Hans Medick. Übersetzt von Hans Medick, Frankfurt a. M. 1988 (= stw 739).

Fielding, Henry: Mr. Jonathan Wild der Grosse. Die Geschichte eines Helden [1743]. Aus dem Englischen von Horst Höckendorf, Frankfurt a. M. 1987.

Fleury, Claude: Catéchisme historique, Contenant en abrégé l'Histoire Sainte & la Doctrine Chrétienne. Nouvelle Edition, Paris (Herissant Fils) M.DCC.LXVIII. (= 1768).

- Discours sur l'Histoire Ecclésiastique. Nouvelle édition, augmentée des discours, sur la poésie des Hebreux, l'Ecriture Sainte, sur la Prédication, les libertés de l'Eglise Gallicane. On y a joint le discours sur le renouvellement des études Ecclésiastiques depuis le XIVe siècle, par M. l'Abbé Goujet, Paris 1763.
- Histoire ecclésiastique, Bde. 1-20. Histoire ecclésiastique [par J. C. Fabre], pour servir de continuation à celle de Monsier l'Abbé Fleury, Bde 21-36, Paris 1742.
- Mœurs des Israélites et des Chrétiens [1681/82]. Nouvelle édition, Tours 1842.
- Opuscules, 5 Bde., Nismes 1780-1781.

Flögel, Carl Friedrich: Geschichte des menschlichen Verstandes. Dritte vermehrte und verbesserte Auflage, Breslau (Johann Ernst Meyer) 1776.

Fontenelle, Bernard Le Bovier de: Œuvres. Nouvelle Edition, 8 Bde., Paris (Saillant, Desaint, Regnard) M.DCC.LXVII. [= 1767].

- Philosophische Neuigkeiten für Leute von Welt und für Gelehrte. Ausgewählte Schriften, hg. von Helga Bergmann. Übersetzung von Ulrich Kunzmann, Leipzig ²1991 (= Reclam Bibliothek, Bd. 1308).

Friedrich II. von Preussen: Über die deutsche Literatur. Die Mängel, die man ihr vorwerfen kann, ihre Ursachen und die Mittel zu ihrer Verbesserung [1780], in: Die Werke Friedrichs des Grossen in deutscher Übersetzung, Bd. 8: Philosophische Schriften, hg. von Gustav Berthold Volz, Berlin 1913, 74-99.

- [Friedrich II. von Preussen]: Vorrede zum Auszug aus Fleurys Kirchengeschichte [1766], in: Die Werke Friedrichs des Grossen in deutscher Übersetzung, Bd. 8: Philosophische Schriften, hg. von Gustav Berthold Volz, Berlin 1913, 103-112.

Garve, Christian: Einige Beobachtungen über die Kunst zu denken, in: C. G., Versuche über verschiedene Gegenstände aus der Moral, der Litteratur und dem gesellschaftlichen Leben. Zweyter Theil, Breslau 1796 = Gesammelte Werke, hg. von Kurt Wölfel, Hildesheim 1985-1999, Bd. 1/2, 245-430.

Gellert, Christian Fürchtegott: Leben der schwedischen Gräfin von G*** [1750], hg. von Jörg-Ulrich Fechner, Stuttgart 1985.

Gibbon, Edward: The Decline and Fall of the Roman Empire [1776-1788]. With Notes by the Rev. H. H. Milman. A new edition, to which is added a complete index of the whole work, 5 Bde., New York 1880-1884.

Goethe, Johann Wolfgang: Werke, hg. im Auftrage der Grossherzogin Sophie von Sachsen, 4 Abtheilungen, 133 Bde. (in 143), Weimar 1887-1919 = Sophien-Ausgabe.

Goguet, Antoine Yves: De l'origine des loix, des arts, et des sciences, et de leurs progrès chez les anciens peuples, 3 Bde., Paris 1758.

Goldsmith, Oliver: The Life of Lord Bolingbroke [1770], in: O. G., The Miscellaneous Works (The Globe Edition). With Biographical Introduction by Professor Masson, London 1869, 447-472.

Gottsched, Johann Christoph: Erste Gründe der gesammten Weltweisheit, darinn alle philosophische Wissenschaften, in ihrer natürlichen Verknüpfung, in zween Theilen abgehandelt werden. Zum Gebrauche akademischer Lectionen entworfen, mit einer kurzen philosophischen Historie, nöthigen Kupfern und einem Register versehen, 2 Bde., Leipzig ^{7}1762 (= ND Hildesheim, Zürich, New York 1983).

Gottfri(e)d, Johann Ludwig: Historische Chronica Oder Beschreibung Der fürnehmsten Geschichten / so sich von Anfang der Welt / biß auff das Jahr Christi 1619 zugetragen [1629/34]. Nach Außtheilung der vier Monarchien / und beygefügter Jahr-Rechnung / auffs fleissigste in Ordnung gebracht / vermehret / und in acht Theil abgetheilet: Mit viel schönen Contrafaicturen / und Geschichtsmässigen Kupffer-Stücken / zur Lust und Anweisung der Historien / gezieret / an Tag gegeben / und verlegt Durch Weiland Matthaeum Merianum Seel. Jetzo dessen Erben. [Frankfurt a. M.] MDCLXXIV (= 1674).

Grimm, Melchior: Paris zündet die Lichter an. Literarische Korrespondenz. Aus dem Französischen übertragen von Herbert Kühn, mit einer Einleitung hg. von Kurt Schnelle, Leipzig 1981.

Grotius, Hugo: De veritate religionis christianae. Cum notulis Joannis Clerici; Accesserunt ejusdem De eligenda inter Christianos dissentientes Sententia, & contra Indifferentiam Religionum libri duo. Editio novissima, ex collatione optimorum exemplarium emendata, Londini (Joannes Nourse) MDCCLXXII (= 1772).

Haller, Albrecht (von): Über den Ursprung des Übels [1734], in: A. v. H., Versuch Schweizerischer Gedichte. Fünffte Auflage. Nach der vermehrten Vierten verbessert. Göttingen (Abram Vandenhöck) MDCCXXXXIX (= 1749), 122-146.

[Helvétius, Claude-Adrien]: De l'esprit, 2 Bde., Amsterdam (Arkstée & Merkus) M. DCC. LXVIII. (= 1758).

– Poésies de M. Helvetius, Londres M. DCC. LXXXI (= 1781).

Henry, Charles (Ed.): Correspondance inédite de Condorcet et de Turgot 1770-1779 [1883]. Reprint Genève 1970.

Herder, Johann Gottfried: Aelteste Urkunde des Menschengeschlechts [1774/76], in: J. G. H., Sämtliche Werke, hg. von Bernhard Suphan, Bd. 6, Berlin 1883, 193-530 & Bd. 7, Berlin 1884, 1-172.

- Sämmtliche Werke, [hg. von Maria Carolina von Herder, W. G. von Herder, Johannes von Müller u. a.], 45 Theile, Tübingen (J. G. Cotta) 1805-1820.
Hess, Johann Jakob: Bibliothek der heiligen Geschichte. Beyträge zur Beföderung [sic] des biblischen Geschichtsstudiums, mit Hinsicht auf die Apologie des Christenthums, 2 Theile, Frankfurt, Leipzig 1791-1792.
- [Hess, Johann Jakob]: Geschichte Moses. Von dem Verfasser der Lebensgeschichte Jesu, 2 Bände, Zürich (Orell, Geßner, Füeßlin und Comp.) 1777.
Heumann, Christoph August: Poecile sive Epistolae Miscellaneae ad literatissimos aevi nostri viros accedit appendix exhibens dissertationes argumenti rarioris, 12 Teile in 3 Bde., Halae (Renger) MDCCXXII-MDCCXXXII (= 1722-1732).
Hobbes, Thomas: Elemente der Philosophie. Erste Abteilung: Der Körper [1655]. Übersetzt und hg. von Karl Schuhmann, Hamburg 1997 (Philosophische Bibliothek, Bd. 501).
- Vom Menschen [1658]. Vom Bürger [1642]. Elemente der Philosophie II/III. Eingeleitet und hg. von Günter Gawlick, 3. erneuerte Auflage, Hamburg 1994 (Philosophische Bibliothek, Bd. 158).
- Leviathan [1651], ed. by C. B. Macpherson, Harmondsworth 1985 (Penguin Classics).
- The English Works. Now First Collected and Edited by Sir Wm. Molesworth, London 1839-1845.
Hofmann, Johann Jacob: Lexicon universale, historiam sacram et profanam omnis aevi, omniumque gentium; chronologiam ad haec usque tempora; geographiam et veteris et novi orbis; ... Praeterea animalium, plantarum, metallorum, lapidum, gemmarum, nomina, naturas, vires, explanans. Editio absolutissima. 4 Bde., Lugduni Batavorum (Jacob. Hackius, Cornel. Boutesteyn, Petr. Van der Aa, Jord. Luchtmans) MDCXCVIII (= 1698).
Holbach, Paul Henri Thiry d' [unter dem Pseudonym Abbé Bernier]: Théologie portative ou Dictionnaire abrégé de la Religion chrétienne [vorgeblich 1758, faktisch 1768], in: P. H. T. d'H., Œuvres philosophiques. Textes édités par Jean Pierre Jackson, tome 1, Paris 1998, 479-613.
Holberg, Ludvig: Nachricht von meinem Leben in drei Briefen an einen vornehmen Herrn [Epistolae ad virum perillustrem – 1727/43], Leipzig 1982.
Home, Henry, Lord Kames: Elements of Criticism [1762]. With Analyses, and Translations of Ancient and Foreign Illustrations. Ed. by Abraham Mills, New York [2]1833.
Hume, David: An Enquiry concerning the Principles of Morals [1751], ed. Tom L. Beauchamp, Oxford, New York 1998.
- Eine Untersuchung über den menschlichen Verstand [1748], hg. von Jens Kulenkampff, Hamburg 1993.
- Philosophical Works, ed. by. T. H. Green and T. H. Grose, 4 Bde., London [2]1882-1886.
Index librorum prohibitorum Leonis XIII. Sum. Pont. auctoritate recognitus SS. D. N. Benedicti P. XV. iussu editus. Praemittuntur Constitutiones Apostolicae de examine et prohibitione librorum, Romae 1917.
Iselin, Isaak: Pädagogische Schriften nebst seinem pädagogischen Briefwechsel mit Joh. Casp. Lavater und J. G. Schlosser, hg. von Hugo Göring. Mit einer Einleitung von Edmund Meyer. Zum Todessaecularisate Iselins, den 15. Juli 1882, Langen-

salza 1882 (= H. Beyers Bibliothek pädagogischer Klassiker. Eine Sammlung der bedeutendsten pädagogischen Schriften älterer und neuerer Zeit, hg. von Friedrich Mann).
– Pariser Tagebuch 1752, hg. von der Historischen und Antiquarischen Gesellschaft zu Basel mit Unterstützung der Familie Iselin, bearbeitet durch Ferdinand Schwarz, Basel 1919.
– [Iselin, Isaak]: Philosophische und Patriotische Träume eines Menschenfreundes. Dritte und vermehrte Auflage, Zürich (Orell, Gessner und Compagnie) 1762.
– Rez. von Johann Joachim Spalding, Die Bestimmung des Menschen (10. Auflage), in: ADB 11/2 (1770), 261-262.
– [Iselin, Isaak?]: Tableau de Paris. Erinnerungen an Väter. Grosse Städte. Auflagen. Aberglaube, in: Ephemeriden der Menschheit 1781, Teil 2, Leipzig (Göschen) 1781, 657-683.
– Über die Geschichte der Menschheit [1764]. Neue und verbesserte Auflage, 2 Bde., Zürich (Orell, Gessner und Comp.) 1768 = GM 1768 1-2.
– Über die Geschichte der Menschheit [1764]. Neue verbesserte Auflage, 2 Bde., Zürich (Orell, Gessner, Füesslin und Comp.) 1770 = GM 1770 1-2.
– Über die Geschichte der Menschheit [1764]. Neue mit dem Leben des Verfassers vermehrte Auflage, 2 Bde., Carlsruhe (Christian Gottlieb Schmieder) 1791 (= Sammlung der besten deutschen prosaischen Schriftsteller und Dichter, Theile 138 und 139) = GM 1791 1-2.
– Isaac Iselins Vermischte Schriften, 2 Bde., Zürich (Orell, Gessner, Füessli und Comp.) 1770.
– [Iselin, Isaak]: Versuch über die gesellige Ordnung, Basel (Johann Schweighauser) 1772.
– Zehn Briefe an Thomas Abbt, hg. von Louis Frison, in: Recherches Germaniques, Bd. 6 (1976), 250-268.
Jean Paul [eigtl. Johann Paul Friedrich Richter]: Dämmerungen für Deutschland [1809], in: J.P., Sämtliche Werke, hg. von Norbert Miller, Abt. I, Bd. 5, Darmstadt 2000, 917-1035.
Jefferson, Thomas: Notes on the State of Virginia [1785]. Edited with an Introduction and Notes by Frank Shuffelton, New York, London 1999 (= Penguin Classics).
[Jerusalem, Johann Friedrich Wilhelm]: Betrachtungen über die vornehmsten Wahrheiten der Religion an Se. Durchlaucht den Erbprinzen von Braunschweig und Lüneburg, 2 in 3 Bdn., Braunschweig (Fürstl. Waisenhaus-Buchhandlung) 1772-1779 (Bd. 1 in 4. Auflage).
– Betrachtungen über die vornehmsten Wahrheiten der Religion. An Se. Durchlaucht den Erbprinzen von Braunschweig und Lüneburg. [Theil 1], Frankfurt und Leipzig ^{5}1773; Theil 2, Frankfurt und Leipzig 1775; Theil 3, Frankfurt und Leipzig 1780 = BVWR 1-3.
– Briefe über die Mosaischen Schriften und Philosophie. Erste Sammlung. Zweyte Auflage, Braunschweig (Waisenhaus-Buchhandlung) 1772.
– Fortgesetzte Betrachtungen über die vornehmsten Wahrheiten der Religion an Se. Durchlaucht den Erbprinzen von Braunschweig und Lüneb., Braunschweig 1772.

- Lehre von der moralischen Regierung Gottes über die Welt oder Die Geschichte vom Falle. Aus dem zweyten Bande des zweyten Theiles der Betrachtungen über die vornehmsten Wahrheiten der Religion, Braunschweig 1780.
- Fortgesetzte Betrachtungen über die vornehmsten Wahrheiten der Religion. Hinterlassne Fragmente = J. F. W. J., Nachgelassene Schriften, [hg. von Philippine Charlotte Jerusalem]. Erster Theil, Braunschweig (Verlag der Schulbuchhandlung) 1792 = NS 1.
- Nachgelassene Schriften, [hg. von Philippine Charlotte Jerusalem]. Zweiter und letzter Theil, Braunschweig (Verlag der Schulbuchhandlung) 1793 = NS 2.
- Sammlung einiger Predigten vor den Durchlauchtigsten Herrschaften zu Braunschw. Lüneb. Wolffenbüttel gehalten. Neue verbesserte Auflage, Braunschweig 1753.
- Über die deutsche Sprache und Literatur. An Ihro Königliche Hoheit die verwittwete Frau Herzogin von Braunschweig und Lüneburg [1781], in: Über die deutsche Literatur. Aufsatz von J. F. W. Jerusalem als Entgegnung auf die Abhandlung Friedrichs des Grossen, Braunschweig 1963, 45-64.
- Zweite Sammlung einiger Predigten vor den Durchlauchtigsten Herrschaften zu Braunschw. Lüneb. Wolffenbüttel gehalten, Braunschweig 1752.

Johnson, Samuel: A Dictionary of the English Language: In Which the Words Are Deduced from Their Originals Explained in Their Different Meanings, and Authorized by the Names of the Writers in Whose Works They Are Found [1755]. Abridged from The Rev. H. J. Todd's Corrected and Enlarged Quarto Edition, by Alexander Chalmers, Reprint New York 1994.
- Selected Poetry and Prose. Edited with an Introduction and Notes by Frank Brady and W. K. Wimsatt, Berkeley, Los Angeles, London 1977.

Kant, Immanuel: Gesammelte Schriften. Herausgegeben von der Königlich Preussischen Akademie der Wissenschaften. 1. Abtheilung: Werke, 9 Bde., Berlin, Leipzig 1902-1923 = AA.
- Werke in zehn Bänden, hg. von Wilhelm Weischedel, Sonderausgabe, Darmstadt 1983 = WW.

Kleist, Heinrich von: Ueber das Marionettentheater, in: H. v. K., Werke in sechs Teilen. Auf Grund der Hempelschen Ausgabe neu hg. von Hermann Gilow, Willy Manthey, Wilhelm Waetzoldt, 5. Teil: Vermischte Aufsätze, hg. von Wilhelm Waetzoldt, Berlin, Leipzig, Wien, Stuttgart, o. J., 73-79.

Krünitz, Johann Georg [u. a.]: Oeconomische Encyclopädie oder allgemeines System der Land-Haus-und Staats-Wirthschaft in alphabetischer Ordnung, 242 Bde., Berlin 1773-1858.

Lavater, Johann Caspar: Ausgewählte Werke. Bd. 2: Aussichten in die Ewigkeit, 1768-1773/78, hg. von Ursula Caflisch-Schnetzler, Zürich 2001.
- [Lavater, Johann Caspar]: Aussichten in die Ewigkeit, in Briefen an Herrn Joh. George Zimmermann. Zwote Auflage, Zürich (Orell, Geßner, Füeßli und Comp.) 1770.

Leibniz, Gottfried Wilhelm: Die Theodizee [1710]. Übersetzung von Artur Buchenau. Einführender Essay von Morris Stockhammer, Hamburg 1968 (= Philosophische Bibliothek, Bd. 71).

- Philosophische Schriften, hg. und übersetzt von Hans Heinz Holz, 5 Bde., Frankfurt a. M. 1996.
- Schriften und Briefe zur Geschichte, hg. von Malte-Ludolf Babin und Gerd van den Heuvel, Hannover 2004.

Le Moyne, Pierre, S.J.: Of the Art both of Writing & Judging of History, with Reflections upon Ancient as well as Modern Historians. Shewing Through what Defects there are so few Good, and that it is Impossible there should be many so much as Tolerable, London 1695.

[Lenglet du Fresnoy, Nicolas]: Méthode pour étudier l'histoire, où [sic] aprés [sic] avoir établi les principes & l'ordre qu'on doit tenir pour la lire utilement, on fait les remarques necessaires pour ne se pas laisser tromper dans sa lecture: avec un Catalogue des principaux Historiens, & des remarques critiques sur la bonté de leurs Ouvrages, & sur le choix des meilleurs Editions; considerablement augmenté par J[ohann] B[urckhard] Mencke. Dernière édition, revuë selon les copies de Paris & de Bruxelles & exactement corrigée, Leipzig 1714.

Lenz, Jakob Michael Reinhold: Philosophische Vorlesungen für empfindsame Seelen. Faksimiledruck der Ausgabe Frankfurt und Leipzig 1780. Mit einem Nachwort hg. von Christoph Weiß, St. Ingbert 1994.

Lecoq, Anne-Marie (Ed.): La Querelle des Anciens et des Modernes XVIIe-XVIIIe siècles. Précédé de *Les abeilles et les araignées,* essai de Marc Fumaroli, Paris 2001 (= Folio-classique 3414).

Lessing, Gotthold Ephraim: Die Erziehung des Menschengeschlechts [1777/80] und andere Schriften. Nachwort von Helmut Thielicke, Stuttgart 1991 (= RUB 8968).
- Sämmtliche Schriften. Neue rechtmässige Ausgabe. [Hg. von Karl Lachmann], 13 Bde., Berlin 1838-1840.
- Werke, hg. von Herbert G. Göpfert u. a., 8 Bde., Darmstadt 1996.
- Werke 1778-1781, hg. von Arno Schilson und Axel Schmitt = Werke und Briefe, hg. von Wilfried Barner u. a., Bd. 10, Frankfurt a. M. 2001.

Leu, Hans Jacob: Helvetisches, Eydgenössisches Oder Schweitzerisches Lexicon ..., 20 Teile, Zürich (Hans Ulrich Denzler) 1747-1765.

Lichtenberg, Georg Christoph: Einige Betrachtungen über die physischen Revolutionen auf unsrer Erde, in: Göttinger Taschen Calender für das Jahr 1794, [Göttingen] (Joh. Christ. Dieterich) [1793], 79-112 (Reprint Mainz 1993).
- Schriften und Briefe, hg. von Wolfgang Promies, 4 Bde. und 2 Kommentar-Bände, Frankfurt a. M. 1994.
- Vermischte Schriften. Neue vermehrte, von den Söhnen veranstaltete Original-Ausgabe, 14 Bde., Göttingen 1844-1853.

Lossius, Johann Christian: Neues philosophisches allgemeines Real-Lexicon oder Wörterbuch der gesammten philosophischen Wissenschaften in einzelnen, nach alphabetischer Ordnung der Kunstwörter auf einander folgenden Artikeln, 4 Bde., Erfurt (J. E. G. Rudolphi) 1803-1805.

Mably, Gabriel Bonnot de: Collection complète des Œuvres de l'Abbé de Mably, [hg. von M. Arnoux], 15 Bde., Paris (Ch. Desbrière), An III (= 1794-1795).

- De l'étude de l'histoire, à Monseigneur le Prince de Parme. Nouvelle edition revue et corrigée, Mastreicht (Cavelier), Paris (Barrois/Bailly) M.DCC.LXXVIII. (= 1778).
- Des droits et des devoirs du citoyen [1789]. Edition critique avec introduction et notes par Jean-Louis Lecercle, Paris 1972.

Madden, Samuel: Memoirs of the Twentieth Century. Being Original Letters of State under George the Sixth [1733]. With an Introduction by Malcolm J. Bosse, New York, London 1972.

Malebranche, Nicolas: Abhandlung von der Natur und der Gnade [1712]. Aus dem Französischen übersetzt, eingeleitet und hg. von Stefan Ehrenberg, Hamburg 1993.
- De la recherche de la vérité [1674/1712], 4 Bde., Paris (Libraires Associés) MDCCLXXII (= 1772).

Malthus, Thomas Robert: An Essay on the Principle of Population [1798], and A Summary View of the Principle of Population [1830]. Edited with an Introduction by Anthony Flew, London, New York 1985 (Penguin Classics).

Meiners, Christoph: Grundriss der Geschichte der Menschheit, Frankfurt a. M., Leipzig 1786.

Mendelssohn, Moses: Jerusalem, oder über religiöse Macht und Judenthum, Berlin 1783.
- Rezensionsartikel in Allgemeine deutsche Bibliothek (1765-1784). Literarische Fragmente, bearbeitet von Eva J. Engel = Gesammelte Schriften. Jubiläumsausgabe, Bd. 5/2, Stuttgart 1991.

Mercier, Louis-Sébastien: Das Jahr 2440. Ein Traum aller Träume. Deutsch von Christian Felix Weiße. Hg., mit Erläuterungen und einem Nachwort versehen von Herbert Jaumann, Frankfurt a. M. 1982 (Phantastische Bibliothek, Bd. 50).
- [Mercier, Louis-Sébastien]: L'an deux mille quatre cent quarante. Rêve s'il en fut jamais [1771], Londres [recte: Neuchâtel?] M.DCC.LXXVI. (= 1776) = L'An 2440 [1776].
- L'An 2440. Rêve s'il en fut jamais [1771]. Introduction et notes par Christophe Cave et Christine Marcandier-Colard, Paris 1999 (= La Découverte poche 76).
- Le tableau de Paris [1781/88]. Edition établie sous la direction de Jean-Claude Bonnet, 2 Bde., Paris 1994.
- Mon bonnet de nuit, 2 Bde., Neuchâtel M.DCC.LXXXIV. (= 1784).
- Pariser Nahaufnahmen. Tableau de Paris. Ausgewählt, übersetzt und mit einem Nachwort versehen von Wolfgang Tschöke, Frankfurt a. M. 2000 (= Die andere Bibliothek, Bd. 182).

Merck, Johann Heinrich: Werke. Ausgewählt und hg. von Arthur Henkel, mit einer Einleitung von Peter Berglar, Frankfurt a. M. 1968.

Meslier, Jean: Das Testament des Abbé Meslier [1718/64]. Die Grundschrift der modernen Religionskritik, hg. von Hartmut Krauss [Text identisch mit der Suhrkamp-Ausgabe von 1976], Osnabrück 2005.

Michaelis, Johann David: Dogmatik. Zweite umgearbeitete Ausgabe, Göttingen 1784.

Millar, John: Vom Ursprung des Unterschieds in den Rangordnungen und Ständen der Gesellschaft [1771/79]. Übersetzt von Herbert Zirker. Mit einer Einleitung von William C. Lehmann, Frankfurt a. M. 1985 (= stw 483).

Moeller, Bernd (Hg.): Kirchengeschichte. Deutsche Texte 1699-1927, Frankfurt a. M. 1994 (= Bibliothek deutscher Klassiker, Bd 121 = Bibliothek der Geschichte und Politik, Bd. 22).

Montesquieu, Charles de Secondat, Baron de La Brède et de: De l'Esprit des lois [1748]. Texte établi avec introduction, notes et relevé de variantes par Gonzague Truc, 2 Bde., Paris 1961.

- Œuvres. Nouvelle Edition, revue, corrigée & considérablement augmentée. 7 Bde., Amsterdam, Leipzig (Arkstée et Merkus) M.DCC.LXXI-M.DCC.LXXII. (= 1771-1772).

Moréry, Louys [Louis Moréri]: Le grand dictionaire historique ou Le mélange curieux de l'histoire sacrée et profane qui contient en abregé les vies et les actions remarquables ... Neuvième édition, où l'on a mis le Supplément dans le même ordre Alphabetique, corrigé les fautes censurées dans le Dictionaire Critique de Mr. Bayle & grand nombre d'autres, & ajouté plus de 600 articles et remarques importantes [hg. von Jean Le Clerc], 4 Bde., Amsterdam, La Haye (aux Dépens de la Compagnie) M.DCCII. (= 1702).

Morhof, Daniel Georg: Polyhistor, in tres tomos, literarium, ..., philosophicum et practicum ... divisus [1688/1707]. Opus posthumum, ut multorum votis satisfieret, Accurate revisum, emendatum, ex Autoris Annotationibus ... atque II. praefixis (quarum prior Morhofii vitam et scripta ...) illustratum à Johanne Möllero ..., Lubecae (Petri Böckmanni), Anno MDCCVIII (= 1708).

Möser, Justus: Patriotische Phantasien. Ausgewählte Schriften, hg. von Wilfried Zieger, Leipzig 1986.

Mosheim, Johann Lorenz von: Institutionum historiae ecclesiasticae antiquae et recentioris libri quatuor ex ipsis fontibus insigniter emendati, plurimis accessionibus locupletati, variis observationibus illustrati, Helmstadii (Christian Friedrich Weygand/Officina Breitkopfia) MDCCLV (= 1755).

- Vollständige Kirchengeschichte des Neuen Testaments, aus dessen gesammten grössern Werken und andern bewährten Schriften mit Zusätzen vermehret und bis auf die neuern Zeiten fortgesetzet von Johann Rudolph Schlegel, 7 Bde., Heilbronn, Rothenburg (Eckebrecht u. a.) 1770-1796.

Müller, Johannes von: Das Christenthum. Gespräch mit Frau v. B. in Hof Geissmar [1782], in: J. v. M., Sämmtliche Werke, hg. von Johann Georg Müller, 25. Theil, Stuttgart, Tübingen (J. G. Cotta) 1833, 187-200.

Nicolai, Friedrich – Isaak Iselin: Briefwechsel (1767-1782). Edition, Analyse, Kommentar = Holger Jacob-Friesen (Hg.), Profile der Aufklärung, Bern, Stuttgart, Wien 1997 (= Schweizer Texte, NF Bd. 10).

Nicolai, Friedrich: Einige Bemerkungen über den Ursprung und die Geschichte der Rosenkreuzer und Freymaurer. Veranlasst durch die sogenannte historisch-kritische Untersuchung des Herrn Hofraths Buhle über diesen Gegenstand, Berlin, Stettin 1806.

- Gespräch über das jetzige verderbte Zeitalter [1805], in: F. N., Philosophische Abhandlungen. Grösstentheils vorgelesen in der Königl. Akademie der Wissenschaft zu Berlin, Bd. 1, Berlin, Stettin 1808, 253-280.

- Ueber meine gelehrte Bildung, über meine Kenntniss der kritischen Philosophie und meine Schriften dieselbe betreffend, und über die Herren Kant, J.B. Erhard, und Fichte. Eine Beylage zu den neun Gesprächen zwischen Christian Wolf und einem Kantianer, Berlin, Stettin 1799 (= ND unter Friedrich Nicolai, Gesammelte Werke, hg. von Bernhard Fabian und Marie-Luise Spieckermann, Bd. 1/2, Hildesheim 1997).

[Owen, William et alii]: A New and Complete Dictionary of Arts and Sciences; Comprehending All the Branches of Useful Knowledge, with Accurate Descriptions as well of the various Machines, Instruments, Tools, Figures and Schemes necessary for illustrating them, as of The Classes, Kinds, Preparations, and Uses of Natural Productions, whether Animals, Vegetables, Minerals, Fossils, or Fluids, Together with The Kingdoms, Provinces, Cities, Towns, and other Remarkable Places throughout the World. Illustrated with above Three Hundred Copper-Plates, curiously engraved by Mr. Jefferys, Geographer and Engraver to his Royal Highness the Prince of Wales. The Whole extracted from the Best Authors in all Languages. By a Society of Gentlemen, 4 Bde. in 8 Teilbänden, London (W. Owen) MDCCLIV-MDCCLV (= 1754-1755).

Petavius, Dionysius: Rationarum temporum in partes tres Libros quatuordecim distributum. In quo ætatum omnium sacra profanaque historia Chronologicis probationibus munitaa summatum traditur. Editio novissima Ad hæc tempora perducta; Tabulis Chronologicis atque Notis historicis & Dissertationibus auctior facta, Paris (Florentinus & Delaulne) MDCCIII. (= 1703, Bde. 1 und 2) und MDCCII. (= 1702, Bd. 3).

Pontano, Giovanni: Dialoge. Übersetzt von Hermann Kiefer, mit einer Einleitung von Ernesto Grassi. Lateinisch-deutsche Ausgabe, München 1984 (= Humanistische Bibliothek, hg. von Ernesto Grassi u. a., Reihe II: Texte, Bd. 15).

Pope, Alexander: An Essay on Man [1733/34]. Edited by Maynard Mack = The Twickenham Edition of the Poems of Alexander Pope, Bd. 3/1, London 1950.

- The Works. With an Introduction by Andrew Crozier, Ware (Hertfordshire) 1995.

Rapin (de) Thoyras, Paul: Histoire d'Angleterre, 10 Bde., La Haye (Alexandre de Rogissart) 1724-1727.

Raynal, Guillaume/Denis Diderot: Die Geschichte beider Indien. Ausgewählt und erläutert von Hans-Jürgen Lüsebrink, Nördlingen 1988 (= Die Andere Bibliothek, Bd. 42).

- [Raynal, Guillaume Thomas/Denis Diderot]: Histoire philosophique et politique des Etablissements & du Commerce des Européens dans les deux Indes, 7 Bde., La Haye (Gosse fils), M.DCC.LXXVI. (= 1776).

Reimarus, Hermann Samuel: Allgemeine Betrachtungen über die Triebe der Thiere, hauptsächlich über ihre Kunsttriebe. Zur Erkenntniss des Zusammenhanges der Welt, des Schöpfers, und unser selbst [1760], Bd. 2, Wien (F.A. Schrämbl) 1790.

- Die vornehmsten Wahrheiten der natürlichen Religion in zehn Abhandlungen auf eine begreifliche Art erkläret und gerettet [1754]. Zweyte, verbesserte Auflage, Hamburg (Johann Carl Bohn) 1755.

Robertson, William: The Works. Containing the History of America, Reign of Charles the Fifth, History of Scotland, and Disquisition Concerning India. In two volumes,

Comprising the Twelve Volumes of Other Editions. University Edition, London (Jones and Co.) 1828.

Rollin, Charles: Historie alter Zeiten und Völker, der Aegyptier, Carthaginenser, Assyrer, Babylonier, Meder, Perser, Macedonier und Griechen. Aus dem Französischen übersetzet von M. Gottfried Ephraim Müller. Erster Theil, Dresden, Leipzig (Friedrich Hekel) 1738.

Rosenmüller, Johann Georg: Abhandlung über die älteste Geschichte der Erde welche Moses im ersten Kapitel seines ersten Buches beschrieben, aus dem Lateinischen übersetzet, mit einem Anhang vermehret und von dem Herrn Verfasser übersehen und gebilliget, Nürnberg (Johann Eberhard Zeh) 1782.

Rousseau, Jean-Jacques: Diskurs über die Ungleichheit. Discours sur l'inégalité. Kritische Ausgabe des integralen Textes. Mit sämtlichen Fragmenten und ergänzenden Materialien nach den Originalausgaben und den Handschriften neu ediert, übersetzt und kommentiert von Heinrich Meier, Paderborn, München, Wien, Zürich ^{5}2001.

– Œuvres complètes. Edition publiée sous la direction de Bernard Gagnebin et Marcel Raymond, 5 Bde., Paris 1959-1995 (= Bibliothèque de la Pléiade).

Schade, Georg: Die unwandelbare und ewige Religion (1760). Dokumente. Hg. und eingeleitet von Martin Mulsow, Stuttgart-Bad Cannstatt 1999 (= Freidenker der europäischen Aufklärung, Abteilung 1: Texte, Bd. 4).

Schiller, Friedrich von: Etwas über die erste Menschengesellschaft nach dem Leitfaden der Mosaischen Urkunde, in: Schillers sämmtliche Werke in zwölf Bänden [hg. von C. G. Körner], Bd. 10, Stuttgart, Tübingen 1838, 387-408.

– Was heisst und zu welchem Ende studirt man Universalgeschichte? Eine akademische Antrittsrede [1789], in: Schillers sämmtliche Werke in zwölf Bänden [hg. von C. G. Körner], Bd. 10, Stuttgart, Tübingen 1838, 362-386.

[Schlosser, Johann Georg]: Anti-Pope oder Versuch über den natürlichen Menschen. Nebst einer neuen prosaischen Uebersetzung von Pope's Versuch über den Menschen, Bern (Beat Ludwig Walthard) 1776.

Schlözer, August Ludwig: Vorstellung seiner Universal-Historie [1772/73]. Mit Beilagen neu hg. von Horst Walter Blanke, Waltrop 1997 (= Wissen und Kritik, Bd. 11).

Schroeckh, Johann Matthias: Christliche Kirchengeschichte, 35 Theile, Frankfurt, Leipzig 1768-1803.

Semler, Johann Salomo: Lebensbeschreibung von ihm selbst abgefasst, 2 Theile, Halle 1781-1782.

– Neue Versuche, die Kirchenhistorie der ersten Jahrhunderte mehr aufzuklären [1788], in: Bernd Moeller (Hg.), Kirchengeschichte. Deutsche Texte 1699-1927, 164-189.

Simon, Richard: Histoire Critique du Vieux Testament. Nouvelle Edition, & qui est la premiere imprimée sur la Copie de Paris, augmentée d'une Apologie generale & de plusieurs Remarques Critiques. On a de-plus ajouté à cette Edition une Table des matieres, & tout ce qui a été imprimé jusqu'à present à l'occasion de cette Histoire Critique, Rotterdam (Reinier Leers), M.DC.LXXXV. (= 1685).

Sleidanus, Johannes: De qvatvor summis imperiis libri tres [1556]. Postrema editione hac accurate recogniti, Lugdunum Batavorum (Officina Elzeviriana) MDCXXXI (= 1631).

[Smellie, William et alii]: Encyclopaedia Britannica; or, a Dictionary of Arts and Sciences, Compiled upon a New Plan. In Which the Different Sciences and Arts are Digested into Distinct Treatises or Systems; and the Various Technical Terms, &c. are Explained as They Occur in the Order of the Alphabet. By a Society of Gentlemen in Scotland, 3 Bde., Edinburgh 1771.

Spalding, Johann Joachim: Die Bestimmung des Menschen [1748], Wien (Johann Thomas von Trattnern) 1769.

- Bestimmung des Menschen (1748) und Wert der Andacht (1755). Mit einer Einleitung neu hg. von Horst Stephan, Giessen 1908 (= Studien zur Geschichte des neueren Protestantismus, Quellenheft 1).
- Die Bestimmung des Menschen [1748/68], in: Norbert Hinske (Hg.), Die Bestimmung des Menschen = Aufklärung, Jg. 11 (1999), Heft 1, 69-95.
- Neue Predigten, 2 Bde., Frankfurt, Leipzig ³1788.
- Religion, eine Angelegenheit des Menschen, hg. von Tobias Jersak und Georg Friedrich Wagner = J.J.S., Kritische Ausgabe, hg. von Albrecht Beutel. Erste Abteilung: Schriften, Bd. 5, Tübingen 2001.

Spener, Philipp Jacob: Pia desideria [1675/76], hg. von Kurt Aland, Berlin ³1964 (= Kleine Texte für Vorlesungen und Übungen, Bd. 170).

Spinoza, Baruch de: Theologisch-Politischer Traktat [1670]. Auf der Grundlage der Übersetzung von Carl Gebhardt neu bearbeitet, eingeleitet und hg. von Günter Gawlick = B. d. S., Sämtliche Werke in sieben Bänden, hg. von Carl Gebhardt, Bd. 3, Hamburg 1976.

Spittler, Ludwig Timotheus: Grundriss der Geschichte der christlichen Kirchen. In der fünften Auflage bis auf unsere Zeit herab fortgeführt von Gottlieb Jakob Planck, Reutlingen 1814.

Stolle, Gottlieb: Anmerckungen über Gottfried Arnolds Kurtz-gefasste Kirchenhistorie des Alten und Neuen Testaments. Allen Liebhabern der Kirchen-Historie zu Liebe herausgegeben, Jena (Johann Meyers Erben) 1744.

Stolz, Johann Jackob: Predigten über die evangelische Geschichte, 3 Bde., Frankfurt am Mayn (Eßlingersche Buchhandlung) 1783.

Teller, Wilhelm Abraham: Religion der Vollkommnern als Beylage zu desselben Wörterbuch und Beytrag zur reinen Philosophie des Christenthums, Berlin 1792.

- Wörterbuch des Neuen Testaments zur Erklärung der christlichen Lehre [1772]. Vierte mit Zusätzen und einem Register vermehrte Auflage, Berlin (August Mylius) 1785.

Thümmel, Moritz August von: Sämmtliche Werke, 8 Bde., Leipzig 1853-1854.

[Tillemont, Sébastien Le Nain de]: Histoire des Empereurs et des autres Princes Qui ont regné durant les six premiers siecles de l'Eglise, des persecutions qu'ils ont faites aux Chrétiens, de leurs guerres contre les Juifs, des Ecrivains profanes, & des personnes les plus illustres de leurs temps. Justifiée par les Citations des Auteurs originaux. Avec des Notes pour éclaircir les principales difficultez de l'histoire, 5 Bde. in 12 Teilen, Paris (Charles Robustel), Bruxelles (Eugene Henry Fricx) M.DC.XCII-M.DCC.X [= 1692-1710].

- Mémoires pour servir à l'histoire ecclésiastique des six premiers siècles, justifiez par les citations des auteurs originaux, avec une chronologie où l'on fait un abrégé de

l'histoire ecclésiastique. Seconde édition [ed. par Michel Tronchay], 16 Bde., Paris 1701-1712.
- Vie de Saint Louis roi de France. Publiée pour la première fois d'après le manuscrit de la Bibliothèque Royale et accompagnée de notes et d'éclaircissements par Jules de Gaulle, 6 Bde., Paris 1847-1851.

Toland, John: Christianity Not Mysterious [1696]. Text, Associated Works and Critical Essays, ed. by Philip McGuinness, Alan Harrison and Richard Kearney, Dublin 1997.

Turgot, Anne Robert Jacques: Ecrits économiques. Préface de Bernard Cazes, Paris 1970.
- Formation et distribution des Richesses. Textes choisis et présentés par Joël-Thomas Ravix et Paul-Marie Romani, Paris 1997.
- Œuvres de Turgot et documents le concernant. Avec Biographie et Notes par Gustave Schelle, 5 Bde., Paris 1913-1923 (= Reprint Glashütten 1972) = OT 1-5.
- Über die Fortschritte des menschlichen Geistes, hg. von Johannes Rohbeck und Lieselotte Steinbrügge, Frankfurt a. M. 1990 (= stw 657).

Vico, Giambattista: Die neue Wissenschaft über die gemeinschaftliche Natur der Völker. Nach der Ausgabe von 1744 übersetzt und eingeleitet von Erich Auerbach. 2. Auflage mit einem Nachwort von Wilhelm Schmidt-Biggemann, Berlin, New York 2000.
- La scienza nuova seconda. Giusta l'edizione del 1744 con le varianti dell'edizione del 1730 e di due redazioni intermedie inedite. A cura di Fausto Nicolini. Terza edizione riveduta = Giambattista Vico, Opere IV/1 und IV/2, 2 Bde., Bari 1942 = SN².
- Liber metaphysicus (De antiquissima Italorum sapientia liber primus) 1710. Risposte 1711-1712. Aus dem Lateinischen und Italienischen ins Deutsche übertragen von Stephan Otto und Helmut Viechtbauer. Mit einer Einleitung von Stephan Otto, München 1979 (= Die Geistesgeschichte und ihre Methoden, Bd. 5/1).
- Prinzipien einer neuen Wissenschaft über die gemeinsame Natur der Völker [1744]. Übersetzt von Vittorio Hösle und Christoph Jermann und mit Textverweisen von Christoph Jermann. Mit einer Einleitung «Vico und die Idee der Kulturwissenschaft» von Vittorio Hösle, 2 Teilbde., Hamburg 1990 (= Philosophische Bibliothek, Bd. 418a und 418b).
- The New Science. Unabridged Translation of the Third Edition (1744) with the Addition of «Practice of the New Science». Translated by Thomas Goddard Bergin and Max Harold Fisch, Ithaca, London 1984.

Voltaire: Candide ou l'optimisme [1759], in: V., Romans. Présenté par Roger Peyrefitte, Paris 1961, 143-245.
- Dictionnaire philosophique [1764/72]. Chronologie et préface par René Pomeau, Paris 1964.
- Essai sur les mœurs et l'esprit des nations [1756]. Introduction, bibliographie, relevé de variantes, notes et index par René Pomeau, 2 Bde., Paris 1963.
- Lettres philosophiques ou Lettres anglaises [1733/39] Avec le texte complet des remarques sur les *Pensées* de Pascal, ed. par Raymond Naves, Paris 1964.

- Œuvres complètes, 70 Bde., [Kehl] (Imprimerie de la Société Littéraire-Typographique 1784-1789. 2 Bde. Table analytique et raisonnée des matières, Paris (Deterville) 1801 = OC Kehl 1-72.
- Œuvres historiques. Texte établi, annoté et présenté par René Pomeau, Paris 1962 (= Bibliothèque de la Pléiade, Bd. 120).
- Streitschriften, hg. von Martin Fontius, Berlin 1981.

Walch, Johann Georg: Kontroversstücke gegen die Wolffsche Metaphysik. Vorwort von Jean Ecole, Hildesheim 1990.
- Philosophisches Lexicon, darinnen die in allen Theilen der Philosophie, als Logic, Metaphysic, Physic, Pneumatic, Ethic, natürlichen Theologie und Rechtsgelehrsamkeit, wie auch Politic fürkommenden Materien und Kunst-Wörter erkläret, und aus der Historie erläutert; die Streitigkeiten der ältern und neuern Philosophen erzehlet, die dahin gehörigen Bücher und Schrifften angeführet, und alles nach Alphabetischer Ordnung vorgestellet worden, mit nöthigen Registern versehen und herausgegeben. Zweyte verbesserte und mit denen Leben alter und neuer Philosophen vermehrte Auflage, Leipzig (Joh. Friedrich Gleditschers seel. Sohn) 1733.

[Wieland, Christoph Martin?]: [Rezension von Mercier, L'an 2440], in: Erfurtische gelehrte Zeitung, 22. Stück, 16. März 1772, 169-171.
- Ueber die von J. J. Rousseau vorgeschlagenen Versuche den wahren Stand der Natur des Menschen zu entdecken. Nebst einem Traumgespräch mit Prometheus, in: C. M. W., Sämmtliche Werke, Bd. 29, Leipzig 1857, 201-239.

Will, Georg Andreas: Einleitung in die historische Gelahrtheit und die Methode, die Geschichte zu lehren und zu lernen [1766], hg. von Horst Walter Blanke, in: Dilthey-Jahrbuch für Philosophie und Geschichte der Geisteswissenschaften, Bd. 2 (1984), 222-265.

Wolff, Christian: Oratio de Sinarum philosophia practica. Rede über die praktische Philosophie der Chinesen [1721/26]. Übersetzt, eingeleitet und hg. von Michael Albrecht, Hamburg 1985.
- Moral, oder Vernünfftige Gedancken von der Menschen Thun und Lassen, zu Beförderung ihrer Glückseeligkeit, Halle (Renger) 1720.
- Philosophia rationalis sive logica, Frankfurt, Leipzig ^{3}1740.
- Politik, oder Vernünfftige Gedancken von dem gesellschafftlichen Leben der Menschen und insonderheit dem gemeinen Wesen, zu Beförderung der Glückseeligkeit des menschlichen Geschlechtes, Halle (Renger) 1721.
- Vernünfftige Gedancken von Gott, Der Welt und der Seele des Menschen, Auch allen Dingen überhaupt, Den Liebhabern der Wahrheit mitgetheilet. Neue Auflage hin und wieder vermehret, Halle (Renger) 1751.

Zimmermann, Johann Georg: Von der Einsamkeit [Fassung 1773], Frankfurt, Leipzig 1780.

Zollikofer, Georg Joachim: Einige Betrachtungen über das Uebel in der Welt; Nebst einer Warnung vor den Sünden der Unkeuschheit; und andern Predigten [1777]. Zweyte Auflage, Leipzig (Weidmanns Erben und Reich) 1784.

Sekundärliteratur

Agethen, Manfred: Geheimbund und Utopie. Illuminaten, Freimaurer und deutsche Spätaufklärung. Studienausgabe, München 1987.

Ahlers, Bodo: Die Unterscheidung von Theologie und Religion. Ein Beitrag zur Vorgeschichte der Praktischen Theologie im 18. Jahrhundert, Gütersloh 1980.

Albano, Maeve Edith: Vico and Providence, New York, Bern, Frankfurt a.M. 1986 (= Emory Vico Studies, Bd. 1).

Albrecht, Christoph V.: Geopolitik und Geschichtsphilosophie 1748-1798, Berlin 1998.

Aldridge, Alfred Owen: Jonathan Edwards, New York 1964.

Alkon, Paul: The Paradox of Technology in Mercier's *L'An 2440*, in: Klaus L. Berghahn/Reinhold Grimm (Ed.), Utopian Vision, Technological Innovation and Poetic Imagination, Heidelberg 1990, 43-62.

Alt, Peter-André: Aufklärung, Stuttgart, Weimar 1996 (= Lehrbuch Germanistik).

Altmann, Alexander: Die trostvolle Aufklärung. Studien zur Metaphysik und politischen Theorie Moses Mendelssohns, Stuttgart-Bad Cannstatt 1982 (= Forschungen und Materialien zur deutschen Aufklärung, Abt. II/Bd. 3).

Aner, Karl: Die Theologie der Lessingzeit, Halle/Saale 1929.

– Zum Paulusbild der deutschen Aufklärung, in: Harnack-Ehrung. Beiträge zur Kirchengeschichte. Ihrem Lehrer Adolf von Harnack zu seinem 70. Geburtstage (7. Mai 1921) dargebracht von einer Reihe seiner Schüler, Leipzig 1921, 366-376.

Angehrn, Emil: Die Unabgeschlossenheit des Vergangenen. Erinnerung, Wiederholung und Neubeginn bei Walter Benjamin und Jacques Derrida, in: RISS. Zeitschrift für Psychoanalyse. Freud – Lacan. Erinnern und Vergessen, Jg. 16 (2001/II), Heft 51, 43-62.

– Geschichte und Identität, Berlin, New York 1985 (Habil. phil. Berlin 1983).

– Geschichtsphilosophie, Stuttgart, Berlin, Köln 1991.

– Ursprungsmythos und Geschichtsdenken, in: Herta Nagl-Docekal (Hg.), Der Sinn des Historischen, 305-332.

– Vom Sinn der Geschichte, in: Volker Depkat/Matthias Müller/Andreas Urs Sommer (Hg.), Wozu Geschichte(n)? Selbstvergewisserung und Wandel in geschichtstheoretischen und geschichtsphilosophischen Gegenwartsdebatten, Stuttgart 2004, 15-30.

Ankersmit, Frank A.: Die postmoderne «Privatisierung» der Vergangenheit, in: Herta Nagl-Docekal (Hg.), Der Sinn des Historischen, 201-234.

Annandale, E.T.: Johann Gottlob Benjamin Pfeil and Louis-Sébastien Mercier, in: Revue de littérature comparée, Jg. 44 (1970), 444-459.

Arendt, Hannah: The Concept of History, in: H.A., Between Past and Future, New York 1961, 41-90.

Armentrout, Don S.: Henry St. John Bolingbroke, in: RGG[4], Bd. 1, Sp. 1672.

Atti della Settima Agostiniana Pavese No. 4: Provvidenza e Storia. Pavia, 16-20 aprile 1972, Pavia 1974.

Baberowski, Jörg: Der Sinn der Geschichte. Geschichtstheorien von Hegel bis Foucault, München 2005 (= Beck'sche Reihe, Bd. 1623).

Baczko, Bronislaw: Lumières de l'utopie, Paris 1978.
Balthasar, Hans Urs von: Die Apokalypse der deutschen Seele. Studien zu einer Lehre von letzten Haltungen, 3 Bde., Salzburg, Leipzig 1937-1939.
Barner, Wilfried/Gunter Grimm/Helmuth Kiesel/Martin Kramer (unter Mitwirkung von Volker Badstübner und Rolf Kellner): Lessing. Epoche – Werk – Wirkung. 4., völlig neubearbeitete Auflage, München 1981 (= Arbeitsbücher für den literaturgeschichtlichen Unterricht, hg. von Wilfried Barner und Gunter Grimm).
Barth, Karl: Die protestantische Theologie im 19. Jahrhundert. Ihre Vorgeschichte und ihre Geschichte, Zollikon/Zürich 1947.
Battistini, Andrea: Three Essays on Vico, in: New Vico Studies, Bd. 12 (1994), 1-46.
Baasner, Rainer: Alexander Popes *An Essay on Man* in den deutschen Übersetzungen bis 1800, in: Das Achtzehnte Jahrhundert, Jg. 27 (2003), Heft 2, 189-216.
Bauer-Funke, Cerstin: Die französische Aufklärung. Literatur, Gesellschaft und Kultur des 18. Jahrhunderts, Stuttgart, Düsseldorf, Leipzig 1998.
Baum, Richard/Sebastian Neumeister: Perfektibilität I, in: HWPh, Bd. 7, Sp. 238-241.
Baumgartner, Hans Michael: Kontinuität und Geschichte. Zur Kritik und Metakritik der historischen Vernunft, Frankfurt a.M. 1972.
– Philosophie der Geschichte nach dem Ende der Geschichtsphilosophie. Bemerkungen zum gegenwärtigen Stand des geschichtsphilosophischen Denkens, in: Herta Nagl-Docekal (Hg.), Der Sinn des Historischen, 151-172.
– Thesen zur Grundlegung einer transzendentalen Historik, in: H.M.B./Jörn Rüsen (Hg.), Seminar: Geschichte und Theorie, Frankfurt a.M. 1976, 274-302.
Baur, Ferdinand Christian: Die Epochen der kirchlichen Geschichtsschreibung [1852] = F.C.B., Ausgewählte Werke in Einzelausgaben, hg. von Klaus Scholder, Bd. 2, Stuttgart-Bad Cannstatt 1963.
Baur, Jörg: Der traditionale Widerspruch gegen Gottfried Arnolds Kirchen- und Ketzergeschichte im Werk von Johann Friedrich Corvinus (1701), in: Pietismus und Neuzeit. Ein Jahrbuch zur Geschichte des neueren Protestantismus, Bd. 24 (1998), 88-94.
Bautz, Friedrich Wilhelm: Arnold, Gottfried, in: BBKL, Bd. 1 (1990), Sp. 239-240.
Becher, Ursula A.J.: August Ludwig von Schlözer – Analyse eines historischen Diskurses, in: Hans Erich Bödeker/Georg G. Iggers/Jonathan B. Knudsen/Peter H. Reill (Hg.), Aufklärung und Geschichte, 344-362.
Beck, Gunnar: Autonomy, History and Political Freedom in Kant's Political Philosophy, in: History of European Ideas, Bd. 25 (1999), 217-241.
Becker, Carl L.: The Heavenly City of the 18th Century Philosophers [1932], New Haven [6]1947.
Béclard, Léon: Sébastien Mercier. Sa vie, son œuvre, son temps. Avant la Révolution 1740-1789, Paris 1903.
Bergjan, Silke-Petra: Der fürsorgliche Gott. Der Begriff der ΠΡΟΝΟΙΑ Gottes in der apologetischen Literatur der Alten Kirche, Berlin, New York 2002.
Berhorst, Ralf: Anamorphosen der Zeit. Jean Pauls Romanästhetik und Geschichtsphilosophie, Tübingen 2002 (= Studien zur deutschen Literatur, Bd. 162 – Diss. phil. FU Berlin 1999).

Berlin, Isaiah: Concepts and Categories. Philosophical Essays. Edited by Henry Hardy. With an Introduction by Bernard Williams, London 1999.
- Giambattista Vico and Cultural History, in: I. B., The Crooked Timber of Humanity. Chapters in the History of Ideas. Edited by Henry Hardy, Princeton 1997, 49-69.
- The Reputation of Vico, in: New Vico Studies, Bd. 17 (1999), 1-5.
- Vicos Begriff des Wissens, in: I. B., Wider das Geläufige. Aufsätze zur Ideengeschichte. Aus dem Englischen von Johannes Fritsche, hg. von Henry Hardy. Mit einer Einführung von Roger Hausheer, Frankfurt a. M. 1982, 196-206.

Berneburg, Ernst: Einige Gesichtspunkte und Fragen zur Wirkung der *Unparteiischen Kirchen- und Ketzerhistorie,* in: Dietrich Blaufuß/Friedrich Niewöhner (Hg.), Gottfried Arnold, 21-32.

Beutel, Albrecht: Jerusalem, Johann Friedrich Wilhelm, in: RGG[4], Bd. 4, Sp. 449-450.

Beuthan, Ralf: Hegels Enthistorisierung der Geschichte, in: Wolfram Hogrebe (Hg.), Grenzen und Grenzüberschreitungen. XIX. Deutscher Kongress für Philosophie, 23.-27. September 2002 in Bonn. Sektionsbeiträge, Bonn 2002, 817-826.

Beyreuther, Erich: Stille im Lande, in: RGG[3], Bd. 6, Sp. 380-381.

Bianco, Bruno: «Vernünftiges Christentum». Aspects et problèmes d'interprétation de la néologie allemande du XVIIIe siècle, in: Archives de Philosophie, Jg. 46 (1983), 179-218.

Biddle, Sheila: Bolingbroke and Harley, New York 1974.

Bienenstock, Myriam (Hg.): La philosophie de l'histoire: héritage des lumières dans l'idéalisme allemand = Littérature et nation, Bd. 21 (1999), Tours 2000.

Bienert, Wolfgang A.: Ketzer oder Wahrheitszeuge. Zum Ketzerbegriff Gottfried Arnolds, in: Zeitschrift für Kirchengeschichte, Bd. 88 (1977), 230-246.

Bingel, Hermann: Das Theatrum Europaeum. Ein Beitrag zur Publizistik des 17. und 18. Jahrhunderts, Berlin 1909 (Diss. phil. München).

Binoche, Bertrand: Les trois sources des philosophies de l'histoire (1764-1798), Paris 1994.

Blanke, Horst Walter: Historiographiegeschichte als Historik, Stuttgart-Bad Cannstatt 1991 (= Fundamenta historica, Bd. 3).
- /Dirk Fleischer: Artikulation bürgerlichen Emanzipationsstrebens und der Verwissenschaftlichungsprozess der Historie. Grundzüge der deutschen Aufklärungshistorie und die Aufklärungshistorik, in: H. W. B./D. F., Aufklärung und Historik, 33-112.
- /Dirk Fleischer: Aufklärung und Historik. Aufsätze zur Entwicklung der Geschichtswissenschaft, Kirchengeschichte und Geschichtstheorie in der deutschen Aufklärung. Mit Beilagen, Waltrop 1991.
- /Dirk Fleischer/Jörn Rüsen: Historik in akademischer Praxis. Zur Tradition geschichtstheoretischer Reflexion in Deutschland von 1750 bis 1900, in: H. W. B./D. F., Aufklärung und Historik, 1-32.
- /Jörn Rüsen (Hg.): Von der Aufklärung zum Historismus. Zum Strukturwandel des historischen Denkens, Paderborn, München, Wien, Zürich 1984.

Blaufuß, Dietrich/Friedrich Niewöhner (Hg.): Gottfried Arnold (1666-1714). Mit einer Bibliographie der Arnold-Literatur ab 1714, Wiesbaden 1995 (= Wolfenbütteler Forschungen, Bd. 61).

Bloch, Ruth: Visionary Republic. Millennial Themes in American Thought 1756-1800 [1985], Cambridge, New York, New Rochelle 1988.
Blumenberg, Hans: Die Legitimität der Neuzeit [1966]. Erneuerte Ausgabe, Frankfurt a. M. ²1988.
– Die Lesbarkeit der Welt [1981], Frankfurt a. M. 1993.
– Kant und die Frage nach dem gnädigen Gott, in: Studium Generale, Jg. 7 (1954), 554-570.
– Lebenszeit und Weltzeit [1986], Frankfurt a. M. 2001 (= stw 1514).
– «Säkularisation». Kritik einer Kategorie historischer Illegitimität, in: Helmut Kuhn/ Franz Wiedmann (Hg.), Die Philosophie und die Frage nach dem Fortschritt, 240-265 (Diskussion 333-338).
– Schiffbruch mit Zuschauer. Paradigma einer Daseinsmetapher, Frankfurt a. M. 1979 (= stw 289).
Bödeker, Hans Erich: Menschheit, Menschengeschlecht, in: HWPh, Bd. 5, Sp. 1127-1137.
– /Ulrich Herrmann (Hg.): Über den Prozess der Aufklärung in Deutschland im 18. Jahrhundert. Personen, Institutionen und Medien, Göttingen 1987 (= Veröffentlichungen des Max-Planck-Instituts für Geschichte, Bd. 85).
– /Georg G. Iggers/Jonathan B. Knudsen/Peter H. Reill (Hg.): Aufklärung und Geschichte. Studien zur deutschen Geschichtswissenschaft im 18. Jahrhundert, Göttingen 1986 (= Veröffentlichungen des Max-Planck-Instituts für Geschichte, Bd. 81).
Bohatec, Josef: Die Religionsphilosophie Kants in der «Religion innerhalb der Grenzen der blossen Vernunft». Mit besonderer Berücksichtigung ihrer theologisch-dogmatischen Quellen, Hamburg 1938.
Bohnen, Klaus: Geist und Buchstabe. Zum Prinzip des kritischen Verfahrens in Lessings literarästhetischen und theologischen Schriften, Köln, Wien 1974.
Böhr, Christoph: Philosophie für die Welt. Die Popularphilosophie der deutschen Spätaufklärung im Zeitalter Kants, Stuttgart-Bad Cannstatt 2003 (Forschungen und Materialien zur deutschen Aufklärung, Abt. 2, Bd. 17).
Bollacher, Martin: Lessing: Vernunft und Geschichte. Untersuchungen zum Problem religiöser Aufklärung in den Spätschriften, Tübingen 1978 (= Studien zur deutschen Literatur, Bd. 56).
– Wilhelm Abraham Teller. Ein Aufklärer der Theologie, in: Hans Erich Bödeker/ Ulrich Herrmann (Hg.), Über den Prozess der Aufklärung in Deutschland, 39-52.
Bond, Hugh Lawrence: Jonathan Edwards, in: TRE, Bd. 9, 299-301.
Bonet-Maury, Amy Gaston Charles Augustin: Peter Bayle, in: PRE³, Bd. 2, 495-497.
Bonnet, Jean-Claude (Ed.): Louis Sébastien Mercier (1740-1814). Un hérétique en littérature, Paris 1995.
Boor, Friedrich de: Erfahrung gegen Vernunft. Das Bekehrungserlebnis A. H. Franckes als Grundlage für den Kampf des Hallischen Pietismus gegen die Aufklärung, in: Heinrich Bornkamm/Friedrich Heyer/Alfred Schindler (Hg.), Der Pietismus in Gestalten und Wirkungen. Martin Schmidt zum 65. Geburtstag, Bielefeld 1975 (= Arbeiten zur Geschichte des Pietismus, Bd. 14), 120-138.

Booth, William James: Interpreting the World. Kant's Philosophy of History and Politics, Toronto 1986.
Bordes, Christian/Jean Morange (Ed.): Turgot, économiste et administrateur. Actes d'un séminaire organisé par la Faculté de Droit et des Sciences Economiques de Limoges pour le bicentenaire de la mort de Turgot 8, 9 et 10 Octobre 1981, Limoges 1982.
Borges, Jorge Luis: Persönliche Bibliothek, übersetzt von Gisbert Haefs = J. L. B., Werke in 20 Bänden, hg. von Gisbert Haefs und Fritz Arnold, Frankfurt a. M. 1995.
Boss, Gilbert: L'histoire chez Spinoza et Leibniz, in: Studia Spinozana, Bd. 6 (1990), 179-200.
Bosse, Heinrich/Johannes Friedrich Lehmann: Sublimierung bei Jakob Michael Reinhold Lenz, in: Christian Begemann/David E. Wellbery (Hg.), Kunst – Zeugung – Geburt. Theorien und Metaphern ästhetischer Produktion in der Neuzeit, Freiburg i. Br. 2002, 177-201.
Bost, Hubert (Ed.): Pierre Bayle, citoyen du monde. De l'enfant du Carla à l'auteur du *Dictionnaire*. Actres du colloque du Carla-Bayle (13 – 15 septembre 1996), Paris 1999 (= Vie des Huguenots, Bd. 4).
– Pierre Bayle et la religion, Paris 1994.
Bothe, Bernd: Glauben und Erkennen. Studie zur Religionsphilosophie Lessings, Meisenheim am Glan 1972 (= Monographien zur philosophischen Forschung, Bd. 75).
Bots, Hans (Ed.): Critique, savoir et érudition à la veille des Lumières. Le «Dictionnaire historique et critique» de Pierre Bayle (1647-1706). Actes du colloque international Nimègue octobre 1996, Amsterdam 1998 (= Studies of the Pierre Bayle Institute, Nijmegen, Bd. 28).
Boubia, Fawzi: Theater der Politik – Politik des Theaters. Louis-Sébastien Mercier und die Dramaturgie des Sturm und Drang, Frankfurt a. M., Bern, Las Vegas 1978 (= Regensburger Beiträge zur deutschen Sprach- und Literaturwissenschaft, Reihe B: Untersuchungen, Bd. 14).
Brauer, Angelika: Wider den Fundamentalismus der Endlichkeit. Ein Gespräch mit Jürgen Habermas, in: Neue Zürcher Zeitung, Jg. 220, Nr. 133, 12. Juni 1999, 78.
Braun, Hermann: «Wie sahen…, wie er ein liebevoller Vater wurde, ein allgemeiner Menschenfreund…». Kann die Theologie als Anthropologie überleben?, in: Hans-Peter Stähli (Hg.), Wort und Dienst. Jahrbuch der Kirchlichen Hochschule Bethel, Bd. 24 (1997), 51-65.
Braun, Lucien: Histoire de l'histoire de la philosophie, Paris 1973 (Association des publications près les Universités de Strasbourg, Fasc. 150).
Breidert, Wolfgang: Das Erdbeben von Lissabon und die Erschütterung seiner Zeitgenossen, in: Lichtenberg-Jahrbuch 1994, 56-67.
– (Hg.): Die Erschütterung der vollkommenen Welt. Die Wirkung des Erdbebens von Lissabon im Spiegel europäischer Zeitgenossen, Darmstadt 1994.
Breuer, Dieter: Origenes im 18. Jahrhundert in Deutschland, in: Seminar, Bd. 21 (1985), 1-30.
Breymayer, Reinhard: Der wiederentdeckte Katalog zur Bibliothek Gottfried Arnolds, in: Dietrich Blaufuß/Friedrich Niewöhner (Hg.), Gottfried Arnold, 55-143.

Briese, Olaf: Die Macht der Metaphern. Blitz, Erdbeben und Kometen im Gefüge der Aufklärung, Stuttgart 1998.
Brown, Gregory S.: Scripting the Patriotic Playwright in Enlightenment-Era France: Louis-Sébastien Mercier's Self-Fashionings between «Court» and «Public», in: Historical Reflections, Bd. 26 (2000), Heft 1, 31-58.
Brühlmeier, Daniel: Henry St. John, Viscount Bolingbroke, in: Ueberweg[13], Die Philosophie des 18. Jahrhunderts, Bd. 1, 294-303.
Brumfitt, J. H.: Voltaire Historian, Oxford, London 1958.
Büchsel, Jürgen: Gottfried Arnold. Sein Verständnis von Kirche und Wiedergeburt, Witten 1970 (= Arbeiten zur Geschichte des Pietismus, Bd. 8).
– Vom Wort zur Tat: Die Wandlungen des radikalen Arnold. Ein Beispiel des radikalen Pietismus, in: Dietrich Blaufuß/Friedrich Niewöhner (Hg.), Gottfried Arnold, 145-164.
Bühler, Axel (Hg.): Unzeitgemässe Hermeneutik. Verstehen und Interpretation im Denken der Aufklärung, Frankfurt a. M. 1994.
Buhr, Manfred: Vernünftige Geschichte. Zum Denken über Geschichte in der klassischen deutschen Philosophie, Berlin (Ost) 1986.
Bultmann, Christoph: Die biblische Urgeschichte in der Aufklärung. Johann Gottfried Herders Interpretation der Genesis als Antwort auf die Religionskritik David Humes, Tübingen 1999 (= Beiträge zur historischen Theologie, Bd. 110).
Burke, Peter: Vico. Philosoph, Historiker, Denker einer neuen Wissenschaft. Aus dem Englischen von Wolfgang Heuss, Berlin 2001.
Burns, Robert M./Hugh Rayment-Pickard (Ed.): Philosophies of History. From Enlightenment to Postmodernity, Oxford 2000.
Bury, John B.: The Idea of Progress. An Inquiry into Its Origin and Growth, New York 1932.
Buschmann, Cornelia: «Eine moralische Welt in der natürlichen» – Zum Problem einer Geschichtsphilosophie bei Leibniz, in: Philosophie und Geschichte. Beiträge zur Geschichtsphilosophie der deutschen Klassik, Weimar 1983, 67-77.
Butterfield, Herbert: George III and the Historians. Revised Edition, New York 1959.
– Man on His Past. The Study of the History of Historical Scholarship [1955]. With a New Preface by the Author, Boston 1960.
– The Englishman and His History, Cambridge 1944.
Butterweck, Christel: Tillemont, Sébastien Le Nain de, in: RGG[4], Bd. 8, Sp. 409-410.
Cacciatore, Giuseppe: Metaphysik, Poesie und Geschichte. Über die Philosophie von Giambattista Vico, Berlin 2001.
Cady, Edwin H.: The Artistry of Jonathan Edwards [1949], in: William J. Scheick (Ed.), Critical Essays on Jonathan Edwards, 257-264.
Cancik, Hubert: Die Rechtfertigung Gottes durch den «Fortschritt der Zeiten». Zur Differenz jüdisch-christlicher und hellenisch-römischer Zeit- und Geschichtsvorstellung [1983], in: H. C., Antik – Modern. Beiträge zur römischen und deutschen Kulturgeschichte, hg. von Richard Faber, Barbara von Reibnitz und Jörg Rüpke, Stuttgart, Weimar 1998, 25-54.
Cancik-Lindemaier, Hildegard: Vorsehung II: Religionsgeschichtlich (griechisch und römisch), in: RGG[4], Bd. 8, Sp. 1213-1214.

Grafton (Princeton), Prof. Dr. Herbert Jaumann (Greifswald), Prof. Dr. Suzanne Marchand (New Orleans/Louisiana), Prof. Dr. Alexander Nehamas (Princeton), Prof. Dr. Friedrich Niewöhner (†), Prof. Dr. Henning Ottmann (München), Prof. Dr. Annemarie Pieper (Basel), und PD Dr. Ulrike Zeuch (Wolfenbüttel) meinen Dank für ihre Austauschbereitschaft aussprechen. Dieser Dank erstreckt sich auch auf jene Einrichtungen, die im Austausch viel weniger bekamen als gaben, um so die Möglichkeitsbedingungen meines Tuns zu schaffen, nämlich auf den Schweizerischen Nationalfonds zur Förderung der wissenschaftlichen Forschung, auf die Freiwillige Akademische Gesellschaft Basel und auf den Reisefonds der Universität Basel (Ressort Nachwuchsförderung). Das vorliegende Buch beruht in weiten Teilen auf einer Arbeit, mit der ich mich an der Philosophischen Fakultät der Universität Greifswald im Wintersemester 2003/04 habilitiert habe; mein Dank gebührt dem Habilitationsbetreuer und Erstgutachter, Prof. Dr. Werner Stegmaier (Greifswald) sowie den beiden auswärtigen Gutachtern Prof. Dr. Lothar Kreimendahl (Mannheim) und Prof. Dr. Walter Sparn (Erlangen-Nürnberg) für ihre wichtigen Hinweise und Anregungen zur Überarbeitung des ursprünglichen Textes. PD Dr. Wolfgang Rother (Basel) hat das Buch nicht nur als Lektor betreut, sondern es gemeinsam mit Prof. Dr. Helmut Holzhey (Zürich) in die Reihe «Schwabe Philosophica» aufgenommen. Auch dafür danke ich, insbesondere aber der Berta Hess-Cohn Stiftung (Basel), die die Drucklegung finanziell ermöglicht hat.

Des freundschaftlich-streitbaren Austausches erfreute ich mich unter anderem mit Prof. Dr. Volker Depkat (Regensburg), lic. phil. Frank Faessler (Basel), PD Dr. Dagmar Fenner (Basel), Prof. Dr. Lionel Gossman (Princeton), Dr. Enrico Müller (Greifswald), PD Dr. Sandra Pott (Hamburg), Dr. Martin Rühl (Cambridge), Dr. Martin R. Schütz (Basel/Bern), Kim Sitzler (Paris/Bern) und Dr. Miguel Skirl (Basel).

Die Austauschbündelungskraft verdanke ich jemandem fast allein. Sie weiss es.

Greifswald, im Herbst 2005
Andreas Urs Sommer

Cantarutti, Giulia: Aforistica e *Aufklärung,* in: G.C. (Hg.), La scrittura aforistica, Bologna 2001, 105-160.
Cantelli, Gian Franco: Vico e Bayle. Premesse per un confronto, Napoli 1971 (= Studi vichiani, Bd. 4).
Caponigri, A. Robert: Time and Idea. The Theory of History in Giambattista Vico [1953], Notre Dame, London 1968.
Carter, Douglas: Henry St. John, Viscount Bolingbroke, in: RGG³, Bd. 1, Sp. 1346-1347.
Cassirer, Ernst: Die Philosophie der Aufklärung [1932]. Mit einer Einleitung von Gerald Hartung und einer Bibliographie der Rezensionen von Arno Schubbach, Hamburg 1998 (= Philosophische Bibliothek, Bd. 513).
– Kant und Rousseau [1939], in: E.C., Rousseau, Kant, Goethe, hg. und eingeleitet von Rainer A. Bast, Hamburg 1991 (= Philosophische Bibliothek, Bd. 440), 3-61.
Cavanaugh, Gerald J.: Turgot and the *Encyclopédie,* in: Diderot Studies, Bd. 10 (1968), 23-33.
Cesana, Andreas: Geschichte als Entwicklung? Zur Kritik des geschichtsphilosophischen Entwicklungsdenkens, Berlin, New York 1988 (= Quellen und Studien zur Philosophie, Bd. 22 – Habil. phil. Basel 1986).
Chai, Leon: Jonathan Edwards and the Limits of Enlightenment Philosophy, New York, London 1998.
Chartier, Roger: Lectures et lecteurs dans la France d'Ancien Régime, Paris 1987.
– L'ordre des livres. Lecteurs, auteurs, bibliothèques en Europe entre XIVᵉ et XVIIIᵉ siècle, Aix-en-Provence 1992.
Cheneval, Francis: Über die projektive Selbstimplikation der Geschichtsphilosophie als Hermeneutik politischen Handelns. Überlegungen zu Kant, in: Studia philosophica. Jahrbuch der Schweizerischen Philosophischen Gesellschaft, Bd. 60 (2001), 127-141.
Cherry, Conrad: The Theology of Jonathan Edwards. A Reappraisal [1966]. With a New Introduction by the Author and a Foreword by Stephen J. Stein, Bloomington, Indianapolis 1990.
Christodoulou, Kyriaki: Le Paris des Lumières dans *L'An 2440* de Louis-Sébastien Mercier, in: Travaux de littérature, Bd. 4 (1991), 171-182.
Ciafardone, Raffaele: Die Philosophie der deutschen Aufklärung. Texte und Darstellungen. Deutsche Bearbeitung von Norbert Hinske und Rainer Specht, Stuttgart 1990.
Collingwood, Robin George: Idea of History, Oxford 1946.
– The Principles of History and Other Writings in Philosophy of History, ed. by W.H. Dray and W.J. van der Dussen, Oxford 1999.
Collins, John Churton: Bolingbroke. A Historical Study. Voltaire in England, New York 1886.
Colliot-Thélène, Catherine: Chronologie und Universalgeschichte, in: Johannes Rohbeck/Herta Nagl-Docekal (Hg.), Geschichtsphilosophie und Kulturkritik. Historische und systematische Studien, Darmstadt 2003, 21-49.
Corbin, Alain: Le Monde retrouvé de Louis-François Pinagot. Sur les traces d'un inconnu 1798-1876, Paris 1998.

Cotoni, Marie-Helene: L'Exégèse du Noveau Testament dans la philosophie française du dix-huitième siècle, Oxford 1984 (= Studies on Voltaire and the Eighteenth Century, Bd. 220).
Cottret, Bernard: Bolingbroke. Exil et écriture au siècle des lumières, Angleterre-France (vers 1715 - vers 1750), 2 Bde., Paris 1992 (Thèse Paris X-Nanterre 1988).
Cottret, Monique: Jansénismes et lumières. Pour un autre XVIIIe siècle, Paris 1998.
Cristofolini, Paolo: Vico et l'histoire, Paris 1995.
Croce, Benedetto: Die Philosophie Giambattista Vicos [1911], übersetzt von E. Auerbach und Th. Lücke, Tübingen 1927.
Cullmann, Oscar: Christus und die Zeit. Die urchristliche Zeit- und Geschichtsauffassung, Zollikon-Zürich 1946.
D'Alessandro, Giuseppe: Die Wiederkehr eines Leitworts. Die «Bestimmung des Menschen» als theologische, anthropologische und geschichtsphilosophische Frage der deutschen Spätaufklärung, in: Norbert Hinske (Hg.), Die Bestimmung des Menschen = Aufklärung, Jg. 11 (1999), Heft 1, 21-47.
– Vico e Heyne. Percorsi di una recezione, in: Giornale critico della filosofia italiana, Bd. 19 (1999), Heft 3, 372-398.
Dagen, Jean: Histoire (philosophie de l'), in: Michel Delon (Ed.), Dictionnaire européen des Lumières, Paris 1997, 538–543.
Dahrendorf, Ralf: Teilnahme am Guten. Über die Idee zu einer allgemeinen Geschichte in weltbürgerlicher Absicht, in: Frankfurter Allgemeine Zeitung, 22. Juni 2002, Nr. 142, 6.
Dallmayr, Fred R.: «Natural History» and Social Evolution: Reflections on Vico's *Corsi e Ricorsi,* in: Giorgio Tagliacozzo/Michael Mooney/Donald Phillip Verene (Ed.), Vico and Contemporary Thought, Bd. 2, London, Basingstoke 1980, 199-215.
Daniel, Stephen H.: Postmodern Concepts of God and Edwards's Trinitarian Ontology, in: Sang Hyun Lee/Allen C. Guelzo (Ed.), Edwards in Our Time. Jonathan Edwards and the Shaping of American Religion, Grand Rapids (MI), Cambridge (UK) 1999, 45-64.
– The Philosophy of Jonathan Edwards. A Study in Divine Semiotics, Bloomington, Indianapolis 1994.
Daniel, Ute: How Bourgeois Was the Public Sphere of the Eighteenth Century? Or: Why It Is Important to Historicize *Strukturwandel der Öffentlichkeit,* in: Das Achtzehnte Jahrhundert, Jg. 26 (2002), Heft 1, 9-17.
Dannenberg, Lutz: Säkularisierung, epistemische Situation und Autorität, in: L. D./Sandra Pott/Jörg Schönert/Friedrich Vollhardt (Hg.), Säkularisierung in den Wissenschaften seit der Frühen Neuzeit, Bd. 2: Zwischen christlicher Apologetik und methodologischem Atheismus. Wissenschaftsprozesse im Zeitraum von 1500 bis 1800, Berlin, New York 2002, 19-66.
Danto, Arthur C.: Analytische Philosophie der Geschichte. Übersetzt von Jürgen Behrens, Frankfurt a. M. 1980 (= stw 328).
Darnton, Robert: Bohème littéraire et révolution. Le monde des livres aux XVIIIe siècle, Paris 1983.
– Edition et sédition. L'univers de la littérature clandestine au XVIIIe siècle, Paris 1991.

- Mesmerism and the End of the Enlightenment in France, Cambridge (Mass.) 1968.
- The Forbidden Best-Sellers of Pre-Revolutionary France, New York, London 1995.
- The Kiss of Lamourette. Reflections in Cultural History, New York, London 1990.

Dartigues, Gaston: Le Traité des études de l'abbé Claude Fleury. Examen historique et critique, Paris 1921.

Davidson, Edward H.: Jonathan Edwards. The Narrative of a Puritan Mind, Cambridge (Mass.) 1968.

Delattre, Roland André: Beauty and Theology. A Reappraisal of Jonathan Edwards [1968], in: William J. Scheick (Ed.), Critical Essays on Jonathan Edwards, 136-150.

- Recent Scholarship on Jonathan Edwards, in: Religious Studies Review, Bd. 24 (1998), Nr. 4, 369-375.

Deligne, Alain: Pierre Bayle als Républicain des Lettres. Über das Projekt seines kritischen Wörterbuches (1692), in: Martin Fontius/Werner Schneiders (Hg.), Die Philosophie und die Belles-Lettres, Berlin 1997, 83-101.

Deloche, Régis: Turgot et Condorcet économistes: Post hunc ergo propter hunc. Bicentenaire de la Révolution Française, Colloque «Condorcet», Besançon 1988.

Delon, Michel (Ed.): Dictionnaire européen des Lumières, Paris 1997.

Demandt, Alexander: Metaphern für Geschichte. Sprachbilder und Gleichnisse im historisch-politischen Denken, München 1978.

Delvolve, Jean: Religion, critique et philosophie positive chez Pierre Bayle [1906], Reprint New York 1971.

Dembeck, Till: Eine «vieldeutige Textur» und die scharfe Lektüre der Aufklärung: Lessings *Erziehung des Menschengeschlechts,* in: Lessing Yearbook/Jahrbuch, Bd. 35 (2003), Göttingen 2004, 79-94.

Depkat, Volker/Matthias Müller/Andreas Urs Sommer (Hg.): Wozu Geschichte(n)? Geschichtswissenschaft und Geschichtsphilosophie im Widerstreit, Stuttgart 2004.

Despland, Michel: Kant on History and Religion, Montreal 1973.

Dibelius, Franz: Gottfried Arnold. Sein Leben und seine Bedeutung für Kirche und Theologie, Berlin 1873.

Dibon, Paul (Ed.): Pierre Bayle. Le philosophe de Rotterdam. Etudes et documents, Amsterdam, London, New York, Princeton 1959.

- Redécouverte de Bayle, in: P.D. (Ed.), Pierre Bayle, VII-XVII.

Dierse, Ulrich: Die «trügerischen Gedankenblitze unserer Vernunft». Voltaire über das Recht der Vernunft und ihre Grenzen, in: Das Achtzehnte Jahrhundert, Jg. 29 (2005), Heft 1, 95-105.

- 'Philosophes' und 'anti-philosophes' in französischen philosophischen Lexika des 18. Jahrhunderts, in: Das Achtzehnte Jahrhundert, Jg. 22 (1998), Heft 2, 172-183.
- /Gunter Scholtz: Geschichtsphilosophie, in: HWPh, Bd. 3, Sp. 416-439.

Dilthey, Wilhelm: Das achtzehnte Jahrhundert und die geschichtliche Welt, in: W.D., Gesammelte Schriften, Bd. 3, Leipzig, Berlin 1927, 207-275.

- Einleitung in die Geisteswissenschaften. Versuch einer Grundlegung für das Studium der Gesellschaft und der Geschichte, Bd. 1 = W.D., Gesammelte Schriften, Bd. 1, Leizpig, Berlin 1922.

Dooley, Brendan: The Social History of Skepticism. Experience and Doubt in Early Modern Europe, Baltimore, London 1999.
Döring, Ulrich: Images d'un monde meilleur? Louis-Sébastien Mercier: «L'an 2440. Rêve s'il en fut jamais» (1770), in: Ouverture et dialogue. Mélanges offerts à Wolfgang Leiner, Tübingen 1988, 653-668.
Dorner, Isaak August: Geschichte der protestantischen Theologie, besonders in Deutschland, nach ihrer principiellen Bewegung und im Zusammenhang mit dem religiösen, sittlichen und intellectuellen Leben betrachtet, München 1867.
Dörries, Hermann: Geist und Geschichte bei Gottfried Arnold, Göttingen 1963 (= Abhandlungen der Akademie der Wissenschaften in Göttingen, Philologisch-historische Klasse, 3. Folge, Nr. 51).
Droixhe, Daniel: De l'origine du langage aux langues du monde. Etude sur les XVIIe et XVIIIe siècles, Tübingen 1987.
Droysen, Gustavus: Arlanibaeus, Godofredus, Abelinus sive scriptorum de Gustavi Adolphi expeditione princeps. Habilitationsschrift Universität Halle 1864.
Druet, Pierre-Etienne: La philosophie de l'histoire chez Kant, Paris 2002.
Dupré, Louis: Kant's Theory of History and Progress, in: The Review of Metaphysics. A Philosophical Quarterly, Bd. 51 (1998), 813-828.
Düsing, Klaus: Die Teleologie in Kants Weltbegriff, Bonn ²1986.
Ebbersmeyer, Sabrina: Spekulation, in: HWPh, Bd. 9, Sp. 1355-1372.
Ebenstein, Bernard: Turgot vu par Condorcet. Eléments d'une hagiographie, in: Christian Bordes/Jean Morange (Ed.), Turgot, économiste et administrateur, 197-204.
Ehrman, Fred: Gottfried Arnold and the Idyllic Imagination: Nature as Individual Religious Experience, in: Lessing Yearbook, Bd. 28 (1996), 163-179.
Elias, Norbert: Thomas Morus' Staatskritik. Mit Überlegungen zur Bestimmung des Begriffs Utopie, in: Wilhelm Voßkamp (Hg.), Utopieforschung. Interdisziplinäre Studien zur neuzeitlichen Utopie, Bd. 2, Frankfurt a. M. ²1985, 101-150.
Elwood, Douglas J.: The Philosophical Theology of Jonathan Edwards, New York 1960.
Engelhardt, Wolf von: Lichtenbergs Gedanken über die Entstehung und die Bildung unserer Erde zu ihrer gegenwärtigen Gestalt, in: Lichtenberg-Jahrbuch 1996, 26-50.
Engelsing, Rolf: Der Bürger als Leser. Lesergeschichte in Deutschland 1500-1800, Stuttgart 1974.
Engler, Winfried: Merciers Abhängigkeit von Pfeil und Wieland, in: Arcadia. Zeitschrift für vergleichende Literaturwissenschaft, Bd. 3 (1968), Heft 3, 251-260.
Erlin, Matt: Reluctant Modernism. Moses Mendelssohn's Philosophy of History, in: Journal of the History of Ideas, Bd. 63 (2002), Heft 1, 83-104.
Erny, Nicola: Theorie und System der *Neuen Wissenschaft* von Giambattista Vico. Eine Untersuchung zu Konzeption und Begründung, Würzburg 1994 (Diss. phil. Hamburg 1993 – Epistemata, Reihe Philosophie, Bd. 144).
Essen, Georg: «Posthistoire» als Herausforderung für die Theologie, in: Orientierung, Jg. 62 (1998), Nr. 18, 190-194.
Ewald, Oskar: Die französische Geschichtsphilosophie = Geschichte der Philosophie in Einzeldarstellungen, hg. von Gustav Kafka, Bd. 25, München 1924.

Faber, Richard: Beaconsfield and Bolingbroke, London 1961.
Faber, Richard/Eveline Goodman-Thau/Thomas Macho (Hg.): Abendländische Eschatologie. Ad Jacob Taubes, Würzburg 2001.
Faessler, Frank A.: Jakob Christoph Beck: Schweizergeschichtler wider Willen?, in: Andreas Urs Sommer (Hg.), Im Spannungsfeld von Gott und Welt, 273-292.
Faure-Soulet, J.-F.: Economie politique et progrès au «siècle des lumières». Préface de Paul Harsin, avant-propos d'André Piatier, Paris 1964 (= Collection téchniques économiques modernes, tome 4).
Feilbogen, Siegmund: Smith und Turgot. Ein Beitrag zur Geschichte und Theorie der Nationalökonomie, Wien 1892 [Reprint Genf 1970].
Feller, Richard/Edgar Bonjour: Geschichtsschreibung der Schweiz vom Spätmittelalter zur Neuzeit, 2 Bde., Basel 1962.
Fellmann, Ferdinand: Das Vico-Axiom. Der Mensch macht die Geschichte, Freiburg i. Br., München 1976.
Fest, Joachim: Der zerstörte Traum. Vom Ende des utopischen Zeitalters, Berlin ^{5}1993.
Feuerbach, Ludwig: Pierre Bayle. Ein Beitrag zur Geschichte der Philosophie und Menschheit [1838], hg. von Heinrich Schmidt, Stuttgart [1924].
Finger, Otto: Von der Materialität der Seele. Beitrag zur Geschichte des Materialismus und Atheismus im Deutschland der zweiten Hälfte des 18. Jahrhunderts, Berlin (Ost) 1961.
Finzi, Roberto: Turgot, l'histoire et l'économie, in: Christian Bordes/Jean Morange (Ed.), Turgot, économiste et administrateur, 3-18.
Fischer, Kuno: G. E. Lessing als Reformator der deutschen Literatur, 2 Theile, Stuttgart, Berlin 1904-1905.
Flasch, Kurt: Augustin. Einführung in sein Denken, Stuttgart 1980.
– Geschichte und Metaphysik bei Vico, in: Studi italo-tedeschi/Deutsch-italienische Studien, Bd. XVII: Giambattista Vico (1668-1744), Meran 1995, 94-119.
Fleck, Ludwik: Entstehung und Entwicklung einer wissenschaftlichen Tatsache. Einführung in die Lehre vom Denkstil und Denkkollektiv [1935]. Mit einer Einleitung hg. von Lothar Schäfer und Thomas Schnelle, Frankfurt a. M. 1980.
Fleischer, Dirk: Der Strukturwandel der evangelischen Kirchengeschichtsschreibung im 18. Jahrhundert, in: Horst Walter Blanke/D. F., Aufklärung und Historik, 141-159.
– Geschichtswissenschaft und Sinnstiftung. Über die religiöse Funktion des historischen Denkens in der deutschen Spätaufklärung, in: Horst Walter Blanke/D. F., Aufklärung und Historik, 173-201.
– Umstrittene Kirchengeschichtsschreibung: Gottfried Arnolds «Unpartheiische Kirchen- und Ketzer-Historie» im Urteil der Kirchengeschichtsschreibung des 18. Jahrhunderts, in: Horst Walter Blanke/D. F., Aufklärung und Historik, 160-172.
Flöter, Hans H. F.: Die Begründung der Geschichtlichkeit der Geschichte in der Philosophie des deutschen Idealismus (von Herder bis Hegel), Diss. phil. Halle-Wittenberg, Halle (Saale) 1936.
Follmann, Sigrid-Ursula: Gesellschaftsbild, Bildung und Geschlechterordnung bei Isaak Iselin in der Spätaufklärung, Münster 2002.

Fohrmann, Jürgen: Utopie und Untergang. L.-S. Merciers *L'An 2440,* in: Klaus L. Berghahn/Hans U. Seeber (Hg.), Literarische Utopien von Morus bis zur Gegenwart, Königstein/Ts. 1983, 105-124.

Förster, Wolfgang: Johann Gottfried Herder: Weltgeschichte und Humanität, in: Hans Erich Bödeker/Georg G. Iggers/Jonathan B. Knudsen/Peter H. Reill (Hg.), Aufklärung und Geschichte, 363-387.

Forsström, Riikka: Possible Worlds. The Idea of Happiness in the Utopian Vision of Louis-Sébastien Mercier, Helsinki 2002 (= Bibliotheca Historica, Bd. 75).

Foucault, Michel: Les mots et les choses. Une archéologie des sciences humaines, Paris 1966.

– The Archaeology of Knowledge. Translated from the French by A. M. Sheridan Smith, London 1972.

– Überwachen und Strafen. Die Geburt des Gefängnisses. Übersetzt von Walter Seitter, Frankfurt a. M. 1977 (stw 184).

– Wachsen und Vermehren. «Die Logik des Lebenden» von François Jacob [1970], übersetzt von Martin Stingelin, in: Kaleidoskopien 384: Körperinformationen 2000, 290-294.

Franchini, Raffaelo: Vico, Historical Methodology, and the Future of Philosophy, in: Giorgio Tagliacozzo/Hayden V. White (Ed.), Giambattista Vico. An International Symposium, Baltimore 1969, 543-552.

Frank, Gustav: Geschichte des Rationalismus und seiner Gegensätze = Geschichte der Protestantischen Theologie, Dritter Theil. Von der deutschen Aufklärung bis zur Blüthezeit des Rationalismus, Leipzig 1875.

Frankel, Charles: The Faith of Reason. The Idea of Progress in the French Enlightenment, New York 1948.

Frick, Werner: Providenz und Kontingenz. Untersuchung zur Schicksalssemantik im deutschen und europäischen Roman des 17. und 18. Jahrhunderts, Tübingen 1988.

Fueter, Eduard: Geschichte der neueren Historiographie. Dritte, um einen Nachtrag vermehrte Auflage, besorgt von Dietrich Gerhard und Paul Sattler, München, Berlin 1936.

Fukuyama, Francis: Das Ende der Geschichte. Wo stehen wir? Aus dem Amerikanischen von Helmut Dierlamm, Ute Mihr und Karlheinz Dürr, München 1992.

Fulda, Daniel: Wissenschaft aus Kunst. Die Entstehung der modernen deutschen Geschichtsschreibung 1760-1860, Berlin, New York 1996 (Diss. phil. Köln 1995).

Fumaroli, Marc: L'Age de l'Eloquence. Rhétorique et res literaria de la Renaissance au seuil de l'époque classique, Genf 1980.

Funke, Hans-Günter: Zur Geschichte Utopias. Ansätze aufklärerischen Fortschrittsdenkens in der französischen Reiseutopie des 17. Jahrhunderts, in: Wilhelm Voßkamp (Hg.), Utopieforschung. Interdisziplinäre Studien zur neuzeitlichen Utopie, Bd. 2, Frankfurt a. M. 1985, 299-319.

Gabryjelska, Krystyna: La conception de roman d'après L.-S. Mercier, in: Acta Universitatis Wratislaviensis, Nr. 339: La littérature des Lumières en France, Warszawa 1976, 267-278.

Gadamer, Hans-Georg: Hermeneutik I. Wahrheit und Methode. Grundzüge einer philosophischen Hermeneutik [1960] = Gesammelte Werke, Bd. 1, Tübingen 1990.

Gander, Hans-Helmuth: Geschichtsphilosophie, in: RGG⁴, Bd. 2, Sp. 800-803.
Ganslandt, Herbert R.: Henry Saint John, Viscount Bolingbroke, in: EPhW, Bd. 1, 327.
Gaquère, François: La vie et les œuvres de Claude Fleury (1640-1723). Préface de S. G. Monseigneur Julien, evêque d'Arras, Paris 1925.
Garber, Jörn: Die 'Bestimmung des Menschen' in der ethnologischen Kulturtheorie der deutschen und französischen Spätaufklärung, in: Aufklärung. Interdisziplinäres Jahrbuch zur Erforschung des 18. Jahrhunderts und seiner Wirkungsgeschichte, Bd. 14 (2002), 161-204.
Gawlick, Günter: Der Deismus als Grundzug der Religionsphilosophie der Aufklärung, in: Hermann Samuel Reimarus (1694-1768), ein «bekannter Unbekannter» der Aufklärung in Hamburg. Vorträge, gehalten auf der Tagung der Joachim Jungius-Gesellschaft der Wissenschaften Hamburg am 12. und 13. Oktober 1972, Göttingen 1973, 15-43.
Gay, Peter: A Loss of Mastery. Puritan Historians in Colonial America, Berkeley, Los Angeles 1966.
– The Enlightenment. An Interpretation. Bd. 1: The Rise of Modern Paganism. Bd. 2: The Science of Freedom, New York 1969.
Genette, Gérard: Paratexte. Das Buch vom Beiwerk des Buches [1987]. Mit einem Vorwort von Harald Weinrich. Aus dem Französischen von Dieter Hornig, Frankfurt a. M., New York 1992.
Geiger, Max: Die Basler Kirche und Theologie im Zeitalter der Hochorthodoxie, Zollikon-Zürich 1952.
Gerhardt, Volker: Immanuel Kant. Vernunft und Leben, Stuttgart 2002 (= RUB 18235).
Gericke, Wolfgang: Theologie und Kirche im Zeitalter der Aufklärung = Kirchengeschichte in Einzeldarstellungen, Bd. III/2, hg. von Gert Haendler u. a., Berlin 1989.
Gierl, Martin: Pietismus und Aufklärung. Theologische Polemik und die Kommunikationsreform der Wissenschaft am Ende des 17. Jahrhunderts, Göttingen 1997 (= Veröffentlichungen des Max-Planck-Instituts für Geschichte, Bd. 129 – Diss. phil. Göttingen 1994/95).
Gil, Thomas: Kritik der klassischen Geschichtsphilosophie, Berlin 1999 (Habil. phil. Stuttgart 1992).
Gillispie, Charles Coulston: Genesis and Geology [1951], Cambridge (Mass.), London 1996.
Godenne, René: La Bibliothèque de l'homme de l'an 2440 selon L. S. Mercier, in: The French Review, Bd. 45, Nr. 3, Februar 1972, 571-579.
Goen, Clarence C.: Jonathan Edwards: A New Departure in Eschatology [1959], in: William J. Scheick (Ed.), Critical Essays on Jonathan Edwards, 151-165.
Goeters, Johann Friedrich Gerhard: Gottfried Arnolds Anschauung von der Kirchengeschichte in ihrem Werdegang, in: Bernd Jaspert/Rudolf Mohr (Hg.), Traditio – Krisis – Renovatio aus theologischer Sicht. Festschrift für Winfried Zeller zum 65. Geburtstag, Marburg 1976, 241-257.
Goetschel, Willi: Kant als Schriftsteller, Wien 1990.
Gogarten, Friedrich: Verhängnis und Hoffnung der Neuzeit. Die Säkularisierung als theologisches Problem [1953], München, Hamburg 1966.

Gohau, Gabriel: La «Théorie de la Terre», de 1749, in: Jean Gayon (Ed.), Buffon 88. Actes du Colloque international de la mort de Buffon (Paris, Montbard, Dijon, 14-22 juin 1988), Dijon 1992, 343-352.

Goldenbaum, Ursula: Philosophie im Spannungsverhältnis von Vernunft und Glauben. Das Beispiel des Briefwechsels zwischen Samuel Clarke und Gottfried Wilhelm Leibniz, in: Frank Grunert/Friedrich Vollhardt (Hg.), Aufklärung als praktische Philosophie, 387-417.

Gömmel, Rainer/Rainer Klump: Merkantilisten und Physiokraten in Frankreich, Darmstadt 1994.

Gossman, Lionel: Between History and Literature, Cambridge (Mass.), London 1990.

– Death in Trieste, in: European Studies, Jg. 22 (1992), 207-240.

– French Society and Culture. Background for 18th Century Literature, Englewood Cliffs (New Jersey) 1972.

– Marginal Writing. 1697: The Philosopher Pierre Bayle Publishes His *Dictionnaire historique et critique* in Holland, in: Denis Hollier (Ed.), A New History of French Literature, Cambridge (Mass.), London 1989, 379-386.

– Medievalism and the Ideologies of the Enlightenment. The World and Work of La Curne de Sainte-Palaye, Baltimore 1968.

– The Empire Unpossessed. An Essay on Gibbon's «Decline and Fall», Cambridge 1981.

– Wittgensteins Feuerhaken. Über Anekdote und Geschichte, in: Volker Depkat/ Matthias Müller/Andreas Urs Sommer (Hg.), Wozu Geschichte(n)?, Stuttgart 2004, 89-116.

Gouhier, Henri: L'Anti-humanisme au XVIIe siècle, Paris 1987.

Gould, Stephen Jay: Time's Arrow, Time's Cycle. Myth and Metaphor in the Discovery of Geological Time, Cambridge (Mass.), London 1997.

Goulemot, Jean-Marie: Le règne de l'histoire. Discours historiques et révolutions. XVIIe-XVIIIe siècle, Paris 1996.

Graf, Friedrich Wilhelm: Ideengeschichte, in: RGG^4, Bd. 4, Sp. 18-20.

– (Hg.), Profile des neuzeitlichen Protestantismus, Bd. 1: Aufklärung, Idealismus, Vormärz, Gütersloh 1990 (Gütersloher Taschenbücher Siebenstern 1430).

– Protestantische Theologie und die Formierung bürgerlicher Gesellschaft, in: F. W. G. (Hg.), Profile des neuzeitlichen Protestantismus, Bd. 1, 11-54.

Grafton, Anthony: Die tragischen Ursprünge der deutschen Fussnote. Aus dem Amerikanischen übersetzt von H. Jochen Bussmann, Berlin 1995.

– Joseph Scaliger and Historical Chronology: The Rise and Fall of a Discipline, in: History and Theory, Bd. 14 (1975), 156-185.

Griewank, Karl: Der neuzeitliche Revolutionsbegriff. Entstehung und Entwicklung [1955]. Aus dem Nachlass hg. von Ingeborg Horn-Staiger. Mit einem Nachwort von Hermann Heimpel, Frankfurt a.M. 1973 (= stw 52).

Grimsley, Ronald: Turgot's Article 'Existence' in the *Encyclopédie,* in: Will Moore/ Rhoda Sutherland/Enid Starkie (Ed.), The French Mind. Studies in Honour of Gustave Rudler [1952], Reprint New York 1971, 126-151.

Groethuysen, Bernhard: Die Entstehung der bürgerlichen Welt- und Lebensanschauung in Frankreich [1927], 2 Bde., Frankfurt a.M. 1978 (= stw 256).

Groh, Dieter: Die verschwörungstheoretische Versuchung oder: Why do bad things happen to good people, in: D.G., Anthropologische Dimensionen der Geschichte, Frankfurt a.M. 1992 (= stw 992), 267-304.
Groh, Ruth/Dieter Groh: Religiöse Wurzeln der ökologischen Krise. Naturteleologie und Geschichtsoptimismus in der frühen Neuzeit, in: Merkur, Bd. 8 (1990), 621-637.
– Zum Wandel der Denkmuster im geologischen Diskurs des 18. Jahrhunderts, in: Zeitschrift für historische Forschung, Bd. 24 (1997), 575-604.
Grün, Klaus-Jürgen/Matthias Jung/Matthias Lutz-Bachmann/Gunzelin Schmid Noerr (Hg.): Negativität des Weltlaufs. Zum Verhältnis von Ethik und Geschichtsphilosophie, Hildesheim, Zürich, New York 1999 (= Philosophische Texte und Studien, Bd. 49).
Gründer, Karlfried: Figur und Geschichte. Johann Georg Hamanns «Biblische Betrachtungen» als Ansatz einer Geschichtsphilosophie, Freiburg i.Br., München 1958 (= Symposion. Philosophische Schriftenreihe, Bd. 3).
Grunert, Frank: Die Objektivität des Glücks. Aspekte der Eudämoniediskussion in der deutschen Aufklärung, in: F.G./Friedrich Vollhardt (Hg.), Aufklärung als praktische Philosophie, 351-368.
– /Friedrich Vollhardt (Hg.): Aufklärung als praktische Philosophie. Werner Schneiders zum 65. Geburtstag, Tübingen 1998.
Gundolf, Friedrich: Anfänge deutscher Geschichtsschreibung von Tschudi bis Winckelmann. Aufgrund nachgelassener Schriften Friedrich Gundolfs bearbeitet und hg. von Edgar Wind [1938]. Mit einem Nachwort zur Neuausgabe von Ulrich Raulff, Frankfurt a.M. 1992 (= Fischer Wissenschaft 11241).
Günther, Horst: Das Erdbeben von Lissabon erschüttert die Meinungen und setzt das Denken in Bewegung, Berlin 1994 (= WAT 235).
– Revolution, in: HWPh, Bd. 8, Sp. 957-973.
– Zeit der Geschichte. Welterfahrung und Zeitkategorien in der Geschichtsphilosophie, Frankfurt a.M. 1993 (= Fischer Philosophie 11472).
Guthke, Karl S.: Lessings Horizonte. Grenzen und Grenzenlosigkeit der Toleranz, Wolfenbüttel, Göttingen 2003 (= Kleine Schriften zur Aufklärung, Bd. 12).
Habermas, Jürgen: Strukturwandel der Öffentlichkeit. Untersuchungen zu einer Kategorie der bürgerlichen Gesellschaft [1962], Neuwied, Berlin [8]1976 (Habil. phil. Marburg 1961).
– Theorie des kommunikativen Handelns. Bd. 1: Handlungsrationalität und gesellschaftliche Rationalisierung [1981], Frankfurt a.M. 1995.
– Theorie und Praxis. Sozialphilosophische Studien [1963], Frankfurt a.M. 1978.
Hahn, Karl-Heinz: Schiller als Historiker, in: Hans Erich Bödeker/Georg G. Iggers/Jonathan B. Knudsen/Peter H. Reill (Hg.), Aufklärung und Geschichte, 388-415.
Halbfass, Wilhelm: Tatsache I, in: HWPh, Bd. 10, Sp. 910-913.
Hammerstein, Notker: Jus und Historie. Ein Beitrag zur Geschichte des historischen Denkens an den deutschen Universitäten im späten 17. und 18. Jahrhundert, Göttingen 1972.
Hammond, Brean S.: Pope and Bolingbroke. A Study of Friendship and Influence, Columbia (Missouri) 1984.

Haraszti, Zoltán: John Adams and the Prophets of Progress. A Study in the Intellectual and Political History of the Eighteenth Century [1952], New York 1964.

Hardesty Doig, Kathleen: The Yverdon *Encyclopédie,* in: Frank A. Kafker (Ed.), Notable Encyclopedias of the Late Eighteenth Century: Eleven Successors of the *Encyclopédie,* Oxford 1994 (= Studies on Voltaire, Bd. 315), 85-116.

Hardmeier, Christof: «Geschichten» und «Geschichte» in der hebräischen Bibel. Zur Thora-Form von Geschichtstheologie im kulturwissenschaftlichen Kontext, in: E. Blum/W. Johnston/C. Markschies (Hg.), Das Alte Testament – ein Geschichtsbuch? Altes Testament und Moderne, Münster 2004.

– Zeitverständnis und Geschichtssinn in der Hebräischen Bibel. Geschichtstheologie und Gegenwartserhellung bei Jeremia, in: Jörn Rüsen u.a. (Hg.), Die Vielfalt der Kulturen. Erinnerung, Geschichte, Identität 4, Frankfurt a.M. 1998 (= stw 1405), 308-342.

Harnack, Adolf von: Ausgewählte Reden und Aufsätze. Anlässlich des 100. Geburtstages des Verfassers neu hg. von Agnes von Zahn-Harnack und Axel von Harnack, Berlin 1951.

Hart, Jeffrey: Viscount Bolingbroke. Tory Humanist, London, Toronto 1965.

Hartwich, Wolf-Daniel: Apokalyptik der Vernunft. Die eschatologische Ästhetik Kants und Schillers, in: Richard Faber/Eveline Goodman-Thau/Thomas Macho (Hg.), Abendländische Eschatologie. Ad Jacob Taubes, Würzburg 2001, 181-192.

– Die Sendung Moses. Von der Aufklärung bis Thomas Mann, München 1997 (= Diss. phil. Heidelberg).

Hase, Karl von: Kirchengeschichte auf der Grundlage akademischer Vorlesungen, 3. Theil, 2. Abt., 1. Hälfte, hg. von Gustav Krüger = K. v. H., Gesammelte Werke, 3. Bd., 3. Theil, 2. Abt., 1. Hälfte, Leipzig ²1897.

Hasker, William: Providence, in: Edward Craig (Ed.), Routledge Encyclopedia of Philosophy, Bd. 7, London, New York 1998, 797-802.

Hassler, Gerda: Ansätze zur Diskussion um ein sprachliches Relativitätsprinzip in der Auseinandersetzung Turgots mit Maupertuis, in: Zeitschrift für Phonetik, Sprachwissenschaft und Kommunikationsforschung, Bd. 5/6 (1976), 491-494.

Priscilla Hayden-Roy, Refining the Metaphor in Lessing's *Erziehung des Menschengeschlechts,* in: Monatshefte für deutschsprachige Literatur, Bd. 95 (2003), 393-409.

Hayes, Julie C.: Changing the System: Mercier's Ideological Appropriation of Diderot, in: Studies in Eighteenth Century Culture, Bd. 18 (1988), 343-357.

Hazard, Paul: Die Herrschaft der Vernunft. Das europäische Denken im 18. Jahrhundert, Hamburg 1949.

– Die Krise des europäischen Geistes. La Crise de la Conscience Européenne 1680-1715. Mit einer Einführung von Carlo Schmid. Aus dem Französischen übertragen von Harriet Wegener. 5. Auflage, Hamburg o.J.

Heesterbeek, J.A.P./J.M.A.M. van Neerven/H.A.J.M. Schellinx: Das Fegefeuer-Theorem/De Purgatorio. Eschatologische Axiomatik zum transorbitalen Sündenmanagement, Bottighofen am Bodensee 1992 (= Litzelstetter Libellen. Ziemlich Neue Folge, Nr. 2, Abteilung Handbüchlein & Enchiridia).

Heftrich, Eckhard: Lessings Aufklärung. Zu den theologisch-philosophischen Spätschriften, Frankfurt a. M. 1978.

Heidsieck, Arnold: Lessings Vorstellung von Offenbarung, in: Philippe Wellnitz (Hg.), G. E. Lessing. Nathan der Weise/Die Erziehung des Menschengeschlechts, Strasbourg 2000, 27-39.

Heinekamp, Albert (Hg.): Leibniz als Geschichtsforscher. Symposium des Istituto di Studi Filosofici Enrico Castelli und der Leibniz-Gesellschaft Ferrara, 12. bis 15. Juni 1980 = Studia Leibnitiana, Sonderheft 10, Wiesbaden 1982.

Heffernan, Michael: On Geography and Progress: Turgot's *Plan d'un ouvrage sur la géographie politique* (1751) and the Origins of Modern Progressive Thought, in: Political Geography, Bd. 13 (1994), Heft 3, 328-343.

Helbig, Louis Ferdinand: Gotthold Ephraim Lessing. Die Erziehung des Menschengeschlechts. Historisch-kritische Edition mit Urteilen Lessings und seiner Zeitgenossen, Einleitung, Entstehungsgeschichte und Kommentar, Bern, Frankfurt a. M., Las Vegas 1980 (= Germanic Studies in America, No. 38).

Herb, Karlfriedrich: Contrat et histoire. La transformation du contrat social à Kant, in: Revue germanique internationale, Bd. 6/1996: Kant: philosophie de l'histoire, 101-112.

Herrmann, Siegfried: G. E. Lessings «Erziehung des Menschengeschlechts» – eine kleine «Biblische Theologie»?, in: Wolfgang Erich Müller/Hartmut H. R. Schulz (Hg.), Theologie und Aufklärung, 76-88.

Heussi, Karl: Die Krisis des Historismus, Tübingen 1932.

– Johann Lorenz Mosheim. Ein Beitrag zur Kirchengeschichte des 18. Jahrhunderts, Tübingen 1906.

Hicks, Philip: Neoclassical History and English Culture from Clarendon to Hume, New York 1996.

Hildesheimer, Françoise: Le Jansénisme en France aux XVIIe et XVIIIe siècles, Paris 1992.

Himmelmann, Beatrix: Bedürfnisse der Vernunft. Vom Umgang mit den Grenzen des Vernunftgebrauchs, in: Wolfram Hogrebe (Hg.), Grenzen und Grenzüberschreitungen. XIX. Deutscher Kongress für Philosophie, 23.-27. September 2002 in Bonn. Sektionsbeiträge, Bonn 2002, 917-926.

Hinske, Norbert: Das stillschweigende Gespräch. Prinzipien der Anthropologie und Geschichtsphilosophie bei Mendelssohn und Kant, in: Michael Albrecht/Eva J. Engel/N. H. (Hg.), Moses Mendelssohn und die Kreise seiner Wirksamkeit, Tübingen 1994, 135-156.

– Die tragenden Grundideen der deutschen Aufklärung. Versuch einer Typologie, in: Raffaele Ciafardone (Hg.), Die Philosophie der deutschen Aufklärung. Texte und Darstellungen, Stuttgart 1990, 407-458.

– Eine antike Katechismusfrage. Zu einer Basisidee der deutschen Aufklärung, in: N. H. (Hg.), Die Bestimmung des Menschen = Aufklärung, Jg. 11 (1999), Heft 1, 3-6.

Hirsch, Emanuel: Geschichte der neuern evangelischen Theologie im Zusammenhang mit den allgemeinen Bewegungen des europäischen Denkens, 5 Bde., Gütersloh 1949-1954.

Hodge, M.J.S.: Two Cosmogonies (Theory of the Earth and Theory of Generation) and the Unity of Buffon's Thought, in: Jean Gayon (Ed.), Buffon 88. Actes du Colloque international de la mort de Buffon (Paris, Montbard, Dijon, 14-22 juin 1988), Dijon 1992, 241-254.

Hook, Sidney (Ed.): Philosophy and History. A Symposium, New York 1963.

Hölscher, Lucian: Die Entdeckung der Zukunft, Frankfurt a.M. 1999 (= Fischer Tb 60137).

Holzhey, Helmut: «Das Ende aller Dinge». Immanuel Kant über apokalyptische Diskurse, in: H.H./Georg Kohler (Hg.), In Erwartung eines Endes. Apokalyptik und Geschichte, Zürich 2001, 21-34.

- Popularphilosophie, in: HWPh, Bd. 7, Sp. 1093-1100.

Hörisch, Jochen: Die Poesie der Medien: Die Niemandsrose. Drei (Ab-)Grundzüge einer Theopoesie, in: H. Schröer/G. Fermor/H. Schroeter (Hg.), Theopoesie – Theologie und Poesie in hermeneutischer Sicht, Bonn 1998, 103-112.

Horkheimer, Max: Anfänge der bürgerlichen Geschichtsphilosophie, Stuttgart 1930.

- /Theodor W. Adorno: Dialektik der Aufklärung. Philosophische Fragmente [1944], in: T.W.A., Gesammelte Schriften, hg. von Rolf Tiedemann, Darmstadt 1997.

Horn, Christoph: Geschichtsdarstellung, Geschichtsphilosophie und Geschichtsbewusstsein, in: C.H. (Hg.), Augustinus: De civitate Dei, Berlin 1997 (Klassiker auslegen, Bd. 11), 171-193.

Hornig, Gottfried: Die Anfänge der historisch-kritischen Theologie. Johann Salomo Semlers Schriftverständnis und seine Stellung zu Luther, Göttingen 1961 (= Forschungen zur Systematischen Theologie und Religionsphilosophie, Bd. 8).

- Johann Salomo Semler. Studien zu Leben und Werk des Hallenser Aufklärungstheologen, Tübingen 1996 (= Hallesche Beiträge zur Europäischen Aufklärung, Bd. 2).
- Neologie, in: HWPh, Bd. 6, Sp. 718-720.
- Perfektibilität. Eine Untersuchung zur Geschichte und Bedeutung dieses Begriffs in der deutschsprachigen Literatur, in: Archiv für Begriffsgeschichte, Bd. 24 (1980) [recte: 1982], Heft 2, 221-257.
- Wilhelm Abraham Tellers Wörterbuch des Neuen Testaments und Friedrich Christoph Oetingers Emblematik, in: Das Achtzehnte Jahrhundert, Jg. 22 (1998), Heft 1, 76-86.

Hübener, Wolfgang: Leibniz – ein Geschichtsphilosoph?, in: Albert Heinekamp (Hg.), Leibniz als Geschichtsforscher, 38-48.

Hutchison, T.W.: Turgot et Smith, in: Christian Bordes/Jean Morange (Ed.), Turgot, économiste et administrateur, 33-45.

Iggers, Georg G.: Deutsche Geschichtswissenschaft. Eine Kritik der traditionellen Geschichtsauffassung von Herder bis zur Gegenwart, München 1971, ³1976.

Im Hof, Ulrich: Aufklärung in der Schweiz, Bern 1970 (= Monographien zur Schweizer Geschichte, Bd. 5).

- Das Europa der Aufklärung, München 1993.
- Isaak Iselin. Sein Leben und die Entwicklung seines Denkens bis zur Abfassung der «Geschichte der Menschheit» von 1764. Erster Teil: Isaak Iselins Leben und Bildungsgang bis 1764. Zweiter Teil: Iselins Stellung in der Geistesgeschichte des XVIII. Jahrhunderts, Basel 1947 (Diss. phil. Basel 1944).

- Isaak Iselin und die Spätaufklärung, Bern, München 1967.
Jackman, Sydney W.: Man of Mercury. An Appreciation of the Mind of Henry St John, Viscount Bolingbroke. With an Introduction by Sir Charles Petrie, Bart., London 1965.
Jaeschke, Walter: Die Suche nach den eschatologischen Wurzeln der Geschichtsphilosophie. Eine historische Kritik der Säkularisierungsthese, München 1976 (= Beiträge zur evangelischen Theologie, hg. von Eberhard Jüngel und Rudolf Smend, Bd. 76 – Diss. phil. FU Berlin 1974).
Jäger, Theo: Pierre Bayles Philosophie in der «Réponse aux questions d'un Provincal», Marburg 2004.
Jäger, Wolfgang: Politische Partei und parlamentarische Opposition. Eine Studie zum politischen Denken von Lord Bolingbroke und David Hume, Berlin 1971.
Jannidis, Fotis: Die 'Bestimmung des Menschen'. Kultursemiotische Beschreibung einer sprachlichen Formel, in: Aufklärung. Interdisziplinäres Jahrbuch zur Erforschung des 18. Jahrhunderts und seiner Wirkungsgeschichte, Bd. 14 (2002), 75-95.
Janssen, Hans-Gerd: Gott – Freiheit – Leid. Das Theodizeeproblem in der Philosophie der Neuzeit, Darmstadt ²1993.
Jarausch, Konrad H.: The Institutionalization of History in 18th-Century Germany, in: Hans Erich Bödeker/Georg G. Iggers/Jonathan B. Knudsen/Peter H. Reill (Hg.), Aufklärung und Geschichte, 25-48.
Jaumann, Herbert: Das Projekt des Universalismus. Zum Konzept der *Respublica litteraria* in der frühen Neuzeit, in: Peter-Eckhard Knabe/Johannes Thiele (Hg.), Über Texte. Festschrift für Karl-Ludwig Selig, Stauffenburg 1997, 149-163.
- Die deutsche Rezeption von Merciers «L'an 2440». Ein Kapitel über Fortschrittsskepsis als Utopiekritik in der späten Aufklärung, in: Harro Zimmermann (Hg.), Der deutsche Roman der Spätaufklärung. Fiktion und Wirklichkeit, Heidelberg 1990, 217-241.
- Frühe Aufklärung als historische Kritik. Pierre Bayle und Christian Thomasius, in: Sebastian Neumeister (Hg.), Frühaufklärung, München 1994, 149-170.
- Rousseau in Deutschland. Forschungsgeschichte und Perspektiven, in: H.J. (Hg.), Rousseau in Deutschland. Neue Beiträge zur Erforschung seiner Rezeption, Berlin, New York 1995, 1-22.
- Was ist ein Polyhistor? Gehversuche auf einem verlassenen Terrain, in: Studia Leibnitiana, Bd. 22/1 (1990), 76-89.
Jauss, Hans Robert: Ursprung und Bedeutung der Fortschrittsidee in der «Querelle des Anciens et des Modernes», in: Helmut Kuhn/Franz Wiedmann (Hg.), Die Philosophie und die Frage nach dem Fortschritt, 51-72.
Jodl, Friedrich: Geschichte der Ethik als philosophischer Wissenschaft [1882/1930], [5. Auflage], Bd. 1, Essen o.J.
Jossua, Jean-Pierre: Pierre Bayle ou l'obsession du mal, Paris 1977.
Jurt, Joseph: Das Bild der Stadt in den utopischen Entwürfen von Filarete bis L.-S. Mercier, in: Literaturwissenschaftliches Jahrbuch, Bd. 27 (1986), 233-252.
Kaegi, Werner: Erasmus im achtzehnten Jahrhundert, in W.K., Historische Meditationen, Zürich 1942, 183-219.

- Voltaire und der Zerfall des christlichen Geschichtsbildes, in: W. K., Historische Meditationen, Zürich 1942, 223-248.
Kafker, Frank A. (Ed.): Notable Encyclopedias of the Seventeenth and Eighteenth Centuries. Nine Predecessors of the *Encyclopédie,* Oxford 1981 (= Studies on Voltaire, Bd. 194).
- William Smellie's edition of the *Encyclopaedia Britannica,* in: F. A. K. (Ed.), Notable Encyclopedias of the Late Eighteenth Century: Eleven Successors of the *Encyclopédie,* Oxford 1994 (= Studies on Voltaire, Bd. 315), 145-182.
Kamlah, Wilhelm: Utopie, Eschatologie, Geschichtsteleologie. Kritische Untersuchungen zum Ursprung und zum futurischen Denken der Neuzeit, Mannheim, Wien, Zürich 1969.
Kantzenbach, Friedrich Wilhelm: Gottfried Arnolds Weg zur Kirchen- und Ketzerhistorie 1699, in: Jahrbuch der Hessischen Kirchengeschichtlichen Vereinigung, Bd. 26 (1975/76), 207-241.
- Kritische Kirchengeschichtsschreibung. Zur Begründung von Kirchenkritik im protestantischen Geschichtsbewusstsein der Neuzeit, in: Zeitschrift für Religions- und Geistesgeschichte, Bd. 30 (1978), Heft 1, 19-35.
- Protestantisches Christentum im Zeitalter der Aufklärung, Gütersloh 1965 (= Evangelische Enzyklopädie, hg. von Helmut Thielicke und Hans Thimme, Bde. 5 & 6).
Kapossy, Béla: The Sociable Patriot. Isaak Iselin's Protestant Reading of Jean-Jacques Rousseau, in: History of European Ideas, Bd. 27 (2001), 153-170.
Kaulbach, Friedrich: Das Prinzip Handlung in der Philosophie Kants, Berlin, New York 1978.
- Natur V. 2, in: HWPh, Bd. 6, Sp. 471-475.
- Welchen Nutzen gibt Kant der Geschichtsphilosophie?, in: Kant-Studien, Bd. 66 (1975), 65-84.
- Weltorientierung, Weltkenntnis und pragmatische Vernunft bei Kant, in: F. K./Joachim Ritter (Hg.), Kritik und Metaphysik. Heinz Heimsoeth zum achtzigsten Geburtstag, Berlin 1966, 60-75.
Kesting, Hanno: Geschichtsphilosophie und Weltbürgerkrieg, Heidelberg 1959.
Kittsteiner, Heinz Dieter: Dichtet Clio wirklich?, in: Gegenworte. Zeitschrift für den Disput über Wissen, hg. von der Berlin-Brandenburgischen Akademie der Wissenschaften, Heft 9, Frühjahr 2002, 41-45.
- Die heroische Moderne. Skizze einer Epochengliederung, in: Neue Zürcher Zeitung, Jg. 222, Nr. 262, 10. November 2001, 83.
- Die Entstehung des modernen Gewissens, Frankfurt a. M. 1995 (= stw 1192).
- Die Stufen der Moderne, in: Johannes Rohbeck/Herta Nagl-Docekal (Hg.), Geschichtsphilosophie und Kulturkritik. Historische und systematische Studien, Darmstadt 2003, 91-117.
- Listen der Vernunft. Motive geschichtsphilosophischen Denkens, Frankfurt a. M. 1998 (= Fischer Taschenbuch 13951).
- Naturabsicht und Unsichtbare Hand. Zur Kritik des geschichtsphilosophischen Denkens, Frankfurt a. M., Berlin, Wien 1980 (Diss. phil. FU Berlin 1978).
- Out of Control. Über die Unverfügbarkeit des historischen Prozesses, Berlin 2004.

Kleingeld, Pauline: Geschichtsphilosophie bei Kant. Rekonstruktion und Analyse. Proefschrift ter verkrijging van de graad von Doctor aan de Rijksuniversiteit te Leiden, Leiden 1994.
- Fortschritt und Vernunft. Zur Geschichtsphilosophie Kants, Würzburg 1995.
- Kant, History, and the Idea of Moral Development, in: History of Philosophy Quarterly, Bd. 16 (1999), Heft 1, 59-80.
- Zwischen kopernikanischer Wende und grosser Erzählung. Die Relevanz von Kants Geschichtsphilosophie, in: Herta Nagl-Docekal (Hg.), Der Sinn des Historischen, 173-197.

Klempt, Adalbert: Die Säkularisierung der universalhistorischen Auffassung. Zum Wandel des Geschichtsdenkens im 16. und 17. Jahrhundert, Göttingen 1960 (= Göttinger Bausteine zur Geschichtswissenschaft, Bd. 31).

Knudsen, Jonathan B.: Justus Möser: Local History as Cosmopolitan History, in: Hans Erich Bödeker/Georg G. Iggers/J. B. K./Peter H. Reill (Hg.), Aufklärung und Geschichte, 324-343.

Koehler, Walther: Sebastian de Tillemont, in: RGG^2, Bd. 5, Sp. 1181.

Kohler, Georg: Fukuyama oder «The End of History». Eine geschichtsphilosophische Perspektive auf die Jahrhundertschwelle, in: Helmut Holzhey/G. K. (Hg.), In Erwartung eines Endes. Apokalyptik und Geschichte, Zürich 2001, 129-153.

Köhler, Johannes: Vorsehung, in: HWPh, Bd. 11, Sp. 1206-1218.

Kojève, Alexandre: Hegel. Eine Vergegenwärtigung seines Denkens. Kommentar zur *Phänomenologie des Geistes* [1947]. Hg. von Iring Fetscher. Mit einem Anhang: Hegel, Marx und das Christentum, Frankfurt a. M. 1975 (= stw 97).

Kondylis, Panajotis: Die Aufklärung im Rahmen des neuzeitlichen Rationalismus, München 1986 (= dtv 4450).

Konersmann, Ralf: Der grosse Verführer. Über den Zeitgeist, seine Liebhaber und seine Verächter, in: Neue Zürcher Zeitung, Jg. 222, Nr. 207, 7. September 2002, 73.

König, Peter: Giambattista Vico, München 2005 (Beck'sche Reihe Denker, Bd. 571).

Koselleck, Reinhart: Das achtzehnte Jahrhundert als Beginn der Neuzeit, in: Reinhart Herzog/Reinhart Koselleck (Hg.), Epochenschwelle und Epochenbewusstsein = Poetik und Hermeneutik, Bd. 12, München 1987, 269-282.
- Die Verzeitlichung der Utopie, in: Wilhelm Voßkamp (Hg.), Utopieforschung. Interdisziplinäre Studien zur neuzeitlichen Utopie, Bd. 3, Frankfurt a. M. 1985, 1-14.
- Historia Magistra Vitae. Über die Auflösung des Topos im Horizont neuzeitlich bewegter Geschichte, in: Hermann Braun/Manfred Riedel (Hg.), Natur und Geschichte. Karl Löwith zum 70. Geburtstag, Stuttgart 1967, 196-219.
- Geschichte, Historie, in: GG, Bd. 2, 593-717.
- Kritik und Krise. Eine Studie zur Pathogenese der bürgerlichen Welt [1959], Frankfurt a. M. 1973 (= stw 36).
- Vergangene Zukunft. Zur Semantik geschichtlicher Zeiten, Frankfurt a. M. 1984.

Krämer, Hans: Integrative Ethik, Frankfurt a. M. 1992.

Kramnick, Isaac: Bolingbroke and His Circle. The Politics of Nostalgia in the Age of Walpole, Cambridge (Mass.) 1968.

Krasnoff, Larry: The Fact of Politics: History and Teleology in Kant, in: European Journal of Philosophy, Bd. 2 (1994), 22-40.
Kraus, Andreas: Vernunft und Geschichte, Freiburg i. Br. 1963.
Kraus, Hans-Joachim: Geschichte der historisch-kritischen Erforschung des Alten Testaments von der Reformation bis zur Gegenwart, Neukirchen 1956.
Krauss, Werner: Studien zur deutschen und französischen Aufklärung, Berlin (Ost) 1963 (= Neue Beiträge zur Literaturwissenschaft, Bd. 16).
– Zur Anthropologie des 18. Jahrhunderts. Die Frühgeschichte der Menschheit im Blickpunkt der Aufklärung, hg. von Hans Kortum und Christa Gohrisch, Berlin (Ost) 1978.
Kreimendahl, Lothar (Hg.): Die Philosophie in Pierre Bayles *Dictionnaire historique et critique* = Aufklärung. Interdisziplinäres Jahrbuch zur Erforschung des 18. Jahrhunderts und seiner Wirkungsgeschichte, Bd. 16 (2004), Hamburg 2004.
Kuhn, Helmut / Franz Wiedmann (Hg.): Die Philosophie und die Frage nach dem Fortschritt, München 1964 (= Verhandlungen des 7. Deutschen Kongresses für Philosophie, Münster 1962).
Kuhn, Thomas S.: The Structure of Scientific Revolutions. Second edition, enlarged, Chicago, London 1970.
Küttler, Wolfgang / Jörn Rüsen / Ernst Schulin (Hg.): Geschichtsdiskurs. Bd. 2: Anfänge modernen historischen Denkens, Frankfurt a. M. 1994 (= Fischer Wissenschaft 11476).
Labbé, François: L'an 2440: une lecture maçonnique, in: lendemains. Zeitschrift für Frankreichforschung und Französischstudium, Jg. 3, Nr. 11, August 1978, 41-51.
Labrousse, Elisabeth: Pierre Bayle, Bd. 1: Du Pays de Foix à la Cité d'Erasme, La Haye 1963. Bd. 2: Hétérodoxie et rigorisme, La Haye 1964.
Landgrebe, Ludwig: Die Geschichte im Denken Kants, in: L. L., Phänomenologie und Geschichte, Gütersloh 1968, 46-64.
Lange, Friedrich Albert: Geschichte des Materialismus und Kritik seiner Bedeutung in der Gegenwart [1865/1875], hg. von O. A. Ellissen, 2 Bde., Leipzig o. J. [1905].
Laurent, Alain: Eloge d'un «ultra-libéral» avant la lettre..., in: Anne Robert Jacques Turgot, «Laissez faire!». Textes choisis et présentés par Alain Laurent, Paris 1997, IX-XXII.
Lee, Sang Hyun: The Philosophical Theology of Jonathan Edwards, Princeton 1988.
Lehmann, Hartmut: Pietismus und weltliche Ordnung in Württemberg vom 17. bis zum 20. Jahrhundert, Berlin, Köln, Mainz 1969 (Habil. phil. Köln 1967).
Lehmann, Johannes Friedrich: Vom Fall des Menschen. Sexualität und Ästhetik bei J. M. R. Lenz und J. G. Herder, in: Maximilian Bergengruen / Roland Borgards / J. F. L. (Hg.), Die Grenzen des Menschen. Anthropologie und Ästhetik um 1800, Würzburg 2001, 15-35.
Lembeck, Karl-Heinz (Hg.): Geschichtsphilosophie, Freiburg i. Br., München 2000 (= Alber-Texte zur Philosophie, Bd. 14).
Lepenies, Wolf: Das Ende der Naturgeschichte. Wandel kultureller Selbstverständlichkeiten in den Wissenschaften des 18. und 19. Jahrhunderts, München, Wien 1976.

- Historisierung der Natur und Entmoralisierung der Wissenschaften seit dem 18. Jahrhundert, in: W. L., Gefährliche Wahlverwandtschaften. Essays zur Wissenschaftsgeschichte, Stuttgart 1989, 7-38.
Lessing, Theodor: Geschichte als Sinngebung des Sinnlosen oder Die Geburt der Geschichte aus dem Mythos [1919]. Nachwort von Christian Gneuss, Hamburg 1962.
Levine, Joseph M.: The Autonomy of History. Truth and Method from Erasmus to Gibbon, Chicago, London 1999.
Liebeschütz, Hans: Mendelssohn und Lessing in ihrer Stellung zur Geschichte, in: Siegfried Stein/Raphael Loewe (Hg.), Studies in Jewish Religious and Intellectual History, Alabama 1979, 167-182.
Lilla, Mark: G. B. Vico. The Making of an Anti-Modern, Cambridge (Mass.), London 1993.
Löffler, Ulrich: Lissabons Fall – Europas Schrecken. Die Deutung des Erdbebens von Lissabon im deutschsprachigen Protestantismus des 18. Jahrhunderts, Berlin, New York 1999 (= Arbeiten zur Kirchengeschichte, Bd. 70).
Lohff, Wenzel: Heil, Heilsgeschichte, Heilstatsache, in: HWPh, Bd. 3, Sp. 1031-1033.
Lorenz, Stefan: De mundo optimo. Studien zu Leibniz' Theodizee und ihrer Rezeption in Deutschland (1710-1791), Stuttgart 1997 (= Studia Leibnitiana, Supplementa 31).
Loty, Laurent: Providence, in: Michel Delon (Ed.), Dictionnaire européen des Lumières, Paris 1997, 920-921.
Lötzsch, Frieder: Vernunft und Religion im Denken Kants. Lutherisches Erbe bei Immanuel Kant, Köln, Wien 1976.
Lovejoy, Arthur O.: The Great Chain of Being. A Study of the History of an Idea. The William James Lectures Delivered at Harvard University 1933, Cambridge (Mass.) ^{3}1948.
Lowance, Jr., Mason I.: Typology, Millennial Eschatology, and Jonathan Edwards [1977], in: William J. Scheick (Ed.), Critical Essays on Jonathan Edwards, 189-196.
Löwith, Karl: Vicos Grundsatz: verum et factum convertuntur. Seine theologische Prämisse und deren säkulare Konsequenzen [1968], in: K. L., Sämtliche Schriften, Bd. 9, Stuttgart 1986, 195-227.
- Voltaires Bemerkungen zu Pascals Pensées [1967], in: K. L., Sämtliche Schriften, Bd. 1, Stuttgart 1981, 426-449.
- Weltgeschichte und Heilsgeschehen. Die theologischen Voraussetzungen der Geschichtsphilosophie [1949], in: K. L., Sämtliche Schriften, Bd. 2, Stuttgart 1983, 7-239.
- Die beste aller Welten und das radikal Böse im Menschen [1959/60], in: K. L., Sämtliche Schriften, Bd. 3, Stuttgart 1985, 275-297.
Lübbe, Hermann: Die Identitätspräsentationsfunktion der Geschichte, in: H. L., Praxis der Philosophie, Praktische Philosophie, Geschichtstheorie, Stuttgart 1978, 97-122.
- Geschichten, in: HWPh, Bd. 3, Sp. 403f.
- Geschichtsbegriff und Geschichtsinteresse. Analytik und Pragmatik der Historie, Basel, Stuttgart 1977.
- Geschichtsphilosophie. Verbliebene Funktionen, Erlangen, Jena 1993 (= Jenaer philosophische Studien und Vorträge, Heft 2).

- Religion nach der Aufklärung, Graz, Wien, Köln ²1990.
- Säkularisierung. Geschichte eines ideenpolitischen Begriffs, Freiburg i. Br., München 1965.

Luhmann, Niklas: Aufsätze und Reden, hg. von Oliver Jahraus, Stuttgart 2001.
- Die Gesellschaft der Gesellschaft, 2 Bde., Frankfurt a. M. 1998 (= stw 1360).
- Temporalisierung von Komplexität. Zur Semantik neuzeitlicher Zeitbegriffe, in: N. L., Gesellschaftsstruktur und Semantik, Bd. 1, Frankfurt a. M. 1980, 235-300.

Lüthy, Herbert: Geschichte und Fortschritt, in: Rudolf W. Meyer (Hg.), Das Problem des Fortschrittes – heute, Darmstadt 1969, 1-28.

Lyotard, Jean-François: Das postmoderne Wissen. Ein Bericht [1979]. Aus dem Französischen von Otto Pfersmann, hg. von Peter Engelmann, Graz, Wien 1986 (= Edition Passagen, Bd. 7).

Mackie, John Leslie: Das Wunder des Theismus. Argumente für und gegen die Existenz Gottes, hg. von Rudolf Ginters, Stuttgart 1985.

Maffey, Aldo: Per un'edizione critica de «L'an 2440» die L.-S. Mercier, in: Studi francesi. Rivista quadrimestrale, Bd. 37 (1993), Heft 109, 57-64.

Maistre, Le Comte Joseph de: De l'Eglise gallicane dans son rapport avec le Souverain Pontife, faisant suite à l'ouvrage intitulé *Du Pape,* Tournay (J. Casterman) o. J. [1821?].

Majewski, Henry F.: The Preromantic Imagination of L.-S. Mercier, New York 1971.

Mann, Otto: Die gescheiterte Säkularisation. Ein Irrgang der europäischen Philosophie, Tübingen 1980 (= Theologische Beiträge und Forschungen, Bd. 2).

Mannheim, Karl: Konservatismus. Ein Beitrag zur Soziologie des Wissens [1925], hg. von David Kettler, Volker Meja und Nico Stehr, Frankfurt a. M. 1984 (= stw 478).

Manuel, Frank E.: Isaac Newton Historian. Cambridge (Mass.) 1963.

Marcus, Frederick R.: Vico and the Hebrews, in: New Vico Studies, Bd. 13 (1995), 14-32.

Marquard, Odo: Der angeklagte und der entlastete Mensch in der Philosophie des 18. Jahrhunderts, in: O. M., Abschied vom Prinzipiellen. Philosophische Studien, Stuttgart 1981, 39-66.
- Ende der Universalgeschichte? Philosophische Überlegungen im Anschluss an Schiller, in: O. M., Philosophie des Stattdessen, Stuttgart 2000, 79-93.
- Entlastungen. Theodizeemotive in der neuzeitlichen Philosophie, in: O. M., Apologie des Zufälligen. Philosophische Studien, Stuttgart 1986, 11-32.
- Felix culpa? Bemerkungen zu einem Applikationsschicksal von Genesis 3, in: Manfred Fuhrmann/Hans Robert Jauss/Wolfhart Pannenberg (Hg.), Text und Applikation, Theologie, Jurisprudenz und Literaturwissenschaft im hermeneutischen Gespräch, München 1981, 53-71 (= Poetik und Hermeneutik, Bd. 9).
- Schwierigkeiten mit der Geschichtsphilosophie, Frankfurt a. M. 1982.
- Skepsis als Philosophie der Endlichkeit, Bonn 2002 (= Bonner philosophische Vorträge und Studien, hg. von Wolfram Hogrebe, Bd. 18).
- Skepsis und Zustimmung. Philosophische Studien, Stuttgart 1994 (= RUB 9334).

Marti, Hanspeter: Die Verkündigung des irdischen Paradieses. Spiritualismus und Utopie bei Gottfried Arnold, in: Dietrich Blaufuß/Friedrich Niewöhner (Hg.), Gottfried Arnold, 179-196.

Mason, Haydn (Hg.): The Darnton Debate. Books and Revolution in the Eighteenth Century, Oxford 1999.
- Pierre Bayle and Voltaire, Oxford, London 1963.

Mathiopoulos, Margarita: History and Progress. In Search of the European and American Mind. Foreword by Gordon A. Craig, New York, Westport (Conn.), London 1989.

Matuschek, Stefan: Lessing und Vico. Zum sprachphilosophischen Ursprung der *Erziehung des Menschengeschlechts,* in: Germanisch-romanische Monatsschrift, Bd. 47 (1997), Heft 3, 309-316.

McDermott, Gerald R.: Jonathan Edwards, in: RGG[4], Bd. 2, Sp. 1063-1064.
- Jonathan Edwards Confronts the Gods. Christian Theology, Enlightenment Religion, and Non-Christian Faiths, New York 2000.

Medick, Hans: Mikro-Historie, in: Winfried Schulze (Hg.), Sozialgeschichte, Alltagsgeschichte, Mikro-Historie, Göttingen 1994, 40-53.

Meek, Ronald Lindley: Smith, Marx, & After. Ten Essays in the Development of Economic Thought, London 1977.

Mehring, Franz: Die Lessing-Legende = F. M., Gesammelte Schriften, hg. von Thomas Höhle u. a., Bd. 9, Berlin 1963.

Meier, Heinrich: «Les rêveries du Promeneur Solitaire». Rousseau über das philosophische Leben, München 2005.

Meinecke, Friedrich: Die Entstehung des Historismus. Bd. 1: Vorstufen und Aufklärungshistorie. Bd. 2: Die Deutsche Bewegung, Berlin 1936.
- Vom geschichtlichen Sinn und vom Sinn der Geschichte, Leipzig 1939.

Meinhold, Peter: Geschichte der kirchlichen Historiographie, 2 Bde., Freiburg i. Br., München 1967 (= Orbis Academicus Bd. III/5).

Merrill, Walter McIntosh: From Statesman To Philosopher. A Study in Bolingbroke's Deism, New York 1949.

Metzger, Martin: Die Paradieserzählung. Die Geschichte ihrer Auslegung von J. Clericus bis W. M. L. de Wette, Bonn 1959 (= Abhandlungen zur Philosophie, Psychologie und Pädagogik, Bd. 16 – Diss. theol. Bonn 1957).

Meyer, Donald H.: The Democratic Englightenment, New York 1975.

Meyer, Martin: Ende der Geschichte?, München, Wien 1993.

Meyer-Zwiffelhoffer, Eckhard: Alte Geschichte in der Universalgeschichtsschreibung der Frühen Neuzeit, in: Saeculum. Jahrbuch für Universalgeschichte, Bd. 46 (1995), 249-273.

Michel, Willy: Die Aktualität des Interpretierens. Hermeneutische Zugänge zu Lessing, Die Erziehung des Menschengeschlechts … und ein Gespräch mit Peter Härtling, Heidelberg 1978 (= medium literatur, Bd. 11).

Mildenberger, Friedrich: Heilsgeschichte, in: RGG[4], Bd. 3, Sp. 1584-1586.

Mill, John Stuart: On Liberty [1859], in: J. S. M., On Liberty and Other Essays. Ed. with an Introduction and Notes by John Gray, Oxford 1998, 1-128.

Miller, Arnold: Louis Moréri's *Grand dictionnaire historique,* in: Frank A. Kafker (Hg.), Notable Encyclopedias of the Seventeenth and Eighteenth Centuries, 13-52.

Miller, Perry: Jonathan Edwards, New York 1949.

- The New England Mind: The Seventeenth Century, New York 1939.
Minder, Robert: Kultur und Literatur in Deutschland und Frankreich. Fünf Essays [1962], Frankfurt a. M. 1977.
Mittelstrass, Jürgen: Jonathan Edwards, in: EPhW, Bd. 1, 520.
- Neuzeit und Aufklärung. Studien zur Entstehung der neuzeitlichen Wissenschaft und Philosophie, Berlin 1970.
- Pierre Bayle, in: EPhW, Bd. 1, 256-257.
Möller, Horst: Aufklärung in Preussen. Der Verleger, Publizist und Geschichtsschreiber Friedrich Nicolai, Berlin 1974 (= Einzelveröffentlichungen der Historischen Akademie zu Berlin, Bd. 15).
Moltmann, Jürgen: Fortschritt und Abgrund. Erinnerungen an die Zukunft der modernen Welt, in: Orientierung, Bd. 65 (2001), 6-9 bzw. 17-20.
Momigliano, Arnaldo: Ein Vorspiel zu Gibbon im 18. Jahrhundert [1977], in: A. M., Ausgewählte Schriften zur Geschichte und Geschichtsschreibung, Bd. 2: Spätantike bis Spätaufklärung, hg. von Anthony Grafton, übersetzt von Kai Brodersen und Andreas Wittenburg, Stuttgart, Weimar 1999, 221-235.
- Römische Hünen und Helden in Vicos *Scienza Nuova* [1966], in: A. M., Ausgewählte Schriften zur Geschichte und Geschichtsschreibung, Bd. 2: Spätantike bis Spätaufklärung, hg. von Anthony Grafton, übersetzt von Kai Brodersen und Andreas Wittenburg, Stuttgart, Weimar 1999, 195-219.
Monod, Jean-Claude: La querelle de la sécularisation. Théologie politique et philosophies de l'historie de Hegel à Blumenberg, Paris 2002.
Mooney, Michael: Vico in the Tradition of Rhetoric, Princeton 1985.
Moreau, Pierre-François (Ed.): Le scepticisme au XVIe et au XVIIe siècle. Le retour des philosophies antiques à l'Age classique, Bd. 2, Paris 2001.
Morilhat, Claude: La Prise de conscience du capitalisme. Economie et philosophie chez Turgot, Paris 1988.
Mornet, Daniel: Les enseignements des bibliothèques privées (1750-1780), in: Revue d'histoire littéraire de la France, Bd. 17 (1910), 449-492.
Morera, Esteve: Vico and Antifoundationalism, in: New Vico Studies, Bd. 17 (1999), 35-51.
Muglioni, Jean-Michel: Le principe téléologique de la philosophie kantienne de l'histoire, in: Revue germanique internationale, Bd. 6/1996: Kant: philosophie de l'histoire, 113-127.
Muhlack, Ulrich: Geschichtswissenschaft im Humanismus und in der Aufklärung. Die Vorgeschichte des Historismus, München 1991.
Mühlpfordt, Günter: Radikaler Wolffianismus. Zur Differenzierung und Wirkung der Wolffschen Schule ab 1735, in: Werner Schneiders (Hg.), Christian Wolff, Hamburg ^{2}1986, 237-253.
Müller, Klaus E./Jörn Rüsen (Hg.): Historische Sinnbildung. Problemstellungen, Zeitkonzepte, Wahrnehmungshorizonte, Darstellungsstrategien, Reinbek bei Hamburg 1997.
Müller, Wolfgang Erich: Johann Friedrich Wilhelm Jerusalem (1709-1789), in: Friedrich Wilhelm Graf (Hg.), Profile des neuzeitlichen Protestantismus, 55-70.

- Johann Friedrich Wilhelm Jerusalem. Eine Untersuchung zur Theologie der «Betrachtungen über die vornehmsten Wahrheiten der Religion», Berlin, New York 1984 (= Theologische Bibliothek Töpelman, Bd. 43).
- Legitimation historischer Kritik bei J. F. W. Jerusalem, in: Henning Graf Reventlow/ Walter Sparn/John Woodbridge (Hg.), Historische Kritik und biblischer Kanon, 205-218.
- Von der Eigenständigkeit der Neologie Jerusalems, in: Neue Zeitschrift für Systematische Theologie und Religionsphilosophie, Bd. 26 (1984), 289-309.
- Zu den Divergenzen zwischen Predigten und Dogmatik bei J. F. W. Jerusalem, in: Jahrbuch der Gesellschaft für niedersächsische Kirchengeschichte, Bd. 84 (1986), 145-156.
- /Hartmut H. R. Schulz (Hg.): Theologie und Aufklärung. Festschrift für Gottfried Hornig zum 65. Geburtstag, Würzburg 1992.

Mulsow, Martin: Hardouin, Jean, in: RGG[4], Bd. 3, Sp. 1440.
- Moderne aus dem Untergrund. Radikale Frühaufklärung in Deutschland 1680-1720, Hamburg 2002.
- in Verbindung mit Ralph Häfner/Florian Neumann/Helmut Zedelmaier (Hg.): Johann Lorenz Mosheim (1693-1755). Theologie im Spannungsfeld von Philosophie, Philologie und Geschichte, Wiesbaden 1997 (= Wolfenbütteler Forschungen, Bd. 77).
- /Helmut Zedelmaier (Hg.): Skepsis, Providenz, Polyhistorie: Jakob Friedrich Reimmann 1668-1743, Tübingen 1998.

Nadel, George H.: New Light on Bolingbroke's *Letters on History,* in: Journal of the History of Ideas, Bd. 23 (1962), Nr. 4, 550-557.
- Philosophy of History before Historicism, in. G. H. N. (Ed.), Studies in the Philosophy of History. Selected Essays from *History and Theory,* New York 1965, 49-73.

Nagel, Ivan: Der Intellektuelle als Lump und Märtyrer. Ein Lebenslauf zwischen Ancien régime und Revolution, in: Akzente. Zeitschrift für Literatur, Jg. 28 (1981), 3-22.

Nagl-Docekal, Herta (Hg.): Der Sinn des Historischen. Geschichtsphilosophische Debatten, Frankfurt a. M. 1996 (= Fischer Tb 12776).
- Ist Geschichtsphilosophie heute noch möglich?, in: H. N.-D. (Hg.), Der Sinn des Historischen, 7-63.

Neff, E.: The Poetry of History, New York 1947.

Neveu, Bruno: Un historien à l'école de Port-Royal: Sébastien Le Nain de Tillemont 1637-1698. Publication du Centre de recherches d'histoire et de philologie de la IVe Section de l'Ecole pratique des Hautes Etudes à la Sorbonne, La Haye 1966 (= Archives internationales d'histoire des idées, Bd. 15).

Niehues-Pröbsting, Heinrich: Die Kynismus-Rezeption der Moderne. Diogenes in der Aufklärung, in: Marie-Odile Goulet-Cazé/Richard Goulet (Ed.), Le Cynisme ancien et ses prolongements. Actes du colloque international du CNRS (Paris, 22-25 juillet 1991), Paris 1993, 519-555.
- Rhetorik und Ästhetik, in: Rhetorik, hg. von Joachim Dyck, Walter Jens und Gert Ueding, Bd. 18 (1999), 44-61.

Nisbet, Robert: History of the Idea of Progress, New York 1980.

- Vico and the Idea of Progress, in: Giorgio Tagliacozzo/Michael Mooney/Donald Phillip Verene (Ed.), Vico and Contemporary Thought, Bd. 1, London, Basingstoke 1980, 235-247.
Nowak, Kurt: Der umstrittene Bürger von Genf. Zur Wirkungsgeschichte Rousseaus im deutschen Protestantismus des 18. Jahrhunderts, Berlin 1993 (= Sitzungsberichte der Sächsischen Akademie der Wissenschaften zu Leizpig, Philologisch-historische Klasse, Bd. 132, Heft 4).
- Vernünftiges Christentum? Über die Erforschung der Aufklärung in der evangelischen Theologie Deutschlands seit 1945 = Forum Theologische Literaturzeitung, Bd. 2, Leipzig 1999.
Nuttall, A.D.: Pope's *Essay on Man,* London 1984.
O'Brien, Karen: Narratives of Enlightenment. Cosmopolitan History from Voltaire to Gibbon, Cambridge 1997.
Oestreich, Gerhard: Antiker Geist und moderner Staat bei Justus Lipsius (1547-1606). Der Stoizismus als politische Bewegung [1954]. Hg. und eingeleitet von Nicolette Mout, Göttingen 1989 (= Schriftenreihe der Historischen Kommission bei der Bayerischen Akademie der Wissenschaften, Bd. 38).
Oldroyd, David: Thinking about the Earth. A History of Ideas in Geology, London 1996.
Orlando, Franco: Rousseau e la nascità di una tradizione letteraria: il ricordo d'infanzia, in: Belfagor, Bd. 20 (1965), 11-33.
Ottmann, Henning: Politische Theologie als Begriffsgeschichte. Oder: Wie man die politischen Begriffe der Neuzeit politisch-theologisch erklären kann, in: Volker Gerhardt (Hg.), Der Begriff der Politik. Bedingungen und Gründe politischen Handelns, Stuttgart 1990, 169-188.
Otto, Stephan: Giambattista Vico. Grundzüge seiner Philosophie, Stuttgart, Berlin, Köln 1989.
- Vico, Giambattista, in: RGG[4], Bd. 8, Sp. 1101-1103.
Ouellet, Réal/Hélène Vachon, La presentation de Paris dans *L'an 2440* de L.-S. Mercier ou les métamorphoses du cercle radieux, in: La ville au XVIIIe siècle. Colloque d'Aix-en-Provence, Aix-en-Provence 1975, 83-90.
Overbeck, Franz: Kirchenlexikon. Ausgewählte Artikel A-I und J-Z. In Zusammenarbeit mit Marianne Stauffacher-Schaub hg. von Barbara von Reibnitz = Werke und Nachlass, Bde. 4-5, Stuttgart, Weimar 1995.
Oz-Salzberger, Fania: Translating the Enlightenment. Scottish Civic Discourse in Eighteenth-Century Germany, Oxford 1995.
Patrides, C.A.: The Grand Design of God. The Literary Form of the Christian View of History, London 1972.
- The Phoenix and the Ladder. The Rise and Decline of the Christian View of History, Berkeley, Los Angeles 1964 (University of California English Studies, Bd. 29).
Pénisson, Pierre: Kant et Herder. Le «recul d'effroi de la raison», in: Revue germanique internationale, Bd. 6/1996: Kant: philosophie de l'histoire, 63-74.
Pestalozzi, Karl: Lavater als Schriftsteller. Eine Werkausgabe des Zürcher Theologen und Physiognomikers, in: Neue Zürcher Zeitung, Jg. 222, Nr. 137, 16. Juni 2001, 86.

Peters, Martin: Möglichkeiten und Grenzen der Rezeption Rousseaus in den deutschen Historiographien. Das Beispiel der Göttinger Professoren August Ludwig von Schlözer und Christoph Meiners, in: Herbert Jaumann (Hg.), Rousseau in Deutschland. Neue Beiträge zur Erforschung seiner Rezeption, Berlin, New York 1995, 267-289.

Pflug, Günther: Die Entwicklung der historischen Methode im 18. Jahrhundert, in: Deutsche Vierteljahresschrift für Literaturwissenschaft und Geistesgeschichte, Bd. 28 (1954), 447-471.

Philipp, Wolfgang: Das Werden der Aufklärung in theologiegeschichtlicher Sicht, Göttingen 1957.

Plé, B.: Turgot, Anne Robert Jacques, in: BBKL, Bd. 18, 1402-1436.

Pocock, John G. A.: Barbarism and Religion. The Enlightenment of Edward Gibbon, 1737-1764, Cambridge 1999.

Pohlenz, Max (Hg.): Stoa und Stoiker. Die Gründer. Panaitios. Poseidonios, Zürich 1950.

Poirier, Jean-Pierre: Turgot. Laissez-faire et progrès social, Paris 1999.

Pollmann, Klaus Erich (Hg.): Abt Johann Friedrich Wilhelm Jerusalem (1709-1789). Beiträge zu einem Colloquium anlässlich seines 200. Todestages, Braunschweig 1991 (= Braunschweiger Werkstücke, Reihe A, Bd. 32).

Pompa, Leon: Human Nature and Historical Knowledge. Hume, Hegel and Vico, Cambridge, New York 1990.

– Vico. A Study of the New Science, London 1975.

Pons, Alain: Vico between the Ancients and the Moderns, in: New Vico Studies, Bd. 11 (1993), 13-23.

Popkin, Richard H.: Isaac La Peyrère (1596-1676). His Life, Work and Influence, Leiden 1987.

– Pierre Bayle's Place in the 17th Century Scepticism, in: Paul Dibon (Ed.), Pierre Bayle. Le philosophe de Rotterdam. Etudes et documents, Amsterdam, London, New York, Princeton 1959, 1-19.

– The History of Scepticism from Erasmus to Spinoza, Berkeley, Los Angeles, London 1979.

Popper, Karl R.: The Poverty of Historicism [1944/45], London, Henley 1976.

Pott, Martin: Christian Thomasius und Gottfried Arnold, in: Dietrich Blaufuß/Friedrich Niewöhner (Hg.), Gottfried Arnold, 247-265.

Pott, Sandra: Bericht zum Zehnten Internationalen Aufklärungskongress in Dublin vom 25. bis 31. Juli 1999, in: Das Achtzehnte Jahrhundert, Jg. 23 (1999), Heft 2, 140-141.

– Critica perennis. Zur Gattungsspezifik gelehrter Kommunikation im Umfeld der *Bibliothèque Germanique* (1720-1741), in: Helmut Zedelmaier/Martin Mulsow (Hg.), Die Praktiken der Gelehrsamkeit in der Frühen Neuzeit = Frühe Neuzeit, Bd. 64, Tübingen 2001, 249-273.

– «Le *Bayle* de l'*Allemagne*». Christian Thomasius und der europäische Refuge. Konfessionstoleranz in der wechselseitigen Rezeption für ein kritisches Bewahren der Tradition(en), in: Herbert Jaumann/Manfred Beetz (Hg.), Christian Thomasius im literarischen Feld, Tübingen 2002.

- Reformierte Morallehren und deutsche Literatur von Jean Barbeyrac bis Christoph Martin Wieland, Tübingen 2002 (= Frühe Neuzeit, Bd. 75).
- Säkularisierung in den Wissenschaften seit der Frühen Neuzeit. Bd. 1: Medizin, Medizinethik und schöne Literatur. Studien zu Säkularisierungsvorgängen vom frühen 17. bis zum frühen 19. Jahrhundert, Berlin, New York 2002.
- Selbstinszenierungen eines Philosophen. Oder: War La Mettrie ein Skeptiker?, in: Hartmut Hecht (Hg.), Julien Offray de La Mettrie. Ansichten und Einsichten, Berlin 2004, 193-206.

Potthast, Barbara: Die verdrängte Krise. Studien zum «inferioren» deutschen Roman zwischen 1750 und 1770, Hamburg 1997 (= Studien zum 18. Jahrhundert, Bd. 21).

Préclin, Edmond: Les Jansénistes du XVIIIe siècle et la Constitution civile du clergé. Le développement du Richérisme, sa propagation dans le Bas Clergé 1713-1791, Paris 1929.

Primavesi, Oliver: Topik; Topos I, in: HWPh, Bd. 10, Sp. 1263-1269.

Prodöhl, Ines: «Aus denen besten Scribenten». Zedlers *Universal-Lexicon* im Spannungsfeld zeitgenössischer Lexikonproduktion, in: Das Achtzehnte Jahrhundert, Jg. 29 (2005), Heft 1, 82-94.

Pusey, William W.: Louis-Sébastien Mercier in Germany. His Vogue and Influence in the Eighteenth Century [1939], New York 1966.

Pütz, Peter (Hg.): Die deutsche Aufklärung, Darmstadt [2]1979 (= Erträge der Forschung, Bd. 81).

Raabe, Paul: Bücherlust und Lesefreuden. Beiträge zur Geschichte des Buchwesens im 18. und frühen 19. Jahrhundert, Stuttgart 1984.

Rabb, Theodore K.: The Struggle for Stability in Early Modern Europe, New York 1975.

Rad, Gerhard von: Theologie des Alten Testaments, Bd. 2, München [9]1987.

Rapp, Friedrich: Fortschritt. Entwicklung und Sinngehalt einer philosophischen Idee, Darmstadt 1992.

Rathmann, János: Historizität in der deutschen Aufklärung, Frankfurt a. M., Bern, New York 1993 (= Daedalus, Bd. 3).

Reck, Andrew J.: Jonathan Edwards, in: Ueberweg[13], Die Philosophie des 18. Jahrhunderts, Bd. 1, 987-993.

Reed, Terence James: Von den Motoren der Menschheitsgeschichte. Zu Geschwindigkeitsunterschieden im teleologischen Denken des 18. Jahrhunderts, in: Lessing-Yearbook, Bd. 30 (1998), 81-89.

Reill, Peter Hanns: Die Historisierung von Natur und Mensch. Der Zusammenhang von Naturwissenschaften und historischem Denken im Entstehungsprozess der modernen Naturwissenschaften, in: Wolfgang Küttler/Jörn Rüsen/Ernst Schulin (Hg.), Geschichtsdiskurs. Bd. 2: Anfänge modernen historischen Denkens, Frankfurt a. M. 1994, 48-61.
- Buffon and Historical Thought in Germany and Great Britain, in: Jean Gayon (Ed.), Buffon 88. Actes du Colloque international de la mort de Buffon (Paris, Montbard, Dijon, 14-22 juin 1988), Dijon 1992, 667-679.
- Narration and Structure in Late Eighteenth-Century Thought, in: History and Theory, Bd. 15 (1986), 286-298.

- The German Enlightenment and the Rise of Historicism, Berkeley, Los Angeles, London 1975.
Reiter, Michael: Von der christlichen zur humanistischen Heilsgeschichte. Über G.E. Lessings *Erziehung des Menschengeschlechts,* in: Richard Faber/Eveline Goodman-Thau/Thomas Macho (Hg.), Abendländische Eschatologie. Ad Jacob Taubes, Würzburg 2001, 165-180.
Rendtorff, Trutz: Geschichtstheologie, in: RGG[4], Bd. 3, Sp. 813-817.
- Geschichtstheologie, in: HWPh, Bd. 3, Sp. 439-441.
Rétat, Pierre: Le *Dictionnaire* de Bayle et la lutte philosophique au XVIIIe siècle, Paris 1971.
Reventlow, Henning Graf: Epochen der Bibelauslegung. Bd. 4: Von der Aufklärung bis zum 20. Jahrhundert, München 2001.
- Wurzeln der modernen Bibelkritik, in: H.G.R./Walter Sparn/John Woodbridge (Hg.), Historische Kritik und biblischer Kanon, 47-63.
- /Walter Sparn/John Woodbridge (Hg.): Historische Kritik und biblischer Kanon in der deutschen Aufklärung, Wiesbaden 1988 (Wolfenbütteler Forschungen, Bd. 41).
Rex, Walter: Essays on Pierre Bayle and Religious Controversy, The Hague 1965 (= Archives internationales d'histoire des idées, Bd. 8).
Ricœur, Paul: Histoire et vérité. Troisième édition augmentée de quelques textes, Paris 1964.
Ridley, R.T.: On Knowing Sebastien le Nain de Tillemont, in: Ancient Society, Bd. 23 (1993), 233-295.
Riedel, Manfred: Der Begriff der «Bürgerlichen Gesellschaft» und das Problem seines geschichtlichen Ursprungs [1962], in: M.R., Studien zu Hegels Rechtsphilosophie, Frankfurt a.M. 1969, 135-166.
- Einleitung, in: Immanuel Kant, Schriften zur Geschichtsphilosophie, hg. von Manfred Riedel [1974], Stuttgart 1999 (= RUB 9694), 3-20.
- Geschichte als Aufklärung. Kants Geschichtsphilosophie und die Grundlagenkrise der Historiographie, in: Neue Rundschau, Bd. 84 (1973), 289-308.
- Geschichtstheologie, Geschichtsideologie, Geschichtsphilosophie. Zum Ursprung und zur Systematik einer kritischen Theorie der Geschichte bei Kant, in: Philosophische Perspektiven, Bd. 5 (1973), 161-192.
- Historismus und Kritizismus. Kants Streit mit Georg Forster und Johann Gottfried Herder, in: Kant-Studien, Bd. 72 (1981), 41-57.
- System und Geschichte. Studien zum historischen Standort von Hegels Philosophie, Frankfurt a.M. 1973 (= es 619).
Ritter, Joachim: Fortschritt, in: HWPh, Bd. 2, Sp. 1032-1059.
Roger, Jacques: Buffon et l'introduction de l'histoire dans *L'histoire naturelle,* in: Jean Gayon (Ed.), Buffon 88. Actes du Colloque international de la mort de Buffon (Paris, Montbard, Dijon, 14-22 juin 1988), Dijon 1992, 193-205.
Rohbeck, Johannes: Die Fortschrittstheorie der Aufklärung. Französische und englische Geschichtsphilosophie in der zweiten Hälfte des 18. Jahrhunderts, Frankfurt a.M., New York 1987 (Habil. phil. FU Berlin).
- Geschichtsphilosophie. Eine Einführung, Hamburg 2004.

- Technik – Kultur – Geschichte. Eine Rehabilitierung der Geschichtsphilosophie, Frankfurt a. M. 2000 (= stw 1462).
- / Herta Nagl-Docekal (Hg.): Geschichtsphilosophie und Kulturkritik. Historische und systematische Studien, Darmstadt 2003.

Rorty, Richard / J. B. Schneewind / Quentin Skinner (Ed.): Philosophy in History. Essays on the Historiography of Philosophy, Cambridge 1984.

Rosengarten, Richard A.: Henry Fielding and the Narration of Providence. Divine Design and the Incursions of Evil, New York 2000.

Roskoff, Gustav: Geschichte des Teufels. Eine kulturhistorische Satanologie von den Anfängen bis ins 18. Jahrhundert [1869], 2 Bde., Nachdruck Nördlingen 1987.

Rossi, Paolo: The Dark Abyss of Time. The History of the Earth and the History of Nations from Hooke to Vico, Chicago, London 1984.

Rothacker, Erich: Geschichtsphilosophie [1934], München ²o. J. [1958].
- Mensch und Geschichte. Studien zur Anthropologie und Wissenschaftsgeschichte, Bonn 1950.

Rother, Wolfgang: La maggiore felicità possibile. Untersuchungen zur Philosophie der Aufklärung in Nord- und Mittelitalien, Basel 2005 (= Schwabe Philosophica, Bd. VI).

Rufi, Enrico: Le rêve laïque de Louis-Sébastien Mercier entre littérature et politique, Oxford 1995 (= Studies on Voltaire and the Eighteenth Century, Bd. 326).
- Louis-Sébastien Mercier. Bibliographie des Ecrivains Français, Paris, Rom 1996.

Ruppert, Karsten: Die Idee des Fortschritts in der Neueren Geschichte, Eichstätt 2000 (= Eichstätter Antrittsvorlesungen, Bd. 1).

Rüsen, Jörn: Historische Orientierung. Über die Arbeit des Geschichtsbewusstseins, sich in der Zeit zurechtzufinden, Weimar, Wien 1994.
- Utopie und Geschichte, in: Wilhelm Voßkamp (Hg.), Utopieforschung. Interdisziplinäre Studien zur neuzeitlichen Utopie, Bd. 1, Frankfurt a. M. 1985, 356-374.
- Was heisst: Sinn der Geschichte?, in: Klaus E. Müller / Jörn Rüsen (Hg.), Historische Sinnbildung. Problemstellungen, Zeitkonzepte, Wahrnehmungshorizonte, Darstellungsstrategien, Reinbek bei Hamburg 1997, 17-47.
- Zerbrechende Zeit. Über den Sinn der Geschichte, Köln, Weimar, Wien 2001.
- Zeit und Sinn. Strategien historischen Denkens, Frankfurt a. M. 1990.

Sainte-Beuve, Charles-Augustin: Causeries du lundi, 15 Bde., Paris ³⁻⁵1876.
- Port-Royal [1840/59]. Texte présenté et annoté par Maxime Leroy, 3 Bde., Paris 1952-1955 (= Bibliothèque de la Pléiade, Bde. 93, 99 und 107).

Sakmann, Paul: Die Probleme der historischen Methodik und der Geschichtsphilosophie bei Voltaire, in: Historische Zeitschrift, Bd. 97 (1906), 327-379.

Sandkaulen, Birgit: Grund und Ursache. Die Vernunftkritik Jacobis, München 2000 (Habil. phil. Heidelberg 1999).

Sauder, Gerhard: Vollkommenheit. Christian Wolffs Rede über die Sittenlehre der Sineser, in: Frank Grunert / Friedrich Vollhardt (Hg.), Aufklärung als praktische Philosophie, 317-333.

Sawilla, Jan Marco: «Geschichte»: Ein Produkt der deutschen Aufklärung? Eine Kritik an Reinhart Kosellecks Begriff des «Kollektivsingulars Geschichte», in: Zeitschrift für historische Forschung, Bd. 31 (2004), 381-428.

Say, Léon: Turgot, Paris ³1904.

Schaeffler, Richard: Einführung in die Geschichtsphilosophie, Darmstadt ³1990.

– Religiöse Kreativität und Säkularisierung in Europa seit der Aufklärung, in: Mircea Eliade, Geschichte der religiösen Ideen, Bd. 4: Vom Zeitalter der Entdeckungen bis zur Gegenwart, Freiburg i. Br., Basel, Wien 2002, 410-447.

Schaller, Hans-Wolfgang: Die geistigen Grundlagen der amerikanischen Aufklärung, in: Heinz-Joachim Müllenbrock (Hg.), Europäische Aufklärung, 2. Teil = Neues Handbuch der Literaturwissenschaft, hg. von Klaus von See, Bd. 12, Wiesbaden 1984, 435-468.

Schäfer, Walter Ernst: Volkserziehung und Elitebildung. Schlossers Kritik an Isaak Iselin und den Philanthropen, in: Johann Georg Schlosser (1739-1799). Eine Ausstellung der Badischen Landesbibliothek und des Generalarchivs Karlsruhe, Karlsruhe 1989, 73-90.

Scheick, William J. (Ed.): Critical Essays on Jonathan Edwards, Boston 1980.

Scheliha, Arnulf von: Der Glaube an die göttliche Vorsehung. Eine religionssoziologische, geschichtsphilosophische und theologiegeschichtliche Untersuchung, Stuttgart 1999 (Habil. theol. Hamburg 1997).

Schilson, Arno: Geschichte im Horizont der Vorsehung. G. E. Lessings Beitrag zu einer Theologie der Geschichte, Mainz 1974.

– Lessings Christentum, Göttingen 1980 (= Kleine Vandenhoeck-Reihe, Bd. 1463).

Schindler, Alfred: Dogmengeschichte als Dogmenkritik bei Gottfried Arnold und seinen Zeitgenossen, in: Heinrich Bornkamm/Friedrich Heyer/Alfred Schindler (Hg.), Der Pietismus in Gestalten und Wirkungen. Martin Schmidt zum 65. Geburtstag, Bielefeld 1975 (= Arbeiten zur Geschichte des Pietismus, Bd. 14), 404-419.

Schildknecht, Christiane: Philosophische Masken. Literarische Formen der Philosophie bei Platon, Descartes, Wolff und Lichtenberg, Stuttgart 1990 (Diss. phil. Konstanz 1989).

Schlobach, Jochen: Pessimisme des philosophes? La théorie cyclique de l'histoire au 18ᵉ siècle, in: Studies on Voltaire and the Eighteenth Century, Bd. 155 (1976), 1971-1987.

– Progrès, in: Michel Delon (Ed.), Dictionnaire européen des Lumières, Paris 1997, 905-909.

– Zyklentheorie und Epochenmetaphorik. Studien zur bildlichen Sprache der Geschichtsreflexion in Frankreich von der Renaissance bis zur Frühaufklärung, München 1980.

Schmidt, Ernst A.: Zeit und Geschichte bei Augustin, Heidelberg 1985.

Schmidt, Martin: Die Interpretation der neuzeitlichen Kirchengeschichte, in: Zeitschrift für Theologie und Kirche, Bd. 54 (1957), 174-212.

– Gottfried Arnold, in: TRE, Bd. 4, 136-140.

Schmidt-Biggemann, Wilhelm: Aufklärung durch Metaphysik. Zur Rolle der Theodizee in der Aufklärung, in: Herder Jahrbuch/Herder Yearbook 1994, 103-114.

– Erwarten. Über die gegenwärtigen Formen der Zukunft, in: Helmut Holzhey/Georg Kohler (Hg.), In Erwartung eines Endes. Apokalyptik und Geschichte, Zürich 2001, 7-19.

- Geschichte als absoluter Begriff. Der Lauf der neueren deutschen Philosophie, Frankfurt a. M. 1991.
- Pietismus, Platonismus und Aufklärung. Christian Thomasius' *Versuch von Wesen des Geistes,* in: Frank Grunert/Friedrich Vollhardt (Hg.), Aufklärung als praktische Philosophie. Werner Schneiders zum 65. Geburtstag, Tübingen 1998, 83-98.
- Säkularisierung und Theodizee. Anmerkungen zur geschichtstheologischen Interpretation der Neuzeit in den fünfziger und sechziger Jahren, in: Studia philosophica. Jahrbuch der Schweizerischen Philosophischen Gesellschaft, Bd. 45 (1986), 51-67.
- Theodizee und Tatsachen. Das philosophische Profil der deutschen Aufklärung, Frankfurt a. M. 1988 (= stw 722).

Schmitt, Carl: Der Begriff des Politischen. Text von 1932 mit einem Vorwort und drei Corollarien, Berlin ^{6}1996.
- Drei Stufen historischer Sinngebung, in: Universitas. Zeitschrift für Wissenschaft, Kunst und Literatur, Jg. 5 (1950), Heft 8, 927-931.

Schnädelbach, Herbert: Geschichtsphilosophie nach Hegel. Die Probleme des Historismus, Freiburg i. Br., München 1974.

Schneider, Ulrich Johannes: Die Vergangenheit des Geistes. Eine Archäologie der Philosophiegeschichte, Frankfurt a. M. 1990 (Diss. phil. TU Berlin 1988).
- Foucault und die Aufklärung, in: Das Achtzehnte Jahrhundert, Jg. 23 (1999), Heft 1, 13-25.

Schneiders, Werner: Aufklärung als memento mori?, in: Das Achtzehnte Jahrhundert, Jg. 25 (2001), Heft 1, 83-96.
- Aufklärung durch Geschichte. Zwischen Geschichtstheologie und Geschichtsphilosophie: Leibniz, Thomasius, Wolff, in: Albert Heinekamp (Hg.), Leibniz als Geschichtsforscher, 79-99.
- Das Zeitalter der Aufklärung, München 1997 (= Beck'sche Reihe, Bd. 2058).
- Hoffnung auf Vernunft. Aufklärungsphilosophie in Deutschland, Hamburg 1990.
- (Hg.): Lexikon der Aufklärung. Deutschland und Europa, München 1995.

Scholder, Klaus: Grundzüge der theologischen Aufklärung in Deutschland, in: Geist und Geschichte der Reformation. Festgabe Hanns Rückert zum 65. Geburtstag, Berlin 1966 (= Arbeiten zur Kirchengeschichte, Bd. 38), 460-486.
- Ursprünge und Probleme der Bibelkritik im 17. Jahrhundert, München 1966 (= Forschungen zur Geschichte und Lehre des Protestantismus, Bd. 10/XXIII).

Schollmeier, Joseph: Johann Joachim Spalding. Ein Beitrag zur Theologie der Aufklärung, Gütersloh 1967 (= Diss. theol. Marburg 1965).

Scholtz, Gunter: Geschichte, Historie, in: HWPh, Bd. 3, Sp. 344-398.

Schöne, Albrecht: Aufklärung aus dem Geist der Experimentalphysik. Lichtenbergsche Konjunktive, München ^{3}1993.

Schröder, Caroline: Glaubenswahrnehmung und Selbsterkenntnis. Jonathan Edwards' theologia experimentalis, Göttingen 1998 (= Forschungen zur systematischen und ökumenischen Theologie, Bd., 81–Diss. theol. Bonn 1995).

Schröder, Winfried: Ursprünge des Atheismus. Untersuchungen zur Metaphysik- und Religionskritik des 17. und 18. Jahrhunderts, Stuttgart-Bad Cannstatt 1998 (= Quaestiones. Themen und Gestalten der Philosophie, Bd. 11).

Schubert, Anselm: Das Ende der Sünde. Anthropologie und Erbsünde zwischen Reformation und Aufklärung, Göttingen 2002 (= Forschungen zur Kirchen- und Dogmengeschichte, Bd. 84).

Schwanitz, Dietrich: Bildung als Stellvertreterin Gottes. Das Wissen ermöglicht gesellschaftliche Integration in der Moderne, in: Neue Zürcher Zeitung, Jg. 221, Nr. 276, 25./26. November 2000, 55.

Schweitzer, Albert: Geschichte der Paulinischen Forschung von der Reformation bis auf die Gegenwart, Tübingen 1911.

Schwemmer, Oswald: Geschichtsphilosophie, in: EPhW, Bd. 1, 752-755.

Seeberg, Erich: Gottfried Arnold. Die Wissenschaft und die Mystik seiner Zeit. Studien zur Historiographie und zur Mystik, Meerane 1923.

– Gottfried Arnolds Anschauung von der Geschichte, in: Zeitschrift für Kirchengeschichte, Bd. 38 (1920), 282-311.

Seidl, Horst: Erkenntnisproblem und Geschichtsphilosophie bei G. Vico, in: Studi italo-tedeschi/Deutsch-italienische Studien, Bd. XVII: Giambattista Vico (1668-1744), Meran 1995, 126-144.

Seifert, Arno: Der Rückzug der biblischen Prophetie von der Geschichte. Studien zur Geschichte der Reichstheologie des frühneuzeitlichen deutschen Protestantismus, Köln, Wien 1990.

– Cognitio historica. Die Geschichte als Namensgeberin der frühneuzeitlichen Empirie, Berlin 1976 (= Historische Forschungen, Bd. 11).

– Neuzeitbewusstsein und Fortschrittsgedanke bei Leibniz, in: Albert Heinekamp (Hg.), Leibniz als Geschichtsforscher, 172-185.

– 'Verzeitlichung'. Zur Kritik einer neueren Frühneuzeitkategorie, in: Zeitschrift für historische Forschung, Bd. 10 (1983), 447-477.

– Von der heiligen zur philosophischen Geschichte. Die Rationalisierung der universalhistorischen Erkenntnis im Zeitalter der Aufklärung, in: Archiv für Kulturgeschichte, Bd. 68 (1986), 81-117.

Shell, Susan: Kant's Idea of History, in: Arthur M. Melzer/Jerry Weinberger/M. Richard Zinman (Ed.), History and the Idea of Progress, Ithaca, London 1995, 75-96.

Simon, Josef/Werner Stegmaier (Hg.): Fremde Vernunft. Zeichen und Interpretation IV, Frankfurt a. M. 1998.

Skinner, Quentin: The Principles and Practice of Opposition: The Case of Bolingbroke versus Walpole, in: Historical Perspectives. Studies in English Thought in Honor of J. H. Plumb, London 1974, 93-128.

Skirl, Miguel: Politik – Wesen, Wiederkehr, Entlastung, Berlin 2005 (= Beiträge zur Politischen Wissenschaft, Bd. 138 – Diss. phil. Basel 2003).

Sloan, Phillip R.: L'hypothétisme de Buffon. Sa place dans la philosophie des sciences du dix-huitième siècle, in: Jean Gayon (Ed.), Buffon 88. Actes du Colloque international de la mort de Buffon (Paris, Montbard, Dijon, 14-22 juin 1988), Dijon 1992, 207-222.

Sommer, Andreas Urs: Das Ende der antiken Anthropologie als Bewährungsfall kontextualistischer Philosophiegeschichtsschreibung: Julian von Eclanum und Augustin von Hippo, in: Zeitschrift für Religion- und Geistesgeschichte, Bd. 57 (2005), Heft 1, 1-28.

- Der Geist der Historie und das Ende des Christentums. Zur «Waffengenossenschaft» von Friedrich Nietzsche und Franz Overbeck. Mit einem Anhang unpublizierter Texte aus Overbecks «Kirchenlexicon», Berlin 1997.
- Die Kunst, selber zu denken. Ein philosophischer Dictionnaire, Frankfurt a. M. 2002, ²2003 (= Die Andere Bibliothek, hg. von Hans Magnus Enzensberger, Bd. 214).
- Die Kunst des Zweifelns. Anleitung zum skeptischen Philosophieren, München 2005 (= Beck'sche Reihe, Bd. 1664).
- Eschatologie oder Ewige Wiederkunft? Friedrich Nietzsche und Jacob Taubes, in: Richard Faber/Eveline Goodman-Thau/Thomas Macho (Hg.), Abendländische Eschatologie. Ad Jacob Taubes, Würzburg 2001, 341-354.
- Felix peccator? Kants geschichtsphilosophische Genesis-Exegese im *Mutmasslichen Anfang der Menschengeschichte* und die Theologie der Aufklärungszeit, in: Kant-Studien, Jg. 88 (1997), 190-217.
- Frey, Johann Ludwig, in: RGG⁴, Bd. 3, Sp. 356-357.
- Friedrich Nietzsche: «Der Antichrist». Ein philosophisch-historischer Kommentar, Basel 2000 (= Beiträge zur Friedrich Nietzsche, Bd. 2).
- Geschichte als Trost? Isaak Iselins Geschichtsphilosophie, Basel 2002.
- Geschichte und Grenzziehungen. Zur Genese der Geschichtsphilosophie, in: Wolfram Hogrebe (Hg.), Grenzen und Grenzüberschreitungen. XIX. Deutscher Kongress für Philosophie, 23.-27. September 2002 in Bonn. Sektionsbeiträge, Bonn 2002, 807-816.
- Geschichte und Praxis bei Gottfried Arnold, in: Zeitschrift für Religions- und Geistesgeschichte, Jg. 54 (2002), Heft 3, 210-243.
- Geschichtsphilosophie als 'interkulturelles' Programm? Isaak Iselins *Geschichte der Menschheit,* in: Rückert Studien, Bd. 14/Jahrbuch der Rückert-Gesellschaft e.V. 2002, hg. von Wolfdietrich Fischer, York-Gothart Mix und Claudia Wiener, Würzburg 2002, 29-44.
- Gott als Knecht der Geschichte. Hans Jonas' «Gottesbegriff nach Auschwitz». Eine Widerrede, in: Theologische Zeitschrift, Jg. 51 (1995), 340-356.
- Grynaeus, Johannes, in: RGG⁴, Bd. 3, Sp. 1319-1320.
- (Hg.): Im Spannungsfeld von Gott und Welt. Beiträge zu Geschichte und Gegenwart des Frey-Grynaeischen Instituts in Basel 1747-1997, Basel 1997.
- Krieg und Geschichte. Zur martialischen Ursprungsgeschichte der Geschichtsphilosophie, Bern 2002 (= Schriftenreihe der Eidgenössischen Militärbibliothek und des Historischen Dienstes, Nr. 5).
- Kritisch-moralische *exempla*-Historie im Zeitalter der Aufklärung. Viscount Bolingbroke als Geschichtsphilosoph, in: Saeculum. Jahrbuch für Universalgeschichte, Jg. 53 (2002), Halbbd. 2, 269-310.
- Lichtenberg in Frankreich. Zu Philipp Albert Stapfers romantisierender Aufklärung, in: Lichtenberg-Jahrbuch 2001, Saarbrücken 2002, 57-72.
- Neologische Geschichtsphilosophie. Johann Friedrich Wilhelm Jerusalems *Betrachtungen über die vornehmsten Wahrheiten der Religion,* in: Zeitschrift für neuere Theologiegeschichte, Bd. 9 (2002), 169-217.
- «Pathos der Revolution» im «stahlharten Gehäuse» des «Verhängnisses». Marginalien zum Thema «Max Weber bei Jacob Taubes», in: Richard Faber/Eveline Good-

man-Thau/Thomas Macho (Hg.), Abendländische Eschatologie. Ad Jacob Taubes, Würzburg 2001, 365-371.
- Religion, Wissenschaft und Politik im protestantischen Idealstaat: Johann Valentin Andreaes «Christianopolis», in: Zeitschrift für Religions- und Geistesgeschichte, Bd. 48 (1996), Heft 2, 114-137.
- Sinnstiftung durch Individualgeschichte. Johann Joachim Spaldings *Bestimmung des Menschen,* in: Zeitschrift für neuere Theologiegeschichte, Bd. 8 (2001), 163-200.
- Spalding, Johann Joachim, in: Metzler Lexikon christlicher Denker, hg. von Markus Vinzent, unter Mitarbeit von Ulrich Volp und Ulrike Lange, Stuttgart, Weimar 2000, 641.
- Theodizee und Triebverzicht. Zu J. M. R. Lenzens «Philosophischen Vorlesungen für empfindsame Seelen», in: Lichtenberg-Jahrbuch 1995, 242-250.
- Theologie und Geschichte in praktischer Absicht: Jakob Christoph Beck (1711-1785), in: A. U. S. (Hg.), Im Spannungsfeld von Gott und Welt, 63-79.
- Triumph der Episode über die Universalhistorie? Pierre Bayles Geschichtsverflüssigungen, in: Saeculum. Jahrbuch für Universalgeschichte, Jg. 52 (2001), Halbbd. 1, 1-39.
- Tzschirner, Heinrich Gottlieb, in: RGG[4], Bd. 8, Sp. 680.
- Utopisierung der Wissenschaft, in: Gegenworte. Zeitschrift für den Disput über Wissen, hg. von der Berlin-Brandenburgischen Akademie der Wissenschaft, Heft 10, Herbst 2002: Zwischen Kassandra und Prometheus. Wissenschaft im Umgang mit Utopien und Dystopien, 76-79.
- Vergessene und verfehmte Werke der Aufklärung – zwei Wiederentdeckungen, in: Das Achtzehnte Jahrhundert, Jg. 24 (2000), Heft 1, 107-109.
- Vivere militare est. Die Funktion und philosophische Tragweite militärischer Metaphern bei Seneca und Lipsius, in: Archiv für Begriffsgeschichte, Bd. 43 (2001), 59-82.
- Weltgeschichte und Heilslogik: Jonathan Edwards' *History of the Work of Redemption,* in: Zeitschrift für Religions- und Geistesgeschichte, Jg. 53 (2001), Heft 2, 115-144.
- Wesen III. Rationalismus, Empirismus, Schulphilosophie, Aufklärung, in: HWPh, Bd. 12, Sp. 634-637.
- Wissenschaft als Beruf. Lage des geisteswissenschaftlichen Nachwuchses im Vergleich, in: Neue Zürcher Zeitung, Jg. 220, Nr. 261, 9. November 1999, Sonderbeilage Studium und Beruf, B 4.
- Zur 'Geschichtsphilosophie' in Bayles *Dictionnaire historique et critique,* in: Aufklärung. Interdisziplinäres Jahrbuch zur Erforschung des 18. Jahrhunderts und seiner Wirkungsgeschichte, Bd. 16 (2004): Die Philosophie in Pierre Bayles *Dictionnaire historique et critique,* hg. von Lothar Kreimendahl, Hamburg 2004, 79-94.
- Zur Vernünftigkeit von reformierter Orthodoxie. Das Frey-Grynaeische Institut in Basel, in: Basler Zeitschrift für Geschichte und Altertumskunde, Bd. 98 (1998), 67-82.
- Zwischen Aufklärung und Reaktion: Johann Ludwig Frey (1682-1759), in: A. U. S., (Hg.), Im Spannungsfeld von Gott und Welt, 33-50.

Spaemann, Robert: Freiheit IV, in: HWPh, Bd. 2, Sp. 1088-1098.

- Unter welchen Umständen kann man noch von Fortschritt sprechen?, in: R. S., Philosophische Essays. Erweiterte Ausgabe, Stuttgart 1994, 130-150.
Sparn, Walter: Perfektibilität. Protestantische Identität «nach der Aufklärung», in: Wolfgang Erich Müller/Hartmut H. R. Schulz (Hg.), Theologie und Aufklärung, 339-357.
- Philosophische Historie und dogmatische Heterodoxie. Der Fall des Exegeten Christoph August Heumann, in: Henning Graf Reventlow/W. S./John Woodbridge (Hg.), Historische Kritik und biblischer Kanon, 171-192.
- Theologie [bei Leibniz], in: Ueberweg[13], Die Philosophie des 17. Jahrhunderts, Bd. 4, 1079-1090.
- Vernünftiges Christentum. Über die geschichtliche Aufgabe der theologischen Wissenschaften im 18. Jahrhundert in Deutschland, in: Rudolf Vierhaus (Hg.), Wissenschaften im Zeitalter der Aufklärung, Göttingen 1985, 18-57.
Speiser, Felix: Isaak Iselin über die Geschichte der Menschheit, in: Festschrift für Paul Speiser von seinen Kindern, Basel 1926, 15-53.
Stackelberg, Jürgen von: Voltaires Geschichtsphilosophie, in: J. v. S., Über Voltaire, München 1998, 45-57.
Stanford, Michael: An Introduction to the Philosophy of History, Oxford, Malden (Mass.) 1998.
Stäuble, Eduard: Albrecht von Haller: «Über den Ursprung des Übels», Zürich 1953 (= Zürcher Beiträge zur deutschen Literatur- und Geistesgeschichte, Bd. 3).
Stein, Stephen J.: A Notebook on the Apokalypse by Jonathan Edwards [1972], in: William J. Scheick (Ed.), Critical Essays on Jonathan Edwards, 166-176.
Steiner, Uwe: Poetische Theodizee. Philosophie und Poesie in der lehrhaften Dichtung im achtzehnten Jahrhundert, München 2000.
Steinwachs, Burkhart: Epochenbewusstsein und Kunsterfahrung. Studien zur geschichtsphilosophischen Ästhetik an der Wende vom 18. zum 19. Jahrhundert in Frankreich und Deutschland, München 1986 (= Theorie und Geschichte der Literatur und der schönen Künste, Bd. 66/1986 – Diss. phil. Konstanz 1978).
Sterchi, Bernhard: Über den Umgang mit Lob und Tadel. Normative Adelsliteratur und politische Kommunikation im burgundischen Hofadel, 1430-1506, Turnhout 2005 (= Burgundica, Bd. 10).
Stern, Alfred: Über Isaak Iselins Geschichte der Menschheit, in: Zeitschrift für schweizerische Geschichte, Bd. 10 (1930), 205-253.
Stingelin, Martin: «Unsere ganze Philosophie ist Berichtigung des Sprachgebrauchs». Friedrich Nietzsches Lichtenberg-Rezeption im Spannungsfeld zwischen Sprachkritik (Rhetorik) und historischer Kritik (Genealogie), München 1996 (= Figuren, hg. von Heinrich F. Plett und Helmut Schanze, Bd. 3).
Stoellger, Philipp: Die Vernunft der Kontingenz und die Kontingenz der Vernunft. Leibniz' theologische Kontingenzwahrung und Kontingenzsteigerung, in: Ingolf U. Dalferth/P. S. (Hg.), Vernunft, Kontingenz und Gott. Konstellationen eines offenen Problems, Tübingen 2000, 73-116.
Stone, Harold Samuel: Vico's Cultural History. The Production and Transmission of Ideas in Naples 1685-1750, Leiden, New York, Köln 1997 (Brill's Studies in Intellectual History, Bd. 73).

Strauss, David Friedrich: Barthold Heinrich Brockes und Hermann Samuel Reimarus, in: ders., Kleine Schriften biographischen, literar- und kunstgeschichtlichen Inhalts, Leipzig 1862, 1-22.
Strauss, Leo: Naturrecht und Geschichte [1956], Frankfurt a. M. 1977 (= stw 216).
– Persecution and the Art of Writing, Glencoe (Ill.) 1952.
Streisand, Joachim: Geschichtliches Denken von der deutschen Frühaufklärung bis zur Klassik, Berlin (Ost) 1964 (= Deutsche Akademie der Wissenschaften zu Berlin. Schriften des Instituts für Geschichte, Reihe 1, Bd. 22).
Stricker, Nicola: Die maskierte Theologie von Pierre Bayle, Berlin, New York 2003.
Stroup, John: Protestant Church Historians in the German Enlightenment, in: Hans Erich Bödeker/Georg G. Iggers/Jonathan B. Knudsen/Peter H. Reill (Hg.), Aufklärung und Geschichte, 169-192.
Stückrath, Jörn: «Der Sinn der Geschichte». Eine moderne Wortverbindung und Vorstellung?, in: Klaus E. Müller/Jörn Rüsen (Hg.), Historische Sinnbildung. Problemstellungen, Zeitkonzepte, Wahrnehmungshorizonte, Darstellungsstrategien, Reinbek bei Hamburg 1997, 48-78.
Süssmann, Johannes: Geschichtsschreibung oder Roman? Zur Konstruktionslogik von Geschichtserzählungen zwischen Schiller und Ranke (1780-1824), Stuttgart 2000 (= Frankfurter historische Abhandlungen, Bd. 41).
Svagelski, Jean: L'idée de compensation en France (1750-1850), Lyon 1981.
Taubes, Jacob: Abendländische Eschatologie [1947]. Mit einem Anhang, München 1991.
Taylor, Kenneth: The «Epoques de la Nature» and Geology during Buffon's later years, in: Jean Gayon (Ed.), Buffon 88. Actes du Colloque international de la mort de Buffon (Paris, Montbard, Dijon, 14-22 juin 1988), Dijon 1992, 371-385.
Tente, Ludwig: Die Polemik um den ersten Discours von Rousseau in Frankreich und Deutschland, 3 Bde., Diss. phil. Kiel 1974.
Thielicke, Helmut: Offenbarung, Vernunft und Existenz. Studien zur Religionsphilosophie Lessings, Gütersloh ^{5}1967.
Thoma, Heinz: Bericht zu: Geschichte und Geschichtsschreibung in Deutschland und Italien im 18. Jahrhundert, Tagung in Halle/Saale und Leipzig, 26. bis 28. Mai 2002, in: Das Achtzehnte Jahrhundert, Jg. 26 (2002), Heft 2, 138f.
Thümmel, Hans Georg: Anmerkungen zum Entwicklungsbegriff, in: Greifswalder Philosophische Hefte, Nr. 6: Wissenschaftshistorische Beiträge, Nr. 1 (Die Wissenschaft in der bürgerlichen Kultur Deutschlands an der Wende vom 18. zum 19. Jahrhundert), Greifswald 1990, 154-156.
Thurnherr, Urs: Angewandte Ethik zur Einführung, Hamburg 2000.
Thyssen, Johannes: Geschichte der Geschichtsphilosophie. 4. unveränderte Auflage, vermehrt um einen bibliographischen Hinweis von Klaus Hartmann, Bonn 1970.
Troeltsch, Ernst: Aufklärung, in: PRE³, Bd. 2, 225-241.
– Deismus, in: PRE³, Bd. 4, 532-559.
Trousson, Raymond: Utopie, Geschichte, Fortschritt: *Das Jahr 2440,* in: Wilhelm Voßkamp (Hg.), Utopieforschung. Interdisziplinäre Studien zur neuzeitlichen Utopie, Bd. 3, Frankfurt a. M. 1985, 15-23.

Trümpy, Rudolf: James Hutton und die Anfänge der modernen Geologie, in: Daniel Brühlmeier/Helmut Holzhey/Vilem Mudroch (Hg.), Schottische Aufklärung. «A Hotbed of Genies», Berlin 1996, 75-89.
Tuveson, Ernest Lee: Millennium and Utopia. A Study in the Background of the Idea of Progress [1949], New York 1964.
Uglow, Jenny: Hogarth. A Life and a World, London 1997.
Vaihinger, Hans: Die Philosophie des Als Ob. System der theoretischen, praktischen und religiösen Fiktionen der Menschheit auf Grund eines idealistischen Positivismus. Mit einem Anhang über Kant und Nietzsche, Berlin 1911.
Van der Zande, Johan: Bürger und Beamter. Johann Georg Schlosser 1739-1799, Stuttgart 1986.
– Popular Philosophy and the History of Mankind in Eighteenth-Century Germany, in: Storia della Storiographia, Bd. 22 (1992), 37-56.
Van Doren, Charles: The Idea of Progress, New York, Washington, London 1967.
Van Dülmen, Richard: Die Gesellschaft der Aufklärer. Zur bürgerlichen Emanzipation und aufklärerischen Kultur in Deutschland, Frankfurt a. M. 1986.
Vecchi, Paola: La balance et la mort. Progrès et compensation chez Louis-Sébastien Mercier, in: Studies on Voltaire and the Eighteenth Century, Bd. 264 (1989), 905-908.
Verene, Donald Phillip [sic]: The Reception of Vico's First *New Science,* in: New Vico Studies, Bd. 16 (1998), 25-29.
Vet, Jan de: A Much Esteemed Guest: Richard Simon (1638-1712) in Pierre Bayle's «Dictionnaire historique et critique», in: Hans Bots (Hg.), Critique, savoir et érudition à la veille des lumières. Le «Dictionnaire historique et critique» de Pierre Bayle (1647-1706), Amsterdam, Maarssen 1998, 269-282.
Vierhaus, Rudolf: Geschichtsschreibung als Literatur im 18. Jahrhundert, in: Karl Hammer/Jürgen Voss (Hg.), Historische Forschung im 18. Jahrhundert. Organisation, Zielsetzung, Ergebnisse, Bonn 1976, 416-431.
– Geschichtswissenschaft ohne Zukunft?, Bremen, Wolfenbüttel 1975 (= Wolfenbütteler Hefte, Nr. 2).
– Historisches Interesse im 18. Jahrhundert, in: Hans Erich Bödeker/Georg G. Iggers/Jonathan B. Knudsen/Peter H. Reill (Hg.), Aufklärung und Geschichte, 264-275.
Viner, Jacob: The Role of Providence in the Social Order. An Essay in Intellectual History. Jayne Lectures for 1966, Philadelphia 1972 (= Memoirs of the American Philosophical Society, Bd. 90).
Voegelin, Eric: Apostasie oder: Die Entstehung der säkularisierten Geschichte – Bossuet und Voltaire, hg. und mit einem Nachwort von Peter J. Opitz, München ²2004 (= Occasional Papers Eric Voegelin Archiv LMU München, Bd. 39).
– From Elightenment to Revolution, hg. von John H. Hallowell, Durham 1975.
– Giambattista Vico – La scienza Nuova, hg. und mit einem Vorwort von Peter J. Opitz sowie einem Nachwort von Stephan Otto, München 2003.
Völkel, Markus: «Pyrrhonismus historicus» und «fides historica». Die Entwicklung der deutschen historischen Methodologie unter dem Gesichtspunkt der historischen Skepsis, Frankfurt a. M., Bern, New York, Paris 1987 (= Europäische Hochschulschriften, Reihe III, Bd. 313 – Diss. phil. München 1984).

Volpi, Franco (Hg.): Großes Werklexikon der Philosophie, 2 Bde., Stuttgart 1999.
Vuia, Octavian: Montesquieu und die Philosophie der Geschichte, hg. von Richard Reschika, Frankfurt a. M., Berlin, Bern u. a. 1998.
Vyverberg, Henry: Historical Pessimism in the Enlightenment, Cambridge 1958.
Wahnbaeck, Till: *Vero* and *Certo* in Vico's *New Science* Reconsidered, in: New Vico Studies, Bd. 16 (1998), 59-64.
Waller, Martha: Lessings Erziehung des Menschengeschlechts. Interpretation und Darstellung ihres rationalen und irrationalen Gehaltes. Eine Auseinandersetzung mit der Lessingforschung, Berlin 1935 (= Germanische Studien, Heft 160).
Wallmann, Johannes: Der Pietismus, Göttingen 1990 (= Die Kirche in ihrer Geschichte, Bd. 4, Lieferung O 1).
- Theologie und Frömmigkeit im Zeitalter des Barock. Gesammelte Aufsätze, Tübingen 1995.
Walser-Wilhelm, Doris/Peter Walser-Wilhelm/Marianne Berlinger Konqui (Hg.): Geschichtsschreibung zu Beginn des 19. Jahrhunderts im Umkreis Johannes von Müllers und des Groupe de Coppet, Paris 2004.
Wanner, Raymond E.: Claude Fleury (1640-1723) as an Educational Historiographer and Thinker, The Hague 1975 (= Archives internationales d'histoire des idées, Bd. 76).
Ward, Albert: Book Production, Fiction, and the German Reading Public 1740-1800, Oxford 1974.
Warda, Arthur: Immanuel Kants Bücher. Mit einer getreuen Nachbildung des bisher einzigen bekannten Abzuges des Versteigerungskataloges der Bibliothek Kants, Berlin 1922 (= Bibliographien und Studien, hg. von Martin Breslauer, Bd. 3).
Waszek, Norbert: Histoire et politique. Kant es ses prédécesseurs écossais, in: Revue germanique internationale, Bd. 6/1996: Kant: philosophie de l'histoire, 75-88.
- Le cadre européen de l'historiographie allemande à l'époque des Lumières et la philosophie de l'histoire de Kant, in: Littérature et Nation, no. 21 (1999): La philosophie de l'histoire: héritage des Lumières dans l'Idéalisme Allemand, sous la direction de Myriam Bienenstock, Tours 2001, 23-58.
Weber, Max: Gesammelte Aufsätze zur Religionssoziologie, Bd. 1 [1920], Tübingen ^{9}1988.
Weder, Hans: Die Verflüchtigung der Gegenwart. Neutestamentliche Anmerkungen zur apokalyptischen Zeit-Stimmung, in: Helmut Holzhey/Georg Kohler (Hg.), In Erwartung eines Endes. Apokalyptik und Geschichte, Zürich 2001, 53-67.
Weibel, Luc: Le savoir et le corps. Essai sur le *Dictionnaire* de Pierre Bayle, Lausanne 1975.
Weigelt, Horst: Die Beziehungen Lavaters zu Abt Jerusalem und zu anderen Mitgliedern des Collegium Carolinum, in: Pietismus und Neuzeit. Ein Jahrbuch zur Geschichte des neueren Protestantismus, Bd. 20 [1994], 173-190.
Weischedel, Wilhelm: Voltaire und das Problem der Geschichte, in: Zeitschrift für philosophische Forschung, Jg. 2 (1947), 481-498.
Werner, Karl: Giambattista Vico als Philosoph und gelehrter Forscher, Wien 1879.

Wernle, Paul: Der schweizerische Protestantismus im XVIII. Jahrhundert, 3 Bde., Tübingen 1923, 1924 und 1925.
Wetzel, Klaus: Theologische Kirchengeschichtsschreibung im deutschen Protestantismus 1660-1760, Giessen, Basel 1983 (Diss. theol. Mainz 1982).
Weyand, Klaus: Kants Geschichtsphilosophie. Ihre Entwicklung und ihr Verhältnis zur Aufklärung, Köln 1964.
Whelan, Ruth: The Anatomy of Superstition. A Study of the Historical Theory and Practice of Pierre Bayle, Oxford 1989 (= Studies on Voltaire and the Eighteenth Century, Bd. 259).
White, Hayden: Metahistory. Die historische Einbildungskraft im 19. Jahrhundert in Europa [1973]. Aus dem Amerikanischen von Peter Kohlhaas, Frankfurt a. M. 1994 (= Fischer Wissenschaft 11701).
Wilamowitz-Moellendorff, Ulrich von: Geschichte der Philologie [1921], Leipzig 1959.
Wilkie, Jr., Everett C.: Merciers *L'An 2440:* Its Publishing History During the Author's Lifetime, in: Harvard Library Bulletin, Bd. 32 (1984), 5-25 und 348-400.
Willi, Thomas: Herders Beitrag zum Verstehen des Alten Testaments, Tübingen 1971 (= Beiträge zur Geschichte der biblischen Hermeneutik, Bd. 8).
Wilson, John F.: History, Redemption, and the Millennium, in: Nathan O. Hatch/Harry S. Stout (Ed.), Jonathan Edwards and the American Experience, New York, Oxford 1988, 131-141.
Windelband, Wilhelm: Geschichtsphilosophie. Eine Kriegsvorlesung. Fragment aus dem Nachlass, hg. von Wolfgang Windelband und Bruno Bauch, Berlin 1916 (= Kant-Studien, Ergänzungsheft 38).
– Lehrbuch der Geschichte der Philosophie. Neunte und zehnte, durchgesehene Auflage, besorgt von Erich Rothacker, Tübingen 1921.
Winship, Michael P.: Seers of God. Puritan Providentialism in the Restoration and Early Enlightenment, Baltimore 1996.
Winslow, Ola Elizabeth: Jonathan Edwards 1703-1758 [1940], New York 1961.
Winter, Aloysius: Der andere Kant. Zur philosophischen Theologie Immanuel Kants. Mit einem Geleitwort von Norbert Hinske, Hildesheim, Zürich, New York 2000.
– Theologiegeschichtliche und literarische Hintergründe der Religionsphilosophie Kants, in: Friedo Ricken/François Marty (Hg.), Kant über Religion. Mit Beiträgen von Hans Michael Baumgartner u. a., Stuttgart, Berlin, Köln 1992, 17-51.
Wipperfürth, Susanne: Wielands geschichtsphilosophische Reflexionen, Frankfurt a. M., Berlin, Bern 1995 (= Europäische Hochschulschriften, Reihe I: Deutsche Sprache und Literatur, Bd. 1516 – Diss. phil. Köln 1994).
Witschi-Bernz, Astrid: Bibliography of Works in the Philosophy of History 1500-1800 = History and Theory, Beiheft 12, Middletown (Conn.) 1972.
Wolf, Jean-Claude: Zu viel des Guten im Kampf gegen das Böse. Zur Nähe von Gut und Böse, in: Neue Zürcher Zeitung, Jg. 223, Nr. 172, 27. Juli 2002, 66.
Wollgast, Siegfried: Philosophie in Deutschland 1550-1650, Berlin ²1993.
– Zu den philosophischen Quellen von Gottfried Arnold und zu Aspekten seines philosophischen Systems, in: Dietrich Blaufuß/Friedrich Niewöhner (Hg.), Gottfried Arnold, 301-335.

Woodbridge, John D.: German Responses to the Biblical Critic Richard Simon: from Leibniz to J. S. Semler, in: Henning Graf Reventlow/Walter Sparn/J. D. W. (Hg.), Historische Kritik und biblischer Kanon, 65-87.

Woodwart, Antony: Giambattista Vico and the Poetics of History, in: English Studies in Africa, Bd. 41 (1998), Heft 1, 1-10.

Wright, Johnson Kent: A Classical Republican in Eighteenth-Century France. The Political Thought of Mably, Stanford (CA) 1997.

Wundt, Max: Die deutsche Schulphilosophie im Zeitalter der Aufklärung, Tübingen 1945 (= Heidelberger Abhandlungen zur Philosophie und ihrer Geschichte, Bd. 32).

Wüthrich, Lucas Heinrich: Das druckgraphische Werk von Matthaeus Merian d. Ae., Bd. 3: Die grossen Buchpublikationen. 1. Die Merianbibel, Gottfrieds Chronik, Theatrum Europaeum …, Hamburg 1993.

– Der Chronist Johann Ludwig Gottfried (ca. 1584-1633), in: Archiv für Kulturgeschichte, Bd. 43 (1961), 188-216.

Young, B. W.: Religion and Enlightenment in Eighteenth-Century England. Theological Debate from Locke to Burke, Oxford 1998.

Yovel, Yirmiahu: Bible Interpretation as Philosophical Praxis. A Study of Spinoza and Kant, in: Journal of the History of Philosophy, Bd. 11 (1973), 189-212.

– Kant and the Philosophy of History, Princeton 1980.

Zakai, Avihu: Jonathan Edwards's Philosophy of History. The Reenchantment of the World in the Age of Enlightenment, Princeton 2003.

Zedelmaier, Helmut: Der Anfang der Geschichte. Studien zur Ursprungsdebatte im 18. Jahrhundert, Hamburg 2003 (= Studien zum 18. Jahrhundert, Bd. 27).

– Die Marginalisierung der Historia sacra in der Neuzeit, in: Helmut Zedelmaier/Martin Mulsow (Hg.), Die Praktiken der Gelehrsamkeit in der Frühen Neuzeit, Tübingen 2001, 11-30.

– 'Historia literaria'. Über den epistemologischen Ort des gelehrten Wissens in der ersten Hälfte des 18. Jahrhunderts, in: Das Achtzehnte Jahrhundert, Jg. 22 (1998), Heft 1, 11-21.

– Zur Idee einer Geschichte der Menschheit in der zweiten Hälfte des 18. Jahrhunderts. Eine Skizze, in: Winfried Müller u. a. (Hg.), Universität und Bildung. Festschrift für Laetitia Boehm zum 60. Geburtstag, München 1991, 277-299.

Zeller, Eduard: Geschichte der deutschen Philosophie seit Leibniz = Geschichte der Wissenschaften in Deutschland. Neuere Zeit, Bd. 13, München 1873.

Zeoli, Antonietta Patrizia: Vicos Geschichtsbegriff im hermeneutischen Kontext, Aachen 2003.

Zollinger, Oskar: Eine Utopie des 18. Jahrhunderts vor der spanischen Inquisition, in: Zeitschrift für französische Sprache und Litteratur, Bd. 19 (1897), 305-308.

– Louis-Sébastien Mercier's Beziehungen zur deutschen Litteratur, in: Zeitschrift für französische Sprache und Litteratur, Bd. 25 (1903), 87-121.

Zscharnack, Leopold: Henry St. John, Viscount Bolingbroke, in: RGG², Bd. 1, Sp. 1177-1178.

Zurbuchen, Simone: Patriotismus und Nation. Der schweizerische Republikanismus des 18. Jahrhunderts, in: Michael Böhler u. a. (Hg.), Republikanische Tugend. Ausbildung eines Schweizer Nationalbewusstseins und Erziehung eines neuen Bürgers, Genf 2000, 151-181.
– Staatstheorie zwischen eidgenössischer Republik und preussischer Monarchie, in: Das Achtzehnte Jahrhundert, Jg. 26 (2002), Heft 2, 145-162.

Zwenger, Thomas: Einführung in die Geschichtsphilosophie, Darmstadt 2005.

Namenregister

Abbt, Thomas (1738-1766) 179, 251
Abelin, Johann Philipp (Abele) (1600-1634) 370
Abraham 91, 101
Adam 57, 101, 113, 124, 143f., 148, 191, 261, 277, 333, 354, 363, 416, 441, 447
Adam, Charles 192
Adams, D. J. 269
Aeneas 375
Aesop (6. Jh. v. Chr.) 157
Agethen, Manfred 470
Aland, Kurt 116
Albano, Maeve Edith 204
Albrecht, Michael 401
Alembert, Jean le Rond d' (1717-1783) 153, 185f., 229
Alexander der Grosse, König von Makedonien (356-323 v. Chr.) 377
Alkon, Paul 270, 280
Andreae, Johann Valentin (1586-1654) 110, 270
Andromache 297
Aner, Karl 138, 293f., 327, 330
Angehrn, Emil 14, 20, 47, 318, 322, 419, 467, 487
Ankersmit, Frank A. 462f.
Annandale, E. T. 274
Anne, Königin von England (1665-1714) 165
Anselm von Canterbury (ca. 1033-1109) 414
Antichrist 130, 141
Antiochus IV. Epiphanes, seleukidischer König (ca. 215-164 v. Chr.) 102

Arendt, Hannah 104
Aristoteles (384-322 v. Chr.) 191, 243, 347
Arnauld, Antoine (1612-1694) 34
Arnold, Fritz 406
Arnold, Gottfried (1660-1714) 10, 34f., 38, 108-121, 124, 130, 140, 169, 170, 357f., 361, 385, 387
Arnold, Matthew (1822-1888) 189
Arnoux, Guillaume 264, 380
Assézat, Jules (1832-1876) 153, 284
Auerbach, Erich 204
Augustinus, Aurelius (354-430) 17, 34, 41, 74, 76, 82, 99f., 108, 124, 148, 163, 202, 230, 294-301, 327, 332, 354-357, 363, 387f., 390, 432, 447f., 455, 484f.

Baasner, Rainer 451
Babin, Malte-Ludolf 137
Bacon, Francis (1561-1626) 60, 236, 258, 272, 422
Baczko, Bronislaw 276
Balthasar, Hans Urs von 309, 314
Barner, Wilfried 138
Baronius, Cesare (1538-1607) 77, 79, 85
Barret, Jean-Marie 151
Bast, Rainer A. 341
Battistini, Andrea 188, 198
Bauch, Bruno 47, 420
Baum, Richard 403
Baumgarten, Alexander Gottlieb (1714-1762) 68, 327f., 352

Baumgarten, Siegmund Jacob
(1706-1757) 139, 178
Baumgartner, Hans Michael 13, 84, 315
Baur, Ferdinand Christian (1792-1860)
111
Bayle, Jacob 163
Bayle, Pierre (1647-1706) 9, 11, 32,
37-39, 47, 54, 60, 85f., 108, 121f.,
138, 151-165, 180, 188, 200, 203,
206, 288, 342, 352, 357-360, 387f.,
441, 444, 460-463, 489
Beausobre, Isaac de (1659-1738) 141
Beccaria, Cesare (1738-1794) 236
Beck, Gunnar 312
Beck, Jacob Christoff (Jakob Christoph)
(1711-1785) 115
Beck, Johann Tobias (1804-1878) 73
Becker, Carl L. 71
Béclard, Léon 282
Beetz, Manfred 158
Begemann, Christian 333
Behrens, Jürgen 84, 352
Benedikt XV., Papst (Giacomo della
Chiesa) (1854-1922) 88
Bengel, Johann Albrecht (1687-1752)
116
Bergengruen, Maximilian 333
Berghahn, Klaus L. 270, 272
Bergjan, Silke-Petra 383
Berglar, Peter 274
Bergmann, Christian Gottlieb 167
Bergmann, Helga 242
Berhorst, Ralf 174
Berlin, Isaiah 188, 196, 201, 425
Berlinger Konqui, Marianne 388
Betz, Hans Dieter 11
Beutel, Albrecht 249
Beuthan, Ralf 407
Beyreuther, Erich 111
Bienenstock, Myriam 327
Bingel, Hermann 370
Binoche, Bertrand 18, 247, 260, 453
Blanke, Horst Walter 19, 72, 108, 250
Blaufuß, Dietrich 110

Bloch, Ruth 122
Blondel, François 158
Blumenberg, Hans 16, 48, 56, 210,
219, 226f., 242, 337, 382, 389, 416,
432-434, 454
Bödeker, Hans Erich 230
Bodin, Jean (1529-1596) 83, 373f.
Bohatec, Josef 261, 330, 332
Böhler, Michael 260
Bohnen, Klaus 304
Böhr, Christoph 266
Bolingbroke, Henry St. John, Viscount
(1678-1751) 9f., 12, 32, 38f., 50,
54, 60, 86, 121f., 138, 155, 159, 162,
165-182, 184f., 187, 192f., 200, 248,
250, 342, 359-361, 376, 379f., 386,
398, 400, 409f., 412, 461, 485
Bollacher, Martin 291
Bonald, Louis Gabriel Ambroise,
Vicomte de (1754-1840) 420
Bonnet, Jean-Claude 270, 276
Bordes, Christian 230, 240, 245
Borgards, Roland 333
Borges, Jorge Luis 406
Boss, Gilbert 136
Bosse, Heinrich 333
Bosse, Malcolm J. 271
Bossuet, Jacques-Bénigne (1627-1704)
34f., 37, 69, 87, 88, 90f., 97-108,
112f., 140, 149f., 159, 179, 198, 202,
204, 207, 230f., 233, 238, 244, 261,
290, 311, 356, 361, 363, 382, 388,
390
Bothe, Bernd 291
Bots, Hans 152
Boubia, Fawzi 279
Boulanger, Nicolas Antoine (1722-1759)
221, 436
Brackenridge, Hugh Henry 129
Brady, Frank 377
Brauer, Angelika 486
Braun, Hermann 252
Braun, Lucien 191
Braungart, Georg 207, 222

Breger, Herbert 136
Briese, Olaf 464
Brissot de Warville, Jean-Pierre (1754-1793) 469
Brockes, Barthold Hinrich (1680-1747) 434f.
Brodersen, Kai 169
Brown, Gregory S. 279
Brucker, Jakob (1696-1770) 365
Brucker, Karl Friedrich 436
Brühlmeier, Daniel 165
Brunner, Otto 9
Bruschius, Gaspar (1518-1559) 163
Buddeus, Johannes Franz (1667-1729) 365, 478
Buffon, Georges-Louis Leclerc, Comte de (1707-1788) 40, 71, 198, 207-216, 221, 223, 225, 227, 229, 241, 260f., 286, 321, 362f., 469
Bühler, Axel 145
Buhr, Manfred 253
Bultmann, Christoph 333
Bunel, Pierre (1499-1546) 162
Bunyan, John (1628-1688) 423
Burke, Edmund (1729-1797) 50, 176, 420, 457
Burke, Peter 189, 199, 203
Burnet, Thomas (1635-1715) 207
Burscher, Johann Friedrich (1732-1805) 436
Bury, John B. 240, 274, 280, 421
Buschmann, Cornelia 136
Bussmann, H. Jochen 160
Butler, Joseph (1692-1752) 167
Butterfield, Herbert 30, 165
Butterweck, Christel 78

Caflisch-Schnetzler, Ursula 275
Calvin, Johannes (1509-1564) 159, 374
Camden, William (1551-1623) 157
Cancik-Lindemaier, Hildegard 383
Cantarutti, Giulia 266
Cantelli, Gian Franco 203
Caponigri, A. Robert 204

Casaubon, Isaac (1559-1614) 77
Cassirer, Ernst 109f., 153, 341
Cato Maior, Marcus Porcius (234-149 v. Chr.) 439
Cavanaugh, Gerald J. 229
Cave, Christophe 269, 275
Cave, William (1637-1713) 111
Cazes, Bernard 231
Cesana, Andreas 21
Champailler, Yvonne 97
Charron, Pierre (1541-1603) 469
Chaufepié, Jacques George de (1702-1786) 157
Cheneval, Francis 322f.
Chesterfield, Philip Dormer Stanhope, 4. Earl of (1694-1773) 377f.
Chladenius, Johann Martin (1710-1759) 220, 351
Christodoulou, Kyriaki 276
Ciafardone, Raffaele 51
Cicero, Marcus Tullius (106-43 v. Chr.) 90, 259, 377
Clarke, Samuel (1675-1729) 167, 386
Cleland, John (1709-1789) 288
Clemens Alexandrinus (ca. 150-215) 148
Coleridge, Samuel Taylor (1772-1834) 189
Colli, Giorgio 10
Collingwood, Robin George 19
Collins, Anthony (1676-1729) 167, 409
Colliot-Thélène, Catherine 104
Concini, Concino (Baron de Lussigny, Marquis d'Ancre) (1575-1617) 162
Condorcet, Marie Jean Antoine Nicolas Caritat, Marquis de (1743-1794) 59, 124, 230, 240, 272, 420, 453
Conti, Fürsten von 88
Conze, Werner 9
Corbin, Alain 27f.
Cornbury, Henry Baron Hyde of Hindon, Viscount of (1710-1753) 165
Costa, Gustavo 203
Cottret, Bernard 165, 171

Cottret, Monique 356
Craig, Gordon A. 421
Cristofolini, Paolo 202
Croce, Benedetto 204
Cullmann, Oscar 73
Cuvier, Georges (1769-1832) 226
Cyprianus von Karthago, Thascius Caecilius (ca. 200-258) 82
Cyprianus, Ernestus Salomon (1673-1745) 111

D'Alessandro, Giuseppe 189
Dacier, André 96, 399
Dähnert, Johann Carl (1719-1785) 221, 436
Dahrendorf, Ralf 315
Dalferth, Ingolf U. 136
Daniel, Ute 389
Dannenberg, Lutz 157
Danto, Arthur C. 84, 352, 353
Darnton, Robert 152, 271, 280, 283, 285, 288, 469, 487
De Felice, Fortunato Bartolomeo (1723-1789) 186, 191
Deligne, Alain 152
Dellian, Ed 386
Deloche, Régis 230
Delon, Michel 398, 421
Delvolve, Jean 152
Dembeck, Till 310
Demosthenes (384-322 v. Chr.) 377
Depkat, Volker 47, 161, 488
Descartes, René (1596-1650) (Cartesianismus) 38f., 60, 93, 190-192, 196, 337, 361f., 422
Diderot, Denis (1713-1784) 76, 153f., 185f., 229, 231, 234, 244, 284, 398
Dierlamm, Helmut 14
Dierse, Ulrich 247, 466
Dilthey, Wilhelm (1833-1911) 25, 75, 197, 231f., 362
Diodor Siculus (1. Jh. v. Chr.) 383
Dionysios von Halikarnassos (1. Jh. v. Chr.) 171

Dooley, Brendan 191
Doria, Paolo Mattia 191f.
Döring, Ulrich 282
Dorner, Isaak August (1809-1884) 266
Dray, William H. 19
Droixhe, Daniel 242
Droysen, Gustav (1838-1908) 370
Dupré, Louis 312
Dürr, Karlheinz 14
Düsing, Klaus 314
Dwight, Sereno E. 12
Dyck, Joachim 68

Ebbersmeyer, Sabrina 49
Ebenstein, Bernard 230
Ebert, Johann Jacob (1737-1805) 70
Ebert, Robert Peter 487
Ecole, Jean 265
Edelmann, Johann Christian (1698-1767) 330
Edwards, Jonathan (1703-1758) 10, 12, 35, 121-133, 164, 356, 382, 388-390, 392, 410f., 415, 418, 475
Edwards, Jonathan Jr. (1745-1801) 121
Ehrenberg, Stefan 441
Eliade, Mircea 23
Elias, Norbert 27
Elisabeth I., Königin von England (1533-1603) 166
Ellissen, Otto Adolf 208
Engel, Eva J. 256f.
Engel, Johann Jakob (1741-1802) 423
Engelhardt, Wolf von 217f.
Engelmann, Peter 14
Engler, Winfried 274
Erlin, Matt 32, 256
Erny, Nicola 205
Erskine, John 121
Essen, Georg 484f.
Eusebius von Caesarea (ca. 260-340) 81, 118f., 130, 385
Eva 57, 277
Ewald, Oskar 232

Namenregister

Faber, Richard 107, 307, 322, 486
Faber Soranus, Basilius (1538-1575) 184
Fabricius, Johann Albert 434
Fabricius Luscinus, Gaius (3. Jh. v. Chr.) 439
Faessler, Frank A. 488
Faure-Soulet, Jean-François 246
Fechner, Jörg-Ulrich 397
Feilbogen, Siegmund 240
Fellmann, Ferdinand 361
Fénelon, François de Salignac de la Mothe (1651-1715) 87, 96f., 249, 399
Fenner, Dagmar 488
Ferguson, Adam (1723-1816) 71, 261, 264
Fermor, Gotthard 463
Fest, Joachim 268, 273, 280
Fetscher, Iring 14
Feuerbach, Ludwig (1804-1872) 160
Fichte, Johann Gottlieb (1762-1814) 18, 50, 325
Fielding, Henry (1707-1754) 398
Finger, Otto 435
Finzi, Roberto 245
Fischer, Kuno (1824-1907) 190, 309
Fischer, Wolfdietrich 247
Flacius Illyricus, Matthias (1520-1575) 77, 109
Flasch, Kurt 194, 203f., 354
Fleischer, Dirk 19, 387f.
Fleury, Claude (1640-1723) 34, 37, 41, 58, 86-97, 99, 106, 135, 140, 171, 198, 204, 229, 388, 484
Flew, Anthony 453
Flögel, Carl Friedrich (1729-1788) 59f., 264
Fohrmann, Jürgen 272, 277, 279, 286, 289
Follmann, Sigrid-Ursula 247
Fontenelle, Bernard Le Bovier de (1657-1757) 90, 232, 242f., 245, 422
Fontius, Martin 152, 176

Forsström, Riikka 285
Forster, Georg (1754-1794) 335
Foucault, Michel 27, 46, 84, 226f., 350
Franchini, Raffaelo 198
Francke, August Hermann (1663-1727) 116
Frankel, Charles 232, 421
Franklin, Benjamin (1706-1790) 225f.
Frederick (Friedrich Ludwig von Hannover), Prince of Wales (1707-1751) 166
Freneau, Philip (1752-1832) 128f.
Frick, Werner 397
Friedrich II., König von Preussen (1712-1786) 86, 163, 179, 308, 364, 380
Friederich, Christoph 220, 351
Frison, Louis 251
Fritsche, Johannes 196
Fuchs, Harald 294
Fueter, Eduard 19, 79, 98, 179
Fuhrmann, Manfred 332
Fukuyama, Francis 14
Fumaroli, Marc 41, 481
Funke, Hans-Günter 270

Gäbler, Ulrich 487
Gabryjelska, Krystyna 279
Gadamer, Hans-Georg 197
Gaddi, Clemente 355
Gagnebin, Bernard 87, 259, 403
Galilei, Galileo (1564-1642) 377
Galling, Kurt 11
Gaquère, François 88
Garber, Jörn 212
Gatterer, Johann Christoph (1727-1799) 30, 251
Gawlick, Günter 151, 196, 328
Gay, Peter 129, 167, 169
Gayon, Jean 210f., 216
Gebhardt, Carl 328
Geiger, Max 459
Gellert, Christian Fürchtegott (1715-1769) 397

Gellius, Aulus (ca. 130-180) 83, 385, 445
Genette, Gérard 69
Gerhardt, Volker 314
Gericke, Wolfgang 86, 294
Gesner, Johann Matthias (1691-1761) 184
Gibbon, Edward (1737-1794) 80, 85
Gil, Thomas 278, 416
Gillispie, Charles Coulston 207
Gilow, Hermann 326
Ginters, Rudolf 454
Gipper, Andreas 437
Glockner, Hermann 190
Gneuss, Christian 23
Godenne, René 289
Goen, Clarence C. 130
Goethe, Johann Wolfgang von (1749-1832) 12, 173, 189, 451
Goetschel, Willi 335
Gogarten, Friedrich 15
Goguet, Antoine Yves 422
Gohau, Gabriel 210
Gohrisch, Christa 207
Goldenbaum, Ursula 386
Goldsmith, Oliver (1728-1774) 166
Goodman-Thau, Eveline 107, 307, 322, 486
Göpfert, Herbert G. 9, 167, 298, 300, 451, 471
Göring, Hugo 374
Görner, Rüdiger 487
Gossman, Lionel 21, 80, 153, 156, 161, 278, 281, 488
Gottfried (Gothofredus), Johann Ludwig (ca. 1584-1633) 370-375, 379
Gottsched, Johann Christoph (1700-1766) 220, 294, 436
Gould, Stephen Jay 208
Goulemot, Jean-Marie 221
Goulet, Richard 161
Goulet-Cazé, Marie-Odile 161
Graf, Friedrich Wilhelm 24
Grafton, Anthony 104, 160, 169, 487f.
Grassi, Ernesto 83

Gray, John 436
Griewank, Karl 221
Grimm, Frédéric-Melchior de (1723-1807) 403
Grimm, Reinhold 270
Grimsley, Ronald 229
Groethuysen, Bernhard 78
Groh, Dieter 124, 208, 434
Groh, Ruth 208, 434
Gröning, Johann 49
Gründer, Karlfried 10, 168
Grunert, Frank 386, 402
Guevara, Antoine de (ca. 1480-1545) 157
Gundling, Nikolaus Hieronymus (1671-1729) 403, 478
Gunkel, Hermann 11
Günther, Horst 221, 419
Gustav II. Adolf, König von Schweden (1594-1632) 160
Guthke, Karl S. 300

Habermas, Jürgen 59, 188, 280, 389, 428, 486
Haefs, Gisbert 406
Haller, Albrecht von (1708-1777) 163, 215, 266, 443-446
Hamann, Johann Georg (1730-1788) 167f., 189
Hammerstein, Notker 19
Hammond, Brean S. 166
Hannibal Barkas (ca. 247-183 v. Chr.) 377
Hardesty Doig, Kathleen 186
Hardmeier, Christof 74
Hardouin, Jean (Harduinus, Joannes) (1646-1729) 157
Hardy, Henry 196, 201, 425
Harnack, Adolf von (1851-1930) 23
Harnack, Axel von 23
Harrison, Alan 167
Harsin, Paul 246
Hartenstein, Gustav (1808-1890) 338
Härtling, Peter 304

Hartmann, Klaus 20, 188
Hartung, Gerald 110
Hartwich, Wolf-Daniel 322
Hassler, Gerda 242
Hatch, Nathan O. 131
Hauck, Albert (1845-1918) 11
Hauer, Friedrich 72
Hausheer, Roger 196
Hayden-Roy, Priscilla 306
Hayes, Julie C. 279
Hazard, Paul 191
Heesterbeek, J. A. P. 485
Heffernan, Michael 236
Heftrich, Eckhard 291, 294, 297
Hegel, Georg Wilhelm Friedrich
  (1770-1831) 14, 18, 50, 204, 239, 262,
  264, 325, 341, 407, 441, 455, 482
Heidsieck, Arnold 295
Heimpel, Hermann 221
Heinekamp, Albert 136
Hektor 297
Hekuba 296
Helbig, Louis Ferdinand 294, 299, 308
Helvétius, Claude-Adrien (1715-1771)
  286, 435
Henkel, Arthur 274
Henry, Charles 230
Herb, Karlfriedrich 332
Herder, Johann Gottfried von
  (1744-1803) 32, 68f., 143, 189,
  210, 223, 227, 320, 332f., 335,
  341, 366, 368, 427
Herder, Maria Carolina von (1750-1809)
  210
Herder, Wilhelm Gottfried von
  (1774-1806) 210
Herkules 297
Herodot (ca. 484-425 v. Chr.) 101, 199
Herring, Herbert 50f., 230, 343
Herzog, Johann Jakob (1805-1882) 11
Hess, Johann Jakob (1741-1828) 452f.
Heumann, Christoph August
  (1681-1764) 385, 387
Heuss, Wolfgang 189

Heussi, Karl 157
Heyne, Christian Gottlob (1729-1812)
  189
Hickman, Edward 12, 122
Hicks, Philip 381
Hieronymus (347-420) 294
Hildesheimer, Françoise 356
Himmelmann, Beatrix 316
Hinske, Norbert 51, 256, 328
Hißmann, Michael (1752-1784) 435
Hobbes, Thomas (1588-1679) 53,
  194-196, 242, 264f., 409
Hodge, Michael J. S. 211
Hofmann, Johann Jacob (1635-1706)
  156, 183
Hogarth, William (1697-1764) 423
Hogrebe, Wolfram 316, 351, 407
Höhle, Thomas 292
Holbach, Paul Henri Thiry d'
  (1723-1789) 234, 286, 382
Holberg, Ludvig (von) (1684-1754) 151
Hollier, Denis 156
Hölscher, Lucian 72
Holz, Hans Heinz 51, 230, 343, 400
Holzhey, Helmut 12, 14, 47, 74, 226,
  266, 341, 488
Home, Henry, Lord Kames (1696-1782)
  371
Homer (ca. 8. Jh. v. Chr.) 202
Horatius Flaccus, Quintus (Horaz)
  (65-8 v. Chr.) 96
Horatius, Publius (ca. 7. Jh. v. Chr.) 157
Hörisch, Jochen 463
Horkheimer, Max 20
Horn, Christoph 354f.
Hornig, Dieter 69
Hornig, Gottfried 51, 328
Hornius, Georg (1620-1670) 104
Horn-Staiger, Ingeborg 221
Hösle, Vittorio 12, 199, 203
Hume, David (1711-1776) 122, 167,
  289, 304, 327, 367, 381, 388, 466
Hutchison, T. W. 240
Hutton, James (1726-1797) 226

Iggers, Georg G. 19, 72
Im Hof, Ulrich 248, 249
Innozenz XI., Papst (Benedetto Odescalchi) (1611-1689) 99f.
Irenäus von Lyon (ca. 135-202) 148
Iselin, Isaak (1728-1782) 9f., 19, 30-32, 42-44, 69, 124, 143, 165, 198f., 246-268, 276, 287, 292, 304, 310, 312f., 332, 336, 340, 343, 365f., 374, 381, 403-406, 408, 418, 420, 424f., 427, 440, 452, 457, 461, 469, 482
Isokrates (436-338 v. Chr.) 169
Iuvenalis, Decimus Iunius (Iuvenal) (ca. 60-127) 377

Jackman, Sydney W. 168
Jackson, Jean Pierre 234, 383
Jacob, François 226
Jacob-Friesen, Holger 247
Jacobi, Friedrich Heinrich (1743-1819) 56
Jaeschke, Walter 15-17, 74, 473
Jäger, Theo 151
Jahraus, Oliver 29
Jannidis, Fotis 249
Janssen, Hans-Gerd 455
Jaumann, Herbert 30, 158, 161, 269-271, 274f., 288, 436, 481, 488
Jauss, Hans Robert 41, 332, 421
Jean Paul (Johann Paul Friedrich Richter) (1763-1825) 173f., 395
Jefferson, Thomas (1743-1826) 215
Jens, Walter 68
Jermann, Christoph 12
Jersak, Tobias 249, 330
Jerusalem, Johann Friedrich Wilhelm (1709-1789) 9-11, 16, 36f., 39, 43, 45, 56, 61, 124, 126, 133-150, 164, 179, 237, 254, 261, 275, 293f., 308, 312, 331-333, 340f., 368, 384, 402, 404f., 408, 420, 433, 441, 474, 482
Jerusalem, Karl Wilhelm (1746-1772) 138

Jerusalem, Philippine Charlotte (1743-1819) 11, 134
Jesus von Nazareth (Jesus Christus) (ca. 4. v. Chr.-30 n. Chr.) 75, 77, 81, 91, 100, 113, 117, 126, 128, 130, 134, 147f., 179, 181, 202, 236f., 306, 414, 456, 460
Joachim von Fiore (ca. 1130-1202) 41, 292
Jodl, Friedrich (1849-1914) 272
Jonas, Hans 456
Jossua, Jean-Pierre 154, 164
Josua 286
Julian II. Apostata (Flavius Claudius Julianus), römischer Kaiser (331-363) 229
Julian von Eclanum (ca. 386-455) 148
Jurt, Joseph 276

Kaegi, Werner 67, 105
Kafka, Gustav 232
Kafker, Frank A. 186
Kaiphas 456
Kamlah, Wilhelm 55, 75, 432
Kant, Immanuel (1724-1804) 9-12, 18f., 30, 32f., 36f., 44f., 60, 68f., 109, 144, 161, 163, 208, 240, 255f., 261, 267, 304, 310-344, 353, 366-368, 382, 384, 395, 398f., 407f., 415, 428, 456-458, 472, 474, 477, 479
Kapossy, Béla 260
Karl der Grosse (748-814) 100
Karl VII. Albrecht von Bayern, deutscher Kaiser (1697-1745) 377
Karl XII., König von Schweden (1682-1718) 377
Kaulbach, Friedrich 314, 325, 472
Kearney, Richard 167
Kesting, Hanno 278
Kestner, Johann Christian (1741-1800) 251
Kiefer, Hermann 83
King, William (1650-1729) 441

Namenregister

Kittsteiner, Heinz Dieter 31, 33, 96, 154, 240, 322, 344, 392, 464
Kleingeld, Pauline 315, 321, 323, 334
Kleist, Heinrich von (1777-1811) 326
Klempt, Adalbert 104, 358
Klio 96, 158-160
Knabe, Peter-Eckhard 481
Koehler, Walther 78
Kohler, Georg 14, 47, 74, 341
Köhler, Johannes 383
Kohlhaas, Peter 96
Kojève, Alexandre 14
Kondylis, Panajotis 25, 240, 244, 267, 406, 441
Konersmann, Ralf 289
Konstantin I. (Gaius Flavius Valerius Constantinus), römischer Kaiser (ca. 280-337) 93, 100, 118f., 129f.
Körner, Christian Gottfried (1756-1831) 162, 326
Kortum, Hans 207
Koselleck, Reinhart 9, 60, 96, 98, 103, 220, 227, 231, 252, 272, 277, 282, 287, 351, 416
Krämer, Hans 407
Kramnick, Isaac 9, 166, 168, 420
Krasnoff, Larry 318
Kraus, Hans-Joachim 358
Krause, Gerhard 12
Krauss, Hartmut 384
Krauss, Werner 207, 262
Kreimendahl, Lothar 151, 488
Kuhn, Helmut 41, 421
Kühn, Herbert 403
Kulenkampff, Jens 289
Kunzmann, Ulrich 242
Küttler, Wolfgang 19, 72, 367

La Mothe le Vayer, François de (1588-1672) 180
La Motte-Houdart, Antoine de (1672-1731) 434
La Peyrère, Isaac de (1596-1676) 358

La Rochefoucauld de Roye, Frédéric Jérôme, Kardinal de (1701-1757) 230
Labbé, François 283
Labrousse, Elisabeth 156, 164
Lachmann, Karl (1793-1851) 295, 299
Lamouroux, Jean Vincent Félix (1779-1825) 209
Lange, Friedrich Albert (1828-1875) 208
Laud, William (1573-1645) 377
Laurent, Alain 228
Lavater, Johann Caspar (1741-1801) 275
Le Moyne, Pierre (1602-1671) 376
Lecercle, Jean-Louis 379
Lecoq, Anne-Marie 41
Lehmann, Hartmut 116
Lehmann, Johannes Friedrich 333
Leibniz, Gottfried Wilhelm (1646-1716) 18, 37, 42, 49f., 58, 68f., 125f., 136, 139, 141, 147, 230, 233, 273, 292, 301, 308, 332, 343, 369, 386, 400f., 403, 405f., 413, 416, 441-447, 449, 454f., 464-466, 468
Lenglet du Fresnoy, Nicolas (1674-1755) 193f., 378
Lenz, Jakob Michael Reinhold (1751-1792) 333, 446, 451
Leo XIII., Papst (Vincenzo Gioacchino Pecci) (1810-1903) 88
Lepenies, Wolf 227
Leroy, Maxime 78
Lessing, Gotthold Ephraim (1729-1781) 9, 16, 32, 36, 41, 43f., 49, 61, 68f., 138, 146, 149, 167, 176, 189, 254, 256, 261, 291-310, 341, 343, 366, 368, 384, 404, 407, 415, 435, 441, 451, 471
Lessing, Karl Gotthelf (1740-1812) 295
Lessing, Theodor 22f.
Levine, Joseph M. 19, 80
Lichtenberg, Georg Christoph (1742-1799) 40f., 207, 216-228, 324, 337, 391, 423

Liebeschütz, Hans 32
Lilla, Mark 201
Linné, Carl von (1707-1778) 227
Locke, John (1632-1704) 122, 169, 175, 232, 295, 409
Loewe, Raphael 32
Löffler, Ulrich 443
Lohff, Wenzel 73
Lorenz, Stefan 443
Lossius, Johann Christian (1743-1813) 44, 435
Loty, Laurent 398
Lötzsch, Frieder 330
Ludwig XIV., König von Frankreich (1638-1715) 97, 99f., 151, 277
Ludwig XV., König von Frankreich (1710-1774) 87, 228, 275
Ludwig XVI., König von Frankreich (1754-1793) 228
Ludwig (Dauphin) (Louis de Bourbon) (1682-1712) 97, 99
Lovejoy, Arthur O. 465
Löwith, Karl 6, 13, 15f., 41, 100, 196, 198, 203, 236, 244, 432, 442
Lübbe, Hermann 252, 419, 463, 467, 470
Lücke, Theodor 204
Lucretius Carus, Titus (Lukrez) (99-55 v. Chr.) 163, 210f.
Ludovici, Carl Günther (1707-1778) 12
Luhmann, Niklas 28f., 47, 273
Luther, Martin (1483-1546) 12, 33, 148, 390
Lüthy, Herbert 431
Lyotard, Jean-François 14

Mably, Gabriel Bonnot de (1709-1783) 250, 264, 379f., 399, 448
Machiavelli, Niccolò (1469-1527) 250, 378
Macho, Thomas 107, 307, 322, 486
Mack, Maynard 451, 469
Mackie, John Leslie 454
Macpherson, Crawford Brought 53, 196

Madden, Samuel (1686-1765) 271
Maffey, Aldo 269
Maistre, Joseph, Comte de (1753-1821) 189, 420
Majewski, Henry F. 281, 286
Malebranche, Nicolas (1638-1715) 160, 191, 196, 382, 441
Mallet, David (1705-1765) 12, 166
Malthus, Thomas Robert (1766-1834) 453f.
Mandeville, Bernard de (1670-1733) 482
Mann, Otto 291
Manthey, Willy 326f.
Marc Aurel (Marcus Aurelius Antoninus), römischer Kaiser (121-180) 229
Marcandier-Colard, Christine 269, 275
Marchand, Suzanne 488
Marcus, Frederick R. 202
Marie Antoinette, Königin von Frankreich (1755-1793) 287
Marquard, Odo 16, 29, 57f., 62, 227, 301, 332, 414, 416f., 447, 453, 473
Marti, Hanspeter 110
Marty, François 328
Marx, Karl (1818-1883) 15, 239, 341, 414
Mason, Haydn T. 151
Masson, David 166
Mathiopoulos, Margarita 421
Matuschek, Stefan 189
Maupertuis, Pierre Louis Moreau de (1698-1759) 232, 242
McDermott, Gerald R. 128
McGuinness, Philip 167
Medick, Hans 28
Meek, Ronald Lindley 240
Mehring, Franz 292
Meier, Heinrich 213, 235, 253, 259, 403, 437
Meiners, Christoph (1747-1810) 30
Melzer, Arthur M. 421
Mencke, Johann Burckhard (1674-1732) 194, 378

Mendelssohn, Moses (1729-1786) 32, 256f., 328, 451
Mercier, Louis-Sébastien (1740-1814) 10, 43, 60f., 268-291, 419, 469, 482
Merck, Johann Heinrich (1741-1791) 274, 279
Merian, Matthaeus d. Ä. (1593-1650) 370-375, 379
Meslier, Jean (1664-1729) 384
Metz, Johann Baptist 227
Metzger, Martin 327, 329, 331
Meunier, Georges 211
Meyer, Donald H. 475
Meyer, Edmund 374
Meyer, Martin 14
Meyer, Rudolf W. 431
Meyer-Zwiffelhoffer, Eckhard 179
Michaelis, Johann David (1717-1791) 293, 329
Michel, Willy 304
Michelet, Jules (1798-1874) 189
Migne, Jacques-Paul (1800-1875) 294
Mihr, Ute 14
Mildenberger, Friedrich 73
Mill, John Stuart (1806-1873) 436
Miller, Norbert 173, 395
Miller, Perry 12, 127
Mills, Abraham 371
Minder, Robert 396
Mittelstrass, Jürgen 9
Mix, York-Gothart 247
Moeller, Bernd 109
Molesworth, William (1810-1855) 195
Möller, Horst 251, 369, 458
Möller, Johannes 76
Moltmann, Jürgen 131
Momigliano, Arnaldo 169, 189
Monod, Jean-Claude 15
Montaigne, Michel Eyquem, Seigneur de (1533-1592) 154
Montesquieu, Charles de Secondat, Baron de La Brède et de (1689-1755) 232, 237, 253, 362, 403
Montinari, Mazzino 10

Mooney, Michael 188, 203
Moore, Will 229
Morange, Jean 230, 240, 245
Moreau, Pierre-François 451
Morera, Esteve 201
Moréri, Louis 156
Morgan, Thomas 167
Morgues, Mat(t)hieu de (1582-1670) 159
Morhof, Daniel Georg (1639-1691) 76
Morilhat, Claude 241
Mornet, Daniel 151f.
Möser, Justus (1720-1794) 251f.
Moses 36, 91, 102f., 134, 145, 202
Mosheim, Johann Lorenz von (1693-1755) 139f., 186, 248
Mout, Nicolette 469
Mudroch, Vilem 226
Muglioni, Jean-Michel 335
Muhlack, Ulrich 19, 30, 90
Müllenbrock, Heinz-Joachim 127
Müller, Enrico 488
Müller, Gerhard 12
Müller, Gottfried Ephraim 178
Müller, Hanspeter 294
Müller, Johann Georg (1759-1819) 388
Müller, Johannes von (1752-1809) 210, 388
Müller, Klaus E. 47
Müller, Matthias 47, 161
Müller, Wolfgang Erich 133, 138, 331
Mulsow, Martin 24, 28, 76, 141, 157, 402, 406, 434, 478
Muratori, Ludovico Antonio (1672-1750) 192

Nadel, George H. 166, 168, 170f.
Nagel, Ivan 281
Nagl-Docekal, Herta 13, 104, 154, 315, 322, 419, 462
Nehamas, Alexander 488
Neumeister, Sebastian 158, 403
Neveu, Bruno 78

Newton der Geschichte 316, 364, 391
Newton, Isaac (1643-1727) 122, 125, 208, 217, 277, 304, 386, 391
Nicolai, Friedrich (1733-1811) 9, 67, 247, 458
Nicole, Pierre (1625-1695) 79
Nicolini, Fausto 12
Niehues-Pröbsting, Heinrich 68, 161
Nietzsche, Friedrich (1844-1900) 10, 46, 57, 187, 222f., 430, 482
Niewöhner, Friedrich 110, 488
Nisbet, Robert 203, 432
Noah 202
Nowak, Kurt 24f., 436
Nuttall, A.D. 469

O'Brien, Karen 19, 104
Oestreich, Gerhard 469
Oetinger, Friedrich Christoph (1702-1782) 328
Oldroyd, David 208
Opitz, Peter J. 41, 101, 202
Origenes (ca. 185-254) 292
Orlando, Franco 281
Orléans, Philippe II., Duc d' 151
Orosius, Paulus (ca. 385-420) 162f.
Ottmann, Henning 488
Otto, Stephan 194, 197f., 202
Ouellet, Réal 275f.
Overbeck, Franz (1837-1905) 15, 55, 61, 71
Owen, William 184, 187
Oz-Salzberger, Fania 264

Panaitios (ca. 180-110 v. Chr.) 259
Pannenberg, Wolfhart 332
Pascal, Blaise (1623-1662) 34, 148
Patrides, Constantinos A. 75
Paulus, Apostel († um 64) 75, 148, 327f., 455, 475
Pelagius (Pelagianismus) (ca. 360-418) 147, 294, 446
Penelope 162
Pénisson, Pierre 335

Pestalozzi, Karl 275
Petau, Denys (Dionysius Petavius) (1583-1652) 83
Peters, Martin 30
Petronius Arbiter, Gaius (Petron; Publius Petronius Niger) (11-66) 6
Petrus Damiani (ca. 1006-1072) 457
Pfeil, Johann Gottlob Benjamin (1732-1800) 274
Pfersmann, Otto 14
Pflug, Günther 352
Piatier, André 246
Pieper, Annemarie 488
Pinagot, Louis-François 27f.
Platon (427-347 v. Chr.) 478
Plinius Secundus Minor, Gaius (ca. 61-113) 171
Plutarch (ca. 45-125) 168, 250
Pocock, John G.A. 26, 80
Pohlenz, Max 383
Poirier, Jean-Pierre 232, 236
Polybios (ca. 201-120 v. Chr.) 169
Pomeau, René 59, 67
Pompa, Leon 197, 204
Pons, Alain 185, 203
Pontano, Giovanni (1429-1503) 83
Pope, Alexander (1688-1744) 166, 182, 451f., 469
Popkin, Richard H. 358, 451
Popper, Karl R. 22, 419
Porphyrios (ca 232-301) 101f.
Poseidonios (135-51 v. Chr.) 383
Pott, Sandra 21, 24, 141, 157f., 215, 266, 402, 445, 488
Préclin, Edmond 356
Priamus 296
Priestley, Joseph (1733-1804) 409
Primavesi, Oliver 348
Prini, Pietro 355
Prodöhl, Ines 183
Prometheus 53, 437
Promies, Wolfgang 217f., 391
Pufendorf, Samuel (1632-1694) 374
Pusey, William W. 274

Namenregister

Quesnay, François (1694-1774) 229

Rabb, Theodore K. 154
Rabener, Gottlieb Wilhelm (1714-1771) 337
Rad, Gerhard von 73
Ramus, Petrus (Pierre de la Ramée) (1515-1572) 122, 127
Rapin (de) Thoyras, Paul (1661-1725) 122, 378f.
Rapp, Friedrich 49, 421
Ravix, Joël-Thomas 231
Rayment-Pickard, Hugh
Raymond, Marcel 87, 259, 403
Raynal, Guillaume Thomas (1713-1796) 76, 244, 438
Reck, Andrew J. 122
Reed, Terence James 304
Reibnitz, Barbara von 15, 61
Reill, Peter Hanns 19, 72, 108, 216, 248, 260, 367
Reimarus, Hermann Samuel (1694-1768) 295, 299-302, 305, 404, 435
Reimarus, Johann Albert Heinrich (1729-1814) 298
Reiter, Michael 307
Rendtorff, Trutz 73
Renner, Bernd 436
Renouvier, Paul 279
Reschika, Richard 232
Reventlow, Henning Graf 103, 125, 385
Ricken, Friedo 328
Ricœur, Paul 73
Ridley, Ronald T. 78
Riedel, Manfred 71, 163, 252, 310, 312, 316, 335, 344
Ritter, Joachim 10, 57, 247, 325
Roger, Jacques 211
Rohbeck, Johannes 18, 104, 154, 229-232, 236, 238, 242, 244, 358, 382, 422
Rollin, Charles (1661-1741) 178f.
Romani, Paul-Marie 231

Romulus Augustulus, römischer Kaiser (460-511) 375
Root, Robert K. 377
Roscius Gallus, Quintus (126-62 v. Chr.) 296
Rosengarten, Richard A. 398
Rosenmüller, Johann Georg (1736-1815) 216
Roskoff, Gustav (1814-1889) 330
Rossi, Paolo 104, 207f.
Rothacker, Erich 248, 473
Rother, Wolfgang 236, 488
Rousseau, Jean-Jacques (1712-1778) 42, 72, 86f., 213, 234-236, 245f., 253, 256-262, 264, 280f., 286, 290, 332, 341f., 403f., 436-440, 441, 482
Rufi, Enrico 269, 289
Rühl, Martin 488
Ruppert, Karsten 421
Rüsen, Jörn 19, 47, 72, 74, 84, 108, 270, 367, 464, 467
Ruysbroek, Johannes (1293-1381) 358

Sainte-Beuve, Charles-Augustin (1804-1869) 78f., 85f., 151, 216
Saint-Lambert, Jean François, Marquis de (1716-1803) 420
Sakmann, Paul 352
Salvian von Marseille (ca. 400-480) 229
Sandkaulen, Birgit 56
Satan/Teufel 119, 121, 124, 141, 329f., 478
Sauder, Gerhard 402
Sawilla, Jan Marco 252
Say, Léon 240
Schaeffler, Richard 23
Scaliger, Joseph Justus (1540-1619) 104
Schade, Georg (1712-1795) 402-404, 406
Schäfer, Walter Ernst 452
Schaller, Hans-Wolfgang 127, 129
Scheick, William J. 130
Scheliha, Arnulf von 321
Schelle, Gustave 11

Schelling, Friedrich Wilhelm Joseph (1775-1854) 18, 50, 325, 456
Schellinx, H.A.J.M. 485
Schildknecht, Christiane 266
Schiller, Friedrich von (1759-1805) 69, 162, 173, 326
Schilson, Arno 138, 291
Schleier, Hans 72
Schlobach, Jochen 421
Schlosser, Johann Georg (1739-1799) 374, 451f.
Schlözer, August Ludwig von (1735-1809) 30, 49, 221, 252, 351f., 363
Schmauß, Johann Jakob (1690-1757) 248
Schmid, Carlo 191
Schmidt, Ernst A. 354
Schmidt, Heinrich 160
Schmidt, Johann Lorenz (1702-1749) 125f.
Schmidt-Biggemann, Wilhelm 15, 47, 70, 125f., 191, 406, 443
Schmitt, Axel 138
Schmitt, Carl 13, 154
Schnädelbach, Herbert 353
Schneider, Ulrich Johannes 365
Schneiders, Werner 152, 252, 448, 461
Schnelle, Kurt 403
Scholder, Klaus 111, 474
Scholtz, Gunter 247, 354
Schöne, Albrecht 218
Schönert, Jörg 157
Schröder, Winfried 25, 181, 435, 469-471
Schröer, Henning 463
Schroeter, Harald 463
Schubbach, Arno 110
Schubert, Anselm 148
Schuhmann, Karl 195
Schulin, Ernst 19, 72, 367
Schulz, Johann Traugott 436
Schulze, Winfried 28
Schütz, Martin R. 488
Schwanitz, Dietrich 343

Schwarz, Ferdinand 248
Schweitzer, Albert 327
Sciacca, Federico 355
See, Klaus von 127
Seeber, Hans U. 272
Seeberg, Erich 112
Seidl, Horst 199
Seifert, Arno 17, 19, 49, 84, 191, 336, 374, 417, 425
Seitter, Walter 84
Sejanus, Lucius Aelius (ca. 20 v.Chr.- 31 n.Chr.) 377
Semler, Johann Salomo (1725-1791) 102, 109, 139, 330, 460
Seneca, Lucius Annaeus (ca. 4 v.Chr.- 65 n.Chr.) 171, 469
Sextus Empiricus (um 200) 164
Shuffelton, Frank 215
Simon, Richard (1638-1712) 102-104, 106f., 145, 152, 178, 201, 489
Sitzler, Kim 488
Skinner, Quentin 26, 165
Skirl, Miguel 164
Sleidanus, Johannes (1506-1556) 104, 373f.
Sloan, Phillip R. 216
Smellie, William (1740-1795) 186f.
Smith, Adam (1723-1790) 29, 240, 453
Smith, John E. 12
Sokrates (469-399 v.Chr.) 243
Sophie Wilhelmine Marie Luise, Grossherzogin von Sachsen-Weimar-Eisenach (1824-1897) 12, 451
Spaemann, Robert 409
Spalding, Johann Joachim (1714-1804) 124f., 249, 288, 292, 330, 405, 418, 448-450, 474
Sparn, Walter 125, 147, 327, 385, 488
Specht, Rainer 51
Spencer, John (1630-1693) 402
Spener, Philipp Jacob (1635-1705) 116
Spinoza, Baruch de (Spinozismus) 44, 102, 201, 303, 307, 328, 410

Namenregister

Stackelberg, Jürgen von 186
Stanford, Michael 419
Starkie, Enid 229
Stäuble, Eduard 445
Stauffacher-Schaub, Marianne 15, 61
Stegmaier, Werner 488
Stein, Siegfried 32
Steinbrügge, Lieselotte 229, 382
Stephens, John 409
Sterchi, Bernhard 372
Stern, Alfred
Stingelin, Martin 223, 226
Stoellger, Philipp 136, 343
Stone, Harold Samuel 189
Stout, Harry S. 131
Strauss, David Friedrich (1808-1874) 435
Strauss, Leo 50, 56, 176, 213, 257, 396, 420, 457
Streisand, Joachim 59
Stricker, Nicola 164
Stückrath, Jörn 47
Suetonius Tranquillus, Caius (Sueton) (ca. 70-140) 159f.
Suphan, Bernhard (1845-1911) 332
Süssmann, Johannes 368
Sutherland, Rhoda 229
Svagelski, Jean 57

Tacitus, Publius Cornelius (ca. 55-115) 171
Tagliacozzo, Giorgio 198, 203
Tannery, Paul (1843-1904) 192
Taubes, Jacob 292, 486
Taylor, Kenneth 210
Teller, Wilhelm Abraham (1734-1804) 328f., 436
Tente, Ludwig 436
Thaer, Albrecht 299
Theunissen, Michael 486
Theuth 437
Thiele, Johannes 481
Thielicke, Helmut 291, 294
Thoma, Heinz 31

Thomasius, Christian (1655-1728) 158, 266, 479
Thukydides (ca. 460-396 v. Chr.) 169, 171
Thümmel, Moritz August von (1738-1817) 224, 280
Thurnherr, Urs 407
Thyssen, Johannes 20, 188
Tillemont, Sébastien Le Nain de (1637-1698) 34, 37, 77-86, 99, 106, 178, 355f., 361, 386f.
Tindal, Matthew (1655-1733) 128
Toland, John (1670-1722) 167
Trevelyan, George Macauly 168
Troeltsch, Ernst (1865-1923) 329
Trousson, Raymond 275, 282
Truc, Gonzague 237
Trümpy, Rudolf 226
Tschöke, Wolfgang 276, 282
Turgot, Anne Robert Jacques, Baron de l'Aulne (1727-1781) 11, 15, 19, 32, 41, 44, 56, 58, 60f., 68, 165, 198, 203, 211, 228-246, 278, 287, 343, 363, 366, 382, 418, 420, 425, 439, 441, 469, 483, 485
Tuveson, Ernest Lee 421

Ueberweg, Friedrich (1826-1871) 12, 122, 136, 147, 165, 183, 195, 273, 489
Ueding, Gert 68
Uglow, Jenny 423

Vachon, Hélène 275f.
Vaihinger, Hans (1852-1933) 311, 314
van den Heuvel, Gerd 137
Van der Dussen, Willem Johannis 19
Van der Zande, Johan 266, 451
Van Doren, Charles 421
Van Neerven, J.M.A.M. 485
Vecchi, Paola 273
Velat, Bernard 97
Verene, Donald Phillip 188, 203
Vet, Jan de 152

Vetterlein, Christian Friedrich Rudolf 167f.
Vico, Giambattista (1668-1744) 11f., 19, 39f., 68, 165, 188-206, 238, 242, 255, 257f., 321, 343, 361-363, 369, 382, 385-387, 414, 433, 447, 483
Viechtbauer, Helmut 194
Vierhaus, Rudolf 327, 364
Vigneul Marville (Pseudonym für Bonaventure d'Argonne) (1634-1704) 85
Viner, Jacob 394
Voegelin, Eric 41, 101, 202
Völkel, Markus 94, 155, 168
Vollhardt, Friedrich 157, 386, 402
Volney, Constantin François Chassebœuf, Comte de (1757-1820) 420
Volpi, Franco 437
Voltaire (François-Marie Arouet) (1694-1778) 11, 32, 38, 41, 49, 54f., 59f., 67f., 87, 101, 118, 160, 176, 184-186, 215, 227, 231f., 234, 237, 253, 261, 280, 290, 352, 362, 397, 409, 443, 446, 465f., 468
Volz, Gustav Berthold 86, 163, 364
Vossius, Isaac (1618-1689) 104
Voßkamp, Wilhelm 27, 270, 272, 275
Vuia, Octavian 232

Waetzoldt, Wilhelm 327
Wagner, Georg Friedrich 249
Wahnbaeck, Till 197
Walch, Johann Georg (1693-1775) 38, 183, 265
Waller, Martha 138
Walpole, Robert (1676-1745) 165f., 398
Walser-Wilhelm, Doris 388
Walser-Wilhelm, Peter 388
Wanner, Raymond E. 90
Warburton, William (1698-1779) 166f.
Warda, Arthur 329, 331
Waszek, Norbert 327
Weber, Max (1864-1920) 47, 479, 486

Weder, Hans 74
Wegener, Harriet 191
Weichmann, Christian Friedrich (1698-1770) 434
Weigelt, Horst 275
Weikard, Melchior Adam (1742-1803) 435
Weinberger, Jerry 421
Weinrich, Harald 69
Weischedel, Wilhelm 12, 25, 186, 338
Weiß, Christoph 333
Weiße, Christian Felix (1726-1804) 269, 283
Wellbery, David E. 333
Wellnitz, Philippe 295
Werner, Karl 202
Wernle, Paul 424
Weyand, Klaus 342
Whelan, Ruth 163
Whiston, William (1667-1752) 207
White, Hayden 96, 198
Wiedmann, Franz 41, 421
Wieland, Christoph Martin (1733-1813) 72, 247f., 270f., 274
Wiener, Claudia 247
Wilamowitz-Moellendorff, Ulrich von (1848-1931) 78
Wild, Jonathan (1683-1725) 398
Wilkie, Jr., Everett C. 269, 283
Will, Georg Andreas (1727-1798) 352
Willi, Thomas 333
Williams, Bernard 425
Wilson, John F. 12, 123, 131
Wimsatt, William Kurtz 377
Winckelmann, Johann Joachim (1717-1768) 21
Windelband, Wilhelm (1848-1915) 47, 248, 420
Windelband, Wolfgang 47
Winship, Michael P. 122
Winter, Aloysius 328-330
Witschi-Bernz, Astrid 19, 87, 94, 192, 251
Witte, Bernd 397

Namenregister 569

Wittenburg, Andreas 169
Wolf, Jean-Claude 456
Wölfel, Kurt 295
Wolff, Christian von (1679-1754)
    42, 68f., 125f., 133, 136, 139, 141,
    252f., 258, 265f., 369, 401f., 405,
    417f., 461, 464, 478f.
Wollgast, Siegfried 69
Wolsey, Thomas (ca. 1474-1530) 377
Woodbridge, John 125, 385
Woodwart, Antony 193
Wright, Johnson Kent 379
Wundt, Max 69
Wüthrich, Lucas Heinrich 370f.

Young, Brian W. 167
Young, Edward (1683-1765) 274, 280
Yovel, Yirmiahu 311, 328

Zahn-Harnack, Agnes von 23
Zakai, Avihu 121f., 124, 130
Zedelmaier, Helmut 30, 45, 76, 104f.,
    141, 178, 221, 248, 374, 422, 436,
    461
Zedler, Johann Heinrich (1706-1751)
    12, 183, 489
Zeuch, Ulrike 488
Zieger, Wilfried 252
Zimmermann, Harro 270
Zimmermann, Johann Georg
    (1728-1795) 275, 418
Zinman, M. Richard 421
Zollikofer, Georg Joachim (1730-1788)
    399
Zollinger, Oskar 274, 283
Zscharnack, Leopold 11
Zurbuchen, Simone 251, 260

Register der Bibelstellen und biblischen Bücher

Hebraica 104
Septuaginta 104, 177

Pentateuch 54, 102f.
Genesis, Buch 45, 112, 142-144, 202,
    261, 304, 310, 326-344, 408
– 1-2: 207, 213f., 260, 442
– 3: 332
– 3,1: 338
– 3,7: 338
Exodus, Buch 74
Deuteronomium 21,10-13: 457
Psalm 35,20: 111
Kohelet 1,9: 13f., 376, 380
Jesaja, Buch 54
– 51,8: 123
Jeremia, Buch 54, 74

Daniel, Buch 101f.
– 2: 373f.
– 7: 373
– 8ff.: 102

Matthäus
– 1,17: 112
– 7,16: 471
Lukas 14,11: 120
Johannes 11,50: 456
Römer 3,23: 328
Offenbarung des Johannes 74, 113,
    129f., 374
– 12,14: 130
– 16,10: 130
– 20,1-6: 130f.

Sachregister

Abderitismus 255f.
Abduktion 217, 267, 336
Aberglauben 135, 138f., 177, 283
Absolutismus 231, 241, 287, 420, 429
– theologischer 389, 433, 455
Académie Française 86, 96, 277
Adressaten 71, 92f., 95, 97-99, 115, 117, 123, 134, 151-153, 166-168, 230, 234-236, 242f., 246, 251f., 278, 280f., 285, 306f., 330, 335, 371f., 376f., 381, 408, 437, 477
Ästhetik 68
Akkomodation 36, 142f., 213, 243, 305f., 330
Ameliorismus 51, 265, 406, 413, 440, 444
Amerika, Entdeckung 76
Analogie, Analogieschluss 218, 336
Ancien Régime 43, 160, 230, 271, 287, 420
Anekdoten 152, 161f.
Angst 53, 232, 282, 338
Anpassungsfähigkeit 146
Antagonismus 112, 240, 313, 354
Anthropologie 42, 51, 59f., 248-250, 255, 264, 405f., 446f., 455, 475f.
– amelioristische 147
– pessimistische 137, 148, 264f., 475, 477
Anthropozentrismus 40f., 198, 209, 211, 214-216, 223f., 226, 286, 320f., 358, 362, 442, 445f., 449, 465, 468f., 483
Antichrist 130, 141, 420

Antike 38f., 169, 175, 177-180, 182, 237f., 376f., 439
Antiklerikalismus 239, 283, 382, 402, 435
Antinomien 317, 352
Antiquarismus 27, 159f., 169f., 200
Apokalyptik 476
Apokatastasis 402
Apologetik 89, 128, 135, 140, 231, 233, 236, 239
Applikation 175, 360, 370-381
Archäologie 46, 227
Arianer, Arianismus 118f., 130
Arminianer 121, 124, 130
artes liberales 96
Atheismus 103, 167, 203, 231, 235, 383, 395, 435, 441, 465, 468
Athen 264
audiatur altera pars 114
Aufklärung 15, 24f., 46, 54f., 141, 149, 187, 239f., 250, 252, 258, 268, 399f., 406, 433, 436-441, 461, 474, 486
– ihre Selbststabilisierung 54
Aufklärungskritik 42, 54, 350
Autor 153f., 278, 280-282, 285, 289
Autorität 157f., 317f.
– des Schriftstellers 278, 280

Babylonische Gefangenschaft 299
Barbarei 203, 262f., 292
– der Reflexion 194
Baum der Erkenntnis 318, 328f., 331f.
Bedürfnisse, individuelle 263, 292f., 309f., 339-341, 382, 450, 452

Sachregister

Begierden 183, 329, 331, 443
Bekehrung 120, 123, 131
Beobachtung 214, 217
Beruhigung 134, 137, 149, 220f., 223, 341, 473f.
Beschleunigung 416f., 472
Bestimmung des Menschen 142f., 249, 260, 407, 418
Bevölkerungswachstum 453
Bibel
– als historisches Dokument 143, 149
– *sola scriptura* 103, 306
– Exegese/Kritik 77, 125, 384, 459
– allegorische Auslegung 328-330
– literale Auslegung 127, 306, 328
– typologische Auslegung 35f., 125-128, 131, 374, 389, 392
– historische Kritik 36, 101-103, 125, 149, 177f., 180f., 201, 451, 459
Biblizismus, neologischer 142
Bildungsroman 343, 461
Bonum-durch-Malum-Schema
→ Malitätsbonisierung
Böse 133, 136f., 173, 284, 340, 378, 401, 414, 442
Bosheit 82, 454f.
Braminen 299
Bücherverbrennung 289f.

Calvinismus 124f., 132, 390
Cambridge School 26
Cambridger Platonisten 122
Cartesianismus 38f., 257
Charaktere, poetische *(caratteri poetici)* 190, 202
Chiliasmus → Millennarismus
Christozentrik 126
Chronik 370-376
Chronologie 170, 201f., 207, 211, 214, 373f.
– biblische 77, 103-105, 227
– der Welt 40, 178
civitas Dei 354f., 387f.
civitas terrena 354f., 387f.

Clandestina 24, 32, 435
common sense 172, 180, 393
concursus → Synergismus
corso 39, 194
curiositas → Neugierde
custom 46, 381

Deduktion 217, 267
Deismus 128, 133, 135, 138, 143, 167, 180, 231, 235, 284, 329, 357, 384, 395f., 441, 451, 465f., 468
Dekalog 92
Delegitimierung 419f.
Demiurg 444f., 466
Desinteresse des Historikers 159
Despotismus 256, 264
Details 84f., 156
Determinismus 266, 409f.
Dialektik 59, 262, 343
Differenzierung der Gesellschaft 28f.
– funktional 28
– stratifikatorisch 28
Distanzierung 117f., 186, 192, 226, 263, 424, 429
Dreischritt, geschichtsphilosophischer 199, 255, 262, 302, 361

Einbildungskraft 99, 254f., 262, 334f.
Einheit *(unité)* 29, 96f. 387f., 390f., 393
Einsamkeit 418
Eklektik 265f., 479
Elementarbuch 146, 305f.
Emanzipation 145f., 250, 263, 305, 318f., 338, 349, 368f., 385, 392, 407f., 428-430, 437, 440, 468, 477
– politische 146
Empirismus 38, 42, 49, 169, 174f., 232, 267
Empörung 282, 287, 331, 444
Endzeit 14, 119
Endzweck 318-321, 326, 356
Entlastungen 62, 455f., 477

Entmythologisierung 330
Entwicklung 116, 128, 132, 135f., 143, 147, 198-201, 228, 237, 240f., 244, 255, 260-262, 272, 275, 298, 320, 336, 373, 375, 400, 404, 413, 422, 448
– von Ost nach West 264
Entwissenschaftlichung 266f., 350, 457-463
Episoden 120, 161f., 206, 358f., 373
Epoche 100, 164, 181, 212
Erbaulichkeit 220, 310
Erbsünde 51, 89, 92, 124, 126, 144, 147, 304, 307, 327, 333, 416, 447, 450, 455f.
Erdbeben von Lissabon 443
Erdgeschichte 40f., 207-227, 321, 336, 362, 469
Ereignisgrammatik → Grammatik, historische
Erfahrung 89f., 172, 185, 192, 336
Erhabenheit 210, 216, 220, 226, 322
Erholung 185, 334
Erlösung 35, 122-133, 147, 205, 246, 445, 473, 475f.
Erwählung 123f., 128, 132, 444
Erweckung 122f., 475
Erzählung, Erzählen 89f., 92f., 95-97, 123, 160, 170, 198, 250, 263, 271, 274, 277f., 322, 335, 347f., 352, 373, 399
Erziehung 36, 43f., 54, 61, 109, 138f., 142, 146, 148f., 169, 172, 182, 238, 246, 254, 265, 268, 291-310, 332, 354, 356f., 379f., 407, 418, 433, 448, 450, 471
Eschatologie 16f., 54, 56, 74f., 107, 132, 178, 282, 309f., 341, 382, 432f., 450, 473, 486
esoterisch 213, 295
Ethik
– Sollensethik 407, 456
– Strebensethik 407
Ethikotheologie 321

Eudämonismus 239, 293
Evidenz, sinnliche 91
Ewigkeit 275, 292, 341, 449
Ewigkeit des Guten 457
Exegese → Bibel
Exempel 120, 159, 171-188
exempla-Historie 38, 52, 61f., 114, 121, 155, 165-187, 200, 248, 250f., 269, 348f., 359f., 370-381, 399f., 410-412, 430, 485
Existenzialismus 267
Exklusionsmodell 82, 355f., 361, 386
Exodus aus Ägypten 304
exoterisch 213, 219, 236, 239, 295
Experiment 72, 217, 219
Experimentalphysik 218

Fabel 180, 359, 373
Falsifikation 126, 272, 431, 434
Faktum 95, 156, 158, 161f., 180, 196, 204, 234, 373, 381
Fehlschluss, naturalistischer 260
Fideismus 168, 390, 451
fides historica 17
Fingerzeig 301, 303, 306
Form, literarische 60, 67-72, 266, 365-368, 428
Formula consensus Helvetica 459
Fortschritt 26, 36, 40-45, 50, 52, 56, 60f., 68, 71, 124, 128f., 132, 139, 146, 163, 174, 188, 203, 205f., 215, 219f., 227-268, 272, 274, 278-280, 287, 292f., 308f., 312, 316, 321, 342, 348f., 363-366, 368f., 380f., 393f., 401, 404, 406f., 411, 413, 420-440, 450, 453, 470f., 476, 483
– als Hypergesetz der Geschichte 426f., 466f.
– *advancement* 128f.
– Kollektivsingular «Fortschritt» 247, 423
Französische Revolution 24, 221, 268, 280, 315, 420, 457
Freigeisterei 24, 89, 135

Freiheit 58, 129, 174, 244, 254, 263, 282, 286, 308f., 317f., 336, 338, 340, 342, 394, 407-416
Freimaurerei 283, 470

Gallikanismus 34, 87f., 140
Gattung 40, 42, 44, 58, 132, 147, 163, 198, 203-205, 228-246, 250, 252, 261f., 292, 309, 314, 339-341, 392f., 401, 404-407, 418, 420, 422f., 431, 448, 452, 456, 471, 484
– menschliche *(genus humanum, genre humain)* 41, 58, 90, 141, 143, 202, 250, 253, 258, 276, 304, 306-308, 316f., 333, 354, 363, 381, 383, 424, 435, 448, 450, 473, 482f.
Gattungsinteresse 58f., 132
Gehorsam 331, 430
– heroischer 305
Geistesgeschichte 23f., 27, 46, 362
Gelassenheit 22
Gelehrtenrepublik 391, 481
Genealogie 17, 46
Genugtuung, tellvertretende 304, 307, 327, 414, 456
Geologie 40, 207-227
Geometrie 195, 198
Geozentrismus 358, 445, 483
Gerechtigkeit 44, 292f., 373, 450
Geschichte (s. auch → historia, → Historie)
– Alte 179
– ewige ideale 198
– Israels 54, 74, 100f., 179, 201f., 261, 299, 304-306, 361, 386, 402
– als Gericht verstandene 287
– als moralische Anstalt 360
– als Sinngebung des Sinnlosen 22f.
– als Selbstaufklärung der Vernunft 142
– der Edlen und Gemeinen 251
– der Frömmigkeit 112
– ihre Einheit 354-369, 379, 387-391
– ihr Ende 14, 119
– ihre Grenzen 352-369

– ihre Instrumentalisierung 158-160, 164, 168, 182, 188f., 288-290, 350, 360, 370-381
– ihre Machbarkeit 43, 344, 355, 393, 433
– ihre Prostituierung 158-160, 288
– ihre Privatisierung 462
– ihre Ungleichzeitigkeit 244
– ihre Unplanbarkeit 392-394
– ihre Unvorhersehbarkeit 22, 394
– ihr Nutzen 82, 84, 95, 97f., 100, 114f., 156, 168-188, 193, 249, 370-381
– ihr Sinn 13f., 19, 21f., 42, 47f., 52-56, 61-63, 119, 132, 162, 164f., 169, 187, 200, 223f., 253, 281, 360, 363, 369, 379, 393, 413, 430f., 486
– *incertitude historique* 157f.
– Kollektivsingular «Geschichte» 252, 351, 353
– Weltgeschichte als Weltgericht 173, 373
Geschichten 38, 52, 164, 169f., 462f., 467
Geschichtlichkeit der menschlichen Natur 199
Geschichtsbewusstsein 108, 364
Geschichtserzählung, wahrsagende 319
Geschichtsmodell
– triadisches 41 (s. auch → Dreischritt, geschichtsphilosophischer)
– zyklisches 39f., 201-203, 205f., 211f., 238, 276, 361
Geschichtsphilosophie
– spekulativ-universalistische (Begriffsbestimmung) 48-50
– als consolatorische Disziplin 350, 473
– als Einheitswissenschaft 364
– als Experimentalphilosophie 72, 344
– als Systemabschluss 323
– ihre fehlende akademische Institutionalisierung 68-71
– ihre Funktionspolyvalenz 472, 482
– ihre Ideologisierung 368, 406f.

- ihre Integrationskraft 472
- ihre Soziogenese 27
- ihr Ort 481-486
- ihr Vertagungscharakter 480

Geschichtsskepsis, cartesianische 190-192, 257, 361f. (s. auch → *Pyrrhonismus historicus*)

Geschichtstheologie 14, 17f., 21, 23-26, 33-37, 48, 53f., 56, 72-150, 310f., 347, 349, 353-357, 361, 382-392
- ihre Selbsterledigung 150

Geschichtswissenschaft 19, 30f., 62f., 70, 114, 117f., 132, 182, 311, 336, 350f., 359, 364f., 367, 375, 381, 391, 400, 459, 461

Geschichtszeichen 315f.

Geschlecht, menschliches → Gattung, menschliche

Geschlechtstrieb → Konkupiszenz

Geselligkeit, ungesellige 313

Gesellschaft
- bürgerliche 71, 312
- weltbürgerliche 30, 318-320, 325f., 394, 408, 415, 428, 456

Gesellschaftskritik 271f., 277, 282f., 419, 438, 469

Gesinnungsmoral 306, 312

Gleichförmigkeit von Vergangenheit und Zukunft 359, 377, 380f.

Glück, Glückseligkeit 163, 233-237, 239-241, 250, 253-255, 264, 267, 276, 285, 313, 317f., 321, 339f., 341, 380, 397, 400, 402, 419, 435, 440, 449, 452, 476

Glückseligkeitsbedürfnisse, individuelle 132, 137, 145, 147

Glückswürdigkeit 340

Gnade 82f., 124, 327f., 447, 475

Gnosis 444-446

Göttinger Schule 30, 252

Gott 54, 73, 75, 88, 90-93, 95, 98, 100, 106, 113-116, 120, 123f., 126, 128f., 133, 135-137, 139-142, 149, 163, 178f., 186, 197f., 205, 214-216, 233f., 244f., 254, 267, 273, 284f., 292, 302-305, 317, 329, 332f., 337f., 354, 357f., 377, 383, 386, 389, 394f., 397, 400-402, 414f., 441-457, 466, 468, 475, 484
- metaphysischer 44
- werdender 456
- als Erzieher 293
- als *Etre Suprême* 284
- als Herr der Geschichte 85, 99, 246, 344, 354-356, 384, 434
- als moralischer Welturheber 321f., 331
- seine Allgüte 442
- seine Allmacht (→ Macht Gottes) 355, 390, 395, 433f., 442, 465
- seine Einheit 307

Gottesbeweis
- kosmologischer 468
- physikoteleologischer 208

Grammatik, historische 372-377

Gravitationsgesetz 364, 465, 467

Great Awakening 122f., 130

Griechen 238f., 264, 305, 374, 422, 430, 437

Grossbürgertum 230, 278, 470, 481f.

Gute, das 136, 141, 163, 173, 284, 378, 414, 465

Gut, höchstes 317, 325

habit 46, 381

Handlungsabsichten 98
- individuelle 58f., 62, 204-206, 318-320, 392-394, 411, 470

Handlungsfreiheit 408-416

Harmonie 126, 416, 452, 469
- prästabilierte 386

Heiden, Heidentum 82, 84, 117, 236, 300, 390, 482

Heilsgeschichte 15, 33-38, 41, 48, 54, 73, 77f., 83, 94, 116, 120-133, 139, 178f., 181, 202, 216, 290, 300, 311, 356, 361, 363, 368, 386-389, 391

Heilsökonomie 91, 116, 308, 441

Heliozentrismus 286, 484
Herausgeberfiktion 299-301
Hermeneutik
- wolffianische 145
- des Verdachts 111f.
Hierarchisierung des Wissens 153, 460f.
historia (s. auch → Geschichte)
- *civilis (histoire civile)* 196, 209, 211f.
- *litteraria* 362
- *magistra vitae* 22, 90, 94, 98, 180, 193, 435
- *naturalis (histoire naturelle, natural history)* 40, 195f., 209-216, 227, 362
- *profana (histoire profane)* 34, 36, 82f., 99f., 170, 355f., 362f., 384, 386-389
- *rerum gestarum* 48, 83, 172, 351-353, 360, 385
- *sacra (histoire sainte/sacrée, sacred history, storia sagra)* 17f., 34, 36, 81-83, 85, 96f., 99f., 118, 170, 177, 185f., 200, 201, 356, 362, 388
- *universalis (histoire universelle, universal history)* → Universalgeschichte
Historie (→ Geschichte)
- kritische 57, 430
- pragmatische 248
- ihre Selbstzweckhaftigkeit 153f.
- Mikrohistorie 27f.
Historiker als moralischer Richter 173f., 184
Historisierung 13f., 107, 458, 460
- der Moral 400
Historismus 30, 73, 175, 200, 347, 368, 457, 461
«*history is philosophy teaching by examples*» 171, 379
Hoffnung 116, 128, 131f., 246, 268, 272, 308f., 432, 449, 473
Humanismus 182, 267, 307, 410f.
- aufklärerischer 147
Hypothetisierung 216-218, 224, 298, 303, 323-325, 336f., 368f.

Idealismus, Deutscher 20, 44, 50, 71, 311, 325, 367f., 456
Idee 26f., 311, 314-318, 325f., 353, 424
Identität 74, 224, 467
Illuminaten, Illuminatentum 24, 470
Imitation *(imitatio)* → Nachahmung
Index librorum prohibitorum 88, 283
Individualentwicklung 199, 242, 249, 254f., 261, 282, 288, 292, 309, 312, 332, 336-341, 376f., 401, 407
Individualeschatologie 309f., 450
Individualisierung 263, 267, 349, 412f., 418f.
Individualität des Handelns 412
Individuen, grosse 58, 371, 471
Induktion 169, 175, 217, 267, 423-425, 427f.
Inkarnation 126, 129, 202f., 237, 246, 331, 414
Inklusionsmodell 99, 107, 112, 356, 388
Inspiration 102, 376, 459
Instinkt 317f., 336-338, 340, 404, 408
Institutionen 40, 119f., 146, 263
invisible hand 59, 240, 413, 453
Israel 54, 74, 100f., 104, 179, 201f., 261, 299, 304-306, 361, 386, 402

Jansenismus 34, 78, 87, 179, 356
Jenseits 44, 145f., 274, 285, 306, 402, 445, 450, 474, 476
Jerusalem 104
Jesuiten 34, 87, 97
Juden, Judentum 73-75, 134, 178, 237, 390, 402
Jüngstes Gericht 123, 130, 132, 146f., 174, 273, 354, 356f.

Katechismus 88-97
Kausalität 46, 339, 373, 390, 392
Kette des Seienden 465
Ketzerei 108-120

Kirche
- Sichtbare 119
- Unsichtbare 108f., 119
- *extra ecclesiam nulla salus* 81f.
Kirchengeschichte 54, 77-87, 108-121, 127, 139f., 185f., 234, 356, 385, 387, 459
Klassenbewusstsein, bürgerliches 481
Klassenkampf 59
Klima 232, 264, 392
Klugheit 50, 176, 185, 376, 378, 385, 399
Körper 193, 195
Kolonialismus 239
Kompensation 29, 57f., 62
Komplexitätsreduktion 27, 55, 277, 375f.
Konkupiszenz 333, 338, 446f.
Konsequentialismus 60, 414
Kontingenz 62, 70, 74, 100, 106, 132, 136f., 199f., 252-254, 257, 267, 288, 343, 350, 355, 357, 375, 397, 417, 424, 447, 462-472, 476-478, 480, 485
- absolute 463-472
Kontinuität/Diskontinuität 77, 100, 104, 127, 373, 412, 419
Koordination des Wissens 37, 460f.
Kopernikanische Wende 40, 59, 208f., 326
Kosmos 47, 53, 57, 203, 209, 211, 442, 445, 465
Krieg (s. auch → Antagonismus) 342
Kritik 55, 60, 152, 180, 400
- historische 78, 95, 125, 140, 144, 168, 328, 458
- höhere 85
Kritizismus, histori(sti)scher 38, 108, 155, 359f., 462
Kulturgeschichte, -theorie, -wissenschaft 39f., 186, 188f., 194, 196, 248, 251f., 362
Kunst 54, 290, 297f., 326, 422, 437

Laster 137, 163, 184, 273, 340, 371-373, 380, 410

Lebensalter 199, 242, 304, 354, 482
Lebenszeit 226, 416
Legitimität 21, 57
- der Neuzeit 15, 21
Leiden 126, 292, 340-342, 442, 447, 450, 476
Leidenschaften 137, 155, 170, 194, 244, 331
Lesbarkeit 219
- von allem in allem 218, 226
Lexikographie 151-165, 182-188
liber naturae 209, 219
Libertinismus, *libertinage* → Freigeisterei
Linkshegelianer 414
List der Vernunft 204
Literarisierung des philosophischen Schreibens 266, 365-368, 428
Logik, ramistische 122, 127
Logos 47, 383
Lüge 296

Macht Gottes
- *de potentia absoluta* 39, 389, 393
- *de potentia ordinata* 393, 414, 454
Malitätsbonisierung 62, 136, 301, 332, 401, 446f., 453-457
malum (s. auch → Übel)
- *metaphysicum* 301, 334, 442
- *morale* 301, 334, 442
- *physicum* 223, 301, 342, 442
Manichäismus 141, 163, 165f.
Marginalisierung, Marginalität 59, 156, 209
Marxismus 190, 268, 364
Materialismus 195, 286, 292, 386, 435
Mathematik 191, 196, 266
Medizin 370, 476
memento mori, memento vivere 448
mens sana in corpore sano 377
Mensch
- als Herr der Geschichte 58f., 323, 369, 392, 408, 413, 434, 447, 471, 477
- als Krone der Schöpfung 216

- als Tier 222-224, 258, 332, 340
- als «Mittelding von Engeln und von Vieh» 444
- als Geschichtssubjekt 129

Menschengeschlecht → Gattung, menschliche

Menschenverstand
- gesunder → *common sense*
- schlichtester 135

Menschheit (s. auch → Gattung, menschliche)
- präadamitische 358

Mentalitätsgeschichte 25, 105

Mesmerismus 469

Metaphern
- Fackelmetapher 458
- Spielmetapher 342
- Uhrenmetapher 386
- Wachstumsmetapher 241, 245, 422f.
- Wegmetapher 300-303

Metaphysik 37, 42, 55-58, 154, 171, 175, 180, 182, 233, 245, 252-254, 266f., 284, 311, 324f., 337, 344, 350, 365f., 368f., 395-399, 417f., 424, 441-443, 445f., 453, 458, 460, 462, 465f., 468, 479
- als ob 316

Metaphysikkritik 349, 416-419, 451

Methodenideal, mathematisch-naturwissenschaftliches 258, 266, 366

Methodenzwang 266, 365

Methodologie, historische 351f., 376

Millennarismus 110, 122, 130f., 291, 322
- Postmillennarismus/Prämillenarismus 130f.

Millennium → Tausendjähriges Reich

minutiae → Details

Mittelalter 238, 240, 376f.

mondo
- *civile* 192f.
- *naturale* 193

Monotheismus 57, 73, 106, 284
- Urmonotheismus 243, 304

Moralisierung 60-63, 176, 187, 246, 289, 349, 375, 399-408
- Entmoralisierung 61f.

Moralismus 256, 278f., 287, 290, 378, 437, 441, 455, 468, 470

Moralität 139, 144, 155, 187, 253, 273, 318, 336, 339

Moralphilosophie 45

mœurs 105, 244, 362, 378, 436-441

Motivation des Handelns 174, 222, 308f., 363, 409, 450, 470

mundus optimus 50, 53, 135, 137, 147, 257, 301, 350, 431, 442f., 445f., 455, 465f., 468

Mythologie 177, 201f.

Mythos 359

Nachahmung 52, 111, 120, 168, 170, 175, 251, 370-381, 411f.

Naherwartung → Parusie

narratio rerum a substantiis libere agentibus gestarum 385

narratio rerum ab hominibus gestarum 385

Narrativität 14, 34, 162

Natur 44, 244, 303
- als handelnde Person 244, 303, 312-314, 319-322, 337, 339-342, 369, 410

Naturabsicht 240, 314f., 319f., 411, 415, 417

Naturalisierung
- der Geschichte 289, 320, 367, 414
- der Übel 465
- der Vorsehung 389, 439

Naturalismus 128, 273, 329, 405f., 410, 437

Naturerkenntnis 193f.

Naturgeschichte (s. auch → *historia naturalis*)
- der bürgerlichen Gesellschaft 71

Naturgesetze 125, 208, 217, 316, 386, 389-391, 395, 425, 464f., 467

Naturrecht 444, 457

Naturteleologie 318, 320, 340
Naturwissenschaft 23, 39-41, 54, 59f., 193, 196, 198, 201, 206-227, 258, 284, 286, 288, 362f., 365-368, 389-391, 424-428, 442, 445, 466, 468, 476, 478, 483
Naturzustand 212f., 258-261
Neologie 16f., 35-37, 124f., 133-156, 164, 237, 239, 294f., 340, 398, 402, 415, 459, 473-475
Neptunismus 218
Neugierde 159, 170, 222, 337
Neutralisierung 16, 75, 154, 161, 302, 473
Nicänisches Konzil (325 n. Chr.) 119
Nihilismus 222f., 393, 450, 457, 468
- universalgeschichtlich 57
Notwendigkeit 422, 447, 464, 480, 485

Obrigkeit 107, 111
Öffentlichkeit 282, 384, 389, 391, 472, 477
Ökonomie 139, 244, 453
Optimismus 50f., 182, 403, 451
- anthropologischer 406
- metaphysischer 406, 443f., 452
Oratorianer 102
Ordnung 47, 53, 126, 153, 197f., 200, 205f., 208, 254, 288, 323-325, 348, 380-382, 393, 415-417, 472
ordo temporum 354
Orientierung 325, 377, 461, 464
Orthodoxie
- protestantische 109f., 114, 135, 140, 143, 295, 327, 459
- vernünftige 115, 459

Pädagogisierung 60-62, 288, 290, 305, 407, 411, 450
Palingenese 292, 309
Paradies 57, 123, 144, 191, 277, 318, 328f., 332f., 338
Paradoxiensucht der Aristokratie 481f.
Paralogismen 317

Paratexte 69
Parusie 131, 433
Parusieverzögerung 75
Pelagianismus 147f., 446
Perfektibilisierung 136
Perfektibilismus 51, 124, 402, 453
Perfektibilität *(perfectibilité)* 51, 143, 259, 262, 403-405
Perfektion *(perfection)* → Vollkommenheit
Perfektionierung → Vervollkommnung
Peripherie 41, 156, 198, 201, 460, 483
Perspektivismus 69
Pessimismus 406
- anthropologischer 124, 246, 447
Pflicht 408, 444
Philanthropie 247, 452
philosophia est scientia possibilium quatenus esse possunt 252, 478
Philosophie als Magd der Theologie 457f.
philosophie de l'histoire 55, 67f.
Philosophiegeschichte 365, 460, 478
Philosophiegeschichtsschreibung, kontextualistische 23, 25f., 32
Physik → Naturgesetze
Physikoteleologie 43, 208, 223f., 284-286, 358, 434, 446
Physiognomik 218f., 223
Physiokratismus 228f.
Pietismus 34, 107-121, 133, 140, 357, 401, 415, 433
Pluralismus 201, 380
Pneumatologie 110
Poetik 86, 96
Politik 139, 170, 195, 237, 244, 250, 290, 322, 350, 419-421, 428f.
Polytheismus 264, 304
Polyhistorismus 76, 160f., 193
Popularphilosophie 70, 266f., 326, 335, 423, 428f.
Port-Royal 34, 78f., 356
Positivierung der Negativität
→ Malitätsbonisierung

Positivierung des Werdens 416f., 431, 473f.
Positivismus 364, 426, 428
posthistoire 14, 21, 33, 484
Postulat, praktisches 45
Prädestination 124, 387, 410, 479
Praxis 49f., 56, 110f., 113, 115, 119, 170, 176
Prinzipienwissen 193, 199f., 202f.
Profangeschichte → *historia profana*
Prognostik 364f., 376, 381, 394
Propheten 54, 91f., 376
Psychologen 225, 249
Puritanismus 121-133, 356
Pyrrhonismus historicus (Pyrrhonisme historique) 27, 94, 155, 157, 180, 183, 185, 191, 217, 220

Quäker 130
Quellen 79f., 83, 101, 152, 158, 177f., 180, 211, 261, 359, 386
Quellenkritik 156, 158
Querelle des anciens et des modernes 41, 203, 232, 236, 258, 422, 430

Rationalisierungsdruck 363-369, 426, 462
Rationalismus 42, 267, 368, 441
Rationaltheologie 39, 41, 43-45, 139, 148, 247, 268, 273, 279, 284, 291, 309, 321, 344, 349, 383-385, 397f., 404, 406, 433, 435, 441f., 468, 470-472, 474, 484 284
Re-Anthropozentrierung 59f., 198, 325, 484
Rechtfertigung 430-432
– Gottes 302
– der Natur 313
– der Übel 350
Reformation 385, 479
Reich Gottes 116, 312
Reise 190, 192, 208, 222
– Lebensreise 192, 338f.
– Lustreise 69, 334, 336, 344

Relativismus 176, 457
Religion
– bürgerliche Individualreligion 387
– natürliche (s. auch → Rationaltheologie) 128, 283
– ihre Humanisierung 61
– ihre Instrumentalisierung 303
– ihr Nutzen 234-241, 263f., 283f.
– Irreligion 220
– Vernunftreligion 23, 167, 325, 329
Religionskritik 128, 180f., 234-236, 299, 302, 435, 470
res factae, res fictae 92, 95
res gestae 48, 170, 172, 182, 250, 351-353, 360
res novissimae 483
Respublica litteraria → Gelehrtenrepublik
Rettung der Phänomene 471
Reue 331, 475
Revolution(en) 146, 221, 225, 280, 272, 287, 420, 428f.
– politische 221
– erdgeschichtliche 210, 212-216, 219-226
Rhetorik 68, 96, 169f., 188
ricorso 39, 194, 203
Rom → Römer, Römisches Reich
Roman 29, 43, 170, 174, 279, 288, 290, 335, 343, 368, 397f.
Romantik 30, 71
Römer, Römisches Reich 79f., 99, 129, 175, 189, 238, 244, 264, 374, 437, 439
Ruinen 210, 233

Säkularisierung 15-17, 21, 23, 26, 56, 369, 382, 396, 432-435
Sakramente 93, 330
Salon 228, 236, 290
Satire 163, 279
Satisfaktion → Genugtuung, stellvertretende
Sattelzeit 227

Schicksal 163, 386, 397f.
Schiffbruch 6, 210
Schlange 329, 331
Schmerz 454, 476
Schönheit 125, 377
Schöpfung 91f., 100, 104f., 112, 134-136, 145, 201, 207, 243, 312, 320, 354, 356f., 361, 373, 406
Schöpfungsbericht, -geschichte 40, 103, 207, 209, 213, 215f., 260
Schöpfungsökonomie 312, 449
Schöpfungstheologie 354, 358, 415f., 434, 442
Schuld (→ Sünde) 414, 455
- *felix culpa* 333
Science Fiction 278, 280
science imaginaire 290
Seelenwanderung 292, 309
Selbstbehauptung 433, 455
Selbstbestimmung 319f., 322
Selbsterkenntnis 193f., 200
Selbstermächtigung der Menschen 58, 413, 437, 440
Selbsterniedrigung 120
Selbsterziehung 61, 339
Selbstgesetzgebung 146
Selbstliebe 170, 265
Simplizität 135, 139
Sinnlichkeit 254f., 262f., 329, 331f., 340
Sintflut 91, 100, 144, 215
Sittlichkeit → Moralität
Sitten → *mœurs*
Skepsis 153f., 164, 191, 200, 203, 206, 324f., 347, 358, 393, 441, 445, 451
Skythen 101
Socinianer 130
Soteriologie 402, 414
Sozialdisziplinierung 146, 439, 475
Sozialgeschichte 25, 105, 251f., 362
- der Ideen 28
Sparta 264f., 437f.
Spekulation 43, 49f., 52, 56, 182, 292f., 297, 307-310, 368, 423

Spekulationismus 50, 176
Spinozismus 44, 303, 307, 410
Spiritualismus 114, 119
Sprache 143, 232, 241f.
Stabilisierung 348, 388, 390, 396, 398, 416f., 431f., 440
Stil 290, 365
Stoa 203, 259, 383, 445
Strafe 179, 304, 340, 450, 476f.
Sturm und Drang 418, 452
Subordination des Wissens 37, 155, 379, 460f.
Substanz 307, 384
Sünde 82, 129, 144, 148, 265, 328f., 331, 475-477
- *non posse non peccare* 82, 148
Sündenfall 92, 143f., 147, 327-341
Synergismus 205, 414-416, 433, 447
Synkretismus, religiöser 305f.

Täuschung 289, 296f.
Tausendjähriges Reich 122, 130-132, 275
Technik 60, 422
Teleologie 32f., 215, 223, 312, 317-320, 323-325, 334, 339, 367, 387, 417, 469
- moralische 321f., 340
- natürliche 139, 233
- rationale 215
Theater 279, 296-298
Theismus 273, 277, 283, 284, 383
Theodizee 18, 37, 44, 50, 62, 109, 148, 233, 246, 292, 301f., 305, 309, 313, 321, 332, 334, 342, 350, 397, 441-457, 466
- historische 452, 454f.
Theologie (s. auch → Geschichtstheologie)
- Theologiekritik 117
- *teologia civile ragionata della provvidenza divina* 197
- *theologia naturalis* → Rationaltheologie
Theozentrismus 355, 413

Tier 210, 222, 259, 261, 312, 332, 337, 403-405
Tod 339, 448, 454, 464
Tradition 24, 102f., 158, 374f., 429f.
Traditionsbeweise 375
translatio imperii 374
Traum 271, 274, 277f., 296
Tribunalisierung 118, 173f., 184, 246, 287, 360, 373, 430, 437, 445
Trieb
– zur Einsamkeit 418
– zur Vollkommenheit → Perfektibilität
Triebe 143, 210, 222, 254, 404
Triebsublimation 144
Trinität 304, 307
Trost 44, 50, 263, 267f., 270, 286, 291, 293, 321f., 341, 350, 363, 427, 430f., 445, 472-480
Tugend 93, 146, 148, 163, 168, 184f., 222, 237, 255, 273f., 302f., 308, 371-374, 378, 380, 410, 418, 437-440, 444, 476
– ihr Verhältnis zur Wissenschaft 438-441
Typologie 35f., 125-128, 131, 374, 389, 392

Uchronie 276, 279
Übel (s. auch → *malum*) 54, 136f., 141, 147f., 302, 340-342, 401, 441-457, 465, 474, 476f.
– metaphysische → *malum metaphysicum*
– moralische → *malum morale*
– physische → *malum physicum*
– ihre Funktionalisierung 455, 477
Überlastung 161, 456, 484
Ultramontanismus 420
Unendlichkeit 285, 309, 434
Unglauben 135, 138f., 283
Universalgeschichte, -historie 18, 34f., 49f., 57, 61, 68, 98f., 101, 103, 106, 120, 169, 178f., 182, 187, 190, 198, 203, 215, 221, 230f., 245, 310, 312, 343, 356, 362f., 365, 370, 375, 381, 461, 485
Unparteilichkeit 35, 109, 114f., 159, 173
Unsterblichkeit 146f., 284, 296, 299, 302, 305-307, 309, 317, 341, 431, 443f., 449f., 470, 474
Urchristentum 140, 433
Ursprung, Ursprünge 35, 45, 109f., 140, 142, 177, 181f., 243, 248, 358
Urteilskraft 157, 190, 321
Utilitarismus 236
Utopie 27, 43, 110, 268-290

Vehikel 303, 330
Verdammnis 246, 444, 447, 475-477
Verfallsgeschichte 35, 77, 109, 116, 119, 253, 255-260, 438-441
Verfolgung 112, 114, 120, 129, 272, 357
Vergänglichkeit 448-450
– der Übel 457
Vergangenheit 272, 326, 338, 380, 429-431
Vergeblichkeit 377, 448f., 477
Vergeltung 274, 279, 284, 304f., 308, 450, 470
Vergemeinschaftung 250, 259, 263
Vermenschlichung der Geschichte 155
Vernunft (→ *common sense*) 45, 49
– als Macht-Dispositiv 350
– und Offenbarung 142, 148f., 233
– *discours de raison* 192
Vernunftbedürfnis 316, 334
Vernunftglaube 325
Verschwörungstheorie 118, 124, 130
Versöhnung 37, 148, 240, 322, 402, 480
Vertröstung 445, 475, 482
Vervollkommnung 42, 60f., 135, 137, 141, 145f., 215, 233, 244, 250, 255, 265, 270f., 288, 292f., 309, 339, 349, 399-407, 409
– des Christentums 140f.
– Selbstvervollkommnung 249f., 404f.
Verwissenschaftlichung 424-428
Verzeitlichung 43, 416f.

Vier-Reiche-Schema 373f.
Vollkommenheit 36, 137, 143, 233f.,
241f., 249, 255, 259f., 275, 309, 313,
319, 339, 400-404, 418, 444, 449f.
Vorsehung 35-37, 39, 43, 47, 50, 59f.,
82, 85, 102, 105-107, 113f., 122,
125, 133, 136-140, 143-147, 149,
163f., 179, 190, 197f., 202-206, 222,
233, 243, 253f., 300, 313f., 321-323,
337, 340-342, 349, 354, 356, 361,
363, 369, 382-399, 411-417, 419,
427, 439, 447, 455, 471, 474, 477
– der Vorsehung 395
– Zufriedenheit mit der Vorsehung
50, 341f., 398f., 474
– *pronoia theōn* 383
– *providence générale* 382, 394
– *providence particulière* 382, 387, 389
– *providentia Caesaris* 383
Vulgärdarwinismus 428
Vulkanismus 218

Wahrhaftigkeit 95, 115, 156
Wahrheit
– abstrakte 89, 91
– *verités des faits* 69f., 83f.
– *verités de raison* 70
– Vernunftwahrheit und Geschichtswahrheit 471
– *verum-factum*-Prinzip 193f., 196f., 199, 361, 483
Wahrscheinlichkeit 180, 183, 186, 199, 252, 273
Weisheit 157, 400
Welt → *mondo*, → *mundus*

Welt(en), beste aller möglichen
→ *mundus optimus*
Weltalter 17, 100
Weltende 361, 374
Weltgeist 29, 471
Weltgericht → Jüngstes Gericht
Weltschöpfung → Schöpfung
Weltzeit (→ Chronologie) 48, 226f., 416
Whatever is, is right 451
Whig History 165, 177
Wiederkehr des Gleichen 211, 228
Willensfreiheit 124f., 315, 409f., 414f., 443f., 454
Willkür 390, 394
Wissenschaftsbegründung 190-198
Wissenschaftskritik 436-441
Wohlfahrt 135, 428
Wohltätigkeit 135, 141
Wunder 91, 106, 155, 382, 385f., 395

Zensur 107, 213, 276, 283, 285
Zivilisationskritik 258, 342
Zorn 475
– göttlicher 124
Zufall → Kontingenz
Zukunft 22, 29, 43, 53, 75, 107, 110,
126, 136, 146f., 159, 205, 216, 227,
250, 254, 259, 262, 267-290, 302,
308f., 321f., 326, 338, 343, 369,
372, 376, 380, 382, 405f., 429, 431,
449f., 483
Zweck(e) 317, 339, 340, 312-321
– ihre Heterogonie 240
Zwei-Reiche-Lehre 110, 388, 390
Zweifel 37, 153

SCHWABE PHILOSOPHICA

HERAUSGEGEBEN VON
HELMUT HOLZHEY UND WOLFGANG ROTHER

Vol. I: The Influence of Petrus Ramus. Studies in Sixteenth and Seventeenth Century Philosophy and Sciences. Edited by Mordechai Feingold, Joseph S. Freedman and Wolfgang Rother.
2001. 285 pages. ISBN 3-7965-1560-6

Vol. II: Martin Bondeli: Kantianismus und Fichteanismus in Bern. Zur philosophischen Geistesgeschichte der Helvetik sowie zur Entstehung des nachkantischen Idealismus.
2001. 419 Seiten. ISBN 3-7965-1724-2

Vol. III: Arend Kulenkampff: Esse est percipi. Untersuchungen zur Philosophie George Berkeleys.
2001. 147 Seiten. ISBN 3-7965-1731-5

Vol. IV: Francis Cheneval: Philosophie in weltbürgerlicher Bedeutung. Über die Entstehung und die philosophischen Grundlagen des supranationalen und kosmopolitischen Denkens der Moderne.
2002. 687 Seiten. ISBN 3-7965-1946-6

Vol. V: Philosophie ohne Beynamen. System, Freiheit und Geschichte im Denken Karl Leonhard Reinholds. Herausgegeben von Martin Bondeli und Alessandro Lazzari.
2004. 431 Seiten. ISBN 3-7965-2012-X

Vol. VI: Wolfgang Rother: La maggiore felicità possibile. Untersuchungen zur Philosophie der Aufklärung in Nord- und Mittelitalien.
2005. 445 Seiten. ISBN 3-7965-2106-1

Vol. VII: Stefan Rissi: Descartes und das Problem der Philosophie.
2005. 294 Seiten. ISBN 3-7965-2183-5

Vol. VIII: Andreas Urs Sommer: Sinnstiftung durch Geschichte? Zur Entstehung spekulativ-universalistischer Geschichtsphilosophie zwischen Bayle und Kant.
2006. 582 Seiten. ISBN-13: 978-3-7965-2214-7. ISBN-10: 3-7965-2214-9

Das Signet des 1488 gegründeten
Druck- und Verlagshauses Schwabe
reicht zurück in die Anfänge der
Buchdruckerkunst und stammt aus
dem Umkreis von Hans Holbein.
Es ist die Druckermarke der Petri;
sie illustriert die Bibelstelle
Jeremia 23,29: «Ist nicht mein Wort
wie Feuer, spricht der Herr,
und wie ein Hammer, der Felsen
zerschmettert?»